江苏体育年鉴

2021

江苏省体育局 编

方志出版社
Publishing House of Local Records

图书在版编目(CIP)数据

江苏体育年鉴. 2021 / 江苏省体育局编. —北京：方志出版社，2021.12
ISBN 978-7-5144-5164-1

Ⅰ. ①江… Ⅱ. ①江… Ⅲ. ①体育事业—江苏—2021—年鉴 Ⅳ. ①G812. 753-54

中国版本图书馆CIP数据核字(2022)第082287号

江苏体育年鉴(2021)

编　　者:江苏省体育局
责任编辑:范　静
出 版 者:方志出版社
地址　北京市朝阳区潘家园东里9号(国家方志馆4层)
邮编　100021
网址　http://www.fzph.org
发　　行:方志出版社发行中心
电话(010)67110500
经　　销:各地新华书店
印　　刷:南京顺和印刷有限责任公司
开　　本:850×1168　1/32
印　　张:24.75
字　　数:612千字
版　　次:2021年12月第1版　2021年12月第1次印刷
印　　数:001～500册
ISBN 978-7-5144-5164-1　定价:138.00元

《江苏体育年鉴(2021)》编委会

《江苏体育年鉴(2021)》编辑部

撰　稿　人

（以姓氏笔画为序）

丁　元	丁兆光	丁昌松	万　箐	马宗意
王翠芳	田　刚	叶　蓁	史国生	许　天
刘　森	刘玥如	孙海平	孙海燕	阮夏夏
何　平	张　兰	李　扬	吴　勇	陈　博
杜少康	陈玉坤	吴兵成	宋秀芹	罗　雪
经焕娟	赵　斐	胡爱华	徐　研	徐　鹏
徐志胜	韩　琪	臧曼如	潘　杰	

江苏省副省长陈星莺出席 2020 江苏省全民健身工作部门联席会议

2020 中共江苏省体育局机关党员代表大会

江苏省体育局局长陈少军赴省足球协会开展调研

"抗击疫情 党员在前"——江苏省体育局党员抗疫志愿先锋队

江苏龙舟运动员参加中华人民共和国第十四届冬季运动会冰上龙舟比赛

2020全国新年登高健身大会(常州站)

2020江苏省优秀社会体育指导员交流活动

江苏省第八届全民健身运动会体育舞蹈（街舞）比赛

2020 江苏省社区足球公益互联合家欢开幕式

2020 江苏省全民健身运动会闭幕式现场

2020 援鄂抗疫医护人员子女多彩足球公益夏令营

江苏女排获得 2020–2021 中国女排超级联赛亚军

江苏苏宁足球俱乐部夺得 2020 赛季中超联赛冠军

江苏队运动员唐韦星在 2020 中国围甲季后赛比赛现场

2020 南京马拉松暨全国马拉松锦标赛（奥运会马拉松达标赛）

2020中国·仪征城市龙舟公开赛

2020中国足球协会女子甲组联赛在江苏省江宁足球训练基地举办

2020中国(淮安)淮河生态经济带体育产业博览会

长三角地区体育旅游精品项目——江宁黄龙岘

编 写 说 明

一、《江苏体育年鉴(2021)》以马克思列宁主义、毛泽东思想、邓小平理论、“三个代表”重要思想、科学发展观、习近平新时代中国特色社会主义思想为指导,坚持辨证唯物主义和历史唯物主义的立场、观点、方法,全面记述和反映江苏体育工作进展情况的综合性专业工具书。

二、按照本年鉴的编写惯例,《江苏体育年鉴(2021)》收录内容是2020年的资料。

三、内容排列依次为:概述、大事记、专文、文件辑要、群众体育、运动训练、运动竞赛、等级运动员与等级裁判员、体育宣传、体育教育、体育科研、体育事业经费、人事管理、机关党委工作、纪检、监察工作、体育外事与地区交流、体育产业、江苏省体育总会工作、南京体育学院、省体育局部分直属单位工作概况、各设区市体育局工作概况、机构名录、光荣榜、运动成绩、附录(2020年江苏省各项运动最高纪录)。

四、本年鉴基本采用条目表述法,力求言简意赅,扩大信息量。

五、本年鉴采编方法是江苏省体育局各处室按工作内容对口承编,由《江苏体育年鉴》编辑部编写成书。

六、《江苏体育年鉴》在内容、体例方面仍有需要进一步探索、改进、完善之处,欢迎大家批评指正。

《江苏体育年鉴(2021)》编辑部

2021年11月

目　录

工作概况 …………………………………………………… (1)

大事记 …………………………………………………… (7)

专　文 …………………………………………………… (32)

江苏省副省长陈星莺在体育强省建设工作推进会上的讲话 …………………………………………………… (32)

陈少军同志在2020年全省体育局长会议上的讲话 …… (40)

2020年制定的文件辑要 …………………………… (60)

省体育局党组关于进一步加强干部考核工作的实施意见 …………………………………………………… (60)

省体育局关于印发《2020年省体育局党建工作要点》的通知 …………………………………………………… (66)

省体育局省发展改革委关于印发《关于促进全民健身和体育消费推动体育产业高质量发展行动方案》的通知 …………………………………………………… (73)

中共江苏省体育局党组关于印发《2020年省体育局党风廉政建设工作要点》的通知 ………………………… (81)

省体育局关于落实疫情常态化防控要求进一步做好各项体育工作的通知 ………………………………………… (87)

关于印发《江苏省体育局优秀运动员选招办法》的通知 …………………………………………………………… (92)
省体育局关于进一步加强和改进体育宣传工作的意见 …………………………………………………………… (97)
省体育局关于进一步加强局系统建设项目安全生产管理工作的通知 …………………………………………… (103)
省体育局关于印发《2020年普法工作实施方案》的通知 …………………………………………………………… (105)
省体育局关于印发《江苏省贯彻〈体育赛事活动管理办法〉实施细则》的通知 ………………………………… (109)
省体育局关于开展规范性文件清理工作的通知 …… (119)
省体育局关于印发《创建“三个表率”模范机关建设行动任务分解方案》的通知 ……………………………… (121)
省体育局关于印发《2020年法治建设工作计划》的通知 …………………………………………………………… (129)
省体育局关于开展2020年度体育场地调查工作的通知 …………………………………………………………… (134)
省体育局关于江苏体育发展“十三五”总结评估情况的报告 ……………………………………………………… (137)
省体育局 省教育厅 省公安厅 省民政厅 省人力资源社会保障厅 省卫生健康委 省应急管理厅 省市场监督管理局关于促进和规范社会体育俱乐部发展的实施意见 ………………………………………… (145)
关于印发江苏省青少年高水平单项运动业余训练点管理办法的通知 ………………………………………… (152)
省体育局关于印发江苏省基层教练员培训专项资金管理办法的通知 ………………………………………… (156)
省体育局党组关于巩固深化“不忘初心、牢记使命”主题

教育成果的贯彻实施意见 …………………………（161）
省体育局关于加强省优秀运动队运动员文化教育工作的通知 ……………………………………………（168）

群众体育 ……………………………………………（171）

疫情防控与计划规划工作 ……………………………（171）
疫情防控 ……………………………………………（171）
计划规划工作 ………………………………………（172）
相关行业融合发展与推进体育设施建设 ………………（172）
相关行业融合发展 …………………………………（172）
推进体育设施建设 …………………………………（173）
开展全民健身活动与加大科学健身服务力度 …………（173）
开展全民健身活动 …………………………………（173）
加大科学健身服务力度 ……………………………（174）
提升群众健身保障水平与加强党风廉政建设 …………（174）
提升群众健身保障水平 ……………………………（174）
加强党风廉政建设 …………………………………（174）

运动训练 ……………………………………………（176）

优秀运动队现状 ……………………………………（176）
田径队 ………………………………………………（176）
步枪射击队 …………………………………………（176）
手枪射击队 …………………………………………（176）
飞碟射击队 …………………………………………（177）
射箭队 ………………………………………………（177）
男子篮球队 …………………………………………（177）
江苏龙肯帝亚俱乐部篮球队 …………………………（177）
江苏龙肯帝亚俱乐部青年男子篮球队 …………………（177）

南京同曦宙光男子篮球队 ……………………… (178)
女子篮球队 ………………………………… (178)
男子排球队 ………………………………… (178)
青年男子排球队 …………………………… (178)
女子排球队 ………………………………… (179)
青年女子排球队 …………………………… (179)
沙滩排球队 ………………………………… (179)
武术散打队 ………………………………… (180)
武术套路队 ………………………………… (180)
江苏神鹰碳纤维自行车队 ………………… (180)
橄榄球队 …………………………………… (180)
棒球队 ……………………………………… (181)
女子曲棍球队 ……………………………… (181)
男子曲棍球队 ……………………………… (181)
南京工业大学江苏女子垒球队 …………… (181)
男子手球队 ………………………………… (182)
女子手球队 ………………………………… (182)
乒乓球队 …………………………………… (182)
羽毛球队 …………………………………… (182)
网球队 ……………………………………… (182)
体操队 ……………………………………… (182)
蹦床队 ……………………………………… (183)
艺术体操队 ………………………………… (183)
技巧队 ……………………………………… (183)
击剑队 ……………………………………… (184)
游泳队 ……………………………………… (184)
跳水队 ……………………………………… (184)
花样游泳队 ………………………………… (184)

拳击队 ……………………………………………………………（184）
赛艇队 ……………………………………………………………（185）
帆船队 ……………………………………………………………（185）
皮划艇队 …………………………………………………………（185）
跆拳道队 …………………………………………………………（185）
现代五项队 ………………………………………………………（186）
男子手球队 ………………………………………………………（186）
速度滑冰队 ………………………………………………………（186）
省速滑队 …………………………………………………………（186）
省自由式滑雪空中技巧队 ………………………………………（186）
省单板滑雪平行大回转队 ………………………………………（186）
马术队 ……………………………………………………………（186）
女子足球队 ………………………………………………………（186）
男子柔道队 ………………………………………………………（187）
女子柔道队 ………………………………………………………（187）
古典式摔跤队 ……………………………………………………（187）
女子自由式摔跤队 ………………………………………………（187）
举重队 ……………………………………………………………（188）

运动竞赛 ……………………………………………………………（189）

承办国际比赛 ……………………………………………………（190）
国际曲联世界女曲超级联赛中国队主场（中国VS荷兰）
……………………………………………………（190）
承办国内赛事 ……………………………………………………（190）
“江苏铁人杯”田径春季比赛（第一站） …………………（190）
江苏省足球队跨队交流赛 ………………………………………（190）
“江苏铁人杯”田径春季比赛（第二站） …………………（190）
长三角地区射击邀请赛 …………………………………………（191）

射箭项目东京奥运会模拟赛 ……………………… (191)
中国足球协会超级联赛及中超联赛升降级附加赛 …… (191)
全国青少年帆船联赛苏州吴江站 ………………… (191)
中国·淮安大运河铁人三项赛、U系列冠军赛 ……… (191)
中国足球协会女子甲级联赛 ……………………… (192)
中国足球协会甲级联赛及中甲升降级附加赛 ……… (192)
全国跆拳道锦标系列赛(第一站) ………………… (192)
中国足球协会杯赛(苏州赛区) …………………… (192)
全国沙滩排球精英赛 ……………………………… (192)
全国跆拳道锦标系列赛(第二站) ………………… (192)
洪泽湖半程马拉松赛 ……………………………… (193)
黄海森林半程马拉松 ……………………………… (193)
全国跆拳道锦标系列赛(第三站) ………………… (193)
全国跆拳道冠军总决赛 …………………………… (193)
东风悦达起亚盐城马拉松赛 ……………………… (193)
高淳国际慢城马拉松赛 …………………………… (193)
常熟半程马拉松赛 ………………………………… (194)
南京浦口女子半程马拉松赛 ……………………… (194)
全国女子曲棍球锦标赛 …………………………… (194)
无锡马拉松赛 ……………………………………… (194)
全国OP帆船锦标赛………………………………… (194)
全国山地自行车锦标赛暨全国青年山地自行车锦标赛
……………………………………………………… (194)
中国东台条子泥湿地铁人三项公开赛 …………… (195)
海峡两岸(昆山)马拉松赛 ………………………… (195)
中国网球巡回赛精英赛 …………………………… (195)
“环江苏”公路自行车赛(涟水站) ………………… (195)
中国盐城沿海湿地公路自行车邀请赛 …………… (195)

常州高铁新城中国马拉松精英排名赛 ……………（195）
南京江北新区半程马拉松赛 ……………（196）
全国柔道锦标赛暨全国柔道冠军赛 ……………（196）
高邮第九届大运河半程马拉松赛 ……………（196）
中国足球协会杯赛（常州赛区） ……………（196）
南京马拉松暨全国马拉松锦标赛（奥运会马拉松达标赛） ……………（196）
无锡太湖女子半程马拉松赛（无锡马山站） ……………（197）
大丰马拉松邀请赛 ……………（197）
全国青少年校园足球大学生女足联赛暨中国足球协会女子乙级联赛 ……………（197）
全国青少年艺术体操锦标赛 ……………（197）
全国U系列田径通讯赛（江苏赛区）系列赛（第一站） ……………（197）
南京秦淮·城墙马拉松赛……………（197）
全国青少年U系列英式7人制橄榄球锦标赛 ……………（198）
全国U系列田径通讯赛（江苏赛区）系列赛（第二站） ……………（198）
大运河体育系列赛 ……………（198）
举办省年度比赛 ……………（200）
江苏省青少年田径锦标赛 ……………（200）
江苏省少儿体操锦标赛 ……………（209）
江苏省少年儿童羽毛球锦标赛 ……………（214）
江苏省青少年跆拳道冠军赛 ……………（216）
江苏省青少年乒乓球锦标赛 ……………（217）
江苏省青少年击剑锦标赛 ……………（218）
江苏省青少年举重锦标赛 ……………（219）
江苏省青少年拳击锦标赛 ……………（223）

江苏省少年儿童网球锦标赛 ……………………………… (224)
江苏省青少年皮划艇静水锦标赛 ……………………… (225)
江苏省青少年游泳锦标赛 ……………………………… (227)
江苏省青少年射击锦标赛 ……………………………… (233)
江苏省青少年赛艇锦标赛 ……………………………… (238)
江苏省青少年足球锦标赛 ……………………………… (241)
江苏省青少年排球锦标赛 ……………………………… (244)
江苏省青少年摔跤锦标赛 ……………………………… (245)
江苏省青少年篮球锦标赛 ……………………………… (247)
江苏省青少年沙滩排球锦标赛 ………………………… (248)
江苏省青少年手球锦标赛 ……………………………… (248)
江苏省青少年武术(套路)锦标赛 ……………………… (249)
江苏省少年儿童艺术体操锦标赛 ……………………… (251)
江苏省青少年垒球锦标赛 ……………………………… (252)
江苏省青少年自行车锦标赛 …………………………… (252)
江苏省青少年棒球锦标赛 ……………………………… (255)
江苏省青少年柔道锦标赛 ……………………………… (256)
江苏省青少年武术(散打)锦标赛 ……………………… (258)

等级运动员与等级裁判员 ……………………………… (261)

等级运动员 ……………………………………………… (261)
2020年批准的一级运动员 ……………………………… (261)
等级裁判员 ……………………………………………… (270)
2020年批准的一级裁判员 ……………………………… (270)

体育宣传 ……………………………………………… (279)

弘扬传统体育文化与体育文化巡展 …………………… (279)
弘扬传统体育文化 ……………………………………… (279)

体育文化巡展 …………………………………………（280）
第三届体育文创大赛与推进体育文化建设 ……………（280）
第三届体育文创大赛 ……………………………………（280）
推进体育文化建设 ………………………………………（280）
举办各类体育文化活动与做好网站新媒体运行 ………（281）
举办各类体育文化活动 …………………………………（281）
做好网站新媒体运行 ……………………………………（281）
新闻发布会 …………………………………………………（282）
江苏省全民健身十大新闻 ………………………………（282）
健身公益项目新闻发布会 ………………………………（287）
体育消费券发放新闻发布会 ……………………………（287）
体育强国建设纲要实施方案新闻发布会 ………………（288）
江苏体育优秀新闻作品评选揭晓 ………………………（288）
体育局系统主办的报刊 ……………………………………（289）
体育与科学 ………………………………………………（289）
体育学研究 ………………………………………………（289）
南京体育学院学报 ………………………………………（290）
《江苏体育年鉴》…………………………………………（291）
扬子体育报 ………………………………………………（291）

体育教育 …………………………………………………（292）

高等体育院校教育教学 ……………………………………（292）
南京体育学院 ……………………………………………（292）
中等体育专业学校教学 ……………………………………（305）
南京体育学院附属学校 …………………………………（305）
江苏省各市体育运动学校 ………………………………（306）

体育科研 …………………………………………………………（309）

体育课题导向与第五届康复大会 ……………………………（309）
　　体育课题导向 ………………………………………………（309）
　　第五届康复大会 ……………………………………………（309）
反兴奋剂工作 ……………………………………………………（310）
　　实施反兴奋剂工程 …………………………………………（310）
　　拟定反兴奋剂领导小组职责 ………………………………（311）
　　加强反兴奋剂制度建设 ……………………………………（311）
科学健身服务与体育科研课题 ………………………………（312）
　　科学健身服务 ………………………………………………（312）
　　体育科研课题 ………………………………………………（312）

体育事业经费 …………………………………………………（315）

经费收入与经费支出 ……………………………………………（315）
　　经费收入 ……………………………………………………（315）
　　经费支出 ……………………………………………………（317）
专项经费 …………………………………………………………（319）
　　一般公共预算专项经费 ……………………………………（319）
　　体育彩票公益金专项经费 …………………………………（320）
国有资产与在建工程 ……………………………………………（322）
　　国有资产 ……………………………………………………（322）
　　在建工程 ……………………………………………………（323）

人事管理 …………………………………………………………（324）

干部管理与教育培训 ……………………………………………（324）
　　干部管理 ……………………………………………………（324）
　　教育培训 ……………………………………………………（324）

职称评聘与运动员保障 ……………………………………（325）
　　职称评聘 …………………………………………………（325）
　　运动员保障 ………………………………………………（326）
国际体育交流与加强地区体育交流 ……………………（326）
　　国际体育交流 ……………………………………………（326）
　　加强地区体育交流 ………………………………………（327）
对口扶贫与安保工作 ……………………………………（328）
　　对口扶贫 …………………………………………………（328）
　　安保工作 …………………………………………………（328）

机关党委工作 ……………………………………………（329）

建设政治机关与强化思想引航 ……………………………（329）
　　建设政治机关 ……………………………………………（329）
　　强化思想引航 ……………………………………………（330）
筑牢基层组织建设与强化监督管理 ……………………（330）
　　筑牢基层组织建设 ………………………………………（330）
　　强化监督管理 ……………………………………………（331）
强化纪律教育与推动党建工作 ……………………………（332）
　　强化纪律教育 ……………………………………………（332）
　　推动党建工作 ……………………………………………（333）
疫情防控与改革成效显著 …………………………………（333）
　　疫情防控 …………………………………………………（333）
　　改革成效显著 ……………………………………………（333）

纪检、监察工作 ……………………………………………（335）

突出政治监督与推进作风建设 ……………………………（335）
　　突出政治监督 ……………………………………………（335）
　　推进作风建设 ……………………………………………（336）

严格监督执纪与完善预防机制 …………………………（336）
严格监督执纪 ……………………………………（336）
完善预防机制 ……………………………………（337）
推动责任落实与加强自身建设 …………………………（337）
推动责任落实 ……………………………………（337）
加强自身建设 ……………………………………（338）

体育外事与地区交流 ………………………………（339）

出访与援外 ……………………………………………（339）
参加国家体育总局组织的出访团队 ……………（339）
江苏省体育局组织的出访团队 ……………………（341）
对台交流 …………………………………………（343）

体育产业 ……………………………………………（344）

体育产业政策落实与专项资金评审 ……………………（344）
落实“体育产业15条”纾困政策 ……………………（344）
制定实施贯彻国办43号文件《行动方案》…………（344）
专项资金评审 ……………………………………（345）
推进产业载体建设与强化体育产业平台建设 …………（345）
推进产业载体建设 ………………………………（345）
强化体育产业平台建设 …………………………（346）
体育产业政策宣传与体育产业统计 …………………（347）
强化体育产业政策宣传 …………………………（347）
开展体育产业统计和消费调查 ……………………（347）
体育产业大会与出版体育产业蓝皮书 ………………（348）
体育产业大会 ……………………………………（348）
江苏体育产业蓝皮书出版 …………………………（349）

江苏省体育总会工作 ……………………………… (350)

体育社团党委成立大会与特色党日活动 ………………… (350)
　　体育社团党委成立大会 …………………………… (350)
　　特色党日活动 ……………………………………… (351)
强化意识抓廉政与攻坚克难显担当 ……………………… (351)
　　强化意识抓廉政 …………………………………… (351)
　　攻坚克难显担当 …………………………………… (352)
推动体育社会组织创新 ………………………………… (352)
　　认真抓好脱钩改革 ………………………………… (352)
　　提高购买服务质量 ………………………………… (353)
　　重点解决改革难题 ………………………………… (353)
助力体育社会组织服务惠民 …………………………… (353)
　　推动体育组织数质并提 …………………………… (353)
　　完善群众赛事活动体系 …………………………… (354)
　　创新线上全民健身模式 …………………………… (355)
做好宣传工作与探索跨界融合 ………………………… (355)
　　做好宣传工作 ……………………………………… (355)
　　探索跨界融合 ……………………………………… (356)
2020年省属单项体育协会 ……………………………… (356)
　　江苏省田径运动协会 ……………………………… (356)
　　江苏省游泳运动协会 ……………………………… (358)
　　江苏省体操运动协会 ……………………………… (360)
　　江苏省举重运动协会 ……………………………… (361)
　　江苏省拳击运动协会 ……………………………… (361)
　　江苏省摔跤运动协会 ……………………………… (365)
　　江苏省武术运动协会 ……………………………… (367)
　　江苏省高尔夫球协会 ……………………………… (368)

江苏省柔道运动协会 …………………………………………（371）
江苏省跆拳道运动协会 ………………………………………（372）
江苏省自行车运动协会 ………………………………………（373）
江苏省击剑运动协会 …………………………………………（375）
江苏省马术协会 ………………………………………………（377）
江苏省射击运动协会 …………………………………………（379）
江苏省足球运动协会 …………………………………………（380）
江苏省篮球运动协会 …………………………………………（383）
江苏省排球运动协会 …………………………………………（385）
江苏省乒乓球运动协会 ………………………………………（387）
江苏省羽毛球运动协会 ………………………………………（389）
江苏省网球运动协会 …………………………………………（391）
江苏省帆船帆板运动协会 ……………………………………（394）
江苏省棒垒球运动协会 ………………………………………（396）
江苏省健美操运动协会 ………………………………………（397）
江苏省棋类运动协会 …………………………………………（398）
江苏省桥牌协会 ………………………………………………（401）
江苏省户外和登山运动协会 …………………………………（402）
江苏省汽车摩托车运动联合会 ………………………………（404）
江苏省保龄球运动协会 ………………………………………（405）
江苏省航空运动协会 …………………………………………（408）
江苏省无线电和定向运动协会 ………………………………（411）
江苏省毽球跳绳运动协会 ……………………………………（415）
江苏省门球运动协会 …………………………………………（416）
江苏省龙舟协会 ………………………………………………（421）
江苏省龙狮运动协会 …………………………………………（424）
江苏省钓鱼协会 ………………………………………………（427）
江苏省风筝协会 ………………………………………………（431）

江苏省信鸽协会 …………………………………………………… (432)
江苏省体育舞蹈运动协会 …………………………………………… (435)
江苏省健身健美运动协会 …………………………………………… (437)
江苏省健身气功协会 ……………………………………………… (440)
江苏省电子竞技运动协会 …………………………………………… (443)
江苏省老年人体育协会 ……………………………………………… (445)
江苏省社会体育指导员协会 ………………………………………… (448)
江苏省轮滑协会 …………………………………………………… (450)
江苏省空手道运动协会 ……………………………………………… (453)
江苏省体育装备协会 ……………………………………………… (455)
江苏省运动健身业协会 ……………………………………………… (456)
江苏省体育文化与发展战略研究会 ………………………………… (458)
江苏省体育摄影协会 ……………………………………………… (459)
江苏省体育场馆协会 ……………………………………………… (461)
江苏省体育集邮协会 ……………………………………………… (463)
江苏省瑜伽运动协会 ……………………………………………… (466)
江苏省广场健身舞运动协会 ………………………………………… (468)
江苏省啦啦操运动协会 ……………………………………………… (471)
江苏省赛艇运动协会 ……………………………………………… (475)
江苏省石锁运动协会 ……………………………………………… (477)
江苏省剑道运动协会 ……………………………………………… (481)
江苏省房车露营协会 ……………………………………………… (482)
江苏省掼蛋运动协会 ……………………………………………… (483)
江苏省魔方运动协会 ……………………………………………… (485)
江苏省壁球运动协会 ……………………………………………… (487)
江苏省射箭运动协会 ……………………………………………… (489)
江苏省飞镖运动协会 ……………………………………………… (490)

南京体院、省体育局部分直属单位概况……………………（492）

南京体育学院工作概况 ……………………………………（492）
江苏省体育局训练中心工作概况 …………………………（498）
江苏省五台山体育中心概况 ………………………………（501）
江苏省方山体育训练基地工作概况 ………………………（506）
江苏省足球训练基地工作概况 ……………………………（510）
江苏省体育彩票中心工作概况 ……………………………（513）
江苏省体育科学研究所工作概况 …………………………（518）

各设区市体育局工作概况 ………………………………（522）

南京市体育局工作概况 ……………………………………（522）
无锡市体育局工作概况 ……………………………………（525）
徐州市体育局工作概况 ……………………………………（529）
常州市体育局工作概况 ……………………………………（532）
苏州市体育局工作概况 ……………………………………（539）
南通市体育局工作概况 ……………………………………（543）
连云港市体育局工作概况 …………………………………（546）
淮安市体育局工作概况 ……………………………………（549）
盐城市体育局工作概况 ……………………………………（551）
扬州市体育局工作概况 ……………………………………（555）
镇江市体育局工作概况 ……………………………………（558）
泰州市体育局工作概况 ……………………………………（560）
宿迁市体育局工作概况 ……………………………………（563）

机构名录 …………………………………………………（567）

江苏省体育局党组成员、正副局长、巡视员 ………………（567）
江苏省体育局机关各处室 …………………………………（567）

南京体育学院 …………………………………………………（569）
江苏省体育局直属单位 ……………………………………（574）
各设区市体育局正、副局长……………………………………（579）

光荣榜 …………………………………………………………（584）

受到国家体育总局等单位表彰的先进单位和个人 ………（584）
　国家体育总局表彰突出贡献集体和个人 ………………（584）
　国家体育总局表彰先进个人 ……………………………（585）
　国家体育总局表彰优秀运动员 …………………………（585）
受到省委省政府表彰的先进单位和个人 …………………（586）
　省政府表彰全省民族团结进步模范集体和模范个人
　　……………………………………………………………（586）
受到省体育局等单位表彰的先进集体和个人 ……………（587）
　江苏省体育局表彰优秀共产党员和党务工作者 ……（587）
　江苏省体育局表彰先进个人 ……………………………（588）
　江苏省体育局表彰竞技体育成绩突出单位 …………（590）
　江苏省省直机关工委表彰先进集体和个人 …………（590）
　江苏省公安厅表彰先进集体和个人 ……………………（591）
　江苏省农业农村厅表彰先进单位和个人 ………………（591）
　江苏省新闻工作者协会表彰先进个人 …………………（592）

运动成绩 ………………………………………………………（597）

2020年参加世界超级联赛 …………………………………（597）
　世界曲棍球超级联赛 ……………………………………（597）
2020年参加亚太区拳击冠军赛暨东京奥运会资格赛成绩
　…………………………………………………………………（597）
　亚太区拳击冠军赛暨东京奥运会资格赛 ……………（597）
2020年参加全国比赛成绩 …………………………………（598）

全国田径锦标赛 …………………………………………………（598）
全国竞走邀请赛 …………………………………………………（600）
全国竞走锦标赛 …………………………………………………（600）
全国马拉松锦标赛 ………………………………………………（601）
2019—2020中国男子篮球职业联赛CBA ……………（601）
2019—2020中国女子篮球职业联赛WCBA …………（602）
全国排球超级联赛 ………………………………………………（602）
全国女子排球超级联赛 ………………………………………（602）
全国排球锦标赛 …………………………………………………（602）
全国沙滩排球锦标赛 …………………………………………（603）
全国男子拳击锦标赛 …………………………………………（603）
全国女子拳击锦标赛 …………………………………………（603）
全国男子拳击冠军赛暨金腰带争霸赛 ……………………（604）
全国女子拳击冠军赛 …………………………………………（604）
全国场地自行车锦标赛 ………………………………………（605）
全国场地自行车联赛 …………………………………………（606）
全国山地自行车锦标赛 ………………………………………（607）
全国BMX锦标赛 ……………………………………………（608）
全国BMX联赛 ………………………………………………（608）
全国女子英式7人制橄榄球赛（迁安站）暨全国冠军赛 ………………………………………………………………（609）
全国男子英式7人制橄榄球赛（迁安站）暨全国冠军赛 ………………………………………………………………（609）
全国女子英式7人制橄榄球赛（广州站）暨全国锦标赛 ………………………………………………………………（609）
全国男子英式7人制橄榄球系列积分赛（广州站）暨全国锦标赛 ………………………………………………………（609）
全国棒球锦标赛 …………………………………………………（609）

全国女子曲棍球锦标赛 …………………………………(610)
全国男子曲棍球锦标赛 …………………………………(610)
全国女子垒球锦标赛 ……………………………………(610)
全国女子垒球冠军赛 ……………………………………(610)
全国男女手球锦标赛 ……………………………………(611)
全国女子手球锦标赛 ……………………………………(611)
全国乒乓球锦标赛 ………………………………………(611)
全国羽毛球锦标赛 ………………………………………(612)
全国网球团体锦标赛 ……………………………………(612)
全国网球单项锦标赛 ……………………………………(613)
全国体操锦标赛 …………………………………………(613)
全国蹦床锦标赛 …………………………………………(614)
全国艺术体操锦标赛 ……………………………………(615)
全国艺术体操冠军赛 ……………………………………(616)
全国技巧锦标赛 …………………………………………(617)
全国赛艇锦标赛 …………………………………………(619)
全国赛艇秋季冠军赛 ……………………………………(620)
全国帆船锦标赛 …………………………………………(621)
全国帆船冠军赛 …………………………………………(622)
全国皮划艇锦标赛 ………………………………………(622)
全国跆拳道锦标赛系列赛(第一站) ……………………(623)
全国跆拳道锦标赛系列赛(第二站) ……………………(623)
全国跆拳道锦标赛系列赛(第三站) ……………………(624)
全国跆拳道冠军赛总决赛 ………………………………(624)
全国现代五项锦标赛 ……………………………………(625)
全国柔道大师赛 …………………………………………(626)
全国柔道锦标赛暨全国柔道冠军赛 ……………………(627)
全国古典式摔跤锦标赛暨奥运会资格选拔赛 …………(628)

全国男子古典式摔跤冠军赛 …………………………… (628)
全国女子自由式摔跤锦标赛暨奥运会资格选拔赛 …… (629)
全国女子自由式摔跤冠军赛 …………………………… (629)
全国摔跤锦标赛暨奥运会资格选拔赛 ………………… (630)
全国举重锦标赛暨东京奥运会模拟赛 ………………… (631)
中国足球协会女子足球超级联赛 ……………………… (631)
全国击剑锦标赛暨全国青年击剑锦标赛 ……………… (632)
全国击剑冠军赛总决赛 ………………………………… (633)
全国游泳冠军赛 ………………………………………… (635)
全国跳水冠军赛 ………………………………………… (636)
全国花样游泳锦标赛 …………………………………… (636)
2019—2020赛季全国速度滑冰锦标赛 ………………… (637)
全国自由式滑雪空中技巧锦标赛暨十四届全运会资格赛 ……………………………………………… (637)
全国马术三项赛锦标赛 ………………………………… (638)
全国马术盛装舞步锦标赛 ……………………………… (638)
南京汤山温泉杯马术公开赛 …………………………… (639)
长三角马术联赛暨浙江省马术总决赛年赛 …………… (639)
全国射击冠军赛(步枪项目) …………………………… (639)
全国射击冠军赛(手枪项目) …………………………… (640)
全国射击冠军赛(飞碟项目) …………………………… (640)
全国射箭冠军赛 ………………………………………… (641)
全国射击锦标赛(步枪项目) …………………………… (641)
全国射击锦标赛(手枪项目) …………………………… (642)
全国射击锦标赛(飞碟项目) …………………………… (642)
全国射箭锦标赛 ………………………………………… (643)
2020年参加全国青少年比赛成绩 ……………………… (645)
全国赛艇青年锦标赛 …………………………………… (645)

全国青年帆船锦标赛 ……………………………………（646）
全国皮划艇青年锦标赛 …………………………………（647）
全国青年男子U18手球锦标赛 …………………………（647）
全国青年男子U16手球锦标赛 …………………………（647）
全国蹦床青少年锦标赛 …………………………………（647）
全国女子手球青年锦标赛U18 …………………………（649）
全国女子手球青年锦标赛U16 …………………………（649）
全国青少年柔道锦标赛 …………………………………（650）
全国青年体操U系列冠军赛 ……………………………（652）
全国青少年艺术体操锦标赛 ……………………………（653）
全国U17青少年篮球比赛 ………………………………（655）
全国“篮校杯”女子篮球比赛 ……………………………（655）
全国U17青少年篮球比赛 ………………………………（655）
李宁篮球精英赛 …………………………………………（655）
全国U15青少年篮球比赛 ………………………………（656）
三人篮球国家队(U22)集训赛 …………………………（656）
俱乐部篮球精英赛西宁站 ………………………………（656）
俱乐部篮球精英赛常州站 ………………………………（656）
俱乐部篮球精英赛张家港站 ……………………………（656）
全国青少年U19男排锦标赛 ……………………………（656）
全国青少年U18女排锦标赛 ……………………………（657）
全国U18男子拳击锦标赛 ………………………………（657）
全国U18、U16女子拳击锦标赛 …………………………（657）
全国U16男子拳击锦标赛 ………………………………（658）
全国公路自行车锦标赛 …………………………………（658）
全国山地自行车联赛(第一站) …………………………（659）
全国U系列女子英式7人制橄榄球冠军赛 ……………（660）
全国U系列男子英式7人制橄榄球冠军赛 ……………（660）

全国U系列女子英式7人制橄榄球锦标赛 …………(660)
全国U系列男子英式7人制橄榄球锦标赛 …………(661)
全国青少年U系列曲棍球锦标赛U15组 ……………(661)
全国青少年U系列曲棍球锦标赛U18组 ……………(661)
全国青年棒球锦标赛 ………………………………(661)
全国青少年射击锦标赛(手枪项目) ………………(661)
全国青少年射击锦标赛(飞碟项目) ………………(662)
全国沙滩排球青年锦标赛 …………………………(663)
全国男子古典式U20摔跤锦标赛 …………………(663)
全国女子自由式U20摔跤锦标赛 …………………(663)
全国青少年速度滑冰锦标赛 ………………………(664)
全国自由式滑雪空中技巧水池跳水赛体能比赛 ……(665)

附 录 ……………………………………………(666)

2020年江苏省各项运动最高纪录 ……………………(666)

工 作 概 况

2020年，江苏省体育系统以习近平新时代中国特色社会主义思想为指导，深入学习习近平总书记对江苏工作重要讲话指示和关于体育工作重要论述精神，认真贯彻省委十三届九次全会和全国体育局长会议部署要求，推动体育强省建设走在全国前列，奋力谱写“体育让生活更美好”新篇章。

一、疫情防控和服务发展统筹推进

2020年，面对突如其来的新冠肺炎疫情，全省体育系统坚持把保障人民群众健康放在首位，省体育局第一时间成立疫情应对工作领导小组，及时收拢人员并对运动队实施全封闭管理，制定了公共体育场馆暂停开放、各类赛事活动暂停举办等一系列应对举措；各级体育部门坚持属地管理原则，扎实抓好各项措施落地落实；广大党员干部冲锋在前，展现了“我是党员我先上”的责任担当。全省各级各类体育场馆、竞赛活动以及运动队未发生疫情，实现“零感染”。为了丰富疫情防控期间群众文化生活，各级体育部门积极创编居家科学健身方法，制作居家健身科普图片及小视频，发布了《运动抗“疫”居家健身手册》，探索建立“云培训”科学健身指导新模式。根据疫情防控形势变化，省和各地动态调整防控重点及应对措施，有序推进体育领域复工复产，稳妥有序地开放体育场地设施，逐步恢复马拉松等赛事活动。省体育局制定出台“促进江苏体育产业15条”，推出“复工助企四专10条”金融服务等措施，各地采取体育夜市等有力措施，推动体育消费、提振社会信心。此外，积极服务国家大局，无条件接受国家队来省内转训，承接了空场体育赛事。南京、常州等地积极保障国家队转训，承接了柔道、田径、女子橄榄球、女子手球、跳台滑雪等项目国家队来苏转训；苏州市承办中超第一阶段分赛区、第二阶段争冠组80场比赛，赛事总体安全、顺利、有序，被国家体育总局授予“抗疫情保备战突出贡献纪念奖”，同时积极打造“中超来相伴”夜市，激活夜经济消费新动能。

二、体育改革创新持续深化

结合江苏实际，认真学习领会、贯彻落实《体育强国建设纲要》，就推进体育强省建设的总体目标、具体任务和保障措施，加强调查研究，征求部门意见，提请省政府出台《江苏省贯彻体育强国建设纲要实施方案》和《体育强省建设3年行动计划（2020—2022年）》。省政府在扬州召开体育强省建设工作推进会，全面部署推进体育强省建设。省体育局进一步细化各项工作任务，分解到部门到单位，确保责任落实到位。同时，各条线、各单位都坚持立足高远、开门问策，注重问题导向、改革创新，积极推进体育发展“十四五”规划编制工作。各地认真贯彻实施意见和推进会议精神，推动省委省政府决策部署落地落实，连云港市率先出台了本地贯彻实施方案。

继续深化足球改革，统筹推进10大项73个分项改革任务，优化完善足球青训体系和竞赛体系，合理布局社会青训结构，引导扶持行业足球赛事，提升职业足球保障服务水平。江苏苏宁足球俱乐部首夺中超联赛冠军。稳步推进体育协会改革，健全体育社团管理服务机制。联合省有关部门制定《关于促进和规范社会体育俱乐部发展的实施意见》，推动社会力量参与体育发展，涌现了一批优秀典型。南通珂缔缘足球俱乐部积极承担十四届全运会男足U18年龄段组队参赛任务。推动开放竞争办队，探索开展同队不同组别、同项不同队之间的竞争，完善省队市办、政企联办等多元化办队模式，创新多种方式相结合的竞技体育人才培养选拔机制。

推进行业融合发展，制定出台《关于促进体医融合发展的意见》，举办第五届国际运动康复大会。常州市建设了全省最早的体育医院，在慢性病运动干预、青少年脊柱侧弯矫正等方面积累了丰富经验。深化体教融合，联合开展体育特色学校创建、实施幼儿体适能工程，推动运动学校标准化建设。注重发挥好行业部门牵头作用，与省公安厅签订《加强警体合作框架协议》，促进行业人群运动健身。无锡市积极推动六方共建江阴海澜集团体旅融合示范基地，支持省武术队、省摔跤柔道队、省女子排球队集训转训。宿迁市围绕生态时尚特色，举办大运河竞走与行走系列赛，推动了生态体育文化的兴起和发展。

三、全民健身服务体系不断完善

持续推进体育场地设施建设供给，新建体育公园111个、健身步道2400余公里，推动122个大型体育场馆向社会免费或低收费开放，人均体育场地面积达3.15平方米。组织开展体育职业技能鉴定工作，完成12333人次鉴定，鉴定及获证人数均位列全国第一；全省健身教练参加全国首届职业技能大赛，夺得体育领域唯一金牌。

广泛开展全民健身活动，成功举办第八届全民健身运动会、首届网络全民健身运动会，其中全民健身网络运动会参与人数近400万人。由各级体育组织举办的、规模50人以上的赛事12975场。举办全民健身日启动仪式、省第十五届“长江经济带”全民健身大联动、第三届健康江苏健步走等活动，进一步彰显省级活动品牌效应。指导全省各地结合特色资源禀赋和传统节庆，广泛开展群众喜闻乐见的体育赛事和活动。

在省基本公共服务体系建设成效年度百姓满意度调查中，公共文化体育位居11个行业满意度首位。在国家市场监管总局通报的2019年全国公共服务质量监测中，扬州市列全国第二，其中公共体育服务名列第一。南京、苏州等地开发全民健身应用软件,极大地方便了群众健身;徐州、盐城等地出台全民运动健身模范城市工作实施方案,在设施供给、群众赛事、健身指导等方面提出了具体举措。

加大科学健身指导服务力度,建成省级以上体质测定与运动健身指导站134个,全年为40多万人次群众免费进行体质测定、运动能力评估、科学健身指导等服务。提升群众健身保障水平,组织开展了全省专项督查,实地检查了130个体育场馆开放工作,推动122个大型体育场馆向社会免费或低收费开放。面向全省健身群众发放5000万体育消费券,激励群众参与体育锻炼活动。开展全省社会体育俱乐部摸底工作,积极研究推动全省5187个社会体育俱乐部服务全民健身。加强骨干队伍建设,完成全国国民体质监测6400个样本和全省国民体质监测41600个样本的抽测、数据整理上报、初步汇总等工作。

四、竞技体育水平保持稳定提升

2020年,全省共举办国际赛事1项次、全国赛事68项次、省级赛事161项次,马拉松赛事18项次。密切关注东京奥运会备战最新动态,积极做好争入选工作,目前已有24名运动员获得东京奥运会参赛资格。在年度最高水平比赛中,江苏省共获得25枚金牌、23枚银牌和40枚铜牌,金牌数列全国第四位,奖牌数列第三位。在国内最高等级职业联赛中,江苏苏宁足球俱乐部历史首夺中国足球协会超级联赛冠军,太平洋保险江苏男子手球俱乐部获得中国男子手球超级联赛冠军,江苏男排时隔九年重返联赛总决赛获得亚军,江苏中天钢铁女排获得中国女排超级联赛亚军。

五、青少年体育工作扎实推进

推动省级青少年高水平单项运动业余训练点建设,积极开展基层教练员培训。开展全省青少年阳光体育运动联赛,全年共举办赛事55项次,分别在2个省级训练单位、13个设区市、14个县

(市)区举行，共有7061名青少年运动员，15934人次参加比赛。采取线上线下相结合的方式开展幼儿竞技体适能暨快乐体操训练营，线下总参与人数2018人，其中教练员与教师为227人，学员为1791人，线上比赛浏览量312852次，参赛人数730人，线上参赛队伍73支；加强后备人才梯队建设，举办三期全省青少年篮球后备人才训练营；完善四级校园篮球竞赛体系，共有21支小学队伍、22支初中队伍、56支高中队伍、42支大学队伍共2000多名学生运动员参加省级校园联赛。

六、体育产业高质量发展

大力推进体育产业载体建设，复核认定省级体育产业基地82家、新培育认定20家、第三批省体育服务综合体16家，南京、苏州、常州三市成功入选首批国家体育消费试点城市，南京奥体中心等4家单位获评新一批国家体育产业示范单位。推动供给和需求双侧发力，全年共下达中央和省公共体育场馆免费或低收费开放补助资金、省体育产业发展专项资金、省健身俱乐部专项资金等1.85亿元。

强化产业发展平台载体建设，联合长三角地区三省一市出台《长三角地区体育一体化高质量发展的若干意见》《长三角地区汽车运动产业发展规划(2020—2025年)》，助推长三角体育快速发展。联合开展2020年长三角地区精品体育旅游项目评选，江苏省无锡海澜马文化主题旅游景区等12个项目入选。举办2020江苏体育产业大会暨中国(淮安)淮河生态经济带体育产业发展论坛，搭建政企互动交流平台。经国家体育总局评选，全省共有12个项目入选“2020中国体育旅游精品项目”，4个项目获评十佳项目。出版《体育产业蓝皮书：江苏省体育产业发展报告(2019—2020)》，编辑印发三期《江苏体育产业》杂志。

开展体育产业统计和消费调查工作，完成四经普及2019年江苏体育产业数据核算，2019年全省体育产业实现总产出

4620.42亿元(占全国1/7),同比增长13.6%;创造增加值1570.94亿元,同比增长13.2%,占全省地区生产总值的比重为1.58%,增长0.08个百分点;2019年江苏省城乡居民体育消费总规模1971亿元,人均体育消费支出2442元。

2020年,江苏省累计销售体育彩票195.51亿元,同比下降14.00%,高于全国增幅3.92个百分点,省内市场份额68.67%,同比增长4.38个百分点,总销量继续位列全国体彩业界第一。全年筹集公益金52.18亿元,上缴偶得税3.20亿元。

七、体育文化建设开创新局面

大力弘扬中华体育精神,举办"牢记初心使命攀新高　践行女排精神再出发"体育文化展巡展,参观人数近3万人,学习强国江苏平台浏览量达8万次。充分发挥江苏体育陈列馆宣教功能,举办"弘扬体育精神　凝聚奋进力量"江苏体育文化夏令营和冬令营活动等10余场活动,激发体育精神和爱国主义情怀;积极推动体育文化创新发展,成功举办以"运河文化之美　体育文化之魅"为主题的2020第三届江苏体育文化创意与设计大赛,共收到作品2076件。依托赛事的影响力和号召力,由中共江苏省委宣传部、省体育局以及江苏大运河沿线相关设区市人民政府共同主办的"大运河体育系列赛事活动"的LOGO也通过赛事选定;举办"布局互联网体育生态新链路　打造新时代体育文化新格局"主题文化发展沙龙,拓宽体育文化发展思路。

(吴兵成)

大事记

1月

2日 省全民健身工作部门联席会议第三次会议在南京召开。会议研究部署了下一阶段全民健身工作和新时代体育强省建设重点任务。副省长陈星莺出席会议并讲话。省政府副秘书长王思源,省体育局局长陈少军,省体育局副局长熊伟和联席会议各成员单位分管负责同志及联络员出席会议。

13日 全省体育局长会议在南京召开。会议的主要任务是:以习近平新时代中国特色社会主义思想和习近平总书记关于体育工作重要论述为指导,深入贯彻党的十九大和十九届二中、三中、四中全会精神,认真落实省委十三届七次全会和全国体育局长会议部署要求,回顾总结2019年全省体育工作,研究分析当前形势,部署2020年工作任务,加快体育强省建设步伐,为体育强国和"强富美高"新江苏建设贡献力量。省体育局局长陈少军,省纪委省监委派驻省教育厅纪检监察组组长张姬雯,省体育局领导刘彤、王志光、熊伟、范金华、张建飞,南京体院党委书记朱传耿等出席会议。会议由刘彤主持。

17日 省体育局二级巡视员张建飞带领机关有关人员赴省体育局对口帮扶点——涟水县唐集镇中营村慰问调研。张建飞一行走访慰问了部分低收入农户,向他们表示节日的问候和祝福,并为他们送去了慰问金,让困难群众切实感受到了党和政府的殷切关怀。张建飞一行还实地察看了省体育局出资援建的村级光伏电站、标准化厂房等帮扶项目，并听取了省体育局驻村干部两年来的帮扶工作汇报，他对中营村各项事业取得的长足进步表示赞扬，同时对帮扶工作给予了充分肯定。

19日 省体育局党组举行理论中心组学习会。省体育局领导班子成员、机关各处室主要负责人、各直属单位党政主要负责人参加学习会。省体育局党组书记、局长陈少军主持学习会。

19日 省体育局召开“不忘初心、牢记使命”主题教育总结会。省体育局领导，机关处室、直属单位党政主要负责同志参加会议。党组书记、局长陈少军主持会议并讲话。

27日 省体育局党组召开会议，认真学习贯彻习近平总书记关于新型冠状病毒肺炎疫情防控工作的重要讲话指示精神，按照省委省政府部署要求，研究布置新型冠状病毒肺炎疫情防控和应对工作。

31日 省体育局局长陈少军采取“四不两直”方式到省方山训练基地检查指导新型冠状病毒疫情防控工作。

2月

13日 省体育局党组书记、局长陈少军和副局长、机关党委书记王志光前往华侨路街道永庆村、怡景花园、广州路211号等疫情防控值守点，了解省体育局党员志愿者工作情况，支持街道社区开展联防联控，共同抗击疫情。

20日 省体育局党组书记、局长陈少军主持召开局党组会暨应对新型冠状病毒感染的肺炎疫情工作领导小组会议，学习习近平总书记关于疫情防控工作重要讲话指示精神，传达省委常委会（扩大）会议暨省委应对疫情工作领导小组会议精神，按照江苏省关于加强科学防治精准施策坚决打赢疫情防控阻击战统筹推进经济社会发展的指导意见要求，研究部署下一阶段全省体育系统疫情防控工作。

25日 省体育局印发《关于规范有序做好新冠肺炎疫情防控期间室外健身场地设施开放工作的通知》，从七个方面对室外健身场地设施开放提出具体要求。

28日 省体育局召开党组会暨新冠肺炎疫情应对工作领导小组会议，深入学习贯彻习近平总书记关于疫情防控工作的系列重要讲话指示精神，按照省委常委会暨省委应对疫情工作领导小组(扩大)会议和国家体育总局视频会议部署要求，对坚持防控和业务两手抓两手硬，统筹推进体育改革发展各项任务作出具体安排。省体育局党组书记、局长陈少军主持会议并讲话。

3月

江苏省体育局3月底印发了《关于应对新冠肺炎疫情影响促进体育产业健康稳步发展若干措施的通知》(苏体经〔2020〕32号)，就支持体育产业健康稳步发展作出了明确部署，进一步提振了体育消费市场。

4月

1日 省体育局党组书记、局长陈少军赴省体育局水上运动管理中心调研基层党建工作。他强调，要以习近平新时代中国特色社会主义思想为指引，认真落实新时代党的建设总要求，大力弘扬“支部建在连上”的光荣传统，加强政治引领，层层压实责任，突出运动队思想政治教育，创新推动基层党建与训练工作融合发展，不断提升运动队科学训练水平和综合竞争力，为体育强省建设贡献力量。

2日至7日 省体育局副局长王志光率领局系统事业单位所办企业资产清查及集中监管领导小组办公室成员赴省五台山体育中心、省体育局训练中心，对事业单位所办资产清查及集中监管工作开展专题调研，调研以座谈会的形式进行。

17日 省体育局召开2020年全面从严治党暨机关党建工作会议，深入学习贯彻习近平总书记关于全面从严治党和机关党建重要论述精神，全面落实中央和省委、省纪委以及省级机关工委有关指示要求，总结部署工作，纵深推进全面从严治党和机关党建工作，为夺取疫情防控和体育事业发展双胜利提供坚强的政治保证。省体育局领导陈少军、刘彤、王志光、王伟中、熊伟、范金华，省纪委监委派驻省教育厅纪检监察组组长张姬雯同志出席会议，陈少军、张姬雯同志分别在会上讲话，王志光同志代表机关党委作工作报告。会议由王伟中同志主持。

17日 省体育局党组书记、局长陈少军主持召开局党组扩大会暨2020年党风廉政建设责任制领导小组第一次会议。驻省教育厅纪检监察组组长张姬雯出席会议并讲话。省体育局领导、局党风廉政建设责任制领导小组全体成员参加会议。

17日 省体育局党组书记、局长陈少军在省体育局会议室会见淮安市委副书记、市长陈之常一行，双方就推进淮安体育事业发展进行了座谈交流。省体育局副局长刘彤、王伟中，淮安市副市长王红红、淮安市政府秘书长王苏君和淮安市相关部门负责同志参加会见。

9日至17日 省体育局开学复训疫情防控督查组深入全省13个设区市，对全省各级各类体校进行2020年春季开学复训工作的抽查督导。

20日 省体育局二级巡视员范金华一行赴训练中心进行人事工作调研。

5月

9日 “致最美逆行者”健身公益项目新闻发布会在南京举行。本健身公益项目由省发展体育基金会与省五台山体育中心联合推出,为南京地区的省属、市属援鄂医务人员提供公益健身服务。省发展体育基金会理事长张九汉、省体育局副局长王志光等出席发布会。

10日 由江苏省体育局、无锡市体育局、无锡市文化广电和旅游局、江阴市文体广电和旅游局、新桥镇人民政府、海澜集团,联合国家非物质文化遗产太极拳发源地河南省焦作市打造的体育旅游精品示范工程“体旅融合示范基地”创建工作在无锡江阴海澜飞马水城正式启动。

12日至13日 江苏省健身气功·八段锦推广活动走进了省财政厅、省总工会。本次活动由江苏省体育局和江苏省卫生健康委员会共同主办,旨在进一步推广普及健身气功,满足广大健身气功爱好者的健身需求,积极倡导科学、健康、文明的生活方式。

15日 省体育局召开局党组巡察工作动员会议。省体育局党组成员、副局长、局党组巡察领导小组办公室主任王志光同志出席会议并讲话,局党组巡察小组全体成员、巡察人才库全体成员参加会议。

19日 江苏省体育局局长陈少军、副局长刘彤一行赴南京奥体中心省足协开展调研。陈少军实地查看省足协秘书处办公场所,详细了解各部门职能分工,并主持召开调研座谈会,与大家探讨足球改革发展思路举措,听取意见建议。

20日　省体育局召开“党风廉政教育月”动员部署会。党组书记、局长陈少军在会上讲话。局领导，直属单位正科以上干部、局机关全体人员共170余人参加。会议由省体育局二级巡视员范金华同志主持。

20日　为深入贯彻中央和省委省政府关于奋力夺取疫情防控和经济社会发展双胜利的决策部署，省体育局在南京以视频的形式召开2020年全省群众体育工作会议。省体育局副局长熊伟出席会议。

25日　江苏省体育局在南京召开新闻发布会，启动2020年体育消费券发放工作。省体育局局长陈少军、副局长熊伟、中国银行江苏省分行行长宁效云、副行长祁斌等出席会议。江苏省体彩公益金中安排5000万元，以“体育+互联网+金融”的方式，委托中国银行江苏省分行、积分通（张家口）信息服务有限公司分别通过“江苏全民健身卡”“全民健身公共积分”两种方式发放体育消费券。其中通过“江苏全民健身卡”向群众发放2000万元普通体育消费券和冰雪消费券，按每人2000元标准向江苏省赴湖北参加新冠肺炎疫情防控的一线医务人员、工作人员赠送700万元突出贡献群体体育消费券；按每人1000元标准向苏北两个设区市部分青少年发放300万元健身培训券；通过“全民健身公共积分”向群众发放2000万元全民健身公共积分和冰雪积分。健身群众实名办理“江苏全民健身卡”后，可申领“满100元减50元”普通体育消费券和“满200元减100元”冰雪消费券。

26日至29日　省体育局局长陈少军赴南通、盐城、连云港三市调研体育工作。调研期间，陈少军实地考察当地全民健身设施、体育运动学校、体育用品企业等，并与市县体育部门负责同志座谈，了解全民健身活动、后备人才培养、体育企业复工复产等情况。

27日　省优秀运动队训练工作会议在南京召开，省体育局副局长王伟中、南京体育学院副院长肖爱华出席会议。省各优秀运动队领队，各训练单位主要负责人，省体科所负责人，省体育局竞体处全体成员参加会议。

6月

3日至11日 省体育局副局长熊伟、二级巡视员范金华分别带队赴无锡、南通、淮安、宿迁等设区市体育局及仙林训练中心、水上运动管理中心、方山训练基地、足球训练基地等直属单位进行安全生产专项检查和调研。

10日 江苏省首届健身气功·八段锦网络达标赛在南京正式启动，省体育局副局长熊伟等出席启动仪式。本次大赛由江苏省体育总会主办，江苏省社会体育管理中心承办，南京魔迅信息科技有限公司协办。赛事为期一个月，共有来自各设区市以及昆山市、泰兴市、沭阳县的16支队伍、超过万人参加本次比赛，是江苏2020年以来参与人数最多、规模最大的群众性网络单项赛事。

19日 省体育局举办《民法典》专题讲座，特邀请中共江苏省委党校（江苏行政学院）法政部梁三利教授，就《中华人民共和国民法典》的编纂历程、重要意义、内容特征作专题辅导。省体育局机关全体干部、直属单位处以上和部分科级干部160余人参加了讲座。

20日 “中国体育彩票”第十七届江苏五台山全民健身节暨“七彩华侨路·走进五台山”健康行启动仪式在五台山体育中心开幕。江苏省体育局副局长王志光、南京市体育局副局长朱华林等出席启动仪式。

23日 由江苏省体育局主办，江苏省体育信息中心（江苏省体育文化中心）承办的2020第三届江苏体育文化创意与设计大赛新闻发布会在南京举办。赛事报名通道同步启动。省体育局二级巡视员范金华等出席新闻发布会。

24日 江苏省体育局召开机关党员代表大会，选举产生新一届机关党委委员会、机关纪委委员会。省委省级机关工委副书记朱学山、省纪委监委派驻省教育厅纪检监察组相关同志、党员代表共计170多人参加了会议。省体育局党组书记、局长陈少军出席大会并讲话，党组成员、副局长、机关党委书记王志光代表上一届机关党委委员会作工作报告。大会由党组成员、副局长王伟中主持。

30日 “牢记初心使命攀新高 践行女排精神再出发”体育文化展在苏州圆融时代广场开幕，江苏省体育局二级巡视员范金华等出席开幕式。本次展览由江苏省体育局主办，江苏省体育文化中心、苏州市体育局承办，江苏省发展体育基金会、苏州市运河公园管理处、苏州体育博物馆、圆融艺术中心协办，展陈时间6月30日至7月5日。

7月

3日 省体育局举办“忠诚核心、勇担使命，建设体育强省”七一主题党日活动，庆祝中国共产党成立99周年。省体育局领导、机关全体党员和直属单位党员代表共190余人参加活动。局党组书记、局长陈少军出席活动并讲话。活动由省体育局党组成员、副局长、机关党委书记王志光主持。

6日 省体育局训练工作专题会议在宁召开，王伟中副局长、南京体育学院肖爱华副院长出席会议，在宁训练单位主要负责人和训练部门负责人参加了会议。会议由省体育局竞技体育处一级调研员陶新主持。

6日 江苏省发展体育基金会第五届理事会第七次会议在宁召开。省十届政协副主席、省发展体育基金会理事长张九汉，省政协办公厅一级巡视员郝星辰，省体育局副局长王志光，省体育产业集团董事长顾晔，浦口区委常委、宣传部部长、文联主席杨雯懿等领导出席，理事会副理事长、理事、监事及特邀理事等参加会议。

14日 2020年江苏省退役运动员职业转换培训班在省江宁足球训练基地开班，本次培训班共有来自全省各训练单位的80多名退役运动员参加。省体育局人事处、省体育人才流动服务中心、足球训练基地等单位相关负责同志参加了开班典礼，省体育局二级巡视员范金华代表局党组到培训班看望全体参训学员，转达了局党组对学员的关心关爱之情，并对学员的学习与成长提出了殷切期望，对培训教学以及组织保障工作提出了具体要求。

16日 江苏省政府召开贯彻体育强国建设纲要实施方案新闻发布会。发布会上，省体育局主要领导围绕日前省政府办公厅印发的《江苏省贯彻体育强国建设纲要实施方案》中的主要内容及相关政策进行了解读。省发展改革委、省教育厅、省工业和信息化厅、省文化和旅游厅、省卫生健康委的分管领导出席并回答记者提问。

21日 由省体育局、省发展体育基金会共同实施的2020年江苏省优秀运动员保障"勿忘我计划"资助仪式在江宁足球训练基地举行。省十届政协副主席、省发展体育基金会理事长张九汉，省慈善总会副会长赵顺盘，省体育局副局长王志光等及退役运动员代表参加资助仪式。

21日至22日 省体育局副局长熊伟一行赴上海市调研体医融合工作。上海市体育局副局长赵光圣、上海体育学院副院长王兴放接待调研。

26日 由江苏省体育局、江苏省老龄委办公室、江苏省老年人体协共同主办的2020年江苏省老年人体育节启动仪式在南京举行。

27日 江苏省体育局青年干部“使命在肩、奋斗有我”主题演讲会在南京举行。

31日 2020年江苏省优秀运动员退役仪式在南京举行。省体育局党组书记、局长陈少军出席仪式并讲话，省体育局副局长王伟中、南京体院副院长肖爱华、省体育局相关处室、单位负责人，运动队领队、教练员、退役运动员代表参加退役仪式。退役仪式由省体育局二级巡视员范金华主持。

8月

1日 江苏省体育局正式印发的《江苏省贯彻〈体育赛事活动管理办法〉实施细则》开始实施。《细则》共6章41条。《细则》的出台有力地推动体育赛事活动管理的规范化、制度化、法治化；进一步调动社会力量举办体育赛事活动的积极性，推动体育赛事活动在全省范围内蓬勃开展，为体育强省建设做出积极的贡献。

4日 省体育局召开党组中心组（扩大）学习会，开展反兴奋剂专题学习。局党组书记、局长陈少军，副局长王志光、王伟中、熊伟、二级巡视员范金华，南京体育学院副院长肖爱华，省纪委监委派驻省教育厅纪检监察组相关同志、局其他中心组成员，所属训练单位负责同志和部分一线教练员，以及其他相关直属单位和职能处室共110多人参加会议。会议由局党组成员、副局长王伟中主持。

5日 省体育局赴六合区金牛湖街道塘桥社区开展“健康体测进社区”共建活动。局党组成员、副局长、机关党委书记王志光、局机关党委、群体处、经济处、水上运动管理中心、省体育科学研究所负责同志及驻五环大厦15个基层党组织代表、五台山体育中心国民体质测定与运动健身指导站工作人员参加活动。

6日 2020年江苏省青少年阳光体育运动联赛县组田径第一赛区比赛在宜兴市体育中心体育场举行，这标志着2020年江苏省青少年阳光体育运动联赛正式启动。开赛仪式上，宜兴市人民政府副市长储红飚致欢迎词，省教育厅二级巡视员李金泉寄语参赛健儿，省体育局副局长王伟中宣布联赛开赛。省教育厅、省体育局有关部门负责同志，无锡市、宜兴市有关领导出席开赛仪式。

8日 江苏省首届网络全民健身运动会暨宁、镇、扬全民健身大联动开幕式在江苏省广播电视总台共享大厅隆重举行。副省长陈星莺出席并宣布开幕，省政府副秘书长王思源，省体育局局长、体育总会会长陈少军，省广播电视总台台长卜宇，南京市副市长胡万进，省体育局副局长、体育总会副会长熊伟，省广播电视总台副台长任桐，新华日报社副总编辑陆峰，南京市体育局局长董浩，中国银行股份有限公司江苏省分行副行长姚家斌等出席开幕式，省体育局相关处室、直属单位，各省属体育协会，各设区市体育局、体育总会负责同志参加开幕式。开幕式由王思源主持，陈少军、卜宇、胡万进致辞。

10日 2020年“中华全国体育基金会青少年体育助训关爱计划暨江苏省发展体育基金会奥运未来之星计划——体校教练员培训”在江苏南京方山体育训练基地举办。省体育局副局长王志光出席开班仪式。

10日至14日 省体育局在镇江开办“忠诚核心、勇担使命”基层党组织书记培训班。党组书记、局长陈少军出席培训班结业仪式并讲授党课，副局长刘彤、王志光、王伟中、熊伟听取党课，省体育局系统各级党组织书记60多人参加培训。党组成员、副局长、机关党委书记王志光作开班动员，并主持结业仪式。

16日 由省发展体育基金会、省足球运动协会、省体育彩票管理中心共同主办，由中国体育彩票资助的“江苏体彩公益行——2020江苏省社区足球公益互联合家欢”发布仪式在南京鱼嘴足球公园举行。省十届政协副主席、省发展体育基金会理事长张九汉，省体育局副局长、省发展体育基金会名誉副理事长王志光，省体育彩票管理中心、省发展体育基金会会、中商控股集团有限公司等有关代表出席发布仪式。

19日 省体育局召开全省反兴奋剂工作会议。会议传达学习了国家体育总局2020年全国反兴奋剂工作会议精神，对下一阶段反兴奋剂工作进行了部署。省体育局局长、党组书记陈少军，副局长王伟中，南京体育学院党委书记朱传耿、副校长肖爱华出席会议，省纪委监委派驻省教育厅纪检监察组相关同志，机关各处室、局青少年训练和反兴奋剂中心、各有关训练单位、省体科所、体总秘书处、省社体中心主要负责人参加会议。各设区市体育局、各训练单位均设立分会场，通过视频形式参加了会议。王伟中主持会议，并传达苟仲文局长在全国反兴奋剂工作会议上的讲话精神。

23日 江苏省第八届全民健身运动会“喜迎奥运”城市定向暨音乐嘉年华活动在南京市秦淮区汉中门广场正式启动。本次活动是全民健身运动会活动版块的8个主题活动之一，由江苏省体育局、江苏省文明办、中共江苏省委省级机关工作委员会等十六家单位联合主办，江苏省社会体育管理中心、江苏省体育彩票管理中心承办。省体育局副局长熊伟，南京市秦淮区纪委书记王晓卫，南京市体育局副局长朱华林等出席开赛仪式。

25日 国家体育总局公布首批40个国家体育消费试点城市名单，江苏省南京市、苏州市、常州市入选。

27日 省体育局召开了2020年中期经济运行分析会。省体育局局长陈少军、副局长王志光，南京体育学院总会计师黄步龙出席会议，局各直属单位主要负责人、分管财务领导和财务人员以及南京体育学院财务处负责人参加了会议，会议由王志光主持。

29日 由中国体育彩票资助，省发展体育基金会和省体育彩票管理中心联合主办的江苏体彩公益行“增强体魄，健康生活——携手奥运冠军益起跑”活动在南京玄武湖公园鸣枪起跑。省十届政协副主席、省发展体育基金会理事长张九汉，省体育局副局长王志光等出席了本次活动。此外，主办方还邀请到了体操奥运冠军黄旭、马拉松世界冠军周春秀、技巧世界冠军唐建、全运会马拉松赛冠军张庆乐等现场助阵热身环节和领跑，并与500多名爱心跑者共同携手用步伐传递正能量，用自己的善举为自闭症儿童奉献爱心。

31日 江苏省第八届全民健身运动会三人篮球赛暨江苏省三人篮球联赛在镇江市体育会展中心落幕。

9月

10日 动境2020“中国体育彩票”体育新空间设计大赛发布会在南京举办。本次大赛由江苏省体育总会主办，江苏省体育装备中心、江苏省体育装备协会、南京侨英荟文化联合承办，中国体育彩票特别支持。省体育局副局长王志光，省体育产业集团有限公司董事长、省体育装备协会会长顾晔，原省侨联副主席镇翔等出席了本次发布会。主办方还特别邀请了来自江苏女排的陈展作为大赛形象代言人。

12日 2020年援鄂抗疫足球系列公益活动暨“扬子江”杯首届江苏省医疗系统足球邀请赛开赛仪式在江苏省五台山体育中心体育场举行。与此同时，小组赛首轮角逐也激情上演。

12日 江苏省足球运动协会与江苏省体育产业集团战略合作暨江苏福特宝足球公司投资合作协议签约仪式在南京举行。这是双方积极适应以国内大循环为主体、国内国际双循环的新发展格局的创新之举,是在“后疫情时代”以足球为切入点主动育新机开新局的应变之举,也是壮大足球产业、振兴足球发展的有力之举。

14日至18日 省体育局在仙林训练中心转训中心举办了2020年局系统年轻干部培训班,局机关和直属事业单位67名年轻干部参训。

15日 江苏省体育局举重摔跤柔道运动管理中心、拳击与空手道运动管理中心揭牌仪式在南京市清凉山体育运动学校举行。省体育局局长陈少军、南京市人民政府副市长胡万进、省体育局副局长王伟中出席仪式。揭牌仪式由南京市体育局局长董浩主持。

16日 省体育局党组中心组召开学习《习近平谈治国理政》第三卷专题研讨交流会。党组书记、局长陈少军主持召开专题学习会并讲话,副局长王志光、王伟中、熊伟,二级巡视员范金华以及4名直属单位负责同志先后交流发言。

20日 江苏省第八届全民健身运动会电子竞技比赛决赛在扬州市江都区南水北调源头公园气膜馆落下帷幕。本次大赛由江苏省全民健身运动会组织委员会主办,江苏省社会体育管理中心、江苏省体育彩票管理中心、江苏省电子竞技运动协会、扬州市体育局、扬州市江都区人民政府承办。江苏省体育局副局长熊伟等出席了决赛启动仪式。

20日至21日 省体育局在徐州市举办了2020年江苏省经营高危险性体育项目安全监管培训班,来自全省13个设区市体育局分管领导和部门负责人、64个县(市)区体育行政部门或行政审批部门负责人共100多人参加此次培训。省体育局二级巡视员范金华出席了开班仪式。

21日 国家体育总局在官网发布《关于深化体教融合 促进青少年健康发展的意见》,要求各地区各部门结合实际认真贯彻执行。

21日 由江苏省体育局、省人力资源和社会保障厅、省总工会联合主办,省体育人才服务中心、省体育职鉴站、徐州市体育局和徐州市泉山区人民政府联合承办的2020年江苏省体育行业游泳指导、救生职业技能大赛在徐州开赛,省体育局二级巡视员范金华出席开幕仪式并宣布比赛开幕。本次大赛共有16支代表队118名选手参赛,这些选手由江苏省各市选派,且均具有游泳救生员或游泳指导员国家职业资格证书。

22日 2020年江苏省体育行业游泳指导、救生职业技能大赛在徐州圆满闭幕。省体育局二级巡视员范金华出席闭幕式为获奖选手颁奖并宣布大赛闭幕。

22日至23日 国家体育总局体育器材装备中心副主任王平、国家统计局服务业统计司副司长赵庆河,到江苏省调研体育服务业发展现状和复工复产情况。省体育局副局长王志光、省统计局副局长周国强以及省体育产业指导中心有关负责同志陪同调研。

23日 江苏省第八届全民健身运动会开幕式在南京钟山体育公园举行,副省长陈星莺出席开幕式并宣布运动会开幕。

26日 由省体育局、省发展体育基金会和浦口区人民政府联合主办的2020健身走江苏大型公益系列活动暨库珀有氧“智跑江苏”定向越野联赛南京站“律动之秋”浦口体育休闲季启动仪式在南京浦口区象山湖公园正式开启。省十届政协副主席、省发展体育基金会理事长张九汉,省体育局局长、党组书记陈少军,南京市浦口区委书记祁豫玮,省体育局副局长、省发展体育基金会名誉副理事长王志光,浦口区委常委、常务副区长吴俊,浦口区政府二级巡视员吴光政等嘉宾出席。此外，蹦床奥运冠军陆春龙和董栋也来到现场，并向健身爱好者发出"宣传体育公益新理念，倡导健康生活新方式"的倡议。

27日至29日 省体育局在镇江举办省优秀运动队训练管理干部培训班，省体育局陈少军局长出席会议并讲话，副局长王伟中作培训小结。有关设区市体育局、各训练单位主要负责同志，分管训练负责同志、各项目管理中心负责人、省优秀运动队领队，省体育局机关有关处室和直属事业单位负责人共120人参加培训。

29日 省政府在扬州召开体育强省建设工作推进会，副省长陈星莺出席并讲话。会议由省政府副秘书长王思源主持，设区市政府分管副市长、体育局局长，省体育局、省发展改革委、省教育厅、省科技厅、省工业和信息化厅、省民宗委、省公安厅、省民政厅、省财政厅、省自然资源厅、省住房城乡建设厅、省农业农村厅、省文化和旅游厅、省卫生健康委、省市场监管局、省总工会、省体育产业集团等近20个省级部门相关负责同志参加会议。

30日 由江苏省体育局主办，江苏省体育文化中心、南京市体育局、南京市委网信办、南京广电集团、省体育文化与发展战略研究会承办，南京德基广场、南京广电猫猫、圆融艺术中心协办的"牢记初心使命攀新高　践行女排精神再出发"体育文化展（德基站）在南京德基广场外广场开幕，省体育局局长陈少军，省体育局二级巡视员范金华等出席开幕式。

10月

3日至4日 2020亚洲户外运动节在南京市浦口区水墨大埝景区举办。本次活动由江苏省体育总会指导，南京市浦口区人民政府、江苏省户外和登山运动协会主办,浦口区体育局、浦口区城乡建设集团有限公司和江苏高山湖户外运动有限公司共同承办。省体育局副局长、体育总会副会长王志光,南京市浦口区人民政府二级巡视员吴光政等出席开幕式。

5日 2020年全国女子垒球锦标赛于9月29日在贵州兴义义龙新区体育公园棒垒球场正式开赛,共有来自全国九省市的代表队,近180名运动员参加了本次赛事。此次比赛,江苏队在延长局中以7:6击败四川队夺下冠军,这也是江苏队在全国女垒锦标赛中的第十一冠。

18日 以“勇者逆行,共克时艰”为主题的2020南京第五届百人公益单车成人礼在东南大学九龙湖校区拉开序幕。省体育局副局长、省发展体育基金会名誉副理事长王志光,东南大学党委副书记郑家茂,自行车世界纪录创造者、省发展体育基金会形象大使周玲美,江苏捷安特自行车文体基金会理事长,江苏由惠体育产业发展有限公司董事长、省发展体育基金会理事代表等嘉宾和来自东南大学的百名学子参加本次活动。

19日至21日 省体育局在淮安举办全省群众体育干部培训班,各设区市体育局分管局领导及群众体育处处长、各县(市、区)体育主管部门群众体育负责人共140人参加培训。省体育局副局长熊伟作开班动员和辅导授课。

20日 江苏省第八届全民健身运动会“恒通集团”杯网球比赛暨2020年江苏省友好城市网球邀请赛在扬州市体育公园奥森网球中心拉开帷幕。江苏省体育局副局长熊伟等出席开赛仪式。

20日 2020江苏体育文化研究发展沙龙在南京举行。本次沙龙活动由省体育局主办,省体育信息中心(省体育文化中心)、省体育文化与发展战略研究会承办。省体育局二级巡视员范金华、省体育局相关处室和直属单位以及各设区市体育局负责同志、院校专家、企业代表共100余人参加了本次沙龙活动。

20日 2020年全省体育文化工作研讨会在南京召开，会议总结分析了2020年全省体育文化工作情况，研究部署了2021年全省体育文化重点工作任务。省体育局二级巡视员范金华出席会议并讲话。省体育文化中心负责人、各设区市体育局分管领导、县(市、区)体育文化工作相关人员参加了会议。

21日至22日 第十六期全省体育宣传信息文化业务骨干培训班在南京举办，省体育局二级巡视员范金华出席并做开班动员。各设区市、县(市、区)、局机关和直属单位负责体育宣传信息文化工作的业务骨干共110余人参加了培训。

22日 "喜吃长寿面、情满重阳节"活动在五台山健身餐厅举行，省体育局党组书记、局长陈少军，二级巡视员范金华出席活动。陈少军代表局党组祝全体离退休老同志重阳节日快乐、健康长寿、幸福安康。

22日 二级巡视员范金华走访慰问了局系统参加抗美援朝战争的离退休老同志王昆峰，向他致以崇高敬意，并送上美好祝福。

23日 2020第五届中国常州国际运动康复大会在常州市白金汉爵酒店隆重开幕，国家体育总局科教司副司长曹景伟，江苏省政府副秘书长王思源，江苏省体育局局长陈少军，江苏省卫生健康委员会副主任、省中医药管理局局长朱岷，江苏省体育局副局长刘彤，常州市政府副市长陈正春，中国体育科学学会副理事长、上海体育学院院长陈佩杰，上海体育学院党委副书记杨玲，国家体育总局科教司科技处处长胡雅欢等出席开幕式。

24日 2020江苏体育产业大会暨中国(淮安)淮河生态经济带体育产业发展论坛在淮安举办。来自国家体育总局、兄弟省市、全省各级体育部门、体育产业载体、企业以及高校智库等600余人汇聚大会。省体育局局长陈少军作了题为《融合创新优化服务 推动体育产业高质量发展》的主旨演讲。国家体育总局体育器材装备中心副主任王平发表题为《发挥国家体育产业基地示范引领作用，推动区域协同和体育产业高质量发展》的主旨演讲；苏州大学江苏体育健康产业研究院执行院长王家宏教授围绕体育强省建设背景下江苏体育产业高质量发展作主旨演讲。

24日 以“共商跨区域联动、共享高质量发展”为主题的2020中国(淮安)淮河生态经济带体育产业博览会在淮安市体育中心开幕。

25日 受中央政府驻澳门特区联络办宣文部和国家体育总局港澳台办公室委托，由江苏省体育局承办的“第六期澳门体育青年人才国情研修班”在南京开班。澳门特区政府体育局局长潘永权、中央政府驻澳门特区联络办宣文部副部长刘伟、江苏省体育局二级巡视员范金华参加开班仪式并分别致辞。

30日 省体育局党组书记、局长陈少军主持召开党组会议，传达学习党的十九届五中全会精神，对全省体育系统学习贯彻五中全会精神作出部署。

11月

3日至6日 为贯彻落实党的十九届五中全会精神，扎实做好江苏体育发展“十四五”规划编制和2021年工作谋划，加快推进体育强省建设，省体育局局长陈少军赴常州、镇江等地开展调研。调研期间，陈少军实地考察当地全民健身设施、体育产品制造企业、体育运动学校、省市联办运动队等，并与当地体育部门、运动队、基层部门、学校、企业等代表进行了充分交流，听取了他们对编制江苏体育发展“十四五”规划的意见和建议。

4日 省体育局二级巡视员范金华带领局办公室、人事处有关同志，赴涟水县唐集镇中营村调研“五方挂钩”帮扶工作，实地考察唐集镇芦笋产业园、扶贫光伏电站等帮扶项目，并召开调研座谈会。省委驻涟水县帮扶工作队队长、涟水县委副书记储春祥、淮安市体育局局长卞玉陪同调研。

9日 2020年中国·扬州大运河城市足球精英邀请赛开幕式在扬州市体育公园举行。本届赛事由中国足球协会指导，中共江苏省委宣传部、江苏省体育局、江苏省教育厅、扬州市人民政府主办，江苏省体育竞赛管理中心、江苏省足球运动协会、扬州市体育局、扬州市教育局承办。江苏省体育局副局长、江苏省足球运动协会常务副主席刘彤，扬州市人民政府副市长余珽等出席了开幕仪式。

11日至12日 省发展体育基金会由张九汉理事长带队，部分副理事长、理事前往淮安、宿迁、邳州市体校及省发展体育基金会理事单位开展调研。省体育局副局长、省发展体育基金会名誉副理事长王志光和省体育局青少处相关人员参加调研。

12日 2020中国足球协会超级联赛在苏州落幕。江苏苏宁队以两回合总比分2∶1击败广州恒大队，获得中超联赛冠军。这是江苏足球建队63年、男足职业化27年以来，首次获得中国职业足球顶级联赛冠军。夺冠后，江苏省人民政府向江苏苏宁足球俱乐部发贺信，祝贺江苏苏宁足球俱乐部夺得冠军，并向全体教练员、运动员、工作人员以及广大球迷致以亲切的慰问。

18日至20日 国家体育总局党组成员、副局长杨宁一行莅临江苏调研指导工作。期间，杨宁先后赴南京体育学院、省体育局训练中心、省退役运动员创业孵化基地、无锡市体校、常州工业大学、曲棍球训练基地实地调研，深入训练场馆、运动员宿舍、食堂，与运动员、教练员、管理干部以及退役运动员进行了深入交流，听取大家对运动员保障工作的意见建议，全面了解江苏运动员退役安置、竞技体育、体教融合、体医融合、体育科研等工作情况。省体育局党组书记、局长陈少军、二级巡视员范金华陪同调研，省人社厅党组成员、副厅长朱从明参加调研座谈。

21日 2020“一带一路”青年体育交流周(江苏)活动在南京正式启动。本次交流周活动由江苏省体育局、江苏省外事办、江苏省教育厅联合主办，江苏省国际体育交流中心承办，中国体育彩票提供支持。江苏省体育局局长、江苏省体育总会主席陈少军，江苏省发改委副主任刘为东，江苏省外办副主任张松平，江苏省教育厅二级巡视员李金泉，江苏省体育局二级巡视员范金华等出席开幕式。

23日 省体育局召开党组中心组学习会，认真学习习近平总书记视察江苏重要讲话指示和全面推动长江经济带发展座谈会重要讲话精神，传达学习贯彻省委常委会扩大会议精神。省体育局党组书记、局长陈少军主持会议并讲话。省体育局党组理论学习中心组成员，局直属各单位、机关各处室主要负责同志参加会议。

23日 省体育局党组中心组召开党的十九届五中全会精神专题学习会。局党组书记、局长陈少军主持会议并讲话，副局长刘彤、王志光、熊伟，二级巡视员范金华以及5名机关处室负责同志结合“十四五”体育发展规划编制和2021年工作谋划的调研情况，交流学习十九届五中全会精神体会。

26日 泰州市“体育为民驿站”揭牌仪式在泰州市体育为民驿站体育中心旗舰店举行。省体育局副局长熊伟，泰州市人大常委会副主任周绍泉等参加揭牌仪式。

27日 全省体育系统行政执法培训在南京举行。本次培训围绕落实行政执法“三项制度”和规范性文件合法性审查制度，专门邀请省司法厅两位专家授课。省体育局二级巡视员范金华作开班动员。

28日 第四届“一带一路”国际青少年定向越野训练营在中山陵博爱园正式开幕。本届训练营由江苏省体育局、江苏省人民政府外事办公室、江苏省教育厅联合主办，江苏国际体育交流中心、江苏省无线电和定向运动协会协办，小鹿定向俱乐部承办，江苏省体育局二级巡视员范金华等相关领导出席开幕式。

29日 2020南京马拉松暨全国马拉松锦标赛(奥运会马拉松达标赛)在南京奥体中心东门广场鸣枪开跑。江苏省政府副省长陈星莺，中共南京市委副书记、市长韩立明，中国田径协会党委书记、副主席王楠，中央广播电视总台编务会议成员薛继军，中国田径协会副主席田晓君，中央广播电视总台体育青少节目中心副主任方钢，江苏省政府副秘书长王思源，江苏省体育局局长陈少军，中共南京市委常委、宣传部部长陈勇、南京市人民政府副市长胡万进，南京市政府秘书长吴炜，南京银行党委副书记、行长林静然等为赛事鸣枪发令。

29日 “一带一路”青少年户外运动挑战赛活动在南京水墨大埝举行。本项赛事由江苏省体育局、江苏省人民政府外事办公室、江苏省教育厅主办，江苏省国际体育交流中心承办，南京医科大学、南京工业大学、南京信息工程大学、江苏省户外和登山运动协会、南京市浦口区体育局、南京浦口城乡建设集团有限公司协办，中国体育彩票支持。江苏省体育局二级巡视员范金华等相关领导出席开幕式。

31日 2020南京城市定向赛正式开赛。本次比赛由南京市文化和旅游局、南京市体育局、南京体育产业集团、江苏省体育信息中心(江苏省体育文化中心)主办。江苏省体育局二级巡视员范金华、南京市政府副秘书长吴秀亮等出席了开幕式。

12月

1日 由江苏省民政厅、省慈善总会主办的第二届江苏慈善论坛暨2020全省社会组织展示交流会在南京国际博览中心拉开帷幕。江苏省体育总会携66家省属体育社团亮相大会，展位上琳琅满目的体育展品和各种趣味体育项目吸引了众多人驻足观看、参与体验。

1日至2日 第二届江苏慈善论坛暨2020全省社会组织展示交流会在南京国际博览中心召开。江苏省发展体育基金会应邀组织参展并参加公益项目签约仪式。

5日 “魅力江苏 最美体育”江苏省全民健身运动会(线上、线下)闭幕式暨全省最美跑步线路、最美乡村健身公园颁奖在南京紫金大戏院举行。副省长陈星莺出席活动并宣布闭幕，省政府副秘书长王思源，省体育局局长、体育总会会长陈少军，省体育局副局长、体育总会副会长熊伟，省体育局二级巡视员、体育总会副会长范金华，省文明办副主任公永刚，中共江苏省委省级机关工作委员会副书记徐前兵，省教育厅二级巡视员赵晓群，省民族宗教事务委员会二级巡视员李华廷，省农业农村厅二级巡视员单干银，省卫生健康委员会副主任周明浩，省总工会一级巡视员马永青，共青团江苏省委副书记张迎春，省残疾人联合会副理事长胡乃亮，新华报业传媒集团副总编辑陆峰，省广播电视总台党委委员、副台长、集团副总经理任桐，中国银行股份有限公司江苏省分行资深风险经理栾林，省体育局原局长殷宝林等出席活动并观看演出。

12日 2020年江苏省青少年足球宣传推广会在南京召开。本次推广会主要围绕如何进一步深化体教融合，促进我省未来青少年校园足球更好发展进行研讨。省体育局副局长、省足球运动协会常务副主席刘彤，省教育厅二级巡视员李金泉出席会议。

13日 全国首届职业技能大赛在广州落下帷幕。江苏省参赛选手徐寅在本届大赛社会体育指导(健身)项目比赛中，经过体能比拼、动作教学、知识竞答、小团体课程、姿态与动作评估、运动计划设计6个模块的精彩激烈角逐，个人综合总分排名第一，勇夺该项目金牌，充分展示了江苏省健身指导员的职业风采和水平。

14日 第三届健康江苏健步走启动仪式在镇江市世业镇世业洲举行。本次活动以“没有全民健康，就没有全面小康”为主题，省体育局副局长熊伟、省卫生健康委副主任周明浩、镇江市政协副主席朱开宝出席启动仪式，省体育局、省卫健委有关处室、直属单位负责同志，各设区市体育局、卫健委分管负责同志及相关人员，镇江市健身群众等500余人参加活动。

15日 江苏省构建更高水平全民健身公共服务体系研讨会在泰州成功举办。省体育局副局长熊伟等出席会议。

16日 2020年中国国际象棋电视快棋赛在宁波结束全部比赛。江苏国际象棋队队员韦奕在男子组比赛中获得冠军。

17日 由省发展体育基金会主办的“江苏体彩公益行——送体育器材与服务进特殊学校”资助仪式在扬州市邗江区启智学校举行。省十届政协副主席、基金会理事长张九汉，省体育局副局长、基金会名誉副理事长王志光和受资助学校代表等参加资助仪式。

19日至20日 由江苏省体育信息中心(江苏省体育文化中心)主办，南京广电猫猫、南京民俗博物馆、江苏苏宁足球俱乐部承办的“弘扬体育精神　凝聚奋进力量”2020江苏体育文化冬令营活动开展。

20日 第四届“海峡两岸”大学生电子竞技大赛总决赛顺利落下帷幕。此次赛事由江苏省体育总会主办，台湾新北市体育总会协办，江苏省电子竞技运动协会、江苏省国际体育交流中心承办，江苏盛亚竞杰电竞俱乐部有限公司执行，中国体育彩票资助。江苏省体育总会副主席范金华、秘书长李一冰、新北市体育总会前理事长黄志雄、副理事长洪佳君、秘书长刘富福等领导和嘉宾共同以视频连线的形式启动总决赛。江苏省体育总会副主席范金华和新北市体育总会副理事长洪佳君在启动仪式上分别致辞，来自东南大学的大陆学生代表张子艺和来自东吴大学的台湾学生代表刘韦辰分别发言，刘伟辰已经连续四次参加本项比赛。

22日 省体育局副局长王志光及相关处室负责人走进大型改革政策解读节目《黄金时间——改革政策e解读》，以《发展全民健身 推动体育产业高质量发展》为题，详细解读相关改革政策和举措。节目中，嘉宾详细解答观众和网友提问，专家学者发表精彩点评，八段锦爱好者现场倾情展演，以实际行动倡导全民健身。奥运冠军黄旭走进演播室，手把手教会大家居家练习的“一平米锻炼法”。江苏女排运动员张常宁也通过短视频号召大家参与到体育健身运动中来。

24日和28日 省体育局党组书记、局长陈少军主持召开党组会议，组织传达学习省委十三届九次全会精神，研究部署贯彻落实举措。

29日 省体育局党组书记、局长陈少军主持召开局党组扩大会暨2020年党风廉政建设责任制领导小组第二次会议。派驻省教育厅纪检监察组组长李文飙出席会议并讲话。省体育局领导、派驻纪检监察组有关同志、局党风廉政建设责任制领导小组全体成员、各直属单位党政主要负责同志参加会议。江苏省委及省级机关工委党建联络员列席会议。

（经焕娟）

专 文

江苏省副省长陈星莺在体育强省建设工作推进会上的讲话

（2020年9月29日）

同志们：

今天我们把各个市的分管市长和省有关部门的分管领导召集到扬州来，通过现场参观和经验分享交流的方式，共同研究推进体育强省建设工作。会前我专门向吴省长作了汇报，吴省长高度重视体育工作，亲自指导我省实施方案的制定出台，并在省政府常务会上作出部署，要求我们从全局高度推进体育强省建设，争取打造全国体育事业发展的样板。上午大家现场参观了扬州市的体育场所和体育设施，亲身体验了体育给这座城市带来的生机与活力，领略了体育元素给城市面貌带来的新变化。扬州在筹备举办2018年十九届省运会过程中，把体育作为城市的新名片，体育事业多点开花，积极开展体育工作课题研究，在城市规划和建设中充分融入体育元素，“平战结合”建设一批专业运动比赛和群众休闲健身共用的体育场地，充分激发全民参与的热情，在体育设施建设、群众体育健身休闲普及、体育赛事举办、体育融合发展等方面树立了样板。刚才，4个设区市和3个部门作了交流发言，很多好的经验做法值得大家学习借鉴，希望各市多走动多交流多学习。2018年底，我代表省政府同国家体育总局签订了体育强省共建协议，之后就一直思考如何在江苏推动体育强省建设，也先后去了不少地方开展调研，和省、市有关部门的同志进行了沟通交流。这里，我结合自己的调研思考谈几点意见。

一、深刻认识体育强省建设面临的新形势

党的十八大以来，习近平总书记多次就体育工作作出重要指示，9月22日，习近平总书记在教育文化卫生体育领域专家代表座谈会上强调，体育是提高人民健康水平的重要途径，是满足人民群众对美好生活向往、促进人的全面发展的重要手段，是促进经济社会发展的重要动力，是展示国家文化软实力的重要平台。

党中央、国务院先后就推进体育强国、全民健身、健康中国建设、足球改革、冰雪运动等工作，发布了一系列重要政策文件，为我们推进体育强省建设指明了前进方向，提供了根本遵循。

近年来，江苏体育积极探索符合省情实际的发展路径，全民健身、竞技体育、体育产业等多项工作位居全国前列，人民群众在体育领域的获得感和对体育事业的满意度持续攀升。同时我们也要清醒地看到，受新冠肺炎疫情影响，体育工作面临的宏观环境正在发生深刻变化。从国际看，东京奥运会延期到2021年甚至还有二次延期的可能，全球竞技体育周期和格局出现很大变化，国际大型体育赛事基本停摆，体育产业受到巨大冲击，国际体育交往面临新的挑战。从国内看，全国性大赛还在缓慢复苏中，各级各类职业联赛基本都改为了赛会制空场比赛，体育赛事供给量急剧下降，传统体育服务消费受到较大冲击。疫情期间体育行业的线上化发展呈现加速态势，正成为推动体育事业高质量发展的新变量。从我省看，随着健康江苏和美丽江苏建设的全面推进，与期待更好的教育和医疗一样，广大人民群众期待拥有更好更优的公共体育服务，期待拥有更加强健的体质，期待有更多的江苏体育健儿为国争光、为省添彩。这些都对我们如何加强群众体育服务供给与需求的结合、如何巩固提升竞技体育综合实力、如何化危为机推动我省体育产业更好发展都提出了新命题。总体而言，内外部形势的发展充满了不确定性，我们必须强化危机意识，加强科学研判，主动以变应变，努力开创体育事业发展新局面。

二、准确把握体育强省建设的新要求

建设体育强省，是省委、省政府在深刻认识和准确把握江苏体育发展现状及趋势的基础上作出的重要决策。在推进过程中，我们要注意把握好以下几个原则。

一要坚持以人民为中心。始终以人民满意度为衡量标准，把人民身心健康放在优先发展的战略地位，把体育事业与民生工程、健康工程紧密结合起来，坚持目标导向、问题导向和结果导向相统一，从老百姓最关注、最需要、反映最多的问题切入，扎实推进体育强省建设，不断增强人民群众的获得感、幸福感。

二要坚持新发展理念。加快推进体育改革创新步伐，更新体育理念，勇于破除体制机制障碍，建立有利于体育强省建设的整体环境；协调推动竞技体育、群众体育和体育产业融合发展，弘扬体育文化，发挥体育事业整体功能；在公共体育服务设施建设运营中充分融入绿色可持续理念，同城乡建设、生态环保协调互促，构建绿色低碳的健身设施网络；积极学习借鉴先进地区和国家的有益经验，为我省体育事业发展注入新的活力和动力；努力为人民群众提供更多更好的体育公共服务，让人民群众共享体育发展成果、共享体育带来的健康和快乐。

三要坚持因地制宜。各地体育工作基础不同，体育产业结构形态不同，资源禀赋也不同。要针对本地区体育事业发展阶段和特点，深入研究，精准谋划，打造各自的特色和品牌。比如，在大运河文化带建设中，扬州、淮安可以联动做一些品牌赛事；在“一带一路”体育品牌打造中，连云港可以发挥山海风光优势，在铁人三项、环岛环山自行车赛、滑翔伞等项目上做出特色；在美丽江苏建设中，沿江、沿河、沿湖、沿海地区可以结合体育设施建设与体育活动开展，为美丽江苏注入体育运动的韵律感与灵动感。

四要坚持长短结合。体育强省建设分为三个阶段，第一阶段是到2022年，三年行动计划已经明确了路线图和任务书。这三年是迈好第一步、站稳第一个台阶的关键三年，省体育局作为牵头部门，要分年度确定目标任务，按照今年部署起步、明年初见成效、后年基本完成的步骤来组织推进。各地要突出工作重点，对照时间节点，倒排序时进度，逐年抓好落实。同时，要把“十四五”体育规划与体育强省建设结合起来，以系统思维精心谋划好下一个五年体育发展思路、目标任务和重点举措。

三、努力完成体育强省建设的新任务

体育强省“强”的内涵在哪里？简单来说就是体育运动人口要多、体育公共服务要优、体育竞技水平要高、体育产业发展要好；“强”的路径在哪里？《实施方案》既是发展蓝图，也是推进主线，抓好方案中明确的五个方面重点任务和三年行动计划的落地落实，我们就能够稳步向现代化体育强省迈进。

一要乘势而上，提升公共体育服务水平。这次新冠肺炎疫情中，不幸遇难者多数为年老体弱且有长期慢性基础病的人。绝大多数免疫力相对正常的人，即使得了新冠肺炎，康复机会也更大。体育锻炼是提高免疫力最有效、最简单、最直接的途径，在“花钱去医院”和“自觉去锻炼”之间，应该毫不犹豫地选择后者。我们要紧紧围绕满足人民群众需求，深入推进全民健身“六个身边”工程建设，加快普及亲民便民的体育设施，组织开展丰富多彩的赛事活动，提供更多科学有效的健身指导，推动更多体育资源向公众开放，构建更高水平的全民健身公共服务体系。

二要系统发力，提升竞技体育综合实力。竞技体育成绩是体育强省建设的风向标，体育健儿在国际舞台上争金夺银与提振人民士气、凝聚民族精神紧密相连。我们必须全力以赴抓好东京奥运会、北京冬奥会、杭州亚运会和十四届全运会的备战参赛工作，确保对国家贡献度稳步提升、全运会成绩保持全国第一方阵。要坚持问题导向，全面查找影响备战训练质量的短板弱项，以及我省在基础大项特别是“三大球”项目存在的问题瓶颈，列出清单，制定方案，逐个突破。要强化科学训练，加强复合型训练管理团队建设，注重开发和运用服务竞技体育的前沿技术，引入大数据管理系统等科技手段助力提升训练水平。要增强竞技实力，横向与综合实力同属第一方阵的省份比较，放大优势，取长补短；纵向与同项目主要竞争对手比较，跟踪研判国际国内前沿动态，查找差距，奋力追赶，努力实现关键项目的提升。要抓好梯队建设，多做打基础利长远的工作，各个竞技项目后备力量有多少，拔尖青少年运动员是哪些，体育苗子的输送基地在哪里，要按时间建立清单、动态调整，给予重点关注和支持。

*三要化危为机，提升体育产业发展层次。*新冠肺炎疫情对体育产业发展带来很大冲击，同时也会催生一些新的业态、新的模式。我们要善于危中寻机，敏锐把握市场需求，努力在危机中育新机、于变局中开新局。要推动模式创新，鼓励发展线上体育培训和赛事活动，推动相关体育服务业数字化转型，拓展经营模式，丰富经营业态，开辟新的经营空间。体育消费券在疫情防控期间取得了非常明显的效果，专业运动员录制的锻炼视频也为群众居家健身提供了有效指导。要推动载体建设，加快培育发展各类社会体育俱乐部，集聚人气、发现人才，带动全民健身、竞技体育发展，形成新的消费热点和增长空间。深入研究各级各类体育产业基地、体育服务综合体、体育特色小镇的模式和业态，真正发挥产业平台的功能作用。要优化发展环境，深化体育领域“放管服”改革，为受疫情影响较大的企业提供个性化、精准性帮扶。对产业专项资金、体育消费券等政策效应进行评估，发挥好财政资金导

向和撬动作用，打造一批具有国际竞争力的江苏体育企业和具有国际影响力的江苏自主体育品牌。我曾经到福建泉州调研，那里培育了很多世界顶级的体育品牌，江苏虽然综合实力不错，但是缺少具有国际影响力的品牌和企业。

四要融合发展，提升体育辐射带动能力。“体育+”就是要向社会全面开放体育行业资源，促进体育与各个行业深度融合，在扩大开放中拓展体育发展新空间，这是一篇提升城市软实力的大文章。要深化体教融合，现在我们的一些孩子体质弱，缺的不是营养，而是运动。习近平总书记在专家代表座谈会上专门强调“让孩子们跑起来”。我们要坚持健康第一的教育理念，加强学校体育工作，协调好青少年文化学习和体育锻炼，帮助孩子们在体育锻炼中享受乐趣、增强体质、健全人格、锻炼意志。近期，国家体育总局、教育部联合印发了《关于深化体教融合促进青少年健康发展的意见》，明确了加强学校体育工作、完善青少年体育赛事体系等重点任务。省体育局、教育厅要抓紧制定出台我省实施方案，进一步解放思想，突破瓶颈，合力推进，加快“破题”与“破冰”，推动我省体教融合在全国树立标杆和示范。要深化体医融合，推动健康关口前移，建立体育和卫生健康等部门协同、全社会共同参与的运动促进健康新模式。鼓励医院培养和引进运动康复师，开展运动促进健康指导，为不同人群提供有针对性的运动健身方案。试点推动健康促进服务中心建设，力争尽快实现省级体质测定与运动健身指导站县级全覆盖。将运动健身促进慢病防治、康复医疗纳入体育消费券使用范围。各地要加强研究，省体育局、卫健委要积极探索。要深化体旅融合，实施体育旅游精品示范工程，以群众基础和市场发育较好的户外运动旅游为突破口，打造一批具有地域特色和产业特点的体育旅游精品线路、精品赛事、示范基地，培育一批具有较高知名度和市场竞争力的体育旅游企业与自主品牌。这是一个方向，一定会吸引很多年轻人。

五要从严管理,提升体育行业治理水平。体育是一个开放的行业,也是一个容易渗透的行业。当前国际体育事务中,体育诚信、反兴奋剂等问题都是不能触碰的高压线。我们要始终保持高度警惕,既要做好业务建队,更要强化政治建队和纪律建队,绝不能在体育领域产生危害国家核心利益的破窗效应。要坚决推进反兴奋剂斗争,强化拿道德的金牌、风格的金牌、干净的金牌意识,坚决做到对兴奋剂问题“零容忍”。同时,要加强行业管理,健全完善相关制度和行业规范。近期,南京一例境外输入型无症状感染者,在篮球培训机构跟随教练培训,带来疫情传播风险。吴省长专门作出批示,要求加强行业自律,强化疫情常态化管理。省体育局要全面梳理社会体育俱乐部等培训机构情况,加强体育训练、培训等密闭场所的疫情常态化管理,推动体育培训行业健康规范发展。今天上午的常务会议要求,进一步加强密闭场所的管理,特别是“苏康码”的使用,让保持交流距离、使用公筷成为一种社交礼仪。

四、奋力开创体育强省建设的新局面

建设体育强省不只是省里的事情,也不是体育部门一家的事情,只有各级政府、各个部门密切协作、群策群力,才能抓实抓好抓出成效。

一要加强组织领导。各地要将体育强省建设列入重要议事日程,加快构建以政府为主导,体育和发改、财政、教育、文旅、卫健等部门共同发力的工作格局。要结合贯彻省里的实施方案,出台配套的落实意见或方案,建立任务分解考核和动态调整机制,确保体育强省建设目标如期实现。目前很多基层的体育部门职能都是跟文化、旅游、教育合在一起,要推动形成联动合力。

二要融入发展大局。各级体育部门要充分发挥职能作用,以体育强省建设为契机,进一步优化体育工作顶层设计,把体育工作主动融入“一带一路”建设、长江经济带发展、长三角区域一体化发展、乡村振兴、大运河文化带建设等国家战略,融入经济社会发展规划,努力实现体育与全省改革发展同频共振。

三要发挥政策效应。近年来,国家和省接连出台体育发展相关支持政策,各级政府和体育部门要结合本地实际认真贯彻落实,不断优化体育事业和体育产业发展的政策措施,形成政策叠加效应。要用好现有的国家全民运动健身模范市县创建、国家体育产业示范基地创建、运动休闲特色小镇和省体育健康特色小镇建设等政策杠杆,充分激发体育发展活力。

四要营造良好氛围。主动回应群众关切,做好政策解读工作,推动形成全社会积极支持和参与的浓厚氛围。加强面向公众的体育宣传阵地建设,广泛宣传体育强省建设的重点举措和工作成效,讲好体育故事,弘扬奥林匹克和中华体育精神,凝聚强大正能量。

同志们,建设新时代体育强省是当前和今后一个时期全省体育系统的一项引领性工作,我们要坚决扛起这份责任和使命,高质量推进体育强省建设,为加快建设"强富美高"新江苏作出积极贡献。

中秋、国庆即将来临,人员流动性增强,各类体育活动增多。各地的疫情常态化防控不能放松,行业安全生产工作不能放松,要加强对各个环节的隐患排查整治,牢牢守住安全底线。借这个机会,谨向全省体育系统和相关部门的同志们表示衷心的感谢并致以节日的问候,祝大家身体健康,阖家幸福!

陈少军同志在2020年全省体育局长会议上的讲话

（2020年1月13日）

同志们：

这次会议的主要任务是：以习近平新时代中国特色社会主义思想和习近平总书记关于体育工作重要论述为指导，深入贯彻党的十九大和十九届二中、三中、四中全会精神，认真落实省委十三届七次全会和全国体育局长会议部署要求，回顾总结2019年全省体育工作，研究分析当前形势，部署2020年工作任务，加快体育强省建设步伐，为体育强国和“强富美高”新江苏建设贡献力量。根据省体育局党组讨论情况，下面我讲三点意见。

一、2019年全省体育工作取得新进展

2019年，全省体育系统在省委省政府的坚强领导下，以开展“不忘初心、牢记使命”主题教育为契机，坚持以人民为中心和高质量发展的思想，协调推动全民健身、参赛备战、产业发展等各项工作，取得了积极的成效。

（一）体育改革稳步推进。一是进一步推动足球改革。结合中央和省委对我省足球改革督查，全面梳理和深化足球改革。目前省足协实现实体化独立运行，9大项29个分项改革任务有序推进。制定了各地足球场地建设计划，会同省发改委等部门落实建设任务，目前我省足球场地总数7008块。二是加快推进体育协会改革。完成第二批13家省属体育协会脱钩改革试点，实现省级体育协会党组织全覆盖，企业家担任省属协会会长的约占

60%。体育社会组织网络逐步健全，发挥作用日益凸显，全年组织有规模的体育活动达1.3万次。三是深化体教融合。开展中小学课后体育服务试点工作，继续推进“一校一品”“一校多品”建设，创建羽毛球特色学校、省级幼儿体操特色示范园、省级幼儿篮球特色园各50所。完善校园足球竞赛体系和青少年足球精英培训体系，参加学生达18万人次。四是促进体医融合。在社会体育指导员培训中增加医疗卫生课程，会同省卫生健康委开展运动处方师培训，共同举办2019第四届中国常州国际运动康复大会。支持溧水打造“健康中国”溧水样本和“健康江苏”实践示范区。积极引入社会医疗力量，促进竞技体育医疗保障和康复工作。

（二）公共体育服务体系逐步完善。一是完善群众身边体育设施。各地充分利用老旧街区、闲置厂房，改建增建公共体育设施，绝大多数乡镇街道建有小型全民健身中心和多功能运动场，体育设施实现行政村全覆盖。新建1611公里健身步道，建成205个体育公园、206个笼式足球场，推动123个大型体育场馆免费或低收费开放。二是广泛开展群众身边的赛事活动。积极举办全省全民健身大联动、全民健身日、新年登高等大型活动和“魅力江苏　最美体育”系列品牌赛事活动。成功举办全省首届智力运动会，2180名运动员参加了9个大项、91个小项比赛。发放5000万元体育消费券，激励群众参与体育健身活动。三是推进全民健身科学指导。建成省国民体质监测与科学健身指导平台，在全国率先实现县域国民体质监测中心全覆盖，国民体质合格率达92.3%，社会体育指导员达30万名。省级以上体质测定与运动健身指导站目前共建成125个，全年免费提供体质测定、运动能力评估、科学健身指导达30万人次。重视做好体育行业职业技能鉴定，13523人获得体育职业技能证书，人数位居全国第一。四是积极推广冰雪运动。指导各地建设了一批冰雪运动设施，目前全省共建设冰雪场地22个，其中冰场16个、雪场6个。举办了冰雪嘉年华、"万人上冰雪"等活动。目前，全省经常参加体育锻炼人数比例为37.1%；省基本公共服务体系建设成效百姓满意度调查显示，公共文化体育位居11个体系满意度首位。

（三）竞技体育实力不断提升。一是全力做好东京奥运会争入选工作。强化田径、橄榄球、滑板、自行车等项目国家队联办共建工作，承办了一系列奥运会资格赛选拔赛，全力保障我省运动员争入选。目前，我省在国家队训练备战的运动员共有229人，其中承担东京奥运会前8名任务的运动员共90人，体操、击剑、跆拳道、女子排球、女子橄榄球等项目的22名运动员获得东京奥运会入场券。二是全力推进北京冬奥会备战工作。与体育总局冬运中心签订单板滑雪U型场地国家集训队、自由式滑雪空中技巧国家青年集训队共建协议，我省联办共建冰雪项目国家队达到4支。落实单板滑雪U型场地、自由式滑雪空中技巧队国家集训队的转训工作，提供场地器材、科技攻关、体能训练和医疗保障等优质服务。在第14届全国冬运会轮滑项目决赛中，我省获得全部6个小项中的4金2银，实现自主培养运动员冬运会金牌零的突破。三是省市联动，切实抓好二青会备战参赛工作。金牌数和奖牌总数均位列34个参赛代表团第二位，圆满完成"运动成绩与精神文明双丰收，竞技成绩位居全国第一方阵"任务。此外，在全年一类比赛中，我省共获得35枚金牌、21枚银牌、28枚铜牌，金牌数和奖牌数均位列全国第四位。四是持续保持反兴奋剂高压态势。紧紧围绕"零容忍、零出现"目标要求，制定出台《江苏省贯彻落实〈反兴奋剂管理办法〉细则》，贯通主体责任和监督责任，上线运行"纯洁体育"反兴奋剂APP，加强反兴奋剂教育管理和风险防控。对出现的个别兴奋剂违规情况实行了顶格处理。

（四）青少年体育蓬勃开展。一是广泛开展青少年体育活动。举办全国冬夏令营（江苏站）启动仪式，共有108家机构先后开展28个项目143个冬夏令营活动，参加活动青少年达6万人。先后承办全国U系列赛事18场，开展9个项目青少年体育训练营活动，参与人数6000余人。二是完善青少年体育竞赛体系。共举办青少年阳光体育运动联赛95项次，2万余名青少年运动员参加了比赛。举办江苏省第五届青少年体操节，1209名运动员参加体操节比赛及活动，同时举办了3期篮球后备人才训练营。三是切实提高后备人才培养效益。继续坚持重点项目“一条龙”的管理模式，加强体育传统项目学校和青少年体育俱乐部建设。集中全省400多名“大个子”潜力青少年进行身体机能测试、骨龄检测并建立档案，正式启动“大个子”优苗培训计划。对300多名业余教练员进行分项和综合培训，推荐200多名教练员、50多名体校校长参加全国各类培训，不断提升业余教练员能力水平。

（五）体育产业质效提升。一是强化产业发展谋划。出台了《关于进一步促进体育消费的行动计划（2019—2022年）》《推动江苏体育竞赛表演产业高质量发展行动方案》，明确促进体育消费、推动体育竞赛表演产业发展的目标任务和保障措施。二是推进产业载体建设。新增国家体育产业基地6家，总数达到20家居全国第一。重新认定82家省级体育产业基地，评审认定第二批13家体育服务综合体。省体育产业发展专项资金投入1亿元支持102个项目建设发展。三是大力发展体育竞赛。成功举办世界女排国家联赛总决赛、国际田联世界杯挑战赛、男篮世界杯南京赛区等重大国际赛事，全省共举办国际性赛事103场、全国性赛事172场、全省性赛事264场。四是体育彩票实现平稳健康发展。落实彩票新政要求，以品牌建设引领产品、渠道等各项工作，市场发展更趋理性。全年实现销售227.33亿元，总销量继续保持全国第一；省内市场份额64.29%，筹集公益金58.6亿元，上缴偶得税4.34亿元。根据最新统计，全省体育产业总规模4152.43亿元，增加值1416.62亿元，占GDP1.5%，体育服务业增加值占体育产业增加值比重上升至60.2%。

此外,统筹推进体育法治、体育宣传、体育文化、体育交流工作,大力抓好体育行风建设,切实加强体育领域安全生产,为体育发展营造了较好的内外部环境。

二、深入学习习近平总书记关于体育工作重要论述,准确把握体育发展新形势新要求,增强建设体育强省的使命感责任感

体育承载着国家强盛、民族振兴的梦想,是社会发展和人类进步的重要标志,是综合国力和社会文明程度的重要体现。党的十八大以来,习近平总书记对体育工作作出一系列重要指示批示,对体育领域若干重大关系和基本问题作出重要论述,集中回答了新时代中国特色社会主义体育发展的功能定位、基本方向、实践要求等重大理论和实践问题。我们要深入学习领会习近平总书记关于体育工作的重要论述,认真分析和把握体育发展面临的新形势新要求,紧扣"强富美高"新江苏建设的实际,着力提升体育治理能力和治理效能,加快推进体育强省建设。

(一)全面建成小康社会,体育的多元价值功能日益彰显,我们要树立"大有可为、大有作为"的思想。

体育在国家发展大局中处于什么样的地位,首先要有一个清醒的认识。仅去年一年,习近平总书记就多次对体育工作发表重要讲话、作出指示批示,参与一系列重要活动。在给北京体育大学研究生冠军班全体学生回信中,总书记指出,新时代的中国,更需要使命在肩、奋斗有我的精神,希望你们继续带头拼、加油干,为建设体育强国多作贡献,为社会传递更多正能量。新中国70周年大庆前夕接见中国女排代表时指出,在第十三届女排世界杯比赛中,你们以十一连胜的骄人成绩夺得了冠军,成功卫冕,为祖国和人民赢得了荣誉;你们不畏强手、敢打敢拼,打出了风格、赛出了水平,展现了祖国至上、团结协作、顽强拼搏、永不言败的精神面貌。在2020年新年贺词中,总书记又3次提到体育,包括举办第七届世界军人运动会、给北京体育大学研究生冠军班同学回信、以十一连胜夺取世界杯冠军的中国女排等。这些都充分体现了总书记对体育工作的高度重视。为了充分发挥体育在全面建设社会主义现代化国家新征程中的重要作用,国务院办公厅印发的《体育强国建设纲要》鲜明提出,要“努力将体育建设成为中华民族伟大复兴的标志性事业”。

对于体育的功能和价值,我们的认识也要深化和提高。习近平总书记深刻指出:体育强则中国强,国运兴则体育兴;体育在提高人民身体素质和健康水平、促进人的全面发展,丰富人民精神文化生活、推动经济社会发展,激励全国各族人民弘扬追求卓越、突破自我的精神方面,都有着不可替代的重要作用。随着经济发展和人民生活水平提高,体育的多元价值功能逐步得到社会广泛认同,体育在“五位一体”总体布局中的地位日益凸显。从政治建设上看,体育健儿在国际大赛上争金夺银,展示的是国家形象,振奋的是民族精神,激励的是爱国热情;从经济建设上看,体育产业是前景十分广阔的朝阳产业,正逐步成为推动经济增长的新动能;从文化建设上看,体育代表着青春、活力、健康,中华体育精神是社会主义核心价值观的重要方面;从社会建设上看,群众体育健身需求持续增长、日益多样,集中反映了人民对美好生活的期待和向往;从生态文明建设上看,健身是典型的绿色低碳生活方式,健身需求也正推动着生产生活生态环境的改善。同样,“强富美高”新江苏建设,无论是经济强、百姓富,还是环境美、社会文明程度高,体育发展都是题中应有之义,都需要体育作出积极贡献。

总体来说,经济越发展、生活水平越提高,体育的地位就越是重要,体育的价值就越是突出。对个人而言,能否参与和享受体育运动,是生活品质的一个重要衡量标准;对社会而言,体育事业和体育产业的发展状况,也直接反映一个地区的现代化程度。在全面建成小康社会、开启社会主义现代化强国建设新征程的历史关口,体育发展的前景可以说越来越广阔,体育战线的同志们所肩负的责任也越来越大。我们要树立"大有可为、大有作为"的思想,加倍努力,不负韶华。

(二)建设体育强省,江苏有厚实基础也有薄弱环节,我们要树立"守正创新、走在前列"的思想。

"强富美高"是总书记为江苏勾画的宏伟蓝图,是党中央对江苏发展要求从速度率先转向质量领先的集中体现。顺应这个大势,我们要努力在体育强国建设中走在前列,加快建设体育强省。体育强省之强,主要表现无外乎三个方面:一是体育运动人口多,二是体育运动水平高,三是体育运动相关产业强。

分析体育发展现状,江苏建设体育强省有一定优势。在省委省政府的正确领导下,一代代江苏体育人薪火相传、接续奋斗,创造了比较辉煌的业绩,也为全国提供了不少"江苏经验""江苏样板"。群众体育在全国率先建成唯一以省为单位的全国公共体育服务体系示范区,率先提出并建成城市社区"10分钟体育健身圈";竞技体育实力持续保持在全国第一集团,先后有24人获得35人次奥运冠军,172人获得492人次世界冠军;青少年体育工作基础较好,国家高水平体育后备人才基地创建总数位居全国前列;体育产业总规模在全国占有较大份额,国家级体育产业示范单位和示范项目总数排全国第一;体育赛事比较活跃,承办国际、全国重大赛事数量位居全国前列。这些为体育强省建设奠定了比较厚实的基础。

同时,我省体育发展也存在明显短板和薄弱环节:一是不平衡不充分问题。就群众体育而言,公共体育服务包括科学健身指导的便利性、可得性还不强,公共体育设施运行机制还不健全,虽然全省经常性参加体育锻炼人数比例在全国处于前列,但人群、地区之间差异仍然较大;就竞技体育而言,运动成绩虽然处于全国第一集团,但缺少拔尖人才,国际大赛上的夺金点不多,有的传统优势项目有所滑坡;就体育产业而言,虽然产业总规模占到全国的七分之一左右，但体育用品制造及其经销占大头，健身休闲、竞赛表演等核心的体育服务业占比较小、质量不高。二是体制机制障碍问题。虽然我省率先推出省队市办、省队校办等改革措施，有力促进了体育发展，但既有改革的优势和红利正在逐步消耗，体育社会组织的活力还没有充分激活，足球等重点领域改革进入深水区，亟待加大力度推进举国体制和市场机制相结合的办法，从体制机制上释放发展活力与潜力。三是思想观念和工作方法不适应问题。过去相当长的一段时期内，体育人专注于竞技体育，埋头苦干，忠诚奉献，为国争光。随着体育工作范围的不断拓展，体育人也紧跟时代步伐，不断解放思想、更新观念。但相比于其他行业，我们开门办体育的意识仍然需要进一步强化，以更加开放包容、协调融合的姿态，与各相关行业企业紧密合作，学会并善用社会工作、经济工作方法推动体育发展。

因此，我们必须贯彻守正创新的原则，在坚持正确方向、继承优良传统的基础上，适应形势变化，深化思想解放和改革攻坚，再造特色和优势。

（三）贯彻新发展理念，推动体育高质量发展，我们要树立“以人为本、开放融合”的思想

习近平总书记指出，能否坚持贯彻新发展理念是检验各级领导干部是否增强“四个意识”、坚定“四个自信”、做到“两个维护”的一个重要尺度。省委十三届七次全会强调，新发展理念是引领高质量发展的指挥棒，必须认真对照审视，知不足而奋进。我们推动体育强省建设，要把创新、协调、绿色、开放、共享的新发展理念贯穿始终，切实解决理解不深入、行动跟不上、落实缺乏创造性等问题，不断提升江苏体育治理能力和治理效能。要突出把握好以下几条：

第一，坚持以人为本，聚焦增强人民体质。牢记初心使命，把人民群众作为发展体育的主体，把满足人民健身需求、促进人的

全面发展作为工作的出发点和落脚点，促进全民健身与全民健康深度融合，多提供群众喜闻乐见的体育产品和服务，多开展群众乐于参与、便于参与的体育活动，扎实办好体育民生实事，让人民群众共享体育改革发展成果。坚决杜绝形形色色的形式主义、官僚主义，多干群众欢迎、人民得益的实事，决不能干那些只想讨领导欢心、让群众失望的蠢事。

第二，坚持改革创新，增强高质量发展动力。把创新作为引领发展的第一动力，一方面，把握经济社会发展大势，抓好体制机制创新，突破路径依赖和思维惯性，进一步转变政府职能，主动打开大门，全面释放资源，推动有序竞争，更好地发挥市场和政府作用；另一方面，追踪国际国内体育发展前沿，抓好科技创新，注重全民健身科学研究，强化竞技体育科技助力，加强体育产业科技研发，给体育插上科技的翅膀。

第三，坚持系统思维，增强体育发展的协调性。体育强省建设是一项系统工程，要注重系统谋划、协调推进。在外部，要在党委政府的领导下，建立健全跨部门协调沟通机制，构建党委领导、政府主导、部门协同、社会参与的大体育工作格局，推动体育与经济社会同步协调发展；在内部，要加强统筹安排，打破各种有形无形的壁垒和分割，建立群众体育、竞技体育、体育产业协调发展、融合贯通的制度机制，形成你中有我、我中有你，相互支持配合的新格局。

第四，坚持绿色低碳，增强发展的可持续性。充分发挥体育健身及其产业的低碳环保优势，加快建设健身步道、体育公园、户外营地、体育旅游等生态设施，大力发展时尚运动、竞赛表演、健身休闲等绿色产业，促进生态文明建设、人与自然和谐共生。倡导绿色生活方式，把群众的健身意识和技能作为重要的体育资源来开发，引导体育健身消费，推动健康关口前移，让健康生活成为美好生活的重要标志。

第五，坚持开放融合，增强体育发展的活力。向社会全面开放体育行业资源，促进体育与教育、文化、卫生、科技等行业深度融合，发展体育旅游、体育康复、体育培训、体育传媒等特色业态和服务新模式，在扩大开放中拓展体育发展新空间。促进各行业体育资源全面开放，鼓励引导企事业单位、社会组织、个人参与体育发展，积极发展混合所有制体育经济。推广运用政府和社会资本合作等多种模式，支持引导社会资本参与体育产品和服务供给、场馆设施建设运营、体育赛事活动举办和职业体育发展。

三、全力以赴做好2020年各项体育工作，开启江苏新时代体育强省新征程

2020年，是全面建成小康社会和“十三五”规划收官之年，是东京奥运会参赛之年，也是体育强省建设关键之年。我们要以习近平新时代中国特色社会主义思想为指导，在省委省政府的领导和国家体育总局的指导下，深入贯彻体育强国建设纲要，创新体育管理体制机制，不断完善公共体育服务体系，全力做好东京奥运会、十四届冬运会备战参赛工作，推动体育产业高质量发展，为体育强国建设探路，为“强富美高”新江苏建设贡献力量。

关于体育强省建设，在征求各地各有关部门意见基础上，省体育局已初步制定三年实施方案，省政府审议通过后还要作专题部署。今年工作要以体育强省建设为主线，结合总结“十三五”工作，编制“十四五”规划，全面推动体育发展再上新台阶。要重点抓好以下几个方面工作：

（一）持续深化体育改革，进一步理顺体育工作体制机制。

要坚持问题导向，突出重点难点和痛点，正确处理好竞技与群体、市场与社会、奥运与大众、顶层设计与基层探索的辩证关系，建立与全面小康社会和体育强省相适应的体制机制。

一是深入推进足球改革发展。省体育局将制定出台江苏省足球运动协会社会化改革推进方案，完善省足协组织结构和运行机制,加大购买服务力度,提升协会实体化运行能力。各地要结合实际,有序推进地区足协社会化改革,引导职业俱乐部健康发展,完善法人治理结构,加快现代企业制度建设,增强职业足球社会责任感。要抓细抓实青少年足球工作,加强青训中心建设,发挥辐射带动作用。保持江苏女足领先优势,巩固提高实力,树立品牌效应。各级体育部门要因地制宜,以点带面,积极开展各类足球赛事活动,引导鼓励社会资本投入足球事业。

二是进一步深化体育协会改革。按照"脱钩不脱联系、不脱扶持、不脱监管"的要求,建立健全体育社团管理服务制度机制,积极稳妥地推进体育协会改革。坚持规范化、社会化、实体化、专业化方向,加快政府职能转移,做大做实做强各级体育总会。鼓励支持省属协会发展自身特色的品牌赛事活动,提升依法自治能力。继续推行体育社团负责人公开招聘制与综合评价机制。推动体育社会组织向基层延伸,推动各级各类协会、俱乐部发挥组织效能,积极参与社会治理。

三是继续完善竞技体育开放办队机制。坚持开放办队理念,进一步拓宽联合办队路径,以奥运新增项目为试点探索多渠道办队方式,形成具有江苏特色的省优秀运动队多元化、社会化办队格局。完善联合办队制度机制,理顺权责关系,加大考核力度,提高管理效能。引入竞争机制,根据项目分类及特点,加大省内、项目中心内、队内、组内等不同层次的竞争力度,进一步激发和调动市县体育部门、项目管理中心、运动队的积极性。坚持"以成绩为依据、以效益为优先",在运动员编制、参赛名额、备战经费等方面向优势组别倾斜。

四是推动群体、竞体、体育产业融合发展。以群众体育为基础,发展健身服务业,拉动体育消费,促进体育产业发展,厚植竞技体育后备人才根基;以竞技体育为引领,弘扬体育文化、体育精神,推动运动项目普及发展,扩大体育人口,壮大体育市场;以体育产业为支撑,积极申办、举办高水平体育赛事,助力提升竞技体育水平,扩大全民健身服务市场供给,促进群众体育发展。各级体育行政部门要从工作谋划、资源分配、计划协同等方面着手,推动各条线的融合,各级各类体育单位都要结合自身实际推出融合发展的具体举措。

(二)认真落实全民健身国家战略,推动公共体育服务提档升级。

当前,群众健身需求正强劲增长,且日益呈现“健康、社交、时尚”多重属性,各地要以创建全民运动健身模范市县为抓手,加强智慧体育建设,着力推动公共体育服务扩面提质,不断提升人民群众的获得感和满意度。

一是建设更加亲民普及的体育设施。全省将新建健身步道500公里、体育公园100个,扶持建设150片笼式足球场、120套二代智能健身路径,推进板网球场、拼装式游泳池、智慧社区健身中心和室内冰场建设。通过财政转移支付、体彩公益金统筹、支持苏北农房改善等途径,落实公共体育设施标准。扶持苏中、苏北地区体育设施建设,促进基本公共体育服务均等化。继续推进100个以上大型体育场馆向社会免费、低收费开放。各地要切实加大社会足球场地设施建设力度,确保如期完成计划任务。规划布局建设一批室内外冰雪运动场地设施,推广可移动式冰场和仿真冰场。制定出台室外公共健身器材管理维护办法,促进管理到位、维护及时、使用安全。

二是开展更加丰富多彩的赛事活动。办好省第八届全民健身运动会,继续开展全民健身日、长三角全民健身大联动、健康江苏健步走等品牌活动。抓好“魅力江苏　最美体育”系列品牌赛事,鼓励支持各项目全省业余俱乐部联赛,推动形成规范合理、覆盖全省、城乡贯通的群众性赛事活动体系。针对妇女、老年人、残疾人等重点人群广泛开展体育活动,促进运动健身尽可能覆盖更多人群。加快发展群众性棋牌运动,力争在全国棋类联赛中取得优异成绩。积极举办冰雪嘉年华等活动,普及推广冰雪运动。

三是提供更加科学有效的健身指导。加强科学健身方法研究,编印指导手册、动画漫画,通俗易懂地宣传、普及科学健身方法。开展公益健身讲座培训进社区、进乡村活动,广泛开展送体质监测和科学健身下基层服务。利用各类媒体,开设科学健身专栏,扩大受众面。健全社会体育指导员管理和服务机制,完善省社会体育指导员信息管理系统,培训2000名一级社会体育指导员,加强科学健身指导服务。

四是深入推进体医融合发展。协调省卫生健康委出台“体医融合、资源共享”健康促进政策。支持溧水建设“健康江苏”实践示范区,办好中国常州国际运动康复大会。提高体质测定与运动健身指导站服务水平,鼓励体质检测机构和体检机构融合发展,完成全省国民体质监测工作。加强体医融合人才队伍建设,支持在卫生健康部门开展的健康生活方式指导员培训中,增设科学健身、运动康复课程;在体育部门开展的社会体育指导员培训中,增设基础医疗和急救课程;培训190名运动处方师,推动运动康复机构、健康促进中心建设。探索社会医疗力量与竞技体育全面融合路径创新。

(三)全力做好奥运全运备战参赛工作,增强竞技体育综合实力。

今年是竞技体育“大年”,东京奥运会的挑战就在前方,北京冬奥会的脚步渐行渐近,十四届全运会备战已经进入全力冲刺阶段。要抓紧抓实备战工作,切实提升训练质量。

一是坚决抓好反兴奋剂治理。这是竞技体育健康发展的第一道防线。按照“零容忍、零出现”的要求,健全责任体系,进一步明确领导干部、领队、科医人员、教练员、运动员的职责和义务。加强日常教育管理,针对反兴奋剂监督检查、宣传教育、三品管理等内容,制定专项规章制度和工作措施;严格禁止运动员私自就医用药行为,细列违禁药品目录,规范执行药物豁免政策,防止误食误服;用好纯洁体育APP等载体,推动反兴奋剂日常教育管理更精准、更高效。持续保持高压态势,加大赛内外兴奋剂委托自查力度,全年检查数量增至550例。对于出现兴奋剂违规行为的运动员及其辅助人员,将依法依规顶格处理。将反兴奋剂工作与运动员入队入校、教练员上岗聘任和职称晋升挂钩,实行"一票否决制"。

二是全力做好奥运全运备战参赛工作。为国争光是竞技体育的第一位任务。对于东京奥运会备战要密切关注和跟踪重点项目、重点人员训练备战情况,配合总局有关项目管理中心、协会和国家队,做好我省入选国家队的运动员、教练员思想教育、科研医疗和后勤保障等工作。共建好有关奥运项目国家队,在运动训练、科技助力、医疗资源、场馆保障等方面与国家队共享优势资源。承办和组织好东京奥运会选拔赛事和活动。做好速度滑冰、单板滑雪等4支国家集训队的服务保障,配合国家队精选精练、精准参赛,确保江苏运动员最大限度取得北京冬奥会资格积分。做好十四届冬运会集中决赛阶段参赛组织和服务保障工作,确保完成"参赛项目、参赛人数、参赛成绩全面超历史"目标任务。

三是努力提升科学训练水平。创新也是提高竞技体育水平的第一动力。运动员竞技水平的突破,基础在训练,核心在科学训练手段。要深入推进"训、科、医、教、服"一体化,加强复合型训练管理团队建设,以精英教练员培养为抓手,重点打造一批领军型教练。通过试点培养运动康复师,为重点项目和重点人员提供针对性保障。坚持"体能是赛场的入场券",狠抓体能教练培养,确保年底前实现体能类项目体能教练全覆盖;处理好专项体能和一般性体能的关系,弥补运动员在核心力量、身体功能等方面的短板。强化科技助力备战,加快建设省优秀运动队训练大数据管理系统,重视各类训练数据获取和应用,指导关键技术战术练习和养成。

四是加快推动“三大球”振兴发展。某种程度上讲,群众评判竞技体育,“三大球”发展水平是第一衡量标准。根据体育总局统一部署,按照“分类指导、分类分析、分类施政”的原则,研究制定我省“三大球”振兴发展方案。遵循“三大球”项目发展规律,深化管理体制机制改革,稳步推行管办分离。完善“三大球”青训体系,加强“三大球”项目特色学校建设,扩大联合办队,推动精英梯队建设,构建多渠道后备人才培养体系。加大“三大球”职业俱乐部扶持力度,积极探索专业训练和职业体育有机结合的发展方式。

(四)深入推进体教融合,切实提高青少年体育工作水平。

青少年是群众体育的重点群体,也是竞技体育后备人才队伍的源泉。要以体教融合为主要路径,推动青少年体育创新发展。

一是大力开展青少年体育活动。构建青少年体质健康监测体系,通过健康大数据对学生体质健康开展“精准干预”,强化学生体质健康促进工作的“倒逼机制”。推进优质体育资源进校园工作,在先期试点的基础上做好全面推广。大力开展冬夏令营活动,丰富青少年假期体育文化生活。引导社会力量开展青少年体育培训服务,引导和规范青少年体育俱乐部的健康发展,举办全省青少年体育俱乐部U系列赛事。实施中小学体育教师培训计划,每年培训1000名体育教师,重点培训小学阶段足球、篮球、田径、体操、游泳等项目。编制《江苏省中小学体育运动安全指导手册》。

二是加强业余体校和特色学校建设。制定体育特色学校创建评价标准,新建羽毛球特色学校、省级幼儿体操特色示范园和省级幼儿篮球特色园各100所。推动县(市)按照每个项目1所高中、2所初中、6所小学的比例,创建5个以上体育特色项目。开展新一轮国家高水平后备人才基地评定工作。出台《江苏省体育运动学校和业余体校建设标准》,用好"名师空中课堂"等载体,引导体校补齐短板,培养全面发展的人才。探索县级竞赛田径+X模式,举办县组田径、篮球、羽毛球、跆拳道、快乐体操等五项赛事,促进县级业余训练开展。制定青少年体育教练员中长期培训规划,完善教练员岗位培训和准入制度,建立健全岗位培训体系。

三是健全青少年体育融合发展机制。会同省教育厅制定体教融合政策意见,健全青少年体质提升机制,创新后备人才培养模式。推动青少年竞赛体系和学校竞赛体系融合,建立健全青少年U系列竞赛体系、注册体系和竞赛标准,积极推动省青少年校园足球赛制改革。制定第二十届省运会青少年部竞赛办法,发挥好省运会竞赛杠杆效应。制定省足球业余训练和校园足球协调发展方案,进一步完善校园足球竞赛体系和精英培训体系。争取教育部门支持,优化体育类对口单招考试方案,支持退役高水平运动员转岗到各级各类学校任教。

(五)协同推动政策落地,促进体育产业高质量发展。

在经济下行压力较大的情况下,体育产业作为朝阳产业、幸福产业,要在培育新动能、促进经济转型升级方面发挥更大作用。

一是充分发挥政策引导和撬动作用。近年来,国家层面接连发布发展体育产业文件,这些政策意见转化为具体措施,还需要我们做大量工作。作为牵头部门,体育主管部门要积极协调会同有关方面抓好用地、价格、消费等优惠政策落实落地,打通"最后一公里",为社会力量参与体育产业发展降成本、增动力。要认真梳理各方面政策,精准对接,为体育企业提供信息引导服务。要对产业专项资金、体育消费券等政策进行评估,根据情况适度调整,提高专项资金绩效。要完善体育产业统计、评估监测、消费调查等政策制度。

二是以"放管服"激发体育市场活力。进一步简政放权,推动办队权、办赛权等更多体育资源向社会开放,能让社会承接的职能逐步转交社会,建立体育市场“权力清单”“服务清单”。推动建立体育赛事监管协同机制,联合相关部门开展赛事指导、监管、服务工作,引入第三方考评机制,加强事中事后监管。在经营高危险性体育项目审批上,进一步减材料、减环节、减时间,优化体育行政服务流程。

三是强化体育产业平台载体建设。开展体育产业创新试验区培育,研究推进体育消费试点城市建设。做好新一批体育产业基地、体育服务综合体遴选,确保完成100个体育产业基地和40个体育服务综合体建设任务。继续做好4个国家级运动休闲特色小镇建设管理和跟踪指导。会同省文化旅游厅开展体育旅游示范基地、示范项目等培育认定。继续推进长三角区域重点体育产业合作项目实施,以及运动休闲体验季相关组织和承办工作。

四是精心培育品牌赛事。加快培育具有自主知识产权与文化内涵的品牌赛事,继续做好扬州鉴真国际半程马拉松、环太湖国际公路自行车赛等自主品牌赛事组织工作,扩大品牌效益和影响力。支持各地申办、承办大型国际体育赛事,做好南京世界室内田径锦标赛办赛和亚洲杯足球赛苏州赛区筹办工作,进一步提升赛事组织水平。建立健全体育赛事标准体系,研制体育赛事信息平台,提升赛事监管和服务水平。推动建立长三角城市赛事联动机制,打造长三角体育赛事品牌。

五是推进责任彩票建设。按照“防风险、转方式、增后劲、促发展”工作思路,持续开展以公益公信为核心的品牌建设,逐步增强价值认同;不断培育以即开、大乐透为主力的基础性游戏市场,稳步扩大购彩群体;大力拓展以便利连锁为方向的销售渠道;认真排查风险点,加强和完善制度监管,开展彩票专项整治行动,做细做实体育彩票风险防控专项工作,推动江苏体彩事业健康持续发展,继续走在全国前列。

（六）统筹抓好体育文化、交流、宣传和安全风险防控工作。

体育工作与经济社会发展关联度越来越高，与美好生活需求紧密相连，要与法治政府、意识形态、安全生产等工作同步协调推进，为事业发展创造良好的内外部环境。

一是加强体育法治建设。按照法治政府建设要求，规范体育行政审批，促进严格规范、公正文明执法。强化行政决策合法性审查，推动重大行政决策民主化科学化法治化。进一步强化体育市场监管，启动江苏省体育经营活动监督管理规定修订工作，继续实施“互联网+”监管，逐步建立体育市场黑名单制度，推动市县体育部门落实行政执法“三项制度”。

二是扩大体育宣传。深入开展女排精神系列宣传活动，策划宣传奥运会、全民健身运动会等重点赛事，挖掘、推广各类先进典型。要在正面引导上有新提高，准确分析研判体育领域意识形态工作形势，着力加强舆情研判、应急处置和舆论监督。要在能力建设上有新提升，充分发挥网站、新媒体作用，加强体育宣传方法创新。

三是推进体育文化和交流。举办行走大运河、运河马拉松、运河龙舟赛等活动，加快发展大运河文化带健身休闲产业。组织体育藏品征集与展出，举办体育文创大赛，推进体育博物馆建设。以友城交流合作为重点，以各类体育赛事为平台，拓展民间国际体育友好交流领域。注重发挥省体育总会和单项运动协会等体育组织的桥梁纽带作用，扩大群众团体与“一带一路”沿线国家、地区体育组织的交流与合作。

四是加强安全风险防控工作。坚持“管行业必须管安全、管业务必须管安全、管生产经营必须管安全”的原则，层层压实安全责任，组织开展安全隐患排查，特别是老旧场馆设施排查，及时落实整改，保证不出事。

（七）全面加强体育系统党的建设，为推进体育改革发展提供根本保障。

坚决把党的领导落实到体育发展的全方位、全过程，推进全面从严治党向纵深发展。

一是把党的政治建设摆在首位。深入学习习近平新时代中国特色社会主义思想，用马克思主义中国化的最新成果统一思想和行动。要把“不忘初心、牢记使命”作为党的建设的永恒课题和党员干部的终生课题，巩固发展主题教育成果，长抓不懈，常抓常新。要结合体育工作实际，围绕中心，服务大局，创造性地推进各项工作，以体育改革发展的实际成果体现“两个维护”。

二是加强党的基层组织和干部队伍建设。树立大抓基层、大抓支部的导向，落实省体育局系统党支部标准化规范化建设要求，实施党支部达标定级，充分发挥党支部的战斗堡垒作用。坚持有为有位、无为让位，把敢不敢扛事、愿不愿做事、能不能成事作为评判干部的重要标准，坚持在深化运用中充分释放“三项机制”功效，激发干部队伍干事创业的热情。

三是全面加强运动队思想政治工作。大力弘扬爱国主义精神，强化为国争光意识，树牢“拿干净金牌”的思想，不断锤炼教练员、运动员的精神、心理、意志、品质和作风，为完成奥运会、全运会备战任务提供精神动力和坚强保证。提高运动队思想政治工作针对性有效性，落实意识形态责任制，让运动员、教练员的思想境界和业务技能一并提高。

四是持续抓好党风廉政建设和行风建设。坚决落实中央八项规定精神，严肃整治形式主义、官僚主义，不断净化体育政治生态。强化管行业要管行风，贯通主体责任和监督责任，推进作风行风建设。加强党员干部经常性教育管理，深化纪律教育和警示教育，坚决纠正行业不正之风。加强经费管理，推进重大项目绩效评估。加强巡察、审计工作，强化监督执纪，引导党员干部做明规矩、知敬畏、守底线的体育人。

最后，我再强调一下县级体育工作。“郡县治则天下安”。一直以来，县级体育是江苏的特色优势。去年政府机构改革后，县级体育部门普遍不再单设，如何在新的架构下保持江苏特色优势，是摆在我们面前的重要课题。从省体育局开展的县级体育督查情况看，不少地方针对新情况新形势，克服人手少等困难，积极开动脑筋，加强资源整合，保证了工作有序衔接，有的还实现了新的拓展和提高。今年的工作，除了落实好前面所谈的任务和措施，要着重抓好五个方面：一是搞好结合融合，充分利用与教育、文化、旅游、广电等部门整合的机构优势和资源优势，同时加强与发改、住建、卫生等其他部门的协调配合，做好“体育+”“+体育”文章。二是办好赛事活动，结合本地自然禀赋、文化传统、产业特色，打造一些参与面广、影响力大的体育赛事和群体活动，以有声有色的体育，增强城市和乡村活力。三是用好场馆设施，既有的各类设施要扩大开放、充分利用，不足的要动员各方面力量加紧补齐，并提高运营管理水平，助推全民健身、体育产业发展。四是抓好业余训练，改善体校办学条件，注重发展特色项目，加强科学选材和训练，为省市培养输送更多的优秀后备人才。五是搞好彩票工作，充分利用国家发展体育的这一特殊政策，落实责任彩票要求，规范渠道发展和行为监管，为县级体育发展筹集更多资源。总之，要以“有为”争“有位”，把体育的功能和作用发挥好、体现好。

同志们，在民族复兴的伟大征程中，体育工作获得前所未有的重视和期望。让我们在省委省政府的坚强领导下，不忘初心、牢记使命、接续奋斗，以体育强省建设的新作为新成就，为建设体育强国和“强富美高”新江苏作出新的更大贡献！

2020年制定的文件辑要

省体育局党组关于进一步加强干部考核工作的实施意见

2021年1月4日　苏体党组〔2020〕86号

局直属各单位，局机关各处室：

为深入贯彻全面从严治党要求，强化干部管理，根据《公务员法》《党政领导干部选拔任用工作条例》《党政领导干部考核工作条例》《事业单位人事管理条例》和中央、省委有关精神，结合我局实际，制定本实施意见。

一、明确考核目标，健全考核制度

(一)指导思想

干部考核工作坚持以习近平新时代中国特色社会主义思想为指导，贯彻落实新时代党的建设总要求和新时代党的组织路线，坚持把政治标准放在首位，坚持严管和厚爱结合、激励和约束并重，奖勤罚懒、奖优罚劣，充分调动干部积极性、主动性、创造性，树立讲担当、重担当、改革创新、干事创业的鲜明导向，着力培养一支信念坚定、为民服务、勤政务实、敢于担当、清正廉洁的好干部队伍，推动江苏体育事业高质量发展。

(二)考核原则

1.党管干部；

2.德才兼备、以德为先；

3.事业为上、公道正派；

4.注重实绩、群众公认；

5.客观全面、简便有效；

6.考用结合、奖惩分明。

（三）考核内容

围绕岗位职责，以履行职责和完成任务情况为主要依据，全面考核德、能、勤、绩、廉。

德。全面考核政治品质和道德品行。考核干部政治品质，突出政治标准和先进性要求，重点了解干部理想信念、对党忠诚、遵守政治纪律和政治规矩等情况。考核干部道德品行，重点了解遵守社会公德、职业道德、家庭美德和个人品德等情况。

能。全面考核干部履职尽责特别是组织领导、谋划协调、专业素养、创新作为等能力情况。

勤。全面考核干部的精神状态和工作作风，重点了解勤勉敬业、恪尽职守，认真负责、紧抓快办，锐意进取、敢于担当，艰苦奋斗、甘于奉献等情况。

绩。全面考核干部履行岗位职责情况，重点了解完成日常工作、承担急难险重任务、处理复杂问题等取得的实际成效，以及服务对象的满意程度等情况。

廉。全面考核干部廉洁自律、廉洁奉公等情况。

（四）考核种类

干部考核分为平时考核、年度考核。

平时考核。机关公务员平时考核按照《省体育局机关公务员平时考核实施办法（试行）》组织实施，事业单位领导人员参照执行，事业单位其他工作人员由各单位自行开展平时考核。平时考核结果计入年度考核。

年度考核。以平时考核为基础，按照规定的内容、标准和程序全面考核。

（五）考核评价

机关公务员平时考核评价分为好、较好、一般和较差四个等次；年度考核评价分为优秀、称职、基本称职和不称职四个等次。事业单位工作人员考核评价分为优秀、合格、基本合格和不合格四个等次。

二、夯实考核基础，落实平时考核

（一）充分发挥平时考核工作的基础作用。平时考核是考核制度的重要组成部分，是年度考核的基础。做好平时考核工作是贯彻落实习近平总书记“考察识别干部要把功夫下在平时”重要指示精神的实际举措，也是建立日常考核、分类考核、近距离考核的知事识人体系的重要手段，既能对工作人员日常履行职责情况进行督促检查和激励鞭策，也能为年度考核积累素材和提供依据，保证考核工作的完整性和准确性。平时考核工作分季度组织，按照确定目标、个人小结、审核评鉴、群众评议、等次评定、结果反馈的程序实施。机关公务员平时考核结果按要求上报省委组织部备案，事业单位处级干部平时考核结果报局人事处备案，其他工作人员由各单位自行留存备查。

（二）细化考核内容，抓好程序设计。平时考核以工作人员的岗位职责和所承担的工作任务为依据，全面及时了解工作人员在德、能、勤、绩、廉等方面的日常表现，重点考核工作人员在深入学习贯彻习近平新时代中国特色社会主义思想、遵守政治纪律和政治规矩、践行党的群众路线、完成日常工作和阶段工作目标的情况，以及承担急难险重任务、处理复杂问题、应对重大考验中的表现等。机关公务员平时考核指标由共性指标和个性指标构成，共性指标以《公务员法》和中央、江苏省对公务员素质能力业绩要求为统一考核标准，包括政治素质、职业道德、工作作风、廉洁自律、担当作风、学习培训、出勤情况等方面内容；个性指标将本处室工作任务细化分解到每名公务员，公务员根据本处室年度及阶段性

(或临时性)目标任务,结合《岗位人员职责说明书》制定个人季度工作目标计划(包括完成工作的数量、时限、成效等),经处室主要负责人审定后,与其本人工作目标计划统一报分管局领导审批,作为个人季度考核个性指标。事业单位工作人员平时考核内容可参照实施。

三、精心组织部署,完善年度考核

(一)结合述职述廉,提高考核水平。将年度考核和述职述廉工作结合起来,有利于全面考核干部,按照"一岗双责"要求,一手抓业务工作、一手抓党风廉政建设,以廉政建设促进工作能力水平提升,以扎实作风和良好业绩展示高质量发展成效。

(二)充分发扬民主,提升考核质量。在个人总结的基础上,针对履行职责和廉政情况,考核工作小组对领导班子和领导干部进行综合测评,测评结果作为评定等次的参考。对民主测评称职率(合格率)较低的单位和个人,要采取个别谈话等方式深入调查了解。各单位(处室)领导干部述职述廉和年度考核会议一般由中层以上干部或全体人员共同参与,局考核工作小组派员参加,听取总结,全面考核评价干部。

(三)实行分类推优,改进考核方法。机关公务员推优工作以处室为主体,根据平时考核、个人总结和年度测评情况,提出考核等次建议,提请分管局领导审定后报局考核工作小组汇总。原则上平时考核季度评价好等次较多作为年度考核优秀等次参评人选,优秀等次推荐员额区分领导职务公务员和职级公务员,以处室为单位按年度考核推优比例上报。事业单位处级干部推优工作在履行既定程序基础上,须进行条线交叉互评,由分管局领导牵头,业务处室负责召集条线相关单位,采取召开会议或发放推荐表等形式开展交叉互评,按照年度考核推优比例初步形成事业单位领导人员优秀等次建议。优秀等次终审评定由局党组根据局考核工作小组上报名单,按照年度考核推优比例,采取会议研究讨论的方式确定并予公示。事业单位其他人员考核等次按照考核结果正确评价。

四、强化结果运用，发挥导向作用

严格执行考核程序和考核标准，切实加强对考核工作的领导，发挥考核的导向作用，真正体现到干部选拔任用、培养教育、管理监督的全过程和各方面。

把考核评价结果作为干部选拔任用的重要依据。在干部选拔任用中，必须依据选拔任用条件，结合岗位要求，以平时考核和年度考核评价为基础，综合分析研判考察情况，客观公正地作出评价，提出任职建议。

切实运用考核结果加强对干部的教育管理。对考核年度内受党纪政纪处分的干部按照相关规定确定考核等次。对考核评价为基本称职（基本合格）、不称职（不合格）的干部，要进行提醒或诫勉谈话，限期整改，激发广大干部立足本职、干事创业的积极性。

五、加强组织管理，注重纪律监督

（一）组织

各单位要成立考核领导小组，主要负责人任组长，认真落实第一责任人责任，并明确一名分管领导任副组长，其他班子人员为领导小组成员。考核领导小组设办公室，负责考核日常具体工作安排及资料汇总。

（二）管理

各单位指定一名办公室工作人员专门负责考核登记、汇总、上报等日常工作；考核工作一级抓一级，一级对一级负责，扩大一般干部群众参与面，保证考核结果的真实性和有效性。

（三）监督

建立考核责任追究制度。详细记录考核工作程序和内容，做到环环有人把关，事事有人负责。考核工作中，不准弄虚作假；谎报、虚报、瞒报真实情况，必须真实客观、公正公平考评；不准拉帮结派；严禁不利团结和制造矛盾的行为。对在考核中不坚持原则，不认真负责，甚至徇私情隐瞒事实真相，造成考核结果严重失真的，要追究考核者的责任。

纪检监察部门监督工作贯穿考核全过程。严肃考核纪律，弘扬民主作风，对在考核中反映和发现的问题要及时向纪检监察部门报告，由纪检监察部门介入调查，形成处理意见，督促整改。对于在考核中有反映，短时间内又无法证实的问题，进行深入调查核实，跟踪考察，确保考核结果的客观公正。

本实施意见自发布之日起施行。2016年9月21日印发的《省体育局关于进一步加强干部考核工作的实施意见》（苏体人〔2016〕43号）同时废止。

省体育局关于印发《2020年省体育局党建工作要点》的通知

2020年4月3日　苏体机党〔2020〕6号

各党委、总支、支部：

《2020年省体育局党建工作要点》已经局党组会审定，现印发给你们，请结合实际，认真贯彻落实。

2020年省体育局党建工作要点

2020年是全面建成小康社会和“十三五”规划收官之年，是体育强省建设重要之年。省体育局党建工作总体要求是，坚持以习近平新时代中国特色社会主义思想为指导，深入贯彻党的十九大和十九届二中、三中、四中全会精神，认真学习贯彻习近平总书记关于机关党的建设重要讲话精神，进一步增强“四个意识”、坚定“四个自信”、做到“两个维护”，以政治建设为统领，以践行“三个表率”、建设模范机关为目标，深化“机关党建质量提升工程”，着力强化理论武装，着力夯实基层基础，着力推动担当作为，着力推进正风肃纪，大力建设属性鲜明的政治机关、有效作为的领导机关、一心为民的服务机关、勤政廉政的示范机关，为建设体育强省提供有力保障。

一、突出政治统领，强化率先意识，着力打造“三个表率”模范机关

1.增强建设“三个表率”模范机关的思想自觉。把开展“三个表率”模范机关建设作为省体育局政治建设的重要抓手，旗帜鲜明讲政治，坚决贯彻习近平总书记重要讲话指示精神，不折不扣

落实中央、省委关于体育工作各项决策部署，推动省委关于加强党的政治建设《实施方案》落地生根。积极参加省级机关工委“忠诚核心、勇担使命”主题实践活动，扎实开展抗击新冠肺炎疫情“我是党员我先上”活动，增强党组织和党员干部建设模范机关的思想自觉和行动自觉。

2. 夯实建设“三个表率”模范机关的政治基础。严格执行新形势下党内政治生活若干准则，贯彻落实民主集中制，大力发扬斗争精神，落实民主生活会、组织生活会“十不准”规定，提高领导干部双重组织生活和“三会一课”制度化规范化。建立“不忘初心、牢记使命”长效机制。紧扣体育部门实际，把中央关于加强党的政治建设的部署要求贯穿到抗击新冠肺炎疫情、深化体育改革、建设人民满意体育、狠抓安全生产等工作的全过程，形成具有体育特色的党建工作格局，营造风清气正的政治生态。

3. 强化建设“三个表率”模范机关的内在动力。加强党章党规党纪教育，引导党员干部强化自我约束，自觉规范“八小时之外”和网上言行，提高党员干部辨别政治是非、保持政治定力、防范政治风险的政治能力。加大对局系统各级党组织推进党的政治建设特别是遵守党的政治纪律和政治规矩情况的监督检查。落实省委巡视要求，做到举一反三，继续推动问题整改。

二、深化理论武装，强化知行合一，在对标新思想中解放思想统一思想

4. 深入学习贯彻习近平新时代中国特色社会主义思想。把深入学习贯彻习近平新时代中国特色社会主义思想纳入党组中心组学习、基层党支部“三会一课”范围，深刻领会十九届四中全会精神，重点加强新发展理念的学习贯彻，着力解决“理解不深入、行动跟不上、落实缺乏创造性”问题。规范党组中心组学习，丰富形式，提高质量，发挥领学促学作用，在学懂弄通做实上当好示范。全年中心组学习不少于12次。继续开展青年干部讲堂和青年干部读书会，强化青年理论武装。积极参加省级机关工委“学用新思想”答题竞赛和优秀案例征集，用好“学习强国”平台和“纯洁体育”APP，探索建立党员学习情况数据库，推动理论武装工作走深走心走实。

5.严格落实意识形态工作责任制。认真落实《关于省级机关党组织进一步做好意识形态工作的意见》要求，加大对意识形态工作各项制度落实情况的督查。及时了解掌握党员思想动态，有针对性地做好思想政治工作，突出抓好运动队思想政治建设。落实主管主办责任，加强本部门本单位意识形态阵地建设和管理，完善风险点排查和分析研判制度，积极稳妥做好体育行业重大突发事件和热点敏感问题的舆论引导。开展意识形态工作培训，发挥网宣员、网评员作用，增强网络舆情应对能力和舆论斗争能力。

6.统筹推进思想政治宣传工作。持续推动“不忘初心、牢记使命”主题教育成果转化，将其作为党的建设的永恒课题和党员干部的终生课题。深入开展党史、国史、改革开放史和社会主义发展史教育，结合我国抗击新冠肺炎取得的阶段性成果，广泛开展热爱中国共产党、热爱社会主义制度教育。加大政策宣传、形势教育和国防教育力度。以落实体育强国建设战略、备战奥运会、全运会、建设体育强省等体育领域大事为契机，掀起学习宣传习近平总书记关于体育工作的重要论述精神热潮。办好“七一”党日活动。

三、夯实基层基础，锻造坚强堡垒，推动基层党组织全面过硬

7.强化组织功能。以贯彻落实《中国共产党党和国家机关基层组织工作条例》为抓手，以提升组织力为重点，不断强化基层党组织政治功能。开展基层党组织建设情况专项督查。加强对体育社会组织党建工作的指导推动，健全完善体育社团党组织架构。加强党务干部队伍建设，严把配备关，推动专兼职党务工作经历写入干部档案。继续举办基层党组织书记培训，分类开展组织委员、纪检委员业务培训。抓住智慧体育建设契机，全面推广江苏机关党建云平台，提高党建信息化水平。严格执行基层党组织按期换届规定，完成机关党委换届工作。

8.加强党支部建设。树立大抓基层、大抓支部导向，贯彻落实《中国共产党支部工作条例（试行）》，编印《党支部建设标准化指导手册》，开展党支部达标定级专项行动，对后进党支部进行重点帮扶，持续推进党支部标准化规范化建设。围绕"服务高质量发展"主题，打造2—3个"先锋行动队"。选树1—2个党支部书记工作室，及时总结党建与业务深度融合的好经验好做法，推动局系统"党员之家"全覆盖。将支部达标定级情况、基层党组织书记年度履职情况纳入省体育局年度作风建设考评。

9.加强党员教育管理。贯彻《中国共产党党员教育管理工作条例》，开展形式多样的党员教育活动。强化党员实践锻炼，引导党员增强党员意识、发挥主体作用。开展"亮身份、作示范"行动，指导窗口单位党员佩戴党员徽章上岗，设立党员示范岗、党员责任区。落实党内激励关怀帮扶机制。严把党员发展"入口关"，切实提高党员发展的规范性。开展局系统优秀党员、党务工作者和先进党组织评选，宣传他们在抗击疫情、推动发展中的典型事迹，充分彰显党组织的战斗堡垒和党员的先锋模范作用。

10.统筹做好党群共建。坚持以党建带群建，推动群团组织依法依章程开展工作，增强群团组织的政治性、先进性、群众性。指导、支持工会、共青团、妇女等组织深入听取职工、青年和妇女同志的呼声，结合部门与单位实际，广泛开展岗位建功、巾帼建功等活动，定期组织丰富多彩的文体活动，推动和谐单位建设。继续做好"组织在身边、关爱月月送"等困难职工帮扶工作。

11.加强运动队党建工作。将支部建在运动队。把党建工作要求全面融入运动队训练比赛、人员管理、思想政治教育全过程。

加强运动队党务干部队伍培养,提升运动队党建规范化标准化水平。加大运动队党员培养力度,新发展党员向一线运动员倾斜。重视党员教练员对运动员的榜样示范作用,压实党员教练员在运动员党员发展中的责任。继续开展机关党支部与运动队党组织"结对共建"工作,推动运动队党建与机关党建同频共振。

四、锤炼过硬作风,强化宗旨意识,力戒形式主义、官僚主义

12.推动党员干部担当作为。深化运用"三项机制",真正做到"为担当者担当",为党员干部立足本职干事创业创造良好环境。树立正确用人导向,重视在急难险重的任务一线考察、识别、评价、使用干部,把党员干部的实际表现作为考察其政治素质、宗旨意识、全局观念、驾驭能力、担当精神的重要内容。开展"五抓五促"提效能、全力夺取"双胜利"专项行动,夺取疫情防控和体育发展"双胜利"。加强对党员干部的日常监督与考核,健全完善月度重点工作推进情况考核机制,多措并举推动党员干部转作风、抓落实、干实事。坚决落实省委安全生产集中整治部署要求,压紧压实安全生产责任,为疫情防控和体育事业发展夯实基础。

13.持续整治"四风"问题。严格执行中央八项规定及其《实施细则》精神和省委《具体办法》,加强对落实情况的监督检查。巩固和深化形式主义、官僚主义集中整治成果,紧盯新动向新表现,上半年组织开展"回头看",防止出现反弹和回潮。继续加大为基层减负力度,转变工作方式,加强工作统筹,让基层腾出更多的时间和精力抓落实、促发展。继续实行节假日"四风"问题零报告和节假日去向全员报告制度。

14.密切联系基层群众。认真落实《省体育局领导接待群众来访制度》《省体育局领导干部联系基层制度》等制度。大兴调研之风,坚持问题导向,引导党员干部聚焦群众和运动队关心的难点热点问题开展调研。处以上干部每年至少提交一篇不少于3000字的高质量调研报告。继续开展机关党组织与运动队、社区、乡村、街道等常态化联系服务。用好网站、微信公众号、“局长信箱”等平台，广泛收集服务对象、基层群众和社会各界对体育工作的意见建议，走好网上群众路线。持续深化“乡情微调研”活动。

五、推进正风肃纪，全面从严治党，持之以恒加强党风廉政建设

15.加强纪律教育。坚持把纪律和规矩挺在前面，加强警示教育，用身边人、身边事教育全体干部职工，做到以案为鉴、以案明纪。积极参加省级机关“党风廉政教育月”活动，筑牢党员干部拒腐防变思想根基，让党员干部知敬畏、存戒惧、守底线。强化纪律教育、政德教育、家风教育，把党纪党规纳入党组中心组学习、党支部学习和党员教育培训内容。持续深化党风廉政建设责任制落实，确保责任层层传导。加大廉政风险点再排查专项行动力度，进一步扎紧制度笼子。认真开展对局训练中心、江宁足球基地、体总秘书处、省社体中心4个基层党组织的政治巡察。

16.强化执纪监督。深化运用“四种形态”，注重抓早抓小，紧盯赛风赛纪和反兴奋剂、招标采购、运动员进队等高危领域和环节，做实做好日常监督。加强问题线索管理，加大审查调查工作力度，严肃查处违纪违法问题。深化标本兼治，加强制度建设，建立健全党风廉政风险防控体系，一体推进不敢腐、不能腐、不想腐，牢牢守住“稳定、安全、廉政、生态”四条底线。加强机关纪委建设，继续开展机关纪委人员及纪检委员业务培训，提升履职能力。配合驻教育厅纪检监察组开展工作。

六、完善责任体系，落实“四个一起”，提高机关党建工作效能

17.落实机关党建主体责任。认真贯彻《省级机关部门单位党组（党委）落实机关党建领导责任实施办法（试行）》，加强制度建设，推动党建和业务工作一起谋划、一起部署、一起落实、一起检查。制定年度党组领导机关党建、机关党委负责机关党建、党支部落实机关党建的“三级”责任清单。继续开展基层党组织书记“三级联述联评联考”和述职述责述廉。

18.*加强党内法规学习贯彻*。从基本制度严起、从日常规范抓起，引导党员干部认真学习、坚决执行党章党规。通过举办党内法规知识测试，推动党员干部学习制度、尊崇制度、捍卫制度。探索党务工作者“持证上岗”制度，对认真学习党内法规制度并通过测试的党务工作者颁发上岗证书，激励党务工作者不断提高理论水平和党建素养。

省体育局省发展改革委关于印发《关于促进全民健身和体育消费推动体育产业高质量发展行动方案》的通知

2020年4月17号　苏体经〔2020〕43号

各设区市、县(市、区)体育局(文体旅局、教体局)、发展改革委:

根据《国务院办公厅关于促进全民健身和体育消费推动体育产业高质量发展的意见》(国办发〔2019〕43号)精神,省体育局会同省发展改革委制定《关于促进全民健身和体育消费推动体育产业高质量发展行动方案》,现印发给你们,请结合实际认真贯彻执行。

关于促进全民健身和体育消费推动体育产业高质量发展行动方案

为贯彻落实《国务院办公厅关于促进全民健身和体育消费推动体育产业高质量发展的意见》(国办发〔2019〕43号),更好发挥体育产业在满足人民日益增长的美好生活需要方面的重要作用,结合我省实际,现就推动江苏体育产业高质量发展制定如下行动方案。

一、总体要求

以习近平新时代中国特色社会主义思想为指导,全面贯彻党的十九大和十九届二中、三中、四中全会精神,坚持新发展理念和高质量发展要求,大力实施健康中国和全民健身国家战略,深化体育领域供给侧结构性改革,集聚要素资源,创新发展模式,优化市场环境,激发消费潜力,努力推动体育产业成为国民经济支柱性产业，让经常参加体育锻炼成为一种生活方式，为建设“强富美高”新江苏提供有力支撑。

二、进一步深化“放管服”改革

（一）加强体育赛事管理服务。落实体育赛事审批制度改革要求，优化确需保留的安全许可及道路、空域、水域、无线电使用等行政审批流程，建立跨部门的体育赛事活动综合服务机制或例会制度。研究建立体育赛事运营组织机构等级评定机制及赛事综合评估体系。制定体育竞赛表演活动办赛指南和服务规范，完善体育竞赛表演综合信息平台。按照国家分类制定允许开展的体育赛事活动目录、申请条件和程序，推动公共资源向体育赛事活动开放，促进自行车、运动船艇、滑雪板等体育器材装备的公路、铁路、水运、民航便利化运输。落实全国体育场馆安保等级评价制度和标准。（省体育局、省公安厅、省自然资源厅、省住房城乡建设厅、省交通运输厅、省水利厅、民航江苏监管局）

（二）深化场馆运营管理改革。继续推进体育场馆所有权与经营权分离改革试点，推动公共体育场馆改造功能、改革机制，鼓励支持职业体育俱乐部主场场馆改革。大力引进和培育专业体育场馆运营企业和机构，积极推动体育场馆品牌和管理模式输出。政府投资新建体育场馆，不宜单独设立事业单位管理，应委托第三方企业运营。（省体育局、省发展改革委）

（三）推动体育社会组织发展。推动实现省属体育社团与行政机关脱钩，引导体育社会组织通过公开竞争方式，积极承办体育行政部门主办的体育赛事活动、培训、国民体质检测与健身指导等项目。鼓励各地通过政府购买服务等方式，加大对体育社会组织改革与发展的扶持。体育社会组织符合直接登记条件的，可直接向民政部门依法办理登记。（省体育局、省民政厅）

（四）引导职业体育改革发展。规范专业体育资源参与职业体育发展，支持职业体育俱乐部做大做强，加快俱乐部现代企业制度建设。挖掘体育明星市场价值，完善职业体育赛事运作、场馆运营、门票销售、电视转播、无形资产开发及纪念品特许经营等一体化运作与服务。（省体育局、省发展改革委）

三、着力提升体育产业发展质效

（五）培育壮大体育服务业。加快体育服务业内容、业态和商业模式创新，培育一批优质健身俱乐部和高端体育服务品牌，扶持体育培训、策划、咨询、经纪、营销等领域发展。加强户外运动产业统筹规划和项目布局，发展水上、山地户外、冰雪、航空、马拉松、自行车、击剑、武术等引领性强的运动项目产业，打造运动项目产业集群。实施《推动江苏体育竞赛表演产业高质量发展行动方案》，打造一批高水平体育赛事品牌和专业体育赛事运营企业，加快构建赛事策划、运营、服务、营销、推广全产业链。到2022年，体育服务业增加值占体育产业增加值比重达到60%以上。（省体育局、省发展改革委、省公安厅、省自然资源厅、省交通运输厅、省水利厅、省文化和旅游厅、民航江苏监管局）

（六）推动体育用品制造业升级。加大体育用品制造业科技创新力度，大力开发科技含量高、拥有自主知识产权的产品，促进创新链与产业链深度融合。推动智能制造、大数据、人工智能等新兴技术在体育制造领域应用，支持可穿戴运动设备、智能运动装备、冰雪装备器材、家庭小型健身器材的研发与制造。强化产业链龙头企业引领作用，促进体育用品制造企业从生产制造环节向研发设计、营销推广、运营服务等上下游领域延伸。（省体育局、省发展改革委、省科技厅、省工业和信息化厅）

（七）增强体育市场主体竞争力。加强政策引导和扶持，着力培育一批创新能力和品牌影响力突出的领军体育企业，支持省市体育产业集团做大做强，支持打造“独角兽”体育企业和体育类上市公司，鼓励符合条件的体育企业申报专精特新“小巨人”企业。加强体育产业创新载体、特色基地、园区建设，支持成立各类体育产业孵化平台，打造一批有国际竞争力的自主体育品牌。（省体育局、省发展改革委、省科技厅、省工业和信息化厅、省商务厅、省体育产业集团）

四、持续释放体育消费动能

（八）广泛开展全民健身活动。大力实施全民健身计划，宣传科学健身知识和方法，积极推广健康生活方式。推行《国家体育锻炼标准》和运动水平等级评定制度，加强青少年、妇女、老年人、农民、职业人群、残疾人等群体的体质健康运动干预。推行《国家学生体质健康标准》，推动每名青少年学生熟练掌握1项以上运动技能，学生体质健康标准合格率达93%以上。进一步完善教育、体育、卫健等部门联席工作机制，扎实推进儿童青少年近视综合防控工作。丰富节假日体育赛事供给，打造全民健身赛事活动江苏品牌，举办全省业余体育俱乐部联赛。（省体育局、省教育厅、省卫生健康委、省体育产业集团）

（九）促进体育消费水平提升。鼓励各地采取灵活多样的市场化手段促进体育消费，培育体育网络消费、定制消费、体验消费、智能消费、时尚消费等新热点。发展山地户外、自行车、马拉松、电子竞技等大众参与度高的时尚运动项目赛事。支持推动公共体育场馆和体育运动项目经营单位延长开放时间，提供多样化健身产品和培训服务。鼓励体育、购物、文娱、餐饮、观光等业态融合发展，打造一批夜间特色体育消费项目。进一步改革体育消费券发放方式，加强申领人资格审核、发放进度与资金监管，提高体育消费券发放效益。（省体育局、省发展改革委、省财政厅、省文化和旅游厅）

（十）优化体育消费市场环境。完善体育市场监督管理体制，严格经营高危险性体育项目审批和管理。落实体育市场黑名单制度，建立健全信用激励与约束机制，加大失信联合惩戒力度。加大对体育市场违法违规行为的打击力度。完善体育无形资产

评估标准和制度,推进体育标准化建设。(省体育局、省发展改革委、省市场监管局)

五、不断深化体育产业融合互动发展

(十一)促进体医融合发展。建立健全体医融合发展部门协调机制,制定贯彻国家有关体医融合健康促进政策。完善国民体质监测体系,引导体检机构和国民体质检测机构融合发展。支持运动康复医院、健康促进服务中心建设,鼓励大型综合医院增设运动康复科室。创新健康生活方式指导员和社会体育指导员培养方式,引导各地探索体育与健康融合发展模式,支持南京市溧水区建设"健康江苏"实践示范区。(省体育局、省卫生健康委)

(十二)促进体教融合发展。通过政府购买服务等方式,利用优质体育资源开展中小学、幼儿园体育服务,鼓励体育教练员和青少年体育俱乐部进中小学、幼儿园开展体育服务。大力发展青少年阳光体育和校园足球活动,提升中小学和幼儿园体育教师专项技能。在幼儿园和小学低年级大力推广幼儿足球、小篮球、趣味田径、快乐体操、游泳等项目,遴选一批省级体育特色学校(园)。通过省队校办等方式,加强普通高校高水平运动队建设,拓宽竞技体育后备人才培养渠道。共同打造江苏省大学生校园马拉松联赛,鼓励发展校际体育赛事,进一步探索商业化运营模式。(省体育局、省教育厅、省财政厅、省人力资源社会保障厅)

(十三)促进体旅融合发展。实施体育旅游发展行动计划,加快培育一批体育旅游示范基地、示范项目、精品线路和赛事。结合全域旅游示范区、旅游度假区(景区)、旅游小镇等建设,拓展特色体育项目和主题赛事活动。推动登山、自行车、徒步、越野跑、定向拓展等体育运动项目,融入乡村旅游、森林旅游发展。定期推介发布"江苏时尚体育好去处"。(省体育局、省发展改革委、省文化和旅游厅、省农业农村厅、省林业局)

六、高水平打造体育产业载体平台

（十四）培育多元载体。鼓励各地因地制宜、错位发展，打造一批特色体育城市。加强各类平台载体的标准引领和动态管理，到2022年，建设100个以上体育产业示范基地、示范单位和示范项目，认定60个体育服务综合体，培育一批体育产业特色鲜明、生产生活生态融合的特色小镇。（省体育局、省发展改革委）

（十五）开展创新试点。加快培育体育产业创新试验区，引导有条件的地区在体制机制创新、特色产业培育、体育融合发展、投融资体系构建等方面先行先试、探索经验。鼓励有条件的城市开展体育消费试点，完善体育消费服务内容与标准，加大促进体育消费体制机制和政策创新力度。（省体育局、省发展改革委、省财政厅）

（十六）构筑发展平台。充分发挥体育产业发展协同创新中心和高校等各类智库平台功能。完善省体育产业资源交易平台功能，发挥省体育产业投资基金引导作用。支持办好江苏体育产业大会、常州国际运动康复大会。促进一带一路体育赛事、体育旅游和产业发展交流合作，推动长三角、大运河文化带、淮河生态经济带、淮海经济区等区域体育产业联动发展。（省体育局、省发展改革委、省教育厅、省工业和信息化厅、省体育产业集团）

（十七）发展互联网+体育。大力推进智慧体育建设，促进信息资源互联互通，推动体育公共服务模式创新。支持体育综合信息服务平台建设，提供健身健康、场馆服务、竞赛管理、体育培训等线上服务。（省体育局、省发展改革委、省工业和信息化厅）

七、努力增加体育场地设施供给

（十八）因地制宜建设体育场地设施。优化城市社区“10分钟体育健身圈”场地设施和服务功能。引导社会力量建设冰雪运动场地设施，普及推广冰雪运动。开展社会足球场地设施建设专项行动。鼓励各类市场主体利用工业厂房、商业用房、仓储用房等既有建筑及屋顶、地下室等空间改造成体育场馆设施，并允许按照体育设施设计要求，依法依规调整使用功能、租赁期限、车位配比及消防等土地、规划、设计、建设要求，实行在五年内继续按原用途和土地权利类型使用土地的过渡期政策。合理利用公园绿地、市政用地等建设体育设施。（省体育局、省发展改革委、省自然资源厅、省住房城乡建设厅）

（十九）优化体育设施用地供给。在国家土地政策允许范围内，保障重要公益性体育设施和体育产业设施、项目必要用地，加大对体育产业新增建设用地的支持力度。利用以划拨方式取得的存量房产、土地兴办体育产业，符合《划拨用地目录》的可按划拨方式办理用地手续，不符合《划拨用地目录》的可采取协议出让方式办理。利用现有山川水面建设冰雪场地设施，对不占压土地、不改变地表形态的，可按原地类管理，涉及土地征收的依法办理土地征收手续。（省体育局、省自然资源厅）

（二十）推进各级各类体育设施开放。在政策范围内采取必要激励机制，支持中小学对校园体育场地设施进行社会通道改造，在课余时间和节假日向社会开放；不具备改造条件的，也应保证在课余时间和节假日向本校师生开放。新建学校体育场地设施应在规划设计时，创造向社会开放的条件。鼓励以购买服务方式引入专业机构运营管理向社会开放的学校体育设施。推动各级各类体育设施向社会开放，每年扶持100个以上大型体育场馆免费或低收费向社会开放。按规定落实体育场馆房产税和城镇土地使用税、水电气热等优惠政策。（省体育局、省教育厅、省财政厅、省市场监管局、省税务局）

八、完善体育产业高质量发展促进机制

（二十一）加强组织实施。发挥省体育产业发展联席会议制度作用，加强对推动体育产业高质量发展、促进体育消费工作的统筹协调和督促落实。省体育局、省发展改革委负责对本行动方案落实情况的跟踪督促，各有关部门要强化责任落实，协同推动体育产业发展。各地要根据本行动方案要求，结合实际，研究细化政策措施，健全体育产业高质量发展协调机制。

（二十二）强化政策保障。落实国家和省有关发展体育产业、促进体育消费的各类支持政策。优化省体育产业发展专项资金重点支持方向和支持方式，进一步强化立项管理、过程管理和绩效管理。制定省级层面政府购买公共体育服务目录和标准，各地也应制定相应目录和标准。鼓励开展体育企业应收账款、知识产权质押贷款创新，支持符合条件的体育企业发行社会领域专项债券。引导政府性融资担保机构将体育企业纳入支持范围，鼓励保险机构积极开发相关保险产品。（省体育局、省发展改革委、省财政厅、省地方金融监管局、人民银行南京分行、江苏银保监局）

（二十三）健全支撑体系。支持体育产业领军人才和创新团队申报“省高层次创新创业人才引进计划”。鼓励高等院校、职业院校完善体育产业学科专业和人才培养体系，多层次培养体育产业专业人才。完善体育行业技能人才评价体系，开展准入类职业资格评价和水平评价类职业技能等级认定，加大健身行业技能人才培养力度。统筹体育科技资源，促进产学研成果转化运用。健全体育产业、体育消费统计调查与监测制度，定期发布体育产业和消费统计数据及报告。（省体育局、省教育厅、省科技厅、省人力资源社会保障厅、省统计局）

中共江苏省体育局党组关于印发《2020年省体育局党风廉政建设工作要点》的通知

2020年4月24日 苏体党组〔2020〕18号

机关各处室,各直属单位:

现将《2020年省体育局党风廉政建设工作要点》印发给你们,请结合实际,认真抓好贯彻落实。

2020年省体育局党风廉政建设工作要点

2020年省体育局党风廉政建设工作总体要求是:以习近平新时代中国特色社会主义思想为指导,深入贯彻党的十九大和十九届二中、三中、四中全会精神,认真落实习近平总书记关于机关党的建设重要论述精神,按照中纪委、省纪委全会和省级机关党的建设工作会议的部署要求,进一步增强"四个意识",坚定"四个自信",做到"两个维护",以党的政治建设为统领,坚持党要管党、从严治党,严格落实主体责任,持之以恒转变作风,营造良好政治生态,一体推进不敢腐、不能腐、不想腐,为加快体育强省建设提供坚强政治保证。

一、强化政治引领,不断增强"两个维护"的自觉性坚定性

1.加强思想政治引领。深入学习贯彻习近平新时代中国特色社会主义思想和习近平总书记关于体育工作重要论述,着力在学懂弄通做实上下功夫,做到融会贯通、真信笃行,切实用新思想武装头脑、指导实践、推动工作。积极开展"忠诚核心、勇担使命"主题实践活动,深化运用"不忘初心、牢记使命"主题教育成果。认真学习党章党规党纪和党史新中国史,坚定政治立场、坚守初

心使命,夯实建设“三个表率”模范机关的思想基础、政治基础。

2. 严明政治纪律和政治规矩。始终坚决维护习近平总书记党中央的核心、全党的核心地位和党中央集中统一领导,自觉在思想上政治上行动上同以习近平同志为核心的党中央保持高度一致。把学习和遵守党章作为基础性经常性工作来抓,教育引导党员干部做政治上的明白人、老实人,自觉规范自己的政治言行,提高辨别政治是非、防范政治风险的能力。坚决贯彻落实党中央、省委省政府各项决策部署,围绕局系统年度重点工作任务,采取有效举措,逐项抓好落实,为加快建设体育强省担当作为。

3. 严肃党内政治生活。严格执行《新形势下党内政治生活若干准则》,切实提高民主生活会、组织生活会质量,党员干部应当在会上把群众反映、巡视巡察反馈、组织约谈函询、个人需报告的重大事项和有关问题说清楚。贯彻民主集中制,坚持集体领导和个人分工负责相结合,各级党组织主要负责人要带头发扬民主,同时又要善于集中、敢于负责。严格“三会一课”、民主(组织)生活会、民主评议党员、谈心谈话等组织生活制度落实,党员领导干部要过好双重组织生活,带头上党课。

二、严格责任落实,扎实推动党风廉政建设抓细抓实

4. 压紧压实主体责任。要牢固树立“不抓党风廉政建设是严重失职”的责任意识,把落实党风廉政建设主体责任作为事关巩固党的执政地位的重大政治任务来抓。各处室、各单位主要负责人要切实负起党风廉政建设“第一责任人”责任,把党风廉政建设纳入本处室(单位)工作计划,做到党风廉政建设和业务工作、安全生产同谋划、同部署、同推进、同考核。各直属单位每半年召开一次党风廉政建设专题会议,分析党风廉政建设形势,研究部署党风廉政建设工作。要进一步压紧压实主体责任,签订党风廉政建设责任书,构建四级承诺制,形成上下贯通的责任链,用好领导干部履责记实平台,开展年度书记述责和廉政谈话,确保责任压力层层传导到位。

5. 充分发挥监督作用。把督促检查习近平总书记关于体育工作重要论述和省委省政府系列部署的贯彻落实作为重大政治责任，高质量推动体育强省建设，狠抓赛风赛纪与反兴奋剂责任，确保江苏运动员拿干净金牌，弘扬风清气正体育行风。充分发挥各级纪委、纪检委员党内监督作用，完善与派驻纪检监察组的沟通对接机制，全力支持派驻纪检监察组开展监督、执纪、问责，主动邀请派驻纪检监察组成员参与党组会议、行政会议、党风廉政会议等，各处室、单位要定期报送党风廉政建设和反腐败工作情况，听取意见建议。继续开展政治巡察，发挥“利剑”作用，坚持问题导向，紧盯被巡察党组织政治立场和政治生态，强化政治体检，重点查找落实党的路线方针政策和党中央重大决策部署、落实全面从严治党要求、落实新时代党的组织路线、落实职能职责等方面存在的责任问题、腐败问题和作风问题。机关纪委、各级纪委和纪检委员要加强自身建设，不断提高履职能力，紧盯“关键少数”、关键领域、关键岗位，围绕权力运行各个环节，强化日常监督，切实履行好监督责任。

6. 督促打好疫情防控阻击战。科学精准稳慎有效开展省体育局系统疫情防控工作专项监督，深刻学习领会习近平总书记重要讲话精神和各级部署要求，及时宣传普及疫情防控业务知识，制定细化疫情防控措施，坚决打赢疫情防控主动仗。督促有关单位强化科学健身指导服务，大力推广居家健身方法和线上赛事活动，丰富群众生活，增强人民体质。把加强监督和正向激励结合起来，坚持把优秀运动队作为疫情防控重点，支持引导防控一线党员干部敢于担当、全力作为，促进凝心聚力、上下一心、众志成城、共克时艰。扎实开展监督检查，严肃执纪问责，着力纠正抗击疫情中的形式主义、官僚主义，严肃查处不作为、慢作为和假作为等行为。

三、扎实改进作风，着力营造风清气正良好政治生态

7.持续纠治“四风”问题。认真贯彻习近平总书记“锲而不舍、持续发力、再创新绩”重要批示精神，深入落实中央八项规定及实施细则精神和省委《具体办法》，坚持日常监督和专项督查相结合，紧盯重要时间节点通过开展廉政教育、微信短信提醒、畅通举报渠道等方式加强监督检查，严格落实重要节点值班报告制度，及时发现和查处顶风违纪、隐形变异问题，防止“四风”问题反弹回潮。认真贯彻《关于持续解决困扰基层的形式主义问题为决胜全面建成小康社会提供坚强作风保证的通知》精神，紧盯贯彻落实上级决策部署情况，坚决整治不担当不作为等问题；紧盯切实为基层减负目标，着力解决文山会海、督查检查考核过多过频过度留痕问题，坚决反对和整治一切形式主义、官僚主义。

8.开展体育行风专项整治。深入落实“管行业就要管行风”要求，牢固树立正确政绩观、价值观，坚决防止和纠正体育行风问题背后的党风政风问题。围绕“零容忍、零出现”目标要求，加强赛风赛纪和反兴奋剂专项治理，着力解决对赛风赛纪和兴奋剂问题危害性理解不透彻、教育不得力、管理不严格、责任不落实、监督不到位等问题，牢固树立“拿干净金牌”的理念，坚决维护“公开、公平、公正”的体育竞赛原则和健康、规范、有序的体育竞赛环境。加强省优秀运动队思想政治工作，加大教育管理监督力度，及时发现、纠正和查处教练员、管理干部中的不正之风和违纪违法问题。紧盯体育产业领域廉政风险，构建“亲”“清”的新型政商关系。

9.继续深化作风建设。以“五抓五促”提效能、全力夺取“双胜利”专项行动为抓手，以优良作风奋力夺取疫情防控和体育发展“双胜利”。健全完善月度重点工作推进情况考核机制，加强对党员干部的日常监督与考核，多措并举推动党员干部转作风、抓落实、干实事，激励全体党员干部作干事创业的模范。继续开展

省体育局作风建设考评,征求系统内各方合理化意见建议,结合新情况新要求,修订完善年度作风建设考评办法,进一步深化考评结果运用,及时通报考评结果,表扬先进,鞭策后进;对考评中反映出的问题,各处室、单位要制定整改落实措施,坚决予以整改;问题严重需要问责的,按程序进行相应处理,绝不手软。

四、深化标本兼治,一体推进不敢腐、不能腐、不想腐

10.严肃执纪问责,强化不敢腐的震慑。坚持反腐败无禁区、全覆盖、零容忍,加强与纪检监察组的协调配合,形成监督执纪合力,做到有案必查、有腐必惩。深化运用监督执纪“四种形态”,重点查处十八大以来不收敛、不收手,问题线索反映集中、群众反映强烈、违反中央八项规定精神的问题,保持反腐败高压态势,不断释放执纪必严、违纪必究的强烈信号。认真贯彻《中国共产党问责条例》,坚持问题导向,对履责不力、失职渎职、不作为乱作为等问题,严肃问责,倒逼责任落实,做到有责必问、问责必严。

11.强化制约监督,扎牢不能腐的笼子。加强制度建设,扎实做好廉政风险再排查再防控工作,围绕权力运行的各个环节,进一步细化梳理廉政风险点,强化廉政风险责任到人,及时制定完善相关制度措施;扎实做好巡视巡察整改和以案促改工作,健全整改日常监督机制,高质量推动做好巡视巡察整改落实“后半篇文章”,找准问题背后监督管理上的漏洞,推动建章立制,进一步压缩权力行使的任性空间,让权力在正确的轨道上运行。加强对权力行使的监督,增强制度的执行力,紧盯政府采购、合同管理、资金补贴、场馆建设、赛事运行、活动举办、干部选拔、运动员选招、反兴奋剂等重点领域和关键岗位,综合运用履责纪实、专项检查、督查抽查、列席会议等形式开展监督,在“治未病”上积极作为,真正把权力关进制度的笼子里,形成用制度管权、管事、管人的长效机制。

12.加大教育力度,增强不想腐的自觉。加强思想道德和党纪国法教育,推进廉政文化建设,引导党员干部坚守初心牢记使命、坚持理想信念宗旨,严守纪律规矩、严格家教家风,树立正确的世界观、人生观、价值观,增强廉洁自律意识,筑牢拒腐防变的思想根基和道德防线。5月份开展好“我要廉”省级机关“党风廉政教育月”活动。扎实开展警示教育,通过组织观看警示教育专题片、参观警示教育基地、通报本系统本单位党员干部违纪违法典型案例等方式,将案例资源转化为教育资源,用身边案教育身边人,用好反面典型“活教材”,开展以案释纪、以案释法、以案讲责、以案讲德教育,真正做到举一反三、引以镜鉴,使党员干部知敬畏、存戒惧、守底线,防微杜渐、警钟长鸣,让守法纪、严自律成为党员干部的思想自觉和行动自觉。

13. 按照“打铁必须自身硬”要求,建设高素质的基层纪检干部队伍。切实加强自身建设,始终坚持“高标准、硬要求、严纪律”,通过日常监督、教育提醒、执纪问责等多种形式,坚持自我加压、敢于刀刃向内,强化纪检干部监督管理,严防“灯下黑”现象,着力打造一支忠诚干净担当的纪检“铁军”队伍。主动加强业务指导,建立健全基层纪委书记、纪检委员业务培训与书面述职制度,切实履行好全面从严治党监督责任。加强业务学习,坚定理想信念,牢记职责使命,主动履行职责,不断提高自身能力素质和日常监督执纪工作水平,扎实开展监督执纪问责各项工作。强化与省级机关纪监工委和派驻纪检监察组日常联系机制,进一步探索跟班锻炼工作模式,提高监督执纪水平,推进全面从严治党基层覆盖延伸。

省体育局关于落实疫情常态化防控要求进一步做好各项体育工作的通知

2020年5月26日　苏体办〔2020〕42号

各设区市体育局，南京体育学院，各直属单位、机关各处室：

为贯彻落实中央和省有关文件精神，按照抓紧抓实抓细疫情常态化防控工作的决策部署，全面落实“外防输入、内防反弹”的总体防控策略，有力保障人民群众生命安全和身体健康，有序推进年度各项工作和事业发展，结合全省体育工作实际，现就做好疫情常态化防控有关工作通知如下：

一、坚持疫情常态化防控不松懈

1.防止和克服麻痹松懈思想。当前全国疫情形势总体稳定，但外防输入压力持续加大，反弹风险始终存在。要时刻保持清醒头脑，决不能掉以轻心，坚决克服麻痹思想、厌战情绪和侥幸心理，强化风险防范意识，落实疫情防控责任，扎实做好外防输入、内防反弹工作，毫不放松地抓好疫情常态化防控。

2.贯彻分区分级精准防控策略。按照国家和省政府有关分区分级防控要求，掌握低风险、中风险、高风险三个风险等级标准以及对应的防控措施，熟悉疫情防控应急预案。根据本地区疫情防控风险形势研判，结合属地防控部门最新指导意见，加强体育行业疫情防控工作指导，区分疫情风险等级，做实做细各项联防联控方案和疫情防控措施。

3.坚持预防为主。科学佩戴口罩，在人员密集的封闭场所、与他人小于1米距离接触时应佩戴口罩；居家、户外、无人员聚集、通风良好的区域无需佩戴口罩；保安保洁人员、餐厅服务人员、司乘人员、医护人员必须佩戴口罩。减少人员聚集,减少非必要的聚集性活动以及参加聚集性活动的人员,尽量不前往人员聚集场所尤其是密闭场所。加强通风消毒,室内经常开窗通风,保持空气流通;会议室、电梯间、卫生间、餐厅等公共场所、公务车辆严格落实日常清洁、消毒等卫生措施。提高健康素养,强化“每个人都是自己健康第一责任人”理念,倡导文明健康生活方式,养成“一米线”、勤洗手、戴口罩、公筷制等卫生习惯和生活方式,做好个人防护,咳嗽、打喷嚏时注意遮挡,出现发热、咳嗽等异常症状及时到正规医疗机构就诊。

4.*落实常态化防控措施要求*。对单位出现发热、咳嗽等异常症状者,要密切关注其就医就诊情况;对确诊病例、疑似病例、无症状感染者,做到“早发现”“早报告”,并按照属地疫情防控机构要求,配合做好隔离、治疗等各项工作。根据属地疫情防控相关规定,结合本单位实际,健全完善及时发现、快速处置、精准管控、有效救治等常态化防控机制和措施。发挥大数据作用,用好“苏康码”及本地健康认证平台,保障人员安全有序流动。

二、抓实抓细省优秀运动队训练管理工作

5.*从严抓好日常管理*。各训练单位要进一步优化进出通道,严格车辆和人员管理,开展清洁消毒,提高环卫水平,做好隔离观察,加强医疗服务,落实疫情防控日报告和零报告制度。强化运动员公寓、训练场馆、餐厅等区域防控,严防疫情输入。配合做好国家队在苏期间的疫情防控和训练保障工作,确保疫情外不输入、内不反弹。

6.*提高训练备战效益*。做好疫情常态化防控期间的训练比赛工作安排,及时调整训练比赛计划,采取不同形式开展队内测试赛、省际对抗赛和网络比赛,做好迎接新赛季的准备。适时调整训练周期安排,强化体能训练,突出训练的针对性,提升竞技实力。密切关注国际国内疫情形势和备战动态,做好我省在国家队训练备战运动员、教练员的思想教育和综合保障工作。充分利用纯洁体育APP等学习载体，切实做好疫情常态化防控期间反兴奋剂宣传教育和风险防控工作。

7.加强思想政治工作。密切关注运动员、教练员特别是小年龄运动员的情绪变化，加强人文关怀，帮助他们减轻因认知不足、信息不对称导致的焦虑、烦躁等情绪，做好心理疏导工作。各训练单位应积极回应地方关切，及时将省优秀运动队运动员情况反馈输送单位。积极探索新形势下运动队思想政治工作的新举措新方法，结合疫情防控和训练备战工作实际，组织开展形式多样的宣传教育及文体活动，坚持把解决思想问题与解决实际问题相结合，增强思想政治工作的吸引力和感染力，激发训练热情和内在动力。

三、有序推动体育行业安全复工复产

8.推进全民健身科学服务指导。继续推广居家科学健身服务指导和健身气功八段锦项目。利用各级各类媒体，结合体育宣传，开设科学健身专栏，编印指导手册、动画漫画，宣传普及科学健身方法。根据属地疫情防控安全条件，稳妥开展公益健身讲座培训进社区、进乡村活动。

9.做好体育场地设施开放指引。各类体育场地设施开放应按照属地疫情防控指挥机构防控要求进行安全风险评估，制定开放运营具体方案，落实疫情防控措施，向属地主管部门备案后，在安全可控的条件下，先从无接触无对抗的体育运动项目场地设施开始，逐步有序恢复开放。加强有关工作人员教育培训和管理，掌握疫情防控知识和应急处置技能。做好场地设施清洁消毒和医务服务工作，实行人员流量控制，室内场馆要保持通风换气，规范垃圾收集处理，确保达到防控安全管理要求。

10.科学安排体育赛事活动。按照国务院、体育总局关于疫情期间组织体育赛事活动的有关要求，马拉松等大型活动、体育赛事等人群聚集性活动暂不恢复，恢复时间将根据疫情态势，按照国家、省有关要求另行通知。现阶段可根据群众健身现实需求和属地疫情防控安全条件，在低风险地区逐步有序开展个体性、分散型的小规模户外健身活动以及规模适当、范围可控的无接触无对抗体育活动，并严格落实各项防控措施。创新体育赛事活动组织形式，以线上为主、线下为辅的原则，积极探索疫情常态化防控下组织群众性体育赛事活动的方法路径，开展网络赛事活动，优化赛事活动品质，提高网络办赛水平，提升民众参与互动体验。

11. 推动体育产业政策落地落实。各地体育主管部门要积极协调会同有关方面推进体育产业有关政策、尤其是“体育产业15条”政策落地落实，全力为体育产业纾困解难。因时因势调整着力点，发挥政策引导作用，逐步推动复工复产由提高复工率向提高产能利用率转变，由解决具体困难问题向应对疫情常态化防控带来的挑战、推动江苏体育产业高质量发展转变。

12. 加强复工复产监控监管。按照属地疫情防控要求，指导并督促各级各类体育行业落实联防联控、人员排查、物资保障、环境消杀、安全生产等措施，及时掌握情况，排查隐患问题，补齐短板漏洞，确保体育行业运营安全平稳。

四、健全疫情常态化防控制度机制

13. 压实疫情常态防控责任。按照属地疫情防控要求，结合体育工作实际，加强组织领导，坚持依法防控、科学防控、联防联控，细化分解任务，建立责任清单，明确措施要求，把疫情防控网扎得更密更牢，堵住所有可能导致疫情反弹的漏洞。坚决克服官僚主义、形式主义，努力提高防控措施针对性有效性。

14. 及时研判掌握风险形势。跟踪掌握国家和省疫情防控最新策略和要求，及时了解本地区疫情高、中、低风险等级变化情况，按照属地防控部门有关要求，提前做好风险评估和应对准备，有序开展各项工作。

15. 完善应急处置预案。按照分区分级标准,依据本地区疫情形势,因地、因时制宜,不断完善疫情防控应急预案和各项配套工作方案,一旦发生疫情,及时采取应急处置措施,实施精准防控。

关于印发《江苏省体育局优秀运动员选招办法》的通知

2020年5月29日　苏体人〔2020〕6号

各设区市体育局,南京体育学院,机关各处室,各有关单位:

为了进一步完善优秀运动员选招工作,现将《江苏省体育局优秀运动员选招办法》印发给你们:请认真遵照执行。

江苏省体育局优秀运动员选招办法

第一章　总　则

第一条　为进一步优化优秀运动员选招程序,推动优秀运动员选招工作科学化、制度化和规范化,加强竞技体育人才队伍建设,促进竞技体育高质量发展,根据《江苏省运动员聘用暂行办法》等有关规定,制定本办法。

第二条　本办法所称优秀运动员是指由省体育局选招,经省人力资源和社会保障厅批准,在省优秀运动队专业从事某项体育运动训练并参加比赛,且享受体育津贴的正式在编人员。

第三条　优秀运动员选招坚持公开、平等、竞争、择优、科学、规范原则。

第四条　优秀运动员选招工作在省体育局的领导下进行,接受省人力资源和社会保障厅指导。

第二章　选招条件

第五条　选招条件

(一)拥护中国共产党的领导,热爱祖国,热爱体育事业,遵纪守法,品行端正,政治审查合格。

(二)具备与其年龄相符合的文化程度和学习能力,参加统一组织的选招文化考试成绩合格。

(三)身体健康,无运动障碍性疾病。

(四)遵守反兴奋剂规定,符合反兴奋剂准入制度要求。

(五)取得省级及以上比赛名次(集体或团体项目应为主力队员),专项测试达到运动项目选材标准(各项目选招运动员的运动技术等级、运动成绩、专项测试具体标准另行下发)。

(六)参加过集训、试训,且试训不少于一年。

(七)在江苏注册或代表江苏在国家体育总局注册。

(八)新增或个别项目需要的优秀特殊人才可破格录用。

第三章　组织管理

第六条　建立优秀运动员选招领导工作体系,实行分工负责制。

第七条　成立省体育局优秀运动员选招工作领导小组(以下简称领导小组),负责优秀运动员选招工作的组织和实施。

领导小组组长、副组长分别由局主要领导和分管领导担任、成员由人事处(对外合作交流处)、竞技体育处、综合业务处(行政审批处)、青少年体育处、机关党委(机关纪委)和省体育科学研究所、省体育人才流动服务中心及训练单位主要负责人担任。领导小组办公室设在人事处(对外合作交流处),负责优秀运动员选招日常工作。

人事处(对外合作交流处)负责选招工作计划审核、材料初审和政审,统筹各项测试和体检工作,协助竞技体育处开展专项测试检查督导,协助综合业务处(行政审批处)开展文化考试和反兴奋剂准入考核,会同相关部门开展联合评价,报批和办理聘用手续等工作。

竞技体育处负责全国及以上竞赛成绩审定,会同成员单位遴选建立运动员选招专家库,对入库专家实施考核、管理、评价、更替;牵头组织专家组对各项目上报的专项测试标准、内容进行审核,并负责专项测试检查督导。

综合业务处(行政审批处)负责组织文化考试和反兴奋剂准入考核、运动技术等级审定以及体检报告审查。

青少年体育处负责省级及以上青少年竞赛成绩审定。

机关党委(机关纪委)负责对选招工作全程监督,实施或监督实施专家抽取,对违反有关规定的行为予以纠正和处置。

省体育科学研究所负责制定运动员机能评定标准,参与机能测试,做好进队后的跟踪监测等工作。

省体育人才流动服务中心负责选招运动员的“三龄一历”材料审核、建档,办理社会保险和商业保险等工作。

各训练单位成立优秀运动员选招工作小组,负责制订本单位选招工作计划、专项测试标准和实施方案,成立各运动项目专家组,集体研究拟选招运动员名单,落实专项测试考核服务保障;做好政审、选招材料上报、文化考试、反兴奋剂准入考核、承诺书和聘用合同签订、相关手续办理等具体工作。

第八条　各训练单位主要负责人为本单位优秀运动员选招工作每一责任人,分管领导及主管部门负责人对选招工作负领导责任,主教练对本项目选招工作负直接责任。

第四章　选招程序

第九条　优秀运动员选招工作通常每年组织一次,按照计划、提名、初审、测试、体检、政审、复审、公示、报批等程序开展。

(一)计划。各优秀运动员选招工作小组根据优秀运动员编制空缺情况制定本单位优秀运动员选招工作计划,明确选招标准。

(二)提名。教练组提名推荐拟选招名单,经各运动项目专家组评定,各优秀运动员选招工作小组研究确定拟选招运动员名单并在本单位公示。

(三)初审。各优秀运动员选招工作小组将选招工作计划、拟选招运动员名单、专项测试标准和实施方案报领导小组审核批准。

(四)测试。领导小组组织专项测试、文化考试、反兴奋剂准入考核。

(五)体检。体检须在二甲以上医院进行,并提供体检合格证明材料,领导小组组织医疗科研相关专家进行认定。

(六)政审。领导小组对通过各项测试和体检的拟选招运动员进行政审。

(七)复审。领导小组召开专题审核会议,对符合拟选招条件的运动员情况进行复审确认。

(八)公示。省体育局研究确定拟选招运动员名单,并在省体育局网站公示不少于5个工作日。

(九)报批。公示无异议后,由省体育局报省人力资源和社会保障厅批准后办理聘用手续。

第十条　聘用未满16周岁的运动员,需征得其监护人同意。

第十一条　从外省市、解放军引进优秀运动员和省内新增或个别项目运动成绩特别突出的运动员,可不经过集训、试训等常规程序,由省体育局研究确定,按议定的“准予破格情形和准予破格程序”,予以破格录用。

第五章　纪律与监督

第十二条　优秀运动员选招工作要做到信息公开、程序公开、结果公开,接受社会及有关部门的监督。

第十三条　各相关单位和部门要严格按制度办事，按程序操作严格选招纪律，严禁弄虚作假、徇私舞弊。

第十四条　对违反选招纪律造成不良后果的，或在选招工作中不负责任造成人才流失的工作人员，要实行严肃问责。对负有领导责任和直接责任的人员，根据情节轻重，给予批评教育、调离工作岗位或者给予相应党政纪处分；涉嫌犯罪的，依法移送司法机关追究刑事责任。

第十五条　对违反选招纪律的运动员，取消聘用资格；对违反规定并已办理聘用手续的优秀运动员，解除聘用合同。

第六章　附　则

第十六条　本办法由省体育局负责解释。

第十七条　本办法自发布之日起施行，《江苏省体育局选招优秀运动员暂行办法》（苏体人〔2020〕11号）同时废止。

省体育局关于进一步加强和改进体育宣传工作的意见

2020年5月29日　苏体办〔2020〕43号

各设区市体育局,南京体育学院,各直属单位、机关各处室:

为深入贯彻党的十九届四中全会精神,完善坚持正确导向的舆论引导工作机制,切实增强体育的社会影响力和舆论引导力,营造体育强省建设的良好氛围,现就进一步加强和改进体育宣传工作提出如下意见。

一、充分认识做好新形势下体育宣传工作的重要性

体育承载着国家强盛、民族振兴的梦想。党和政府高度重视体育工作,党的十九大提出加快建设体育强国,国务院颁布了《体育强国建设纲要》等政策文件;省委省政府将建设体育强省列入省委常委会工作要点、政府工作报告以及省政府年度重点工作。体育宣传作为体育事业的重要组成部分,在传播党的体育方针政策,发挥体育多元价值功能,营造体育发展良好氛围等方面发挥着重要作用。近年来,各级体育部门认真贯彻落实党的宣传工作根本任务,加强载体建设,创新方式方法,充分发挥体育在社会主义意识形态、社会主义精神文化和中华软实力等方面的重要作用。但与建设体育强省要求相比,体育系统的宣传工作仍存在重视程度不够、热点洞察欠佳、典型挖掘欠缺、深度报道欠精等问题,宣传队伍建设还较为薄弱,全媒体传播融合格局还有待构建,体育社会影响力还不够广泛。各单位要深入分析和把握体育宣传工作面临的新形势新要求,切实增强做好体育宣传的责任感和使命感,认真研究,精心谋划,周密组织,进一步提升全省体育宣传工作质量和水平，更好地为促进江苏体育高质量发展走在前列强信心、聚民心、暖人心、筑同心。

二、准确把握当前和今后一段时期体育宣传工作的总体要求

要坚持正确政治方向，坚定不移地以习近平新时代中国特色社会主义思想定向领航，大力宣传总书记关于体育工作的重要论述，深刻理解总书记关于新时代中国特色社会主义体育发展的功能定位、基本方向和实践要求，用体育领域改革发展的生动实践，传播好、诠释好我们党以人民为中心的体育发展思想和政策主张，坚定不移走中国特色社会主义体育发展道路，把握体育领域意识形态主动权。要牢牢把握正确舆论导向，认真贯彻党的新闻舆论工作方针，坚决扛起举旗帜、聚民心、育新人、兴文化、展形象的使命任务，坚定不移地通过宣传阐释建设体育强国对中华民族伟大复兴的重要意义，为谱写好中华民族伟大复兴中国梦体育篇章提供强大精神动力；坚定不移地通过宣传助推体育成为大众生活方式，把体育蕴含的价值追求、情怀信念传递到每个人身边；坚持不移地通过宣传弘扬新时代体育文化与精神，践行社会主义核心价值观；坚定不移地通过宣传讲述江苏体育好故事，展示行业新风范，树立江苏体育新形象。

三、积极营造推进体育强省建设的舆论氛围

推进体育强省建设，是省委省政府发展体育事业的重要举措，也是对全省人民的郑重承诺，更是全省体育领域当前和今后一个时期重大政治任务、中心工作。要与有关媒体搭建协作平台，通过开设专题、专栏，全面梳理体育强国的时代内涵，系统阐释体育对中华民族伟大复兴的重要意义；大力宣传各地区、各领域、各行业的先进做法和创新举措，记录用新思想新理念引领体育高质量发展的历程；深入探讨体育发展前沿问题，传播各界真知灼见，提供富有前瞻性的咨政建议，让新闻宣传成为体育强省建设的强大助力，推动江苏体育治理体系和治理能力现代化。各地要精心组织重点报道，着重宣传体育强省建设中的先进经验、典型人物和事件以及阶段成效，引导人民群众积极参与体育事业，提高健康水平和生活品质，让发展体育成为全社会的共同意愿和自觉行动，推动形成良好的体育强省建设舆论氛围。

四、广泛宣传体育多元价值功能

体育既是国家强盛应有之义，也是人民健康幸福生活的重要组成部分。体育所承载的奋斗之情、拼搏之志、进取之心，所代表的强健体魄、昂扬精神、坚定信念，所体现的公平公正、协作配合、团队意识，对于国家振兴、民族复兴以及促进人的全面发展意义重大，尤其在培育青少年规则至上、团结友爱、奋力拼搏等方面，具有不可替代的作用。随着经济社会发展和人民生活水平提高，体育在"五位一体"总体布局中的地位日益凸显。要传播好体育于国家、于社会、于个人的多元价值功能，让体育的作用和影响进一步得到社会广泛认同。要宣传好体育人的使命和奋斗，传播好新时代体育文化与精神，尤其要大力弘扬"祖国至上、团结协作、顽强拼搏、永不言败"的中国女排精神，把弘扬体育精神同坚定文化自信结合起来，唱响主旋律，传递正能量。

五、充分展示服务高质量发展的积极成效

牢固树立"围绕发展抓宣传，抓好宣传促发展"的意识，在实施重大改革举措、发展规划、重大项目及安排重要会议、赛事活动时，应同步部署新闻宣传工作，及时向媒体公布有关信息，积极回应社会关切，主动接收舆论监督。围绕落实全民健身国家战略，大力宣传群众"六个身边"工程，扎实做好科学健身指导服务，引导群众养成健康生活方式。挖掘培育先进典型，宣传我国和我省运动员在赛场上不畏强手、勇创佳绩、为国为省争光的精神以及刻苦训练、顽强拼搏、无私奉献的感人事迹；加大反兴奋剂工作的宣传力度，为净化竞赛环境，促进体育行风建设做好舆论保障工作。发挥媒体平台优势，宣传推广体育竞赛表演业，培育品牌赛事,引导社会资本参与体育发展。架设沟通桥梁,推动体育行业、产业的资源整合,促进体育与教育、文化、卫生、科技等相关产业的优势叠加,增强体育发展的活力。广泛宣传推广疫情常态化防控条件下线上赛事、线上培训、直播健身等新业态,培育体育线上消费新模式。

六、切实加强体育宣传工作的组织策划

各级体育部门要把体育宣传摆上重要位置,纳入年度考评体系,加大宣传经费投入,每年至少专题研究一次体育宣传工作。围绕重点任务和重要工作,专题策划各项主题宣传活动,制定详细宣传推广方案。善于洞察社会热点,结合自身实际和新闻宣传规律,找准体育宣传的契合点,认真策划和选择新闻发布的主题、内容、时机和形式,创造有利的舆论氛围。积极挖掘和宣传体育工作中的先进单位和个人,以事实说话,用典型引路,增强体育宣传的亲和力、感染力,提升体育事业公众形象。抓好战役性报道,围绕体育工作重要政策出台、重大改革实施以及重大赛事活动开展,主动邀请各新闻单位专题报道,深度解读,扩大宣传效应与体育影响力。精心组织,把年度“江苏体育优秀新闻作品”、“江苏十大体育新闻”、“江苏全民健身十大新闻”评选以及禀赋各地优势特色、彰显体育文化内涵的有关赛事活动打造成江苏体育宣传的品牌。抓好体育宣传工作队伍建设,明确专人负责日常宣传信息联络工作,通过学习培训、交流研讨等方式,不断提高体育宣传工作人员的思想政策水平和业务素质。

七、健全和完善体育宣传工作机制

根据年度工作安排,制定年度新闻宣传工作要点。进一步健全新闻发布机制,使信息发布成为制度性安排,凡有重大政策或举措出台,要及时对外发布信息,并针对社会关注的问题,做好专家解读等解疑释惑工作。凡以省体育局名义举办的重要会议、活动及赛事,宣传工作由局办公室牵头,有关处室和单位应事先与局办公室充分沟通，列出具体宣传工作安排。建立完善周新闻线索收集、月媒体通气会商、季度分析汇总通报等宣传工作制度机制，各市体育部门和局机关各处室、单位根据工作安排情况，应每周梳理上报新闻宣传点（线索），局办公室及时梳理遴选并协调做好有关题材的宣传报道；根据省体育局月度重点工作计划安排，局办公室会同机关有关处室和直属单位，每月底召集有关合作媒体会商下月宣传工作重点内容及方式；每季度局办公室会同信息中心汇总分析并向局领导报告宣传工作情况，通报各处室、直属单位新闻宣传点（线索）上报以及稿件录用刊登情况。切实加强政务信息报送工作，提高政务信息敏感度，紧紧围绕部门和单位重点工作，第一时间收集、编制并报送信息素材；增强政务信息的深度和广度，加大经验类、政策研究类信息报送力度，提升信息的综合参考价值和使用效率。机关主要业务处室每月报送有价值的政务信息不少于2条。严格规范信息报送审核制度，各单位、部门负责人是信息报送第一责任人，报送信息必须层级负责，逐级审阅把关后上报。

八、努力构建全媒体融合发展的宣传格局

用好传统合作媒体，拓展主流宣传阵地，拓宽新兴传播渠道，抓好门户网站、政务微博和微信等宣传平台建设，发挥好有关专家学者、体育社会组织等在体育宣传工作中的作用，构建全方位、多层次的宣传阵地，建立协同合作、互通共融、互利共赢的宣传格局。充分发挥《中国体育报》记者站作用，注重加强与人民日报、新华社等中央媒体江苏记者站的沟通联系，积极主动供稿，确定选题联合发稿。继续深化与江苏省广播电视总台（集团）、中国江苏网、扬子晚报等媒体的合作，创新方式方法，提高宣传效益。进一步加大与新华日报、江苏卫视等省内主流媒体的合作，利用其覆盖面广、受众多的优势，使之成为政策宣传、权威信息发布的重要媒介，放大宣传效能。按照“合力共建、资源共享，强化服务、便民利民，及时准确、公开透明”的原则，采取信息报送、网站链接、栏目共建等方式，进一步做好“江苏体育网”建设与信息保障工作。各设区市体育局、各处室、各单位要充分发挥江苏体育官网、微博、微信公众号平台作用，宣传展示各地各部门工作。

九、提高舆论引导能力和舆情应对水平

随着互联网等信息技术的迅猛发展，各种信息在更短时间和更广空间的交互共享，各种思潮的激荡交锋一定程度上对宣传思想形成冲击。要高度重视并加强舆论引导和舆情应对工作，进一步完善社会热点问题舆论引导机制，对人民群众关心关注的体育热点问题，及时发布权威信息，主动引导社会舆论。进一步健全重大舆情和突发事件舆论引导机制，加强舆情监测研判和预警工作，及时掌握“苗头性”问题。建立健全重大舆情联动处置机制，发现重大舆情要第一时间报告局办公室，按照正面引导，化解矛盾的原则，第一时间协同有关部门快速应对，有效引导，做好舆情管控。

省体育局关于进一步加强局系统建设项目安全生产管理工作的通知

2020年6月1日 苏体经〔2020〕62号

各有关单位:

为深入贯彻落实党中央、国务院和省委、省政府关于加强安全生产重要部署,切实增强做好安全生产工作的责任感、紧迫感,强化重大安全风险管控,加大隐患排查整治力度,防范和遏制建筑施工安全事故发生,结合省体育局实际,现就局系统建设项目安全生产管理工作有关事宜通知如下。

一、认真落实安全生产的主体责任。各项目建设单位要进一步提高对建筑施工安全生产工作重要性的认识,要按照国家及省关于进一步加强安全生产工作的有关文件要求,明确主体责任,加大对重点项目和重点环节的监管力度,进一步规范安全生产行为,真正把安全生产各项规章制度和技术措施落实到工程项目的每一个岗位、每一个环节,有效防范和遏制生产安全事故。

二、继续深化安全生产隐患排查治理。各项目建设单位要加强检查,采取措施,继续深化建筑施工安全生产隐患排查治理工作。督促建筑施工和监理企业定期组织安全生产管理人员、工程技术人员和其他相关人员排查工程项目的安全隐患,特别要重点排查高支模、脚手架、深基坑和建筑起重机械等技术难度大、风险大的分部分项工程和环节。对排查出的安全隐患,要落实整改措施,及时治理消除。对不认真组织排查或整改措施不到位的,要有关部门支持下依法依规严肃追究相关企业和相关人员的责任。

三、切实抓好疫情防控期、夏季和汛期建筑施工安全生产工作。各项目建设单位要保持高度警惕，密切关注疫情、天气变化，按照国家、省市相关要求，提前做好疫情防控、防暑降温和防汛抗台各项工作，特别是抓好人员流动管理，及时检查临时设施、围墙等加固工作。要切实落实工程项目人员的健康卫生条件，加强灾害性天气的应急值守，保障信息畅通，一旦有安全卫生事件、险情或事故发生，要按照有关规定及时上报项目所在地政府主管部门并同时上报省体育局。

四、不断强化安全生产教育培训。各项目建设单位要加强对项目负责人、专职安全生产管理人员以及建筑施工特种作业人员的安全教育培训，严格执行人员持证上岗制度，切实提高建筑施工现场安全管理水平。要加强对施工现场作业人员尤其是农民工的安全教育培训，普及安全生产常识，增强安全生产意识，并掌握基本安全技能和防护救护知识。

省体育局关于印发《2020年普法工作实施方案》的通知

2020年6月16日　苏体办〔2020〕54号

机关各处室，各直属单位：

现将《省体育局2020年普法工作实施方案》印发给你们，请结合实际，认真贯彻落实。

省体育局2020年普法工作实施方案

2020年是全面建成小康社会之年和"十三五"规划收官之年，是推进"强富美高"新江苏建设再出发的起步之年，也是"七五"普法收官之年。为扎实做好局系统2020年普法工作，增强法治观念，特制定本方案。

一、指导思想

以习近平新时代中国特色社会主义思想为指导，紧紧围绕年度体育重点工作任务，以提高全局干部职工法制意识为目标，通过深入开展普法工作，不断提高全系统人员的法律素质和法治化管理水平，进一步推进体育法治宣传工作，营造良好的体育发展法治环境。

二、普法重点

（一）突出党的十九大精神和习近平总书记关于全面依法治国重要论述的学习宣传。深入学习宣传党的十九大有关普法工作的论述，宣传以习近平同志为核心的党中央关于全面依法治国的重要部署，使局系统广大干部职工了解和掌握全面依法治国的重大意义和总体要求，更好发挥法治的引领和规范作用。

（二）突出党章和党内法规制度的学习宣传。把党内法规制度纳入机关作风建设、法治政府建设、“三个表率”模范机关建设的重要内容，纳入党组中心组理论学习和各党支部学习计划。以党员领导干部为重点深化党章党规教育，推动党员干部学习党内法规经常化、制度化，推动党内法规深入到每一个干部职工心目中。

（三）突出宪法的学习宣传。坚持把宪法学习摆在首要位置，在局系统普遍开展宪法教育，推动宪法家喻户晓、深入人心。认真组织好“12·4”国家宪法日集中宣传活动，提高全体干部职工的宪法意识，教育引导广大干部职工必须以宪法为根本活动准则，弘扬宪法精神，树立宪法权威。

（四）突出《民法典》的学习宣传。把学习宣传《民法典》作为今年乃至今后一个时期普法工作的首要任务，抓实抓牢“谁执法谁普法、谁主管谁普法、谁服务谁普法、谁涉及谁普法”的普法责任制，强化工作部署，细化工作措施，推动任务落实落地。把民法典作为“十四五”时期普法工作重点，引导广大干部职工养成自觉守法的意识，形成遇事找法的习惯，培养解决问题靠法的意识和能力。

（五）突出体育法律法规的学习宣传。重点抓好《体育赛事活动管理办法》《经营高危险性体育项目许可管理办法》《彩票管理条例》《关于非法使用兴奋剂刑事案件适用法律若干问题的解释》的学习宣传，启动修订《江苏省全民健身条例》，制定出台江苏省贯彻《体育赛事活动管理办法》实施细则。聘请法律专家担任局系统法律顾问，凡研究重大决策的局党组会、办公会邀请法律顾问参加，凡重大行政决策事项请法律顾问把关，确保做到依法决策、依法行政、依法管理。

三、工作安排

（一）推进局党组中心组学法工作。把法治学习列入局党组中心组学习的重要内容，年度党组中心组专题学法活动不少于4

次，提高领导干部这一"关键少数"依法领导体育工作、带头遵守体育法律法规的自觉性和主动性，并做好学法记录。

（二）推进局系统工作人员学法考法。积极选派人员参加省级机关普法培训，督促所属各党总支、支部抓好法律法规学习，将法律法规列入年度青年干部培训班重要内容。积极与省司法部门沟通协调，抓住执法证考核办理契机，组织机关干部积极学法考法，全面提升局机关人员法治思维和依法行政能力。抓好《民法典》学习贯彻，在局系统兴起学习热潮，年底前，组织机关处室和直属单位进行《民法典》内容知识竞赛。

（三）举办专题辅导报告。利用双月报告会等时机，举办法律法规专题辅导不少于两次，一是邀请法学专家到省体育局开展《民法典》专题辅导；二是邀请体育总局专家以兴奋剂刑事案件司法解释为主题举办专题辅导；三是结合党风廉政警示教育，组织党员干部观看法律法规警示教育专题片。

（四）落实"谁执法谁普法"责任制。督促有关处室责任单位结合自身业务工作，开展相关普法宣传活动，将普法工作与业务工作同部署、同推进、同检查、同考核。一是局相关处室和单位利用举办赛事活动之机，抓好《体育赛事活动管理办法》及我省贯彻《体育赛事活动管理办法》实施细则的宣传，综合业务处和政策法规处利用高危项目检查契机，强化《经营高危险性体育项目许可管理办法》宣传；二是局青少年训练与反兴奋剂管理中心利用"纯洁体育"反兴奋剂APP平台，抓好《关于非法使用兴奋剂刑事案件适用法律若干问题的解释》的学习宣传；三是彩票管理中心在彩票宣传中增加《彩票管理条例》内容。

（五）拓展"互联网+"普法载体平台。进一步转变体育普法宣传方式，巩固完善微信公众号、微博、门户网站栏目的普法内容；结合实际，探索与江苏广播电视台、中国江苏网、扬子晚报、扬子体育报等媒体合作，通过形式新颖、丰富多彩、互动交流的全新普法手段，不断增强普法效果。

（六）坚持普法与考核相结合。在年度全省县级体育重点工作督查办法中增加普法内容，进一步完善执法程序，全面推行行政执法公示、执法全过程记录、重大执法决定法制审核“三项制度”。

四、工作要求

（一）加强组织领导。各单位要紧密结合工作实际，统筹安排，精心组织；要将普法工作纳入工作全局，与其他业务工作同部署、同开展；要制定本单位年度普法计划和方案，确保每年至少开展4次以上法律法规集中学习；要高度重视“谁执法谁普法”“谁服务谁普法”工作，结合业务工作开展，认真研究普法工作方案，不断创新法治宣传手段和方法，积极开展普法宣传工作。

（二）抓好贯彻落实。要不断提高法治宣传教育的针对性和实效性，结合我省体育事业发展的实际情况，根据不同对象，分不同时段，不同分类开展法治宣传教育，把法治宣传教育融入规范性文件制定、执法、体育惠民服务全过程，不断提高普法工作的针对性和实效性。

（三）加强督促检查。省体育局将适时组织专门人员，对各单位普法情况进行抽查。各单位要把普法工作中好的做法及时报送，局办公室将从中挑选部分在局微信公众号和门户网站发布。

省体育局关于印发《江苏省贯彻〈体育赛事活动管理办法〉实施细则》的通知

2020年6月30日 苏体规〔2020〕1号

各设区市体育局，各有关单位：

《江苏省贯彻〈体育赛事活动管理办法〉实施细则》已经省体育局局长办公会审议通过，现印发给你们，请遵照执行。

江苏省贯彻《体育赛事活动管理办法》实施细则

第一章 总 则

第一条 为规范江苏省内体育赛事活动有序开展，促进体育事业健康发展，根据《中华人民共和国体育法》《全民健身条例》以及《体育赛事活动管理办法》（国家体育总局第25号令）等其他有关法律法规规章，制定本细则。

第二条 本细则所称体育赛事活动，是指在江苏省内依法举办的各级各类体育赛事活动的统称。

第三条 体育赛事活动应当坚持政府监管与行业自律相结合的原则，实行分级分类管理，加强事中事后监管，优化体育赛事活动服务。

江苏省体育局（以下简称省体育局）负责全省范围内体育赛事活动的监管。县级以上地方人民政府体育主管部门负责所辖区域内体育赛事活动的监管。

江苏省体育总会，各设区市、县（市、区）体育总会，各单项体育协会按照法律法规及各自章程负责相关体育赛事活动的服务、引导和规范。

第四条　体育赛事活动举办应当遵循合法、安全、公开、公平、公正、诚信、文明、绿色的原则,体育部门应当为体育赛事活动的举办创造条件,支持引进重大体育赛事,鼓励融入或体现地方文化特色,培育自主品牌赛事,满足社会公众的多样化需求。

第五条　体育赛事活动的主办方、承办方、协办方及其他参与方之间的权利义务应当通过书面协议方式约定。

第二章　体育赛事活动申办和审批

第六条　省人民政府以及省体育局主办的全省综合性运动会,由设区市人民政府按照现行程序申办。

各地人民政府以及体育部门主办的所辖区域内的综合性运动会自行确定申办办法。

第七条　申办国际体育赛事活动,应当按照程序报批,未经批准,不得申办。

列入国家体育总局年度外事活动计划、按照有关规定和审批权限报国家体育总局或国务院审批的国际体育赛事活动,应当报省体育局留存。

省体育局主办或共同主办的国际体育赛事活动,省体育局相关单位、省级单项体育协会主办或与各地共同主办的国际体育赛事活动,需列入省体育局外事活动计划,由省体育局报省人民政府外事部门审批,并向国家体育总局备案。

各地自行主办,或与省体育局相关单位或省级单项体育协会共同主办但由各地主导的国际体育赛事活动,由有外事审批权的地方人民政府审批,不列入省体育局外事活动计划,但应报省体育局统一向国家体育总局备案。

其他商业性、群众性国际体育赛事活动,应当按照属地管理原则,由有外事审批权的地方人民政府办理外事手续。

参加以上体育赛事活动人员的来华相关外事手续,按照“谁审批谁邀请”的原则办理。

第八条　健身气功、航空体育等运动项目的体育赛事活动,另有行政审批规定的,按照规定程序办理。

第九条　申办全国体育赛事活动,应当按照国家体育总局相关单位或全国性单项体育协会的相关规定执行,并在申办成功后向赛事举办地设区市体育主管部门备案。

省体育局主办或与省政府其他部门联合主办的全省体育赛事活动,由各地体育部门按照有关规定程序申办。省体育局相关单位、省级单项体育协会以及其他社会组织主办的全省性或跨设区市的体育赛事活动,可直接向主办方申办。

第十条　省体育局主办或承办的体育赛事主要包括以下两类:

(一)国家体育总局和省人民政府主办或参与主办的国际体育赛事和综合性运动会。

(二)省体育局创办、承办或发起的国际性、全国性或全省性体育赛事活动,包括受国际单项体育组织委托举办或与国际单项体育组织合作创立的国际性体育赛事活动,与国家体育总局相关单位、全国性单项体育协会共同主办或创办的全国性体育赛事活动,全省青少年阳光体育运动联赛和群众性体育赛事活动等公共体育服务赛事活动。

第十一条　境外非政府组织在江苏省内举办的体育赛事活动,应当经省体育局同意,依法设立境内代表机构,并报省公安厅备案。

第十二条　除第七、八条规定外,省体育局对体育赛事活动一律不做审批。大型商业性、群众性体育赛事活动或需要占用道路、空域、水域或者无线电频率等公共资源的体育赛事活动应当按照公安、市场监管、卫生健康、交通运输、海事、无线电管理、外事等部门的有关规定办理。

体育部门应当按照国务院、地方人大和政府的相关规定，减少体育赛事活动审批；对保留的审批事项，不断优化服务。

体育部门应当积极协调推动地方人民政府，根据实际需要建立体育、公安、卫生等多部门对商业性、群众性体育赛事活动联合"一站式"服务机制或部门协同工作机制。

第十三条　体育赛事活动的名称应当符合以下规定：

（一）与举办地域和体育赛事活动的项目内容相一致；

（二）与主办方开展活动的行业领域和人群范围相一致；

（三）与他人或其他组织举办的体育赛事活动名称有实质性区别；

（四）不得侵犯他人或其他组织的合法权益；

（五）不得含有欺骗或可能造成公众误解的文字；

（六）不得使用具有宗教含义的文字；

（七）按照国家法律法规、政策要求使用"一带一路""金砖国家""上合组织"等含有政治、外交、国防属性的文字；

（八）相关法律、法规，和规章的其他规定。

第三章　体育赛事活动组织

第十四条　体育赛事活动主办方和承办方应当建立组委会等组织机制，根据需要组建竞赛、安全、新闻、医疗、外联、市场开发、综合保障、志愿服务等专门委员会或工作部门，明确分工和责任，加强协同合作。

承办方应当做好体育赛事活动各项保障工作，负责体育赛事活动的安全，对重要体育赛事活动进行风险评估，制定相关预案及安全工作方案，并落实各项具体措施。主办方直接承担体育赛事活动筹备和组织工作的，履行承办方责任。

协办方应当确保其提供的产品、设施或服务的质量和安全。

第十五条　具备条件的大型或重要体育赛事活动的组委会应当组建党组织，加强党对体育赛事活动的领导。

第十六条　举办体育赛事活动，主办方和承办方应当做好体育赛事活动规划、组织和各项保障工作，包括但不限于：

（一）制定赛事活动规划或运行计划；

（二）配备具有相应资格或资质的专业技术人员；

（三）配置符合赛事活动组织相关标准和要求的场地、器材和设施；

（四）落实保障体育赛事正常举办所需的资金；

（五）落实医疗、防疫、食品、交通、安全保卫和生态保护等相关措施，制定相关工作方案及应急预案，切实降低赛事活动运行风险。

体育赛事活动对参赛者身体条件有特殊要求的，主办方或承办方应当要求其提供符合体育赛事活动要求的身体状况证明。

体育部门主办的体育赛事活动，应当主动购买公众责任方面的保险。鼓励其他体育赛事活动主办方、参与者购买公众责任或意外伤害方面的保险。

第十七条　主办方或承办方应当根据国家和省有关裁判员管理规定，按照公开、公平、公正、择优的原则，通过全省裁判员管理平台或委托专业机构选派符合体育赛事活动专业性要求、具备相应技术等级认证的裁判员。

第十八条　体育部门主办的体育赛事活动，应当在举办前30日通过政府网站和新闻媒体等途径向社会公开。鼓励和支持其他体育赛事活动主办方，在体育赛事活动举办前通过政府网站和新闻媒体等途径，向社会公布竞赛规程，公开体育赛事活动的名称、时间、地点、主办方、承办方、参赛条件及奖惩办法等基本信息。

第十九条　体育赛事活动的名称、标志、举办权、赛事转播权和其他无形资产权利受法律保护，主办方和承办方可以进行市场开发获取相关收益，任何组织和个人不得侵犯。未经主办方、承办方或者相关权利人同意，任何组织和个人不得在体育赛事场所内开展商业活动、发布或者变相发布商业广告。

体育赛事活动主办方、承办方应当增强权利保护意识，主动办理商标、专利、著作权等知识产权手续，通过合法手段保护体育赛事活动相关权益。

第二十条　体育赛事活动因自然灾害、政府行为、社会异常事件等因素确需变更时间、地点、内容、规模或取消的，主办方应当在获得相关信息后及时公告。因变更或取消体育赛事活动造成承办方、协办方、参与者、观众等相关方损失的，应当按照协议依法予以补偿。

第二十一条　个人、法人和其他组织依法参与体育赛事活动，享有获得基本安全保障、赛事服务等权利。

体育赛事活动主办方或承办方因办赛需要使用个人、法人和其他组织相关信息，应当保障信息安全，建立信息安全管理制度，不得违法使用或泄漏。

第二十二条　体育赛事活动相关人员（包括参赛者、裁判员、志愿者、观众、赛事活动组织机构工作人员等）应当履行诚信、安全、有序的办赛、参赛、观赛义务，做到：

（一）遵守相关法律法规规定；

（二）遵守体育道德，不得弄虚作假、徇私舞弊，严禁使用兴奋剂，严禁操纵比赛以及冒名顶替等行为；

（三）遵守竞赛规则、规程、赛场行为规范和组委会的相关规定，自觉接受安全检查，服从现场管理，维护体育赛事活动正常秩序；

（四）遵守社会公德，不得损坏体育设施，不得影响和妨碍公共安全，不得在体育赛事活动举办过程中有违反社会公序良俗的言行。

第二十三条　体育赛事活动相关人员在体育赛事活动中应当自觉践行社会主义核心价值观，弘扬中华体育精神，积极营造健康向上、和谐文明的赛场文化氛围和舆论宣传氛围。

第二十四条　主办方和承办方应当重视赛事舆情的引导与应对，加强观赛环境管理，维护赛场秩序，防止打架斗殴、拥挤踩踏等事件发生，防止不文明不健康、有侮辱性或谩骂性、破坏民族团结、分裂国家、反社会倾向等方面的言论、旗帜和标语出现，严禁携带危险品出入赛场。

第二十五条　无民事行为能力人或限制民事行为能力人单独参加体育赛事活动的，主办方或承办方应当告知其监护人相关风险并由监护人签署承诺书。

第四章　体育赛事活动服务

第二十六条　体育部门和体育协会应当为社会力量合法举办的体育赛事活动提供必要的指导和服务，根据职责和章程，加强行业自律，完善行业规范，对体育赛事活动组织者和相关从业人员开展业务培训，不断提高体育赛事活动组织水平。

第二十七条　体育部门和体育协会可以选拔体育赛事活动组织经验丰富的专家，按项目分类组建专家库，担任体育赛事活动指导员，参与体育赛事活动现场指导。

第二十八条　省体育局设立体育产业发展专项资金、体育赛事补助专项资金等，各地体育部门可以设立体育赛事活动专项资金，通过奖励、补助、政府购买服务等方式鼓励、引导社会力量举办体育赛事活动。

第二十九条　体育部门每年初公布所辖区域内拟举办的重大体育赛事活动名录，包括体育赛事活动的名称、日期、地点等。体育部门可以制定的年度《体育赛事活动服务指导目录》，明确每年度可由社会力量申办的体育赛事活动、优先给予扶持的体育赛事活动以及提供公共服务的范围、服务内容、收费标准等事项,为举办体育赛事活动的组织或个人提供信息服务和申请政府补助便利,为参赛者和观赛者提供信息服务。

第三十条 省体育局相关单位和省级单项体育协会应当加强自身建设,充分发挥专业优势,落实国际和全国体育赛事活动办赛指南和参赛指引要求,制定省级体育赛事活动组织的办赛指南和参赛指引,提高体育赛事的标准化、规范化水平。

第三十一条 省体育局相关单位和省级单项体育协会应当建立健全赛事活动指导和服务制度,根据体育赛事活动主办方和承办方的需求,提供必要的技术、规则、器材等方面的指导和服务,建立健全赛事指导和服务制度。

第三十二条 省级单项体育协会应当明确体育赛事活动服务收费标准并向社会公布,可以根据其在体育赛事活动中提供的服务依法合规收取相应费用,但不得提供强制服务,不得以任何借口违法违规收取费用。

第三十三条 鼓励志愿者、志愿服务组织参与体育赛事的服务保障工作,提供志愿服务。主办方或者承办者应当依法做好体育赛事志愿者的招募、培训、保障和激励等工作。

第五章 体育赛事活动监管

第三十四条 体育部门应当建立健全体育赛事活动监管工作机制,参照“谁审批、谁监管”、“谁主管、谁监管”原则落实监管责任,制定监管事项目录清单,综合运用多种监管手段,充分发挥“互联网+监管”功能,加快实现各相关部门、各层级和各领域监管信息共享和统一应用,实现综合监管、智慧监管、动态监管。

第三十五条 体育部门应当在官方网站或在线政务服务系

统设立体育赛事活动信息管理服务平台。赛事主办方或承办方应当于赛前30日登录赛事举办地体育赛事活动信息平台,填报体育赛事活动基本信息。因特殊原因需要变更或取消体育赛事活动的,主办方或承办方应及时填报变更或取消信息。

第三十六条 体育部门应当加强体育赛事活动的日常检查和抽查。在体育赛事活动举办前或举办中发现涉嫌不符合体育赛事活动条件、标准、规则等规定情形的,或收到有关单位、个人提出相关投诉、举报的,应当及时予以处理。相关组织与个人未及时整改的,体育部门可以约谈其法定代理人或者主要负责人,要求其及时采取有效措施消除风险或问题;属于其他部门职责范围的,应当及时移交并积极配合协助处理。相关查处或者移交处理的情况,应当向投诉举报人反馈。

第三十七条 体育协会应当引导行业健康发展,加强对会员组织举办的体育赛事活动的日常管理,提高体育赛事活动组织水平。

第三十八条 体育部门或体育协会应当建立体育赛事活动评估制度,建立健全体育赛事活动评估体系,对体育赛事活动组织整体水平、层次规格、服务保障、社会影响力、贡献度等综合效益开展评估,定期发布体育赛事活动评估报告,实施等级评定。评估报告是确定和调整全省体育赛事规划布局,开展赛事奖励、补助或购买服务的重要依据。体育部门或体育协会可以委托第三方机构开展体育赛事活动评估工作。

第三十九条 主办方和承办方应当加强赛风赛纪管理,确保体育赛事活动公平公正开展。

第四十条 主办方和承办方应当按照国家有关规定履行体育赛事活动反兴奋剂职责,积极配合反兴奋剂组织开展宣传教育以及检查调查等工作,采取措施防范兴奋剂风险隐患,在管理权限内对兴奋剂违规问题作出处理。

第四十一条　体育部门应当建立体育领域信用体系建设，加强本领域信用监督管理，建立健全体育经营主体、从业人员信用记录，将信用承诺履行情况纳入信用记录，开展信用评价和分级分类管理，对严重违法失信主体实行联合惩戒。

第六章　附　则

第四十二条　本细则自2020年8月1日起施行。

省体育局关于开展规范性文件清理工作的通知

2020年6月29日　苏体办〔2020〕56号

各有关处室：

根据《江苏省规范性文件制定和备案规定》(江苏省人民政府令第54号)有关要求，决定开展规范性文件清理工作。现就有关事项通知如下：

一、清理对象

本次清理工作的对象是2018年12月31日前以省体育局名义制定发布并现行有效的规范性文件。(具体名单见附件)

二、清理原则

按照“谁制定、谁清理”的原则，重点对现行有效的规范性文件中存在的明显不适应、不一致、不协调的问题集中进行梳理。

(一)规范性文件的主要内容与法律、行政法规相抵触，或者已被新的法律、行政法规、规章所代替，要予以废止。

(二)规范性文件适用期已过或者调整对象已消失，实际上已经失效的，要宣布失效。

(三)规范性文件明显不适应经济社会发展要求或规章、规范性文件相互之间明显不协调的，要予以修改。

(四)不能提供规范性文件文本的，必须废止或修改。

三、工作步骤及时间安排

对照《省体育局规范性文件清理目录》，由责任部门逐个审核，提出废止、宣布失效、修改等处理意见以及理由(含规范性文件文本)，7月30日前报局办公室(政策法规和宣传处)。提出修改意见的,要同时报送修改计划。决定修改的,列入2021年省体育局规范性文件制订计划。

政策法规和宣传处审核通过各部门提出的处理意见后,编制规范性文件清理目录报局长办公会审定。经局长办公会研究通过,正式形成《省体育局规范性文件目录》(2020年),向社会公布。

四、工作要求

(一)注意拾遗补缺

根据省政府办公厅的文件精神,涉及公民、法人和其他组织权利义务,并具有普遍约束力且需要公众知晓的各类文件,都属于规范性文件。各部门在开展清理工作的过程中,一方面要以《省体育局规范性文件清理目录》为基础,认真研究并提出清理意见;一方面要根据省政府办公厅关于规范性文件的定义,对现行有效的、本部门制定和执行的文件进行一次"回头看",确保没有遗漏。

(二)认真对照审查

要结合"放管服"改革要求、中央和省关于清理规范行政审批和创建达标活动等有关要求,对与现行政策规定不符的规范性文件及时予以废止或修改。

(三)做好修改工作

各部门在清理过程中,对于确定修改的规范性文件,务必抓紧调研论证,确保如期完成修改工作。若废止规范性文件对现行工作没有影响的,应当先行废止,再作修改。

附件:略

省体育局关于印发《创建“三个表率”模范机关建设行动任务分解方案》的通知

2020年7月13日　苏体机党〔2020〕21号

局直属各单位、局机关各处室，各党委、总支、支部：

现将《省体育局创建“三个表率”模范机关建设行动任务分解方案》印发给你们，请结合实际，认真贯彻落实。

省体育局《创建“三个表率”模范机关建设行动任务分解方案》

为深入落实《省级机关推进“三个表率”模范机关建设行动计划》，全面提升机关党建质量，为体育强省建设提供坚强保障，结合省体育局工作实际，制定方案。

总体目标：坚持问题导向、目标导向、结果导向，结合省委巡视问题整改，结合“五抓五促”专项行动开展，结合局系统政治生态修复，围绕政治引领行动、理论武装行动、争当先锋行动、强基创优行动、正风肃纪行动、基础保障行动“六大行动”，全面落实局年度党风廉政工作要点、党建工作要点、党组全面从严治党主体责任清单、党组领导机关党建责任清单、作风建设考评等文件，逐一细化28个重点项目，推动局系统全体党员干部在深入学习贯彻习近平新时代中国特色社会主义思想上作表率，在始终同以习近平同志为核心的党中央保持高度一致上作表率，在坚决贯彻落实党中央各项决策部署上作表率，建设让党中央放心、让人民群众满意的模范机关，为推动江苏体育事业高质量发展走在前列、加快建设体育强省提供坚强政治保证。

一、全面开展政治引领行动

1. 坚决做到"两个维护"。贯彻落实《关于加强和改进中央和国家机关党的建设的意见》,持续深入学习贯彻习近平总书记在中央和国家机关党的建设工作会议上的重要讲话精神。围绕建党100周年、全面建成小康社会等时间节点,组织开展形式多样的主题教育活动,引导全体党员干部增强"四个意识"、坚定"四个自信"、带头做到"两个维护"。结合体育部门实际创新开展"忠诚核心、勇担使命"主题实践活动。(各处室、各单位)

2. 严肃党内政治生活。严格执行《关于新形势下党内政治生活的若干准则》,贯彻落实民主集中制,切实提高民主生活会、组织生活会质量。严格落实《关于进一步规范省级机关党员领导干部参加所在党支部组织生活的实施办法》,落实党员领导干部每年至少讲1次党课制度。推进党的组织生活方式创新,完善重温入党誓词、入党志愿书以及党员过"政治生日"等政治仪式。(各处室、各单位)

3. 严守党的政治纪律和政治规矩。加强党章党规党纪教育,强化纪律规矩意识,教育引导党员干部严格执行重大事项请示报告制度,自觉规范"八小时以外"和网上政治言行,始终做政治上的明白人。加强政治建设情况督查,及时发现问题,加强分析研判,提出有效对策,严肃追责问责。(机关党委牵头,各处室、各单位参与)

4. 涵养政治生态。认真贯彻落实新时代党的组织路线,不断强化基层党组织的政治属性和政治功能,坚决防止"七个有之",切实做到"五个必须"。着力提高党员干部辨别政治是非、保持政治定力、防范政治风险的政治能力。结合政治生态修复,倡导培育积极健康的党内政治文化氛围。(各处室、各单位)

二、深入开展理论武装行动

5. 坚持用新思想武装头脑。把深入学习贯彻习近平新时代中国特色社会主义思想作为首要政治任务,充分发挥好党组(党委)中心组学习的引领作用,推动形成经常性学习机制。巩固深化"不忘初心、牢记使命",主题教育,注重将主题教育成果转化为推动工作的强大动力。把学习习近平新时代中国特色社会主义思想作为"三会一课",最重要内容,推进"两学一做"学习教育常态化制度化。发挥好"学习强国"、双月报告会、"青年读书会"青年干部"使命在肩、奋斗有我"演讲比赛等学习品牌的引导作用。组织开展"学用新思想"知识竞赛。(机关党委牵头,各处室、各单位参与)

6.深化理想信念教育。开展党史、国史、改革开放史和社会主义发展史教育。各级党组织主要负责人每年至少为本单位、本处室干部职工作一次形势报告。发挥江苏红色资源多、英雄模范多、先进典型多的优势,经常性开展对党忠诚教育,引导机关党员坚定信仰信念,传承红色基因。加强党员干部政德和社会公德、职业道德、家庭美德、个人品德建设。积极宣传推广优秀共产党员、优秀党务工作者、先进基层党组织等的先进模范事迹,讲好党员干部担当奉献故事,弘扬新风正气。(机关党委牵头,各处室、各单位参与)

7.严格落实意识形态工作责任制。落实《关于省级机关党组织进一步做好意识形态工作的意见》,将意识形态责任制落实情况列入述职考评内容。及时关注党员思想动态,高度重视做好优秀运动队思想政治工作。落实主管主办责任,强化网络、公众平台等意识形态阵地建设和管理,加强风险点排查和工作研判,积极稳妥做好重大突发事件和热点敏感问题的舆论引导。(机关党委牵头,各处室、各单位参与)

8.实施"青年理论武装工程"。加大对40周岁以下青年党员干部教育培训力度,提升青年党员干部政治能力,突出用习近平新时代中国特色社会主义思想武装头脑,引导青年党员坚定理想信念、强化政治定力。开展青年读书活动,评选青年学习标兵,组织青年到红色教育基地学习、到艰苦岗位锻炼,注重培养和锻造合格接班人。(人事处牵头,各处室、各单位参与)

三、大力开展争当先锋行动

9.坚决做担当作为的先锋模范。不折不扣贯彻落实党中央决策部署和习近平总书记关于体育工作重要论述精神,确保党中央政令畅通、令行禁止。坚持求真务实,勇于探索创新,锻造坚强有力的基层党组织,组织引导党员干部担当作为、干事创业,高质量完成本单位、本处室工作任务,认真做好本职工作,创造一流工作业绩。(各处室、各单位)

10.推动党建和业务工作深度融合。坚持围绕贯彻中央和省委决策部署推进基层党建工作,建立党建与业务一起谋划、一起部署、一起落实、一起检查的制度机制。结合公共体育服务体系建设、备战东京奥运会和北京冬奥会、体育强省建设等中心工作,推动党建与业务工作深度融合。坚持围绕业务工作中的重点难点问题开展调研,形成有创新突破的调研成果,推动转化和应用。(机关党委牵头,各处室、各单位参与)

11.突出服务高质量发展。以"推动高质量发展走在前"为主题,以党支部为单位,打造一批服务高质量发展先锋行动队,推动基层党组织和党员干部在引领创新、助推发展、促进和谐、固本强基上当先锋。重点打造省体育局田径运动管理中心第一党支部创建省级机关服务高质量发展先锋行动队。(机关党委牵头,各处室、各单位参与)

12.建立党支部联系群众"下沉"机制。探索建立局系统党组织与服务对象、基层站所常态化驻点联系机制,推动党员干部沉到基层一线深入调研、了解民情、改进工作、为民服务。开展与街道社区党组织共驻共建活动。鼓励党员干部利用扶贫、挂职、回乡等时机开展乡情微调研。走好网上群众路线,创新联系服务群

众的路径方法，切实提高工作实效性和群众满意度。（机关党委牵头，各处室、各单位参与）

四、扎实开展强基创优行动

13.开展党支部达标定级。贯彻落实《中国共产党支部工作条例（试行）》，根据工委要求推进支部标准化规范化建设。开展基层党支部达标定级专项行动，推行分类定级、星级管理、达标创优，按照15%左右比例评选先进支部，按一定比例倒排软弱后进党支部名单，实行领导挂钩精准整顿，推动后进赶先进、中间争先进、先进更前进。年中开展基层党组织建设情况专项督查。总结推广一批可复制、可推广的支部工作法。（机关党委牵头，各处室、各单位参与）

14.加强社会组织党组织建设。落实省委组织部、省级机关工委要求，做好省属体育社团党建工作，制定党组织书记责任清单，加强基层党建工作。（机关党委、体总秘书处）

15.加强党员教育管理监督。贯彻落实《中国共产党党员教育管理工作条例》，探索党员发挥先锋模范作用的有效机制。开展亮牌示范行动，推行窗口单位、服务行业党员佩戴党员徽章上岗和党员志愿服务、党员示范岗、党员责任区、岗位建功等活动。有针对性地加强对青年党员、流动党员派驻国（境）外机构工作党员、离退休干部职工党员的分类管理。及时了解反映党员、群众意见建议，强化基层党组织对党员的日常监督管理。严肃稳妥处理不合格党员。（机关党委牵头，各处室、各单位参与）

16.提高发展党员质量。坚持把政治标准放在首位，按照"控制总量、优化结构、提高质量、发挥作用"要求，严格程序，确保质量。每年开展发展党员工作情况专项检查，通报存在问题，督促整改整顿，严肃处理违规人员。注重从青年业务骨干、高知识群体中发展党员。（机法党委牵头，各处室、各单位参与）

17.注重典型示范引领。做好“两优一先”评选表彰，积极参加省级机关“党支部书记工作室”建设。（机关党委牵头，各处室、各单位参与）

18.完善党内关怀帮扶机制。持续推进“组织在身边、关爱月月送”工作，加大对患重大疾病或生活困难党员干部职工的帮扶力度。配合开展因公殉职、牺牲、伤残党员情况调查，研究关爱帮扶措施，开展关爱慰问工作。（机关党委牵头，各处室、各单位参与）

五、广泛开展正风肃纪行动

19.坚持不懈纠正“四风”。持续深入贯彻执行中央八项规定精神和省委具体办法，带头转作风、纠“四风”，改进文风会风，防止和纠正不作为、慢作为等机关不良风气。建立与政风热线、12345热线、12310举报热线等互联互通工作机制，加强对省体育局系统投诉办理情况的督促检查。（机关党委、办公室牵头，各处室、各单位参与）

20.注重发挥机关纪委监督作用。加强机关纪委建设，建立健全内外关系顺畅、职责任务明确、监督内容合理、作用发挥良好的日常监督工作机制。加强警示教育，适时通报违纪违法典型案例。运用监督执纪“四种形态”，加强对党员干部日常管理监督。抓好纪检干部业务培训。（机关党委牵头，各处室、各单位参与）

21.持续抓好巡视整改。做好中央和省委政治巡视“后半篇文章”，建立健全巡视反馈意见整改工作长效机制，经常性开展巡视整改“回头看”，确保整改一批、巩固一批。常态化开展政治责任落实情况走访调研，检查了解重点任务落实情况，与基层党组织共同研究新情况、解决新问题。（办公室、机关党委牵头，各处室、各单位参与）

22.切实为基层减负。树牢正确政绩观，坚决整治重部署轻落实、重形式轻内容、重过程轻结果、重数量轻质量等形式主义、官僚主义问题。规范考核指标设置，突出考核重点，简化考核项目。减少考核中过度依赖台账现象，切实为基层减负增能。(机关党委、办公室、经济处、综合处、人事处)。

六、稳妥开展基础保障行动

23. 健全机关党建工作责任制。持续完善党建责任体系，推进“三张清单”落地落实。继续推行“三级联述联评联考”，一体推进监督检查、述职考评和执纪问责，层层传导履行政治责任的压力。(机关党委牵头，各处室、各单位参与)

24. 加强党务干部队伍建设。选优配强专职党务工作人员。建立健全“优进优出、进出平衡”机制，注重把优秀年轻干部、有发展潜力的干部放在党务岗位培养锻炼。有计划地安排党务干部同行政、业务干部之间的交流。在上级部门指导下将专兼职党务工作经历纳入干部履历。(人事处牵头，机关党委参与)

25. 强化党务干部培训。完善机关党务干部培训长效机制，采取“菜单式”培训、“体验式”学习，提升教育培训的针对性。积极派员参加工委举办的党支部书记、党务工作者培训班；每年组织党支部书记轮训，确保党支部书记每年至少参加1次集中轮训，新任党支部书记6个月内接受集中培训。建立党支部委员履职培训制度。(机关党委牵头，各处室、各单位参与)

26. 落实党建经费保障。将机关党建活动经费列入年度部门预算，落实每名党员600元标准在部门预算公用经费定额中统筹安排，为党员教育培训、党内活动开展提供必要的经费保障。机关党委管理的党费将按照一定比例下拨给党支部或给予额度，实行实报实销。(机关党委)

27. 推进“党员之家”建设。落实加强基层党组织基本阵地规范化建设的意见，按照党建元素突出、部门特色鲜明、设计简洁实用、功能配套齐备、运行管理规范、作用发挥充分要求，全

面推进“党员之家”建设。完成省体育局“党员之家”建设。(机关党委)

28.推进机关党建信息化建设。按照工委部署,积极融入以“江苏机关党建网”、机关党建云平台为主体的立体化矩阵化智慧党建体系,加强对基层党务工作的动态掌握和精准指导。(机关党委牵头,各处室、各单位参与)

省体育局关于印发《2020年法治建设工作计划》的通知

2020年7月13日 苏体办〔2020〕61号

机关各处室、各直属单位：

为认真贯彻落实《江苏省2020年法治政府建设工作计划》精神，高质量完成法治政府建设各项任务，深入推进省体育局系统依法行政工作，特制定《2020年法治建设工作计划》，现印发给你们，请结合实际认真贯彻落实。

2020年省体育局系统法治建设工作计划

2020年，省体育局法治建设工作坚持以习近平新时代中国特色社会主义思想为指导，全面贯彻落实党的十九大和十九届二中、三中、四中全会精神，深入贯彻省委十三届七次全会精神，紧紧围绕“高质量发展走在前列”的目标定位，将落实法治政府建设任务与贯彻实施体育强国建设纲要相融合，加强行业法治体系建设，深入推进依法行政，全力抓好依法行政和法治政府建设各项工作落实，为建设与“强富美高”新江苏相适应的体育强省提供更加坚实的法治保障。

一、依法全面履行政府职能

1.继续深化“放管服”改革。进一步完善政务服务事项清单，加快推进政务服务事项“四级四同”，确保按时实现与国家政务服务事项统一平台无缝对接。继续推进“一网通办”和政务服务标准化，完善不见面审批办理机制。（责任单位：办公室、综合处，有关处室单位）

2.持续优化营商环境。贯彻落实国务院《优化营商环境条例》,加大公平竞争审查力度。制定《推动社会信用体系建设工作实施方案》,推进诚信江苏和社会信用体系建设,全面推进政务诚信建设。(责任单位:办公室、有关处室单位)

3.落实安全生产责任。制定印发2020年省体育局安全生产重点工作计划,落实行业安全生产监督管理责任,压实企业安全生产主体责任,完善安全生产事故、风险防控、应急救援等响应处置工作机制。深入推进安全生产专项整治,开展安全生产专项整治督导检查。(责任单位:办公室)

二、完善依法行政制度建设

4.推进重点立法修规项目。召开《江苏省全民健身条例》修订工作协调会,做好修订调研论证工作,力争列入明年省人大修订计划。(责任单位:办公室、有关处室单位)

5.全面推行行政规范性文件合法性审核机制。凡涉及公民、法人和其他组织权利义务的规范性文件,均要纳入合法性审核范围,确保实现全覆盖,做到应审必审。不得以征求意见、会签、参加审议等方式代替合法性审核。未经合法性审核或经审核不合法的文件,不得提交集体审议。推动江苏省贯彻《体育赛事活动管理办法实施细则》正式出台。(责任单位:办公室、综合处)

6.及时开展规范性文件清理工作。制定印发《省体育局关于开展规范性文件清理工作的通知》,按照"谁制定、谁清理"的原则,重点对现行有效的规范性文件中存在的明显不适应、不一致、不协调的问题集中进行梳理。(责任单位:办公室)

三、推进依法科学民主决策

7.贯彻落实《重大行政决策程序暂行条例》。结合职责权限和省体育局工作实际,确定决策事项目录。推行重大行政决策流程监控、立卷归档和卷宗评查制度。(责任单位:办公室)

8.落实重大行政决策公众参与机制。重大行政决策事项向社会公开征求意见的，征求意见期限一般不少于30日。决策事项直接涉及公民、法人、其他组织切身利益或存在较大分歧的，依法召开听证会。(责任单位:办公室、有关处室单位)

9.落实重大行政决策专家论证制度。涉及专业性、技术性较强的决策事项应组织专家、专业机构开展论证。完善专家库名单，健全专家诚信考核和退出机制。(责任单位:办公室、有关处室单位)

10.落实重大行政决策合法性审查制度。不得以征求意见等方式代替合法性审查。在合法性审查过程中，应组织法律顾问提出法律意见。决策草案未经合法性审查或经审查不合法的，不得提交党组(办公)会集体讨论。(责任单位:办公室)

11.落实集体讨论决定制度。重大行政决策需经局党组会或局长办公会集体讨论后作出决定，并及时通过法定途径予以公布。(责任单位:办公室、有关处室单位)

12.落实重大行政决策实施后评估制度。重大行政决策承办处室、单位需组织开展执行情况评估，并纳入年度考核评价。(责任单位:办公室、有关处室单位)

四、严格规范公正文明执法

13.建立执法资格准入制。推动实行体育行业执法人员持证上岗和资格管理制度。(责任单位:办公室)

14.全面推行行政执法公示制度。落实“谁执法谁公示”，推进行政执法事前、事中、事后公开。落实行政执法统计年报制度，每年1月31日前公开本机关上年度行政执法情况，报本级政府和上级主管部门，并抄送本级行政执法监督管理部门。(责任单位:办公室、有关处室单位)

15.全面推行执法全过程记录制度。加强执法台账和法律文书管理，按规定归档保存执法全过程资料。(责任单位:办公室、有关处室单位)

16.全面推行重大执法决定法制审核制度。未经法制审核或审核未通过的，不得作出决定。(责任单位:办公室、有关处室单位)

17.全面落实行政执法责任制。行政执法承办机构对执法的事实、证据、法律适用、程序的合法性负责;法制审核机构对重大执法决定的法制审核意见负责。(责任单位:办公室、有关处室单位)

18.推进执法信息互联互通共享,加强“互联网+监管”建设,完善行政执法和刑事司法衔接信息共享平台信息报送。(责任单位:办公室、有关处室单位)

19.落实“谁执法谁普法”责任制。推进普法与执法有机融合。(责任单位:办公室、有关处室单位)

五、强化行政权力制约监督

20.贯彻落实《江苏省行政程序规定》,确保行政权力运行合法化、规范化。实现重大决策、规范性文件、合同协议等合法性审查全覆盖。(责任单位:办公室、有关处室单位)

21.贯彻落实《政府信息公开条例》。加大重点领域和关键环节政府信息公开力度。健全政府信息管理动态调整机制,及时更新政府信息公开指南和政府信息公开目录。(责任单位:办公室、信息中心)

22.加强党内监督、人大监督、民主监督。认真及时研究处理人大、政协提出的意见建议,满意率达到95%以上。行政机关负责人按规定出庭应诉;执行人民法院生效判决,采纳司法建议办复率达到100%。自觉接受配合监察机关监督反馈、采纳相关建议办复率达到100%。(责任单位:办公室、有关处室单位)

23.加强行政监督、审计监督。加强对财政资金分配使用、国有资产监管、工程建设、公共资源转让等权力集中的部门和岗位内部流程控制,防止权力滥用。(责任单位:办公室、有关处室单位)

24.加强社会监督、舆论监督。充分发挥政务咨询投诉举报

平台作用,完善网络舆情监测、收集、研判、处置机制。(责任单位:办公室、信息中心)

25.依法有效化解社会矛盾。进一步探索完善行政调解、行政复议、行政诉讼等矛盾纠纷化解机制。完善信访工作制度,及时处置回复信访举报、局长信箱等渠道收到的问题。(责任单位:办公室、有关处室单位)

六、落实法治政府建设保障

26.履行推进法治建设第一责任人职责。将建设法治政府工作纳入本部门年度工作计划。局长办公会听取法治政府建设工作汇报,研究解决重大问题。(责任单位:办公室)

27.强化法治政府建设情况考核评价。围绕法治政府建设年度重点任务开展检查、考核、督察、评价活动,对工作不力、问题较多的开展约谈整改。围绕省依法行政办《关于组织开展2015—2020年法治政府建设情况评估工作的通知》,组织开展法治政府建设情况总结评估和群众满意度调查,落实法治政府建设年度报告制度。(责任单位:办公室)

28.强化法治教育培训。制定印发《省体育局2020年普法工作实施方案》。将习近平总书记全面依法治国新理念新思想新战略作为党组中心组理论学习重点内容,党组中心组举办4次以上集体学法活动。利用双月报告会之机,举办《民法典》专题辅导,在局系统开展《民法典》内容知识竞赛。举办一期全省体育系统法治工作人员培训。(责任单位:办公室)

29.深入开展法治宣传。落实"谁执法谁普法"责任制,将普法工作与业务工作同部署、同推进、同检查、同考核,突出党的十九大精神和习近平总书记全面依法治国新理念新思想新战略的学习宣传,突出党章和党内法规制度的学习宣传,突出宪法的学习宣传,突出《民法典》的学习宣传,突出体育法律法规的学习宣传。(责任单位:办公室、有关处室单位)

省体育局关于开展2020年度体育场地调查工作的通知

2020年10月12日　苏体经〔2020〕128号

各设区市体育局,各相关直属单位:

根据《体育总局办公厅关于开展2020年度体育场地统计调查工作的通知》要求,请结合疫情防控,认真做好2020年度体育场地统计调查(以下简称场地调查)。现将相关事项通知如下:

一、调查目的

本次场地调查是贯彻十九大和十九届二中、三中、四中全会精神,落实《体育强国建设纲要》《江苏省全民健身实施计划(2016—2020)》《江苏省关于加快发展体育产业促进体育消费的实施意见》和《"健康江苏2030"规划纲要》的基础性工作。调查工作将满足体育场地数据的使用需要,为调整体育场地建设投资方向和建设结构、制定体育场地发展政策提供客观依据。

二、调查范围

本次场地调查对2020年度新增省内除军队和铁路系统外各行业各类单位拥有或管理的,可供我省居民开展运动训练、比赛和健身等的各类体育场地进行统计。

三、调查方法及填报系统

(一)调查方法

本次场地调查采用全面调查以及抽样复核相结合的方法。统计工作全部通过网络系统平台来实现,网上直报系统分为电脑端和APP端。各级体育部门按通知要求自行组织统计调查,同时负责核查上报数据。省体育局对上报数据进行抽样核实,并筛查体育场地上报数据质量。

(二)填报系统

本次场地调查采用江苏省高质量场地调查系统(以下简称省系统)进行填报及审核,审核结束后,由第三方将数据同步录入全国体育场地常态普查系统。系统将于10月开放。

四、时间节点及实施流程

本次场地调查标准时点为2020年12月31日,时期指标填写2020年1月1日至12月31日数据。本次场地统计工作于今年9月启动,2021年初基本完成。各单位数据报送截止时间为12月10日,具体实施流程如下:

(一)2020年9月下旬至10月中旬,各级体育部门做好场地调查的各项准备工作。

(二)2020年12月10日前,各地完成2020年度新增、补充、减少场地的数据采集填报工作,各类场地按实际建成年份填报。各区(县)体育部门应重视统计数据的审核把关,设区市体育部门督促完成辖区内统计数据的及时填报与审核修正。

(三)2020年12月10日至12月31日,省体育局组织开展随机抽查、督查验收,并通报督查情况。

(四)2021年1月1日至1月9日,各地根据督查结果修正数据,省体育局将最终数据同步上报至国家系统。

五、工作要求

(一)提高认识,强化组织领导。体育场地统计数据已纳入《中华人民共和国国民经济和社会发展公告》并对外公布,同时也是我省体育系统高质量考核的重要指标。各级体育部门要充分认清场地调查工作的重要性和必要性,加大统计工作经费和人员投入。各级相关负责人要全过程参与、全过程督促,确保此项工作严谨有序开展。

(二)严格标准,确保数据精准。各地要严格对照《全国体育场地统计调查制度》、培训材料以及相关统治等文件，弄清统计口径，认真核对分析，特别是对于场地面积较大的健身步道、自行车骑行道、水上(海上)运动场等要严格审核。此外对于教育系统的新增场地，各地要主动联系当地教育部门做好统计工作，防止出现漏报、错报、瞒报和重复上报的现象。

(三)把握节点，确保按时上报。本次场地调查工作时间紧，任务重。各级要及早启动实施，严格按照规定的时间节点完成数据上报工作。省体育局经济处将全过程检查督导，并对存在的问题进行通报。

省体育局关于江苏体育发展“十三五”总结评估情况的报告

2020年10月29日　苏体办〔2020〕92号

体育总局办公厅：

根据总局办公厅《关于开展体育发展“十三五”规划及专项规划实施总结评估工作的通知》要求，现将相关情况报告如下：

一、江苏体育“十三五”主要工作成就

“十三五”以来，江苏体育坚持以习近平新时代中国特色社会主义思想为引领，认真贯彻国家体育总局关于体育发展“十三五”有关部署要求，紧密结合江苏实际，坚持新发展理念，推动群众体育、竞技体育、体育产业、体育文化等方面工作全面协调发展，取得了较好成效。

（一）公共体育服务供给能力不断增强。坚持以人民为中心的发展思想，按照系统化设计、制度化安排、规范化建设、长效化推进的原则，不断完善亲民、便民、惠民的公共体育服务体系。进一步完善群众身边的体育设施，基本形成了省、市、县、乡镇（街道）、行政村（社区）五级公共体育设施网络，全省人均拥有公共体育设施面积达2.79平方米，建成1.18万公里绿色健身步道。建设延伸群众身边的体育组织，全省共有县级以上体育协会3468个、民办非企业单位2850个，各乡镇（街道）基本建有体育总会、老年人体协、社会体育指导员协会和2个以上单项体育协会。坚持大型集中和小型分散相结合，大力开展群众喜闻乐见的全民健身活动，“长三角”全民健身大联动、全省全民健身大联动、大运河文化带龙舟赛、健康江苏健步走等品牌效应不断彰显，2018年全省经常参加体育锻炼人口比例达37.1%,第三次全国国民体质监测公报显示,我省达到国民体质测定标准合格以上人数比例为92.3%。采取线上线下相结合的方式,大力开展全民健身志愿服务、科学健身方法指导、运动康复服务干预等,在全国率先实现县(市、区)国民体质监测中心全覆盖,建成134个省级体质测定与运动健身指导站,每年免费为基层群众服务40多万人次;城市社区建成"10分钟体育健身圈",建成全省全民健身电子地图,为城乡居民提供各类便捷的资讯服务。建成一批体医融合机构,探索运动处方师培训,推动全民健身与全民健康融合发展。成立"江苏省科学健身专家指导团",社会体育指导员队伍不断壮大,我省已拥有注册社会体育指导员30多万(万人拥有社会体育指导员达37.5人)。

(二)竞技体育综合实力显著增强。深入实施奥运争光计划,注重调整项目结构、优化项目布局,积极发展冰雪项目,推动开放竞争办队改革,持续推进"训、科、医、教、服"一体化,强化体能训练,不断提升竞技体育核心竞争力和发展活力。充分调动各方面力量共同参与,努力探索举国体制与市场机制相结合的竞技体育发展模式,采用与市县、高校、企业、协会联合办队形式,在30个项目上联办了46支省优秀运动队;与国家体育总局相关项目管理中心、单项体育协会联办共建了橄榄球、棒球等6个夏季项目国家队和单板滑雪、速度滑冰等4支冬季项目国家集训队:为备战2022年杭州亚运会和2024年巴黎奥运会,在跳水、体操等12个项目上与国家体育总局联合组建国家集训队。在2016年第31届奥运会上,我省运动员有5人获得3枚金牌,4人获得2枚银牌,3人获得3枚铜牌,10人获得13个4—8名;6个集体和17名个人获得体育总局颁发的"全国体育事业突出贡献奖"。在2017年第13届全运会上,我省运动员获得35枚金牌、26枚银牌、45枚铜牌,江苏代表团获得"体育道德风尚奖"。在第18届亚运会上,我省运动员共有19人次获15项次金牌,28人次获14项次银牌,20人次获12项次铜牌。在第3届青奥会上,我省共有7名运动员参加了4个大项的比赛,2人次获得金牌,1人次获得银牌,5人次获得铜牌。在2019年第2届全国青年运动会上,我省共获得130枚金牌、85枚银牌、98枚铜牌。

(三)青少年体育工作持续加强。把青少年体育工作摆上重要位置,深化体教融合,与省教育厅共同实施体育特色学校(园)遴选工作,共评定30所体育特色高校、496所体育特色中小学校、196所特色幼儿园。加强青少年体育阵地建设,创建国家级高水平后备人才基地26家,国家级体育传统项目学校23家,国家级青少年体育俱乐部250家,国家级青少年户外营地7家,省级体育项目传统学校320所,省级青少年体育俱乐部560家,青少年校外足球活动中心15个,全国青少年校园足球特色学校1922所,全国青少年校园足球试点县(市、区)9个。建立完善了青少年运动员注册系统,取消运动员参赛资格限制,构建了统一规范、相互补充的全省青少年体育竞赛体系,每年组织青少年阳光体育联赛、“省长杯”足球系列赛、全省100所高校主客场联赛和各类体育冬、夏令营活动。坚持夺标育人并重理念,切实加强运动员文化教育工作,采取“名校办名队”“校队共建”等模式,努力提升运动员文化水平和业余选材面;体育类单招绿色通道的覆盖面进一步加大,对口单招共录取3113人(本科1072人,专科2041人)。

(四)体育产业取得长足进步。坚持市场主导,优化结构布局,强化载体建设,采取供给侧改革和消费端刺激同步发力,推动体育产业高质量发展。经核算,2019年,江苏省体育产业总规模4620.42亿元,增加值1570.94亿元;从名义增长来看,总规模比2018年增长了13.6%,增加值增长了13.2%,增加值占全省GDP1.58%;全省城乡居民体育消费总规模1971亿元,人均体育消费2442元。成功创建20家国家体育产业基地和82家省级体育产业基地；拥有苏州市、苏南（县域）国家体育产业基地2个国家体育产业联系点，4个国家级运动休闲特色小镇试点项目，南京市、苏州市、常州市入选首批国家体育消费试点城市；认定三批43家体育服务综合体。

（五）体育竞赛水平不断提升。坚持申办国际国内重大赛事和培育自主品牌赛事并重、承办高水平竞技项目赛事和举办群众参与度高的全民健身赛事活动并重，调动地方政府、企业、协会办赛积极性，加强赛事指导与服务，推动江苏体育赛事高质量、高水平发展。2016—2020年共举办国际性赛事232场、全国性赛事451场，先后成功举办亚洲击剑锦标赛、世界羽联汤姆斯杯尤伯杯赛、亚洲乒乓球锦标赛、国际排联世界女排大奖赛总决赛、亚足联U23锦标赛、国际田联世界杯挑战赛和国际篮联篮球世界杯等重大赛事。以马拉松、自行车项目为代表的自主品牌赛事持续发展壮大，其中，扬州鉴真国际半程马拉松、苏州环金鸡湖国际半程马拉松、无锡马拉松、南京马拉松和常州西太湖国际半程马拉松等赛事成为世界田联标牌赛事，环太湖国际公路自行车赛成功提升为国际自盟UCI2.PRO级别。

（六）体育科教人才成果显著。坚持科教兴体，推动成果运用，"十三五"期间我省南京体育学院、省体科所获批国家级科研项目32项，省部级科研项目71项，获省部级及以上科研奖励23项，授权专利等知识产权18项，南京体院获批江苏省"运动与健康工程"协同创新中心培育点、"运动训练与康复"省重点实验室等科研平台，《体育与科学》入选CSSCI来源期刊，《体育学研究》入选CSSCI扩展版来源期刊。备战第三十一届奥运会、第十三届全运会科技攻关服务水平逐年提高，数据监控和反馈水平不断提升，逐步建立以大数据分析方法为基础的训练效果评价体系，实现训练过程可控、训练成效可知。成功举办五届国际运动康复大会、第十一届全国体育科学大会、第五届江苏省体育科学大会等重要会议。省优秀运动队文化教育工作有效推进,运动员网络教育课程建设水平进一步提升,运动员学历水平显著提高,接受高等教育运动员占比达33.0%。

二、重大改革任务落实情况

(一)创新体育社会组织管理。加强体育社会组织党建工作,以党建引领体育社会组织改革发展。成立了省属体育社团党委和60个省属体育社团党支部,实现了党组织全覆盖。坚持“四+X”方向,推进体育社团分类改革,沿着社会化、实体化、规范化、专业化方向发展。探索面向社会公开招聘会长候选人,吸纳社会各界精英参与体育社团工作。推动体育社会组织向基层延伸,打造“魅力江苏最美体育”、全省俱乐部联赛等全省联动、覆盖城乡的品牌赛事,仅2019年,全省由体育社会组织牵头开展的有规模的赛事活动1.3万余项次、参与总人数600余万人次。积极推动体育社会组织参与社会治理,以体育组织的力量协调邻里关系,送体育服务进社区,让百姓有更多的参与感和获得感,促进社会和谐稳定。

(二)推进职业体育俱乐部建设。通过体育产业专项资金等政策引导,鼓励支持社会力量推动“三大球”职业俱乐部建设发展,打造出了江苏苏宁(男女足)、苏州肯帝亚(男篮)、中天钢铁(女排)等知名职业俱乐部。目前已建立了8家不同级别的足球职业俱乐部,近三年社会资本累计投入资金达55亿元;成立了3家篮球职业俱乐部,每年吸引社会资本约1.9亿元;中天钢铁女排职业俱乐部成立以来,先后投入资金约3600万元。积极承办“三大球”国际国内重大赛事,培育“三大球”职业赛事市场,连续举办了世界女排联赛总决赛、2019男篮世界杯、2018亚足联U23锦标赛等高水平国际大型赛事。

(三)实施足球改革。江苏成为中国足球改革试点省份之一。制定出台了《江苏省足球改革发展实施意见》,逐步推进省足协与省体育行政部门脱钩,省足协实现实体化独立运行。整合体制内外资源布局青训工作,目前共有7个中国足协青训中心和满天星训练营,10个中国足协品牌社会青训机构;扶持职业俱乐部健康运营,共有8家不同层级职业足球俱乐部;截至今年7月底,共建成社会足球场地建设1223个,超前完成阶段性场地建设任务;2015年以来省本级投入校园足球2亿元,共创建1922家足球特色学校;基本形成职业与业余、青少年和成人、校园足球与精英培养、11人制与5人制等相互衔接、形式多样的足球竞赛体系,全年竞赛场次达2万场以上,参赛人数超过14万人。

(四)创新体育场馆运营。2016年7月,我省被体育总局确定为体育场馆"两权分离"改革试点省份。按照试点工作相关要求,以构建公司化运营格局为核心,引入和运用现代化企业制度,在全省范围内对体育系统所属的公共体育场馆推行"所有权属于国有、经营权属于公司"的分离改革模式,激发场馆发展活力。南京奥体中心场馆运营权划归省体育产业集团,13个市中有12个市成立市体育产业集团(或公司)并负责本级体育场馆的运营,还有1个市的体育会展中心由社会资本运营,全省有46.3%的县(市)通过成立体育产业公司运营或委托专业公司管理。同时,率先推进体育服务综合体建设,以体育场馆等大中型体育设施为基础,采取以体育+、+体育方式,打造体育产业聚合支撑平台和新型体育消费载体,对优化场馆空间利用、拓展多元服务业态、提升场馆运营效能发挥了积极作用,为破解大型体育场馆运营难题作出了有益的探索。

(五)冰雪运动开展情况。贯彻落实冰雪运动"南展西扩东进"战略,全力支持北京冬奥会备战工作,江苏省体育局、南京体育学院与总局冬运中心共同签订了《2022战略合作框架协议》,将江苏纳入国家冬季项目发展战略布局,共建单板滑雪、速度滑冰等4支冬季项目国家集训队。在2018年第23届冬奥会上,我省速度滑冰运动员郭丹获得速度滑冰女子集体出发项目第十名，是我省自主培养参加冬奥会第一人。在第14届全国冬运会提前决赛项目上，我省在轮滑6个项目的比赛中收获4枚金牌、2枚银牌，创造了新的历史。积极推广冰雪运动项目，加快冰雪运动设施建设，共建成各类室内外冰雪场地40余个，场地面积总计近40万平方米。

三、存在问题

总体上看，“十三五”规划实施进展顺利，但一些制约体育事业发展的深层次问题仍然存在，主要表现在：

一是体制机制障碍依然存在。“放管服”改革重视程度不够，事中事后监管制度尚未健全，体育市场监管和体育领域失信惩戒缺乏总体设计。竞技体育体制仍显封闭，活力不强，开放竞争不够，部分教练员水平落后，训练科技含量较低。体育领域“双创”氛围还不够浓厚，政策环境有待改善，产业结构亟待优化，缺少具有较强带动作用的大型龙头企业和高端体育品牌。

二是公共体育服务的有效供给不够充分。实现公共体育服务提供主体和渠道多元化的政策保障虽有所突破，但距离满足人民群众日益增长的体育需求还有较大差距。公共体育设施面临总量不足和利用率不高的双重矛盾，体育竞赛组织服务、公共体育设施开放、科学健身指导等还不能充分满足人民群众个性化、多样化的体育需求。

三是发展不均衡的现象不同程度存在。城乡和区域体育发展差距仍很明显，部分经济薄弱地区公共财政对全民健身事业的投入相对不足，场地设施建设方面存在明显短板，人群体育也有明显差距，部分人群体质不容乐观。农村居民的健身意识不强、健身技能缺乏、科学健身知识不足等，影响了群众体质水平的提高。

四、工作建议

一是强化制度设计，从国家、社会层而完善体育强国建设相关配套政策举措，避免工作过程中的政策真空和孤岛效应。在体教融合、体医融合等工作环节，积极争取并充分发挥部门间政策协同效应。科学设置届运会周期项目政策，彰显竞赛杠杆效益。

二是强化发展统筹，推进法制工作、信息化建设、青训体系整体布局的政策衔接。充分调度资源，指导完善举国体制与市场机制相结合的发展模式。

三是引导区域体育加强合作，指导试点建立体育区域合作联盟机制，国家层面给予政策扶持与项目支持。根据区域发展特点，结合冬奥会、亚运会等大型综合性赛事，制定不同竞赛项目、体育活动、人才交流等合作目录清单，推动体育在区域经济社会事业发展中发挥更大作用。

四是帮助解决基层关心的重大问题，在强化运动员文化教育和退役运动员安置、近年来若干产业政策落地方面，给予指导并建议开展相关督导工作。

省体育局　省教育厅　省公安厅　省民政厅　省人力资源社会保障厅　省卫生健康委　省应急管理厅　省市场监督管理局关于促进和规范社会体育俱乐部发展的实施意见

2020年11月17日　苏体办〔2020〕91号

针对当前社会体育俱乐部发展不平衡、不充分、不规范等问题，为促进和规范我省社会体育俱乐部发展，根据国家体育总局等八部委《关于促进和规范社会体育俱乐部发展的意见》，结合我省实际，现提出如下实施意见。

一、明确总体要求

坚持以习近平新时代中国特色社会主义思想为指导，全面贯彻党的十九大和十九届二中、三中、四中、五中全会精神，牢固树立和贯彻落实新发展理念，坚持发展以人民为中心的体育，引导社会体育俱乐部注重社会效益，强化社会责任，提高行业自律水平，逐步形成政府、社会、市场共同推动社会体育俱乐部规范有序发展的格局，充分发挥社会体育俱乐部在满足群众多元化体育服务需求、培养竞技体育后备人才、促进体育消费拉动产业发展等方面的重要作用，为建设体育强省和“强富美高”新江苏作出更大贡献。

二、突出发展重点

1.发展以培养运动兴趣和技能为重点的青少年体育俱乐部。支持有条件的学校注册成立民办非营利性青少年体育俱乐部，鼓励社会力量积极参与学生体育兴趣和体育技能的培养，充分利用校内校外体育设施开展体育培训活动。搭建稳定的治理结构，促进学生体育兴趣及特长发展，纳入体育特色学校评价内容，逐步形成布局合理、特色鲜明、项目丰富的发展体系。建立竞技体育后备人才培养和输送重点单位支持名录，健全社会力量支持学校体育发展的长效机制，完善利益补偿等机制，形成竞技体育后备人才发现、培养到输送全过程、全周期的支持机制。

2. 支持社会体育俱乐部联办高水平运动队。以奥运会全运会备战项目为重点，鼓励、支持社会体育俱乐部联办共建省优秀运动队，推动省优秀运动队试点开展开放竞争办队，支持符合条件的社会体育俱乐部建立高水平运动队与省优秀运动队竞争参赛资格。研制《社会体育机构联办省优秀运动队实施办法》，充分发挥社会俱乐部选材育才重要作用。

3. 扶持社会高关注度运动项目的职业体育俱乐部。加快推进有条件的体育项目职业化进程，支持企业与个人投资职业俱乐部。以足球、篮球、排球、网球、羽毛球、乒乓球等社会关注度高、深受群众喜爱的体育项目为重点，扶持一批具有较高竞技水平、较好经济效益和良好社会声誉的职业体育俱乐部，推动其建立现代企业制度。以“三大球”为试点，积极探索专业训练和职业体育融合发展方式，制定完善职业体育俱乐部扶持激励政策，对在省内登记注册的职业体育俱乐部，参加省级以上职业体育联赛，或培养的体育人才代表江苏省参加全运会、全国锦标赛、全国冠军赛的，给予资金奖补扶持。

4. 培育以群众需求为导向的民办非营利性社会体育俱乐部。支持乡村、社区和企事业单位发展公益类、服务类、互助类基层社会体育俱乐部，为开展全民健身和基层体育活动，建立平台载体，发挥组织功能，扩大基层公共体育服务供给。鼓励支持民办非营利性社会体育俱乐部依托经营性体育场所、体校、学校、公共体育场馆、运动训练基地及其他企事业单位体育设施等，开展就近就便、群众喜闻乐见的科学健身服务和赛事活动。

5.健全俱乐部赛事活动体系。各级体育部门通过购买服务、资金奖补等方式鼓励社会力量举办面向社会体育俱乐部的赛事活动，加大赛事活动供给，逐步构建项目齐全、覆盖全省、惠及全民的社会体育俱乐部赛事活动体系。各级体育部门和单项体育协会应畅通社会体育俱乐部参与各种体育赛事活动的渠道，建立面向社会体育俱乐部的竞赛规程和赛事监管服务体系。完善体育俱乐部赛事活动标准，建立竞赛指导员制度，提升赛事活动水平，打造一批社会精品赛事活动，发挥品牌赛事的示范带动作用。积极引导社会体育俱乐部举办青少年体育训练营、冬夏令营，构建社会化和网络化的冬夏令营体系，逐步建立形式多样、覆盖面广、满足不同青少年群体需求的多元化青少年体育俱乐部竞赛体系。

三、推动规范化建设

6.完善法人治理结构。鼓励引导符合条件的社会体育俱乐部到民政部门或市场监管部门注册登记，同时向体育部门报备。体育部门要会同民政部门、市场监管部门督促社会体育俱乐部完善社会组织法人或企业法人治理结构，建立健全以章程为核心的各项规章制度，提升法人治理水平。按照创新社会治理的要求，推动社会体育俱乐部规范化、实体化、专业化建设，成为权责明确、运转高效、依法自治的法人主体。体育、教育部门要进一步强化引导、培育、监管的作用，对进入学校的青少年社会体育俱乐部要建立完善相关准入、退出机制，加强对其资质与资历的审核评估，公平竞争、择优入校，强化全过程管理。要健立规范的安全防护体系，制定安全保障措施，确保青少年体育社会俱乐部的良性发展。

7.建立评价体系。体育部门和单项体育协会要密切配合，建立社会体育俱乐部评级制度,开展青少年体育俱乐部星级服务认证,研究具体标准和细则,对社会体育俱乐部资质信用、组织运营、服务内容、人才配备、安全管理、运行效益等情况进行评价,并通过相关渠道向社会公布,发挥示范带动作用,方便群众更有针对性、可选择地参加社会体育俱乐部活动。建立教练员档案,制定行业规范,量化专业标准,完善培训制度,注重职业道德建设;聘用外籍教练的,应当符合相关法律规定,并做好外籍教练资质转换认证工作。体育部门要会同教育部门制订青少年儿童的运动能力评价标准,研究针对学生运动能力培训的具体标准和细则。

8.规范培训行为。社会体育俱乐部发展必须贯彻党的教育方针和体育方针,将社会主义核心价值观和中华体育精神融入体育培训全过程,防止外来文化对青少年产生不良影响。要实事求是地制订发布招生简章、制作招生广告,自觉接受监督,认真履行服务承诺,不得发布虚假广告,不得以欺骗、威胁等手段强迫培训对象接受培训,努力提升培训对象满意度。收费项目及标准应当向社会公示,并按规定明码标价,不得收取任何未予标明的费用,不得以任何名义向培训对象摊派费用或者强行集资。严格预付费管理,对于培训对象未完成的培训课程,有关退费事宜应严格按照双方合同约定以及相关法律规定办理。培训内容和课程应与培训对象的年龄、身体状况、运动能力等相匹配,采取必要措施防止运动伤害,并在培训中开展反兴奋剂知识教育,严禁组织、帮助、欺骗、教唆培训对象使用兴奋剂。

四、优化发展环境

9.发挥政府主导作用。坚持注重培育、分类施策,营造良好发展环境,引导社会力量积极参与,推动社会体育俱乐部更好地普及体育运动、促进体育事业发展、服务经济社会大局。明确不同类型社会体育俱乐部不同的发展定位,实施分类指导、专业引导,促进社会体育俱乐部更好地把握市场动向、满足群众日益增长的多元化体育服务需求。坚持综合治理、规范发展,建立健全权责明确、各司其职、透明高效的综合治理制度机制,完善社会监督,强化日常监管,开展专项治理,规范社会体育俱乐部发展秩序。

10.加强政策引导。推动落实国家和省对民办非企业单位的各项财税优惠政策,同等享受小微企业相关政策待遇,切实减轻社会体育俱乐部负担。促进接受补贴的大型体育场馆及其他各类公共体育设施优先优惠向社会体育俱乐部开放,择优将符合条件的社会体育俱乐部拥有的健身场所纳入省体育消费券定点场馆范围。体育部门应当将由政府举办并适宜由社会体育俱乐部承担的体育赛事、训练、培训等服务纳入指导性目录,建立向社会体育俱乐部政府购买服务的遴选机制、监督机制、激励和约束机制等,推动社会体育俱乐部承担政府购买服务规范化、制度化、法治化。鼓励社会体育俱乐部利用工业厂房、商业设施等可利用社会资源建设健身场所,水、电、气、热价格按不高于一般工业标准执行。鼓励保险机构积极开发健身场地责任保险、运动人身意外伤害保险以及青少年参加体育活动相关责任保险。

11.加快孵化培育。将社会体育俱乐部纳入省体育产业发展专项资金重点扶持领域,鼓励开展全民健身与培训服务、举办赛事活动。大力发展社会体育俱乐部市场主体,用好政策举措,推进社会体育俱乐部领域大众创业万众创新。鼓励具备条件的社会体育俱乐部连锁经营,引导社会体育俱乐部向专、精、特、新方向发展,培育一批创新强、服务优、信誉好的社会体育俱乐部。支持推动社会体育俱乐部优化运营管理与组织模式,创新发展多种形式的体育产品与服务,利用现代信息技术提升智慧化管理服务水平。鼓励社会体育俱乐部参加社会体育指导员、教练员、裁判员等培训以及对外交流,不断提高俱乐部人才规划管理、团队建设、赛事活动组织等能力。结合推行运动等级认证，畅通社会体育俱乐部参与渠道，承接培训和等级评定事项。

12.提升行业自律水平。推动建立并督促社会体育俱乐部落实相关业务标准、行业规范，对运动项目培训标准，包括开展培训的基本场地设施条件、培训师资要求、培训课程设置等进行规范，并通过官方网站等平台向社会公布，提升社会体育俱乐部规范化运营水平。鼓励和支持各级单项体育协会建立社会体育俱乐部服务平台，引导社会体育俱乐部积极向各级单项体育协会报备并公示相关信息。鼓励符合条件的社会体育俱乐部成立党的组织，加强党的领导，为俱乐部理事会、监事会依照法律和章程开展工作提供政治和组织保障。

五、强化监督管理

13.明确监管责任。体育部门应加强社会体育俱乐部规范有序发展的业务指导和行业监管，组织协调相关部门，进一步完善社会体育俱乐部发展的相关标准、运行规范，充分发挥“互联网+监管”功能，加快实现各领域、各层级监管信息共享和应用。教育部门应健全学校与社会体育俱乐部的沟通合作机制，深化体教融合，形成工作合力。民政部门应依法对民办非营利社会体育俱乐部履行登记管理职责。人力资源社会保障部门及相关部门应按照各自职责做好社会体育指导员职业技能鉴定评价质量的监督管理工作。市场监管部门应依法对社会体育俱乐部的登记、价格、广告宣传、反垄断、反不正当竞争、食品安全等方面履行监督管理职责。公安、卫生健康等部门和消防救援机构应按照各自职责依法对社会体育俱乐部所依托体育场地设施及赛事活动的安全、卫生和消防工作等进行监督管理，并对公益属性的社会体育俱乐部赛事活动予以支持。各地要按照属地管理原则，落实对社会体育俱乐部规范有序发展的监管责任。

14.加强安全管理。社会体育俱乐部要提高安全管理意识，高度重视发展过程中的安全风险问题，加强风险管控、隐患排查治理以及安全投入，切实提升社会体育俱乐部安全保障水平，保障人民群众生命财产安全。体育部门应当履行对社会体育俱乐部的安全监管职责，各相关部门协调配合做好有关工作。

15. 完善信用机制。各级体育部门应当做好社会体育俱乐部从业机构和从业人员基本信息收集、信用状况评估、服务质量检查、信息汇总上报等工作。社会体育俱乐部信用记录应当统一纳入全省或地方信用信息共享平台，涉企相关记录同步纳入企业信用信息公示系统。市、县(市、区)体育部门应当会同当地民政、市场监管等部门，开展信用评价和分级分类管理，建立健全跨地区跨行业信用惩戒联动机制，根据社会体育俱乐部违法失信程度，依法采取列入黑名单、降低信用评价等级等惩戒措施。

16. 加大检查力度。体育、教育、民政、市场监管、人力资源社会保障、公安、卫生健康等部门及消防救援机构应通过抽查检查、等级评定、年度报告信息公开、执法检查等方式，加强对社会体育俱乐部负责人、资金、按章程开展活动以及安全、卫生等情况进行监管，并积极推进部门联合检查。对抽查发现的问题，应及时督促社会体育俱乐部整改，按照管理职责依法依规给予处罚，并将作出的涉企行政处罚信息通过企业信用信息公示系统统一进行归集公示。要定期集中开展社会体育俱乐部专项治理工作，全面摸排督促存在问题的社会体育俱乐部逐一整改到位。

关于印发江苏省青少年高水平单项运动业余训练点管理办法的通知

2020年12月23日　苏体青〔2020〕19号

各设区市体育局,局有关直属单位、机关处室:

现将《江苏省青少年高水平单项运动业余训练点管理办法》(试行)印发给你们,请遵照执行。

江苏省青少年高水平单项运动业余训练点管理办法(试行)

为更好发现、培养和输送高质量优秀体育后备人才,拓展竞争性承办省级运动队内涵,鼓励和支持设区市体育局及所属训练单位积极承办青少年高水平单项运动业余训练点(以下简称训练点),特制定江苏省青少年高水平单项运动业余训练点管理办法。

一、指导思想

以习近平新时代中国特色社会主义思想和关于对体育工作系列重要论述为指导,贯彻落实《江苏省贯彻体育强国建设纲要实施方案》要求,紧扣《省体育局关于转变竞技体育发展方式的实施方案》,围绕奥运会、全运会和青运会备战为重点,进一步创新管理体制机制,优化项目结构布局,不断夯实我省竞技体育可持续发展的人才培养基础。

二、发展目标

着眼于2023年青运会、2024年巴黎奥运会、2025年全运会,从我省竞技体育后备人才培养实际出发,选择基础设施较好、业余训练水平较高、所属区域支持力度较大的基层训练单位,通过省市两级体育行政部门共同投入、共同支持,逐步建成一批省青少年高水平单项运动业余训练点,为省优秀运动队培养输送更多高质量后备人才。

三、申报单位

各设区市体育运动学校或业余体育学校,体育特色学校。

四、申报项目

以《省体育局关于转变竞技体育发展方式的实施方案》和《江苏省竞技体育"321424工程"计划》为项目布局导向,以我省设立省优秀运动队的奥运会、全运会运动项目为主体,突出我省奥运优势项目、传统基础大项、集体球类项目。

五、申报条件

(一)申报训练点的体育运动学校或业余体育学校、体育特色学校应当具备独立法人资格,具有统一社会信用代码。

(二)体育运动学校和业余体育学校应符合国家体育总局教育部颁布的《中等体育运动学校设置标准》和《少年儿童业余体校设置标准》的相关要求。体育特色学校应为省教育厅和省体育局遴选的省级体育特色学校。

(三)配备有三名及以上专职教练员,教练员应具有体育部门颁发的教练员资格证书或体育行业协会颁发的资质证书,经过省级教练员相关业务培训合格,且至少有一名高级职称以上教练员或在运动员时期曾获得全国最高级别比赛前八名成绩的教练员。

(四)具有符合训练项目要求的体育场(馆)设施、体能训练房及设施设备。租赁或合作的体育场(馆)须有自申报之日起3年及以上的协议合同。

(五)具有相对固定的青少年训练运动队,个人项目、集体项目教练员与运动员之比至少分别达到1∶6、1∶12,对已有运动员(教练员)须在省体育局青少年训练与反兴奋剂中心注册并代表江苏在全国进行运动员代表资格注册。

(六)具有较为完备的项目发展规划和规范的训练管理和保

障制度。并有专职管理人员负责日常训练、文化教育和生活管理。

（七）建立“训科医管服”一体化复合型管理团队，具备较为完善的文化教育设施条件，满足和保证运动员义务教育和高中教育阶段的学习，具备较为完善的生活保障设施和体育科研设施。

（八）需严格执行反兴奋剂各项规定，且在三年内未发生赛风赛纪和兴奋剂违规事例。

六、申报与审批

（一）申报。各设区市体育运动学校或业余体育学校、体育特色学校应填报《江苏省青少年高水平单项运动业余训练点申报表》，并附申报报告及相关材料，在申报期限内向所在地的设区市体育部门申报。

（二）初审。各设区市体育局结合拟承办单位填报内容及提供的相关材料进行核实、初审。初审结果需汇总排序，统一报送至省体育局。

（三）复审。省体育局青少年体育处根据各设区市体育局报送材料，结合当地业余训练综合水平和我省竞技体育发展总体规划布局，经局相关职能部门和运动项目管理中心研究，提出训练点布局建议方案。

（四）经局党组会审定通过后，公示训练点命名名单及资金补助金额，并予以命名和挂牌。

七、经费补助

（一）专项资金补助每两年为一个周期，省体育局将在周期内对训练点进行经费补助。

（二）根据项目特点，分为三类项目标准实施补助：

A类项目：优先发展项目，补助标准为80万元/年；

B类项目：集体球类项目，单项运动员人数较多且场地器材要求较高的项目，补助标准为70万元/年；

C类项目:重点发展项目,补助标准为60万元/年。

(三)使用范围。专项经费主要用于改善训练场地设施、器材和装备,提升运动员训练、科研、伙食和伤病康复保障水平,补贴运动员外出集训和计划外交流赛事费用。

八、考核管理

(一)省体育局青少年体育处会同相关部门和单位每年对"省青少年高水平单项运动业余训练点"的训练质量、人才输送、参赛成绩、文化教育、科医服务、后勤保障等方面进行综合考评。

(二)省体育局相关运动项目管理中心协助设区市体育局做好训练点教练员选聘和运动员选拔等工作,定期对各训练点开展业务指导和督导检查,负责办理训练点运动员全国比赛代表资格注册工作;

(三)相关设市区体育局负责训练点的日常管理工作,给予训练点相关政策支持,提供不低于省体育局的投入,保障运动员训练器材设备、服装、食宿、文化教育等需求。

(四)命名周期内对训练点开展年度考评,初评不合格的,将提出警告;连续两年考评不合格的训练点,将取消下一周期申报资格。

九、本办法由省体育局负责解释。

十、本办法自发布之日起试行。

省体育局关于印发江苏省基层教练员培训专项资金管理办法的通知

2020年12月29日　苏体青〔2020〕22号

各设区市体育局：

为切实做好我省基层教练员培训工作，根据《省体育局关于加强全省青少年体育训练基层教练员培训工作的意见（2020—2026年）》（苏体青〔2020〕8号），省体育局制定了《江苏省基层教练员培训专项资金管理办法》，现印发给你们，请遵照执行。

江苏省基层教练员培训专项资金管理办法

第一章　总　则

第一条　为切实提高我省青少年业余教练员的综合素质和执教能力，提升我省竞技体育后备人才培养水平，规范资金使用管理，提高资金使用效率和效益，根据《江苏省省级机关培训费管理办法》（苏财行〔2017〕51号）和《江苏省体育局关于加强全省青少年体育训练基层教练员培训工作的意见（2020—2026）》等有关规定，制定本办法。

第二条　江苏省基层教练员培训专项资金（以下简称"专项资金"）是根据我省各市（县、市、区）开展业余训练情况，以及我省优秀运动队项目发展的实际需要，由省级体育彩票公益金统一安排，用于年度基层教练员各类培训的专项资金。

第三条　专项资金的使用和管理遵循统筹兼顾、突出重点、注重绩效、专款专用的原则。

第二章　开支范围及标准

第四条　基层教练员培训包括:通识知识培训、专项技术培训、基础体能培训等。

第五条　专项资金开支范围包括:

(一)全省基层教练员培训发生的有关费用支出,包括师资费、住宿费、伙食费、培训场地费、培训资料费、交通费、证书制作以及其他费用。

(二)教材讲义的编写和印刷。包括教材讲义编写人员的酬金及教材讲义的出版、刊印及装订等费用。

第六条　专项资金的培训费要求和标准参照《江苏省省级机关培训费管理办法》执行。教材讲义的编写和印刷根据实际工作量核算。

第三章　申报审批

第七条　专项资金实行申报审批制,程序如下:

(一)每年6月底前,省体育局青少年体育处制定次年省基层教练员培训项目计划、培训内容,并发布申报通知。

(二)每年7月底前,申报单位根据申报通知要求填写申报材料,并报所在设区市体育局审核。

(三)各市、县体育部门和省属训练单位按申报要求组织申报工作,并于8月底前将符合条件的申报单位和相关材料汇总上报省体育局青少年体育处。

(四)省体育局青少年体育处对设区市体育局和省属训练单位汇总上报的材料进行评审、实地考察,提出专项资金补助单位名单和资金分配意见,报局党组会审定。

第四章　管理职责

第八条　按照“分级管理、各司其责、相互配合”的原则，在申报、评审、执行、监督、评价各环节做到职责分明、责任清晰。

第九条　省体育局青少年体育处工作职责：

（一）负责专项资金的统一管理，制定专项资金管理办法，设立绩效目标，制定管理流程，明确责任主体，规范资金使用。

（二）按预算管理要求，编制专项资金支出预算。

（三）制定年度基层教练员培训计划并发布通知，组织项目申报，指导设区市体育局审核；组织材料审查、实地考察，提出专项资金补助单位名单和资金分配意见；报局党组会审定。

（四）严格按照预算执行专项资金支出，监督专项资金使用。

（五）按绩效目标对专项资金实施绩效评价，每年6月底前完成上年专项资金的绩效评价报告。

第十条　省体育局经济处的主要职责：

（一）指导省体育局青少年体育处制定专项资金管理办法。

（二）组织专项资金年度预算的编制和执行。

（三）指导专项资金监督检查和绩效评价工作。

第十一条　省体育局会计核算中心的主要职责：

（一）指导并审核专项资金年度预算和绩效目标的编制。

（二）审核并监督专项资金的执行，按财务管理要求做好省直部分的会计核算和委派指导。

（三）配合做好专项资金的执行监管、跟踪反馈和绩效评价等工作。

第十二条　市、县体育部门的主要职责：

（一）根据年度申报通知积极组织申报，保证申报材料的真实性和可行性。

（二）监督项目实施单位按批复执行项目。

（三）负责非体育部门项目执行监管，做好专项资金的执行监管、跟踪反馈和绩效考评等工作，培训结束后二个月内向省体育局青少年体育处报送专项资金的使用情况及项目执行情况等资料。

第十三条　承培单位职责：

（一）承办各类基层教练员培训班单位指定专人负责专项资金的日常执行管理和绩效管理，承办单位主要负责人为专项资金第一责任人。

（二）承培单位按照省体育局青少年体育处培训工作要求，组织培训实施，负责学员的日常管理和结业考试等工作。

（三）按照规定范围使用专项资金，并按照相关财务管理规定，做好专项会计核算。

（四）承培单位应在培训期间做好后勤、医疗、场地等相关保障，确保培训质量、培训效果。

（五）培训结束后，承培单位将培训图片、参培人员信息统计汇总表及培训总结等相关资料报省体育局青少年体育处。

（六）配合省体育局青少年体育处开展绩效评估，如实提供相关财务报表及资料。

（七）体育彩票公益金全额资助或以公益金资助为主开展的培训，专项资金使用单位应将“中国体育彩票”作为培训的冠名，在培训活动现场显著位置设置展示“中国体育彩票资助”宣传内容，包括但不限于横幅、广告牌、资助标牌等。专项资金使用单位应与体育彩票机构共同引导和鼓励媒体客观报道资金来源，宣传体育彩票公益形象。

第五章　预算编制与执行

第十四条　专项资金预算的编制与省财政厅“二上二下”预算同步，6月底制定次年的省基层教练员培训项目计划、培训内容等，“一上”预算申报前确定培训项目、参与人数、承办单位、补助标准及绩效目标等报党组会审定。“二上”预算申报时，根据财政“一下”批复情况调整并报党组会审定。“二上”预算时须明确市县转移支付项目的分配单位及补助金额，调整项目绩效目标。

第十五条　预算批复后，省体育局青少年体育处应及时向体育经济处提交文件依据、经审定的分配方案，以便报送省财政厅下达市县转移支付资金。

第十六条　专项资金涉及政府采购事项的，需根据采购需求，科学合理编制政府采购预算，确定采购形式。预算下达后，依法实施采购，签订采购合同，按合同进度支付款项。

第六章　绩效评价与监督

第十七条　省体育局青少年体育处负责专项资金预算绩效目标的编报，经省财政厅“二上二下”审核确认的绩效目标，作为预算执行、绩效管理及开展绩效评价的依据。

第十八条　省体育局青少年体育处对专项资金的使用和管理活动进行监督，组织开展专项资金考核验收和绩效评价工作，并将结果于每年6月底前报送省体育局体育经济处，评价结果作为下年度专项资金预算安排的重要依据。

第十九条　专项资金的使用和管理应当严格执行国家有关法律法规、财务规章制度和本办法的规定，自觉接受财政、审计、纪检监察等部门的监督检查。对存在违反财经纪律，截留、挤占、挪用专项资金、报送材料弄虚作假等情形的，一经查实，取消单位承办资格，收回专项资金，并依据《财政违法行为处罚处分条例》等相关法规予以处理；构成犯罪的，移交司法机关处理。

第七章　附　则

第二十条　本办法由省体育局青少年体育处负责解释。

第二十一条　本办法自印发日起执行。

省体育局党组关于巩固深化“不忘初心、牢记使命”主题教育成果的贯彻实施意见

2020年12月31日　苏体党组〔2020〕84号

各直属单位、机关各处室，各党委、总支、支部：

为深入贯彻习近平新时代中国特色社会主义思想，切实巩固深化主题教育成果，把不忘初心、牢记使命作为加强党的建设的永恒课题和全体党员干部的终身课题常抓不懈，进一步增强“四个意识”、坚定“四个自信”、做到“两个维护”，根据省委办公厅《关于巩固深化“不忘初心、牢记使命”主题教育成果的实施意见》（苏办发〔2020〕37号），结合我局实际，现就巩固深化主题教育成果提出如下实施意见。

一、强化理论武装，持续深入学习贯彻习近平新时代中国特色社会主义思想。坚持读原著、学原文、悟原理，继续在学懂弄通做实上下功夫。将习近平新时代中国特色社会主义思想作为理论学习中心组学习的必修课，开展集中学习研讨。局党组中心组每年至少举办1期专题学习会。党员领导干部要列出年度重点书目学习，每年至少到分管单位或所在党支部讲1次专题党课。党支部要认真落实“三会一课”，党员要按时参加党员大会、党小组会和上党课，用好“学习强国”“江苏先锋”等学习平台，以及双月报告会等学习形式。在局系统党员干部教育培训中，要将新思想作为教学培训的中心内容和首要任务、作为各类党员干部教育培训的第一课，确保新思想教育学习宣传落到实处。

二、提高政治站位，不断增强“两个维护”的思想自觉政治自觉行动自觉。将学习贯彻习近平总书记最新重要讲话和指示批

示精神，特别是对江苏重要讲话指示精神，以及关于体育工作的重要论述等，作为局党组以及各单位（处室）党组织召开会议的“第一议题”，讨论决策重大事项前首先学习领会习近平总书记有关重要论述。习近平总书记重要讲话指示精神贯彻落实情况要有专门台账、全程纪实。加强对领导班子和领导干部严守政治纪律和政治规矩的监督，重点监督贯彻落实习近平总书记重要指示批示精神和党中央决策部署情况，以及重要政策、重点任务推进情况，及时发现和纠正有令不行、有禁不止行为，以优良政治生态保障“两个维护”落到实处。

三、夯实信仰之基，强化理想信念教育和党性教育。党章是管党治党建设党的重要法宝，要坚持学好党章、尊崇党章、忠于党章，把党章高高举起来。党员干部要把党章学习作为必修课，党员干部党性教育要把党章作为必学内容。局党组理论学习中心组每年安排1次党章集体学习，党支部每年至少组织1次党章专题学习交流，坚持做到以党章修身、以党章律己，把党章内化于心、外化于行。进一步强化对党忠诚教育，落实主题党日制度，坚持和完善“四重四亮”、党员过“政治生日”等有效做法，不仅落于形式，更要注重于成效。教育引导党员干部强化党的意识、党员意识。加强党规党纪教育特别是政治纪律和政治规矩教育，督促党员干部强化组织观念，坚决防止“七个有之”，自觉践行“五个必须”。开展党史、新中国史、改革开放史、社会主义发展史专题教育，让党员干部学习了解党的光荣传统、宝贵经验和伟大成就，做到知史爱党、知史爱国。发挥江苏红色资源多、英雄模范多、先进典型多等优势，经常性开展革命传统教育，传承红色基因。

四、牢记初心使命，开展经常性政治体检。综合运用专题调研、考察考核等多种方法，全面考察识别干部政治素质，对拟选拔任用干部都要进行政治体检。严肃党内政治生活，通过“三会一课”、谈心谈话、党性定期分析等,推动党员干部经常性与中央精神对标、拿党章党规扫描、用群众期盼透视、同先辈先烈先进对照,特别是针对习近平总书记列举的违背初心使命的“八种心态”,结合“九个有没有”,深入查找自身在政治、思想、组织、作风、能力、廉洁等方面存在的差距和不足。各单位领导班子要针对巡视巡察、干部考核、专项督查反馈的意见,联系本单位发生的重大事件、典型案件以及存在问题,把自己摆进去、把职责摆进去、把工作摆进去,集体讨论查找问题。领导班子成员之间、党支部委员之间要经常性开展谈心谈话。严格落实民主生活会、组织生活会、民主评议党员、领导干部双重组织生活等制度,切实把批评和自我批评开展起来。

五、坚持对账销号,切实抓好查摆问题的整改落实。继续开展局党组巡察工作,充分发挥在落实全面从严治党,加强党的建设,履行“两个责任”中的积极作用。各单位领导班子和党员干部要针对检视查摆的问题,立查立改,列出问题清单,明确整改时限,细化具体措施,实行清单化管理、项目化推进、销号式整改,整改情况要按整改完成时间节点的要求,及时报告局党组巡察领导小组。各单位领导干部要带头抓好问题整改,防止只抓下级、不抓自身。对本单位存在的问题,要主动担责,落细落小,切实整改到位。把民主生活会、组织生活会等整改工作同党员干部政治体检中查找出来的问题整改结合起来,一体化推进。对已整改的问题要经常性开展“回头看”;对尚未完成整改的要一抓到底,确保改彻底、改到位。

六、重在示范引领,推动党员干部践行初心使命担当。加强思想阵地建设,教育引导党员干部忠实履行职责,在本职岗位上勤奋工作,勇于担当,争创一流实绩。健全重大突发事件领导班子应急处置机制和党员干部应急动员发挥作用机制,推动领导班子和领导干部坚守岗位、靠前指挥,引导党员干部关键时刻冲得上去、危难关头豁得出来、重大斗争中经得住考验。加强党员干部治理能力和专业能力建设，建立健全组织调训、干部参加培训评估等制度，突出在急难险重一线历练，提高党员干部打硬仗、解难题、防风险的能力。有针对性地加强对年轻干部的思想淬炼、政治历练、实践锻炼、专业训练，帮助他们提高“七种能力”。深入开展基层党组织“三个一线”突击行动、省级机关“五抓五促”专项行动，设立党员先锋岗、责任区，推行设岗定责、承诺践诺，推动党员干部保持和发扬“我是党员我先上”的使命担当，充分发挥先锋模范作用。

七、秉承正确导向，发挥“三项机制”激励效应。坚持能者上、优者奖、庸者下、劣者汰的选人用人导向，大力提拔使用在工作中敢担当、善作为的优秀干部。围绕庆祝建党100周年等重大活动，选树和宣传表彰一批先进典型，营造崇尚实干、鼓励担当的浓厚氛围。把干部担当作为情况作为巡察中选人用人专项检查的重要内容，对不敢面对问题、触及矛盾，工作长期没有实质性进展、群众反映强烈的问题长期得不到解决的领导班子，对庸政懒政怠政的领导干部，对解决群众困难“推拖绕”的党员干部，依规依纪依法予以问责。积极鼓励想干事、能干事、敢担当、能担当的干部，正确把握“三个区分开来”的具体要求，正确把握干部在工作中出现失误错误的具体情况和性质，坚持实事求是、科学研判。系统梳理党的十八大以来中央及省委关心关爱干部的一系列政策措施，逐项研究对照、逐条细化落实。把综合考核作为识别评价干部、提高选人用人质量的重要抓手，突出实干实绩，强化结果运用。

八、聚焦难点问题，常态化开展调查研究。结合年度领导干部读书调研活动，大兴调查研究之风，把调查研究贯穿工作谋划、决策和执行全过程，贯穿发现和解决问题、密切党群干群关系全过程。各单位领导班子要围绕贯彻落实党中央及省委决策部署和局党组要求,研究制定调研课题和方向,着眼解决本单位实际问题,年初制定年度调研计划,每个班子成员研究确定1—2个重点调研课题,每年到基层调研时间不少于1个月。领导干部要结合分管工作领题调研,自己撰写或主持起草调研报告,研究分析问题症结、提出政策措施。坚持问题导向,哪些方面问题突出就聚焦哪些方面调研,问题出在哪个环节就重点在哪个环节调研。对调研发现的问题,能解决的马上解决,一时解决不了的要有时限。改进调研作风,提倡采取“四不两直”方式,不增加基层负担。加强调研统筹,防止扎堆调研。

九、坚持服务为民,突出基层群众和运动队一线。坚持人民至上的价值取向,把为民造福作为最重要的政绩。完善党员干部直接联系群众制度,各单位领导班子成员要建立基层联系点,联系时间一般不少于1年,各层级联系点一般不重复交叉。领导干部每年深入联系点至少1次,了解社情民意和基层一线情况,帮助解决实际难题。加强与街道社区共驻共建,做好党员志愿服务工作,把联系服务群众、服务运动队与经常性做好群众思想政治工作结合起来,在解决实际问题中教育引导群众、组织凝聚群众,保持党同人民群众的血肉联系。继续落实机关党支部与运动队党组织结对共建,切实加强运动队思想政治工作。

十、强化久久为功,持续抓好形式主义、官僚主义专项整治。重点纠治贯彻落实党中央及省委决策部署装样子、做选择、搞变通,维护群众利益不担当不作为特别是漠视人民群众生命安全和身体健康,发文开会不切实际,落实工作重“形”不重“效”、重“痕”不重“绩”等问题。每年开展形式主义、官僚主义集中整治,确保发文数量、会议数量、督查检查考核事项只减不增。对形式主义、官僚主义的新表现、新动向进行梳理,持续深化整治,防止反弹回潮。坚持“零容忍、零出现”,深入开展反兴奋剂专项整治工作,营造良好的体育行风。继续开展“制止餐饮浪费行为，切实培养节约习惯”活动。

十一、落实严管厚爱，督促党员干部遵规守纪、廉洁从政。督促党员干部正确处理公私、义利、是非、情法、亲清、俭奢、苦乐、得失的关系，清白做人，干净做事。党员领导干部要严守党的政治纪律和政治规矩，严格遵守廉洁自律准则、党内政治生活若干准则、重大事项请示报告制度、领导干部个人有关事项报告制度等。坚持民主集中制，严格执行领导班子议事决策规则，落实领导干部插手干预重大事项记录制度，确保公正用权、依法用权、为民用权、廉洁用权。严格落实中央八项规定及其实施细则精神，凡明令“禁止”“不准”的都严格把好关。反对特权思想和特权行为，注重家庭家教家风建设，全面规范领导干部配偶、子女及其配偶经商办企业行为，切实加强领导干部内部监督，落实公职人员政商合作“十不准”规定，共建亲清政商关系告知书等多项制度，引导和督促领导干部主动规范、自我规范。党员领导干部每年至少参加1次警示教育活动，对新任职党员领导干部开展任前廉政谈话。

巩固深化“不忘初心、牢记使命”主题教育工作在局党组领导下进行，由机关党委牵头组织实施，办公室、人事处各司其职、协力推进。其他各处室、各单位党组织狠抓落实。党员领导干部要作好表率，既抓自身又抓下级，形成一级抓一级、层层抓落实的工作机制。要加强督查考核抓落实，把巩固深化主题教育情况纳入局系统年度作风建设考评范围和各级党组织书记年度工作述职评议的内容，每年结合工作总结、述职进行检查和评估，作为评判党组织和党组织书记履行管党治党责任情况的重要依据；坚持常态督查、集中检查、随机抽查相结合，及时发现和纠正苗头性倾向性问题。要联系实际抓落实，结合学习贯彻党的十九届五中全会精神和习近平总书记对江苏、对体育工作重要讲话指示精神，结合人民群众对美好生活的新期待，结合体育强省建设工作，细化实化各项任务举措，推动各级党组织和广大党员干部在苦干实干中把初心守得更牢、使命担得更实，努力在全局形成上下一心、齐抓共管，推动江苏体育高质量发展的坚强合力，为实现江苏“争当表率、争当示范、走在前列”贡献力量。

省体育局关于加强省优秀运动队运动员文化教育工作的通知

2020年12月31日　苏体综〔2020〕36号

南京、无锡、徐州、常州、苏州市体育局，南京体育学院，各训练单位：

为贯彻落实《体育总局教育部关于印发深化体教融合促进青少年健康发展意见的通知》（体发〔2020〕1号），切实加强省优秀运动队运动员文化教育工作，提高运动员综合素质，促进运动员全面发展，现就加强省优秀运动队运动员文化教育工作通知如下：

一、充分认识运动员文化教育工作的重要意义

保障运动员文化教育是促进运动员全面成长的必然要求，是《未成年人保护法》《义务教育法》等法律赋予的责任义务，是体育事业可持续发展的重要基石。各有关单位必须高度重视省优秀运动队运动员文化教育工作，将保障运动员文化学习、促进运动员全面发展作为省优秀运动队建设的出发点和落脚点，建立教育制度，健全教学体系，落实保障措施，切实提高运动员文化教育工作的质量和水平。

二、进一步落实责任，建立健全运动员文化教育工作制度体系

（一）明确工作责任。各单位要严格落实运动员文化教育工作负责制，明确分管领导和职能部门，落实专人负责运动员文化教育工作。将运动员文化教育工作开展情况纳入各级管理干部的考核内容，将运动员文化教育落实情况纳入各运动队领队和教

练员的工作职责。

(二)健全管理制度。各单位要健全省优秀运动队运动员文化教育组织管理制度,加强总体谋划和统筹协调。结合运动队实际,制定教育教学计划,完善教学管理制度,加强日常管理和考勤,确保运动员文化学习的系统性和连续性。进一步加强科学训练,合理安排运动员的训练时间,提高训练质量和效益,保障运动员文化学习所必需的时间和条件,妥善解决运动员文化学习中的矛盾和问题。

(三)建立落实机制。各单位要严格落实运动员文化学习刚性要求,确保业余运动员每周学习时间不少于24学时,优秀运动队运动员每周学习时间不少于12学时。因训练、竞赛等耽误课程,及时安排补课辅导。在确保必修课程学习的基础上,结合实际拓宽选修课程,丰富学习内容。加强日常教学检查、考试、考核。

三、创新方法渠道,分类有序推进教育教学工作

(一)切实推动义务教育全面普及。各训练单位、各运动队要结合实际,以保基本、兜底线为原则,通过联办、共建、送教等多种方式,建立健全运动员基础教育体系,确保2021年秋季学期开始,义务教育阶段适龄运动员全部接受实质性文化教育,全面达到国家规定的基本质量要求。南京体院、局训练中心要进一步加强附属体校建设,配齐配足配优文化课教师,完善教育教学条件,加强教育教学管理,提升教育教学水平。其他训练单位要积极联系当地优质中小学教育资源,切实保障义务教育阶段运动员文化学习。

(二)深入探索高中教育教学改革。各单位要深入探索开放多元的高中教育模式,充分利用信息化手段,坚持现场教学与网络教学相结合,确保完成高中阶段文化学习课程。有条件的训练单位通过加强附属体校建设,联合优质高中或中专资源,突出必修课程,定期集中授课。暂时不具备条件的训练单位,可通过购买服务方式,联系公办或民办学校、教育机构承担教育教学任务;也可充分利用"空中名师课堂"、南京体院运动员网络课程等网络教育平台,组织运动员参加网络课程学习,提高网络学习组织程度和教育教学质量。

(三)积极畅通高等教育渠道。各单位要用好、用足运动员升学奖励激励政策,鼓励运动员通过普通高校运动训练、民族传统体育专业单独招生和高等学校招收高水平运动员等单考或统考形式,进入高校学习。加强与相关高校的合作交流,推动高校申办、建设高水平运动队。充分利用南京体院等高校面向我省优秀运动队单招相关政策,有计划组织报名工作,针对性地开展升学考试辅导。重视运动员的日常学习,配合相关学校开展现场教学和网络授课,为运动员完成学业创造条件。支持运动员通过成人教育、远程教育等方式灵活接受高等教育,符合条件的免试攻读硕士研究生。

四、切实加强运动员文化教育工作保障

各单位要进一步加大运动员文化教育经费的投入,在确保运动队日常文化教育经费专款专用的基础上,设立文化教育专项经费,改善办学条件,完善教学设施,为运动员集中上课、开展网络学习提供必要的保障条件。要加强文化教师队伍的建设,积极选聘优秀教师,加大教师培训力度;科学合理确定教师工作量,保障工资薪酬。要积极引入优质教育资源和教学管理模式,提升教育教学水平,保障文化教育工作有序推进。

省体育局要严格做好拟选招运动员文化考试工作,规范考试内容和考试组织,逐步提高合格分数线;定期组织督查,将局直属单位运动员文化教育工作开展情况纳入年度作风建设考核。

群 众 体 育

2020年,在省体育局党组的正确领导下,群体处坚持以习近平新时代中国特色社会主义思想为指导,深入贯彻落实省委省政府关于体育强省建设的决策部署,紧紧围绕夺取疫情防控和事业发展“双胜利”,主动应变求变,努力做好“十三五”规划收官工作,积极谋划“十四五”规划,较好地完成了各项任务。

疫情防控与计划规划工作

【疫情防控】 2020年,省体育局群体处抓紧抓实群众体育的疫情防控工作。疫情爆发初期,督促各地关闭公共体育场地设施,暂停举办全民健身赛事活动,并根据疫情防控情况,及时出台《关于规范有序做好新冠肺炎疫情防控期间室外健身场地设施开放工作的通知》《省体育局关于做好疫情常态化防控期间全民健身活动和培训工作的通知》《关于进一步做好体育培训机构从业人员疫情防控的通知》,指导各地在复工复产中做好疫情防控工作。另一方面,积极主动地为疫情防控大局提供服务保障。为丰富人民群众居家精神文化生活,倡导群众积极参加体育锻炼,组织研发了居家科学健身方法249种,制作成便携式手册、科普图片和小视频,广泛利用网络、电视、移动客户端等媒体进行推广,其中10多条被中央电视台等中央媒体采纳并向全国推广。广泛组织开展线上全民健身赛事活动,向社会传递团结拼搏、健康向上的正能量，增强广大群众抗击疫情的信心。举办的省首届网络全民健身运动会累计参与人数近400万，关注人数近2000万；省首届万人健身气功·八段锦网络达标赛直接参与人数将近1万。

【计划规划工作】 2020年，省体育局群众体育处做好总结评估和计划规划工作。积极把群众体育放在“强富美高”新江苏建设和体育强省建设大局中去谋划，主动融入省委、省政府的重大决策部署中去推进，争取将群众体育纳入政府年度主要任务、重点工作和民生实事，充分发挥省市县三级全民健身工作部门联席会议等领导协调机制作用，做好统筹落实。做好了《江苏省全民健身实施计划(2016—2020年)》实施效果评估，组织和指导各设区市和县(市、区)完成了本级《全民健身实施计划(2016—2020年)》，摸清“十三五”时期全民健身工作情况，做好收官工作。年初印发了《2020年全省群众体育工作要点》(苏体群〔2020〕3号)，推动各地在全省统一部署指导下，上下齐心协力推进各项重点工作。组织多次专项调研，组成专家组，完成了《江苏省全民健身实施计划(2021—2025年)》的初稿编制工作。

相关行业融合发展与推进体育设施建设

【相关行业融合发展】 加强与省相关部门的沟通协调，着力提升不同行业人群的全民健身服务。为深入开展公安机关全警体育锻炼和实战大练兵活动，全面提升民警辅警身体素质，2020年，省体育局与省公安厅签署了《加强警体合作框架协议》。与省卫健委联合赴省内外开展专题调研，广泛吸收兄弟省市的先进经验，联合印发了《关于促进体医融合发展的意见》，明确了下一阶段推动体医融合发展的总体要求、重点任务和保障措施。会同省卫健委联合培训了200名运动处方师。在省体育局组织的5000名一级或一线社会体育指导员培训中,增设了健康管理、基础医疗、急救等方面的课程。

【推进体育设施建设】 2020年,省体育局将公共体育设施建设重点内容纳入省政府年度重点工作和民生实事,推动全省新建了体育公园111个、健身步道500多公里。安排专项经费,采取捐赠器材的形式,扶持基层建成智能二代健身路径120套、笼式足球场100片、板网球场10个、拼装式游泳池5个、智慧社区健身中心4个。印发了《关于加强室外全民健身器材管理维护工作的通知》(苏体群〔2020〕42号),指导各地努力解决群众反映较多的器材管理维修难题。

开展全民健身活动与加大科学健身服务力度

【开展全民健身活动】 2020年,省体育局开展的全民健身活动有:江苏省第八届全民健身运动会,运动会设30个竞赛项目,比赛从8月份开始至11月初结束,在全省32个赛区开展;举办了全民健身日启动仪式、省第十五届"长江经济带"全民健身大联动、第三届健康江苏健步走等活动,这些省级活动的品牌效应得到了进一步彰显;举办了省级机关健身气功·八段锦网络达标赛,向19个省级机关单位,1000余名干部职工送了健身气功·八段锦培训,倡导办公室健身;举办全省《国家体育锻炼标准》达标赛,开展全民健身进家庭活动,通过丰富家庭体育健身活动、加强家庭体育健身指导,引导和支持家庭参与体育健身、科学健身。指导全省各地结合特色资源禀赋和传统节庆,广泛开展群众喜闻乐见的体育赛事和活动。

【加大科学健身服务力度】 2020年，省体育局建成省级以上体质测定与运动健身指导站134个，全年为40多万人次群众免费进行体质测定、运动能力评估、科学健身指导等服务。持续打造中国江苏网公共体育频道、《扬子晚报》科学健身专版、《公共体育周报》等平台，充分利用报纸、广电、网络、手机等媒体，积极营造全民健身的良好社会氛围，向群众普及科学健身知识。印发《关于加强社会体育指导员管理服务工作的通知》(苏体群〔2020〕43号)，组织市县体育部门为社会体育指导员办理意外伤害保险，规范社会体育指导员管理，保障和激励社会体育指导员广泛开展全民健身指导服务。

提升群众健身保障水平与加强党风廉政建设

【提升群众健身保障水平】 做好中央和省级专项资金申报、评审工作。2020年，省体育局群众处组织开展了全省专项督查，实地检查了130个体育场馆开放工作，推动122个大型体育场馆向社会免费或低收费开放，面向全省健身群众发放5000万体育消费券，培养群众健身消费习惯，激励群众参与体育锻炼活动。开展了全省社会体育俱乐部摸底工作，积极研究推动全省5187个社会体育俱乐部服务全民健身。加强骨干队伍建设，完成全国国民体质监测6400个样本和全省国民体质监测41600个样本的抽测、数据整理上报、初步汇总等工作。

【加强党风廉政建设】 制定《2020年群众体育处全面从严治党责任清单》，处室主要负责同志与每位党员签署了《2020年落实全面从严治党责任书》，细化主体责任、监督责任、业务责任，并明确对应责任人。严格落实“三会一课”制度，全年共组织22次支部集中学习活动，深入学习贯彻党的十九届五中全会精神和习近平总书记关于体育工作的重要论述精神。先后与省发改委社会发展处党支部、南京财经大学体育部党总支部、外联部党支部、省武术运动管理中心党支部、省冬季运动管理中心党支部等开展联合党日活动，互相学习和交流党建、业务工作。认真组织专题组织生活会，扎实开展“五抓五促”专项行动。把机关作风和廉政建设摆在重要位置，警钟长鸣，确保各项工作廉洁高效开展。

（刘　森）

运 动 训 练

优秀运动队现状

【田径队】 江苏省田径运动管理中心所属田径队包括短跑跨栏、中长跑竞走、田赛全能三个队,中心主任为孙谦,副主任为徐洪兵、邹尔莉、戴彬彬,短跑跨栏队领队为吴梅,中长跑竞走队领队为陈可可,田赛全能队领队为陈东晓。教练员共35人,其中国家级教练4人(谭洪海、邵丽伟、徐志谦、胡跃进);教授1人(高健);高级教练13人(姚俊、黄淡伟、余静、苏鉴诚、朱华刚、邢爱兰、赵磊、吴健、吴建华、李朝林、韩波、周永生、王德明);中级教练12人(唐涛、陆斌、朱益红、苏懿萍、关英楠、毛新利、陈乐丹、林向前、时林忠、张清斌、聂晶晶、赵奇);初级教练员6人(陈述、肖霞、黄群、薛娟、倪洋、蒋苏);讲师1人(臧宇)。一线运动员共有100人,三线运动员160人,其中国际健将8人,运动健将46人。

【步枪射击队】 领队邱健、教务员吕厚帅。教练员共2人,国家级1人(马军),高级1人(姚烨),其中马军为特聘教练。运动员14人,其中国际健将2人,健将8人,有1人入选国家队。全国冠军赛获得个人3个第七名、1个第八名。全国锦标赛获得团体1枚银牌、1枚铜牌、1个第四名、1个第五名。

【手枪射击队】 领队陈玲,教务员汪旭仲。教练员4人,其中高级2人(顾俊、张鹏辉),中级1人(吴潇),初级1人(袁静)。运动员7人,其中国际健将1人,健将3人,有1人入选国家队。全国冠军赛获得个人1个第四名。全国锦标赛获得团体1个第四名。

【飞碟射击队】 领队董念，医师胡胜闯。教练员3人，其中国家级1人（殷邗江），高级1人（张卫军），中级1人（於秀敏）。运动员19人，其中国际健将1人，健将13人，有5人入选国家队。全国冠军赛获铜牌1枚、1个第四名、1个第五名、1个第八名。全国锦标赛获得个人1个第四名、2个第六名，团体1个第六名、1个第七名、2个第八名。

【射箭队】 领队邵力平、副领队周岳，教务员燕广超，医师石阳。教练员2人，高级1人（邓成才），中级1人（张云录）。运动员13人，其中国际健将2人，健将9人。有5人入选国家队。全国射箭冠军赛获得个人1枚金牌、1枚银牌、3个第四名、1个第五名、1个第六名、1个第七名、2个第八名，获得团体1枚金牌。全国射箭锦标赛获得个人6枚银牌、5枚铜牌、4个第四名、2个第五名、1个第六名、3个第七名、1个第八名，团体2枚银牌、1个第四名。

【男子篮球队】 设4支队伍，分别为男篮U22队、男篮U19队、三人男子篮球队，男篮三线队。男篮U22队领队为郇永斌，教练员为张成、位松；男篮U19队领队为吴九桂，教练员为汤仑、靳思杨、王宜林、王瑞生；三人男子篮球队领队吴中琦，教练员为熊艳；男篮三线队教练员为龚毅、许伟、姜利杨。教练员共11人，其中国家级教练1人（丁铁），高级教练4人（胡卫东、张成、许伟、龚毅），中级教练1人（汤仑），外聘教练5人（熊艳、王宜林、王瑞生、位松、靳思杨），兼职教练1人（姜利杨）、教练员1人（易立）。

【江苏龙肯帝亚俱乐部篮球队】 领队为刘亚晖，教练员为李楠、徐强、易立、伯纳德，队医（张立新、张晶瑜），运动员共21人。获得2019—2020赛季中国男子篮球职业联赛（CBA）第十五名。

【江苏龙肯帝亚俱乐部青年男子篮球队】 教练员为张成，教练员为位松，队医为张鹏飞，运动员共16人。

【南京同曦宙光男子篮球队】 领队为费俊杰，主教练为崔万军，助理教练为吴乃群、金塔拉斯、马壮，体能教练为张飞，翻译为林辉鸿，队医为韩龙升，球队管理为陈曦。运动员有冯欣、乔文瀚、李柏润、何敬佳、李泓澎、宋建骅、于长春、郭一飞、王睿、买尔丹.吐尔逊、张韩、孙思尧、李盛东、卢伟。获得2019—2020赛季中国男子篮球职业联赛(CBA)第十四名。

【女子篮球队】 设3支队伍，分别为女篮成年组、女篮U19队、女篮三线队。女篮成年组领队为吴中琦，教练员为丁铁、陈生萍、李长山、陈晓佳；女篮U19领队为秦旺平，教练员为杨忠、石天兵、孙先岭；女篮三线队教练员为王小丽。教练员共9人，其中国家级教练员1人(丁铁)，高级教练5人(陈生萍、李长山、杨忠、石天兵、王小丽)，中级教练1人(卞兰)，教练员1名(陈晓佳)，外聘教练1人(孙先岭)。2020年江苏女篮成年组获得中国女子篮球职业联赛第三名；江苏女篮青年组获得全国U17青少年篮球比赛第一名，杨忠获优秀教练员称号，吴梦婕获最佳运动员称号；江苏女篮青年组获得全国“篮校杯”女子篮球比赛第二名，王馨雨获得优秀运动员称号。

【男子排球队】 成年组领队为沈芒，教练员4人：卢卫中、张晨、孟宪一，戴思文，其中国家级教练2人(沈芒、卢卫中)，中级教练1人(张晨)，运动员15人：俞元泰、于垚辰、黄操、陈飞、刘向东、周立迎、李晨、李宇、杜宇、袁辉龙、戴海波、吕行、杨天缘、高致远、孙文轩，其中运动健将15人。2020年参加2019—2020年全国男排超级联赛获得第二名；参加全国男排锦标赛获得第四名。入选男排国家队队员3人(于垚辰、俞元泰、杨天缘)。

【青年男子排球队】 领队为戎金文，教练员3人：陈平、张志松、姚永景，其中高级教练2人(戎金文、张志松)，运动员16人：刘宇龙、周劲节、王文骏、桑仁杰、李天乐、陈威屹、徐嘉星、晏春龙、孙浩清、顾沁凡、张宏涛、许正杰、顾沁凡、纪帷浩、汤睿、张鸿鑫，其中运动健将5人,一级运动员11人。2020年参加全国青少年U19男子排球锦标赛获得第二名。入选国家男排少年队教练1人(张志松),运动员2人(纪帷浩、张鸿鑫)。

三线教练员为陆振。运动员14人:耿琦、高宇宁、聂炜伦、胡浪、孙青松、许广健、李多、陈伟康、杨帅、高润洋、李琦航、张明瑞、耿梓程、武常浩。

【女子排球队】 成年组领队为毛武扬,教练员6人:蔡斌、张伟、殷勇、唐伟、李童、方浩宇,其中国家级教练1人(蔡斌),中级教练2人(张伟、殷勇),运动员19人:杨雯锦、张常宁、戎万千百、王雨琦、魏雨欣、刁琳宇、周馨忆、许若亚、臧倩倩、柏洁、王辰玥、吴晗、许璐瑶、勇乐、龚翔宇、张怡雯、陈奕萱、孙燕、倪非凡。其中,国际级运动健将2人(张常宁、龚翔宇),运动健将17人。2020年参加2019—2020年全国女排超级联赛获得第五名;参加全国女排锦标赛获得第四名;入选国家女排教练1人(李童)、运动员4人(张常宁、龚翔宇、刁琳宇、倪非凡)。

【青年女子排球队】 领队为王佳宾,教练员4人:施海荣、王舒、许蕾、吴英杰,其中国家级教练1人(施海荣),中级教练2人(王舒、许蕾)。运动员19人:吴梦洁、周页彤、邹佳祺、李龚慧、武祯梓、姚欣悦、万梓玥、宋嘉译、俞静奕、丁心妍、孙睿、何慕、姜玮璇、杨佳、唐欣、别萌洁、胡沈怡、陈奕帆、杨雨卓。其中国家级健将8人,一级运动员11人。2020年参加全国U18女排锦标赛获得第一名。入选国家少年队教练员1人(吴英杰),运动员3人(姜玮璇、李龚慧、何慕)。

三线教练员为沈岚,其中高级教练员1人(沈岚)。运动员11人:卢萱、朱晋谊、李涵宇、胡静姝、张晶晶、陈思宇、唐境霞、毛唯嘉、杜苏蘅、滕蔓绮、刘茗月。

【沙滩排球队】 领队为薛刚,教练员4人:男队吴鹏根、赵正华,女队殷瑞、茹天祥。其中国家级教练1人(薛刚),中级教练3

人(吴鹏根、赵正华、殷瑞)。运动员29人,男沙16人:吴佳欣、周朝威、颜廷洋、袁旭、陆天宇、丁威、成宇航、相诚聪、陆王昊、丁志峰、汤星宇、周勇吉、胡金鑫、赵志远、杜庆国、许宗祺;女沙13人:李明玥、袁吕雯、王嘉希、朱玲娣、韩文芹、于彤、蒋凯悦、薛晨、刘雨诺、魏丽冰、周明利、严旭、陈佳楠。其中,国际级健将2人(吴佳欣、薛晨)。十四届全运会沙滩排球青年组海口站资格赛女子陈佳楠/周明利获第三名;十四届全运会沙滩排球成年组海口站资格赛女子朱玲娣/王嘉获第六名。

【武术散打队】 领队为袁爱军。教练员共有6人(李明、滕军、蒋全、钟妍、张守勇、邱国友),在编在岗运动员22人,其中国际健将2人,运动健将10人。

【武术套路队】 领队为殷建伟,总教练为王振田,教练员共有6人(马志明、王亚春、张丽、纪泰菁、杨佳、唐善瑾),其中高级教练3人(王亚春、马志明、张丽),在编在岗运动员25人,国际运动健将3人,运动健将20人。

【江苏神鹰碳纤维自行车队】 江苏自行车运动管理中心所属自行车队包含场地短组、山地公路组、小轮车组、中长组。中心主任为马兆森,副主任为李毅,领队为陈泳,副领队为焦曙。教练员共12人,其中高级教练5人(李家旺、韩波、仲崇文、王书法、韩先文),初级教练2人(徐生、吴松)。机械师为张滨麒、张大伟。一线运动员共28人,三线运动员共30人,其中运动健将9人,一级运动员16人。

【橄榄球队】 江苏省小球运动管理中心所属橄榄球队包括女子橄榄球队、男子橄榄球队、女子青年橄榄球队、男子青年橄榄球队等四支队伍,中心副主任为刘东峰(主持工作),女子橄榄球队领队为邵泽山,副领队为周正。教练员共8人,其中教练3人(陆专、石岩、管其仕),外聘教练5人(Peter、陈永强、胡金城、盛湛予、秦莉)。运动员共80人,其中运动健将26人。2020年,江苏省小球运动管理中心被中国橄榄球协会评为优秀人才输送单位。

【棒球队】 领队为马振新，主教练为陈彪，教练员为吕文生（台湾）、韩国军、褚夫佳、张凡、金一重（韩国）、余尧，队医为曹凯、倪桉栋。共有运动员编制30人，现役运动员27人，试训4人，集训10人。其中41人为运动健将。2020年受疫情影响，国家队未组织集训和比赛。参加2020年全国棒球锦标赛获得第三名；参加2020年全国棒球青年锦标赛获得第五名。

【女子曲棍球队】 领队为何伟明。教练员共5人，其中国家级教练员1人（王杨），目前担任国家女子曲棍球队主教练，备战2021年东京奥运会，国家级教练员、技术顾问1人（尤宝东），高级教练员1人（黄伟），中级教练员1人（张丽丽），初级教练员1人（沃伟），队医1人（王凤霞）。在编在训运动员28名，内蒙交流队员2名，试训6名。其中国际级运动健将2名（孙晓、席夏云），运动健将23名。江苏女子曲棍球队队员孙晓、张影、顾阳艳、罗甜甜代表国家队参加2020年世界曲棍球超级联赛中国站第一站（中国队VS荷兰）。江苏女子曲棍球队参加全国女子曲棍球锦标赛获得第五名；常州市女子曲棍球队代表鸣凰中学参加全国青少年U系列曲棍球锦标赛U15组获得第一名，江苏女子曲棍球青年队代表U18组参加全国青少年U系列曲棍球锦标赛获得第三名。

【男子曲棍球队】 领队为讷东东。高级教练员2人（涂丽光、敖来祥），初级教练员1人（敖慧慧），队医1人（李彦军）。在训运动员18名，运动健将4名。

【南京工业大学江苏女子垒球队】 赵志宏为第一责任人，张天峰为第二责任人，副领队为李海兵、贡新烨。主教练为宋秋元（国家级教练员），助理教练为周育红、黄维刚。体能教练兼队医为章如彦。在编运动员26名，其中，3名国际健将，23名运动健将，女子垒球队在2020年获得全国锦标赛第一名，全国冠军赛第四名。

【男子手球队】 领队为钱红,主教练闫威名(高级),教练5人:贾淑君(女,国家级)、叶强(高级)、张文韬(中级)、郝可鑫、李安。共有49名队员,正式编制数36。

【女子手球队】 领队为姚治前,主教练为金甲洙,国际级教练员,守门员教练为马彪,国家级教练员,都曾经在国家队担任过教练。李海鹰为体能教练兼翻译。在编运动员32名,32名运动健将,试训运动员4名。女子手球队在2020年获得全国锦标赛第一名,全国青年锦标赛U18第一名,全国青年锦标赛U16第二名。

【乒乓球队】 领队为杨干,副领队为黄海洋,总教练为秦志戬(国家级),副总教练为靳鲁芳(国家级)。教练员共13人,其中国家级教练3人(秦志戬、靳鲁芳、乔晓卫),高级教练5人(陈玘、刘健、曹育农、赵刚、段小玲),一级教练5人(刘彬、单明杰、李铭德、王翔、王德胜),陈玘、王翔任教国家队。运动员36人,有11人入选国家队。全国锦标赛获得4枚铜牌,4个第五名;全国青年锦标赛U18获得2枚金牌。

【羽毛球队】 领队为周丹、骆晓娟,副领队为冯建筑,总教练为孙俊(国家级)。教练员共10人,其中国家级教练4人(汤志强、张军、孙俊、刘永),高级教练5人(孙嫚、孙晓黎、孙君杰、李昱、邱彦博),二级教练1人(陶嘉乐)。张军、邱彦博任教国家队,运动员59人,有6人入选国家队。全国锦标赛获得1个第四名,1个第八名。

【网球队】 领队为姜惟(国家级)。教练员共8人,其中国家级教练3人(李辉、姜惟、徐欣),高级教练5人(鲍勤、薛峰、公茂鑫、周晨、易景茜),二级教练1人(杨天宇)。运动员34人,有4人入选国家队。全国网球团体锦标赛获得1枚金牌、1枚银牌、2枚铜牌、4个第五名;全国网球单项锦标赛获得1枚金牌、1枚铜牌、3个第五名。

【体操队】 领队为黄旭,副领队为孟陈佳,总教练为王国庆

（国家级），副总教练为黄旭（兼）。教练员共15人，其中国家级教练2人（王国庆、袁紫娟），高级教练4人（黄旭、洪永平、葛晓通、吴翔），一级教练7人（赵俊、丁燕、周祝麟、刘锦宇、吕君海、吕博、童英杰），二级教练2人（陆乐、吴娇娇）。王国庆、吕君海、陆乐、刘锦宇任教国家队。运动员36人，有7人入选国家队。全国锦标赛获得2枚金牌、2枚铜牌、1个第五名、1个第六名、2个第七名、2个第八名；全国冠军赛获得1枚金牌、2枚银牌、2枚铜牌、2个第四名、1个第五名、1个第六名、一个第八名；全国青年U系列冠军赛获得1枚金牌、2枚银牌、2个第五名、1个第八名。

【蹦床队】 领队为冀方新、陆春龙，总教练为胡星刚（国家级），副领队为许国君。教练员共7人，其中国家级教练1人（胡星刚），高级教练1人（顾凌），一级教练5人（吴涛、张凌峰、胡俊雄、冯强强、赵微娜），胡星刚任教国家队。运动员32人，有2人入选国家队。全国锦标赛获得1枚金牌、2枚银牌、2枚铜牌、1个第四名、1个第五名、1个第六名、1个第七名、2个第八名；全国冠军赛获得1枚银牌、1个第五名、1个第八名。

【艺术体操队】 领队为冀方新，副领队为冯锐。教练员共5人，其中国家级教练1人（张惠琴），高级教练1人（李莉），一级教练2人（张宇燕、郑霓），二级教练1人（陈盛）。运动员26人，1人入选国家队。全国锦标赛获得3枚金牌、3枚铜牌、4个第四名、2个第五名、2个第八名；全国冠军赛获得1枚金牌、4枚铜牌、4个第四名；全国青少年锦标赛获得6枚金牌、6枚银牌、4枚铜牌、7个第四名、1个第六名、4个第七名、4个第八名。

【技巧队】 领队为张健驰，副领队为姚蒙，总教练为周传标（国家级）。教练员共7人，其中国家级教练1人（周传标），高级教练2人（张杰、王飞舟），一级教练2人（徐润、周桐），考察期教练员2人（周家槐、芮留铭）。运动员20人。2020年全国锦标赛获得4枚金牌、10枚银牌、10枚铜牌、1个第四名、1个第五名、1个第六名、1个第七名。

【击剑队】 领队为孔庆玮，副领队为王茜，花剑总教练为肖爱华，重剑总教练为许学宁、佩剑总教练为张双喜；教练员共22人，其中国家级教练员7人（张双喜、贾桂华、许学宁、李青峰、褚伟、颜卫东、巩秀红），高级教练员5人（肖爱华、仲满、许安琪、陈锋、陈滔滔），一级教练员4人（刘琪、谭群园、李海峰、张蕾），二级教练员6人（陆毅、王俊、王森、李晨、孙斌、陆亚珠），仲满、李海峰任教国家队。运动员65人，先后有19人入选国家队。全国锦标赛共获得4枚金牌、2枚银牌、7枚铜牌、1个第四名、1个第五名、2个第六名、1个第七名；全国冠军赛总决赛成年组获得成年组6枚金牌、2枚银牌、4枚铜牌、1个第五名、3个第六名。

【游泳队】 领队为张纪芳，副领队为孙世昆。教练员共8人，其中高级教练1人（周正荣），一级教练5人（季志祥、李自强、陆强毅、由天宇、马维亚）、二级教练2人（郭磊、史婧琳）。运动员49人，有2人入选国家队。全国冠军赛获得3枚金牌、2枚银牌、1个第七名、2个第八名。

【跳水队】 领队为孙海平，班务员为陈妮。教练员共10人，其中国家级教练2人（徐洁、胡玮），高级教练5人（高峰、徐浩、成晶晶、董盛、张玉萍），一级教练2人（周晶、陈佳鸣），二级教练1人（张骐）。徐浩任教国家队。运动员26人。全国冠军赛获得2枚铜牌、1个第七名。

【花样游泳队】 领队为吴晓明，教练员共4人，其中国家级教练2人（金蝉、王芳），中级教练1人（沈菲菲），初级教练1人（胡亦江），王芳任教国家队。运动员20人，有2人入选国家队。全国锦标赛获得4枚金牌、1枚铜牌、2个第七名。

【拳击队】 男子拳击队：领队为陶晓东，教练员为雷玉平、王玄玄，队医为李帅。参加2020年亚大区拳击冠军赛暨东京奥运会资格赛获第三名，获东京奥运会参赛资格。参加全国男子拳击锦标赛获得1枚金牌、1枚银牌。参加全国男子拳击冠军赛暨金腰带争霸赛获1枚金牌、1枚铜牌。参加全国U18男子拳击锦标赛,获1枚金牌、1枚铜牌。参加全国U16男子拳击锦标赛,获1枚金牌、1枚银牌、1枚铜牌。女子拳击队:领队为陶晓东,教练员为曹新勇、蒋金永,队医为汪玮。参加全国女子拳击锦标赛获1枚金牌、1枚银牌、1枚铜牌。参加全国女子拳击冠军赛获1枚金牌、1枚银牌、1枚铜牌。参加全国U18、U16女子拳击锦标赛,获3枚铜牌。在编运动员共29人,退役4人,试训5人。

【赛艇队】 领队为何雪德,副领队为金星;男子组主教练为刘建,副教练为王卫涛,助理教练为汪敏;女子组主教练为尹冬,副教练为蒋勇;其中,国家级教练1人(刘建),中级教练3人(王卫涛、蒋勇、尹冬);运动员50人,其中国际健将9人,运动健将32人。参加全国赛艇锦标赛获得2个第一名,2个第二名,1个第三名;参加全国赛艇青年锦标赛获得4个第一名,2个第二名,1个第三名。

【帆船队】 领队为张锡广,副领队为孟庆平;激光级主教练为周进富,二线主教练为李俊,助理教练为孔晨诚;体能教练为刘执硕。其中,高级教练1人(李俊),运动员20余人,其中运动健将10人。参加全国帆船锦标赛获得1个第一名,1个第二名;参加全国帆船冠军赛上获得1个第三名;参加全国青年帆船锦标赛获得1个第二名。

【皮划艇队】 领队为程磊、副领队为丁帮太,总教练为石严、皮艇教练为程日东。国家级教练2人(石严、程日东),现有运动员23人,有运动健将1人。参加全国皮划艇锦标赛获得1个第一名;参加全国皮划艇青年锦标赛获得1个第三名。

【跆拳道队】 领队为吴小宝,主教练为王志杰(国家级),教练员2人为马文举(高级)、鄢进涛(中级)。共有运动员61人,正式编制数36人。

【现代五项队】 领队为李红云，教练员4人：刘兴（国家级）、黄永康（高级）、王雪芹、刘佳维。共有运动员25人，正式编制数15人。

【男子手球队】 领队为钱红，主教练为闫威名（高级），教练6人：贾淑君（女，国家级）、叶强（高级）、张文韬（中级）、郝可鑫、李安、李加昌。共有49名队员，正式编制数36人。

【速度滑冰队】 领队为牛颖，主教练为贺鑫（运动员兼）。共有运动员14人，正式编制数10人。

【省速滑队】 领队为牛颖，主教练为贺鑫（运动员兼），共有运动员11人。

【省自由式滑雪空中技巧队】 领队为苏红，主教练为张延桂，共有运动员14人。

【省单板滑雪平行大回转队】 领队为姚治前，教练员为孙艳鹤（吉林），共有运动员4人。

【马术队】 领队为刘煜，领队助理为王辉，主教练为Martin Lips（马丁·李普斯，荷兰三项赛国家队主教练，率队夺得2014法国诺曼底马术世界运动会铜牌）、Tim Lips（蒂姆·李普斯，荷兰三项赛国家队队员，参加了多届奥运会），兽医为Johannes Bernar - dus Antonius Loomans（鲁曼斯，荷兰乌特勒支大学马病医学院教授），钉蹄师为赛要加土。运动员9人，其中运动健将5人。

【女子足球队】 领队为符海琴，主教练为杰斯琳（外教）、倪乃星（A级教练员）、张峻（A级教练员）、翟卫国（A级教练员），守门员教练为成小禹（A级教练员），体能教练为纪尧姆（外教）。2003—2004年龄组主教练为王磐（A级教练员），助理教练为戴琪（A级教练员），助理教练为范和平（B级教练员），体能教练为徐中华。2005—2006年龄组主教练为王忠（A级），助理教练员为过玉宾（A级），助理教练为余卫民（B级），守门员教练为姚竹

(A级)。2007—2008年龄组教练为许静成(A级教练员)。运动员共155人,其中国际运动健将3人,运动健将43人,一级运动员63人。有8人入选国家队,有6人入选国青队,5人入选国少队。

【男子柔道队】 领队为滕光应,教练员为徐志明、程训钊、胡翔飞,其中高级教练2人:滕光应、徐志明,在编运动员29人。参加全国柔道大师赛中共获得1个第二名、1个第三名、1个第五名、一个第七名。参加全国柔道锦标赛暨全国柔道冠军赛中共获得1个第一名、2个第三名、2个第五名。

【女子柔道队】 领队为王娟,教练员为何华、张浙慧。在编运动员26人。参加全国柔道大师赛中共获得1个第三名、1个第五名、2个第七名。参加全国柔道锦标赛暨全国柔道冠军赛中共获得1个第一名、2个第三名、1个第七名。

【古典式摔跤队】 领队为陈新民,教练员3人:殷建春、张春雷、田永胜,其中,国家级教练员1人(殷建春),在编运动员20人。参加全国古典式摔跤锦标赛暨奥运会资格选拔赛中共获得1个第一名、1个第三名、1个第五名、1个第七名。在全国男子古典式U20摔跤锦标赛中共获得1个第一名、1个第二名、1个第三名、2个第七名、1个第八名;参加全国男子古典式摔跤冠军赛中共获得1个第一名、1个第五名。

【女子自由式摔跤队】 领队为秦晓庆,教练员2人:蒋寿团、吴震东;其中高级教练1人蒋寿团,初级教练1人秦晓庆,在编运动员19人。参加全国古典式摔跤锦标赛暨奥运会资格选拔赛中共获得1个第一名、2个第二名、3个第三名、1个第七名。参加全国男子古典式U20摔跤锦标赛中共获得3个第一名、2个第二名、5个第三名、2个第五名,全国女子自由式摔跤冠军赛中共获得1个第一名、1个第二名、5个第三名、4个第五名、1个第七名、1个第八名。

【举重队】 领队为冯明,教练员3人:陈好、李云南、廖校平;其中高级教练1人陈好,中级级教练2人:李云南、冯明,在编运动员19人。参加全国举重锦标赛暨东京奥运会模拟赛中共获得1个第四名、1个第七名、1个第八名。

(万 菁)

运 动 竞 赛

2020年是不平凡的一年，新冠疫情突如其来，对全国各行各业都造成了巨大影响，体育赛事首当其冲，上半年各级各类赛事全部停摆，取消或者延期举行，下半年随着疫情防控在全国取得阶段性成果，人民生产生活基本恢复常态，疫情防控也进入常态化。全省体育竞赛部门的同志一手抓疫情防控，一手抓复工复产，部分赛事在调整赛事组织模式和规模并得到疫情防控部门认可的条件下得以举行。

2020年省体育竞赛中心积极做好疫情防控期间全省体育赛事活动指导和筹划工作，努力实现疫情防控工作和体育竞赛复工复产"双胜利"，全年举办国际比赛1项次，全国比赛28项次，马拉松比赛17项次。2020年，省体育局组织协调苏州市、常州市等地克服重重压力，制定并严格执行疫情防控方案，成功承办中超、中甲等赛事。为了满足疫情常态化条件下群众跑步健身需要，省竞赛管理中心协助省田协开展"云跑江苏"线上马拉松系列活动，参与人数达14.3万，总打卡人次超118万。

2020年，江苏省克服疫情不利影响，共承办全国一类赛事5项次、二类赛事7项次。在国家体育总局体育文化发展中心组织的"2020中国体育旅游精品项目"评选活动中，江苏省中国生态四项赛（宿迁）、常州西太湖半程马拉松赛、国际攀联世界杯攀岩赛（中国吴江汾湖站）、高淳国际慢城马拉松赛和环蠡湖国际半程马拉松赛等五项赛事成功入选。此外，2020年，省体育局也积极培训各体育项目的裁判员队伍，全年共批准一级裁判605人。

承办国际比赛

【国际曲联世界女曲超级联赛中国队主场(中国VS荷兰)】 比赛由国家体育总局手曲棒垒球运动管理中心主办,江苏省常州市武进区文体广电和旅游局承办,于1月11日在江苏省武进曲棍球训练基地举行。来自中国、荷兰2个国家52名运动员和教练员参加比赛,约120名裁判员及工作人员参加工作。

承办国内赛事

【"江苏铁人杯"田径春季比赛(第一站)】 比赛由江苏省体育局训练中心主办,江苏省田径运动管理中心、江苏省田径运动协会、江苏铁人田径俱乐部有限公司承办,于4月29日至30日在江苏省体育局训练中心田径场举行。来自江苏、八一南昌2支代表队159名运动员参加比赛,90余名裁判员及工作人员参加工作。

【江苏省足球队跨队交流赛】 比赛于5月1日至6日在省江宁足球训练基地举办,省属3支女足队伍和1支男足队伍参赛,合计6场比赛,共120名运动员及36名裁判员参与比赛。

【"江苏铁人杯"田径春季比赛(第二站)】 比赛由江苏省体育局训练中心主办,江苏省田径运动管理中心、江苏省田径运动协会、江苏铁人田径俱乐部有限公司承办,于5月30日至6月1日在江苏省体育局训练中心田径场举行。来自江苏、八一南昌2支代表队183名运动员参加比赛,90余名裁判员及工作人员参加工作。

【长三角地区射击邀请赛】 比赛由江苏省射击射箭运动管理中心主办，浙江省射击射箭自行车运动管理中心、上海市竞技体育训练管理中心射击射箭运动中心联办，于6月15日至20日在江苏省方山体育训练基地举行。来自全国6支代表队166名运动员参加比赛，42名裁判员及工作人员参加工作。

【射箭项目东京奥运会模拟赛】 比赛由国家体育总局射击射箭运动管理中心主办，江苏省体育局、江苏省方山体育训练基地承办，于6月29日至7月7日在省方山体训基地举行。来自包含国家队在内的全国5支代表队85名运动员参加比赛，38名裁判员及工作人员参加工作。

【中国足球协会超级联赛及中超联赛升降级附加赛】 比赛由中国足球协会主办，江苏省足球运动协会、苏州市人民政府承办，于7月25日至11月22日在苏州奥体中心、苏州体育中心、昆山体育中心举行。比赛分为两个阶段，每阶段共有江苏苏宁、上海上港等来自全国的8支职业俱乐部参赛，全年合计82场，共390名运动员及328名裁判员参与比赛。

【全国青少年帆船联赛苏州吴江站】 比赛由中国帆船帆板运动协会主办，江苏省体育竞赛管理中心、江苏省体育局水上运动管理中心、苏州市体育局、苏州市吴江区人民政府承办，于8月20日至24日在苏州吴江东太湖苏州湾水域举行。来自全国14支代表队135名运动员参加比赛，70多名裁判员及工作人员参加工作。

【中国·淮安大运河铁人三项赛、U系列冠军赛】 比赛由中国铁人三项运动协会、江苏省体育总会、淮安市人民政府主办，淮安市体育局、淮安大运河文化带规划建设管理办公室、淮安市文化旅游集团股份有限公司承办，于9月5日在淮安市生态新城山阳湖片区举行。来自全国15个省市114名职业选手以及省内529名铁人三项运动注册会员、爱好者，共计643名运动员参加比赛，500多名裁判员及工作人员参加工作。

【中国足球协会女子甲级联赛】 比赛由中国足球协会主办，江苏省江宁足球训练基地、江苏省足球运动协会承办，于9月12日至10月3日在省江宁足球训练基地举行，全国7支球队参赛。比赛采取赛会单循环赛制，合计21场，210名运动员及72名裁判员参与比赛。

【中国足球协会甲级联赛及中甲升降级附加赛】 比赛由中国足球协会主办，江苏省足球运动协会、常州市人民政府、江阴市人民政府承办，于9月12日至11月8日在常州市奥体中心、常州工学院、江阴体育中心举行。比赛分为两个阶段，每阶段共有昆山FC、南通支云等来自全国6支职业俱乐部参赛，全年合计49场，300名运动员及196名裁判员参与比赛。

【全国跆拳道锦标系列赛（第一站）】 比赛由中国跆拳道协会、江苏省体育局、无锡市人民政府主办，江苏省体育竞赛管理中心、无锡市体育局、无锡经济开发区管委会承办，于9月18日至25日，在无锡太湖国际会展中心举行。来自全国34支代表队624名运动员参加比赛，242名裁判员及工作人员参加工作。

【中国足球协会杯赛（苏州赛区）】 比赛由中国足球协会主办，江苏省足球运动协会、苏州市人民政府承办，于9月19日至12月19日在苏州奥体中心、苏州体育中心、昆山体育中心举行，共有16支球队参赛。比赛采取赛会制单场淘汰制，全年合计17场，共240名运动员及68名裁判员参与比赛。

【全国沙滩排球精英赛】 比赛由中国排球协会、启东市人民政府主办，启东市教育局、江苏省启东圆陀角旅游度假区管理委员会承办，于9月20日至27日在启东恒大海上威尼斯沙滩举行。来自全国60支代表队参加比赛，70名裁判员及工作人员参加工作。

【全国跆拳道锦标系列赛（第二站）】 比赛由中国跆拳道协

会、江苏省体育局、无锡市人民政府主办，江苏省体育竞赛管理中心、无锡市体育局、无锡经济开发区管委会承办，于9月26日至30日在无锡太湖国际会展中心举行。来自全国34支代表队624名运动员参加比赛，242名裁判员及工作人员参加工作。

【洪泽湖半程马拉松赛】 比赛由淮安市洪泽区体育总会、中国洪泽湖国际大闸蟹节指导服务委员会办公室和中国蟹都洪泽文化传播联合发展有限公司主办，于10月7日在淮安市洪泽区举行。来自全省各地3000名运动员参加比赛，25名裁判员及工作人员参加工作。

【黄海森林半程马拉松】 比赛由东台黄海海滨国家森林公园管理中心、东台市体育局主办，于10月7日在盐城市东台黄海国家森林公园举行，来自江苏省内3000名选手参加比赛，200余名裁判员及工作人员参加工作。

【全国跆拳道锦标系列赛(第三站)】 比赛由中国跆拳道协会、江苏省体育局、无锡市人民政府主办，江苏省体育竞赛管理中心、无锡市体育局、无锡经济开发区管委会承办，于10月15日至22日在无锡太湖国际会展中心举行。来自全国33支代表队562名运动员参加比赛，261名裁判员及工作人员参加工作。

【全国跆拳道冠军总决赛】 比赛由中国跆拳道协会、江苏省体育局、无锡市人民政府主办，江苏省体育竞赛管理中心、无锡市体育局、无锡经济开发区管委会承办，于10月23日至28日在无锡太湖国际会展中心举行。来自全国33支代表队304名运动员参加比赛，206名裁判员及工作人员参加工作。

【东风悦达起亚盐城马拉松赛】 比赛由盐城市人民政府主办，盐城市体育局承办，于10月25日在盐城市举行。来自全国15000名选手参加比赛，2000余名裁判员及工作人员参加工作。

【高淳国际慢城马拉松赛】 比赛由南京市高淳区人民政府主办，南京市高淳文化和旅游局(体育局)、高淳桠溪国际慢城管委会承办，于10月25日在南京市高淳区举行。来自省内2800名运动员参加比赛，136名裁判员参加工作。

【常熟半程马拉松赛】 比赛由常熟市政府主办，常熟市文体广电和旅游局、常熟文旅发展有限责任公司和常熟虞山文化旅游度假区共同承办，于10月25日在常熟举行，来自全国4000名跑者参加比赛。

【南京浦口女子半程马拉松赛】 比赛由江苏省妇女联合会、南京市浦口区人民政府主办，中国田径协会技术认证，南京市体育总会、南京市浦口区体育局、南京浦口区妇女联合会、北京中迹体育管理有限公司承办，于10月25日在南京市浦口区举行。来自省内2000名运动员参加比赛，100名裁判员及工作人员参加工作。

【全国女子曲棍球锦标赛】 比赛由国家体育总局手曲棒垒球运动管理中心、中国曲棍球协会主办，江苏省体育局、常州市人民政府、武进区文体广电和旅游局、武进区曲棍球训练基地承办，于10月27日至11月6日在常州市武进区曲棍球训练基地举行。来自全国10支代表队295名运动员参加比赛，64名裁判员及工作人员参加工作。

【无锡马拉松赛】 比赛由无锡市人民政府主办，无锡市体育局、人民网汇跑赛事承办，于11月1日在无锡市举行。赛事设马拉松项目15000人、半程马拉松项目5000人、迷你马拉松项目2000人。6名省派裁判员参加工作。

【全国OP帆船锦标赛】 比赛由中国帆船帆板运动协会主办，苏州市吴中区人民政府承办，于11月6日在苏州市吴中区太湖新城举行。来自全国20支代表队120名运动员参加比赛，35名裁判员及工作人员参加工作。

【全国山地自行车锦标赛暨全国青年山地自行车锦标赛】 比赛由中国自行车运动协会、江苏省体育局主办，南京市浦口区人民政府、南京市体育局承办，于11月14日至15日在南京市浦口区举行。来自全国130名专业运动员及500余名业余车手参加比赛，140名裁判员及工作人员参加工作。

【中国东台条子泥湿地铁人三项公开赛】 比赛由中国铁人三项运动协会主办，东台市体育局、东台沿海湿地旅游度假经济区管理委员会承办，于11月15日在东台市举行。来自全国500余名运动员参加比赛，55名裁判员及工作人员参加工作。

【海峡两岸(昆山)马拉松赛】 比赛由昆山市人民政府主办，昆山市经济开发区管委会、昆山市文体广电和旅游局、昆山市委台办承办，于11月15日在昆山市举行。来自全国3000名运动员参加比赛，100余名裁判员及工作人员参加工作。

【中国网球巡回赛精英赛】 比赛由国家体育总局网球运动管理中心、中国网球协会、中央广播电视总台体育青少节目中心、常州市人民政府主办，常州市体育局承办，于11月19日至22日在常州举行。来自全国128名运动员参加比赛，23名裁判员及工作人员参加工作。

【"环江苏"公路自行车赛(涟水站)】 比赛由江苏省自行车运动协会、涟水县人民政府主办，涟水县教育体育局、涟水县体育总会、涟水县自行车协会承办，于11月21日在涟水市迎宾大道举行。来自全国各代表队295名运动员参加比赛，52名裁判员及工作人员参加工作。

【中国盐城沿海湿地公路自行车邀请赛】 比赛由盐城市人民政府主办，盐城市体育局、东台市人民政府、大丰区人民政府、亭湖区人民政府、江苏省体育竞赛管理中心、江苏省自行车运动协会、盐城市城投集团承办，于11月22日在东台沿海经济区鸣枪开赛。来自全国11个申遗城市的6个车队共计1200多名车手参加比赛，134名裁判员及工作人员参加工作。

【常州高铁新城中国马拉松精英排名赛】 比赛由中国田径

协会和常州市人民政府共同主办,常州市新北区人民政府、常州市体育局承办,于11月22日在常州市举行。来自全国5000名运动员参加比赛,8000余名裁判员及工作人员参加工作。

【南京江北新区半程马拉松赛】 比赛由南京市江北新区管理委员会主办,中共南京市委江北新区工作委员会宣传和统战部承办,于11月22日在南京青奥体育公园举行,来自江苏省内4500名选手参加比赛。

【全国柔道锦标赛暨全国柔道冠军赛】 比赛由中国柔道协会、江苏省体育局、溧阳市人民政府主办,江苏省柔道运动协会、溧阳市文体广电和旅游局,广东中柔文化体育有限公司执行承办,于11月23日至26日在溧阳市举行。来自全国30个省区市的37支柔道运动代表队,共计约1000名运动员参加比赛,53名裁判员及工作人员参加工作。

【高邮第九届大运河半程马拉松赛】 比赛由江苏省体育竞赛管理中心、高邮市人民政府主办,高邮市教育体育局、高邮市文广旅局、高邮市总工会、高邮市文旅集团和高邮市跑步协会承办,于11月28日在高邮市举行。20支代表队约2000名运动员参加比赛,20名裁判员及工作人员参加工作。

【中国足球协会杯赛(常州赛区)】 比赛由中国足球协会主办,江苏省足球运动协会、常州市人民政府、江阴市人民政府承办,于11月28日至29日在常州市奥体中心、常州工学院、江阴体育中心举行,共有8支球队参赛。比赛采取赛会制单场淘汰制,常州和江阴赛区共4场,共240名运动员及16名裁判员参与比赛。

【南京马拉松暨全国马拉松锦标赛(奥运会马拉松达标赛)】 比赛由中国田径协会和南京市人民政府主办,南京市体育局承办,于11月29日在南京市举行。来自全国24支代表队197名运动员参加比赛,73名裁判员参加工作。

【无锡太湖女子半程马拉松赛(无锡马山站)】 比赛由无锡太湖国家旅游度假区管委会主办,中国田径协会进行技术认证,度假区社会事业局、江苏苏奥体育科技有限公司共同承办,于11月29日在无锡举行。来自全国5000名跑友参加比赛,47名裁判员参加工作。

【大丰马拉松邀请赛】 比赛由大丰区人民政府主办,大丰经济开发区、大丰区体育局、大丰荷兰花海和景区管委会江苏金风科技有限公司承办,于11月29日在大丰荷兰花海景区举行。来自全国各界、新能源行业的跑步爱好者近3000人参加比赛,30名裁判员、24名官方配速员和330名志愿者参加工作。

【全国青少年校园足球大学生女足联赛暨中国足球协会女子乙级联赛】 比赛由中国足球协会与全国青少年校园足球工作领导小组办公室共同主办,江苏省江宁足球训练基地、江苏省足球运动协会、盐城市人民政府承办,于11月30日至12月12日在省江宁足球训练基地和盐城大丰基地举行,共有来自全国各地16支球队参赛。比赛采取赛会制,其中江宁赛区24场,盐城赛区24场,合计48场,480名运动员及192名裁判员参与比赛。

【全国青少年艺术体操锦标赛】 比赛由国家体育总局体操运动管理中心、中国体操协会主办,常州市体育局承办,于12月2日至10日在常州举行。来自全国89支代表队425名运动员及7名个人报名运动员参加比赛,75名裁判员及工作人员参加工作。

【全国U系列田径通讯赛(江苏赛区)系列赛(第一站)】 比赛由江苏省田径运动协会、全国体育运动学校联合会体校分会主办,镇江市体育局、镇江市文化广电和旅游局承办,于12月5日至6日在镇江市体育会展中心举行。来自全国742名运动员参加比赛,150余名裁判员及工作人员参加工作。

【南京秦淮·城墙马拉松赛】 比赛由南京市体育局、南京市文化和旅游局、南京市秦淮区人民政府和南京市南部新城开发建设管理委员会主办，夫子庙—秦淮风光带风景名胜区管理委员会、南京市秦淮区文化和旅游局（体育局）、南京市秦淮区卫健委、南京市秦淮国资控股集团有限公司和南京市南部新城开发建设（集团）有限公司承办，于12月6日在南京市秦淮区举行。来自全国2000名选手参加比赛。

【全国青少年U系列英式7人制橄榄球锦标赛】 比赛由国家体育总局小球运动管理中心、中国橄榄球协会主办，江苏省体育局、宿迁市人民政府、宿迁市体育局承办，于12月11日至13日在宿迁市奥体中心体育场举行。来自全国31支代表队433名运动员参加比赛，106名裁判员及工作人员参加工作。

【全国U系列田径通讯赛（江苏赛区）系列赛（第二站）】 比赛由江苏省田径运动协会、全国体育运动学校联合会体校分会主办，镇江市体育局、镇江市文化广电和旅游局承办，于12月12日至13日在镇江市体育会展中心举行。来自全国417名运动员参加比赛，190余名裁判员及工作人员参加工作。

【大运河体育系列赛】 赛事由中共江苏省委宣传部和省体育局为落实大运河文化带建设共同创办，中共江苏省委宣传部、省体育局和相关设区市人民政府共同主办。2020年共举办大运河马拉松系列赛3站（常州、徐州和苏州），大运河城市足球邀请赛（扬州）1场，举行大运河竞走与行走系列赛共2站3场赛事（吴中和宿迁）。

1. 常州西太湖半程马拉松暨大运河马拉松系列赛（常州站）：比赛由中共江苏省委宣传部、江苏省体育局和常州市人民政府共同主办，武进区人民政府、常州市体育局、江苏省体育竞赛管理中心、常州西太湖科技产业园管委会、江苏常奥体育发展有限公司承办，于10月14日在常州市举行。来自省内5000名运动员参加比赛。2800余名裁判员及工作人员参加工作。

2. 徐州马拉松半程精英赛暨大运河马拉松系列赛（徐州站）：比赛由中共江苏省委宣传部、江苏省体育局、徐州市人民政府主办,江苏省体育竞赛管理中心和徐州市体育局承办,于10月25日在徐州市举行。来自江苏省内8000名运动员参加比赛。60名省派及本地裁判员参加工作。

3. 汇川技术2020苏州湾马拉松暨大运河马拉松系列赛(苏州站):比赛由中共江苏省委宣传部、江苏省体育局、苏州市吴中区人民政府、吴中经济技术开发区管委会共同主办,中国田径协会进行技术认证,江苏省体育竞赛管理中心、吴中太湖新城、江苏苏奥体育科技有限公司共同承办,于12月6日在苏州市举行。5000名跑友齐聚苏州地标苏州湾吴中太湖新城,共享苏州太湖之畔秀丽风光。68名裁判员参加工作。

4. 大运河城市足球精英邀请赛:比赛由中国足球协会指导,中共江苏省委宣传部、江苏省体育局、江苏省教育厅、扬州市人民政府主办,江苏省体育竞赛管理中心、江苏省足球运动协会、扬州市体育局、扬州市教育局承办,于11月9日至15日在扬州市举行。共有江苏苏宁等来自全国各地8支代表队参赛,合计20场比赛,共210名运动员及80名裁判员参与比赛。

5. 苏州吴中环太湖竞走多日赛暨大运河竞走与行走系列赛(苏州站):比赛由江苏省委宣传部、江苏省体育局、苏州市人民政府主办,吴中区人民政府、苏州市体育局承办,于12月13日至15日在吴中太湖旅游景区举办。共有来自中国竞走国家队及15个省市的专业竞走运动员共236名运动员参加了比赛,34名裁判员参加了工作。

6. 大运河竞走与行走系列赛(宿迁站)暨宿迁城市定向赛:比赛由中共江苏省委宣传部、江苏省体育局、宿迁市人民政府主办,江苏省体育竞赛管理中心、宿迁市体育局承办,于12月20日在宿迁市举行。来自全国85名运动员参加比赛,70名裁判员及工作人员参加工作。

(徐　研)

举办省年度比赛

【江苏省青少年田径锦标赛】 8月20日至23日在常州市举行。南京市、无锡市、徐州市、常州市、苏州市、南通市、连云港市、淮安市、盐城市、扬州市、镇江市、泰州市、宿迁市13个省辖市参加了比赛。比赛成绩如后。

·女 子·

16岁组

100米

第一名 王雨欣 南京市

第二名 陈 诺 苏州市

第三名 尹瑜瑶 徐州市

第四名 张淑贤 宿迁市

第五名 陈雨婷 南京市

第六名 崔巍巍 南通市

第七名 周锦宜 扬州市

第八名 李慧娟 无锡市

100米栏

第一名 范韵秋 常州市

第二名 黄 橙 苏州市

第三名 徐 静 苏州市

第四名 顾子琪 苏州市

200米

第一名 王雨欣 南京市

第二名 陆书洺 苏州市

第三名 尹瑜瑶 徐州市

第四名 陈雨婷 南京市

第五名 汤天妍 南通市

第六名 崔巍巍 南通市

第七名 张淑贤 宿迁市

第八名 朱馨蕾 镇江市

400米

第一名 陆书洺 苏州市

第二名 尹潇璐 常州市

第三名 朱馨蕾 镇江市

第四名 金乐怡 苏州市

第五名 汤文侃 南通市

第六名 顾子琪 苏州市

第七名 汤天妍 南通市

第八名 简珊珊 无锡市

400米栏

第一名 尹潇璐 常州市

第二名 范韵秋 常州市

第三名 徐 静 苏州市

第四名 简珊珊 无锡市

800米

第一名 刘 圆 宿迁市

第二名 刘星雨 扬州市

第三名 崔 秋 扬州市

第四名 胡漫茹 连云港市

第五名 朱子萱 宿迁市

第六名 金乐怡 苏州市

1500米

第一名 王 烨 盐城市

第二名 沈雨涵 盐城市

第三名 刘 月 宿迁市

第四名 崔 秋 扬州市

第五名 胡漫茹 连云港市

第六名 朱子萱 宿迁市

三级跳远

第一名 何 菲 苏州市

第二名 杨 荣 连云港市

第三名 陈 慧 常州市

第四名 邓宇婷 宿迁市

五项全能

第一名 陈文静 盐城市

第二名 吕承蕊 南京市

第三名 江 倩 常州市

撑杆跳高

第一名 张孜屹 苏州市

第二名 何 菲 苏州市

标枪

第一名 马心雨 南京市

第二名 曹 维 南通市

第三名 王 蕊 徐州市

第四名 杨一诺 常州市

跳远

第一名 陈 慧 常州市

第二名 马妙淼 常州市

第三名 杨 荣 连云港市

第四名 李梓腾 苏州市

第五名 翟昊赟 苏州市

第六名 马涣涣 苏州市

第七名 吴春琴 常州市

第八名 侯梦莹 连云港市

跳高

第一名 叶雯琪 常州市

第二名 胡思雅 常州市

第三名 宋欣璐 连云港市

铁饼

第一名 程 晓 连云港市

第二名 王竹青 宿迁市

第三名 刘姜梅 宿迁市

第四名 李婷婷 连云港市

第五名 周彦含 南京市

铅球

第一名 王竹青 宿迁市

第二名 刘姜梅 宿迁市

第三名 魏沁洋 常州市

第四名 杨一诺 常州市

第五名 程 晓 连云港市

第六名 谢鑫语 徐州市

第七名 李婷婷 连云港市

4×100米接力

第一名 常州市

吴春琴 陈 慧 尹潇璐 范韵秋

第二名 苏州市

翟昊赟 李梓腾 徐 静 陆书洺

第三名 南京市

吕承蕊 陈雨婷 马心雨 王雨欣

17岁组

100米

第一名 沈芸楠 南通市

第二名 梁于芮妍 南京市

第三名 张梦颖 苏州市

第四名 蒋晓雯 南通市

第五名 李皖苏 徐州市

第六名 孙 锐 常州市

第七名 孙慧源 南通市

第八名 孙张磊 南通市

200米

第一名 沈芸楠 南通市

第二名 梁于芮妍 南京市

第三名 蒋晓雯 南通市

第四名 张梦颖 苏州市
第五名 孙慧源 南通市
第七名 顾诗雨 扬州市
第八名 钱 雨 扬州市
400米
第一名 丁欣雨 南通市
第二名 陈 颖 宿迁市
第三名 江戴宁 南京市
第四名 张海浩 淮安市
第五名 房艺群 扬州市
第六名 曾 珍 南通市
第七名 钱 雨 扬州市
第八名 顾诗雨 扬州市
800米
第一名 孙 欣 盐城市
第二名 张子怡 常州市
第三名 陈 颖 宿迁市
第四名 张海浩 淮安市
第五名 李嘉静 无锡市
1500米
第一名 丁淑楠 镇江市
第二名 孙 婧 连云港市
第三名 李嘉静 无锡市
第四名 江林月 连云港市
七项全能
第一名 唐于情 常州市
第二名 王 菲 无锡市
第三名 王驰宇 无锡市
第四名 陈祉伊 南京市
第五名 李潘佳 苏州市
三级跳远
第一名 陈 钰 常州市
第二名 茅婧怡 南通市
第三名 单雨珊 无锡市
第四名 丁文轩 连云港市
撑竿跳高全能
第一名 池 宣 苏州市
第二名 刘雪贞 苏州市
标枪
第一名 石祥欣 徐州市
第二名 罗 洋 苏州市
第三名 李 解 扬州市
第四名 韦亚欣 镇江市
第五名 经 琦 南京市
第六名 李芳靖 南京市
跳远
第一名 茅婧怡 南通市
第二名 罗 洋 苏州市
第三名 管阳露 常州市
第四名 陈 钰 常州市
第五名 陈慧琳 常州市
第六名 单雨珊 无锡市
第七名 丁文轩 连云港市
铁饼
第一名 封苏敏 连云港市
第二名 李 妍 徐州市
第三名 高妮娜 连云港市
第四名 甄 茜 徐州市
第五名 张宁芯 连云港市
第六名 韦亚欣 镇江市
第七名 陆欣语 扬州市
第八名 左红艳 南通市
铅球
第一名 甄 茜 徐州市
第二名 左红艳 南通市
第三名 蔡 森 常州市

第四名　李　妍　徐州市
第五名　张宁芯　连云港市
第六名　封苏敏　连云港市
第七名　高妮娜　连云港市
4×100米接力
第一名　南通市
茅婧怡　沈芸楠　蒋晓雯　丁欣雨
第二名　常州市
陈　钰　唐于情　管阳露　孙　锐
第三名　南京市
梁于芮妍　江戴宁　陈祉伊　王小牧
4×400米接力
第一名　无锡市
王　菲　黄之钰　王驰宇　李嘉静
第二名　南通市
曾　珍　蒋晓雯　孙慧源　孙张磊
18岁组
100米
第一名　张　极　南通市
第二名　舒　颖　无锡市
第三名　潘舒悦　苏州市
第四名　夏　娇　连云港市
第五名　于　桢　常州市
第六名　刘玲妤　泰州市
第七名　吉丽莉　无锡市
第八名　梅晓倩　无锡市
110米栏
第一名　梅　满　无锡市
第二名　于　桢　常州市
第三名　杨西贝　徐州市
200米
第一名　张　极　南通市
第二名　刘雨彤　无锡市
第三名　潘舒悦　苏州市
第四名　周　进　泰州市
第五名　夏　娇　连云港市
第六名　刘玲妤　泰州市
第七名　梅晓倩　无锡市
400米
第一名　刘雨彤　无锡市
第二名　周　进　泰州市
第三名　丁艺姿　常州市
三级跳远
第一名　陈　娟　常州市
第二名　盛欣怡　苏州市
第三名　颜雪婷　无锡市
跳远
第一名　汤淇岚　无锡市
第二名　陈　娟　常州市
第三名　盛欣怡　苏州市
第四名　颜雪婷　无锡市
铁饼
第一名　陈　诺　连云港市
第二名　任　旭　南通市
第三名　葛瑞涵　连云港市
铅球
第一名　葛瑞涵　连云港市
第二名　任　旭　南通市
第三名　凡栋梅　南通市
第四名　陈　诺　连云港市
4×100米接力
第一名　无锡市
梅　满　舒　颖　刘雨彤　吉丽莉
4×400米接力
第一名　无锡市
梅　满　舒　颖　刘雨彤　刘莹莹

·男 子·

16岁组

100米

第一名 袁仁杰 常州市
第二名 张子俊 南通市
第三名 张煜辰 南通市
第四名 李沁源 苏州市
第五名 陈柏樟 苏州市
第六名 夏 骏 盐城市
第七名 荣 凡 宿迁市
第八名 姜观永 无锡市

110米栏

第一名 张子俊 南通市
第二名 刘 超 南京市
第三名 丁烨铭 常州市
第四名 陆 涛 无锡市
第五名 赵 君 苏州市
第六名 沈新翔 南通市
第七名 朱海荣 南通市
第八名 王宝华 盐城市

200米

第一名 赵宇飞 苏州市
第二名 张煜辰 南通市
第三名 夏 骏 盐城市
第四名 荣 凡 宿迁市
第五名 李沁源 苏州市
第六名 陈锦丰 苏州市
第七名 李智健 镇江市
第八名 孙梓玉 常州市

400米

第一名 梁振黄 南通市
第二名 林 杨 无锡市
第三名 韩 磊 南通市
第四名 戎 浩 南京市
第五名 骆锦柱 盐城市
第六名 刘化颖 南通市
第七名 宗恺文 无锡市
第八名 李智健 镇江市

400米栏

第一名 戎 浩 南京市
第二名 刘 超 南京市
第三名 陈配书 无锡市
第四名 郭子辰 南通市
第五名 张昭兵 常州市
第六名 杨 楠 常州市
第七名 黄思文 南通市
第八名 沈新翔 南通市

800米

第一名 陈配书 无锡市
第二名 于 豪 常州市
第三名 杨承翰 南京市
第四名 任 伟 徐州市
第五名 钱杨阳 南京市
第六名 陈鸿鹏 徐州市
第七名 姚怀熊 连云港市
第八名 陈 旭 南京市

1500米

第一名 解云策 盐城市
第二名 陈建翔 宿迁市
第三名 姚怀熊 连云港市
第四名 严华磊 盐城市
第五名 陈鸿鹄 徐州市
第六名 李羽强 徐州市
第七名 王宁浩 南京市
第八名 李泫培 无锡市

三级跳远

第一名 管 乐 南京市
第二名 秦天炜 南通市
第三名 赵铭涛 镇江市
第四名 朱泓铨 盐城市
第五名 吴佳凌 常州市
第六名 陆 涛 无锡市
第七名 刘亚鹏 连云港市
第八名 徐延好 连云港市

撑竿跳高

第一名 申 肖 常州市

标枪

第一名 张训喆 南京市
第二名 张金涛 常州市
第三名 周诗豪 苏州市
第四名 刘奇波 盐城市
第五名 高若凡 徐州市
第六名 奚俊豪 南京市
第七名 宋佳琪 南通市
第八名 李 烨 常州市

跳远

第一名 吴佳凌 常州市
第二名 管 乐 南京市
第三名 浦宇杰 无锡市
第四名 芦俊诚 苏州市
第五名 于金光 无锡市
第六名 秦天炜 南通市
第七名 赵铭涛 镇江市
第八名 王骆涵 南京市

跳高

第一名 毕黄添 南京市
第二名 周学康 无锡市
第三名 李加桐 镇江市
第四名 王宝华 盐城市

铁饼

第一名 单一峰 宿迁市
第二名 周俊诚 苏州市
第三名 吴国栋 宿迁市
第四名 鹿鹤洋 徐州市
第五名 顾文涛 盐城市
第六名 陶治文 盐城市
第七名 王日圣 连云港市
第八名 张书辉 连云港市

铅球

第一名 周俊诚 苏州市
第二名 赵宇鹏 宿迁市
第三名 张庭瑞 连云港市
第四名 徐马锐 南通市
第五名 吴国栋 宿迁市
第六名 刘济福 连云港市
第七名 李延兴 常州市
第八名 柳昊辰 徐州市

链球

第一名 顾晨扬 徐州市
第二名 李玉宝 苏州市
第三名 黄周宇 南通市
第四名 唐陈幸 南通市
第五名 董雪枫 徐州市

4×100米接力

第一名 常州市
丁烨铭 袁仁杰 佘明宇 张昭兵
第二名 南京市
管 乐 刘 超 梅苏宇 焦梓豪
第三名 无锡市
孙培淇 姜观永 何 斌 林 杨
第四名 南通市
张煜辰 黄思文 朱海荣 秦天炜

第五名　镇江市

黄建文　李智健　丁云豪　向　兵

第六名

祁纹龙　周冠宏　骆锦柱　薛文轩

第七名　连云港市

黄宣淞　江　帅　魏　麟　姚怀熊

4×400米接力

第一名　南通市

郭子辰　梁振黄　韩　磊　刘化颖

第二名　无锡市

廖学昊　沈楚骏　宗恺文　林　杨

第三名　常州市

黄君豪　孙梓玉　张昭兵　晏梓豪

第四名　南京市

陈志伟　钱杨阳　杨承翰　戎　浩

第五名　盐城市

解云策　周冠宏　薛文轩　骆锦柱

第六名　泰州市

张全顺　王周洋　孔昊宇　季灿钰

第七名　苏州市

帖德志　韩子万　赵　君　潘瑞峰

第八名　连云港市

黄宣淞　江　帅　魏　麟　姚怀熊

17岁组

100米

第一名　季世豪　南京市

第二名　朱崇韬　无锡市

第三名　陶　然　南京市

第四名　周宇达　常州市

第五名　朱金昊　常州市

第六名　宋天镱　南通市

第七名　康锦洋　镇江市

第八名　杨德滢　常州市

110米栏

第一名　刘俊茜　泰州市

第二名　季世豪　南京市

第三名　严晨宇　南京市

200米

第一名　陶　然　南京市

第二名　朱崇韬　无锡市

第三名　史云恒　无锡市

第四名　陈黄超　苏州市

第五名　康锦洋　镇江市

第六名　许起华　盐城市

第七名　孙嘉铖　苏州市

第八名　闵杨盛　苏州市

400米

第一名　史云恒　无锡市

第二名　张令宇　扬州市

第三名　田益欣　常州市

第四名　高琪杰　扬州市

第五名　孙嘉铖　苏州市

第六名　龚　雨　扬州市

第七名　周巳钧　南京市

第八名　熊睿阳　南京市

800米

第一名　李罗洋　常州市

第二名　田益欣　常州市

第三名　杨文龙　扬州市

第四名　池子坤　连云港市

第五名　卫振浩　盐城市

第六名　候炳权　徐州市

第七名　任冬冬　宿迁市

第八名　李大卫　宿迁市

1500米

第一名　杨文龙　扬州市

第二名　池子坤　连云港市
第三名　李罗洋　常州市
第四名　方　磊　宿迁市
第五名　丁承旭　盐城市
第六名　蒋永康　扬州市
第七名　李大卫　宿迁市
第八名　张天宇　南京市

三级跳远
第一名　邱浩凌　苏州市
第二名　宋　浩　镇江市
第三名　陈　鹏　宿迁市
第四名　葛士郡　苏州市
第五名　钱陈深　常州市

跳远
第一名　陈　鹏　宿迁市
第二名　张旭杰　常州市
第三名　宋　浩　镇江市
第四名　邱浩凌　苏州市
第五名　钱云超　无锡市
第六名　张　祺　常州市
第七名　李明泽　连云港市
第八名　龚莘绅　扬州市

跳高
第一名　谢鑫龙　常州市
第二名　段　浪　无锡市
第三名　钱云超　无锡市
第四名　丁浩然　宿迁市
第五名　唐佳新　扬州市

铁饼
第一名　石嘉伟　常州市
第二名　吴宇焜　连云港市
第三名　王　文　盐城市
第四名　魏　冉　徐州市

铅球
第一名　张　周　盐城市
第二名　张韵奇　盐城市
第三名　吴宇焜　连云港市

4×100米接力
第一名　常州市
杨德滢　张　祺　周宇达　朱金昊
第二名　南京市
陶　然　孙成浩　季世豪　阮吉利
第三名　泰州市
高　杨　刘俊茜　刘毅丰　陈品元
第四名　盐城市
张文轩　马　舟　孙　辉　陈林阳

4×400米接力
第一名　无锡市
史云恒　李　浩　朱崇韬　赵长远
第二名　南京市
张天宇　周巳钧　季世豪　熊睿阳
第三名　扬州市
高琪杰　龚　雨　张宇捷　张令宇
第四名　泰州市
焦　磊　陈品元　高　杨　郑伟强
第五名　盐城市
丁承旭　马　舟　孙　辉　张文轩

18岁组

100米
第一名　张　赛　徐州市
第二名　孙明轩　盐城市
第三名　刘佳奇　常州市
第四名　章　震　淮安市
第五名　汪　洋　南京市
第六名　潘少朕　淮安市
第七名　周　泉　镇江市

第八名　陈九翰　盐城市

110米栏

第一名　陈　浩　常州市

第二名　邵家靖　扬州市

第三名　索彪翔　徐州市

200米

第一名　孙明轩　盐城市

第二名　杨忠祥　苏州市

第三名　刘佳奇　常州市

第四名　章　震　淮安市

第五名　谢代伟　扬州市

第六名　虞浩然　南京市

第七名　戴林波　泰州市

第八名　顾耀文　连云港市

400米

第一名　王亚进　泰州市

第二名　陈中亮　扬州市

第三名　方政源　宿迁市

第四名　张俊臣　常州市

第五名　李泽韩　苏州市

第六名　闻　翔　扬州市

第七名　潘家琪　扬州市

第八名　薛宗傲　常州市

400米栏

第一名　黄建翔　常州市

第二名　薛宗傲　常州市

第三名　陈中亮　扬州市

第四名　朱曹磊　南通市

第五名　汤若禹　扬州市

800米

第一名　戴　祥　盐城市

第二名　李行正　徐州市

第三名　徐　鑫　常州市

第四名　郑金来　盐城市

第五名　王晨苏　盐城市

第六名　张　耀　连云港市

第七名　余海洋　盐城市

1500米

第一名　戴　祥　盐城市

第二名　李行正　徐州市

第三名　仇嘉豪　无锡市

第四名　徐　鑫　常州市

第五名　张　耀　连云港市

第六名　张德锁　淮安市

第七名　朱广东　盐城市

第八名　潘高俊　盐城市

三级跳远

第一名　王芝康　常州市

第二名　袁魏子超　南京市

第三名　王世铖　扬州市

第四名　王建华　扬州市

十项全能

第一名　陈　顺　无锡市

第二名　袁海涛　徐州市

第三名　蒋　凯　无锡市

第四名　陈　鑫　南京市

第五名　李　炎　苏州市

跳远

第一名　袁魏子超　南京市

第二名　王芝康　常州市

第三名　姚　巍　常州市

第四名　祝　彬　无锡市

第五名　马蔚栋　南京市

第六名　戎　易　无锡市

第七名　徐成磊　常州市

第八名　王世铖　扬州市

铁饼

第一名　张志钦　南通市

第二名　徐英琪　连云港市

第三名　崔张励　南通市

第四名　齐祥瑜　南通市

第五名　刘　伟　宿迁市

第六名　王祥羽　连云港市

第七名　冒泽伟　南通市

第八名　闫　鑫　连云港市

铅球

第一名　陈鸿飞　南通市

第二名　闫　鑫　连云港市

第三名　刘　伟　宿迁市

第四名　嵇嘉鹏　连云港市

第五名　陈俊杰　徐州市

第六名　徐英琪　连云港市

第七名　陶文轩　南京市

4×100米接力

第一名　泰州市

戴林波　王亚进　邓佳伟　孙友亮

第二名　南京市

汪　洋　方绍泉　祁程彬　袁魏子超

第三名　苏州市

李泽韩　沈　添　郜闽杰　石岳恒

4×400米接力

第一名　常州市

黄建翔　张俊臣　薛宗傲　安腾蛟

第二名　南京市

刘　琪　祁程彬　汪　洋　虞浩然

第三名　泰州市

孙友亮　邓佳伟　王亚进　戴林波

【江苏省少儿体操锦标赛】 8月25日至27日在常州市举行。南京市、无锡市、徐州市、常州市、苏州市、南通市、连云港市、淮安市、盐城市、扬州市、镇江市、泰州市、宿迁市13个省辖市参加了比赛。比赛成绩如后。

·女　子·

7～8岁组

全能

第一名　赵晨汐　淮安市

第二名　许雅乐　南通市

第三名　李陈梓萌　南通市

第四名　宋宵宵　徐州市

第五名　陈嘉怡　常州市

第六名　杨伊一　常州市

第七名　张家源　徐州市

第八名　倪梓烨　淮安市

平衡木

第一名　信　昕　南通市

第二名　陈嘉怡　常州市

第三名　许雅乐　南通市

第四名　赵晨汐　淮安市

第五名　宋宵宵　徐州市

第六名　张家源　徐州市

第六名　王宇萱　常州市

第八名　倪梓烨　淮安市

自由体操

第一名　许雅乐　南通市

第二名　李陈梓萌　南通市

第三名　陈嘉怡　常州市

第三名　杨伊一　常州市

第五名　宋宵宵　徐州市

第六名　赵晨汐　淮安市

第七名　倪梓烨　淮安市

第八名　熊思晨　苏州市

跳马

第一名　赵晨汐　　淮安市

第二名　倪梓烨　　淮安市

第三名　宋宵宵　　徐州市

第四名　夷欣悦　　徐州市

第五名　陈嘉怡　　常州市

第六名　王宇萱　　常州市

第七名　李陈梓萌　南通市

第八名　许雅乐　　南通市

高低杠

第一名　许雅乐　　南通市

第二名　杨伊一　　常州市

第二名　陈嘉怡　　常州市

第四名　宋宵宵　　徐州市

第五名　李陈梓萌　南通市

第六名　赵晨汐　　淮安市

第七名　夷欣悦　　徐州市

第八名　倪梓烨　　淮安市

团体

第一名　常州市

李夏梦　杨伊一　陈嘉怡　代福润

刘雨桐　戈婼汐

第二名　南通市

李陈梓萌　许雅乐　张馨月　信　昕

陈柄如　张念慈

第三名　徐州市

李雨露　相欣雨　齐妙娢　张家源

宋宵宵　夷欣悦

9岁组

全能

第一名　刘星宇　苏州市

第二名　武恩泽　南京市

平衡木

第一名　武恩泽　南京市

第二名　刘星宇　苏州市

第三名　吴宛瑶　南通市

自由体操

第一名　刘星宇　苏州市

第二名　武恩泽　南京市

第三名　吴宛瑶　南通市

跳马

第一名　刘星宇　苏州市

第二名　武恩泽　南京市

第三名　吴宛瑶　南通市

高低杠

第一名　刘星宇　苏州市

第二名　武恩泽　南京市

10岁组

全能

第一名　徐若茜　淮安市

第二名　王清如　淮安市

第三名　顾一依　南通市

第四名　江慧玲　常州市

第五名　高子涵　苏州市

平衡木

第一名　高子涵　苏州市

第二名　江慧玲　常州市

第三名　徐若茜　淮安市

第四名　顾一依　南通市

第五名　王清如　淮安市

自由体操

第一名　徐若茜　淮安市

第二名　高子涵　苏州市

第三名　王清如　淮安市

第四名　顾一依　南通市

第五名　江慧玲　常州市

跳马

第一名　徐若茜　淮安市

第二名　高子涵　苏州市

第三名　王清如　淮安市

第四名　顾一依　南通市

第五名　江慧玲　常州市

高低杠

第一名　江慧玲　常州市

第二名　顾一依　南通市

第三名　王清如　淮安市

第四名　徐若茜　淮安市

第五名　高子涵　苏州市

11～12岁组

全能

第一名　罗欣悦　常州市

第二名　刘秦楚　南通市

平衡木

第一名　罗欣悦　常州市

第二名　刘秦楚　南通市

自由体操

第一名　刘秦楚　南通市

第二名　罗欣悦　常州市

跳马

第一名　刘秦楚　南通市

第二名　罗欣悦　常州市

高低杠

第一名　罗欣悦　常州市

第二名　刘秦楚　南通市

·男　子·

7～8岁组

全能

第一名　高天佑　苏州市

第二名　许子昊　无锡市

第三名　徐承熙　苏州市

第四名　武兴龙　无锡市

第五名　赵奕绚　南京市

第六名　吴楷威　南京市

第七名　尹梓聪　南通市

第八名　黄　旭　南通市

单杠

第一名　许子昊　无锡市

第二名　高天佑　苏州市

第三名　徐承熙　苏州市

第四名　李赟溢　无锡市

第四名　尹梓聪　南通市

第六名　吴楷威　南京市

第七名　赵奕绚　南京市

第八名　黄　旭　南通市

双杠

第一名　高天佑　苏州市

第二名　许子昊　无锡市

第三名　徐承熙　苏州市

第四名　武兴龙　无锡市

第五名　赵奕绚　南京市

第六名　吴楷威　南京市

吊环

第一名　许子昊　无锡市

第二名　武兴龙　无锡市

第三名　徐承熙　苏州市

第四名　张子瞻　苏州市

第五名　赵奕绚　南京市

第六名　尹梓聪　南通市

第七名　吴楷威　南京市

第八名　陈朝阳　南通市

自由体操

第一名　许子昊　无锡市

第二名 刘希一 无锡市
第二名 吴楷威 南京市
第四名 徐承熙 苏州市
第四名 赵奕绚 南京市
第六名 尹梓聪 南通市
第七名 高天佑 苏州市
跳马
第一名 刘希一 无锡市
第二名 高天佑 苏州市
第三名 徐承熙 苏州市
第三名 吴楷威 南京市
第五名 陈朝阳 南通市
第六名 赵奕绚 南京市
第七名 许子昊 无锡市
第八名 黄 旭 南通市
鞍马
第一名 高天佑 苏州市
第二名 许子昊 无锡市
第三名 刘希一 无锡市
第四名 赵奕绚 南京市
第五名 余润泓 南京市
第六名 尹梓聪 南通市
第七名 徐承熙 苏州市
第八名 黄 旭 南通市
团体
第一名 南京市
顾润泽 余润泓 赵奕绚 吴楷威
夏闻谦 魏穆峰
第二名 无锡市
许子昊 武兴龙 李赟溢 武泽顺
刘希一
9～10岁组
全能
第一名 赵语辰 苏州市
第二名 王天昊 苏州市
第三名 李家乐 常州市
第四名 王宇泽 常州市
第五名 陈泽宇 徐州市
第六名 王为弘 无锡市
第七名 魏梓钦 淮安市
第八名 高晨峰 无锡市
单杠
第一名 王宇泽 常州市
第二名 赵语辰 苏州市
第三名 李家乐 常州市
第四名 陈泽宇 徐州市
第五名 王天昊 苏州市
第六名 王为弘 无锡市
第七名 高晨峰 无锡市
第八名 魏梓钦 淮安市
双杠
第一名 赵语辰 苏州市
第二名 王宇泽 常州市
第三名 周轩成 苏州市
第四名 李家乐 常州市
第五名 魏梓钦 淮安市
第六名 陈泽宇 徐州市
第七名 王为弘 无锡市
第八名 于世博 无锡市
吊环
第一名 王天昊 苏州市
第二名 杨 一 常州市
第三名 陈泽宇 徐州市
第四名 赵语辰 苏州市
第五名 王宇泽 常州市
第六名 王为弘 无锡市

第七名　陈启铭　无锡市
第八名　魏梓钦　淮安市
自由体操
第一名　王宇泽　常州市
第二名　赵语辰　苏州市
第三名　王为弘　无锡市
第四名　高晨峰　无锡市
第五名　王天昊　苏州市
第五名　李家乐　常州市
第七名　魏梓钦　淮安市
第七名　陈泽宇　徐州市
跳马
第一名　王为弘　无锡市
第二名　王宇泽　常州市
第三名　高晨峰　无锡市
第四名　陈泽宇　徐州市
第五名　赵语辰　苏州市
第六名　李家乐　常州市
第七名　王天昊　苏州市
第八名　魏梓钦　淮安市
鞍马
第一名　王天昊　苏州市
第二名　魏梓钦　淮安市
第三名　李家乐　常州市
第四名　赵语辰　苏州市
第五名　杨　一　常州市
第六名　高晨峰　无锡市
第七名　颜子宸　南通市
第八名　王为弘　无锡市
团体
第一名　苏州市
李晟垚　赵语辰　王飞扬　周轩成
王天昊
第二名　无锡市
于世博　王为弘　陈启铭　卢世鸿
高晨峰
第三名　常州市
李家乐　杨　一　王宇泽　周予贤
11～12岁组
全能
第一名　张良友　无锡市
第二名　杨米祥　淮安市
第三名　张津铭　徐州市
第四名　卜宇航　淮安市
第五名　林泽远　常州市
第六名　黄佳麒　徐州市
单杠
第一名　张良友　无锡市
第二名　赵金豆　淮安市
第三名　林泽远　常州市
第四名　张津铭　徐州市
第五名　黄佳麒　徐州市
第六名　杨米祥　淮安市
双杠
第一名　张津铭　徐州市
第二名　杨米祥　淮安市
第三名　赵金豆　淮安市
第四名　张良友　无锡市
第五名　林泽远　常州市
第六名　黄佳麒　徐州市
吊环
第一名　张良友　无锡市
第二名　林泽远　常州市
第三名　杨米祥　淮安市
第四名　张津铭　徐州市
第五名　赵金豆　淮安市

第六名　黄佳麒　徐州市

自由体操

第一名　林泽远　常州市

第二名　杨米祥　淮安市

第三名　张良友　无锡市

第四名　卜宇航　淮安市

第五名　张津铭　徐州市

第六名　黄佳麒　徐州市

跳马

第一名　林泽远　常州市

第二名　张良友　无锡市

第三名　黄佳麒　徐州市

第四名　卜宇航　淮安市

第五名　杨米祥　淮安市

第六名　张津铭　徐州市

鞍马

第一名　张良友　无锡市

第二名　张津铭　徐州市

第三名　林泽远　常州市

第四名　黄佳麒　徐州市

第五名　杨米祥　淮安市

第六名　赵金豆　淮安市

团体

第一名　淮安市

杨米祥　卜宇航　赵金豆

13～14岁组

全能

第一名　高子恒　苏州市

第二名　陈思琪　苏州市

第三名　仲奕梓震　南京市

单杠

第一名　高子恒　苏州市

第二名　韦淳渔　无锡市

第三名　陈思琪　苏州市

第四名　仲奕梓震　南京市

双杠

第一名　陈思琪　苏州市

第二名　高子恒　苏州市

第三名　仲奕梓震　南京市

第四名　韦淳渔　无锡市

吊环

第一名　陈思琪　苏州市

第二名　高子恒　苏州市

第三名　韦淳渔　无锡市

第四名　仲奕梓震　南京市

自由体操

第一名　仲奕梓震　南京市

第二名　陈思琪　苏州市

第三名　韦淳渔　无锡市

第四名　高子恒　苏州市

跳马

第一名　陈思琪　苏州市

第二名　仲奕梓震　南京市

第三名　高子恒　苏州市

鞍马

第一名　高子恒　苏州市

第二名　仲奕梓震　南京市

第三名　陈思琪　苏州市

第四名　韦淳渔　无锡市

【江苏省少年儿童羽毛球锦标赛】 8月22日至25日在南通海安举行。南京市、无锡市、徐州市、常州市、苏州市、南通市、连云港市、淮安市、盐城市、扬州市、镇江市、泰州市、宿迁市13个省辖市参加了比赛。比赛成绩如后。

·女　子·

15～17岁组

双打

第一名　宋佳音　王　欣　南京市
第二名　刘钱前　翁天骄　南通市
第三名　徒煜萱　贺心怡　南京市
第四名　朱昱润　孙奕珂　连云港市
第五名　陈星竹　徐旖恬　南京市
第六名　张　琪　吉芯乐　盐城市
第七名　掌　心　罗舒匀　镇江市
第八名　朱骊安　谢　静　常州市

单打

第一名　秦子铭　盐城市
第二名　吴佾宣　常州市
第三名　王　芮　连云港市
第三名　吉芯乐　盐城市
第五名　宋佳音　南京市
第五名　朱昱润　连云港市
第五名　袁可冰　南京市
第五名　吴陈曦　南通市

团体

第一名　盐城市
张　琪　陈　欣　秦子铭　吉芯乐
第二名　南京市
徐旖恬　王　欣　袁可冰　陈星竹
第三名　连云港市
朱昱润　孙奕珂　王　芮　梁珺雅
第三名　南通市
吴陈曦　龚　玺　刘钱前　翁天骄
第五名　镇江市
罗舒匀　掌　心　徐景涵
第五名　常州市
吴佾宣　张亦晗　陈垲蕴　高天语

·男　子·

15～17岁组

双打

第一名　王圣熠　王柏竣　南京市
第二名　朱　超　王思睿　盐城市
第三名　彭　博　沈义杰　常州市
第四名　商骜天　丁梓轩　常州市
第五名　侯正则　石景文　连云港市
第六名　柯景栋　张笑天　扬州市
第七名　赵润宇　陈　盛　苏州市
第八名　张乘菲　高　磊　扬州市

单打

第一名　朱家辉　南通市
第二名　王柏竣　南京市
第三名　吕柯言　镇江市
第三名　刘宇轩　盐城市
第五名　王子维　南京市
第五名　刘峠涵　南京市
第五名　邹亦宸　常州市
第五名　朱彦澎　苏州市

团体

第一名　扬州市
高　磊　张笑天　柯景栋　张乘菲
第二名　盐城市
王思睿　刘宇轩　孙嘉宸　朱　超
第三名　南京市
夏木梓　王梓鑫　熊文秋　王柏竣
第三名　苏州市
朱彦澎　姜子涵　陈　盛　赵润宇
第五名　南通市
徐　臻　秦啸天　朱家辉
第五名　连云港市
石景文　朱鸣浩　黄　梓　侯正则

第五名　常州市

邹亦宸　丁梓轩　商骜天　吴祖轩

·混　合·

第一名　秦子铭　朱　超　盐城市

第二名　孙嘉宸　张　琪　盐城市

第三名　陈　欣　王思睿　盐城市

第四名　孙奕珂　侯正则　连云港市

第五名　掌　心　吕柯言　镇江市

第六名　朱家辉　吴陈曦　南通市

第七名　陈垲蕴　彭　博　常州市

第八名　朱鸣浩　王　芮　连云港市

【江苏省青少年跆拳道冠军赛】 8月20日至22日在徐州市沛县举行。南京市、无锡市、徐州市、常州市、苏州市、南通市、连云港市、淮安市、盐城市、扬州市、镇江市、泰州市、宿迁市13个省辖市参加了比赛。比赛成绩如后。

·女　子·

16～17岁组

46公斤级

第一名　刘健桐　扬州市

第二名　陈熙瑾　扬州市

第三名　张　悦　无锡市

第四名　李　雪　徐州市

第五名　陈佳慧　无锡市

第六名　孙博瑶　徐州市

51公斤级

第一名　梁欣节　徐州市

第二名　唐梦笑　扬州市

第三名　徐　琪　宿迁市

第四名　宋　灿　扬州市

第五名　王　语　南京市

第六名　冯新茹　宿迁市

57公斤级

第一名　朱盈玥　镇江市

第二名　方清影　南京市

第三名　刘诗疑　镇江市

第四名　苏　敏　南京市

第五名　陈星宇　常州市

第六名　刘馨语　扬州市

第七名　刘雨彤　宿迁市

第八名　陈如意　徐州市

63公斤级

第一名　刘雨洋　扬州市

第二名　杨　越　南京市

第三名　时婉婷　徐州市

第四名　刘衍婼　扬州市

第五名　钱宇彤　南京市

第六名　冯星月　南通市

第七名　吴晨菲　无锡市

69公斤以上级

第一名　刘　畅　盐城市

第二名　张熙彤　常州市

第三名　汪李勤　苏州市

第四名　朱思娴　徐州市

第五名　韩佳怡　无锡市

第六名　王晓谦　宿迁市

第七名　乔明天　扬州市

·男　子·

16～17岁组

51公斤级

第一名　陈嘉杰　南京市

第二名　钱　炜　扬州市

第三名　许光谢雨　南京市

第四名　唐梦龙　扬州市

第五名　韦广河　无锡市

第六名　葛子强　南通市

第七名　孙信国　盐城市

第八名　张振东　南通市

56公斤级

第一名　陈泽旭　南京市

第二名　胡　瑞　无锡市

第三名　刘　琦　扬州市

第四名　都国成　南通市

第五名　郑天赐　南京市

第六名　仲　巍　淮安市

第七名　李梦林　扬州市

第八名　许洪森　淮安市

62公斤级

第一名　乙恒通　无锡市

第二名　宋箐泓　南京市

第三名　郑　帅　扬州市

第四名　张庭瑞　南京市

第五名　王　政　淮安市

第六名　单楚惟　宿迁市

第七名　潘金坤　盐城市

第八名　朱凯麟　徐州市

68公斤级

第一名　王天一　扬州市

第二名　唐英还　南京市

第三名　方耀文　扬州市

第四名　卢　鹏　南京市

第五名　李沛霖　盐城市

第六名　孙立豪　无锡市

第七名　时翔宇　徐州市

74公斤级

第一名　刘凯文　无锡市

第二名　徐浩然　盐城市

第三名　王　鑫　南京市

第四名　曹立弘　扬州市

第五名　王怡杰　苏州市

第六名　沈嘉伟　扬州市

第七名　陈　昊　盐城市

74公斤以上级

第一名　陈哲宇　盐城市

第二名　谈昊然　南京市

第三名　杜源昊　镇江市

第四名　薄钧文　南通市

第五名　李　杨　徐州市

第六名　许曦文　无锡市

第七名　吉泓沛　无锡市

第八名　刘一鸣　淮安市

【江苏省青少年乒乓球锦标赛】 8月28日至31日在南通海安市举行。南京市、无锡市、徐州市、常州市、苏州市、南通市、连云港市、淮安市、盐城市、扬州市、镇江市、泰州市、宿迁市13个省辖市参加了比赛。比赛成绩如后。

·女　子·

15～17岁组

双打

第一名　徐翊云　毛　仪　盐城市

第二名　张　楠　鹿羽尧　南京市

第三名　安奕菲　徐钰涵　苏州市

第四名　韩青纯　张　雨　无锡市

第五名　贺铃珑　陶　欣　常州市

第六名　沈蔚儿　朱　烨　盐城市

第七名　孙心怡　许子萱　南京市

第八名　陈　蕊　叶子宁　扬州市

单打

第一名　徐钰涵　苏州市

第二名　韩青纯　无锡市

第三名　王心宇　泰州市
第四名　李佳静　泰州市
第五名　沈蔚儿　盐城市
第六名　贺铃珑　常州市
第七名　许子萱　南京市
第八名　孙心怡　南京市
团体
第一名　扬州市
叶子宁　陈　蕊　尤娅芸　卢　羿
第二名　南京市
鹿羽尧　孙心怡　张　楠　许子萱
第三名　泰州市
宋雨洋　王心宇　李佳静
第三名　盐城市
沈蔚儿　毛　仪　李洋婧
第五名　常州市
肖　锦　陶　欣　陈子涵　贺铃珑
第五名　南通市
杨崴婷　赵一朵　施心如　沈佳盈
第七名　连云港市
何嘉琪　孙安雅　董　颖　刘子溪

·男　子·

15～17岁组
双打
第一名　俞明皓　王卿伊　无锡市
第二名　钱　岩　周应希　扬州市
第三名　顾博文　王嘉南　南通市
第四名　沙子曰　王永阳　无锡市
第五名　王宇翔　缪辰阳　泰州市
第六名　王卓然　胥泓宇　南京市
第七名　徐志成　胡扬栋　南通市
第八名　穆岩彬　王麒皓　扬州市
单打
第一名　王卿伊　无锡市
第二名　胥泓宇　南京市
第三名　蔡志轩　苏州市
第四名　吕　行　苏州市
第五名　王麒皓　扬州市
第六名　郭恩典　苏州市
第七名　顾博文　南通市
第八名　钱　岩　扬州市
团体
第一名　无锡市
俞明皓　王卿伊　王永阳　尹　鑫
第二名　扬州市
钱　岩　周应希　朱泓睿　王麒皓
第三名　南京市
钱昕远　胥泓宇　王卓然　施　骞
第三名　苏州市
蔡志轩　郭恩典　杨义伟　仇文杰
第五名　泰州市
王宇翔　李昊飞　陈一铭　缪辰阳
第五名　常州市
言若金　潘春涞　钱志君　朱一骏
第七名　南通市
顾博文　黄圣清　徐志成　王嘉南
第七名　连云港市
黄培栩　张景奕　赵逸凡　陆庆杰

【江苏省青少年击剑锦标赛】　8月25日至28日在泰州市举行。南京市、无锡市、徐州市、常州市、苏州市、南通市、连云港市、淮安市、盐城市、扬州市、镇江市、泰州市、宿迁市13个省辖市参加了比赛。比赛成绩如后。

·女　子·

16～17岁组

佩剑个人
第一名　张　烨　镇江市
第二名　安梓菁　淮安市
第三名　刘雨菲　无锡市
第四名　张宇飞　徐州市
第五名　姚可人　南京市
第六名　郑珊珊　苏州市
第七名　陈宇娟　南京市
第八名　刘晓旭　徐州市
花剑个人
第一名　黄　凡　徐州市
第二名　张雯婷　徐州市
第三名　刘忱怡　徐州市
第四名　陈静怡　南通市
第五名　朱可欣　南京市
第六名　宋欣桐　南京市
第七名　王　露　南京市
第八名　王烨繁　泰州市
重剑个人
第一名　刘雨清　南京市
第二名　张佳丽　泰州市
第三名　孙袁乾　盐城市
第四名　陈　璐　南京市
第五名　吴思佳　无锡市
第六名　陈玲珑　泰州市
第七名　胡秦礼　南通市
第八名　龚睿瑜　泰州市

·男　子·

16～17岁组
佩剑个人
第一名　李奕君　徐州市
第二名　田艺洋　镇江市
第三名　吴浩东　连云港市
第四名　诸奕涛　徐州市
第五名　石梓杰　南京市
第六名　李俊浩　南京市
第七名　白俊楠　南通市
第八名　刘晨旭　徐州市
花剑个人
第一名　袁和兴　泰州市
第二名　朱晨曦　无锡市
第三名　巫泽同　泰州市
第四名　何朱炜　无锡市
第五名　周乐恒　泰州市
第六名　顾熠阳　南通市
第七名　凌万煜　泰州市
第八名　缪连东　南通市
重剑个人
第一名　马新宇　盐城市
第二名　沈浩东　盐城市
第三名　龚陈鑫宇　南通市
第四名　潘家豪　南京市
第五名　龚玮程　徐州市
第六名　陈俊吉　盐城市
第七名　郭绪强　南京市
第八名　程群科　淮安市

【江苏省青少年举重锦标赛】 8月24日至29日，17～18岁组在苏州张家港市举行；9月25日至28日，15～16岁组在泰州市举行。南京市、无锡市、徐州市、常州市、苏州市、南通市、连云港市、淮安市、盐城市、扬州市、镇江市、泰州市、宿迁市13个省辖市参加了比赛。比赛成绩如后。

·女　子·

15～16岁组
45公斤级

第一名　梅雨点　徐州市
第二名　朱梦婷　徐州市
第三名　刘雨晴　常州市
第四名　张妍妍　宿迁市
49公斤级
第一名　彭婷婷　扬州市
第二名　李彩玲　无锡市
第三名　秦　媛　常州市
第四名　黄婷婷　盐城市
第五名　戴威雪　徐州市
第六名　高　畅　徐州市
55公斤级
第一名　黎佳荣　常州市
第二名　倪春伟　扬州市
第三名　刘纹帆　徐州市
第四名　夏雨欣　盐城市
第五名　宋　欢　无锡市
第六名　曹　颖　盐城市
第七名　朱乐乐　宿迁市
第八名　张一笑　徐州市
59公斤级
第一名　唐佳慧　南京市
第二名　张珊珊　扬州市
第三名　李　颖　宿迁市
第四名　叶安康　盐城市
第五名　余　悦　常州市
64公斤级
第一名　许馨蕊　徐州市
第二名　秦紫怡　宿迁市
第三名　杜亚知　扬州市
第四名　王　宁　盐城市
第五名　朱卿妍　苏州市
第六名　骆厚梅　常州市
第七名　殷子姮　宿迁市
第八名　王银双　徐州市
71公斤级
第一名　周心悦　盐城市
第二名　武珍珍　宿迁市
76公斤级
第一名　刘婉婷　徐州市
第二名　杜墨涵　南京市
第三名　朱睿萍　常州市
81公斤级
第一名　汪　珊　徐州市
81公斤级以上级
第一名　秦非凡　盐城市
第二名　刘雨晨　徐州市
第三名　何奕菲　徐州市
第四名　周　璇　淮安市
17～18岁组
45公斤级
第一名　姚思淼　徐州市
49公斤级
第一名　王芙蓉　盐城市
第二名　权子萌　徐州市
第三名　陈龙翠　盐城市
第四名　王　缓　苏州市
第五名　任晴芸　常州市
55公斤级
第一名　肖　盼　徐州市
第二名　宋茉茉　连云港市
第三名　杨欣露　常州市
第四名　卞海霞　常州市
第五名　谭　佳　常州市
59公斤级
第一名　杜雨晴　宿迁市

第二名 石红花 常州市
第三名 沈金妍 盐城市
64公斤级
第一名 刘美诗 宿迁市
第二名 曹梦婷 徐州市
第三名 赵宇菲 苏州市
71公斤级
第一名 邹金芯 常州市
第二名 丁 璐 盐城市
第三名 李紫煊 淮安市
76公斤级
第一名 李卓燃 徐州市
第二名 龚雅雯 苏州市
87公斤以上级
第一名 陈紫阳 宿迁市
第二名 张鑫雨 徐州市
第三名 李子琪 淮安市

·男 子·

15~16岁组
49公斤级
第一名 马 帅 扬州市
第二名 龙 雨 无锡市
第三名 王昊翔 徐州市
第四名 李志强 盐城市
第五名 张猛飞 常州市
55公斤级
第一名 冯瑞光 徐州市
第二名 廖 亮 扬州市
第三名 吴冬庆 常州市
第四名 吴志勇 盐城市
第五名 李 治 宿迁市
第六名 曹嘉祺 南京市
第七名 谢东任 宿迁市
第八名 朱文元 淮安市
61公斤级
第一名 李秀彬 扬州市
第二名 李 猛 徐州市
第三名 严文龙 无锡市
第四名 韦冬旭 常州市
第五名 南 浩 盐城市
第六名 王文博 宿迁市
第七名 陈尤龙 宿迁市
第八名 高 源 南通市
67公斤级
第一名 徐正阳 南通市
第二名 刘国继 扬州市
第三名 陈相宇 宿迁市
第四名 王树金 盐城市
第五名 赵志雄 盐城市
第六名 郭 洋 徐州市
第七名 付振楠 苏州市
第八名 张 驰 盐城市
73公斤级
第一名 韩自理 盐城市
第二名 刘 伟 苏州市
第三名 马国庆 无锡市
第四名 谢 勇 南京市
第五名 王文斌 常州市
第六名 李新雯 徐州市
第七名 吴沈煌 南通市
第八名 王 铭 苏州市
81公斤级
第一名 杨立胜 盐城市
第二名 林昌盛 常州市
第三名 白 港 扬州市
第四名 蒋志豪 盐城市

第五名 童梓豪 南京市
第六名 蒋逍璐 无锡市
第七名 刘恒志 徐州市
第八名 张 强 常州市
89公斤级
第一名 谢 轩 常州市
第二名 翟炫昱 南京市
第三名 钱 森 盐城市
第四名 杨靖文 盐城市
第五名 赵海智 盐城市
第六名 李成博 扬州市
第七名 韩晨宇 泰州市
96公斤级
第一名 吴易康 苏州市
第二名 王振宇 徐州市
第三名 梅俊豪 常州市
第四名 朱博涛 无锡市
第五名 葛添乐 常州市
102公斤级
第一名 刘星宇 宿迁市
第二名 山福树 徐州市
第三名 杜江涛 苏州市
第四名 邱中忠 常州市
第五名 谭志恒 无锡市
102公斤级以上级
第一名 沈成杰 南京市
第二名 王 耀 盐城市
第三名 章 航 常州市
第四名 曹 杰 泰州市
17—18岁组
55公斤级
第一名 杨明舟 常州市
第二名 班华项 苏州市
第三名 陆文龙 苏州市
第四名 金志宏 扬州市
61公斤级
第一名 李煜昊 淮安市
第二名 韩序镇 宿迁市
第三名 杨明豪 常州市
第四名 王云鹏 扬州市
第五名 梅 冲 盐城市
第六名 唐吕航 南通市
第七名 牛泽峰 扬州市
67公斤级
第一名 罗东辉 常州市
第二名 高仁龙 淮安市
第三名 田周平 南通市
第四名 马万宝 盐城市
第五名 李罗金 宿迁市
第六名 黎 辉 常州市
73公斤级
第一名 姚长宇 常州市
第二名 龙 泉 常州市
第三名 成 杰 盐城市
第四名 胡耀杰 苏州市
第五名 谢传麒 苏州市
第六名 徐肖阳 南通市
81公斤级
第一名 宋显斌 无锡市
第二名 沈惟杰 苏州市
第三名 许益欣 常州市
第四名 吴 涛 常州市
第五名 王梓明 盐城市
第六名 叶锦钦 常州市
89公斤级
第一名 钱飞翔 苏州市

第二名　杜　飞　苏州市

第三名　周子涵　南京市

第四名　周恒旭　徐州市

96公斤级

第一名　周成帅　南京市

第二名　张峻绮　徐州市

第三名　戴钲山　连云港市

109公斤级

第一名　石超超　常州市

【江苏省青少年拳击锦标赛】 9月11日至14日在镇江市举行。南京市、无锡市、徐州市、常州市、苏州市、连云港市、淮安市、盐城市、扬州市、镇江市、泰州市、宿迁市等12个省辖市参加了比赛。比赛成绩如后。

·女　子·

17~18岁组

54公斤级

第一名　曲欣悦　南京市

第二名　冯彦妮　无锡市

第三名　宋皖宁　南京市

第三名　孟　如　南京市

第五名　徐　珂　镇江市

第五名　朱薪颖　淮安市

第五名　林心平　淮安市

57公斤级

第一名　孙依依　镇江市

69公斤级

第一名　杨佳欣　淮安市

第二名　祖　颖　淮安市

第三名　徐　琴　镇江市

·男　子·

17~18岁组

52公斤级

第一名　吴　岩　淮安市

第二名　叶天浩　徐州市

57公斤级

第一名　张黄瑞　常州市

第二名　马佳乐　苏州市

第三名　周苏霖　淮安市

第三名　徐浩然　苏州市

第五名　徐镜麒　无锡市

第五名　裴宗仁　镇江市

第五名　刘梓炀　淮安市

第五名　吴皓天　南京市

63公斤级

第一名　顾昊轩　无锡市

第二名　魏　康　镇江市

第三名　何家骏　南京市

第三名　程禹珉　徐州市

第五名　樊晨豪　连云港市

第五名　邓　睿　南京市

第五名　许世飞　镇江市

第五名　王志阳　扬州市

69公斤级

第一名　张来鑫　连云港市

第二名　宋子豪　无锡市

第三名　张天壮　淮安市

第三名　曹思京　南京市

第五名　刘　飞　扬州市

第五名　孙瑞甫　南京市

第五名　崔健垚　淮安市

75公斤级

第一名　周伯轩　淮安市

第二名　张子鹏　淮安市

第三名　陈有康　宿迁市

第三名 吴 涛 淮安市
第五名 马寅午 连云港市
第五名 李威国 宿迁市
第五名 薛增辉 镇江市
第五名 枚志慧 镇江市
81公斤级
第一名 梁耀东 无锡市
第二名 刘鸣天 淮安市
第三名 李振捷 无锡市
第三名 李明善 淮安市
第五名 王艺洋 南京市
第五名 朱俊锋 常州市
第五名 唐昊楠 连云港市
第五名 赵 昱 南京市
91公斤级
第一名 宁效鹏 南京市
第二名 陈一飞 南京市
91公斤以上级
第一名 齐 威 淮安市
第二名 郭 骁 镇江市
第三名 高 源 南京市
第四名 隽 冉 淮安市
第五名 虞凯文 镇江市
第六名 朱明宇 镇江市

【江苏省少年儿童网球锦标赛】 9月17日至20日在张家港市举行。南京市、无锡市、徐州市、常州市、苏州市、南通市、连云港市、淮安市、盐城市、扬州市、镇江市、泰州市、宿迁市13个省辖市参加了比赛。比赛成绩如后。

·女 子·

15～17岁组
双打
第一名 刘小丫 周小涵 连云港市
第二名 束钰菲 唐昕昱 镇江市
第三名 胡欣瑞 陈 晨 无锡市
第三名 季 迦 成思睿 南通市
第五名 倪安昡 彭云宵 盐城市
第五名 薛映白 郝雨欣 徐州市
第五名 田亦陈 胡雨欣 南京市
第五名 曹纹绮 陈奕廷 连云港市
单打
第一名 成思睿 南通市
第二名 郝雨欣 徐州市
第三名 郗子涵 苏州市
第三名 田亦陈 南京市
第五名 刘小丫 连云港市
第五名 彭云宵 盐城市
第五名 束钰菲 镇江市
第五名 季 迦 南通市
团体
第一名 连云港市
刘小丫 陈奕廷 汪一帆 周小涵
第二名 省五台山网球馆
田亦陈 郑丁文琇 路 笑 胡雨欣
第三名 徐州市
郝雨欣 梁超然 戴姝涵 薛映白
第四名 南京市
黄歆雅 汤旻钥 汪旻旸
第五名 盐城市
倪安昡 彭云宵 吴尘微

·混 双·

第一名 周小涵 顾添翼 连云港市
第二名 翟天畅 郝雨欣 徐州市
第三名 连云港市
刘小丫 陈奕廷 彭 博 张善铭

第五名　郗子涵　闫帅君　苏州市
第五名　南京市
许鼎一　黄正之　汪旻旸　郑丁文琇
第五名　季　跏　李　泽　南通市

·男　子·

双打
第一名　顾添翼　卞思成　连云港市
第二名　李　泽　胡承宇　南通市
第三名　承智方　汪梓尧　南京市
第三名　李良甫　张善铭　连云港市
第五名　樊亦扬　徐顺驰　南京市
第五名　孙家齐　曹轩哲　盐城市
第五名　夏浩玮　翟天畅　徐州市
第五名　徐子涵　王一然　连云港市
单打
第一名　李　泽　南通市
第二名　卞思成　连云港市
第三名　李良甫　连云港市
第三名　顾添翼　连云港市
第五名　刘振衣　连云港市
第五名　黄正之　南京市
第五名　翟天畅　徐州市
第五名　夏浩玮　徐州市
团体
第一名　南通市
李　泽　魏澄贤　胡承宇
第二名　徐州市
叶　藤　翟天畅　黄　严　夏浩玮
第三名　连云港市
徐嘉诚　卞思成　顾添翼　王一然
第三名　五台山
薛祺骏　承智方　黄正之　汪梓尧
第五名　无锡市
都俊豪　郑皓天　钱奕安
第五名　苏州市
何鸣辉　袁与成　陶思安　闫帅君
第七名　南京市
徐顺驰　樊亦扬　秦尚同　许鼎一

【江苏省青少年皮划艇静水锦标赛】

9月26日至30日在无锡市举行。南京市、无锡市、徐州市、常州市、苏州市、南通市、连云港市、淮安市、盐城市、扬州市、镇江市、泰州市、宿迁市13个省辖市参加了比赛。比赛成绩如后。

·女　子·

15岁组
划艇200米单人
第一名　袁　满　淮安市
第二名　王　早　苏州市
第三名　邹紫薇　徐州市
第四名　张雨晴　南京市
第五名　陆　雨　淮安市
第六名　普栩婧　无锡市
皮艇200米单人
第一名　沈思宇　南京市
第二名　胡思源　苏州市
第三名　张　爽　徐州市
第四名　张舒惠　徐州市
第五名　毛　颖　徐州市
第六名　苏　雅　南京市
第七名　朱诗语　苏州市
第八名　袁静雅　苏州市
皮艇500米单人
第一名　沈思宇　南京市
第二名　胡思源　苏州市
第三名　张　爽　徐州市

第四名　李韵熙　南京市
第五名　张舒惠　徐州市
第六名　毛　颖　徐州市
第七名　袁静雅　苏州市
第八名　朱诗语　苏州市
皮艇500米双人
第一名　李韵熙　苏　雅　南京市
第二名　张　爽　张舒惠　徐州市
第三名　胡思源　朱诗语　苏州市
16岁组
皮艇500米单人
第一名　代雨男　苏州市
第二名　杨　露　无锡市
第三名　葛　妍　淮安市
第四名　朱雨佳　无锡市
第五名　张诺寒　淮安市
17岁组
划艇200米单人
第一名　张欣然　苏州市
第二名　方婷婷　无锡市
第三名　张毓茹　苏州市
第四名　赵珺岚　无锡市
第五名　裴俞瑜　无锡市
划艇500米单人
第一名　方婷婷　无锡市
第二名　赵珺岚　无锡市
第三名　裴俞瑜　无锡市
第四名　张欣然　苏州市
第五名　张毓茹　苏州市
皮艇200米单人
第一名　陈钰蓉　无锡市
第二名　杨梓昕　南京市
第三名　郭　雯　南京市
皮艇500米单人
第一名　郭　雯　南京市
第二名　陈钰蓉　无锡市
第三名　杨梓昕　南京市

·男　子·

15岁组
划艇1000米单人
第一名　郭炜捷　无锡市
第二名　金文杰　南京市
第三名　姜可豪　南京市
第四名　张　强　淮安市
第五名　郭玉溪　南京市
第六名　牛鑫阳　苏州市
第七名　何璐远　无锡市
第八名　宋克真　淮安市
划艇1000米双人
第一名　金文杰　郭玉溪　南京市
第二名　何璐远　郭炜捷　无锡市
第三名　牛鑫阳　于浩博　苏州市
第四名　颜天宇　张　强　淮安市
第五名　周闻熙　许　乐　无锡市
皮艇1000米单人
第一名　王智汶　南京市
第二名　刘泯良　南京市
第三名　华阳洋　南京市
第四名　李　磊　南京市
第五名　汤　姆　南京市
第六名　胡小东　南京市
第七名　唐安康　南京市
第八名　邬孝天　南京市
皮艇1000米双人
第一名　华阳洋　刘泯良　南京市
第二名　王永强　刘华东　苏州市

第三名　许家康　徐　梓　无锡市

第四名　周郁盛　吕佳强　无锡市

皮艇200米单人

第一名　杨　阳　盐城市

第二名　刘泯良　南京市

第三名　李　磊　南京市

第四名　沈　岩　苏州市

第五名　王智汶　南京市

第六名　华阳洋　南京市

第七名　唐安康　南京市

第八名　邬孝天　南京市

16岁组

划艇1000米单人

第一名　韩　昊　南京市

第二名　颜生龙　盐城市

第三名　吴佳龙　无锡市

第四名　王　睿　淮安市

皮艇1000米单人

第一名　胡钦源　无锡市

第二名　刘宇辉　无锡市

第三名　严　宇　泰州市

17岁组

划艇1000米单人

第一名　许玮霖　无锡市

第二名　胡　湃　无锡市

第三名　马佳俊　南京市

第四名　毕云浩　无锡市

第五名　张腾太　连云港市

划艇200米单人

第一名　许玮霖　无锡市

第二名　张腾太　连云港市

第三名　毕云浩　无锡市

第四名　马佳俊　南京市

第五名　胡　湃　无锡市

皮艇1000米单人

第一名　武煜杰　无锡市

第二名　陈家正　连云港市

第三名　李子阳　徐州市

第四名　李文韬　无锡市

第五名　赵　辉　南京市

第六名　徐浩然　无锡市

第七名　叶　松　苏州市

第八名　卢玉周　南京市

皮艇200米单人

第一名　王浩宇　泰州市

第二名　赵　辉　南京市

第三名　李文韬　无锡市

第四名　徐浩然　无锡市

第五名　李子阳　徐州市

第六名　叶　松　苏州市

第七名　卢玉周　南京市

第八名　陈家正　连云港市

【江苏省青少年游泳锦标赛】 10月10日至12日在南通海安举行。南京市、无锡市、徐州市、常州市、苏州市、南通市、连云港市、淮安市、盐城市、扬州市、镇江市、泰州市、宿迁市13个省辖市参加了比赛。比赛成绩如后。

·女　子·

13～14岁组

100米仰泳

第一名　朱睿希　南通市

第二名　沈奕甜　苏州市

第三名　范文萱　徐州市

第四名　王菁羚　常州市

第五名　肖雅涵　无锡市

第六名　蒋蕙羽　无锡市
第七名　万若淇　淮安市
第八名　张露璇　南京市

100米自由泳

第一名　沈奕甜　苏州市
第二名　朱睿希　南通市
第三名　蔡蕊阳　南通市
第四名　周思如　常州市
第五名　陈诗悦　无锡市
第六名　孙偲靓　苏州市
第七名　胡　玉　南通市
第八名　张灵汐　南京市

100米蛙泳

第一名　胡　玉　南通市
第二名　黄一涵　常州市
第三名　刘语婷　苏州市
第四名　张灵汐　南京市
第五名　胡俏妃　南京市
第六名　陆家竹　苏州市
第七名　张真毓　无锡市
第八名　马欣悦　淮安市

100米蝶泳

第一名　倪琲琲　南通市
第二名　蔡蕊阳　南通市
第三名　孙偲靓　苏州市
第四名　段轲馨　无锡市
第五名　张灵汐　南京市
第六名　赵　敏　泰州市
第七名　王雨婷　常州市
第八名　许俪轩　无锡市

200米仰泳

第一名　朱睿希　南通市
第二名　范文萱　徐州市
第三名　沈奕甜　苏州市
第四名　李天瑜　苏州市
第五名　王菁羚　常州市
第六名　赵　敏　泰州市
第七名　许俪轩　无锡市

200米自由泳

第一名　周思如　常州市
第二名　张玥童　南京市
第三名　陈诗悦　无锡市
第四名　范文萱　徐州市
第五名　金耘竹　苏州市
第六名　王羽青　南京市
第七名　倪琲琲　南通市
第八名　许一飞　无锡市

200米蛙泳

第一名　胡　玉　南通市
第二名　刘语婷　苏州市
第三名　黄一涵　常州市
第四名　陆家竹　苏州市
第五名　康予欣　苏州市
第六名　张真毓　无锡市
第七名　胡俏妃　南京市
第八名　尹　钰　苏州市

200米蝶泳

第一名　倪琲琲　南通市
第二名　蔡蕊阳　南通市
第三名　王雨婷　常州市
第四名　赵　敏　泰州市
第五名　段轲馨　无锡市
第六名　孙偲靓　苏州市
第七名　许俪轩　无锡市
第八名　马卓裕　常州市

400米混合泳

第一名 金耘竹 苏州市
第二名 刘语婷 苏州市
第三名 张玥童 南京市
第四名 康予欣 苏州市
第五名 李天瑜 苏州市
第六名 尹 钰 苏州市
第七名 胡俏妃 南京市
第八名 王 彤 常州市
400米自由泳
第一名 许一飞 无锡市
第二名 王羽青 南京市
第三名 张泽文 淮安市
第四名 李天瑜 苏州市
第五名 邹晓雨 常州市
第六名 张静远 扬州市
第七名 王 彤 常州市
第八名 黄一涵 常州市
800米自由泳
第一名 周思如 常州市
第二名 陈诗悦 无锡市
第三名 张玥童 南京市
第四名 许一飞 无锡市
第五名 冯孜涵 苏州市
第六名 张泽文 淮安市
第七名 杨嘉宁 徐州市
第八名 王 彤 常州市
15~17岁组
100米仰泳
第一名 张 棣 淮安市
第二名 吴 月 泰州市
第三名 刘安楠 无锡市
第四名 韩宛余 南京市
第五名 史可欣 常州市
第六名 王玮琪 苏州市
第七名 王润贤 南京市
第八名 吴金池 苏州市
100米自由泳
第一名 吴 月 泰州市
第二名 刘子暄 徐州市
第三名 徐润田 淮安市
第四名 吴金池 苏州市
第五名 赵雨果 苏州市
第六名 史可欣 常州市
第七名 周懿鸣 苏州市
第八名 刘安楠 无锡市
100米蛙泳
第一名 陈可意 南京市
第二名 徐润田 淮安市
第三名 冯婧华 无锡市
第四名 赵雪莱 苏州市
第五名 郑懿恬 南京市
第六名 陈佳琦 扬州市
第七名 王玮琪 苏州市
第八名 许晨晨 苏州市
100米蝶泳
第一名 刘子暄 徐州市
第二名 张 棣 淮安市
第三名 赵雪莱 苏州市
第四名 王润贤 南京市
第五名 顾子誉 苏州市
第六名 许晨晨 苏州市
第七名 周懿鸣 苏州市
第八名 丁雨桐 常州市
100米,200米仰泳全能
第一名 李卓函 无锡市
第二名 陈思彤 淮安市

第三名　吴欣雨　常州市
第四名　徐煜洋　无锡市
第五名　张佳蓉　南京市
第六名　刘易昀　苏州市
第七名　胡烨茜　南通市
100米,200米自由泳全能
第一名　冯楚雯　淮安市
第二名　吴欣雨　常州市
第三名　房梓薇　南京市
第四名　李卓函　无锡市
第五名　徐煜洋　无锡市
第六名　华思琦　无锡市
第七名　陈思彤　淮安市
第八名　黄　栎　常州市
100米,200米蝶泳全能
第一名　虞　阳　无锡市
第二名　冯楚雯　淮安市
第三名　刘昱均　无锡市
第四名　惠一洵　南京市
第五名　吴　昊　南通市
第六名　华思琦　无锡市
第七名　叶语瞳　南京市
第八名　许佳慧　苏州市
200米,400米混合泳全能
第一名　陈可意　南京市
第二名　张　棣　淮安市
第三名　韩宛余　南京市
第四名　赵雪莱　苏州市
第五名　顾子誉　苏州市
第六名　杨珺怡　南京市
第七名　江　苏　盐城市
200米,400米自由泳全能
第一名　吴　月　泰州市

第二名　刘子暄　徐州市
第三名　周懿鸣　苏州市
第四名　吴金池　苏州市
第五名　赵雨果　苏州市
第六名　俞　茜　南京市
第七名　杨珺怡　南京市
第八名　郑懿恬　南京市

·男　子·

13～14岁组
100米仰泳
第一名　陈珺秋　南京市
第二名　胡栋其　苏州市
第三名　徐国钦　徐州市
第四名　王冠雄　无锡市
第五名　马潇宇　南通市
第六名　王俊程　徐州市
第七名　刘室何　苏州市
第八名　薛一睿　淮安市
100米自由泳
第一名　李文睿　南京市
第二名　李文钊　常州市
第三名　王俊程　徐州市
第四名　丁悦文　南京市
第五名　孔泽楷　苏州市
第六名　王子锐　常州市
第七名　苏明锐　常州市
第八名　王彦坤　徐州市
100米蛙泳
第一名　邹钦阳　无锡市
第二名　潘顾雨澄　无锡市
第三名　丁睿旸　无锡市
第四名　丁悦文　南京市
第五名　夏荣景　南京市

第六名 温胤杰 无锡市
第七名 周师兆 淮安市
第八名 许鳞童 苏州市

100米蝶泳

第一名 丁宇洋 南京市
第二名 葛修宇 无锡市
第三名 孔泽楷 苏州市
第四名 胡栋其 苏州市
第五名 李文睿 南京市
第六名 徐国钦 徐州市
第七名 黄政翔 淮安市
第八名 吕悦诚 扬州市

1500米自由泳

第一名 高睿启 无锡市
第二名 张涔灏 徐州市
第三名 黄政翔 淮安市
第四名 李文钊 常州市
第五名 赵家悦 南通市
第六名 朱彦旭 无锡市
第七名 陈思危 徐州市
第八名 杨 杰 淮安市

200米仰泳

第一名 陈珺秋 南京市
第二名 王冠雄 无锡市
第三名 徐国钦 徐州市
第四名 赵家悦 南通市
第五名 刘室何 苏州市
第六名 马潇宇 南通市
第七名 薛一睿 淮安市
第八名 徐正元 常州市

200米自由泳

第一名 张涔灏 徐州市
第二名 高睿启 无锡市
第三名 邹钦阳 无锡市
第四名 毕憬翰 南京市
第五名 徐绍恒 无锡市
第六名 苏明锐 常州市
第七名 杜宇翔 泰州市
第八名 朱彦旭 无锡市

200米蛙泳

第一名 邹钦阳 无锡市
第二名 周师兆 淮安市
第三名 潘顾雨澄 无锡市
第四名 温胤杰 无锡市
第五名 丁睿旸 无锡市
第六名 夏荣景 南京市
第七名 丁悦文 南京市
第八名 许鳞童 苏州市

200米蝶泳

第一名 葛修宇 无锡市
第二名 丁宇洋 南京市
第三名 胡栋其 苏州市
第四名 黄政翔 淮安市
第五名 仲 辰 南通市
第六名 孔泽楷 苏州市
第七名 黄睿奇 苏州市
第八名 石沁昱 苏州市

400米混合泳

第一名 王子锐 常州市
第二名 张梓涵 苏州市
第三名 周师兆 淮安市
第四名 赵家悦 南通市
第五名 葛修宇 无锡市
第六名 石沁昱 苏州市
第七名 刘室何 苏州市
第八名 毕憬翰 南京市

400米自由泳
第一名　高睿启　无锡市
第二名　张涔灏　徐州市
第三名　李文钊　常州市
第四名　毕憬翰　南京市
第五名　吕悦诚　扬州市
第六名　朱彦旭　无锡市
第七名　陆星宇　南京市
第八名　杜宇翔　泰州市

15~17岁组

100米仰泳
第一名　孔祥辰　无锡市
第二名　王申一　苏州市
第三名　朱　墨　苏州市
第四名　鲁一凡　无锡市
第五名　张晋纶　苏州市
第六名　王子畅　淮安市
第七名　黄　齐　淮安市
第八名　裔　扬　盐城市

100米自由泳
第一名　鲁一凡　无锡市
第二名　孔祥辰　无锡市
第三名　袁晓申　南京市
第四名　邓梓轩　南京市
第五名　张晋纶　苏州市
第六名　王景琦　徐州市
第七名　刘瀚宇　南京市
第八名　陈　果　南京市

100米蛙泳
第一名　杜明泽　淮安市
第二名　朱　墨　苏州市
第三名　俞　越　苏州市
第四名　白文康　无锡市
第五名　嵇天晨　扬州市
第六名　邓亦飞　南京市
第七名　蒋文韬　苏州市
第八名　王子畅　淮安市

100米蝶泳
第一名　王景琦　徐州市
第二名　杜明泽　淮安市
第三名　许竞成　苏州市
第四名　谢铭鑫　南京市
第五名　陈　果　南京市
第六名　郑耀宇　盐城市
第七名　邓亦飞　南京市
第八名　鲁一凡　无锡市

100米,200米仰泳全能
第一名　刘冠颉　无锡市
第二名　马福晶　扬州市
第三名　卢岸峰　无锡市
第四名　荣正阳　无锡市
第五名　张景喆　连云港市
第六名　张炼燃　无锡市
第七名　叶丰硕　南京市
第八名　岳家缘　南京市

100米,200米自由泳全能
第一名　朱俐帆　南通市
第二名　戴泽远　无锡市
第三名　郭嘉豪　常州市
第四名　张栩萌　南京市
第五名　马文博　徐州市
第六名　张炼燃　无锡市
第七名　马福晶　扬州市
第八名　董志豪　徐州市

100米,200米蛙泳全能
第一名　董志豪　徐州市

第二名　季　燃　南通市
第三名　荣正阳　无锡市
第四名　李泽聿　南京市
第五名　陆佳琪　苏州市
第六名　李明实　南京市
第七名　张恒搏　徐州市

100米,200米蝶泳全能

第一名　朱俐帆　南通市
第二名　刘冠颉　无锡市
第三名　马福晶　扬州市
第四名　马文博　徐州市
第五名　李明实　南京市
第六名　曹克璟　无锡市
第七名　张彭石　徐州市
第八名　张皓宇　徐州市

200米,400米混合泳全能

第一名　俞　越　苏州市
第二名　蒋文韬　苏州市
第三名　朱　墨　苏州市
第四名　嵇天晨　扬州市
第五名　邓亦飞　南京市
第六名　吴铭阳　南京市
第七名　裔　扬　盐城市
第八名　汪　磊　盐城市

200米,400米自由泳全能

第一名　孔祥辰　无锡市
第二名　张晋纶　苏州市
第三名　王景琦　徐州市
第四名　许竞成　苏州市
第五名　邓梓轩　南京市
第六名　刘瀚宇　南京市
第七名　黄　齐　淮安市
第八名　陈嘉宇　南京市

【江苏省青少年射击锦标赛】　步手枪10月14日至19日、飞碟10月30日至31日在省方山体育训练基地举行。南京市、无锡市、徐州市、常州市、苏州市、南通市、连云港市、淮安市、盐城市、扬州市、镇江市、泰州市、宿迁市13个省辖市参加了比赛。比赛成绩如后。

·女　子·

15~16岁组

步手枪

10米气手枪个人

第一名　马睿骐　南京市
第二名　贾烨蔓　无锡市
第三名　孟雨霏　徐州市
第四名　刘正菁　苏州市
第五名　钱盈盈　无锡市
第六名　孙茜囡　徐州市
第七名　叶文静　淮安市
第八名　林雨萌　无锡市

10米气步枪个人

第一名　王琳雅　扬州市
第二名　游晨璐　泰州市
第三名　司马宇欣　无锡市
第四名　张晏雯　无锡市
第五名　蒋友涛　徐州市
第六名　王星月　宿迁市
第七名　胡宁宸　南京市
第八名　沈昕琰　常州市

25米手枪个人

第一名　林雨萌　无锡市
第二名　孙茜囡　徐州市
第三名　钱盈盈　无锡市
第四名　叶文静　淮安市

第五名 翟婧哲 南京市
第六名 马睿骐 南京市
第七名 刘煜莹 常州市
第八名 孟雨霏 徐州市
50米步枪3种姿势个人
第一名 张晏雯 无锡市
第二名 胡宁宸 南京市
第三名 司马宇欣 无锡市
第四名 蒋友涛 徐州市
第五名 沈昕琰 常州市
第六名 岳莫闲 常州市
第七名 黄怡心 苏州市
第八名 陈馨雅 苏州市
手枪冲刺射击个人
第一名 仝宇轩 宿迁市
第二名 叶文静 淮安市
第三名 林丽丽 盐城市
第四名 朱文慧 泰州市
第五名 刘正菁 苏州市
第六名 马睿骐 南京市
第七名 陈雨菲 常州市
第八名 商潇冉 盐城市
步枪冲刺射击个人
第一名 王琳雅 扬州市
第二名 司马宇欣 无锡市
第三名 胡宁宸 南京市
第四名 陈馨雅 苏州市
第五名 孙睿希 南京市
第六名 刘梦玲 无锡市
第七名 岳莫闲 常州市
第八名 万敬豪 泰州市
10米气手枪团体
第一名 常州市
蒋焱灵 刘煜莹 陈雨菲
第二名 南京市
马睿骐 翟婧哲 马云森
第三名 宿迁市
蔡明月 仝宇轩 陈 彤
第四名 无锡市
钱盈盈 林雨萌 卞海蓝
第五名 盐城市
商潇冉 王晶雯 林丽丽
10米气步枪团体
第一名 常州市
岳莫闲 沈昕琰 庄睿涵
第二名 无锡市
张晏雯 司马宇欣 刘梦玲
第三名 泰州市
万敬豪 朱佳钰 游晨璐
第四名 苏州市
倪家妤 黄怡心 陈馨雅
25米手枪团体
第一名 无锡市
钱盈盈 夏沛佳 林雨萌
第二名 常州市
刘煜莹 陈雨菲 蒋焱灵
第三名 南京市
马睿骐 翟婧哲 马云森
第四名 盐城市
王晶雯 商潇冉 林丽丽
50米步枪3种姿势团体
第一名 无锡市
司马宇欣 张晏雯 刘梦玲
第二名 苏州市
倪家妤 黄怡心 陈馨雅
第三名 泰州市

游晨璐　万敬豪　朱佳钰

飞碟

飞碟双向个人

第一名　许铭珂　徐州市

第二名　季雨霏　无锡市

第三名　刘　倩　无锡市

第四名　王　楠　南京市

第五名　马凡博　徐州市

第六名　管　煜　无锡市

第七名　陈丽雪　南通市

第八名　刘诗佳　南通市

飞碟双向团体

第一名　无锡市

管　煜　季雨霏　刘　倩

第二名　南通市

刘诗佳　陈丽雪　季周函

飞碟多向个人

第一名　王　欣　无锡市

第二名　金关静　无锡市

第三名　刘诗佳　南通市

第四名　李奇夏　徐州市

第五名　张丽娜　常州市

第六名　刘雨灵　无锡市

第七名　王　楠　南京市

第八名　陈丽雪　南通市

飞碟多向团体

第一名　无锡市

刘雨灵　金关静　王　欣

第二名　南通市

陈丽雪　刘诗佳　季周函

17～18岁组

步手枪

10米气手枪个人

第一名　陈　静　常州市

第二名　崔玉洁　扬州市

第三名　史静怡　南京市

第四名　徐湘云　泰州市

第五名　顾莹莹　盐城市

第六名　周雨萱　徐州市

第七名　华佩妮　无锡市

第八名　臧佳敏　常州市

10米气步枪个人

第一名　颜金婧　常州市

第二名　乔梦清　盐城市

第三名　马屹辰　无锡市

第四名　薛　洁　盐城市

第五名　韩钰洁　南通市

第六名　高星瞾　泰州市

第七名　朱祉璇　苏州市

第八名　靳晓雯　南京市

25米手枪个人

第一名　陈　静　常州市

第二名　崔玉洁　扬州市

第三名　臧佳敏　常州市

第四名　周雨萱　徐州市

第五名　史静怡　南京市

第六名　华佩妮　无锡市

第七名　顾莹莹　盐城市

第八名　王董毅　扬州市

50米步枪3种姿势个人

第一名　朱祉璇　苏州市

第二名　马屹辰　无锡市

第三名　颜金婧　常州市

第四名　高星瞾　泰州市

第五名　韩钰洁　南通市

第六名　蒋　咪　淮安市

第七名　靳晓雯　南京市

飞碟

飞碟双向个人

第一名　刘思好　徐州市

第二名　张子楠　南京市

第三名　陶思文　无锡市

第四名　吴一凡　南京市

第五名　张遥佳　南通市

第六名　吴与同　无锡市

飞碟多向个人

第一名　韩　婷　常州市

第二名　张遥佳　南通市

第三名　吴一凡　南京市

第四名　张子楠　南京市

·男　子·

15～16岁组

步手枪

10米气手枪个人

第一名　梅凌寒　扬州市

第二名　王凯伦　泰州市

第三名　许宇韬　苏州市

第四名　陈治显　无锡市

第五名　汪均益　徐州市

第六名　王锦鹏　盐城市

第七名　陈宥恺　扬州市

第八名　许锡宇　常州市

10米气步枪个人

第一名　盛李豪　苏州市

第二名　赵玉龙　徐州市

第三名　周俊良　淮安市

第四名　董一涛　泰州市

第五名　曹珂铭　泰州市

第六名　武恒宇　徐州市

第七名　刘　洋　盐城市

第八名　王琦璠　淮安市

25米手枪速射个人

第一名　刘海权　徐州市

第二名　梅凌寒　扬州市

第三名　胡峻崧　徐州市

第四名　孙宸昊　徐州市

第五名　姚淦恒　扬州市

第六名　孙博华　南京市

第七名　范存頔　无锡市

第八名　肖成文　扬州市

50米步枪3种姿势个人

第一名　盛李豪　苏州市

第二名　赵玉龙　徐州市

第三名　姚天屹　南京市

第四名　王琦璠　淮安市

第五名　宗楚恒　徐州市

第六名　周俊良　淮安市

第七名　邓宇庭　盐城市

第八名　曹珂译　常州市

手枪冲刺射击个人

第一名　梅凌寒　扬州市

第二名　陈宥恺　扬州市

第三名　许宇韬　苏州市

第四名　汪均益　徐州市

第五名　王　锋　南通市

第六名　刘海权　徐州市

第七名　王凯伦　泰州市

第八名　戴爱浩　盐城市

步枪冲刺射击个人

第一名　金勇哲　无锡市

第二名　盛李豪　苏州市

第三名　赵玉龙　徐州市

第四名 姚天屹 南京市
第五名 倪雨阳 盐城市
第六名 左雨桐 淮安市
第七名 陶薄然 无锡市
第八名 董一涛 泰州市
10米气手枪团体
第一名 扬州市
梅凌寒 姚淦恒 陈宥恺
第二名 无锡市
陈治显 杨 涛 李宗昀
第三名 徐州市
汪均益 刘海权 孙宸昊
第四名 常州市
衡飞扬 卓叶杰 许锡宇
第五名 盐城市
王锦鹏 徐子豪 戴爱浩
10米气步枪团体
第一名 徐州市
赵玉龙 武恒宇 宗楚恒
第二名 盐城市
邓宇庭 倪雨阳 刘 洋
第三名 泰州市
曹珂铭 陈靖南 董一涛
第四名 苏州市
盛李豪 李天翼 施耀然
第五名 无锡市
孔俊皓 薛皓天 金勇哲
第六名 南京市
姚天屹 潘嘉文 颜梓峻
25米手枪速射团体
第一名 徐州市
刘海权 孙宸昊 胡峻崧
第二名 扬州市
梅凌寒 姚淦恒 陈宥恺
第三名 无锡市
曹思宇 范存岫 葛梓轩
第四名 盐城市
夏清华 王以来 韦 烨
50米步枪3种姿势团体
第一名 徐州市
武恒宇 赵玉龙 宗楚恒
第二名 苏州市
施耀然 李天翼 盛李豪
第三名 南京市
颜梓峻 姚天屹 潘嘉文
第四名 盐城市
刘柏辰 刘 洋 邓宇庭
第五名 淮安市
王琦璠 左雨桐 周俊良
第六名 无锡市
王一凯 杨乐凡 陶薄然
飞碟
飞碟双向个人
第一名 张煜坤 徐州市
第二名 张毓民 南京市
第三名 徐鼎清 无锡市
第四名 夏尹轩 南京市
第五名 钦梓轩 徐州市
第六名 王子申 无锡市
第七名 王 骅 无锡市
第八名 刘培靓 苏州市
飞碟双向团体
第一名 徐州市
翁瑞昕 张煜坤 钦梓轩
第二名 无锡市
王子申 王 骅 徐鼎清

第三名　南通市
凌韬杰　杨灿灿　周天硕
飞碟多向个人
第一名　薛皓文　徐州市
第二名　葛文皓　常州市
第三名　周　珅　无锡市
第四名　范添翼　南通市
第五名　吴　悠　无锡市
第六名　吴邱帅　无锡市
第七名　陆彦辰　无锡市
第八名　潘彦淳　无锡市
飞碟多向团体
第一名　无锡市
吴　悠　陆彦辰　周　珅
第二名　南通市
范添翼　李　杨　施天宇
17~18岁组
步手枪
10米气手枪个人
第一名　狄译丰　常州市
第二名　王昱茗　徐州市
第三名　夏立金　盐城市
第四名　殷乾隆　盐城市
第五名　陈文韬　南京市
第六名　李俊霖　扬州市
第七名　时菘骐　无锡市
第八名　成　昊　盐城市
10米气步枪个人
第一名　诸葛超然　无锡市
第二名　周泽康　南京市
第三名　章文迪　常州市
第四名　张梓恒　无锡市
第五名　董俊渡　苏州市
第六名　王思哲　南通市
第七名　丁家奇　常州市
第八名　钟照宇　镇江市
25米手枪速射个人
第一名　成　昊　盐城市
第二名　狄译丰　常州市
第三名　王昱茗　徐州市
50米步枪3种姿势个人
第一名　诸葛超然　无锡市
第二名　董俊渡　苏州市
第三名　黄习原　南京市
第四名　丁家奇　常州市
第五名　张梓恒　无锡市
第六名　周泽康　南京市
第七名　钟照宇　镇江市
飞碟
飞碟双向个人
第一名　张锐恒　南通市
第二名　吴云轩　苏州市
第三名　朱珉臣　南通市
第四名　陆志杰　无锡市
第五名　李　恒　苏州市
飞碟多向个人
第一名　李　恒　苏州市
第二名　周嘉辉　无锡市
第三名　张锐恒　南通市
第四名　朱珉臣　南通市
第五名　吴云轩　苏州市

【江苏省青少年赛艇锦标赛】　10月13日至16日在宿迁市泗洪县举行。南京市、无锡市、徐州市、常州市、苏州市、南通市、连云港市、淮安市、盐城市、扬州市、镇江市、泰州市、宿迁市13个省辖市参加了比赛。比赛成绩如后。

·女　子·

15岁组

2000米单人双桨

第一名　朱虹姗　无锡市

第二名　王佳美　泰州市

第三名　刘子艺　苏州市

第四名　杨楚楚　徐州市

第五名　瞿晶晶　泰州市

第六名　李馨韵　无锡市

第七名　顾可欣　连云港市

2000米双人单桨

第一名　张展颜　张思彤　苏州市

2000米双人双桨

第一名　徐雅男　王金晶　徐州市

第二名　王　絮　王佳美　泰州市

第三名　李馨韵　朱虹姗　无锡市

第四名　李语晨　叶芷含　徐州市

第五名　何静依　薛慧美　苏州市

16岁组

2000米双人双桨

第一名　王　坤　赵子诺　徐州市

第二名　方青雅　盛如意　宿迁市

第三名　方晨雨　李文杰　常州市

第四名　黄心洁　王苗苗　宿迁市

第五名　何　月　张文菲　泰州市

第六名　宁宇晴　潘　佳　常州市

4000米单人双桨

第一名　王雨欣　徐州市

第二名　刘　陈　泰州市

第三名　方青雅　宿迁市

第四名　丁佳雯　常州市

第五名　黄心洁　宿迁市

第六名　陈铭珺　常州市

第七名　何婷莉　徐州市

第八名　王苗苗　宿迁市

2000米单人双桨

第一名　王雨欣　徐州市

第二名　丁佳雯　常州市

第三名　刘　陈　泰州市

第四名　方晨雨　常州市

第五名　陈铭珺　常州市

第六名　何婷莉　徐州市

第七名　潘　佳　常州市

第八名　宁宇晴　常州市

2000米双人单桨

第一名　郭雅欣　刁　睿　无锡市

第二名　裴璐琪　张丝雨　徐州市

第三名　高子慧　王明子　连云港市

15～16岁组

2000米四人双桨

第一名　南京市

房心怡　张潇月　曹婉欣　郭允熙

第二名　徐州市

赵子诺　王金晶　王　坤　徐雅男

第三名　徐州市

张丝雨　裴璐琪　李语晨　叶芷含

第四名　淮安市

宋佳蕊　颜　婕　常玉娇　刘金雅

2000米四人单桨

第一名　淮安市

刘金雅　颜　婕　常玉娇　宋佳蕊

第二名　泰州市

瞿晶晶　何　月　张文菲　王　絮

第三名　连云港市

江文文　刘思盈　许媛媛　顾可欣

·男　子·

15岁组

2000米单人双桨

第一名　张自毫　泰州市

第二名　林子寒　无锡市

第三名　潘　航　常州市

第四名　马一凡　淮安市

第五名　宋杭远　宿迁市

第六名　韩正州　常州市

第七名　周清毅　常州市

第八名　李咏琪　常州市

2000米双人单桨

第一名　关志强　朱艺博　无锡市

第二名　陈毅翔　张景翔　苏州市

第三名　徐　宁　朱镇烯　泰州市

2000米双人双桨

第一名　华　闯　陈明智　淮安市

第二名　李咏琪　王　宇　常州市

第三名　谷海军　严震洲　南京市

第四名　殷骋骏　马贤彪　徐州市

第五名　缪苏宇　邓子文　苏州市

16岁组

2000米双人双桨

第一名　殷嘉俊　陈　涛　无锡市

第二名　时　梁　潘　波　无锡市

第三名　李光耀　邵舒磊　泰州市

第四名　邓虎林　王徐杰　淮安市

第五名　刘　飞　王振宇　淮安市

第六名　汪嘉豪　徐善诚　淮安市

第七名　武　洋　丁　一　徐州市

第八名　袁俊杰　田　烨　泰州市

4000米单人双桨

第一名　蔡厚宏　泰州市

第二名　殷嘉俊　无锡市

第三名　陈　涛　无锡市

第四名　苏海峰　南京市

第五名　武　洋　徐州市

第六名　吉跃洋　淮安市

第七名　华文浩　泰州市

第八名　耿　锐　宿迁市

2000米单人双桨

第一名　蔡厚宏　泰州市

第二名　林　挺　徐州市

第三名　张　晨　无锡市

第四名　潘　波　无锡市

第五名　苏海峰　南京市

第六名　吉跃洋　淮安市

第七名　李远彬　常州市

第八名　刘亭嵩　苏州市

2000米双人单桨

第一名　杨远程　孙建豪　淮安市

第二名　李孟泽　雷一鸣　无锡市

第三名　耿启闰　刘国奇　泰州市

第四名　王朝印　胡之阳　苏州市

第五名　潘家乐　于　浩　无锡市

第六名　胡海天　毛云川　南京市

第七名　张凯杰　刘国旺　泰州市

第八名　胡海景　纪　超　南京市

15~16岁组

2000米四人双桨

第一名　无锡市

林子寒　张　晨　李　帅　时　梁

第二名　淮安市

王徐杰　邓虎林　陈明智　华　闯

第三名　无锡市

张志伟　赵熠柯　张　博　冯梦垚

第四名　泰州市

李光耀　王家辉　张自毫　邵舒磊

第五名　南京市

谷海军　王　政　杭　周　严震洲

第六名　徐州市

林　挺　丁　一　房计权　殷骋骏

第七名　苏州市

李家兴　莫武兵　张晨晖　谢硕阳

第八名　常州市

潘　航　吴啸天　房曦阳　周清毅

2000米四人单桨

第一名　无锡市

李孟泽　关志强　雷一鸣　朱艺博

第二名　苏州市

李浩阁　姚良博　朱天意　王恺欣

第三名　泰州市

朱镇烯　刘国奇　徐　宁　耿启闰

第四名　连云港市

何　涛　于　乐　陈可豪　孟冠臣

【江苏省青少年足球锦标赛】　女子13岁组8月21日至26日在盐城市盐都区举行；男子13岁组8月19日至23日在泰州泰兴举行；女子14～15岁组8月11日至17日在常州市举行；男子14～15岁组8月10日至17日在江阴市举行。南京市、无锡市、徐州市、常州市、苏州市、南通市、连云港市、淮安市、盐城市、扬州市、镇江市、泰州市、宿迁市13个省辖市参加了比赛。比赛成绩如后。

·女　子·

13岁组

第一名　常州市

刘雨晴　王语涵　邵美琪　袁欣雨

蔡然然　蒋紫夷　缪　蕊　侯方洁

顾傲琪　韦宣宣　张佳馨　唐　慧

第二名　南通市

季　颖　鲍梦佳　代文文　邬佳铭

蔡雪颖　荀雨言　黄杨阳　关雨欣

马丽平　项籽娇　张涵涵　张培丽

第三名　无锡市

叶妙昕　吴周红　梁欣怡　杜宇露

李　钧　王　琪　郭卜瑜　赵华琳

袁　佳　程子彤　李思含　戴敏涓

张　瑾　张智佳　庞涵予　江婉如

第四名　盐城市

吴响南　李　婕　严雨晨　杨晶怡

袁紫涵　蔡玉婷　顾美婷　付　蕊

施雨婷　戴兆悦　徐希希　徐婧楠

第五名　泰州市

曹仕洁　陈雨轩　杨依新　郭思雨

霍思琦　杨芹钰　李梓茵　曹若昕

第六名　镇江市

周蕊　马雨佳　束子倩　王君瑶

郭梦茹　黄艳艳　冯寒琪　陈　晨

闫瑞秋　廖正霞　夏婷婷

第七名　南京市

张雨萱　蒋晓甜　杨　帆　王晨佑馨

迟　睿　薛雅文　薛佳宜　蒋静雅

梁家雨　石欣芮　王艺淳　王　瑾

韩兆雪　陈惠华

第八名　扬州市

吏佳鑫　刘红艳　沈启萌　薛馨怡

田海阳　王薇薇　李金珠　曹嘉瑶

戴文茜　张瑾萱　周玉君　周伟晶

14～15岁组

第一名　常州市

侯金岐　耿含笑　朱　妍　张苏琪
张佳慧　王心怡　杨立悦　杨　瑶
田春宇　王　怡　马　灿　鞠雯鑫
陈茹茹　陈　婷　孙冰心　吴　双
刘梦雨　许静雯　许乃丹　蒋婉茹
葛　钰　任晴儿
第二名　徐州市
侯冰娅　乔睿琪　朱可馨　张悦悦
张子卓　潘羽秀　柳芯悦　杨如意
王潆婕　王　晖　韩馨雨　陶菁薇
陈昱彤　刘昱含　吴迦伊　刘　灿
蒋梦圆　董凡琪
第三名　镇江市
吴　蒙　邵业然　张　恩　彭思甜
张　丽　樊雨涵　赵梓彤　苏妤妍
鲁　艳　周钰霏　夏　焱　杨丽欣
孙梦琦　孙　欣　仲思维　陈　祺
陈雨琪　覃方月　霍悦欣　马若风
高文雅
第四名　苏州市
翟　敏　王　月　蔡子妍　曾佳欣
戴雯婷　徐圆圆　蔡静怡　刘　玲
郭欣煜　冯诗宇　马　杰　安　苗
朱思甜　邓　韵　李　雪　杨悦嘉
杨　媛　吴美玲
第五名　无锡市
严　晔　陈佳丽　傅雅钰　胡楚娉婷
范晓梅　许之译　许馨月　贾婧仪
吴烨嘉　金雅茹　陶怡芳　高倩茹
黄耀颉　王心雨　杨舒雲　林佳玥
张嘉珏　张梦怡　张　欣　朱学雅
第六名　泰州市
花钰莹　杜馨宇　李馨悦　冒佳晴
于思莹　朱丹彤　曹玉芹　曹子涵
张钧涵　梁淑如　栾佳欣　章炤瑜
王星婷　高雨凡　陈　瑶　孙新一
孙成慧　刘肖倩　刘科汝　袁梦莹
蔡雅丽
第七名　淮安市
宋思雨　田兴雨　陈邵笑　杨蓓蓓
陈佳佳　郭芷妍　张子凡　陈飞扬
张寒玉　张文娟　张梦婷　陶雨青
徐　越　戴晓凡　戴梦涵　于　群
韩雨慧　唐　红　何馨钿　颜雨池
高静媛　孙雨露　宋歆怡
第八名　连云港市
李昱霏　赵思朦　胡司晨　李格翰
孙文静　顾庭瑄　王粤璋　秦　缘
穆　青　杨　帆　宋斯文　张子慧
张筱雨　于雅雯　伏笑妍　倪　媛
刘思甜　刘愉新　朱恩旎

·男　子·

13岁组
第一名　苏州市
寇　程　谢金宝　贺琪轩　孙　贺
宋思毅　刘嘉昊　华星宇　周志恒
陈开忠　戚天宇　赵文锦　郁　林
郭　昊　陆子皓　张　亚　张志成
张　耀　张　苏　陶嘉豪　黄荣杰
第二名　无锡市
曾嘉豪　方子轩　秦明松　董奥龙
许亚辉　朱嘉熙　谢鹏程　顾予宸
邓建飞　孟宇飞　孙浩天　严和宽
冯智泓　陈艺文　金　涛　吴博扬
张胜寒　姜　尧　陈严和　陈立群
梁　祯

第三名 泰州市
蒋李洋 范陈一 缪 樊 纪王皓
童星杰 王楚涵 王俊飞 潘以恒
丁凌运 张泽熙 李思宇 徐逸航
徐奇瑞 姚宇翔 叶相锋 宋奕呈
许坤宇
第四名 徐州市
杜承泽 梁智威 王 浩 魏照国
马一鸣 张淇俣 张智程 张明皓
陈江南 陈冠霖 门圣祚 李泉潮
彭梓尘 周子贺 付凡绪 孟祥芮
孟令坤 薛超予 沈思旭 毛于宁
苗润东
第五名 南京市
杨昊天 涂青禹 王逸凡 王一凡
牛心意 龚志豪 张宁浩 嵇文希
陈瀚霖 陈希言 徐至涵 周 磊
刘铭雨 袁景信 葛莫家荣 肖昕扬
第六名 南通市
杨梦磊 武照阳 潘万权 黄 尚
马俊杰 张 浩 张朝政 李嘉魏
李 响 姚博文 吕明昊 刘珠宝
刘恩捷 冯雨轩 季昊杨 许鑫鑫
薛宇轩 崔钧贤 宋恒达 石钰浩然
第七名 盐城市
武文晟 赵一哲 王 淞 王天缘
马冬杰 邵际宇 赵俊哲 罗锦鹏
李瑞龙 夏之原 冯梓洋 代雨航
蔡 晨
第八名 连云港市
杜永健 杨彦璞 王怀武 王子豪
韩宏喆 李团杰 朱孝楠 徐荣泽
孙敏杰 孙信辉 吴东翰 许浩然
薛志强 蒋梦磊 毛晨旭 田栩铭

14～15岁组

第一名 苏州市
吴方羽 吴钟灿 李 毅 楼晨磊
张 翔 谢金生 肖展鹏 章友磊
秦 浩 盛 乐 王 康 史明毅
易浏意 成 豪 马陈烨 张泽宇
张子硕 周 浩 周光国 李 顺
第二名 南京市
姚新宇 王子曦 刘宇涵 刘子德
朱泽豪 朱世兵 曹馨路 曹馨程
王一凡 潘文博 梁嘉祺 张艺潇
谢天浩 谢嘉鹏 谢修泽 詹美成
胡宇博 白 洋 王鑫杰 王建豪
吕曳尘 刘佳乐 凌颢闻 马文昊
陈 瑞 邓琳耀 张智恒 季鑫朕
孙振宇
第三名 南通市
夏少杰 孙佳瑞 王一华 刘小东
李添翼 李梓硕 朱竟搏 朱 杰
熊 杰 沈鑫尧 梁钱熠 谢龚博
许振宇 管祝杰 王德志 刘永琪
曹宝森 景圣杰 何松南 万添乐
丁治铭 高明宇 阮佳康 郑春平
郑卓伦 孙 同 王俊杰
第四名 无锡市
吴子豪 张宇豪 李海涛 李海江
李定彦 潘雨生 沈鸿翔 林子强
杭天沅 詹文希 蒋政浩 苏俊杰
胡敏涛 王明宇 卢则灵 刘 恩
戚家玮 冯子轩 于子洋 丁文韬
马泽宇 韩 静 陶华昊 陈嘉宇
邢天程 赵江南 张廷苏 刘凯杰

第五名 泰州市

唐宇豪 左晓健 朱宝意 毛熠阳
梁子明 栾 程 栾家铭 林成亮
杨树俊 董 鹏 翁蔡维 王 骁
王浩文 王志远 卢 艺 曹玉庭
凌智勇 黄照雄 马天宇 顾志新
陈易鸿 钱 磊 郭子可 郑世杰
赵文星 朱海誉

第六名 徐州市

吴禹衡 周驰皓 王元极 王东旭
曹雨义 李默涵 李俊达 梁尉国
张豪杰 张虎保 柳文康 袁俊杰
董康琪 田升昊 王臣诚郅 王碎一
王子硕 魏新凯 陈科良 陈家乐
陈冠乾 邵健哲 赵宇锐 张瀚文
王凯旋

第七名 镇江市

孔李祥睿 宋承泽 杨云皓 李其润
曾啸东 毛梓烁 梁文凯 贺 一
张镇江 张 绰 杨玮乐 杨天宇
薛文浩 苏俊华 肖文宇 秦乐天
田嘉豪 王轩玮 王睿涵 王毅钦
包 成 徐润杨 冯洛琦 严宇航
黄飞鸿 黄辰烨 钱 政 左宇驰
杨兴宇

第八名 常州市

吴丰睿 夏宝龙 沈若凡 贾家畅
谭永康 彭秋义 蒙匀察 苏桥桥
胡昭晗 徐 辉 徐 昊 何欧文
魏宇淼 陈添硕 陈星宇 赵瑞杰
赵文博 张浩然 张永琪 康睿扬
孙明珠 李健东

【江苏省青少年排球锦标赛】 女子17~18岁组8月10日至14日在苏州太仓市举行;男子17~18岁组9月16日至17日在淮安市举行。南京市、无锡市、徐州市、常州市、苏州市、南通市、连云港市、淮安市、盐城市、扬州市、镇江市、泰州市、宿迁市13个省辖市参加了比赛。比赛成绩如后。

·女 子·

17~18岁

第一名 南通市

徐柳奕 樊文艳 江梦嘉 洪 铖
王天益 胡沈怡 袁雨彤 赵世佳
陈怡宁 吴梦洁 周 睿 周页彤

第二名 南京市

赵雨璇 韩若萱 姚欣悦 李 婷
林紫瑄 陈宇星 吴忻晔 张珂嘉
何 慕 卞清涵 史萌萌 叶 彤

第三名 苏州市

宋嘉译 俞黄卉 俞静奕 黄佳妮
魏 巍 陈雯雯 邹羽瑶 蔺洋月
李金凤 李 婕 徐 露 张婷婷

第四名 连云港市

孙子童 曹曦月 沈佳文 王安琪
赵化跃 郭嘉瑶 陈奕帆 卞敏璇
孔凡予 孙 睿

第五名 徐州市

孔文婧 厉秋妍 任思璇 姜承郡
史欣冉 王京京 程家宜 王 蓉
白依丹 黄 义 魏爱博 陈 欣

第六名 镇江市

赵晨阳 韩文芹 严雨洋 淤立纯
李笑晓 季凡萱 陈宇萱 王 汐

秦　欣　笪祎蕊

第七名　宿迁市

蔡一明　吴子如　张斯怡　陆蔷薇

吴宗晶　吕舒洋　周　蜓　段雨婷

荣欣怡　张紫娟

·男　子·

17～18岁

第一名　南京市

庄　迪　张凌睿　朱自强　王文骏

谢与时　赵子衡　陈炳昕　马飞越

刘星宇　刘育鸣　刘骐铭　周劲节

第二名　南通市

汤　睿　葛嘉伟　蔡沈杰　郎国皓

陈丁晖　陈旭航　顾彭予　顾欣阳

施星宇　张铭杰　张宏涛　张劲松

第三名　连云港市

颜亚东　桑仁杰　刘永健　邵冠深

黄乐天　骆浚睿　刘益铭　赵海鹏

房钧儒　鹿理凡　王宇杰　魏君陶

第四名　苏州市

季伟良　黄品文　易腾龙　陈嘉宇

周新森　梁凯奇　费　涛　许正杰

李锦涛　王　昊　洪闻希

第五名　徐州市

孙爱宇　郝传讯　赵蒙蒙　王耀兴

杜文峰　李天宇　朱士金　张明杰

第六名　淮安市

张士龙　彭文闯　张竣哲　唐明轩

杨　晨　王允业　王顺杰　王鹏举

刘泽钢　刘高源

第七名　镇江市

汪明栓　崔梓睿　潘　岩　翟瑞豪

褚晨浩　徐振宇　陈勇智

【江苏省青少年摔跤锦标赛】 8月13日至14日在泰州市举行。南京市、无锡市、徐州市、常州市、苏州市、南通市、连云港市、淮安市、盐城市、扬州市、镇江市、泰州市、宿迁市13个省辖市参加了比赛。比赛成绩如后。

·女　子·

17～18岁组

自由式53公斤级

第一名　喻苏婷　南通市

第二名　颜万克　连云港市

第三名　赵宇婷　连云港市

第三名　李欣蔚　连云港市

第五名　梁雪静　扬州市

第五名　陆　莹　苏州市

自由式62公斤级

第一名　洪可新　南京市

第二名　谢梦宇　宿迁市

第三名　项雨馨　常州市

第三名　朱郑怡　连云港市

第五名　唐一帆　盐城市

第五名　颜丙怡　连云港市

自由式65公斤级

第一名　王　妍　宿迁市

第二名　项滨滨　常州市

第三名　桑钰棋　南通市

第三名　高　宇　连云港市

第五名　张鑫鑫　连云港市

第五名　史照静　宿迁市

自由式68公斤级

第一名　刘　存　徐州市

第二名　张　悦　宿迁市

自由式72公斤级

第一名　任甜甜　苏州市
第二名　陆祎凤　镇江市
第三名　沈　鑫　盐城市
第三名　张佳惠　镇江市
第五名　王伟佳　常州市
第五名　史欣雨　宿迁市
第七名　周于琪　连云港市

·男　子·

古典式60公斤级
第一名　杜晴龙　南京市
第二名　卢傲天　常州市
第三名　李　恒　宿迁市
第三名　张栩铨　盐城市
第五名　王茂胜　宿迁市
第五名　左吴尉　南通市

古典式63公斤级
第一名　陈　诺　宿迁市
第二名　张俊德　南通市
第三名　张国栋　扬州市
第三名　李浩然　南京市
第五名　常　羊　连云港市
第五名　吴蕴天　扬州市

古典式67公斤级
第一名　蔡子翔　扬州市
第二名　邹旭言　苏州市
第三名　杨俊杰　扬州市
第三名　王安南　宿迁市
第五名　田雨厅　连云港市
第五名　王其宝　宿迁市

古典式72公斤级
第一名　翟银彪　南京市
第二名　曹　燊　南通市
第三名　陈　捡　南通市
第三名　吕　锐　扬州市
第五名　冯　瑞　扬州市
第五名　蔡文轩　盐城市

古典式77公斤级
第一名　刘　畅　徐州市
第二名　陈　程　南京市
第三名　马羽翔　南京市
第三名　岳泽强　南通市
第五名　吴天炜　南通市
第五名　王　可　盐城市

古典式87公斤级
第一名　徐其政　南通市
第二名　顾铭杰　南通市
第三名　顾鸿熙　苏州市
第三名　陈　波　南京市
第五名　张文良　南京市
第五名　范世龙　连云港市

古典式97公斤级
第一名　张栩煜　南通市
第二名　杨紫宸　徐州市
第三名　刘　琦　苏州市
第三名　汤栋辉　南通市
第五名　魏　涛　徐州市
第五名　张　政　南京市
第七名　曹　祥　常州市
第七名　沈建勋　盐城市

古典式110公斤级
第一名　钱登升　扬州市
第二名　沈　畅　宿迁市
第三名　林　鑫　南京市
第三名　苏钲然　连云港市
第五名　马苏强　扬州市
第五名　石志虎　苏州市

第七名　吉文鑫　连云港市

【江苏省青少年篮球锦标赛】 16～17岁组8月17日至21日在常州市金坛区举行。南京市、无锡市、徐州市、常州市、苏州市、南通市、连云港市、淮安市、盐城市、扬州市、镇江市、泰州市、宿迁市13个省辖市参加了比赛。比赛成绩如后。

·女　子·

16～17岁组

第一名　徐州市

孙　宇　蒋婉茹　董思艺　张晨昕
王宇彤　王鑫瑜　赵庆儒　仇煜嘉
刘　婉　吴梦婕　魏筠轶

第二名　南京市

沙　沙　金　典　徐皓玥　潘昱瑾
蒋羽洁　谭　彦　郁沁怡　陈逸菲
闻星语　丁琰懿　涂单倩文　汪诺然

第三名　盐城市

李丽丽　张雨欣　廖发钰　孙晓涵
高　奕　陈晶晶　唐嘉琦　周雨荅
李春莹　刘思宇　仇丹丹　王欣琪

第四名　常州市

张运苏　施汤铭　方牧子　曹　莹
熊　悦　袁　梦　许　琳　陆胜男
卜诗桦　汪若璇　朱盈益　宋爱琼

第五名　南通市

张　晨　梅奥妍　葛千奕　赵苹秀
王馨雨　秦梦娜　游汝浠　姚金丽
陈婧雯　顾玉卿　马婕妤

第六名　无锡市

徐　政　陈　业　蔡司雨　贾欣雨
过　玥　郁佳欣　胡丽华　任佳烨
吴徐洁　周重睿　毛　亿

第七名　连云港市

庄　婷　茆雨薇　朱蔓菁　王文理
刘　妍　李心怡　李逗逗　杨靖儒
顾心怡　孙　妍

·男　子·

16～17岁组

第一名　常州市

郑博轩　周　侃　张阳阳　侯新宇
刘泽希　包恩哲　张承阳　王天翊
杜丰骅　盛晓雨　丁万博

第二名　泰州市

孟凡灏　黄泳境　李鑫润　王海斌
姚宇航　周国金　刘峰源　张荣非
尹赫巍　金　鑫　许益濠　蔡新润

第三名　南京市

陈泽茏　黄鼎尊　陈　璨　范振楠
蒋昊霖　袁天翔　闵晟华　刘燊阳
吴士广　乐　天　汪子然　王屿麒

第四名　扬州市

于文浩　陈奎宇　王　程　王　骞
范思哲　蒋时政　钮施淏　朱肖宇
张子谦　徐嘉骏　孙　研　严永坤

第五名　徐州市

许永胜　高梓桓　辛昶硕　郑文浩
张恒贵　张海涛　姚吉林　孙镛皓
沈展旭　王许诺　王雨森　权翰林

第六名　苏州市

翁智超　马俊彦　张博然　唐宇晨
杨　安　杨　旺　曹炜宇　李　康
陈禹城　陈舒心

第七名　南通市

杨　晨　袁璞明　顾　凡　翟天宁
宗　宸　蒋中杰　薛堰墀　瞿秋凡

许顾昊　陈晓鹏　余俊豪　周思睿

第八名　连云港市

丁明轩　徐忠冉　李昊轩　乔瑞杰

严嘉宝　周华侨　冯子轩　黄徐阳

张书铭　赵光誉　许学志　万晨祥

【江苏省青少年沙滩排球锦标赛】 8月17日至21日在南通启东市举行。南京市、徐州市、常州市、苏州市、南通市、连云港市、淮安市、镇江市、宿迁市等9个省辖市参加了比赛。比赛成绩如后。

·女　子·

16~18岁组

第一名　王甜甜　张紫娟　宿迁市

第二名　张婷婷　邓宏雨　苏州市

第三名　黄　义　厉秋妍　徐州市

第四名　严　旭　钟鸣娓　南通市

第五名　于沛宏　刘雨诺　徐州市

第六名　张斯怡　李思彤　宿迁市

第七名　杨濮绮　孙雨欣　徐州市

第八名　季佳萱　于　彤　淮安市

·男　子·

16~18岁组

第一名　徐棕琪　杜庆国　徐州市

第二名　李史杰　陆王昊　南通市

第三名　朱士金　孙爱宇　徐州市

第四名　薛子川　周勇吉　宿迁市

第五名　赵志远　胡金鑫　淮安市

第六名　费　涛　季伟良　苏州市

第七名　卜天尧　张凌睿　南京市

第八名　王昌利　王建力　宿迁市

【江苏省青少年手球锦标赛】 14~15岁组8月18日至22日在常州市举行。南京市、徐州市、常州市、苏州市、南通市、淮安市、镇江市等7个省辖市参加了比赛。比赛成绩如后。

·女　子·

14~15岁组

第一名　常州市

李子艾　杨　勰　魏明慧　黄思彤

卓紫仪　史子涵　张秋雨　徐苡凡

第二名　常州铭凡俱乐部

韩　磷　李梦瑶　刘　洋　姜翌珊

张　可　张昊琦　李柯阳

第三名　淮安市

谢智慧　陈冉冉　郑雅馨　刘宇静

吴曼语　张梦涵　张　涵　段长瑞

毕　璐　王　蕊　胡雯雪　蒋书羽

衡俏俏　袁梦晗　邢缤燕　邢紫艳

第四名　苏州市

冯荣霞　丁雅如　陆子云　黄佳惠

李玥圆　王星媛　范鑫鑫　王丽琴

朱雯琳　孙莜霞　孙凡博　吴梦琳

卢宇妍　李沛遥

第五名　南京市

光雨涵　周　越　岳巾琪　徐　溪

徐雅涵　顾天琪　管雅文　王　晨

王宇宁　鲁贝贝

第六名　徐州市

郭金金　侯雅君　高　玥　唐奕琪

张雨晴　方睿泽　汪依萌　汪静雯

程欣平　董雨虹

·男　子·

14~15岁组

第一名　苏州市

陶东东　焦靖宸　谢　贤　黄文杰

高　雨　高文熙　薛荣凯　苏文茂

李宇博　江东耀　丁　岩　乔春瑞
周　洲　陆新成　陈一鸣　高文瀚
第二名　徐州市
马　克　张继业　闫佳辉　薛喆楠
葛轩宁　苏国恩　徐程阳　李铭轩
武子涵　王晟宽　刘家轩　周　烁
程言垒
第三名　常州市
高　轩　王宇博　王业旺　张宇恒
曹乐阳　李佳乐　樊炳辉　边　琪
于景文　卢泉栋　陈宇翔　董国成
第四名　淮安市
陈鹏宇　夏鑫宇　刘　超　刘从辉
奚　恺　李　饶　朱　勇　张耀阳
庞泽军　孙逸洋　潘玮杰　邵雲龙
袁　梦　秦海航　韦弘忆
第五名　徐州市龙晖手球运动俱乐部
张祖欢　吴雨轩　任浩宇　赵宏志
曹云鹏　王　东　钮琦睿　胡鸣航
仇皓燃　张子晨　张　犇
第六名　镇江市
李志武　赵禹涵　刘兆旺　徐泽瀚
王　灵　杨宗孝　王耀扬　尹鑫柏乐
季文艺　徐超超　王子恒

【江苏省青少年武术(套路)锦标赛】 16～17岁组8月25日至27日在徐州睢宁县举行。南京市、无锡市、徐州市、常州市、苏州市、南通市、连云港市、淮安市、盐城市、扬州市、镇江市、泰州市、宿迁市13个省辖市参加了比赛。比赛成绩如后。

·女　子·

16～17岁组
双人杨氏太极拳
第一名　任柯雨　刘佳苧　无锡市
第二名　戴瑞麟　于佳美　南京市
第三名　王雪仪　崔曦允　淮安市
第四名　杨欣雨　王淑婷　徐州市
第五名　张钦雅　李　昂　苏州市
第六名　顾卢佳　严丹丹　镇江市
第七名　张文静　陈　鑫　宿迁市
第八名　朱亚楠　陶子玉　泰州市
太极拳,太极剑,第三套规定太极拳全能
第一名　张钦雅　苏州市
第二名　王淑婷　徐州市
第三名　徐嘉彤　盐城市
第四名　李　昂　苏州市
第五名　夏　琪　盐城市
第六名　朱亚楠　泰州市
第七名　陶子玉　泰州市
第八名　于佳美　南京市
对练
第一名　朱亚楠　陶子玉　泰州市
第二名　王　玲　周　洋　泰州市
第三名　陈文静　刘　菲　淮安市
第四名　王淑婷　杨欣雨　徐州市
第五名　任柯雨　刘佳苧　无锡市
第六名　顾卢佳　严丹丹　镇江市
第七名　梁许莹　谷天心　南京市
第八名　于佳美　戴瑞麟　南京市
长拳,刀,棍全能
第一名　梁许莹　南京市
第二名　黄　莹　南京市
第三名　张婷婷　徐州市
第四名　王　玲　泰州市
第五名　陈文静　淮安市
第六名　周　洋　泰州市

第七名 刘 菲 淮安市
第八名 牛士如 徐州市
长拳,枪,剑全能
第一名 谷天心 南京市

·男 子·

16~17岁组
南拳,南刀,南棍全能
第一名 杨鑫林 南京市
第二名 陆 旭 苏州市
第三名 刘昊洋 南京市
第四名 秦 臻 泰州市
第五名 吴 傲 徐州市
第六名 张永康 宿迁市
第七名 陈唯一 盐城市
第八名 刘星宇 盐城市
双人杨氏太极拳
第一名 王嘉晨 吉星齐 盐城市
第二名 王梦哲 杜文硕 南京市
第三名 朱俊羲 沈王鑫 南通市
第五名 汪昕宸 厉育含 徐州市
第六名 邱 哲 孔维汉 淮安市
第七名 钟 林 孙浩州 苏州市
第八名 朱 梦涵 刘昊 扬州市
太极拳,太极剑,第三套规定太极拳全能
第一名 刘 昊 扬州市
第二名 邱 哲 淮安市
第三名 王嘉晨 盐城市
第四名 司明顺 连云港市
第五名 汪昕宸 徐州市
第六名 孙浩州 苏州市
第七名 赵尧尧 泰州市
第八名 钟 林 苏州市
对练
第一名 石宁赟 顾兆安 秦 臻 泰州市
第二名 吴 傲 黄 驯 厉育含 徐州市
第三名 张永康 燕星宇 宿迁市
第五名 刘昊洋 杨鑫林 南京市
第六名 王译萱 丁 野 淮安市
第七名 杜文硕 王梦哲 南京市
第八名 董嘉诚 朱俊羲 沈王鑫 南通市
长拳,刀,棍全能
第一名 王 森 徐州市
第二名 王译萱 淮安市
第三名 丁 野 淮安市
第四名 唐维强 连云港市
第五名 曹思凡 镇江市
第六名 黄 驯 徐州市
第七名 石宁赟 泰州市
第八名 张笑睿 南京市
长拳,枪,剑全能
第一名 董嘉诚 南通市
第二名 燕星宇 宿迁市
第三名 顾兆安 泰州市
第四名 冯 宇 扬州市
第六名 闫洪硕 苏州市

·混 合·

16~17岁组
混合双人太极拳
第一名 顾卢佳 赵江涛 镇江市
第二名 汪昕宸 杨欣雨 徐州市
第三名 孙浩州 李 昂 苏州市
第四名 杜文硕 于佳美 南京市
第五名 王淑婷 厉育含 徐州市

第六名　戴瑞麟　王梦哲　南京市

第七名　吉星齐　徐嘉彤　盐城市

第八名　邱　哲　崔曦允　淮安市

【江苏省少年儿童艺术体操锦标赛】 8月25日至27日在常州市举行。南京市、无锡市、徐州市、常州市、苏州市、南通市、连云港市、淮安市、盐城市、扬州市、镇江市、泰州市、宿迁市13个省辖市参加了比赛。比赛成绩如后。

·女　子·

9岁以下组

个人全能

第二名　潘梓琪　扬州市

第三名　樊子涵　扬州市

第四名　荀清异　无锡市

第五名　任芷雨　镇江市

第六名　戴宇彤　镇江市

第七名　戚芷涵　常州市

第八名　潘思妍　常州市

个人团体

第一名　扬州市

樊子涵　居桐宇　潘梓琪

第二名　无锡市

李慧君　王心彤　端木晨颖　荀清异

第三名　镇江市

任芷雨　戴宇彤　王芯悦

第四名　常州市

许恬馨　戚芷涵　潘思妍

第五名　常州市二队

孔令媛　王泳嘉　孙菁璐

集体5人徒手

第一名　扬州市

周文渲　王婳祎　周梦冉　季熙雯　房米娅

第二名　无锡市

王月淋　张梓恬　陆玺羽　刘诗雨　陈欣雨

第三名　常州市

王心印　张怡雯　刘诺欣　徐妍煊　吴卓忆

第四名　常州市二队

许星煜　万志钰　毛可歆　朱徐熙　徐安琪

集体5球

第一名　无锡市

刘诗雨　王月淋　张梓恬　陆玺羽　陈欣雨

第二名　常州市二队

王心印　刘诺欣　吴卓忆　张怡雯　徐妍煊

第三名　常州市

许星煜　万志钰　徐安琪　朱徐熙　毛可歆

10～11岁组

个人全能

第一名　苏墨涵　扬州市

第二名　顾凌薇　无锡市

第三名　董妍君　盐城市

第四名　秦可欣　扬州市

第五名　陈芳菲　无锡市

第六名　陈思行　盐城市

第七名　张景涵　常州市

第八名　杨斯萌　常州市

个人团体

第一名　秦可欣　苏墨涵　扬州市

第二名　顾凌薇　陈芳菲　无锡市

第三名　陈思行　董妍君　盐城市
第四名　王　源　张景涵　杨斯萌　常州市
集体3球2绳
第一名　扬州市
张湘雨　周鑫湉　张瑾萱　葛雨轩　董羽菲
第二名　常州市
汤　灿　范黄青橙　夏子悠　于婧萱　张景涵
集体5圈
第一名　常州市
王　源　夏子悠　于婧萱　汤　灿　范黄青橙
12～13岁组
个人全能
第一名　虞竹君　扬州市
第二名　刘鑫蕊　南京市
第三名　赵颖渝　无锡市
第四名　杨子瑜　无锡市
第五名　樊徐萱　扬州市
第六名　王子芊　镇江市
个人团体
第一名　虞竹君　樊徐萱　扬州市
第二名　杨子瑜　赵颖渝　无锡市

【江苏省青少年垒球锦标赛】 9月16日至20日在扬州仪征市举行。南京市、无锡市、常州市、扬州市、徐州市、泰州市等8个省辖市参加了比赛。比赛成绩如后。

·女　子·

15～17岁组
第一名　扬州市
周安琪　惠天一　曹　源　李　墨　李新月　李　莹　杨　闽　王丽华　王　钰　程思雨　董思涵　蔡欣茹　赵恩妍　陈薪洋　韩　蕾　叶鑫垚　王紫吉
第二名　无锡市
陆沂凡　孙　悦　许佳瑶　钱　丽　杨慧慧　杨　丹　王淋莹　陈雨莎　过梦冰　熊琳鑫　蒋罗忆　诸佳妮　许靖晗　张　静　季　琳　周雨欣
第三名　南京市
夏　宁　池雨晴　武泽琳　王欣蕊　吴雨蝶　刘婷婷　陈雅婷　笪圣轩　蒋园园　刘昱嘉　欧雨婷　金　滢　李　欣　李懿涵　余璐菲
第四名　常州市二队
夏欣雨　周冰炫　吴　湘　魏沁滢　韦颜菁　钱子月　郭美彤　许如月　胡佳怡　汪诗婕　曾龄慧
第五名　常州市一队
张译心　张钟亦菲　吴鑫洋　江金烨　潘佳慧　王　妍　王晓月　祁珂羽　黄　瑄　丁昕冉　何静霏
第六名　徐州市
耿思玉　权峻辉　王芯茹　袁苏楚妍　朱明晶　常诗珩　李依霖　李　莹　杨易萌

【江苏省青少年自行车锦标赛】 小轮车、公路9月22日至24日在常州金坛举行；场地赛10月23日至24日在苏州市举行。南京市、无锡市、徐州市、常州市、苏州市、南通市、连云港市、淮安市、盐城市、扬州市、镇江市、泰州市、宿迁市13个省辖市参加了比赛。

·女　子·

17～18岁组

小轮车、公路

越野赛

第一名　杨书娜　淮安市

第二名　王　楠　连云港市

第三名　张雅婷　常州市

第四名　顾甜钿　南通市

第五名　翟　菲　常州市

第六名　王　雪　连云港市

第七名　刘可心　连云港市

第八名　夏佳越　连云港市

30公里团体赛

第一名　淮安市

薛子凡　吴青秋　陈雨利　刘　倩

第二名　常州市

张雅婷　翟　菲　鲁梦雪

第三名　连云港

夏佳越　刘可心　王　雪　王　楠

20公里个人计时赛

第一名　李　楠　徐州市

第二名　魏苏婉　徐州市

第三名　刘　倩　淮安市

第四名　张雅婷　常州市

第五名　顾甜钿　南通市

40公里个人赛

第一名　魏苏婉　徐州市

第二名　翟　菲　常州市

第三名　薛子凡　淮安市

第四名　李　楠　徐州市

第五名　陈雨利　淮安市

第六名　吴青秋　淮安市

第七名　顾甜钿　南通市

第八名　鲁梦雪　常州市

·混　合·

混合团体

第一名　常州市

封　帅　鲁梦雪　翟　菲　张雅婷

刘成路

第二名　连云港市

朱广宇　王　楠　王　雪　龚恒奇

刘可心　刘正阳　夏佳越　安政旭

山地车

山地越野赛

第一名　沈雅馨　淮安市

第二名　王美琪　泰州市

第三名　何欢欢　南通市

第四名　陆青青　南通市

第五名　陈子月　淮安市

第六名　卢　梦　徐州市

第七名　陈张琦　泰州市

第八名　季芸菲　泰州市

场地

行进200米个人计时赛

第一名　翟　菲　常州市

第二名　杨滢滢　苏州市

第三名　杨依凡　苏州市

第四名　王　可　苏州市

第五名　严　雪　宿迁市

第六名　殷建冬　无锡市

第七名　陈子月　淮安市

团体竞速赛

第一名　杨依凡　杨滢滢　苏州市

第二名　郁琛琛　张雅婷　常州市

第三名　戴晨妮　刘浩美　连云港市

1圈原地启动计时赛

第一名 杨依凡 苏州市

第二名 翟 菲 常州市

第三名 杨滢滢 苏州市

第四名 严 雪 宿迁市

第五名 殷建冬 无锡市

第六名 王 可 苏州市

第七名 陈子月 淮安市

第八名 郁琛琛 常州市

3公里个人追逐赛

第一名 殷建冬 无锡市

第二名 刘浩美 连云港市

第三名 戴晨妮 连云港市

第四名 张雅婷 常州市

第五名 陆青青 南通市

第六名 陈子月 淮安市

第七名 何欢欢 南通市

3公里团体追逐赛

第一名 连云港市

王 楠 王 雪 刘浩美 戴晨妮

第二名 常州市

张雅婷 郁琛琛 翟 菲

·男 子·

17~18岁组

小轮车、公路

越野赛

第一名 刘成路 常州市

第二名 封 帅 常州市

第三名 金 磊 南通市

第四名 朱广宇 连云港市

第五名 刘正阳 连云港市

第六名 龚恒奇 连云港市

第七名 安政旭 连云港市

50公里团体赛

第一名 苏州市

沈春帆 王 岩 黄国庆 吴宇杰

第二名 南通市

姜鑫禄 金 磊 施昕意 徐宇航

第三名 连云港市

刘正阳 安政旭 朱广宇 龚恒奇

30公里个人计时赛

第一名 黄国庆 苏州市

第二名 王 岩 苏州市

第三名 吴宇杰 苏州市

第四名 刘成路 常州市

第五名 封 帅 常州市

第六名 周锡达 南通市

第七名 郑玉晓 无锡市

第八名 赵 冲 淮安市

60公里个人赛

第一名 沈春帆 苏州市

第二名 袁 驿 南通市

第三名 吴相龙 徐州市

第四名 封 帅 常州市

第五名 刘成路 常州市

第六名 赵 冲 淮安市

第七名 周锡达 南通市

第八名 施昕意 南通市

山地车

山地越野赛

第一名 吴相龙 徐州市

第二名 郝伟伟 徐州市

第三名 贾思远 淮安市

第四名 胡子浩 徐州市

第五名 王新宇 淮安市

第六名 张斯坤 南通市

第七名　成新明　南通市
第八名　王钰翔　泰州市

·混　合·

混合团体接力
第一名　淮安市
贾思远　王新宇　沈雅馨　陈子月
第二名　南通市
张斯坤　何欢欢　陆青青　成新明
第三名　泰州市
陈张琦　王美琪　包自豪　王钰翔

场地

行进200米个人计时赛
第一名　尹欣杰　苏州市
第二名　洪　斌　苏州市
第三名　王俊杰　南通市
第四名　查天利　宿迁市
第五名　黄晨宇　苏州市
第六名　郭子涵　常州市
第七名　张斯坤　南通市
第八名　范乃贵　宿迁市

团体竞速赛
第一名　苏州市
尹欣杰　谢锦程　洪　斌
第二名　南通市
周锡达　成新明　王　通
第三名　淮安市
周　杰　王程威　李　浩
第四名　连云港市
张　晟　金　润　季苏州
第五名　宿迁市
葛子豪
第六名　常州市
封　帅　李程鹏　郭子涵

1圈原地启动计时赛
第一名　谢锦程　苏州市
第二名　洪　斌　苏州市
第三名　黄晨宇　苏州市
第四名　查天利　宿迁市
第五名　成新明　南通市
第六名　李程鹏　常州市
第七名　季苏州　连云港市
第八名　郭子涵　常州市

4公里个人追逐赛
第一名　王　岩　苏州市
第二名　沈春帆　苏州市
第三名　季苏州　连云港市
第四名　孙　鑫　淮安市
第五名　孙　杰　苏州市
第六名　刘　星　南通市
第七名　周锡达　南通市
第八名　徐树昆　南通市

4公里团体追逐赛
第一名　苏州市
孙楠楠　孙　杰　黄国庆　吴宇杰
第二名　南通市
张斯坤　夏　博　成新明　徐树昆
第三名　淮安市
周　杰　李　浩　王程威　孙　鑫

【江苏省青少年棒球锦标赛】 8月25日至29日在扬州仪征举行。南京市、无锡市、常州市、连云港市、盐城市、扬州市等8个省辖市参加了比赛。比赛成绩如后。

·男　子·

15～17岁组
第一名　南京市
陈　搏　戴元康　严秋实　严春眠

刘芷烨　杨　陈　盛浩然　盛煜凯
王晨阳　陈佳豪　孙伦飞　张博涵
张广鹏　高　谷　黄照翔　徐一凡
葛佳君
第二名　无锡市一队
曹景杰　潘文轩　朱俊强　王立子
胡君兴　葛海涛　虞凯越　许　帆
谢印杰　乔龙泉　史志宇　叶子帆
吕　诺　吴金峄　唐已锋
第三名　扬州市
焦福权　杨来俊　杨孟奇　李　潇
李昊轩　李孝炀　张显捷　宣煜骁
刘心宇　刘　伟　陈荣青　陈浩然
郑铭远　赵纬天　胡治勋　经　辉
王天乐
第四名　无锡市二队
王成功　陆宇轩　徐冠耀　鲍华庆
周熙然　余梓睿　任萧绮　朱鹏程
陆信屹　范璐尧　王　浩　王梓人
王　杰
第五名　连云港一队
王得昊　刘丰恺　龚冠夫　黄上生
骆俊豪　姜新宇　卞相杰　刘镇源
李佳鹏　陈俊翰　薄鹏飞　胡绪洲
胡嘉轩　王铭铄
第六名　连云港二队
石义弘　刘释逊　马紫钦　尹泽彬
孙浩然　夏正康　唐德霖　杨云凯
付庭凯　陈沛竹　赵洪刚　聂海洋
第七名　常州市
杨　默　米万金　杜福松　黄张鑫
韩永杰　居澔羽　孙李泱　吴晨捷
刘文博　严　欢　陈　杰　钱其晟
邱卿轩　袁懋焯　薛文哲　杨乂晗
第八名　徐州市
潘晨鸣　郑成龙　李荣乐　李柄宪
彭宝翰　宋相儒　于上洋　阮东磊
杜智宇　赵千硕　荣　贝　窦文豪
田宇翔　王铁勋

【江苏省青少年柔道锦标赛】 8月26日至28日在淮安市举行。南京市、无锡市、徐州市、常州市、苏州市、南通市、连云港市、淮安市、盐城市、扬州市、镇江市、泰州市、宿迁市13个省辖市参加了比赛。比赛成绩如后。

·女　子·

16～17岁组
–52公斤级
第一名　余佳玉　徐州市
第二名　黄少芬　南京市
第三名　赵佳韵　南京市
第三名　毛武君　常州市
第五名　董子旋　徐州市
第五名　何文雅　宿迁市
–56公斤级
第一名　任晓春　苏州市
第二名　何　雨　苏州市
第三名　张竞文　徐州市
第三名　方懿涵　南京市
第五名　周　洁　徐州市
第五名　鲁圆圆　南京市
–60公斤级
第一名　夏梦轩　苏州市
第二名　吴　琼　苏州市
第三名　郭子筠　常州市
第三名　陈简心如　南京市

第五名　黄少芸　南京市

–65公斤级

第一名　汪钰涵　连云港市

第二名　董莹莹　宿迁市

第三名　孙丁琪　徐州市

第三名　干雪睿　淮安市

第五名　周　洁　盐城市

第五名　侯玉婷　南京市

第七名　宋旻轩　常州市

–70公斤级

第一名　万文彦　苏州市

第二名　沈雨欣　宿迁市

第三名　孙佳茹　泰州市

第三名　杜明芝　徐州市

第五名　唐鑫茹　徐州市

第五名　徐陈欣荣　苏州市

第七名　钱　玉　南京市

第七名　芦　婷　南京市

–78公斤级

第一名　曹艺馨　泰州市

第二名　屠文静　泰州市

第三名　孙　玟　盐城市

第三名　吴晓娴　苏州市

第五名　陈单丹　盐城市

+78公斤级

第一名　龚睿瑜　泰州市

第二名　陈邦璐　苏州市

第三名　缪雯婧　盐城市

第三名　孟嘉倪　南京市

第五名　曹嘉瑜　无锡市

第五名　王钇虹　苏州市

第七名　陆静艺　无锡市

·男　子·

16～17岁组

–60公斤级

第一名　卢宇豪　无锡市

第二名　徐润东　镇江市

第三名　胡　帅　宿迁市

第三名　缪舟宇　南京市

第五名　李　广　扬州市

第五名　王雨豪　无锡市

第七名　马子杰　盐城市

–66公斤级

第一名　何耀阳　扬州市

第二名　王晨阳　泰州市

第三名　徐　可　镇江市

第三名　徐　瑞　连云港市

第五名　赵　宇　镇江市

第五名　王晨旭　扬州市

第七名　唐　迪　宿迁市

第七名　朱　振　苏州市

–71公斤级

第一名　何耀阳　扬州市

第二名　王晨阳　泰州市

第三名　徐　可　镇江市

第三名　徐　瑞　连云港市

第五名　赵　宇　镇江市

第五名　王晨旭　扬州市

第七名　唐　迪　宿迁市

第七名　朱　振　苏州市

–76公斤级

第一名　王江南　无锡市

第二名　陈流星　泰州市

第三名　王战标　扬州市

第三名　董成洋　扬州市

第五名　公　钰　泰州市
第五名　张涛涛　无锡市
–83公斤级
第一名　施梓豪　宿迁市
第二名　杨沅涛　镇江市
第三名　金鼎力　镇江市
第三名　李嘉庆　扬州市
第五名　薛振豪　泰州市
第五名　杨卓君　盐城市
第七名　张钦宇　无锡市
第七名　高　杰　无锡市
–88公斤级
第一名　丁普昊　盐城市
第二名　孙佳淇　南通市
第三名　刘伟烨　南通市
第三名　郭继康　徐州市
第五名　孙世杰　徐州市
第五名　王顺杰　盐城市
第七名　孙睿淞　宿迁市
–94公斤级
第一名　马　赛　镇江市
第二名　黄文博　南京市
第三名　杨卓浩　南京市
第三名　王菊阳　宿迁市
第五名　张義朋　宿迁市
–100公斤级
第一名　刘　杨　南通市
第二名　赵　枫　南通市
第三名　张玉豪　无锡市
第三名　王　鹏　宿迁市
+100公斤级
第一名　刘　洋　淮安市
第二名　严　海　苏州市
第三名　袁　帅　南通市
第三名　成林键　南通市
第五名　周培彦　苏州市
第五名　王炜杰　盐城市

·混　合·

16～17岁组
团体
第一名　南京市
黄文博　芦　婷　赵佳韵　赵宇航
陈简心如　孟嘉倪　杨卓浩　王天笑
第二名　宿迁市
施梓豪　王　鹏　胡　帅　王菊阳
董莹莹　何文雅　沈雨欣

【江苏省青少年武术(散打)锦标赛】 9月26日至28日在宿迁泗洪举行。南京市、无锡市、徐州市、常州市、苏州市、南通市、连云港市、淮安市、盐城市、扬州市、镇江市、泰州市、宿迁市13个省辖市参加了比赛。比赛成绩如后。

·女　子·

17～18岁组
武术套路
48公斤个人赛
第一名　尚梦琦　淮安市
第二名　刘君婕　苏州市
56公斤个人赛
第一名　袁　璐　无锡市
第二名　马华杰　泰州市
第三名　刘梦颖　淮安市
第三名　顾　月　扬州市
第五名　赵翊斐　南京市
第五名　黄钰婷　苏州市
第五名　任文焕　宿迁市

第五名 范育培 无锡市
65公斤个人赛
第一名 熊万红 淮安市
第二名 韩政熙 徐州市
70公斤个人赛
第一名 郑雯文 扬州市
第二名 范钰轩 泰州市

·男 子·

17~18岁组
武术套路
52公斤级
第一名 计洋洋 宿迁市
第二名 王远康 泰州市
第三名 刘德祥 扬州市
第三名 吉柏名 淮安市
第五名 何奕飞 苏州市
第五名 茆 益 连云港市
第五名 刘锦方 宿迁市
第五名 于子昂 泰州市
56公斤级
第一名 刘振国 苏州市
第二名 吕君毅 常州市
第三名 马正燃 徐州市
第三名 李家成 扬州市
第五名 李星澈 常州市
第五名 张宏彬 苏州市
第五名 徐 傲 镇江市
第五名 李子俊 泰州市
60公斤级
第一名 刘 欢 泰州市
第二名 任佳恒 镇江市
第三名 李釗錳 淮安市
第三名 凌 锋 泰州市
第五名 王 琦 徐州市
第五名 付成豪 扬州市
第五名 姜俊锋 常州市
第五名 胡英杰 南京市
65公斤级
第一名 朱立国 无锡市
第二名 朱文杰 苏州市
第三名 吴卿政 淮安市
第三名 刘丰园 扬州市
第五名 董志远 常州市
第五名 贾成杰 淮安市
第五名 郭永棋 泰州市
第五名 闫孟杰 苏州市
70公斤级
第一名 朱冬玉 宿迁市
第二名 陈天乐 南通市
第三名 刘 赛 宿迁市
第三名 谭清瑶 南京市
第五名 姚 炜 连云港市
第五名 赵 耀 扬州市
第五名 申全权 徐州市
第五名 佘士浩 常州市
75公斤级
第一名 范城龙 泰州市
第二名 庞智开 宿迁市
第三名 陈 鑫 无锡市
第三名 徐铭含 常州市
第五名 时祥睿 常州市
第五名 王士琦 南通市
第五名 吴海浪 淮安市
第五名 张永健 泰州市
80公斤级
第一名 周清扬 镇江市

第二名　张修赏　徐州市
第三名　徐鲁亭　常州市
第三名　张云凯　常州市
第五名　张　默　宿迁市
第五名　王　健　南京市
第五名　彭海洋　淮安市
第五名　郝智勇　淮安市
90公斤级
第一名　孙旭阳　常州市
第二名　吴建生　泰州市
第三名　王聪聪　常州市
第三名　韦凯竞　泰州市
第五名　钱宏达　苏州市
第五名　徐　杰　镇江市
第五名　董一鸣　淮安市
第五名　臧宇豪　淮安市
+90公斤级
第一名　相苏航　南京市
第二名　刘镇涛　宿迁市
第三名　邵上展　淮安市
第三名　王文杰　淮安市
第五名　李小朋　常州市
第五名　姜汉宗　常州市
第五名　刘海东　苏州市
第五名　王彬羽　连云港市

（田　刚　孙海平）

等级运动员与等级裁判员

等级运动员

【2020年批准的一级运动员】 2020年，江苏省共有射箭等34个项目的593人被江苏省体育局批准为一级运动员，具体名单如后。

一、射箭（16人）

南　京：徐　凯　胡桥阳　戚　琦　王克彬　过佳辉
　　　　严　昕　谢立鑫　郑可江　叶静成　甄　鑫

无　锡：王　迪

常　州：朱雪琦　盛　辰　宗　钰

南　通：朱博宇　李雨轩

二、击剑（15人）

南　京：徐雅雯　周思颖

无　锡：吴思佳

徐　州：黄　凡　李奕君　刘忱怡　刘晓旭

淮　安：李　伟

盐　城：马新宇

扬　州：杨洪涛

镇　江：张　烨　洪　凯

泰　州：周乐恒　袁和兴

南京体育学院：徐　颖

三、摔跤(14人)

南　京:杜晴龙　翟银彪　洪可新　张嘉俊

徐　州:刘　畅

苏　州:任甜甜

南　通:李恒宇　张栩煜　喻苏婷　徐其政

扬　州:钱登升　蔡子翔

宿　迁:王　妍　陈　诺

四、拳击(11人)

南　京:曲欣悦

无　锡:杭　程　冯彦妮　梁耀东　顾昊轩

徐　州:徐浩然

连云港:樊晨豪　张来鑫

淮　安:周伯轩　齐　威

镇　江:许世飞

五、跆拳道(12人)

南　京:张　展　苏　敏　陈泽旭　陈嘉杰

无　锡:乙恒通

徐　州:梁欣节

苏　州:李佳奇

盐　城:陈哲宇

扬　州:刘雨洋　刘健桐　王天一

镇　江:朱盈玥

六、空手道(27人)

南　京:张朱岚　李子杰　陈　默　李禹琦　施琪雅
郭卓月　李　闯　邱雨丰　王军宝　刘鸿宇
陈　信　谭子阳　李嘉诚　徐梓萌

徐　州:程志豪

苏　州:王子涵　钱金阳

南　通:秦世龙　敖　旭
连云港:刘子澍
宿　迁:刘雨彤　单楚惟　孙浩然　徐娇娇　王晓谦
　　　徐娇娇　王晓谦

七、田径(40人)

南　京:陈道康　王文文　王文文　李林涛　孔　景
无　锡:林　杨　梅　满
徐　州:顾晨扬　李维娜　林　璇　王妍妍
常　州:王永高　王芝康　黄健翔　王芝康　叶雯琪
　　　谢鑫龙　王永高
苏　州:田雯娇　陈子健　赵宇飞　池　宣　许逸彬
南　通:张志钦　陈鸿飞　顾悦凯　顾悦凯　崔张励
连云港:黄敏哲　吴宇焜　王祥羽
淮　安:秦雨轩　潘少朕
盐　城:戴　祥
镇　江:吕亚楠
泰　州:邓肖静
局训练中心:王佳莉　山成鑫　王仕荣　宋文轩

八、健美操(5人)

南　京:郭　禄　方依雯　黄诗雨　刘文欣　谷泓澄

九、技巧(3人)

南　京:孙　萌　范梦婷
徐　州:吴　帅

十、垒球(13人)

南　京:邓　曦　周迪高娃　吴婧文　笪圣轩　吴雨蝶
无　锡:陆沂凡　陈雨莎　杨慧慧
常　州:郭美彤
扬　州:陈薪洋　惠天一　赵恩妍　周安琪

十一、篮球(51人)

南　京:陈运如　汤钰轩　刘晓萌　闵晟华　乐　天
周意祥　朱晋成　刘书豪　张峰玮　沈轩羽
徐　州:刘　婉　仇煜嘉　张晨昕　赵庆儒
常　州:缪文熙　颜范亮　陈　憖　周子旋　周天驰
周　侃　杜丰骅　郑博轩　王天翊　袁宸镐
许顾昊　翟晨旭　刘泽希　陈　诚　张思远
南　通:秦梦娜
泰　州:柳　锐　杜文杰　曾子杰
局训练中心:刘晋廷　陆紫薇　陈逸菲　王馨雨　洪欣妍
陈少玲　吴梦婕　韩宇彤　王鑫瑜　倪永康
杨旺言　恒　栋　张承阳　张海涛　孙　宇
陈丽钧　邵晓雅　郭芷含

十二、排球(47人)

南　京:林紫瑄　李　婷　赵雨璇　朱自强　刘育鸣
吕源舟　刘星宇　张凌睿　谢与时　庄　迪
陈炳昕　卞清涵　张珂嘉　张君阳　韩正超
金瑞豪　蔡乐天　梁施成　陈常明　高梓涵
王令钊　周诗润　刘语涵　丁芳楠　吴佳昱
张　璇
苏　州:陈雯雯　邹羽瑶　李金凤　黄品文　梁凯奇
陈嘉宇
南　通:洪　铖　蔡沈杰　葛嘉伟　汤　睿
连云港:曹曦月　赵化跃　王瀚实　魏君陶　吴雨宸
房钧儒　鹿理凡　刘永健
局训练中心:唐　欣　杨　佳　丁　威

十三、羽毛球(44人)

南　京:祝晨阳　朱鸣浩　王柏竣　杨　晨　陶万祥

高　兴　孙奕珂　宋佳音　杨予博　倪中旻
陈珑之　陈星竹　刘京晶　陈星竹　王立言
王圣熠　王　欣　袁可冰　徐旖恬

南　通：朱家辉　翁天骄　刘钱前

盐　城：朱　超　孙嘉宸　王思睿　刘宇轩

连云港：朱昱润

扬　州：高　磊　柯景栋　张乘菲　张笑天

南京体育学院：孙文骏　刘德伟　林晓萱　沈诗瑶　张诗娴
杨菁蕊　方安楠　李欣颐　艾佳蓉　秦添悦
徐文婧　鲍骊婧　王慕芸

十四、高尔夫(10人)

南　京：骆梓杰　杜佳馨　郭欣然

苏　州：谭雅匀

连云港：伏启铭

淮　安：朱明轩　陈莹莹

泰　州：丁博涵　张远腾　孙如锦

十五、橄榄球(35人)

徐　州：周雨凡　刘亦菲　王紫璇　陈　橙　孙　娜
刘子凡

泰　州：张佳晨　齐志豪　张溢宇　陈文杰　张唐杰
栾宏立　蒋　坪

局训练中心：王佳佳　李　可　范钱煜　李彰明　刘欣雨
韩一民　刘新昊　姜朝阳　邱德润　徐宏宇
靳立晨　王赵静　胡　婉　季佳佳　杨晶晶
焦慧婷　高子旋　王芳雨　冯阳阳　费惊雷
黄芝玲　崔雨婷

十六、武术套路(4人)

局训练中心：汪欣阳　张展旗　杜奇权　张佳政

十七、山地自行车(3人)

淮　安:赵　冲　刘　倩　陈雨利

十八、柔道(23人)

南　京:周　颖　侯玉婷　李梦宇　孟令飞

无　锡:王江南

徐　州:余佳玉　唐鑫茹　卢世祺

常　州:潘明旭　宋旻轩

苏　州:吴　琼　任晓春

南　通:赵　枫

连云港:王钰涵

淮　安:刘　洋

盐　城:丁普昊

镇　江:徐润东

泰　州:房　鑫　罗国瑞　曹艺馨　龚睿瑜　王晨阳

宿　迁:施梓豪

十九、游泳(58人)

南　京:王羽青　朱雅婷　张灵汐　张玥童　张玥童
张玥童　邓梓轩　邓梓轩　吴诣轩　邓亦飞
邓亦飞

无　锡:丁睿旸　温胤杰　张真毓　徐煜洋　陈诗悦
许一飞　卢岸峰　白文康　戴泽远　高睿启
刘冠颉　李卓函　李卓函　李卓函

徐　州:陈思危　马文博　王景琦　刘子暄

常　州:李文钊　王子锐　黄一涵　王雨婷

苏　州:俞　越　俞　越　王申一　康予欣　孙偲靓
沈奕甜　张梓涵　蒋文韬

南　通:季　燃　朱睿希

淮　安:杜明泽　陈思彤　周师兆　杨　杰

盐　城:郑耀宇
扬　州:嵇天晨　嵇天晨
镇　江:周沐阳
泰　州:吴　月　杜宇翔
南京体育学院:曾　烨　王丽华　阮莉俪　马福晶　嵇天晨

二十、体操(6人)

南　京:应佳卉　潘雨暄
南京体育学院:范宜宣　张施宇　朱佳妮　赵颖渝

二十一、艺术体操(3人)

南京体育学院:卞金柔　杨子瑜　张子颖

二十二、篮球三人制(21人)

南　京:王铎澎　孟令泰　卓卉敏　赵霏羽　陈倪冉冉
无　锡:张　翔　陈　鼎
常　州:林晨星
苏　州:沈戴天　许津源　李梓祥　张佳斌
连云港:何京璞　孟楚涵　王皓宇　董逸扬
扬　州:王艺程　刘潇泽　孙　安　王耀辉
泰　州:蔡洋熙

二十三、乒乓球(21人)

南　京:胥泓宇　鹿羽尧　鹿羽尧　孙心怡　张　楠
　　　　许子萱
无　锡:尹　鑫
苏　州:徐钰涵
盐　城:徐翊云　毛　仪
扬　州:周应希　钱　岩　王麒皓　朱泓睿　卢　羿
　　　　叶子宁　陈　蕊　尤娅芸　周应希　钱　岩
南京体育学院:仇媛媛

二十四、网球(10人)

南京体育学院:刘翰林　赵德楠　李马俊　陈　烨　姜　恒
　　高子怡　史盛冉　王秋霖　盛建豪　徐佳钰

二十五、登山(3人)

南　京:吴　刚

苏　州:金建昌

淮　安:孙凌辉

二十六、单排轮滑球(4人)

南　京:罗婉华　罗斯琪　王雪婷　王　宁

二十七、举重(6人)

常　州:邹金芯　罗东辉

淮　安:李煜昊

宿　迁:刘美诗　杜雨晴　陈紫阳

二十八、皮划艇(20人)

南　京:赵　辉　马佳俊　郭　雯　杨梓昕

无　锡:裴俞瑜　方婷婷　毕云浩　胡　湃　许玮霖
　　赵珺岚　陈钰蓉　李文韬　武煜杰

徐　州:李子阳

苏　州:张欣然　张毓茹

连云港:张腾太　陈家正

泰　州:王浩宇

水上中心:陈俊希

二十九、赛艇(23人)

无　锡:雷一鸣　李孟泽　殷嘉俊　陈　涛　张　晨
　　李　帅　时　梁　林子寒　潘　波

徐　州:王雨欣　王　坤　赵子诺　林　挺

常　州:丁佳慧

泰　州:蔡厚宏　刘　陈

水上中心:蔡继尧　潘书尧　张汉文　张萌哲　张萌轩
　　沈慧雯　李　貌

三十、自行车(14人)

苏　州:杨滢滢　杨依凡　尹欣杰　洪　斌　谢锦程

南　通:金　磊　袁　驿

连云港:王　楠

泰　州:王美琪

局训练中心:杨书娜　刘成路　张　玉　吴相龙　郝伟伟

三十一、射击(8人)

徐　州:薛皓文　张煜坤

常　州:章文迪

盐　城:薛　洁

扬　州:王琳雅

泰　州:董一涛　游晨璐

方山训练基地:成　昊

三十二、棒球(10人)

南　京:严秋实　严春眠　陈　搏　刘芷烨

无　锡:许　帆　曹景杰　史志宇　王　杰

扬　州:郑铭远　焦福权

三十三、蹦床(4人)

南京体育学院:邓雅瑄　王睿喆　周思琪　王雨婷

三十四、沙滩排球(9人)

徐　州:黄　义　厉秋妍　孙爱宇　杜庆国　徐棕琪

苏　州:邓宏雨

南　通:李史杰　陆王昊

宿　迁:王甜甜

(注:在同一项目中,同一姓名多次出现“一级运动员”称号,为该运动员成绩达到不同小项“一级运动员”标准。)

等级裁判员

【2020年批准的一级裁判员】 2020年，江苏省共有击剑等23个项目605人被江苏省体育局批准为一级裁判员，名单如后。

一、击剑(33人)

南　京：陆　毅　李　晨　孙　斌　施　云　陆亚珠
周　茹　高　歆　汪　杨　孙寿辰　唐晓琦
秦友好　张译文　仇茜茜　钱巨淼　许文馨
周圣麟　周　园　马子星　张　洁　梁璐彤
杜思齐　何珺玮

无　锡：许星玥

常　州：冯龙虎

苏　州：陈启敏　刘　琴　李　娜

南　通：朱姝姝　杨　彧

扬　州：韩胜男

镇　江：金　南　凌　良

泰　州：徐前程

二、跆拳道(27人)

南　京：韦　瑞　万雨梦　孙开顺　王　昊　施春潞
王佳佳　张珑译　李前龙　金　成　王益航

无　锡：朱晓清

徐　州：狄　龙　孟　亮　李　岩

南　通：张　政　徐　凯　王　悦　郑　鑫

连云港：陈　建　刘　佳　李　雪

淮　安：荣泉泉　邵开培　钟　锐　张　伟

镇　江：李玄烨

泰　州：李盘稳

三、游泳(49人)

南　京：金德继　张紫璇　施正颖　张赟圣　李佞偈
刘泓琳　杨　勇　杨　烁　刘皓愉　刘依兵
黄逸昆　沈廷峰　黄子回　吕玮坤　何　焱
亢豆叶

无　锡：金　翠　陈潇潇

徐　州：赵秋娇　董子硕　马传娟

常　州：卢彩霞

苏　州：梁　辉　许晗斐　赵沁怡　彭兰宾　朱敏悦
陈浩然　冯　聚

南　通：孙熙熙　吴鑫煜

盐　城：肖　伟　陈　浩　葛媛媛　薛惟奇

扬　州：盛越鹏　顾春兰　刘国飞

镇　江：杨婷婷　刘　聪　孙妍波　韩　笑　陈　点

泰　州：姜志康

宿　迁：吴艮歌　刘尚春　耿　威　宋启威　何朋军

四、橄榄球(25人)

南　京：赵一铭　李元园　蔡胜正　陈雨倩　武月昊
汪　昕　岳天琦　包雪倩　王　豪　马晓丹
赵　硕　沈莹莹　葛陈洁　徐　恬　刘雪丫
孙彩红　聂子豪　纪　澳　秦　函　窦欣蓉

徐　州：刘格格　王星辰

南　通：秦　莉

淮　安：邢　洁

宿　迁：胡　宇

五、空手道(32人)

南　京：蒋冰倩　黄永才　秦世龙　徐梓萌　许　军

金宏滨　胥　锐　沈　月　徐　兵

无　锡:仝　琳　卢　燕　王思娜

徐　州:王军宝　陈妍妍

常　州:范晓栋　寨小梅

苏　州:徐逸扬　张　剑　李嘉诚　陈　信　沈　立

徐家俊　李铄阳

南　通:苗　壮

扬　州:王　鑫　刘庆文

镇　江:郝立群　谭　伟　金　勇　管亚强

宿　迁:徐娇娇　李子杰

六、健身瑜伽(19人)

南　京:吕纯林　曹　霞　夏　天　季　臻　林秋洁

朱　定　王业慧　纪祥兰

常　州:徐玉娟

苏　州:樊姗姗

连云港:李　娟

扬　州:徐　熹

泰　州:殷佳蓉　李　欢　张　燕　张　敏　屠东节

景欣悦　殷　姿

七、健美(15人)

南　京:魏怡佳　李嘉龙

无　锡:赵　旺　黄业明

徐　州:罗　薛　张广萌

常　州:夏　阳　陈群峰　徐　放　魏健潇　陈颖琦

马春雷

苏　州:田　丰

扬　州:薛庆明　蒋长征

八、健身气功(28人)

南　京:张雁行　高志伟　席　月　徐　勰　徐京朝
　　　　刘安兵　姜　波　李　华
无　锡:吴　卿　张海英
徐　州:刘黎明　王诗琪　李小芳
苏　州:曹敏敏　王若霖　郭惠娟
连云港:刘　燕　王　艳
盐　城:许　吉　刘　静
扬　州:罗玉梅　林海珍　金　萍　费振洲　蒋育洋
泰　州:李　军　罗爱红
宿　迁:吴　爽

九、毽球(25人)

南　京:谢鹏磊　张　宪　童颖智　杨晓芬
无　锡:于　蕾
徐　州:万洪源　郑中言　魏昆颤
苏　州:李德旗　吴建伟　张　雅　杨宇航　鲜光耀
　　　　曹光豪
南　通:张华宏
连云港:赵华成
淮　安:周　磊　贝帮鹏　段美懿
扬　州:朱　振　韩　迪　丁郭洋
泰　州:李慧琳　谭智玮
宿　迁:王玉婷

十、门球(19人)

南　京:张　涛　崔美善　陆小梅　郭举能　沈晓利
　　　　苏　诚
苏　州:张维珍
盐　城:宋红霞　宋爱林　陆微微　陈　静　曾桂霞

钱德梅
扬　州:蔡　妍
镇　江:朱天松
泰　州:王章兰　黄文建
宿　迁:穆　弘　刘向红

十一、广场舞(21人)

南　京:王　璐
徐　州:王淑婷　彭雪燕　肖　华　闫桂琴
常　州:戴秀芬　张文贤
苏　州:范雅温
连云港:张华莹　阎海玲　朱　平　李亚蓓　袁鲁燕
淮　安:殷　艳　袁红霞
盐　城:刘汝芳　魏原野　朱广全　张海燕
镇　江:刘正仪　任淑慧

十二、羽毛球(70人)

南　京:左慧玲　孙煜然　李　航　孟令坤　邵　君
钮灵犀　赵志鹏　宁志勇　钱佳文　冷雪梅
王芝允　吕芳华　杨晓芬　朱　莉　高学东
彭伟健　王　君　解　乙　高静静　孙　元
陈　飞　朱　洁　杨　璐　童　欣　林　云
赵　伟　袁　璐
无　锡:王婷婷　俞雪明　孙　杨　张宁敏　华　兰
常　州:陈正峰　吴加庆　顾　超　高　源　李丽娟
苏　州:汤姣姣　云言灵　张文幸　沈　凌　吴相雷
史竞文　郁娜娜　张力萌　肖维良　肖鑫艳
刘　丰　冯宁宁　庞瑶瑶
南　通:顾志均　唐涓铭　李　锋　顾皓然
连云港:张逸杰　周阳阳

盐　城：刘文方　李晓霞　孟文涛
扬　州：徐　熹　吴金星
镇　江：赵　俊　王　沫
泰　州：王　敏　曹司雨　李　婷
宿　迁：秦家百　耿　威　刘　烁　于　春

十三、沙滩排球(26人)

南　京：徐肖亚　黄逸雯　濮一晟　薛昭铭　虞俊杰
　　　　王子裔　李米沙　张彦崟　朱天尧　张　磊
　　　　邹馥凯　朱　磊　陆　岩　王静漪
徐　州：姜　晨
苏　州：徐　冉
连云港：顾继兴　田　欣　王铭浩
南　通：茅海勇　史静雯　张　镕　龚柳宇　沃小琴
扬　州：钱中旻
泰　州：沈戴娟

十四、武术套路(40人)

南　京：刘念奇　蔡雅洁　殷子骏　郑国庆　刘　易
　　　　张育菲　钱　辰　陈　凯　张道鑫　周凤来
　　　　刘二晴　徐京朝　吕孟涵　王　诚
无　锡：许少达　丁蔚锋　刘泽锴　袁　威　张润天
徐　州：王　坤　彭嘉欣
常　州：刘国平
苏　州：全佳雯　潘　磊　洛　静　殷雅轩　卢倩漪
　　　　周春晖　许　彤　马思恩
南　通：何　咏　江秀珍　孙德明　白如玉
淮　安：张创业
扬　州：叶嘉鑫　贾星辰　洪　赞
泰　州：罗爱红　王　姝

十五、网球(35人)

南　京:刘东升　李静波　郝晓亮　丁　杨　汤鸣杰
顾腾豪　杨　冬　栾泽皓　杨昊然　徐　捷
赵　静　尹彦淳　王　成　张可欣

徐　州:郭嘉欣　王小波　朱　雷

常　州:邢思瑶　李　月　朱嘉城

苏　州:陆　峰　程鑫瑀　邹函岑　孙洁莹　郭　莹
张希宇　王成镇　陈梦伟　李向阳　蒋荣琴

连云港:于　敏

淮　安:马　行　王　鑫

扬　州:徐　熹

泰　州:张治平

十六、围棋(41人)

南　京:王志刚　黄怡薇　俞雁翎　赵启烨　张　健
王仕诚　朱永康　刘相林　吕璐璐　陈　骁
殷葳蕤　吉彬冰

无　锡:季　震

徐　州:王苏彭　姚　均　王尊阳

苏　州:孙昱槐　项　宁　潘艺迪　孙晓琳　李　影
吴真宇　曹　政

南　通:陈秀军　吴睿琦　朱　斌　季勇国　钱　程
沈小君　袁　埜

淮　安:刘　进

盐　城:鲍网宝　谢玉蓉　鲍靖婷

扬　州:吉　晶

镇　江:王　涵　陈雨茜　史和伟　周　静　王子彧

宿　迁:刘晓宇

十七、国际象棋(17人)

南　京:潘晟轩　薛　松　方　舟　张雪峰　孔　吼
　　　　刘恒越　牟　聪　阚博颖　沙　莎
常　州:沈　亮　李仁兵　李金成
南　通:张臻玮
连云港:陈华震
盐　城:朱　磊
扬　州:糜　谦
泰　州:华　军

十八、象棋(20人)

南　京:孙鹏彬　孙　宇　陈　健　徐　睿　马　龙
　　　　衡　昕　何　剑
徐　州:赵燕中
常　州:葛亚威　徐天翼
苏　州:盛志华　刘　峰
南　通:施伟峰　仇惠炜
连云港:肖　玮
盐　城:崔杨欣　陈信军
镇　江:吴轩乐
泰　州:李迎芳　蔡　霖

十九、壁球(11人)

南　京:沈　阳　朱　瑞　孙　瀚　杨明伟
无　锡:查美琴　徐　通　曹秋梅　李　健
扬　州:张　舟
宿　迁:石金鑫　李万万

二十、技巧(9人)

南　京:王翠翠　王　磊　孟齐慧　芮留铭　孟　洁
徐　州:夏芝梦　申现国

常　州:熊　洁

苏　州:薛王鑫

二十一、蹦床(9人)

南　京:高星月　文　杰　周银屏　许国君　周宣妤
　　　　戴昊男

南　通:钱　程　刘苏睿　王琳玲

二十二、艺术体操(12人)

南　京:吴虞嫣　熊佳妮　何　超　范　文　郭子玉
　　　　陈曦烨　陈碧舸　徐妍睫　王若琦

常　州:杨　蕾

扬　州:金珂冰　姜斯玥

二十三、摔跤(22人)

南　京:李云英　王　娇　汤芸艳　孙思捷　陈　泽
　　　　管昌伟　张　悦　陆　莹　韩　悦　高伟文
　　　　徐永亮　潘婷琳　周欣茹　刘志豪　叶雨晴
　　　　张　颖　包旭东　苏浩东　杨　开

淮　安:侯建阳

扬　州:罗德康　孙建新

（吴　勇　马宗意）

体 育 宣 传

2020年,江苏省体育局以习近平新时代中国特色社会主义思想和习近平总书记关于体育工作重要论述为指导,紧紧围绕体育工作主线,把握重点,不断创新。在体育宣传工作中,结合自身实际,积极宣传群众体育、竞技体育、体育科研、体育文化等领域取得的成果,并充分发挥网站、新媒体作用,努力营造全社会关注体育、参与体育、支持体育的良好氛围。

弘扬传统体育文化与体育文化巡展

【弘扬传统体育文化】 2020年,省体育局依托江苏体育陈列馆来做好相关的宣传教育和服务工作。上半年,结合疫情防控常态化形势,开启了线上线下相结合的宣传教育模式,利用江苏体育陈列馆官方微信平台,开辟了云观展,传统体育公共体育等专栏,定期向广大网友推送相关资讯。同时开展了体育知识答题有奖,观影留言赢影券等网友互动活动。成功举办了“弘扬体育精神　凝聚奋进力量”2020江苏体育文化夏令营和冬令营活动,开展非遗传承人剪纸活动、走进江苏苏宁足球俱乐部,体验冠军风貌活动、以及“乘风破浪”的少年帆船活动;与拉萨路小学合作,开展了“强富美高中国美,意气风发少年行”雏鹰小队诗朗诵主题活动;与五台山游泳俱乐部和南京市秦淮区残疾人康复中心合作开展“观展品学知识,体育文化小课堂”,激发体育精神和爱国主义情怀。

【体育文化巡展】 2020年，省体育局着力打造以体育精神为内核的江苏优秀运动员形象品牌，7月和10月，分别与苏州市体育局、南京市体育局以及南京体育学院合作，在苏州圆融广场、南京德基广场和南京体院举办了“牢记初心使命攀新高，践行女排精神再出发”体育文化展巡展，以“大国追梦三大球，反败为胜卫冕成功，卧薪尝胆三连冠”等板块为主题，回望了中国女排十冠王的传奇经历。本次巡展共有参观人数近3万人，其中江苏频道的“女排精神体育文化展黄金周”亮相新街口，浏览量达到了接近8万。抖音江苏宣传视频点赞量达1094次，学习强国江苏平台浏览量达到8万次。

第三届体育文创大赛与推进体育文化建设

【第三届体育文创大赛】 2020年，省体育局举办以“运河文化之美 体育文化之魅”为主题的2020第三届江苏体育文化创意与设计大赛。本届大赛共收到作品2076件。参赛作品门类丰富，质量也较去年有了较大的提升。大运河体育文化周边创意设计赛共收到作品503件；体育文化传播创意设计赛共收到作品671件；体育运动装备创意设计赛共收到作品603件；体育文旅IP项目创意开发赛共收到作品7件；另有大运河体育系列赛事活动Logo及江苏体育陈列馆IP形象设计等定向需求作品292件。大赛最终评出金奖3名，银奖5名，铜奖5名，优秀奖20名。

【推进体育文化建设】 2020年，省体育局开展排球运动项目的拍摄工作，以运动员、教练员为核心，讲述在疫情防控期间他们的工作和生活故事，呈现江苏体育改革成就背后每一个个体的艰辛与付出、荣光与梦想，追寻改革创新的女排精神和时代精神；

参加2020中国体育旅游　中国体育文化博览会线上展示，“江南船拳”入选2020中华体育文化优秀项目；参与主办“城市因你不一YOUNG”2020(第五届)南京城市定向赛，并完成江苏体育陈列馆打卡活动，增强体育博物馆的曝光度，加强市民对全民健身的观念和群众运动的普及；完成2020《江苏体育年鉴》70万字编制工作，全方位详实记录了2020年江苏体育的发展进程；完成2005年至2020年《江苏体育年鉴》电子化年鉴工作，开辟检索、复制等功能，抢救性保护部分孤本年鉴。

举办各类体育文化活动与做好网站新媒体运行

【举办各类体育文化活动】 2020年省体育局举办以“布局互联网体育生态新链路　打造新时代体育文化新格局”江苏体育文化发展沙龙，推进体育文创工作的社会效应，聚焦更多的行业资源，形成良好的体育文创发展方向。同时，通过举办2020全省体育文化研讨会，各地市交流体育文化发展成果，更好地推动江苏体育文化事业快速发展，进一步丰富新时代体育强省内涵。

【做好网站新媒体运行】 2020年，省体育信息中心(省体育文化中心)全力做好省体育局网站和新媒体宣传信息服务，截至2020年12月10日，全年共发布网站信息超3000条，江苏省体育局微信公众号全年共发布785篇，总阅读量达到34万+，同比增长110%，篇均阅读量434次，单篇最高阅读量48000+。微博共发布641条，访问量达到14247人次。

新闻发布会

【江苏省全民健身十大新闻】 2020年是“十三五”收官之年，江苏坚持以习近平新时代中国特色社会主义思想为指导，深入贯彻落实全民健身国家战略。紧紧围绕“强富美高”新江苏建设大局，坚持“争当表率、争做示范、走在前列”的新要求，统筹推进疫情防控和体育事业发展，加快建设高水平的全民健身公共服务体系，努力促进全民健身与全民健康深度融合，奋力谱写“体育让生活更美好”新篇章。

在江苏省体育局指导下，江苏省公共体育发展研究院、中国江苏网联合开展的“2020年江苏省全民健身十大新闻”评选结果揭晓。

一、贯彻全民健身国家战略　公共文化体育百姓满意度位列11个行业之首

2020年，全省人均体育场地面积达3.15平方米，经常参加体育锻炼人口比例达40.3%，居民体质合格率达93.1%。江苏体育彩票公益金筹集分配和省级体育彩票公益金安排使用情况数据显示，省级体育彩票公益金共安排支出65242.44万元，用于群众体育工作47321.90万元，占72.53%。百姓对公共文化体育的满意度连续两年位居11个行业满意度的首位。

2020年，江苏深入贯彻落实全民健身国家战略，人民群众体育获得感和满意度不断提升，体育强省建设取得新进展。2020年6月，江苏省政府办公厅发布《江苏省贯彻体育强国建设纲要实施方案》，对江苏未来30年（至2050年）贯彻体育强国建设明确了各阶段规划目标，并发布了《体育强省建设三年行动计划（2020—2022年）》，在增进国民健康、提高幸福指数，加强体育公园、健身步道建设等方面提出具体数量和质量要求,老百姓身边的“10分钟健身圈”内涵进一步提升。

二、围绕疫情防控大局 交出抗击疫情和全民健身高质量发展“双答卷”

江苏省体育局第一时间成立疫情应对工作领导小组,印发《关于做好新型冠状病毒感染的肺炎疫情防控工作的紧急通知》《省体育局新型冠状病毒感染的肺炎疫情防控与应急处置工作方案》《关于持续做好疫情防控工作的通知》等文件。

科学健身抗击疫情。省体育局联合省卫健委举办送健身气功八段锦进机关活动;积极创编居家科学健身方法,制作居家健身科普图片及小视频,发布《运动抗“疫”居家健身手册》,全力打好疫情防控阻击战。

稳妥有序推进复工复产。积极贯彻落实国家体育总局印发的《科学有序恢复体育赛事和活动推动体育行业复工复产工作方案》精神,稳妥有序地开放体育场地设施,逐步恢复全民健身赛事活动,全省各级各类体育场馆、全民健身赛事活动实现“零感染”。

三、办实办好民生实事 构建更高水平的全民健身公共服务体系

2020年,江苏继续将体育公园、健身步道建设纳入省政府年度民生实事,全年推动全省新建体育公园111个、健身步道500余公里。人均体育场地面积达3.15平方米,发放体育消费券5000万元。推动118个大型体育场馆向社会免费或低收费开放。

2020年9月,江苏省政府在扬州召开体育强省建设工作推进会,明确提出加快构建更高水平的全民健身公共服务体系,不断增强人民群众的获得感、幸福感、安全感。

到2020年,全省共建成130多个省级以上体质测定与运动健身指导站、5.9万个晨晚练健身点,推动省市两级建立了科学健身指导专家库,社会体育指导员队伍超30万人。通过科学健身大讲堂、开展全民健身志愿服务等方式,向群众普及科学健身知识。12月15日,江苏构建更高水平全民健身公共服务体系研讨会在泰州举行,就"十四五"时期构建高水平公共体育服务体系的规划、工作思路和计划进行了研讨。

积极推进全民健身公共服务信息化、智慧化。推动一批二代智慧健身路径落地,打造"体质健康大数据平台"提供全民健身科技服务。泰州市在全国首创推出"体育为民驿站"服务,该市主城区共有36家"体育为民驿站"免费向市民提供体质监测、健身指导、便民服务等十多项公益服务,受到健身群众欢迎。

四、探索运动促进健康新模式 印发《关于促进体医融合发展的意见》

作为国内最早开展体医融合的省份之一,江苏积极推动体医融合发展,充分发挥科学健身在健康促进、慢性病预防和康复等方面的特色作用,积极推广覆盖全生命周期的运动健康服务。2020年12月,江苏省体育局与省卫生健康委员会联合印发了《关于促进体医融合发展的意见》;共同举办运动处方师培训班;成功举办第五届中国常州国际运动康复大会;常州市体育医院、苏州运动云医院、南京市溧水区中医院等单位积极向群众提供体医融合服务。

五、创新办赛模式 举行江苏省第八届全民健身运动会

2020年,江苏省第八届全民健身运动会成功举行。运动会设有30项比赛,从8月开始至11月初结束,在江苏全省32个赛区开展。竞赛项目中有三分之一是传统体育和民俗体育项目,包括了风筝、拔河、健身气功、太极拳、柔力球、传统棋类(围棋、象棋)以及江苏本土智力运动项目掼蛋等,体现了举办地与赛事项目的文化契合度。

组委会还创新组织了全民健身摄影大赛、最美乡村健身公园、最美跑步线路、"三个一百"等多个线上评选活动。参与人群涵盖老年人、干部职工、在校大学生、农民和残疾人等多个群体。线上、线下全民健身运动会的举办，在实现“安全、有序、精彩”目标的同时，有力促进了全民健身运动广泛深入开展，推动全民健身与全民健康的深度融合，进一步提升了群众的参与感、获得感和幸福感，为江苏经济社会高质量发展汇聚起新动能、新力量、新活力。

六、把握线上健身新时尚　创办首届网络全民健身运动会

突如其来的新冠肺炎疫情对体育赛事活动影响较大。江苏创新探索“互联网+体育”形式，举办形式多样的全民健身网络赛事，广大体育爱好者足不出户即可进行体育锻炼，丰富了疫情期间群众的居家生活。成功举办首届网络全民健身运动会，赛事从8月8日持续至11月8日，参与人数近400万，关注人数近2000万。

举办全省首届健身气功·八段锦网络达标赛，参赛人数超过万人。举行线上“我舞我秀”比赛，上传视频总数18100条，点击率达800万。举办全民居家啦啦操网络比赛活动，共收到来自30个省、自治区、直辖市的近万条形式新颖、风格各异的啦啦操运动短视频，参赛人数过万。

七、党建引领建设“民心工程”　深化省属体育社团分类改革

2020年，江苏省体育总会在协会改革方面实现重大突破，在华东地区率先成立省属体育社团党委，用党建引领省属体育协会改革工作，促进协会健康发展。

11月，启动实施《进一步深化省属体育社团分类改革方案》，省体育总会与各省属体育社团签订《省属体育社团分类改革协议书》，65家省属体育协会全部完成脱钩。其中，广场舞协会改革颇受关注，通过建立五级培训体系，组织“公益培训大篷车”和广场舞志愿者开展送舞送教送方法送思想送精神“五送”到社区、到乡村，创新广场舞公益培训“五个程序”和“六个统一”方法，提升了管理的程序化、标准化、规范化，让“烦心项目”变成百姓喜欢的“民心项目”。

八、连续四年发放5000万元体育消费券　促进体育消费提质升级

为进一步培育引导群众体育消费，江苏省体育局、江苏省发展改革委印发《关于促进全民健身和体育消费推动体育产业高质量发展行动方案》，努力推动体育产业高质量发展，促进体育消费提质升级，激发体育消费新动能。

为加快促进疫情下全民健身和体育消费，发放各种形式的消费券成为提质增效的有效手段之一。江苏省体育局利用体彩公益金，连续四年发放5000万元体育消费券。创新实践“体育+互联网+金融”的模式，采取“江苏全民健身卡”“全民健身公共积分”两种方式发放。从反馈效果来看，体育消费券受到众多健身群众的好评和追捧，定点体育场馆的社会效益、经济效益也在不断提升。数据显示，2020年，持有江苏全民健身卡的群众达390万人，领取体育消费券的人次超过100万，拉动体育消费7.68亿元，比例达1比15。

九、有序开展群众身边的赛事活动　谱写群众体育赛事新篇章

2020年，江苏把赛事活动和国家战略紧密结合，推动形成规范合理、覆盖全省、城乡贯通的群众性赛事活动体系。在做好疫情防控的基础上，开展“新年大运河健步走活动”“大运河龙舟公开赛”“大运河马拉松系列赛”“长三角全民健身大联动”“健康江苏健步走”“全民健身日”“全民健身进家庭”“新年登高”“魅力江苏　最美体育”等群众性赛事活动。共举办50人以上的赛事12975场，组织有规模的体育健身活动1.3万场次，经常参加体育锻炼人口比例达40.3%。

十、升级科学健身指导新模式 “小动作 大健康”系列健身视频获好评

2020年,受新冠肺炎疫情影响,大型体育赛事、人群聚集型的线下培训活动难以开展。为满足广大群众的健身需求,江苏积极探索利用网络、新媒体平台开展线上培训,把专业的健身指导通过“云课堂”送到群众身边。

2020年1月,江苏省发展体育基金会联合江苏省体育科学研究所、中国江苏网等单位,邀请奥运冠军、中国女排队员张常宁、龚翔宇示范,拍摄并制作了5集《小动作 大健康》系列健身视频,通过“学习强国”、中国江苏网、中国女排官微等主流平台推出,累计点击量过亿,荣获第十五届江苏省党员教育作品观摩交流活动三等奖等荣誉。

【健身公益项目新闻发布会】 2020年5月9日,江苏省体育局举行“致最美逆行者”健身公益项目新闻发布会。本健身公益项目由省发展体育基金会与省五台山体育中心联合推出,为南京地区的省属、市属援鄂医务人员提供公益健身服务,发布会在南京举行。省发展体育基金会理事长张九汉、省体育局副局长王志光等出席发布会。“致最美逆行者”健身公益项目受益对象为南京地区的省属、市属援鄂医务人员,限本人使用(科学健身指导课程可由符合项目使用条件的子女使用)。具体公益项目包含100张健身年卡、180张游泳年卡、2290节一对一科学健身指导(229个名额,10课时/名额)以及为援鄂医疗机构提供的团建活动场地。

【体育消费券发放新闻发布会】 2020年5月25日,江苏省体育局在南京召开新闻发布会,启动2020年体育消费券发放工作。省体育局局长陈少军、副局长熊伟、中国银行江苏省分行行长宁效云、副行长祁斌等出席会议。江苏省体彩公益金中安排5000万元,以“体育+互联网+金融”的方式,委托中国银行江苏省分行、积分通(张家口)信息服务有限公司分别通过“江苏全民健

身卡”“全民健身公共积分”两种方式发放体育消费券。其中通过“江苏全民健身卡”向群众发放2000万元普通体育消费券和冰雪消费券，按每人2000元标准向江苏省赴湖北参加新冠肺炎疫情防控的一线医务人员、工作人员赠送700万元突出贡献群体体育消费券；按每人1000元标准向苏北两个设区市部分青少年发放300万元健身培训券；通过“全民健身公共积分”向群众发放2000万元全民健身公共积分和冰雪积分。健身群众实名办理“江苏全民健身卡”后，可申领“满100元减50元”普通体育消费券和“满200元减100元”冰雪消费券。

【体育强国建设纲要实施方案新闻发布会】 2020年7月16日江苏省政府召开贯彻体育强国建设纲要实施方案新闻发布会。发布会上，省体育局主要领导围绕日前省政府办公厅印发的《江苏省贯彻体育强国建设纲要实施方案》中的主要内容及相关政策进行了解读。省发展改革委、省教育厅、省工业和信息化厅、省文化和旅游厅、省卫生健康委的分管领导出席并回答记者提问。

《实施方案》的特点主要体现在：一是在目标规划上充分体现江苏高质量发展走在前列的要求；二是在组织实施上坚持长远规划与阶段安排科学衔接，兼顾“长规划、短计划”；三是在方案路径上坚持创新驱动提升体育治理效能，结合新时代新要求以及近年来工作实践，聚焦体育改革发展中的关键和重点，提高体育治理体系和治理能力现代化水平。

【江苏体育优秀新闻作品评选揭晓】 2020年6月12日，2019年度江苏体育优秀新闻作品评选结果揭晓，本次评选由省新闻工作者协会、省体育局、省体育记者协会联合开展。征集活动发布后，全省各新闻单位围绕体育重点工作，精心组织体育宣传报道，涌现了一大批精品力作，为推进全省体育事业高质量发展营造了良好舆论氛围。征集活动共收到文字作品135篇，广播电视作品78篇，图片作品43篇，从中评选出文字作品一等奖4

篇、二等奖5篇、三等奖16篇;广播电视作品一等奖2篇、二等奖3篇、三等奖5篇;图片作品一等奖1篇、二等奖2篇、三等奖3篇。

体育局系统主办的报刊

【体育与科学】 《体育与科学》杂志1978年创刊,江苏省体育科学研究所主办,江苏省体育局主管。《体育与科学》杂志自有期刊评价数据库以来,连续入选"中文社会科学引文索引"(CSSCI),"中文核心期刊要目总览"和中国人文社会科学核心期刊三个遴选数据库。杂志以学术性与普及性并重,注重学科建设。读者对象以体育科研人员,大专院校研究生和本科生为主,兼及体育管理和关心体育理论研究的爱好者。

《体育与科学》杂志连续入选"中文社会科学引文索引"(CSSCI),再度入选《中文核心期刊要目总览》。本刊5篇文章被中国人民大学"复印报刊资料"全文转载,根据人大复印报刊资料2020年度转载论文数据,本刊再次入选"重要转载来源期刊"。编辑部积极参加省期刊协会组织的全省期刊编辑技能大赛,获得银奖和铜奖各一人;获得省科技期刊学会金马奖优秀论文奖。

2020年特设专题栏目有:"十九大精神与中国特色体育"专栏;"北京冬奥会与冰雪运动文化"专题栏目;"疫情下的中国体育"专题研究栏目。此外,还针对社会热点问题,如《民法典》颁布、奥运会延期的合法性与合理性、东京奥运会延期与北京冬奥会的关系等设专题。

双月刊,国内统一刊号:CN32—1208/G8。主编:程志理。

【体育学研究】 《体育学研究》,原名南京体育学院学报(社会科学版),1987年创刊,江苏省教育厅主管、南京体育学院主办的国内公开发行的体育类学术期刊,2018年更名。国内统一刊号：CN 32—1881/G8，国际标准刊号：ISSN 2096—5656，为双月刊，大16开，每双月末出版，每册定价10元，全年定价60元。

2018年，入选中国社会科学院的中国社会科学评价中心数据库核心期刊；2019年入围CSSCI扩展版来源期刊。《南京体育学院学报（社会科学版）》值创刊三十周年之际，经国家新闻出版广电总局批准更名为《体育学研究》，成为中国首家以学科命名的体育期刊。

期刊以促进体育科学研究和服务体育强国建设为办刊宗旨，以突出特色、增加内涵、构筑体育学术高地、争创体育一流期刊为办刊目标，介绍国内外体育科研成果动态，反映体育学研究的新成果、新理论、新技术、新经验。期刊设有"本刊特稿""专题研究""学术论坛"等栏目，为广大学人提供优质学术交流的平台。该刊2020年编委会主任为杨桦、朱传耿，主编为杨国庆，副主编为史国生、李江，编辑部主任为高亮，编辑为尤传豹。编辑部设在南京市灵谷寺路8号南京体育学院内。

【南京体育学院学报】 《南京体育学院学报》〈原《南京体育学院学报（自然科学版）》〉创刊于2002年，是由江苏省教育厅主管、南京体育学院主办的国内外公开发行的体育类学术期刊，2018年由南京体育学院学报（自然科学版）改名为《南京体育学院学报》。国内统一刊号：CN 32—1882/G8，国际标准刊号：ISSN 2096—5648，月刊，大16开，每册定价10元，全年定价120元。《南京体育学院学报》是《中国学术期刊（光盘版）》（CAJ—CD）全文数据库、中国期刊网（CNKI）网络数据库、万方数据库和中国科技期刊数据库的全文收录期刊，被评为江苏省一级期刊和精品期刊。学报坚持开放办刊、质量办刊、创新办刊理念，开设了本刊特稿、体育人文社会学、运动人体科学、体育教育训练学和民族传统体育学等栏目，以刊载最新体育科学研究成果为主。刊物面向广大体育教师、优秀运动队和各级体校教练员、体育科研人员、各级体育管理人员及其他体育工作者。该刊2020年编委会主任为朱传耿,主编为杨国庆,副主编为史国生、李江,编辑部主任为高亮,编辑为蔡明明。编辑部设在南京市灵谷寺路8号南京体育学院内。

【《江苏体育年鉴》】 2019年《江苏体育年鉴》编辑出版。全书包括大事记、文件辑要、群众体育、竞技体育、体育科研等栏目。全书共计70万字。

【扬子体育报】 2020年《扬子体育报》全年共出刊46期,单期印刷发行5.3万份。2020年在疫情刚爆发初期,《扬子体育报》编辑部团队在做好防护同时,坚持一线采访,从居家健身、运动队备战、党团建设、后勤保障等诸多方面,如实向读者展现了江苏体育战线防疫、抗疫的实际情况。疫情进入防控常态化之后,《扬子体育报》编辑部团队更深入参加如全民健身运动会、网络全民健身运动会、十四届全运会备战、体育产业大会等江苏体育重要活动事件报道。2020全年,《扬子体育报》刊发稿件约1200余篇,累计约90万字,图文并茂地真实记录了疫情之下江苏体育的风采。

（臧曼如　徐　鹏）

体 育 教 育

高等体育院校教育教学

【南京体育学院】 南京体育学院是江苏省体育本科专业设置最全、体育专业最强的独立建制的省属普通高校，是一所高水平竞技体育训练基地、各类体育人才培养中心和体育科研前沿阵地的特色型高等体育院校。2020年是学院“十三五”收官，也是东京奥运会和十四届全运会备战关键之年。学院在省委省政府的正确领导下，在省体育局、省教育厅的直接领导下，统筹做好疫情防控和新时期学校事业高质量发展，持续推动教学、训练、科研等各项事业不断取得新成效，顺利完成了年初确定的年度重点工作和主要工作，为早日建成“优势突出、特色鲜明、国内一流、国际知名的高水平体育学院”奠定了坚实基础。

一、南京体育学院院级和教学单位领导情况(2020年12月)

职　务	姓　名	职　称
党委书记	朱传耿	教　授
党委副书记、校长	杨国庆	研究员
党委副书记、副校长	史国生	教　授
党委副书记	兰亚明	研究员
党委常委、副校长	李　江	教　授
党委常委、副校长	金　松	研究员级高级政工师

续表

职务		姓名	职称
党委常委、副校长		肖爱华	高级教练
党委常委、纪委书记	省监委派驻监察专员	潘林珍	副研究员
党委常委、总会计师		黄步龙	正高级会计师
体育教育与人文学院	党总支书记	邹国忠	教授
	院长	王凯	副教授
	党总支副书记	卢奎	助理研究员
	副院长	李金宝	教授
	副院长	叶强	教授
运动训练学院（足球学院）	党总支书记	张亚军	高级政工师
	院长	赵琦	教授
	党总支副书记	喻菊	副教授
	副院长	张明	教授
武术与艺术学院	党总支书记	殷怀刚	副教授
	院长	支川	教授
	党总支副书记	陈荣梅	副教授
	副院长	杜家俊	副教授
运动健康学院	党总支书记	王猛	讲师
	院长	汤强	研究员
	副书记	石红霞	副研究员
	副院长	赵彦	副教授
体育产业与休闲学院	党总支书记	王进	副教授
	院长	于翠兰	教授
	党总支副书记	杨丽丽	副研究员
	副院长	唐芒果	教授

续表

职　务	姓　名	职　称	职　务
马克思主义学院	副院长、直属党支部书记	葛翠柏	副教授
继续教育学院	院　长	李勇勤	教　授
研究生部	主　任	沈鹤军	教　授

二、南京体育学院优势学科建设、博士学位授予单位建设、专业课程设置、教学设施、师资及招生情况

学院不断加强优势学科建设。2020年，南京体育学院优势学科建设工程三期项目顺利通过验收，成功获批高校优势学科培育建设项目；博士授予单位建设扎实推进，博士点建设目标完成率达到85%；获批新闻与传播个专业硕士点；完成2019年带头人成果统计考核工作，进行了带头人建设工作终期考核。

加强制度建设，完善治理体系。根据学校“制度建设年”工作部署，依据制度建设废、改、立要求，2020年，体院制定了本科教学管理制度修订工作方案，开展了有针对性的校内外调研工作。在此基础上，对学院原有本科教学管理制度进行了全面梳理和系统分析，同时对标国家和省最新颁布的高等教育相关政策制度文件，完成了45项本科教育教学制度的废、改、立工作，印制了新版的《本科教学管理规章制度汇编》，为学院本科教育教学治理体系建设提供了坚强保障。

强化教学管理，规范教学运行。本年度伊始，疫情发生，为确保“停课不停教、停课不停学”，根据学校原2020年第二学期本科教育教学工作部署，积极推进在线教学工作，出台了《南京体育学院2020年春季学期疫情防控期间本科教育教学工作方案》和《关于进一步规范“疫情防控期间”本科在线教学工作的意见》，及时

调整了本科教学计划，精心组织了线上教学系列专题培训，确保了疫情防控和教学两不误，并召开了《全面推进本科在线教学工作大会》，进一步指明了本科课程教学改革发展方向。本年度累计下达课务1694门次，开展了7500人次“尔雅”网络通识课程选修工作。完成了2020届975名(917人毕业)本科毕业生毕业资格审核，996名(其中补授100人)本科毕业生学士学位授予工作。组织了136场(3994人次)大学英语四、六级考试和3场次(236人次)省计算机等级考试工作。完成了普通话测试信息系统的升级改造，组织了2020年度全国普通话水平测试考试工作，开展了第23届全国推广普通话宣传周系列活动。组织了12个专业24门核心课程的课程试题库建设、评审和验收工作。

完善质量保障，强化实践能力。加强教学过程质量监控，建成校内教学基本状态数据平台，完成了2019—2020学年高等教育质量监测数据、2019年教育现代化建设监测数据的采集与填报工作，撰写并发布《南京体育学院2019年教育现代化建设监测报告》《南京体育学院2018—2019学年本科教学质量报告》。组织了59名职称参评教师课堂教学质量考核工作，为13名新入职教师配备了指导教师。开展了本科生课程网上评教，本年度校级教学督导累计听看课166人次。加强实践教学体系建设，修订了《南京体育学院本科专业实习管理办法》，组织开展了2020届实习工作，新增7个本科专业实习基地。5篇本科生毕业论文获省优，创历史新高。获国家级大学生创新创业训练计划项目14项、省级27项，获第二届全国大学生体育产业创新创业大赛铜奖2项，获第四届江苏省大学生体育健康产业大赛特等奖1项、一等奖1项、二等奖1项。南京体院学生参加各级各类体育赛事和专业学科竞赛，共获得省级以上各种竞赛第一名132个、第二名113个、第三名93个。

强化特色引领，优化专业布局。2020年，南京体院制定了《南京体育本科教育教学“3+1”督查实施方案》，重构校—院—系“三位一体”督导体系,建立了本科教育教学督“3+1”督查机制,取得了初步成效。加强信息技术与常态教学的深度融合,积极推动课堂教学质量革命。制定了《南京体育学院在线教学指导意见》和《南京体育学院在线课程质量认定标准》,邀请“爱课程”专家进行了一流课程建设讲座,开展了2次全体教师在线教学培训工作,召开了校全面推进在线教学工作大会。制定了《南京体育学院一流本科专业建设实施方案》,完成了省品牌专业工程二期项目《建设任务书》、《建设实施方案》和省财政经费预算报表的填报工作。开展了国家和省一流专业申报与遴选推荐工作,新增了5个省一流专业。制定了《南京体育学院2021版本科人才培养方案修订工作指导意见》,组织了2021版本科人才培养方案的修订工作。完成了师范类专业认证申报工作和体育新闻学专业综合评估工作。

深化教改研究,打造优质课程。制定了《南京体育学院一流本科课程建设实施方案》,组织开展了2020年校级一流课程的申报与评审工作,18门课程获批立项建设,目前正在积极准备国家和省一流课程的申报工作。出台了《南京体育学院本科教材建设管理办法》,组织开展了院级重点教材和省级重点教材的申报与评审工作,4项获批校级重点教材立项建设,1项获批省重点教材立项建设。开展了校级全员性教案评选工作,评选出最佳教案10项,优秀教案25项,提名教案15项。修订了《南京体育学院教学改革研究课题管理办法》和《南京体育学院本科教学奖励办法》,完成了2019年度本科教学成果奖励工作。开展了校级教学成果奖评审工作,评选出特等奖2项、一等奖3项、二等奖4项。组织了首届全国教材建设奖的申报工作,学院1项教材已通过了省级评选。

提升教师水平,强化特色引领。举办学院第四届微课教学比赛暨2020年全省高等学校微课教学比赛选拔赛,评选出一等奖5项、二等奖8项、三等奖10项。推荐17部作品参加全省高等学校微课教学比赛,获得一等奖2项、二等奖3项、三等奖5项。组织院第五届教师教学基本功比赛，分别在术科组、学科组评选出一等奖1名、二等奖2名、三等奖3名、最佳教学设计奖1名、最佳课堂教学演示奖1名、最受学生欢迎奖1名。配合工会完成省第三届本科高校青年教师教学竞赛校内评审与指导工作，4名参赛教师获得二等奖4项。组织“首届江苏省高校教师教学创新大赛（本科）暨首届全国高校教师教学创新大赛选拔赛”校内选拔赛，推荐3名教师参加省赛，这一系列赛事活动促进了教师教学水平的提升。制定了《南京体育学院在线教学指导意见》和《南京体育学院在线课程质量认定标准》，邀请“爱课程”专家进行了一流课程建设讲座，开展了2次全体教师在线教学培训工作，召开了校全面推进在线教学工作大会。制定了《南京体育学院本科教育教学“3+1”督查实施方案》，重构校—院—系“三位一体”督导体系，建立了本科教育教学督“3+1”督查机制，取得了初步成效。

做好疫情防控和日常教育工作。面对严峻的疫情防控工作态势，启用“南体易班”平台作为疫情防控期间学生教育管理和信息收集的重要补充手段，远程实现政工、学生共5580人全覆盖认证注册易班平台，实现学生健康信息完整动态跟踪，为疫情防控工作奠定了准确的大数据基础。实施网格化管理，认真做好学生思想教育和管理工作。制定了《疫情防控期间学生工作管理规定》《疫情防控期间学生行为规定》《疫情防控期间学生十大注意事项》《学工队伍疫情防控应急处置办法及流程》等。对重点学生实行“人盯人”制度，严格落实“日报告”“零报告”制度，严格落实课堂考勤、请销假管理、晚点名制度，严控校园开展聚集性学生活动，全面助力打赢疫情防控阻击战。

做好招生宣传，有序推进招生录取工作。开启“云招生”模式，全覆盖参加教育部和省厅组织的网上招生咨询会；组织开展南京体院首场招生宣讲网络直播，录制招生宣传片，实现招生宣传互动交流和宣传学校的双重效果；创建南京体院本科招生官方微信公众号，权威发布南京体院各类招生信息，扩大招生宣传影响；签订3所优质生源基地，鼓励生源基地学生积极报考南京体育学院。先后完成了6月下旬的专转本、对口单招录取工作，7月下旬的运动训练、武术与民族传统体育专业录取工作以及8月—9月初的高考统招类等7个批次录取工作，共录取新生1733人（其中：公办995人、民办738人）。生源范围覆盖全国25个省（直辖市、自治区），计划执行情况良好。顺利完成了2020年研究生招生工作，录取全日制研究生176名，非全日制研究生73名，同时被省招办授予“优秀招生单位”荣誉称号。承担了2021年全国硕士研究生入学考试考场考务工作。

拓展毕业生就业市场，做好就业指导与服务。落实毕业生就业工作“一把手”工程制度。实行毕业生就业率“周报”制度。发布《关于做好2020届毕业生就业工作的通知》，积极应对疫情期间高校毕业生就业工作新形势。编撰并发布《南京体育学院2020届毕业生就业质量年度报告》。举办南京体育学院2020年毕业生专场线上招聘会，提供就业岗位3512个，供需比达到1.73∶1。毕业生关注人次2778个，投递简历数2298个。全年提供就业岗位信息46980个，与南京体育学院毕业生供需比达到23.18∶1。开启“云就业”模式，共举办26场线上专场宣讲会。2020年共组织720名在校学生参加大学生创业培训课程，近年来已超2000位同学成功结业并获得大学生创业证。鼓励创业项目展示，2020年南京体育学院创业学生共计27人。完成江苏省2021年名校优生选调工作，审核通过并推荐4名应届毕业生参加笔试。完成江苏省2021年应届优秀大学毕业生选调工作，审核通过并推荐9名应届毕业生参加笔试。完成南京体育学院2020届2027名毕业生派遣和档案寄送工作，2021届2065名毕业生生源信息上报省教育厅工作。完成2021届毕业生求职创业补贴72人统计与发放工作。

提高人才培养质量，积极开展成教工作。对以往合作的不规范校外教学点进行了清理,同时继续加强与贵州幼儿高等师范专科学院的沟通,努力使该校成为南京体育学院校外函授教学点,面对南京及其周边教育资源相对充足的情况,采取到西部地区调研,商讨成人教育合作办学相关事宜,架起东部地区和西部地区合作的桥梁。完成单招考试任务和成人高等教育学生寒假、暑假两次面授教学。为确保责任落实到位做好招生考试工作,专门成立了考务领导小组,召开了考前工作准备会,对监考人员职责、标准化考场布置、考试实施程序、防疫工作安排等做了明确要求。2020年的考试在学校南门处增设了身份验证,在考场外设岗检查身份信息与健康信息,同时邀请派出所公安人员到现场进行验证,最终圆满完成了单招文化考试工作。完成了培养方案中学历部教务教学的日常管理工作,完成了新生学籍注册、毕业学生答辩清考和毕业生学历注册工作,完成省教育厅招生计划编制工作。完成国家体育总局初级教练员近400人的报名、考试组织等工作。

发挥学校特色与资源优势,积极开展体育行业职业培训工作。在疫情常态化背景之下,创新培训模式,拓展线上培训,充分发挥南体自身优势,履行社会责任,将疫情危机转化为培训契机。经过前期的积极准备,2020年首期线上培训开课于5月26日采用网络直播方式开课。下学期南京体院"双线"培训呈"爆发式"陆续展开,据统计9—12月期间举办线下培训班8期,培训人员近700人,线上培训2期,受训人员近千人。9—10月40天的时间里仅《运动处方师》培训班一个项目,共举办了五期培训,培训人员约460余人,授课总计400学时。截至2020年12月份为止,全年完成培训收入300余万元,在特殊时期超额完成目标任务。

大力加强人才队伍和软硬件建设。一是顺利完成人才建设"160工程"收官。按照既定的工作目标,稳步推进人才工作,经过三年的引进、培育,学校教职工现有博士100名。引进的人才中,达到拔尖人才层次3人,受聘三级教授3人,具有省部级人才称号4人,教授15人。二是完成了专业技术职务评聘工作。2020年共有83人申报晋升专业技术职务,其中4人申报教授专业技术职务,14人申报副教授专业技术职务,18人(含奥院7人)申报讲师专业技术职务,9人(含奥院7人)申报助教,2人申报高级实验师专业技术职务,2人申报实验师专业技术职务;1人申报高等教育系列研究员专业技术职务,2人申报副研究员,7人(含奥院2人)申报助理研究员,1人申报研究实习员;1人申报建筑工程系列辅导及工程师;2人申报国家级教练,7人申报高级教练,3人申报跨级跨界跨项破格提拔上一级教练员资格,2人申报教练(中级);3人申报思想政治工作副研究员;1人申报高级会计师;1人申报主管技师(中级),1人申报康复治疗师(中级);1人申报副研究员馆员(图书系列),1人申报助理馆员(图书系列)。三是做好各类优秀人才选拔工作。完成5名二级岗推荐工作校内公示环节;完成省第五期333工程培养对象考核工作,2名教职工拟按照考核优秀推荐相关部门;完成2020年度省有突出贡献专家和政府特殊津贴专家推荐工作,经省人社厅公示,王芳入选有突出贡献中青年专家;完成2020年度青蓝工程培养对象推荐工作,1人获批中青年学术带头人培养对象。完成省委宣传部紫金优青、英才人才项目推荐选拔工作。推荐"双创博士"一名。本年度组织了新一届导师遴选工作,重新聘任导师142名。

到2020年底,学校教职工738人,其中具有教授、国家级教练、研究员等正高职称73人,副教授、高级教练员、副研究员等副高级职称195人,中级242人。学院初步基本形成了一支学历结构、知识结构和年龄结构较为合理、思想政治素质和业务水平较高的教师、教练员队伍。全院拥有灵谷寺、仙林、五棵松三个校区,还有民办机制的滨江校区。教学、训练、科研等设施齐全。学校拥有8个省、部级设置的研究所(中心)、实验室。运动人体科学实验室为江苏省高校重点建设实验室(苏教科〔2004〕16号);运动人体科学实验室为江苏省高校基础课实验教学示范中心(苏教办高〔2005〕19号);体育人文社会科学研究中心为江苏高校哲学社会科学重点研究基地(苏教社政〔2009〕22号);运动训练与康复实验室为江苏省高校重点实验室(苏教科〔2014〕10号);运动健身科学研究实践教育中心为江苏省实验教学与实践教育研究中心建设点(苏财教〔2012〕147号);运动与康复为运动与健康工程协同创新中心培育点(苏政办发〔2014〕22号);体适能实验教学示范中心为江苏省级实验教学与实践教育中心(苏教高(2013)14号);江苏省运动戒毒重点实验室(苏戒毒育〔2019〕16号)。学校有江苏高校哲学社会科学重点研究基地培育点—体育人文社会科学研究中心、江苏省学生体质健康监测与干预行动研究中心、江苏省赛事研究中心、江苏省校园足球研究中心,还成立了中国体育非物质文化遗产研究中心、中国近代武术研究中心等研究机构。学校的江苏高校协同创新计划运动与健康工程协同创新中心通过了第二建设期绩效评价考核。建有现代化计算机教育中心、多媒体语音教学中心、体育教学实验中心和千兆校园网。正在推进智慧校园数据平台建设。

南京体育学院普通高等教育专业课程设置情况表

专业名称 \ 内容		开设主要课程
本科	体育教育	马克思主义基本原理、计算机信息技术基础、大学语文、大学英语、体育概论、运动解剖学、运动生理学、教育学、体育统计学、体育心理学、体育科研方法、体育保健学、运动训练学、体育游戏、健康教育学、学校体育学、中小学体育教材教法、体育教学设计、田径教学与训练、体操教学与训练、健美操教学与训练、篮球教学与训练、排球教学与训练、足球教学与训练、游泳教学与训练、武术套路教学与训练、乒乓球教学与训练

续表

专业名称＼内容		开设主要课程
本科	运动训练	毛泽东思想和中国特色社会主义理论体系、马克思主义基本原理、思想品德修养与法律基础、大学英语、运动解剖学、运动生理学、体育统计学、运动损伤与防治、心理学、教育学、体育科研方法、游泳、体操、篮球、乒乓球、足球、运动训练学、专项教学理论与实践、专项运动训练实践、运动行为测试与分析、运动技术诊断与评价
	武术与民族传统体育	马克思主义基本原理、思想道德修养与法律基础、大学英语、军事理论、体育概论、运动解剖学、运动生理学、教育学、心理学、运动训练学、学校体育学、民族传统体育概论、基本体操、体育科研方法、中国武术史、传统体育养生学、太极拳、健身气功、专项理论与实践
	运动人体科学	马克思主义基本原理、思想道德修养与法律基础、大学英语、军事理论、公共体育、系统解剖学、运动解剖学、人体生理学、运动康复生物力学、生物化学、运动生物化学、运动分子生物学、教育学、运动人体科学导论、科研方法、统计学、心理学、身体运动实践(一)、身体运动实践(二)、运动营养学、健身方法与技术、健康管理、运动测评与处方、运动人体科学实践技术、分子生物学实验技术
	社会体育指导与管理	马克思主义基本原理概论、中国近现代史纲要、计算机信息技术基础、体育概论、大学英语、大学语文、社会体育导论、社会学、运动解剖学、运动生理学、消费行为心理学、体育保健学、器械健身指导、体育科研方法、体育市场营销、科学健身理论与方法、谨慎俱乐部经营与管理、体育活动的策划与组织、专项技能与理论

续表

专业名称 \ 内容		开设主要课程
本科	新闻学	马克思主义基本原理概论、中国近现代史纲要、计算机信息技术基础、体育概论、大学英语、大学语文、写作学、中国现当代文学、公共关系概论、新闻学概论、大众传播学、中外新闻史、新闻法学与媒介伦理、广播电视概论、体育媒介经济管理、广告学、摄影基础与实务、电视摄像基础与实务、媒介融合概论、中外优秀新闻作品评析、新闻采访与写作、报刊编辑实务、网络新闻报道、电视新闻编辑与实务、体育新闻深度报道
	表　演	马克思主义基本原理、中国近现代史纲要、大学英语、大学语文、体育概论、运动解剖学、运动生理学、体育艺术概论、音乐基础理论、节奏与体态律动、芭蕾基训、体育艺术史、体育艺术表演基础技能、体育艺术表演基础理论、体育表演编导与实践、专项课
	体育经济与管理	马克思主义基本原理、中国近现代史纲要、大学英语、大学语文、体育概论、微观经济学、宏观经济学、管理学、市场营销学、高等数学、社会心理学、经济法、体育产业概论、合同法、人力资源管理、体育赛事组织与管理、消费心理与行为、健身俱乐部经营与管理、体育赛事经营与管理、投资项目评估、会计学原理、财务管理学、组织行为学、体育场馆经营与管理、体育赞助导论、体育科研方法
	运动康复	马克思主义基本原理概论、中国近现代史纲要、计算机信息技术基础、体育概论、大学英语、大学语文、体育、系统解剖学、运动解剖学、人体生理学、运动生理学、运动康复生物力学、运动生物化学、人体运动学、运动中医学概论、诊断学基础、营养学、运动康复导论、中国传统康复治疗学、运动训练学、运动损伤、运动医学监督、贴扎术、医学训练方法、运动处方、体能训练原理与方法、民族传统体育、康复评定学、运动疗法技术学

续表

专业名称＼内容		开设主要课程
本科	休闲体育	马克思主义基本原理概论、中国近现代史纲要、计算机信息技术基础、体育概论、大学英语、大学语文、休闲学概论、运动解剖学、运动生理学、休闲心理学、体育保健学、体育科研方法、体育基本理论教程、体育市场营销、休闲体育概论、体育旅游概论、健身俱乐部经营管理、休闲体育产业管理、专项技能与理论
	康复治疗学	马克思主义基本原理概论、中国近现代史纲要、计算机信息技术基础、体育概论、大学英语、大学语文、系统解剖、运动解剖、人体生理学、运动生理学、人体运动学、运动康复生物力学、诊断学基础、生物化学、康复医学导论、人体发育学、康复评定学、中国传统康复治疗学、内科学、外科学、运动疗法技术学、骨科康复学、神经康复学、慢性疾病的康复、理疗学、中医学基础、医用物理学、病理生理学、药物学基础、康复心理学、科研方法
	舞蹈表演	马克思主义基本原理概论、中国近现代史纲要、计算机信息技术基础、体育概论、大学英语、大学语文、艺术概论、舞蹈解剖学、舞蹈生理学、音乐基础理论、音乐的选配与编创、技术技巧、芭蕾基训、舞蹈概论、中外舞蹈史、现代舞、民族民间舞、舞蹈编导、剧目表演
	生物医学工程新专业	（待招生）
	体能训练	（待招生）

三、学术活动和教学科研成果

2020年科研工作再上台阶，重要项目和成果取得双丰收。一是国家级、省部级项目申报立项再上台阶。2020年，获批国家重点研发计划课题1项，国家社会科学基金项目2项（1项转入）；获批国家自然科学基金青年项目2项；获省部级以上项目共计16

项，其中，教育部人文社科项目1项，国家体育总局咨询项目5项，省社科项目5项。二是科研成果数量稳中有进。据统计，2020年南京体院教职工共发表各类论文230篇，SCI 6篇，SCIE 11篇；CSCD论文4篇，CSCD扩展版1篇，CSSCI论文34篇，CSSCI扩展版论文18篇，北大核心期刊论文3篇。出版学术著作合计13部，其中专著9部，编著4部，参编1部；获批各类知识产权合计3个，其中发明专利2个，实用新型1个；获批各类科研项目64项，总经费418.8万元。三是省部级及以上获奖数量大增，标志性成果层出不穷。2020年，南京体育学院获教育部高等学校科学研究优秀成果（人文社科）三等奖1项，获江苏省哲学社会科学优秀成果奖一等奖1项，二等奖4项，三等奖1项。

机构改革持续推进，协同创新工作再出实招。2020年度完成江苏省“运动与健康工程”协同创新中心管理体系的改革，成立了新的一届协同创新中心管委会、管理中心组织机构。协同创新中心移交运动与健康学院进行日常管理。

（史国生　王翠芳）

中等体育专业学校教学

【南京体育学院附属学校】

单　位	校　长	副校长	党支部（总支）书记	党支部（总支）副书记	在校生人数		
					高中生	初中生	小学生
南京体育学院附属学校	吴建华	王　蓉	吴建华	谢长虹	150	154	151

【江苏省各市体育运动学校】

2020年市体育运动学校领导成员和在校生人数概况表

单位	校长	副校长	党支部(党委总支)书记	党总支(总支)副书记	在校生人数		
					中专生	初中生	小学生
南京市体育运动学校	刘京鹏(高级教练)	黄波(高级教练) 彭秋秋 杨志伟(高级教练) 吴凯	张海玲(高级教练)	彭秋秋	340	350	—
无锡市体育运动学校	甘亚逊	杨琦(高级教练) 王远明(一级教练) 樊晋华(研究员) 寇瑛(高级教师)	—	甘亚逊 王昕	373	348	80
徐州市体育运动学校	李鹏	张庆沛 张亮(高级教师)	李鹏 陈钢(讲师)	张庆沛 李冰(高级政工师)	486	618	96
常州市体育运动学校	邓锁荣(高级教练)	李同灵(高级教练) 周军(高级教师) 张珏华(中级讲师) 刘献成(助理研究员)	戚美琴	邓锁荣(高级教练)	307	224	41

续表

单位	校长	副校长	党支部(党委总支)书记	党总支(总支)副书记	在校生人数		
					中专生	初中生	小学生
苏州市体育运动学校	蒋晓平(经济师)	郭小林(高级教练) 范文忠 邹焰(高级教师) 王建军(高级教练) 孙东华(高级教练)	郭小林(高级教练)	蒋晓平(经济师) 邹焰(高级教师)	280	425	208
南通市体育运动学校	顾友斌(副研究员)	储开圣(高级讲师) 葛亮(高级教练) 陆建强	顾友斌(副研究员)	储开圣(高级讲师)	270	220	60
连云港市体育运动学校	史庆磊(高级讲师)	唐明(中级讲师)	吴晓华(中级教练)	—	490	192	22
淮安市体育运动学校	戴红萍	李林海(高级教师) 李后均(高级教师) 许忠(高级教师) 季庆浦(高级教师)	戴红萍	李林海(高级教师)	450	230	100
盐城市体育运动学校	李文进	席鸿宾(高级教练) 陈亚军(中级科普师) 周杰(高级讲师)	李文进	席鸿宾(高级教练)	463	124	—

续表

单位	校长	副校长	党支部(党委总支)书记	党总支(总支)副书记	在校生人数		
					中专生	初中生	小学生
扬州市体育运动学校	彭　峻（高级教练）	王必祥（助理政工师） 张友才（高级讲师） 王征星（高级教师）	王必祥（助理政工师）	—	170	160	50
镇江市体育运动学校	叶　刚（主持工作）	叶　刚（高级教练） 于　洋 孙　强（助理研究员）	施亚飞（中级会计师）	—	169	157	—
泰州市体育运动学校	薛兰梅（高级教练）	沈永生（高级教师） 高志军（初级教练） 耿海涛（初级教练） 李嫦娥（初级教练）	沈永生（高级教师）	—	143	313	234
宿迁市体育运动学校	王朝晖	朱　雨（高级教师）	王朝晖	—	127	207	42

（臧曼如）

体育科研

2020年,省体育科研工作按照省体育局党组的统一部署和要求,在全面做好新冠肺炎疫情防控工作的前提下,紧紧围绕年度重点工作,坚持"务实创新"的工作作风,稳步提升工作效率,扎实推进各项工作,成功举办第五届康复大会,同时在体育课题导向、反兴奋剂工作、体育健身服务等方面取得了一定的成绩。

体育课题导向与第五届康复大会

【体育课题导向】 2020年,省体育局发挥重大课题导向作用,推动重点领域应用研究。一是明确课题指南方向。围绕全省体育事业改革发展的重点和难点问题,充分征求局相关处室和单位意见,认真研究确定课题指南建议11项,突出落实全民健身国家战略、实施科技助力奥运工程重点,注重面向运动训练一线科技服务支撑。二是规范课题立项评审。建立健全课题评审专家库,修订完善评审标准和评分细则,确保课题评审公平公正开展。2020年共收到课题申报书35项,经过形式审查、函审和会审等环节,确定立项课题20项,立项经费300万元。三是做好课题日常管理工作。完成2019年重大课题合同签订,明确研究计划、经费预算和成果要求;组织2018年度21项课题结题评审工作,协调落实课题经费绩效评价等工作。

【第五届康复大会】 2020年,省体育局组织协调第五届国际运动康复大会,打造体医融合创新平台。针对2020年新冠疫情,会同省体科所、常州市体育局,认真研究谋划康复大会主题;组织召开筹备工作协调会,明确大会参与主体、参会范围和线上与线下相结合的会议方案。积极协调中国体育科学学会和省卫健委参与指导或主办,落实教练员、科研医务人员、社会体育指导员等分专题培训。大会以运动与健康——“智慧、创新、融合”为主题,研讨交流运动康复、体医融合领域创新技术与经验成果,积极探索新形势下体医融合、运动促进健康新模式,充分发挥体育在健康促进、慢性病防治和康复等方面的积极作用。30多名来自多个国家和地区的运动康复领域专家进行了31场主题演讲,来自全国20多个省、市的大专院校、科研院所、医疗机构、体育部门等750余名代表参加会议。在此期间,省体育局分管处室还组织全省体育科研机构参加体医融合专题研讨会,切实加强市级体育科研工作的指导。

反兴奋剂工作

【实施反兴奋剂工程】 2020年,省体育局严格实施反兴奋剂工程,健全完善反兴奋剂长效治理体系,深入贯彻落实习近平总书记关于反兴奋剂工作的重要指示批示精神。及时传达体育总局关于学习贯彻习近平总书记关于反兴奋剂工作的重要指示批示精神和实施反兴奋剂工程的部署和要求,认真落实局党组关于反兴奋剂工作的部署和要求。8月,组织召开全省反兴奋剂工作会议,传达学习全国反兴奋剂工作会议精神,对下一阶段反兴奋剂工作进行了部署,全省各地市、各训练单位600多人参加会议。邀请国家体育总局反兴奋剂中心陈志宇书记专程来江苏省就反兴奋剂治理体系建设和兴奋剂问题司法解释进行专题辅导,切实提升反兴奋剂工作的政治自觉。

【拟定反兴奋剂领导小组职责】 2020年，省体育局积极加强反兴奋剂组织建设。为切实加强对反兴奋剂工作的组织领导，完善全省体育系统反兴奋剂工作组织体系，参照国家体育总局反兴奋剂工作领导小组工作架构，研究拟订江苏省反兴奋剂工作领导小组调整方案和工作职责，明确七个工作组职责分工。认真落实驻厅纪检组的监察意见，将纪检监察工作要求纳入反兴奋剂重点工作中，细化完善反兴奋剂责任体系，将反兴奋剂工作责任落实从局领导到各级管理干部，到每一名教练员、运动员和辅助人员。突出省优秀运动队复合型团队建设中反兴奋剂责任，明确专人负责，严格落实从主教练到科研、医务、管理人员的责任，为做好反兴奋剂工作提供了强有力的组织保障。

【加强反兴奋剂制度建设】 2020年，省体育局加强反兴奋剂制度建设、教育准入和检查督查。一是认真剖析近年来江苏省发生的兴奋剂违规事件，深入查找违规事件的思想根源、问题本质和隐患漏洞，从制订完善政策制度入手，切实增强反兴奋剂工作专项治理的针对性、实效性。3月，下发《关于进一步加强反兴奋剂教育管理和风险防控工作的通知》相关文件，要求运动队在日常管理中对可能存在的兴奋剂风险要严格管控，并制定"三个严禁、三个一律"的规定，加强监督检查，强化责任追究，督促各训练单位落实风险防范和责任追究体系，整治薄弱环节，推进"反兴奋剂工程"落到实处。二是切实加强反兴奋剂宣传教育，推进"纯洁体育"APP推广使用，推动省优秀运动队上线率达100%，将学习积分和反兴奋剂知识考试作为运动队试训进队的考核内容，严格实施反兴奋剂教育资格准入。三是组织开展兴奋剂风险点排查，将风险责任落实到运动员训练、饮食、医疗等全天候日常管理中，全面细化风险防控体系。四是切实加大检查督查力度。将反兴奋剂工作列入各有关部门和单位作风建设考核指标；联合纪检部门对各训练单位开展了三轮反兴奋剂专项检查督查,全面检查责任体系、风险防控和日常监管工作,对于发现的问题和苗头,督促限期整改,确保防患于未然。

科学健身服务与体育科研课题

【科学健身服务】 2020年,省体育局为了加大科学健身指导服务力度,建成省级以上体质测定与运动健身指导站134个,2020年为40多万人次群众免费进行体质测定、运动能力评估、科学健身指导等服务。提升群众健身保障水平,组织开展了全省专项督查,实地检查了130个体育场馆开放工作,推动122个大型体育场馆向社会免费或低收费开放。面向全省健身群众发放5000万体育消费券,激励群众参与体育锻炼活动。开展全省社会体育俱乐部摸底工作,积极研究推动全省5187个社会体育俱乐们服务全民健身。加强骨干队伍建设,完成全国国民体质监测6400个样本和全省国民体质监测41600个样本的抽测、数据整理上报、初步汇总等工作。

【体育科研课题】 2020年,江苏省体育局共获准立项20个科研课题项目,详情列表如下:

2020年度体育科研课题

序号	编号	承担单位	课题负责人	课题名称
1	ST201101	省体育科学研究所	缪爱琴	我省田径中长距离项目运动训练负荷特征研究
2	ST201102	南京体育学院	秦学林	我省高水平蹦床运动项目专项负荷评价体系研究

续表

序号	编号	承担单位	课题负责人	课题名称
3	ST201103	省体育科学研究所	陈俊飞	我省高水平交手对抗类项目运动员专项负荷评价体系研究
4	ST201104	省体育科学研究所	袁　鹏	高水平集体大球类项目专项负荷评价体系研究
5	ST201105	南京体育学院	袁　野	江苏省U18女足备战第14届全运会训练比赛技战术分析与运动负荷监控研究
6	ST201106	南京体育学院	戴剑松	基于血流阻断训练技术的花游项目备战十四运竞技能力提升研究
7	ST201107	南京市体育科学研究所	戎爱群	江苏省拳击运动员备战全运会智慧营养促进竞技能力提升的关键技术研究
8	ST201108	南京体育学院	肖爱华	基于AI的击剑教学辅助系统
9	ST202101	省体育科学研究所	顾　庆 王　磊	运动康复下肢平衡感练习智能设备研发—平衡感练习设备控制系统开发(二期)
10	ST201109	省体育科学研究所	李　勇 储志东	江苏省12~14岁青少年运动员运动能力监控平台及应用研究
11	ST201110	江苏唯宝体育科技发展有限公司	许光旭	互联网+体医融合视阈下江苏省优秀运动队“训科医管”数据中台建设研究
12	ST202102	中国药科大学	于　锋 景志强	基于“体药融合”社会药房慢性病管理的临床路径与卫生经济学研究——全民健身与药学服务融合助力健康中国的新模式
13	ST202103	省体育科学研究所	李　森	中老年人智慧身体测评与健康促进系统的开发与应用

续表

序号	编号	承担单位	课题负责人	课题名称
14	ST202104	常州大学、南京农业大学	徐勤儿 姜 迪	江苏省运动健康指导门诊建设与治理研究
15	ST202105	苏州市职业大学、昆山市周市镇社会事业局	吴恒晔 金 彤	“互联网+”时代背景下的全民健身服务管理方法创新实践研究——以苏州市昆山周市镇为例
16	ST203101	苏州经贸职业技术学院	周杏芬	京杭大运河苏州段体育文化产业创新发展研究
17	ST204101	南京工业大学	李 国	群众体育、竞技体育与体育产业融合发展机制与实现路径研究
18	ST203102	省体育竞赛管理中心	王 进 吴 超	江苏省体育赛事活动指导员体系建设及培训大纲
19	ST204102	南京体院、省体育装备中心	邹德新 汪 泳	政府监管视角下体育领域信用评价指标体系研究
20	ST202106	南京体育学院	李 江	《江苏省全民健身条例》修订完善研究

（赵 斐 阮夏夏）

体育事业经费

2020年，体育经济处在省体育局的正确领导下，以习近平总书记关于体育工作的重要论述和视察江苏重要讲话指示精神为指引，按照体育强省建设要求，紧紧围绕体育重要工作任务，在疫情防控、群众体育、竞技体育、体育竞赛、科研教育等方面都给与财政支持，确保省体育局全年工作有序运行。

经费收入与经费支出

【经费收入】 省体育局部门2020年收入203217.04万元，较上年减少5508.49万元，减少2.64%；年初结转和结余29538.48万元，用事业基金弥补收支差额3394.99万元，总计236150.51万元。

一、财政补助收入

财政补助收入183161.92万元，较上年减少4200.90万元，减少2.24%。

（一）一般公共服务支出

一般公共服务支出6.60万元，为第五期“333高层次人才培养工程”专项资金。

（二）教育支出

教育支出15130.78万元，其中：高等教育14514.65万元，中等职业教育606.29万元，其他教育支出9.84万元。

(三)科学技术支出

科学技术支出18.40万元,为社科基金支出。

(四)文化旅游体育与传媒支出

1.体育61318.69万元。其中:行政运行4860.64万元,一般行政管理事务812.39万元,机关服务357.71万元,体育竞赛102.66万元,体育训练53432.97万元,体育场馆132万元,群众体育109.70万元,其他体育支出1510.62万元。

2.其他文化旅游体育与传媒支出1897.42万元。其中:江苏省文化事业发展专项资金600万元,文化事业发展专项经费300万元。

(五)社会保障和就业支出

社会保障和就业支出7691.17万元,用于机关事业单位基本养老保险缴费支出、机关事业单位职业年金缴费支出和其他行政事业单位养老支出。

(六)住房保障支出

住房改革支出15463.26万元,其中:住房公积金4111.19万元,提租补贴11352.07万元。

(七)其他支出

其他支出81635.60万元,其中:彩票发行销售机构业务费安排的支出32489.16万元,彩票公益金安排的支出48891.44万元,其他支出255万元。

二、事业收入

事业收入17654.97万元,较上年减少2050.19万元,减少10.40%。

(一)教育支出

教育支出2631.66万元,其中:高等教育2491.37万元,中等职业教育140.29万元。

(二)文化旅游体育与传媒支出

文化体育与传媒支出12063.60万元,其中:机关服务668.93万元,体育训练3884.19万元,体育交流与合作470.22万元,其他体育支出7040.26万元。

(三)社会保障和就业支出

社会保障和就业支出344.02万元,其中:机关事业单位基本养老保险缴费支出246.53万元,机关事业单位职业年金缴费支出97.50万元。

(四)住房保障支出

住房改革支出2615.69万元,其中:住房公积金582.68万元、提租补贴2033.01万元。

三、其他收入

其他收入2400.15万元,较上年增加742.60万元,增长44.80%。

(一)教育支出

教育支出95.87万元,全部为高等教育。

(二)文化旅游体育与传媒支出

文化旅游体育与传媒支出790.54万元,其中:行政运行0.10万元,一般行政管理事务1.13万元,机关服务371.15万元,体育竞赛3.10万元,体育训练222.52万元,群众体育0.04万元,体育交流与合作20.58万元,其他体育支出171.92万元。

(三)其他支出

其他支出1513.73万元,为省体育彩票管理中心收入。

【经费支出】 省体育局部门2020年支出202382.57万元,结余分配1704.60万元,年末结转和结余32063.34万元,总计236150.51万元。

一、一般公共服务支出

一般公共服务支出61.23万元(项目支出)。

二、教育支出

教育支出19125.91万元，其中：高等教育18323.45万元，包括基本支出7982.44万元，项目支出10341.02万元；中等职业教育792.62万元，包括基本支出684.36万元，项目支出108.25万元；其他教育支出9.84万元，为基本支出。

三、科学技术支出

科学技术支出11.47万元（项目支出），其中：自然科学基金3.80万元，社科基金支出7.67万元。

四、文化旅游体育与传媒支出

（一）文化和旅游

其他文化和旅游支出300万元（项目支出）。

（二）体育

体育支出77327.98万元，其中：基本支出60026.16万元，项目支出17301.82万元。

1. 行政运行5132.49万元（基本支出）。

2. 一般行政管理事务861.95万元（项目支出）。

3. 机关服务1448.32万元，其中：基本支出1413.85万元，项目支出34.47万元。

4. 体育竞赛2038.50万元，其中：基本支出1956.95万元，项目支出81.55万元。

5. 体育训练58088.09万元，其中：基本支出45950.33万元，项目支出12137.76万元。

6. 体育场馆197.72万元（项目支出）。

7. 群众体育174.48万元（基本支出）。

8. 体育交流与合作428.24万元，其中：基本支出273.78万元，项目支出154.46万元。

9. 其他体育支出8958.19万元，其中：基本支出5124.28万元，项目支出3833.91万元。

(三)其他文化旅游体育与传媒支出

其他文化旅游体育与传媒支出1284.36万元,其中:基本支出984.36万元,项目支出300万元。

五、社会保障和就业支出

社会保障和就业支出7439.30万元(基本支出),其中:机关事业单位基本养老保险缴费支出4923.46万元,机关事业单位职业年金缴费支出2331.18万元,其他行政事业单位养老支出184.66万元。

六、住房保障支出

住房改革支出18154.63万元(基本支出),其中:住房公积金4705.78万元、提租补贴13448.85万元。

七、其他支出

(一)彩票发行销售机构业务费安排的支出

彩票发行销售机构业务费安排的支出33828.08万元,其中:基本支出2390.42万元、项目支出31437.66万元。

(二)彩票公益金安排的支出

用于体育事业的彩票公益金支出44625.07万元(项目支出)。

(三)其他支出

其他支出224.54万元(项目支出)。

专项经费

【一般公共预算专项经费】 2020年一般公共预算财政拨款专项经费17792.42万元,其中:竞技体育经费12290万元,高等教育职业教育经费3112.42万元,行政运行经费1599万元,全民健身经费791万元。

一、竞技体育经费

竞技体育经费12290万元,其中:运动队保障经费11005万元,培养输送体育后备人才专项经费600万元,足球后备人才专项经费600万元,反兴奋剂经费65万元,全国以上办赛补助经费20万元。

运动队保障经费用于补助省体育局系统6个训练单位及7个省队市办运动队的运行保障经费,包括运动队差旅费、集训经费、试训运动员津贴及保险、医疗费、文化学习费、物业管理及外聘人员经费、水电燃料补助费、维修费等。

二、高等教育职业教育经费

高等教育职业教育经费3112.42万元,其中:高校内涵建设专项1895万元,省属高校内涵建设发展专项资金717.42万元,高等教育专项经费500万元。

三、行政运行经费

行政运行经费1599万元,其中:物业管理费813万元,各项目发展及业务培训经费516万元,体育宣传体育法规及机关内部建设等工作经费240万元,财务核算专项经费30万元。

四、全民健身经费

全民健身经费791万元,其中:体育科研经费350万元,体育信息化建设172万元,气功管理及社会体育指导员工作经费172万元,省属体育单项协会活动比赛补助经费97万元。

【体育彩票公益金专项经费】 2020年江苏省销售体育彩票1955118.35万元,上缴国家体育彩票公益金257638万元,省级留成81130.22万元,市县留成(含弃奖收入)183119.12万元。2020年财政下达省级体育彩票公益金支出指标73570万元。

一、2020年江苏省体育彩票公益金筹集情况

2020年江苏省销售体育彩票1955118.35万元,其中:“7位数”57872.36万元,“超级大乐透”游戏349809.40万元,“排列5”游

戏30503.41万元,“排列3”游戏68842.18万元,“传统竞猜足球”24987.54万元,“11选5”479620.24万元,“单场竞猜”453611.08万元,“虚拟竞猜足球”369080.53万元,“纸质即开”120791.61万元。

公益金分配比例方面,体育彩票公益金在上缴国家50%后,具体如下:“7位数”省内留成17.5%(省本级8.5%,市县9%),“超级大乐透”省内留成18%(省本级8.75%,市县9.25%;),“排列5”省内留成18.5%(省本级9%,市县9.5%),“排列3”省内留成17%(省本级8%,市县9%),“传统竞猜足球”省内留成11%(省本级2%,市县9%),“11选5”游戏省内留成14.5%(省本级3.5%,市县11%),“单场竞猜”11月1日前省内留成10%(省本级2%,市县8%),“单场竞猜”11月1日后省内留成调整为10.5%(省本级2.5%,市县8%),“虚拟竞猜足球(e球彩)”省内留成10%(省本级2.5%,市县7.5%),“纸质即开”省内留成10%,(省本级1%,市县9%)。

2020年江苏省上缴国家体育彩票公益金257638万元,省级留成81130.22万元,市县留成176507.78万元,弃奖收入6611.34万元。

二、2020年省体育局体育彩票公益金预算安排情况

2020年财政下达省级体育彩票公益金支出指标73570万元,使用以前年度结转指标4060万元,实际支出75948.94万元,其中:实施群众体育工作51269万元,占67.50%;实施竞技体育工作24679.94万元,占32.50%。

1. 实施群众体育工作51269万元

(1)援建与维护公共体育场地、设施和捐赠体育健身器材8013万元。其中:公共体育场馆建设与维护3680万元、全民健身路径工程2040万元、全民健身活动中心1393万元、器材捐赠200万元、其他700万元。

(2)资助群众体育组织和队伍建设3242万元。其中:社区体

育俱乐部1000万元、青少年体育俱乐部110万元、社会体育指导员712万元、社会体育组织建设920万元、其他500万元。

(3)资助或组织开展全民健身活动24595万元。其中:示范性全民健身活动8128万元、青少年阳光体育活动4068万元、校园足球专项经费3260万元、其他体育场馆向公众开放5439万元、群众性综合运动会1700万元、其他活动2000万元。

(4)组织开展全民健身科学研究与宣传5539万元。其中:国民体质监测575万元、群众体育调查研究3495万元、群众体育新闻宣传1089万元、其他380万元。

(5)其他9880万元,用于体育产业发展专项资金。

2. 实施竞技体育工作24679.94万元

具体包括:改善训练比赛场地设施条件10648万元、支持运动队参加国际国内比赛10200万元、补充运动员保障支出3831.94万。

国有资产与在建工程

【国有资产】 2020年末省体育局部门资产总计463121.44万元,其中固定资产原值330830.75万元,负债总计187384.31万元,净资产总计295903.67万元。资产主要信息如下:

一、货币资金

2020年省体育局部门货币资金223140.24万元,较上年增加12861.39万元。

二、财政应返还额度

2020年省体育局部门财政应返还额度19950.33万元,较上年减少212.07万元。

三、房屋建筑物

2020年省体育局部门房屋建筑物面积1329901.58平方米，金额213897.35万元。其中：办公用房面积132700.91平方米，金额48239.23万元；业务用房面积528944.01平方米，金额147173.92万元；其他用房面积668256.66平方米，金额18484.20万元。

四、交通运输设备

2020年省体育局部门交通运输设备数量65辆，价值1966.88万元。其中：轿车29辆，价值757.39万元；载客汽车35辆，价值1123.05万元；其他车型1辆，价值86.44万元。

【在建工程】 2020年省体育局部门在建工程20166.54万元，较上年增加2763.58万元。

（韩　琪）

人 事 管 理

2020年，省体育局人事处（对外合作交流处）坚持以习近平新时代中国特色社会主义思想为指导，以《江苏省贯彻体育强国建设纲要实施方案》为依据，深入贯彻党的十九大和十九届四中、五中全会精神，在体育局党组的正确领导下，进一步提高政治站位，狠抓人才队伍培养，统筹推进各项工作，较好地完成了年度工作任务，为推进体育强省建设提供了坚实的组织人事和人才支持。

干部管理与教育培训

【干部管理】 2020年，省体育局人事处先后出台了《省体育局党组干部选拔任用工作实施意见》《省体育局党组关于进一步加强干部考核工作的实施意见》《省体育局机关公务员平时考核实施办法的通知》，形成了体育局系统选人用人和干部考核工作比较完整的政策制度体系，做到用制度管人育人。从严把握干部动议、民主推荐、组织考察、讨论决定、公示、任职等关键环节，全年提任处级干部7人，交流轮岗处级干部5人，机关处科级干部晋升职级32人，军转干部首次任职5人，试用期满正式任用处级干部8人。办理省管干部退休手续1人。

【教育培训】 认真落实省委组织部的干部培养锻炼计划，2020年，省体育局人事处科学制订局系统干部教育培训计划和青年干部、处级干部培训工作方案，突出把学习习近平新时代中国特色社会主义思想和党的十九大、十九届四中、五中全会精神作为干部培训的主要内容和必修课程，通过开展分期分批的集中轮训、调训，对处级以上领导干部学习党的十九大精神实现全覆盖。全年推荐省体育局领导3人次和处级干部40余人次参加省委党校专题培训，11月初选派6名组织人事干部参加事业单位人事管理干部业务培训班。深入开展以“使命在肩、奋斗有我”为主题的读书系列活动，成功举办青年干部主题演讲会和青年干部培训班。

职称评聘与运动员保障

【职称评聘】 2020年，省体育局认真贯彻落实国家、省职称工作精神，积极修订和完善职称评审条件，树立鲜明的品德、能力和业绩导向，改进和创新人才评价方式，科学、客观评价专业技术人才，引导专业技术人员全身心投入创新创造创业活动，更好地服务于体育事业发展。

经国家体育总局评审通过，江苏省人力资源和社会保障厅、江苏省专业技术人员职称（职业资格）工作领导小组办公室（苏职称办〔2020〕48号）文件通知，巩秀红（击剑）、刘兴（现代五项）、滕光应（柔道）、黄维刚（垒球）、丁铁（篮球）等5名教练员具备国家级教练员任职资格，时间从2019年12月31日起算。

经江苏省体育教练员高级专业技术资格评委会评审通过，江苏省体育局、江苏省人力资源和社会保障厅（苏体人〔2020〕20号）文件通知，陆强毅、汤金华、骆晓娟、许安琪、殷勇、王小丽、王娟、赵澄、周峥、王荔、宋英杰、林广亚、王菡琦、李来坦、马龙、黄挺、严伟、胡江峰、高峰、王鹏、朱龙法、汪磊、王宏兵、张林松、谈栋等25名教练员具备高级教练员专业技术职务任职资格，时间从2020年11月27日起算。

【运动员保障】 2020年，省体育局人事处严格执行运动员选招相关规定，按照计划、提名、初审、测试、体检、政审、复审、公示、报批等程序开展，最终确定招聘进队运动员210名、试训运动员225名。组织召开2020年度全省退役运动员安置工作会议，全省全年退役运动员150人，其中组织安置48人，自主择业退役运动员102人，申请自主择业一次性经济补偿金3445.64万元。认真贯彻落实国务院办公厅《优秀运动员及教练员奖励办法》和省领导批示，积极争取有关部门支持，整合各方资源，抓好各项激励保障政策的落地落实，为运动员教练员解决相关问题困难，提供更加优质高效的服务保障。退役运动员职业转换培训上，坚持创新优化培训课程设置，继续加强体育职业技能培训力度，促进退役运动员再就业，全年举办五期全省退役运动员职业转换培训班，设置了综合素质培训、创业培训、体育职业技能培训、足球E级教练员培训、中小学教师资格证培训以及社会通用技能培训六个模块，培训退役运动员284人次，其中94人取得所训专业国家职业资格证书。首次举办了省优秀运动员退役仪式，让退役运动员留下美好的青春记忆，增强退役运动员荣誉感和获得感。

国际体育交流与加强地区体育交流

【国际体育交流】 围绕省体育局中心任务，着力扩大体育对外交流渠道，省体育局人事处按照省委省政府推进“一带一路”交汇点建设“五大计划”专项行动方案，结合疫情防控要求，坚持以重大国际赛事和“一带一路”体育人文交流品牌活动为重点，采取线上交流与线下活动相结合，大力促进江苏体育对外交往。一是圆满完成对外交流出访任务。坚持党管外事原则，严格抓好因公出国(境)审批，截至2020年11月，共办理运动员、教练员、科技人员、管理人员等出访手续18批58人次，重点保障了奥运会积分赛以及省体育局自组团出访任务。二是外事政策纪律的宣传教育。出台《省体育局关于进一步加强因公临时出国事中事后监督管理工作的通知》，严格执行外事政策和纪律要求，严格遵守中央八项规定及其实施细则精神，认真落实行前教育和出访报告，抓好《江苏省厅局级党政干部因公出国(境)团组绩效评估实施意见》的贯彻落实；对出访团组特别强调意识形态教育和外事纪律教育，按规定时间和报批日程安排，全省体育系统因公临时出国(境)质量明显提高。三是精心筹办国际重大体育赛事活动。1月举办了2020年国际曲联世界女曲超级联赛中国队主场比赛。8月，为庆祝中国、芬兰建交70周年，与芬兰驻沪总领事馆共同举办“中国江苏—芬兰冰雪项目线上视频交流活动”。11月与省教育厅、省外办共同举办2020“一带一路”(江苏)体育交流周活动，其中包含“一带一路”国际青年男子3×3篮球邀请赛、“一带一路”青少年户外运动挑战赛、第四届“一带一路”国际青少年定向越野训练营等三项“一带一路”赛事活动及相关体育和文化交流活动。通过比赛交流，不仅让中外青少年学习了更好的体育技能，也进一步传播了中国文化和江苏风土人情，增强了国际青少年之间的交流与友谊。

【加强地区体育交流】 2020年，省体育局加强对港澳台体育交流。10月省体育局圆满承办了为期5天的“第六期澳门体育青年人才国情研修班”，提升了澳门青年人才对党情国情的认识，成为澳门体育青年的一次国情研修之旅、体育交流之旅、文化寻根之旅和爱国主义教育之旅。与台湾新北市、高雄市等体育总会保持了密切联系，创建了赛事活动品牌，成功举办第四届“海峡两岸”大学生电竞大赛、第二届海峡两岸垂钓友谊赛。

对口扶贫与安保工作

【对口扶贫】 一是扶贫工作。2020年省体育局加强对扶贫工作的组织领导，局领导先后2次赴扶贫点调研考察，落实帮扶资金50万元，按时推进帮扶项目的实施，受到省扶贫办和当地政府表扬。同时，选派1名同志到省扶贫办开展扶贫工作，持续做好脱贫攻坚服务保障工作。二是对口支援工作。能够按照省委省政府深入推进新一轮对口支援和东西部扶贫协作会议精神要求，认真制定年度援助计划，并抓好工作落实，按时按计划拨付对口援助资金500万元。

【安保工作】 2020年，省体育局人事处按照《江苏省企业事业单位内部治安保卫条例》规定，层层签订安保工作责任书，认真落实安全检查和讲评通报制度，扎实开展五环大厦相关单位消防培训和演练活动，两次组织安全大检查，对检查中发现的问题和隐患及时下发整改通知单，并进行“回头看”。同时协助做好中超联赛、第八届省全民健身运动会等重大赛事安保协调保障工作，有力保证了各项赛事的顺利进行。

（李　扬）

机关党委工作

2020年,在省级机关工委和省体育局党组的领导下,省体育局机关党委坚持以习近平新时代中国特色社会主义思想为指导,深入学习党的十九大及十九届二中、三中、四中、五中全会精神,认真贯彻习近平总书记对江苏、对体育工作重要讲话指示精神,深入落实新时代党的建设总要求,紧紧围绕江苏体育高质量发展核心任务,巩固深化主题教育成果,推进“三个表率”模范机关建设,以“我是党员我先上”、“五抓五促”专项行动、“忠诚核心、勇担使命”、“学用新思想”知识竞赛等为抓手,危机中育新机,变局中开新局,务实苦干,争先进位,全面加强党的政治、思想、组织、作风、纪律建设,完成年度工作任务。

建设政治机关与强化思想引航

【建设政治机关】 2020年,省体育局争做践行“两个维护”的排头兵。把党的政治建设摆上首要位置,强化政治机关定位,推进模范机关创建,引导全体党员增强“四个意识”、坚定“四个自信”、做到“两个维护”。把党的政治领导贯穿到体育工作的方方面面,把准政治方向,提高政治能力,永葆政治本色,不断提高党员干部的政治定力;把政治标准和政治要求贯穿党的建设全过程,严明党的政治纪律和政治规矩,严肃党内政治生活,净化党内政治生态,对省体育局训练中心、足球基地、体总秘书处、社会体育管理中心等4家直属单位党组织开展政治巡察,推动全面从严治党向纵深发展;全面落实意识形态工作责任制,坚持意识形态与业务工作同部署同落实同检查同考核,深化“不忘初心、牢记使命”教育成果,大力开展对党忠诚教育,深入开展运动队思想政治工作,牢牢守好意识形态阵地,以强烈的政治意识确保模范机关建设的正确方向。省体育局系统全年没有发生意识形态问题。高质量推动巡视巡察“后半篇文章”,2018—2019年省体育局系统两轮巡察反馈的78个问题已经全部整改到位。

【强化思想引航】 2020年,省体育局系统着眼理论武装,勇当学深悟透新思想的模范生。坚持把学习习近平新时代中国特色社会主义思想作为党组会议、基层党组织理论学习的“第一议题”、主题党日活动的“第一要求”、党员干部的“第一履责本领”,常抓不懈。发挥党组会及时跟进、党组中心组领学促学等的示范作用,制定年度党组中心组学习计划,用好“学习强国”平台,推动全体党员对新思想的学习从“知其然”向“知其所以然”进而向“知其所以必然”升华。截止12月18日,党组会跟进学习17次,中心组学习12次,围绕学贯《习近平谈治国理政》第三卷、党的十九届五中全会精神等内容组织集中研讨5次;“学习强国”平台在职党员覆盖率100%,参加“学用新思想”知识竞赛线下对抗赛荣获二等奖,200多名团员参加传承“五四”精神系列学习活动,引导干部职工用新思想指导实践、推动工作。

筑牢基层组织建设与强化监督管理

【筑牢基层组织建设】 2020年,省体育局强化作用发挥,持续固本强基,筑牢基层组织建设的压舱石。贯彻基层组织工作条例,着力提升基层党组织组织力;编印《省体育局党支部标准化规范化建设指导手册》，提升基层党组织标准化规范化建设水平；按期完成省体育局机关党委换届，组建史上最年轻机关党委委员会，平均年龄49.72岁，制定机关党委委员会议事规则（试行）；顺应社团改革要求，成立华东地区首家省属体育社团党委；加强运动队党建，印发进一步加强运动队思想政治工作意见，召开运动队思想政治工作会议，推动机关支部与运动队党组织同频共振；深化机关党组织与社区、农村、企业党组织结对共建，赴六合塘桥社区开展“健康体测进社区”活动，促进基层共建共治；狠抓业务培训，举办基层党组织书记、党建实务、意识形态等培训班，提高党务工作者能力；加强线上线下阵地建设，用好江苏机关“党建云”平台，建成“党员之家”、谈话室和党员廉政档案室；规范党员发展，全年新发展党员24名（其中训练单位党员16名）；重视党内关怀，对患重大疾病或生活困难党员常态化开展关怀慰问，截止12月18日，共慰问病困党员46人次12.68万元；坚持党建引领，统筹推进工青妇和统战工作，取得良好成效。省五台山体育中心顺利通过“全国文明单位”复核，连续六次蝉联此项荣誉；江苏女排、龚翔宇分获全国表彰，包锋林、姜佳音、刁琳宇和女子橄榄球队、女篮成年组获评省级表彰，省田径运动管理中心党支部深入开展争创“服务高质量发展先锋行动队”行动取得良好成效，7个基层党组织受到省体育局表彰，充分彰显了基层党组织的战斗堡垒和党员的先锋模范作用。

【强化监督管理】 2020年，省体育局系统锤炼作风行风，贯彻全面从严治党的高标准。认真落实中央、省委全面从严治党决策部署，紧盯年节假期、重大活动、重点领域，持之以恒反“四风”；扎实开展“五抓五促”专项行动，推动出台“促进江苏体育产业15条”“复工助企四专十条”，下达各类扶持资金2.85亿元，引导银行放贷15.36亿元，设立“支持体育企业应对疫情影响复工复产帮扶政策库”，编印《江苏体育企业发展服务政策指引》，补贴体彩网点

2626.1万元，发放5000万元体育消费券；持续整治形式主义、官僚主义，切实为基层减负，以省体育局名义印发的文件、召开的会议减少超过49.6%、57.1%；传达学习习近平总书记关于坚决制止餐饮浪费行为、切实培养节约习惯的重要批示精神，开展“制止餐饮浪费，培养节约习惯”活动；严格落实省安全生产专项整治要求，开展“安全生产月”活动，全年没有发生安全事故；开展年度局系统作风建设考评，推动转作风提效能；深入贯彻习近平总书记关于反兴奋剂重要批示精神，坚持“零容忍、零出现”，加强监督检查，强化责任追究，严厉打击兴奋剂违规行为，营造良好体育行风，努力夺取疫情防控与体育事业发展“双胜利”。

强化纪律教育与推动党建工作

【强化纪律教育】 2020年，省体育局完善“三不”机制，敢做良好政治生态的守护人。敢于直面、深刻反思局系统政治生态被破坏的现实，坚持把纪律和规矩挺在前面，全面加强对党员干部的教育、管理、监督、问责，强化不敢腐的震慑，扎紧不能腐的笼子，增强不想腐的自觉。坚持“以案说法”，开展“党风廉政教育月”活动，通过参观警示教育基地、收看廉政教育片、旁听庭审等方式，引导党员干部汲取教训举一反三，做到知敬畏、存戒惧、守底线；制定加强领导干部内部监督工作通知、加强领导干部家风建设通知、公职人员政商合作“十不准”规定、共建亲清政商关系告知书等多项制度。开展内控风险评估，梳理岗位职责和业务流程，编制内控管理手册；完成年度内部审计，对发现的问题一改到底；开展廉政风险点排查，针对304个风险点编印《廉政风险排查防控手册》，扎紧制度笼子；坚持挺纪在前，用好“四种形态”，全年配合驻厅纪检监察组查办案件18件，本级处置问题线索4件，协助下达党纪处分9人。

【推动党建工作】 省体育局党组认真贯彻“四个一起”要求，深入落实《省级机关部门单位党组(党委)落实机关党建领导责任实施办法(试行)》，在研究全年业务工作的同时，先后召开全面从严治党暨党建工作会、党风廉政领导小组会、意识形态专题会等相关会议，分析形势，研制对策，做到党建与业务一起谋划、一起布置、一起检查、一起考核。健全“三级责任清单”，印发党组落实机关党建领导责任清单、机关党委负责机关党建责任清单，指导各支部制定责任清单；拟制全面从严治党主体责任清单、党风廉政建设工作要点等，与各级党组织负责人签订《落实全面从严治党责任书》，构建“四级责任链条”；加强年度作风建设考评结果运用，对工作落后的党组织负责人进行谈话提醒，突出党建“第一责任”，夯实“一岗双责”，让党建责任成为刚性约束。年初以来，累计报送省纪委履责记实平台信息1454条，其中党组58条，领导班子成员1396条。

疫情防控与改革成效显著

【疫情防控】 2020年，省体育局在疫情防控工作中，体育局领导身先士卒，驻五台山40个基层党组织派出党员职工1245人次轮流参加街道执勤，累计提供6765小时志愿服务，精心呵护社区百姓的安全；干部职工主动为疫区捐款70.72万元，捐献口罩2.66万只，109名同志献血30100毫升。各级党组织和全体党员干部坚持疫情防控与事业发展“两手抓”，迎难而上，苦干实干，体育事业发展取得新进步。

【改革成效显著】 2020年，省政府下发了《江苏省贯彻〈体育强国建设纲要〉实施方案》，召开了体育强省建设工作推进会，体育事业“十四五”规划编制工作全面启动；持续深化足球、体育社团、体医融合等改革，取得初步成效，苏宁俱乐部创历史夺得中超联赛年度冠军，64个体育社团完成脱钩，《关于促进体医融合发展的意见》正式出台；全年全省新建体育公园100个、健身步道500余公里，推广科学健身指导方法200余条，创新开展举办江苏省首届网络全民健身运动会，参与人数近400万、观众近2000万；举办全国以上赛事55项次、获得年度最高水平比赛24枚金牌，列全国第四，24名运动员成功入选东京奥运会；全年体彩销售195亿元，位居全国第一，有力支持了江苏体育事业的改革发展。

（陈　博）

纪检、监察工作

2020年,在省体育局党组、机关党委和省级机关纪监工委的领导下,在驻省教育厅纪检监察组的指导下,省体育局机关纪委坚持以习近平新时代中国特色社会主义思想为指导,深入贯彻党的十九大和十九届二中、三中、四中、五中全会精神,按照中纪委、省纪委、省级机关纪监工委的部署要求,进一步增强“四个意识”、坚定“四个自信”、做到“两个维护”,认真履行监督执纪问责职责,协助机关党委推进全面从严治党、加强党风廉政建设和组织协调反腐败工作。

突出政治监督与推进作风建设

【突出政治监督】 2020年,省体育局纪检、监察工作突出政治监督,践行“两个维护”。把督促落实“两个维护”作为监督的首要任务,协助机关党委开展好“忠诚核心、勇担使命”主题实践活动,深化“不忘初心、牢记使命”主题教育成果,坚决维护习近平总书记党中央的核心、全党的核心地位,坚决维护党中央的权威和集中统一领导。围绕党中央、省委省政府和局党组重大决策部署贯彻落实情况,对疫情防控、训练备战、反兴奋剂等局系统重点工作加强监督检查,确保政令畅通、令行禁止。督促各单位及时修订完善“三重一大”议事规则,监督民主集中制落实情况,坚持重大问题通过会议研究讨论决定。监督各级党组织和党员领导干部严格落实《关于新形势下党内政治生活的若干准则》,突出“三会一课”的政治教育和党性锻炼，督促党员领导干部过好双重组织生活，领导干部在民主生活会(组织生活会)上把群众反映、巡察反馈、组织约谈函询、个人需报告的重大事项和有关问题说清楚。围绕“四个落实”开展政治巡察，深入查找政治偏差，2020年度对4家直属单位开展了巡察，共反馈问题25个；做好上两轮巡察反馈问题整改“回头看”工作，推动做好巡视巡察整改落实“后半篇文章”。目前2018—2019年两轮巡察反馈的78个问题已经全部整改到位，2020年被巡察单位已经针对反馈问题制定整改措施。

【推进作风建设】 2020年，省体育局纪检部门紧盯年节假期、重大活动、重点领域，坚决防止和纠正“四风”突出问题，督促各单位开展落实中央八项规定情况自查自纠。作为“五抓五促”提效能、全力夺取“双胜利”专项行动牵头部门，通过狠抓作风推动疫情防控、援企稳岗、民生改善、安全生产和减负增效等工作落实，确保取得疫情防控和体育事业发展“双胜利”。持续整治形式主义、官僚主义，推动为基层减负，截至2020年12月21日，以省体育局名义印发的文件减少17%，以省体育局名义召开的会议数减少3%。坚决落实习近平总书记关于坚决制止餐饮浪费行为、切实培养节约习惯的重要批示精神，加强对餐饮浪费监督检查。组织开展局系统作风建设考评，根据省综合考核指标及时跟进修订考评指标，推动转变工作作风、提高工作效率。加强对运动员选招、赛风赛纪等监督检查，及时发现和查处发生在群众身边的不正之风和腐败问题。

严格监督执纪与完善预防机制

【严格监督执纪】 2020年，省体育局纪检部门坚持严字当头，把纪律挺在前面，加强对党员干部全方位的监督，特别是加强对权力运行的监督,及时发现存在的问题。在用好监督执纪“第一种形态”上积极作为,及时发现和纠正苗头性、倾向性问题,综合运用谈话提醒、批评教育等措施,及时咬耳扯袖、红脸出汗,抓早抓小、防微杜渐。坚持执纪必严、违纪必究,严格按照《纪检监察机关处理检举控告工作规则》受理处置信访举报,及时移交、报备问题线索,按照《中国共产党纪律检查机关监督执纪工作规则》处置权限范围内问题线索。截止2020年12月21日,配合协助纪检监察组查办案件18件,受理信访举报件6件(初核了结5件,初核中1件),协助局党组下达党纪处分9人。

【完善预防机制】 2020年,省体育局利用中心组学习、主题党日、“三会一课”等加强纪律教育、政德教育、家风教育,通过参观警示教育基地、收看廉政教育片、旁听庭审等深化“以案明纪”“以案说法”,教育引导党员干部深刻汲取教训,知敬畏、存戒惧、守底线,筑牢拒腐防变的思想防线。5月份组织开展“党风廉政教育月”活动,开展警示教育1次、参观学习1次、党规党纪知识测试600余人次,收到廉言廉语270余条、摄影作品20幅、书画作品27幅(组)。加强制度建设,将各部门各单位排查出的304个廉政风险点编入《廉政风险排查防控手册》并督促制定完善相应防控措施,责任到岗到人;深化以案促改,推动局党组制定加强领导干部内部监督工作通知、加强领导干部家风建设通知、公职人员政商合作“十不准”规定等制度。加强对权力行使的监督,真正把权力关进制度的笼子里,形成用制度管权、管事、管人的长效机制。

推动责任落实与加强自身建设

【推动责任落实】 2020年,省体育局制定党组全面从严治党主体责任清单、党组党风廉政工作要点,建议召开党组会、全面从严治党大会、党风廉政领导小组会议，研究部署全面从严治党工作，协助履行全面从严治党主体责任。省体育局党组书记和领导班子成员、分管局领导和各单位、处室党政负责人签订《2020年落实全面从严治党责任书》，构建“四级责任链条”，压实全面从严治党主体责任。将全面从严治党有关工作列入省体育局年度重点工作和局系统作风建设考核评议内容，加强考评结果运用，对考评落后的单位党组织负责人进行谈话提醒，推动主体责任落实。截至12月21日，省体育局报送省纪委履责记实平台信息1487条，其中党组58条，领导班子成员1429条；基层党组织负责人履责记实平台共报送信息1539条。督促指导各级纪委和纪检委员的履行监督职责，加强日常监督，每半年组织研究一次本处室、单位党风廉政工作，年底向机关纪委报告履职情况。

【加强自身建设】 2020年，省体育局纪检、监察部门加强自身建设，坚持用习近平新时代中国特色社会主义思想武装头脑，坚定理想信念，坚守初心使命，切实将“两个维护”落实到忠诚履职尽责上。通过参加培训、跟班学习锻炼、自我学习提高等方式，努力提高业务能力素质和日常监督执纪工作水平。严格执行纪检监察机关处理检举控告工作规则和省级机关纪委信访举报工作暂行规定，依规依纪依法处理信访举报；认真落实监督执纪工作规则，严格按照规则开展监督执纪工作；坚持“打铁必须自身硬”，严格执行江苏纪检监察干部“六条禁令”，遵纪守法、清正廉洁，在大是大非面前旗帜鲜明，在歪风邪气面前敢于亮剑，当好党纪国法的“守护者”和政治生态的“护林员”。

（丁昌松）

体育外事与地区交流

2020年,受全球新冠肺炎疫情影响,国际体育交往受阻,传统的线下"面对面、大活动、多聚集"的体育外事与地区交流模式受到制约,江苏省体育局在统筹做好疫情防控基础上,全年共派出了28批70人次的运动员、教练员、科技人员及体育官员赴23个国家和地区参加各类国际比赛、学术会议、技术指导、体育交流和援外任务。其中,江苏省体育局配合国家体育总局组团出访的有21批30人次,出访了20个国家和地区;省体育局自组团队出访的6批26人次,访问了4个国家和地区;赴中国台湾交流的团组1批7人次。

出访与援外

【参加国家体育总局组织的出访团队】 2020年,江苏省体育局共有10个运动项目,21批30人次的教练员、运动员以及体育局干部随国家体育总局出访了加拿大、美国、意大利、俄罗斯、印度、埃及、突尼斯、日本、比利时、西班牙、法国、奥地利、斯洛伐克、摩洛哥、匈牙利、泰国、墨西哥、英国、德国、卡塔尔共20个国家和地区。这些运动项目有击剑、篮球、摔跤、武术、田径、跆拳道、羽毛球、柔道、排球、体操共10个。出访情况列表如下:

2020年参加国家体育总局组团出访情况一览表

项目	姓　名	团内职务	出发时间	在外停留天数（天）	国家/地区	内　容
击剑	刘永闯	运动员	2020.2.4	8	加拿大	参加男子重剑世界杯系列赛
篮球	姜佳音	运动员	2020.1.4	20	美　国	三人篮球训练及比赛
摔跤	陈亚楠	运动员	2020.1.7	14	意大利	参加国际摔跤积分赛及训练营
	秦苏宁	运动员	2020.1.21	8	俄罗斯	参加国际摔跤俄罗斯站A级赛
	陈亚楠	运动员	2020.2.15	11	印　度	参加2020年亚洲摔跤锦标赛
武术	杨方圆	运动员	2020.1.7	14	埃　及 突尼斯	散打对抗赛
田径	朱华刚 唐　涛 陈现超 王嘉男 石雨豪	教练员 教练员 队　医 运动员 运动员	2020.3.1	76	美　国	训练比赛
	黄浩峰	运动员	2020.3.13	7	日　本	参加亚锦赛及训练
跆拳道	赵　帅 刘金锋 单云云	运动员 运动员 运动员	2020.1.15	22	日　本	转训
	赵　帅	运动员	2020.3.9	8	比利时	参加比利时公开赛
羽毛球	周舜琪	运动员	2020.2.15	11	西班牙	训练比赛
	周舜琪	运动员	2020.3.29	9	日　本	参加日本大阪挑战赛赛前训练及比赛

续表

项目	姓　名	团内职务	出发时间	在外停留天数（天）	国家/地区	内　容
柔道	王　彦 徐仕妍	运动员 运动员	2020.2.6	23	法　国 奥地利 斯洛伐克	参加比赛
	王　彦	运动员	2020.3.14	14	摩洛哥 俄罗斯	参加摩洛哥大奖赛和俄罗斯大满贯赛
	王　彦 徐仕妍	运动员 运动员	2020.2.29	147	日　本	外训
	王　彦 徐仕妍	运动员 运动员	2020.10.19	10	匈牙利	参加柔道项目匈牙利大满贯
排球	颜廷洋	运动员	2020.2.9	73	泰　国 美　国 墨西哥	参加比赛和集训
体操	侍　聪	运动员	2020.11.4	6	日　本	参加国际体操邀请赛
	黄　旭	领　队	2020.3.18	13	英　国 德　国	参加国际体联体操全能世界杯赛
其他	周　丹	领　队	2020.1.10	4	卡塔尔	参加会议
	陈　贤	教练员	2020.1.1	365	墨西哥	执教

【江苏省体育局组织的出访团队】 江苏省体育局全年有6批体育团队（组）26人次前往泰国、澳大利亚、韩国、日本共4个国家和地区进行访问、比赛、友好交流。出访情况详细如下：

2020年江苏省体育局组织体育团队出访和交流情况一览表

团(组)	姓　名	团内职务	出发时间	在外停留天数(天)	国家/地区	内　容
王亮1人赴泰国团	王　亮	新闻官	2020.1.4	10	泰　国	担任2020东京奥运会女排亚洲资格赛新闻官
林峰1人赴泰国团	林　峰	安全官	2020.1.5	13	泰　国	担任2020年亚足联U23锦标赛安全官
何雪德等4人赴澳大利亚团	何雪德 周进富 赵　宁 吴佳楠	副主任 教练员 运动员 运动员	2020.2.2	17	澳大利亚	参加2020年世界帆船激光级锦标赛并进行赛前训练
王书慧等16人赴韩国团	王书慧 宋琛茜 王　丹 凤　洋 孙　娇 王可可 徐涵舒 戴小宇 黄慧影 高媛媛 胡雨诺 吴美琪 渠文娜 吴静雯 吴　杰 梁　蓉	运动员 运动员 运动员 运动员 运动员 运动员 运动员 运动员 运动员 运动员 运动员 运动员 运动员 运动员 运动员 运动员	2020.1.5	18	韩　国	训练比赛
朱海明等3人赴日本团	朱海明 周　游 刘　静	副主任 科　员 科　员	2020.2.6	6	日　本	参加2020福冈FFC杯少年足球锦标赛
王宁1人赴泰国团	王宁	副主任	2020.2.4	3	泰　国	参加2020年亚排联裁判委员会会议

【对台交流】 2020年,江苏省体育系统赴中国台湾交流团组共计1批7人次。出访情况详细如下:

2020年江苏体育系统赴中国台湾交流情况一览表

团(组)	姓名	团内职务	出发时间	在外停留天数(天)	内容
余尧等7人赴台团	余尧 吴安俊 陈晨 王宁 栾臣臣 曹杰 赵富阳	教练员 运动员 运动员 运动员 运动员 运动员 运动员	2020.3.17	22	棒球队参加奥运会资格赛

(张　兰)

体 育 产 业

2020年,省体育产业指导中心紧紧围绕省体育局十大主要任务48项重点工作部署安排和《省体育局"五抓五促"提效能、全力夺取"双胜利"专项行动实施方案》要求,以贯彻落实国家和省体育产业政策措施为主线,切实履行产业发展服务职能较好完成了全年各项工作任务。

体育产业政策落实与专项资金评审

【落实"体育产业15条"纾困政策】 2020年,省体育局为支持体育企业应对疫情渡难关稳发展,会同省体育经济处,组织对全省467家体育企业进行网络抽样调查,及时了解掌握疫情影响底数和政策需求,并向体育总局报送相关信息。在此基础上,3月27日,研制出台《关于应对新冠肺炎疫情影响促进体育产业健康稳步发展若干措施的通知》,围绕体育产业供给和需求两端,采取15条政策举措,促进体育产业健康稳步发展。共下达中央和省大型体育场馆免费低收费开放补助资金、省体育产业发展专项资金、省健身俱乐部专项资金等1.85亿元;分别联合中国建设银行江苏省分行、江苏银行推出金融助企措施,建设银行成功给予464家客户信贷支持5.08亿元,江苏银行体育产业实贷余额10.28亿元。

【制定实施贯彻国办43号文件《行动方案》】 2020年,省体育局在认真研究、广泛调研基础上，起草《关于促进全面健身和体育消费推动体育产业高质量发展行动方案》，经向省20余个相关部门和各设区市体育局征求意见后，4月17日，由省体育局和省发展改革委联合印发。《行动方案》印发后，省体育局进行多渠道宣传，让社会各界广泛知晓政策内容。制定贯彻《行动方案》重点工作责任分解方案，形成56项工作任务责任清单，分别由省体育局领导牵头，有关处室单位负责落实。结合“十四五”体育产业发展规划编制调研，赴部分市对《行动方案》执行情况进行重点督导。组织开展全省体育产业政策执行情况调研，重点了解政策执行中的难点堵点，共有325家体育企业参与，并形成相应调研报告。此外，完成“十三五”体育产业发展规划总结评估工作，组织开展“十四五”规划编制书面调研，并结合贯彻落实十九届五中全会精神要求，在省体育局分管局长带领下赴南京、苏州、常州、连云港等市开展调研，研究提出“十四五”体育产业发展思路建议，形成规划初步提纲。

【专项资金评审】 2020年，省体育局建立省体育产业发展专项资金直报系统，2020年首度采用网上申报方式开展申报和审核。经过企业申报、市县初审、省级专家考察、实地考察、综合评审、社会公示等环节后，专项资金1亿元拟支持132个项目。

推进产业载体建设与强化体育产业平台建设

【推进产业载体建设】 2020年，省体育产业指导中心积极推进国家体育消费试点城市建设。根据国家体育总局部署要求，经各市申报、省级推荐和总局评审，南京、苏州、常州三市成功入选首批国家体育消费试点城市。在省体育局分管局长带领下，分别赴3市对接推进试点城市建设，指导推动三地结合试点工作方案，稳步推进先行先试。二是推进体育产业基地建设。南京奥体中心等4家单位获评新一批国家体育产业示范单位。加强对省级体育产业基地的动态管理，复核认定82家基地、新认定20家基地。三是推进体育小镇建设。会同省发展改革委做好原体育健康特色小镇整合工作，徐州贾汪茱萸山体育健康小镇、扬州仪征枣林湾运动小镇、苏州太湖体育运动休闲小镇等3个小镇，整合进入体育类省级特色小镇创建名单。四是推进体育服务综合体建设。经单位申报、市级推荐、省级形式审查和专家评审，在统筹考虑综合体类型及各设区市分布基础上，经省体育局审议和公示后，认定16家体育服务综合体。

【强化体育产业平台建设】 推进区域合作平台建设。联合长三角地区三省一市出台《长三角地区体育一体化高质量发展的若干意见》、《长三角地区汽车运动产业发展规划(2020—2025年)》，助推长三角体育快速发展。联合开展2020年长三角地区精品体育旅游项目评选，无锡海澜马文化主题旅游景区等12个项目入选。承办第七届长三角运动休闲体验季暨长三角跆拳道大满贯道馆赛，近500名来自江浙沪皖的参与者参加，本次活动是2020年抗疫复工中长三角三省一市举办的唯一一次体验季活动。举办“不止骑·2020第二届环长三角自行车赛”，采取线上云直播模式，直播累计观看量1.1万人次。打造展会活动平台。成功举办2020江苏体育产业大会暨中国(淮安)淮河生态经济带体育产业发展论坛，来自国家体育总局、兄弟省市、全省各级体育部门、体育产业载体、企业以及高校智库等600余人汇聚大会，通过搭建政企互动交流平台，为江苏省体育产业发展高质量凝聚智慧和力量。经体育总局评选，江苏省共有12个项目入选“2020中国体育旅游精品项目”，4个项目获评十佳项目，江阴海澜马文化主题旅游景区三次获得十佳体育旅游精品项目。推介发布“江苏时尚体育好去处”。出版《江苏省体育产业发展报告(2019—2020)》,编辑印发三期《江苏体育产业》杂志。

体育产业政策宣传与体育产业统计

【强化体育产业政策宣传】 “体育产业15条”出台后,省体育局第一时间在国家和省级30多家主流媒体开展宣传,后续还通过拍摄专题片、媒体采风等多种形式,对政策落实和体育消费市场复苏情况进行持续跟踪报道。开展“疫情防控常态化江苏体育企业复工复产情况”网络调查,399家企业参与调查,发布《2020年江苏体育产业复工复产情况调研报告》。梳理汇总国家、省及市县支持企业应对疫情普惠政策120余条,设立“支持体育企业应对疫情影响复工复产帮扶政策库”;梳理体育及科技、工信、文旅等相关行业政策150余条,设立“江苏体育企业发展服务政策库”;编印《江苏体育企业发展服务政策指引》,摘录体育及相关行业服务事项35条;组织开展“江苏体育企业复工复产系列报道”。

【开展体育产业统计和消费调查】 2020年,省体育局完成第四次经济普查及2019年江苏体育产业数据核算,2019年全省体育产业实现总产出4620.42亿元,同比增长13.6%;创造增加值1570.94亿元,同比增长13.2%,占全省地区生产总值的比重为1.58%,增长0.08个百分点。会同南京师范大学江苏省体育消费研究中心,做好体育消费调查方案制定与实施、数据分析与发布等工作,2019年江苏省城乡居民体育消费总规模1971亿元,人均体育消费支出2442元。与苏州大学合作举办全省体育产业干部管理培训班,90名体育产业干部参加了培训。

体育产业大会与出版体育产业蓝皮书

【体育产业大会】 2020江苏体育产业大会暨中国(淮安)淮河生态经济带体育产业发展论坛在淮安举办。大会发布了江苏省体育产业统计和体育消费数据,据统计,2019年全省体育产业总规模4620.42亿元,增加值1570.94亿元,占全省GDP的1.58%(总规模约占全国1/7左右);全省城乡居民体育消费总规模1971亿元,人均体育消费2442元。南京、苏州、常州成功入选首批国家体育消费试点城市,创建24个国家体育产业基地和102个省级体育产业基地,拥有4个国家级运动休闲特色小镇试点项目、3个体育类省级特色小镇以及江苏金陵、淮安共创2家上市公司,认定三批43家体育服务综合体。

大会发布了《2020年江苏体育产业复工复产情况调研报告》,根据对399家体育企业的网络抽样调研,体育制造业企业62家,复工率100%;体育服务业企业337家,复工率98.2%;前三季度员工总数40605人,较上年底增长1.9%,体育产业总体复苏步伐加快。“江苏体育产业15条”纾困政策持续落实,下达中央和省公共体育场馆免费低收费开放补助资金、省体育产业发展专项资金、省健身俱乐部专项资金等1.85亿元;2020年省体育产业发展专项资金1亿元拟支持133个项目;省体育局系统政府采购首付款支付比例60%,采购总额已达2.04亿元;联合金融机构推出助企措施,建设银行成功给予284家客户信贷支持2.41亿元,江苏银行体育产业实贷余额10.58亿元,增幅17.56%。

大会还发布了全国首个省份体育产业发展报告(江苏体育产业蓝皮书);南京、苏州、常州三市向省体育局递交国家体育消费试点城市工作方案,省体育局为江苏新获评的国家体育产业基地授牌；发布国家体育产业联系点城市（苏州）建设工作评估报告；江苏省体育产业集团有限公司等6家单位做了品牌发布。

这次大会是新冠肺炎疫情发生后，江苏省体育领域举办的一次大规模发展大会，集中展示江苏体育产业应对疫情影响复工复产情况和产业发展最新成果，为江苏体育产业发展高质量凝聚智慧和力量，对推动体育强省建设、构建新发展格局、更好满足人民对美好生活向往将具有积极作用。

【江苏体育产业蓝皮书出版】 由江苏省体育局副局长王志光为主编，体育经济处处长王峰、体育产业指导中心主任孙金荣为副主编的江苏体育产业蓝皮书于2020年10月由社会科学文献出版社出版发行。主要栏目有江苏省体育产业发展历程、江苏省体育产业发展现状、江苏省体育产业推进措施、江苏省体育产业发展形势等，全书39万字。

（孙海燕）

江苏省体育总会工作

2020年是十三五规划的收官之年，是十四五计划的谋划之年，是全面建成小康社会的决胜年，是众志成城抗疫情的特殊年。作为体育融合发展的重要桥梁纽带，江苏省体育总会积极应对新的形势发展要求，在省体育局党组的正确领导下，在各地、各部门(单位)的积极支持和共同努力下，以习近平新时代中国特色社会主义思想为指导，认真贯彻党的十九届五中全会精神，落实省政府关于加快新时代体育强省建设的工作部署，扎实推进改革步伐，逐步完善体制机制，稳步夯实组织建设，积极组织赛事活动，覆盖范围不断拓展，服务内涵全面提升，影响力日益扩大，社会活力显著增强，较好完成了2020年的各项工作任务。

体育社团党委成立大会与特色党日活动

【体育社团党委成立大会】 2020年省体育总会秘书处提高思想站位，树立党的领导与体育社团依法自治统一，体育社团自身发展与坚持走中国特色体育强国之路、新时代体育强省建设结合的价值观，进一步探索体育社会组织党的组织体系和活动方式。强化组织引领，经省委组织部同意，于2020年10月26日，召开省属体育社团党委成立大会，并制定党委工作计划和工作重点等。在推动省属体育社团成立了60个党支部，实现全覆盖的基础上，充分发挥省属社团党委的指导服务功能，与各省属社团党支部书记签订了党建工作责任承诺书和安全生产责任承诺书，指导各社团党组织落实民主集中制，做好换届人选名单审核等工作，推进全面从严治党向纵深发展。

【特色党日活动】 围绕社团党组织保证政治方向、团结凝聚群众、推动事业发展、建设先进文化、服务人才成长、加强自身建设等基本职责，结合社团赛事活动业务工作，开展“五环在行动”系列主题党日活动，2020年，省体育社团党总支分别组织了“聚红色力量”——参观扬州卜桥社区红马甲广场、研讨体育社团参与社会治理，“散黄色温暖”——省属社团齐心抗疫献爱心，“追蓝色梦想”——走进南京市聋人学校，“燃绿色希望”——组织党建工作专题培训，“响黑色警示”——观看廉政教育影片等活动。各省属体育社团党支部根据各自业务工作计划，开展有自身特色的党日活动，以党建引领业务发展，以业务丰富党建工作内涵。

强化意识抓廉政与攻坚克难显担当

【强化意识抓廉政】 2020年，省体总秘书处认真贯彻落实全面从严治党要求，将意识形态责任工作落到实处。深入贯彻落实党中央、省委和省体育局党组关于意识形态工作的决策部署，充分发挥意识形态的思想引领、舆论推动、精神激励、文化支撑作用，牢固树立“党管意识形态”意识，把意识形态工作列入年度工作目标，与业务工作同部署、同落实、同检查、同考核。突出主题党建，根据相关要求部署，积极开展“忠诚核心、勇担使命”主题教育活动，开好“以优良作风保证‘双胜利’”专题组织生活会，做好“五抓五促”提效能、全力夺取“双胜利”专项行动，激励党组织和广大党员在“五抓五促”专项行动中敢于担当、主动作为。采取“四不两直”调研、召开座谈会、发放征求意见表、网络征询等形式，广泛深入地征求省属体育社团、市县体育总会、各相关职能处室的意见，围绕“六个有没有”，梳理调研需要整改的问题，及时整改到位。抓好廉政工作，夯实“两个责任”，签订党建工作责任承诺书，确保责任传导到位，突出问题导向，强化正风肃纪，深入开展廉政宣传教育，不断提高反腐败思想定力。强化安全生产，部门负责人与全体人员签订了安全生产责任承诺书，并进行安全生产知识培训。

【攻坚克难显担当】 自新冠肺炎疫情防控阻击战打响以来，省体总秘书处深入贯彻落实习近平总书记关于疫情防控重要指示精神，积极响应局党组部署要求，充分发挥社团深入基层、密切联系群众的优势，立足岗位、主动作为，印发了《关于做好新型冠状病毒感染的肺炎疫情防控工作的通知》，号召社团党组织献爱心行动，省属体育社团及其负责人共捐款1579万元，捐赠抗疫物资价值1580.5万元，组织党员支援街道、社区，主动站岗，守护群众，弘扬正能量，省拳击协会、魔方协会、乒乓球协会倡导俱乐部为援鄂医护人员子女提供一年公益免费培训，用实际行动为打赢疫情防控阻击战贡献省属体育社团的力量。

推动体育社会组织创新

【认真抓好脱钩改革】 根据全面推开行业协会商会与行政机关脱钩改革的精神和省脱钩改革领导工作小组的要求，2020年，省体总秘书处先后指导51个省属体育社团开展第三批脱钩改革，按照“五分离五不脱”要求，做好全面摸底、事项梳理、方案制定执行、总结上报等工作，召开了脱钩改革通气会，与相关单位部门沟通分离事项，向省民政厅提交了脱钩改革实施方案和情况总结。在脱钩改革总体背景下，深化分类改革，印发《关于进一步深化省属体育社团分类改革的实施意见(2020—2022年)》,厘清省属社团职能。同时,体总秘书处深入30多家在宁社团开展“四不两直”调研,重点传达改革精神、听取社团在改革发展的方方面面遇到的问题和困惑。

【提高购买服务质量】 为深入推进体育社团改革,进一步落实脱钩不脱联系、不脱扶持、不脱监管的配套政策,在省体育局党组、各部门的关心和支持下,在2020年预算中,设置了品牌赛事活动项目经费1500万,用于开展省属体育社团承接政府购买服务工作。为了进一步规范购买服务工作,根据2020年品牌赛事活动计划,在省体育局经济处、装备中心的帮助下,顺利完成84项单一来源采购和3项竞争性磋商项目的招标。根据疫情防控要求,结合线上、线下模式,完成项目实施执行,并开展绩效评价工作,确保项目实施质量。

【重点解决改革难题】 坚持“四+X”改革发展思路,面对脱钩改革的情形,进一步完善扶持机制,优化省属体育社团发展专项扶持资金申报评审工作。2020年,省体总秘书处根据强省建设要求和省体育局中心工作修订了评分指标和权重,重点突出、优化体系,顺利完成立项工作。面对社团改革清理兼职的状况,进一步开展面向社会公开招聘会长候选人工作,以协会关键人的角色转换为突破口,推进协会社会化进程,目前在所有省属社团中,由优秀企业家担任协会会长的占比约为60%,有高校领导担任会长的占了11%。

助力体育社会组织服务惠民

【推动体育组织数质并提】 围绕《体育强国建设纲要》关于做大做强做实体育总会的要求,加强调研,紧密联系各市体育总会,2020年,省体总秘书处召开全省体总工作座谈会,交流本年度工作,谋划明年思路,研讨体育社会组织改革难题。紧紧围绕群众“六个身边”,完善全省体育社会组织网络,一方面在“3+2”的基础上进一步建立完善“1+X+Y”的组织格局,通过政策杠杆和各类全省联动的赛事活动,支持、推动各类社团向基层延伸、向末端拓展。大力推进俱乐部建设,指导省属体育社团以俱乐部为抓手,使其紧密团结在项目社团周围,通过全省联动的俱乐部联赛方式,促进俱乐部繁荣发展。

【完善群众赛事活动体系】 2020年,省体总秘书处着力打造品牌赛事,坚持赛事活动差异化,突出品牌内涵,鼓励和扶持协会打造具有自主知识产权的品牌赛事和特色活动,继续扩大扶持“魅力江苏 最美体育”系列品牌赛事,发挥省市县联动特色,引导赛事活动覆盖城乡,在全省营造良好的全民健身氛围,2020年共17项:“舞动江苏”全省广场舞大赛、“爱乒才会赢”全省乒乓球球王争霸赛、“乐在棋中”全省象棋棋王赛、“羽民同乐”江苏省羽毛球俱乐部联赛、“奔跑江苏”四分马健身跑、“我爱足球”中国足球民间争霸赛(娃娃组)、“乐钓江苏”江苏省钓鱼俱乐部联赛、“舞比快乐”省体育舞蹈俱乐部联赛、“骑乐无穷”山地自行车俱乐部联赛、2020新动力江苏长三角越野联赛、“未来之星”江苏省小篮球俱乐部联赛、“迎篮而上”江苏省男子篮球超级联赛、“智跑江苏”定向越野俱乐部联赛、“拳民运动”江苏省拳击俱乐部联赛、“壁有一战”江苏省壁球俱乐部联赛、“超燃街舞·逐梦巴黎”江苏省街舞俱乐部联赛、“泳往直前”江苏省游泳公开水域俱乐部联赛品牌赛事。指导省属体育协会举办全省俱乐部联赛,推动基层俱乐部发展,其中覆盖面广、参与人数多、社会影响力大的已被纳入购买服务序列。举办砂板乒乓球、跳绳、四分马等长三角系列赛事活动,助力长三角一体化战略。成功举办了“魅力江苏 最美体育”颁奖晚会、2020年全省最美跑步线路、最美乡村健身公园年度榜活动，参与投票人数近140万人次，获得良好社会影响。仅2020年度，全省由体育社会组织牵头开展的参与人数50人以上活动12975项次、参与总人数近765万人次。

【创新线上全民健身模式】 2020年突如其来的疫情给体育赛事活动按下了暂停键，省体总和社团探索并创新疫情防控常态化下全民健身和赛事活动的新举措、新模式，举办江苏省首届网络全民健身运动会，以“云”动生活、健康江苏为主题，鼓励广大群众运动战“疫”。从2020年8月—11月，共有42项网络赛事活动，分别为云端秀、云打卡、云对抗、云擂台四大类，参与总人数近400万，关注总人数近2000万。尝试“云培训”，借助网络开展篮球、钓鱼、集邮等线上公益培训，实现远程科学健身指导，致力于让运动成为人们的生活习惯和常态。创新“云端赛”，举办一起宅一起赛、广场舞、魔方、棋类、轮滑、健身气功、瑜伽等20个网络赛事，满足群众多样化的运动健身需求。同时，配合做好江苏省第八届全民健身运动会各项赛事活动。

做好宣传工作与探索跨界融合

【做好宣传工作】 2020年，省体总秘书处重点做好了省体育总会业务工作、党建工作、抗疫工作等3个宣传片，为社团提供赛事活动视频直播平台。加强体总微信公众号、体总在线等自我宣传平台建设，优化栏目设置和内容编排。2020年以来，“江苏体总Family”微信公众号推送374篇微信文章，体总在线发布549条信息。特别在抗疫期间，开设了微信健身战疫课堂等专栏，提供线上宣传指导，获得良好社会影响。用好各级各类媒体，保持良好的媒体合作关系，与中江网进一步合作完善“江苏体总Family”网络专题、与扬子体育报优化专题系列宣传专版，在新华日报、中国体育报等发表了江苏省首届网络全民健身运动会整版专题报道等,增强宣传力度和效果。

【探索跨界融合】 2020年,省体总秘书处鼓励各级各类体育社会组织既主动参与公共体育服务,又主动服务竞技体育、发展体育产业,相关项目社团在社会化过程中提供了竞技项目训练资金支持,同时通过组织各类青少年赛事活动、培训、基地创建、进校园等方式助力竞技体育后备人才培养,部分社团通过赛事IP打造将群众体育做出了产业味,助力业内融合。鼓励体育社会组织充分发挥体育+互联网、健康、医疗、养老、教育、旅游等效应,如2020年举办的网络全民健身运动会体现了体育+互联网的创新。

2020年省属单项体育协会

【江苏省田径运动协会】 江苏省田径运动协会自2018年换届选举后,认真贯彻落实习近平新时代中国特色社会主义思想,坚持以服务人民为中心的理念,积极践行奥运争光计划和健康中国战略,在中国田径协会、江苏省体育局的领导和江苏省体育总会、江苏省民政厅的指导下,以及社会各界的关心支持下,主动作为、锐意进取,围绕促进田径事业发展、提高专项运动水平和人民群众参与田径运动的参与度,增强人民群众身体健康,推进江苏体育强省建设做出积极贡献。

一、基础工作稳步推进

1.裁判队伍管理逐步规范

一是成立裁判委员会和专家组。明确工作分工和工作思路,制定裁判员管理办法,保证裁判工作规范有序开展。二是加强裁判员培训工作。2020年9月,举办了江苏省田径一级裁判员晋升培训与考试,为江苏省田径裁判队伍提供新生力量。2020年10月省田协坚持公正选拔、集体研究,选派年纪轻、素质高的优秀同志参加国家级裁判培训。三是抓好在省级及以上田径赛事裁判选派工作,完成了多场省级、全国性比赛的省级裁判委派工作,得到了国家体育总局田径管理中心的一致好评。四是裁委会进一步明确省内马拉松赛事的裁判员选派规则,明确了选派原则、岗位设置、裁判督察及赛事总结提交等工作制度。五是加强裁判队伍的管理。对现有的裁判员管理制度进行不断完善,从而进一步地规范了裁判队伍管理。

2. 筑实青少年田径训练基础

疫情期间,积极响应中国田协《关于鼓励各省区市举办青少年田径赛事的通知》田协字〔2020〕179号,专门组织研讨,经协商,决定由江苏省田径协会与镇江市体育局共同举办全国U系列田径通讯赛。

二、打造自有品牌赛事

1.“奔跑江苏”四分马健身跑

2020年上半年,受疫情影响,大型体育赛事全部停止。省田协运用互联网平台举办了“运动战役”等线上四分马活动。疫情趋于平稳后,省田协在江苏省体育总会的指导下举办了“奔跑江苏”2020四分马健身跑系列赛活动,赛事活动采用线上+线下的形式举办,用实际行动倡导运动健身全民抗疫。

为响应中央发展长三角战略,推动长三角一体化发展,2020年年初协会经报江苏省体育局同意,协调了三省一市体育总会、田径运动协会将共同谋划举办“逐梦长三角”四分马系列赛事。

2. 江苏省趣味田径幼儿亲子赛

2020年江苏省趣味田径系列幼儿亲子赛历时10天,共8场分站比赛,参赛学校、幼儿园共380所,参与家庭1140组,参赛运动员3400人,社会体验人群2000人次,参与赛事组织、裁判、教练员和工作人员600人。赛事通过网络直播、自媒体、政府网站和微信公众号等宣传渠道,收看和阅读人数超过30万人,取得了良好的社会反响。

三、强化对马拉松活动的引导和管理

在国家、省、市深入贯彻"放、管、服"政策的激励下,省田协强化服务、引导和管理,对于省内由体育系统举办的路跑赛事,均安排赛事监督和裁判,确保了江苏省马拉松运动健康持续快速发展,全民参与热情不减,马拉松运动整体呈现健康、稳定、蓬勃发展的局面。

四、加强田径场地监管职能

为适应田径场地迅猛发展态势,进一步做好田径场地建设的规范化及监督管理工作,为老百姓健身提供安全放心的健身环境。2020年省田协场地委员会依照中国田协的相关规定,严格履行田径场地验收的工作职责。

【江苏省游泳运动协会】 2020年初,为抗击疫情,江苏省游泳运动协会响应政府号召,积极参与江苏省体育局与江苏省广播电视总台共同推出的《一起宅、一起赛》视频征集活动,向省内各游泳协会及游泳运动爱好者征集游泳运动示范视频进行宣传推广,号召大家在抗击疫情的同时,坚持运动健身,保持身心健康。随着我国疫情防控形势的持续向好发展,国家体育总局在7月发文,科学有序的恢复体育赛事活动。在江苏省体育局、江苏省体育总会领导的关心、指导下,在各市协会、俱乐部及企事业单位的大力支持与帮助下,协会下半年在赛事活动的开展方面也取得了一些成绩,举办了一系列高质量的赛事活动,通过举办游泳赛事,调动了广大游泳爱好者关注度与参与性,有效的推动了省内游泳运动的广泛开展。2020年,省游协还参与了江苏省一级裁判员报名、组织培训、考核以及一级裁判员证书发放等工作。

2020年协会组织的赛事活动：

一、江苏游泳队春训测试赛

5月28日，江苏省游泳运动协会和南京体育学院游泳学院主办的2020年江苏游泳队春训测试赛在南京体育学院游泳馆举行，此场赛事按全国赛事标准精心策划与编排，具有专业化水平，赛场气氛热烈，激动人心，运动员们积极投入，奋勇争先，发挥了较高的比赛水平。此次赛事的举办，对运动员们在疫情下保持坚持不懈、斗志昂扬的心态具有非常积极的意义。

二、网络全民健身运动会

8月，江苏省首次依托互联网平台举办了江苏省首届网络全民健身运动会，运动会秉持“全民健身，全民健康，全民快乐，全民共享”的理念，立足于网络化、趣味性、综合性的办赛原则，设置了众多体育项目。游泳运动也是其中一项。省游协广泛宣传，省内众多游泳爱好者参与了网络全民健身运动会，征集到两千个游泳视频，满足了疫情防控常态下群众的健身需求，丰富了群众的体育生活。

三、首届长三角公开水域游泳锦标赛

11月1日，首届长三角公开水域游泳锦标赛在浙江绍兴迪荡湖水域举办。来自长三角地区各游泳协会、冬泳协会、游泳俱乐部等800人参加了此次比赛。江苏省游泳运动协会也积极组织，带领南京、苏州、镇江、江阴四支代表队参加了比赛。通过赛事更好地整合长三角游泳资源，推动长三角地区游泳运动的发展。

四、第一届城市精英游泳俱乐部联赛

为了进一步推动游泳运动广泛开展与普及，有效地带动全民健身，打造群众参与度高的赛事，10月17—18日，在南京奥体中心游泳馆举办江苏省“四方杯”第一届城市精英游泳俱乐部联赛。省内48个参赛单位众多选手参加了此次比赛。疫情防控特殊时期，赛事组委会在防疫、安保各方面的工作做的都特别细致入微，确保了赛事的顺利进行。本次赛事氛围热烈、精彩,营造了全民健身的良好氛围,取得了良好的社会效应。

五、第四届青少年游泳达标公开赛

12月5—6日,举办江苏省“四方·领航人才杯”第四届青少年游泳达标公开赛,本次赛事旨在更好的普及青少年游泳运动,积极支持江苏省游泳后备人才的培养及选拔,同时为专业游泳队选拔优秀人才起到了积极推动作用。

【江苏省体操运动协会】 2020年,江苏省体操运动协会在江苏省体育总会的带领和指导下,完成了年度所有工作。

一、培训班

1.2020年江苏省少儿竞技体适能暨快乐体操骨干教练员及教师培训班;

2.江苏省竞技体适能教练员初级培训班;

3.江苏省竞技体适能教练员中级培训班。

二、赛事活动

2020年江苏省少儿体适能暨快乐体操训练营县组锦标赛(泰州站、常州站、淮安站、苏州站、连云港站、南京站六站的赛事活动)。

三、特色活动

1、江苏省快乐体操幼儿园器材申领项目;

2、江苏省特色体育(快乐体操)幼儿园。

四、其他活动

协会脱钩、换届延期、竞技体育赛事等工作。

江苏省体操运动协会工作成效显著,获得江苏省体育局和社会高度赞扬和支持。其中2020年江苏省少儿竞技体适能暨快乐体操骨干教练员及教师培训班线上和线下的总人次超2000人次,2020年江苏省少儿体适能暨快乐体操训练营县组锦标赛(泰州站、常州站、淮安站、苏州站、连云港站、南京站)线上线下参与人次超2000人，评选了110家江苏省快乐体操器材园，100家快乐体操示范基地园。

【江苏省举重运动协会】 江苏省举重运动协会在各级领导的帮助下，协会工作保持正常状态，2020年，省举重协会参与了网络全民健身运动会，进行了年检及脱钩的工作，在领导的支持与帮助下，年检工作的效率有了很大的进步，但还需要学习。协会一系列重大的事情能够成功举办离不开体总以及领导的大力支持！在往后的发展中，协会积极的配合体总参与一系列社团活动包括举办省内乃至全国性的各类举重比赛，提高省举重协会的活跃度，推广举重项目，让老百姓对举重项目有一个全新的认知。并且加强社团的内部管理，提高社团整体形象，积极把举重事业推向新的高度。

【江苏省拳击运动协会】 2020年江苏省拳击运动协会始终坚持以习近平新时代中国特色社会主义思想为指导，深入贯彻党的十九大和十九届五中全会精神，认真落实省体育局党组的决策部署，较好完成协会承担的各项工作任务。

一、推广拳击

1.承办赛事

(1)8月9日，由江苏省拳击运动协会协办的“众远杯”2020年南京市拳击文化节在建邺万达广场户外灯光长廊成功举办。这是自疫情以来，江苏省拳击运动协会2020年首次开展的户外拳击活动，为疫情复苏后体育赛事发展树立了榜样，赛事的成功举办，也为疫情下拳击赛事的举办注入了一针强心剂。

(2)10月25日，以“健身好习惯 健康又小康”为主题的2020南京体育嘉年华在南京金地体育公园举行。江苏省拳击运动协会代表南京市清凉山体育运动学校参加了本次嘉年华活动。江苏省拳击运动协会培训部部长、原中国国家女子拳击队队员苏杰作为运动员代表登台领取了活动护照。活动现场，来自江苏省拳击队的运动员们带领爱好者们感受拳击魅力。

(3)10月28日至11月1日,在宜兴开展了“体彩杯”2020年江苏省青少年拳击冠军赛。本次比赛是2020年江苏省青少年拳击项目最高级别的赛事之一,由江苏省体育局、江苏省教育厅主办;宜兴市人民政府、宜兴市文体广电和旅游局、宜兴市教育局、江苏省拳击运动协会承办,旨在为各市青少年拳击选手搭建比赛、交流、锻炼的平台。

(4)11月14至15日,“九霄杯”2020年“拳民运动”江苏省拳击联赛(南京分站赛)在南京市栖霞区九霄梦天地户外广场上圆满举行。此次比赛历时两日,是江苏省拳击运动协会2020年度首次举办的大型户外比赛。江苏省拳击联赛是江苏省拳击运动协会为了贯彻落实“全民健身,健康中国”战略的有力举措,目的是促进拳击健身活动广泛开展,满足人民日益增长的多元化健身需求,为市民搭建了交流展示的平台,推动江苏省新时代文明实践、丰富精神文化生活、弘扬时代文明新风。

(5)12月6日,“拳民运动”2020江苏省拳击联赛—年度总决赛在无锡举行。“拳民运动”2020江苏省拳击联赛是江苏省体育总会支持的特色体育赛事品牌。赛事得到省市各体育部门的关心和支持,大家团结协作在创新发展体育事业的路上积极探索、主动作为,汇聚社会各界力量,让拳击运动广泛推广开来。

2.协会建设

(1)公众号推文

江苏省拳击运动协会创办微信公众号平台,让更多拳击爱好者有深入了解拳击运动的通道,实时得知协会的最新动态。公众号推文更直接、更有效的为读者提供真正有价值的信息。

(2)线上会员注册及管理系统

采用最先进的用户关系管理方式,即在线系统。2020年,协会会员直接在注册页面注册信息,方便管理,自动形成一个协会的数据库,给以后的协会运营以及推广带来很大的便利。

3.规范二级管理单位

截至2020年底,省内有地级市拳击协会6家,江苏省拳击运动协会做出相应的管理和指导工作,在各地级市举办相应活动时起到监督指导作用。成立的协会分别是:

(1)南京市拳击运动协会

(2)苏州市拳击运动协会

(3)镇江市拳击运动协会

(4)无锡市拳击运动协会

(5)连云港市拳击运动协会

(6)常州市拳击运动协会

二、普及和推广拳击运动

1.拳击进校园

省拳击协会举办的拳击进校园的活动从2018年开始一直在进行,有成立单独拳击队,也有设立兴趣社团,未来拟成为学校的校本课程。学生们通过学习的过程,会多一份责任,多一份担当,多一份坚持的信念,多一份面对困难的勇气。

截至2020年底,拳击运动已进入以下学校:

1—1中小学

(1)南京第十七中学——成立拳击队;

(2)南京市石桥中小学——成立拳击队;

(3)南京市中山小学——成立拳击兴趣社团;

(4)南京五老村小学——设立拳击兴趣社团;

(5)南京游府西街小学——设立兴趣社团;

1—2大学

(1)南京大学——成立拳击兴趣社团;

(2)南京审计大学——成立拳击兴趣社团;

(3)江苏警官学院——成立拳击兴趣社团;

(4)解放军国际关系学院——开设拳击课程;

(5)解放军南京陆军指挥学院——开设拳击课程。

2.拳击进军警

11月,江苏省拳击运动协会与中国人民解放军32075部队展开战略合作。以每周1—2次的规律性训练,利用拳击这种方式将防身、格斗方法教授给人民解放军。

9月,江苏省拳击运动协会与鼓楼区各公安分局开展公安干警体技能培训项目,融入了拳击、跆拳道等多个体育项目,将拳击这种格斗方式带入了广大基层干警的日常执勤中去。

3.拳击夏令营

2020年,江苏省拳击运动协会开展2020年江苏省拳击运动协会青少年拳击夏令营(南京站),主动承担起江苏省内青少年拳击项目的培训工作:

通过拳击培训+体育运动+文化活动+城市体验+交流互动,给孩子一个不一样的假期!让他们更自由地释放自我磨炼意志、锻炼心智学会面对顺境、逆境、挑战、机遇时仍保持斗志昂扬、坚忍不拔、永不放弃的精神。

4.拳击俱乐部

江苏省拳击俱乐部由江苏省拳击运动协会和江苏省拳击队共同开办。青少年练习拳击可以促进青少年的骨骼发育,锻炼意志,培养勇敢精神。课程设计新颖,集娱乐性、欣赏性、实用性于一体,深受广大学员的喜爱。

5.拳击团建活动

9月26日,民革建邺综合一支部的党员们联合江苏省拳击运动协会开展了以拳击为主题的党员活动,通过拳击运动不仅更好的促进党务工作的提高,也提升党员间的参与度与凝聚力。同时,江苏省拳击运动协会也拓宽了一条拳击普及的新方法,为拳击事业的普及发展树立了新标杆。

6.拳击少儿培训

江苏省拳击运动协会与南京金宝贝早教中心开展了以家庭为单位的亲子少儿拳击培训，课堂中不仅学到了防身技巧，强健了体魄，也拉近了父母与小朋友之间的距离，是江苏省拳击运动协会在拳击普及道路上尝试的一条新思路。

三、开展的各项工作

1.教练员培训

10月26至27日，江苏省拳击运动协会在江苏省宜兴市开设2020年江苏省拳击裁判员培训班，通过专业的学习和培训，裁判员的业务能力和综合素质都有了较大提升。

2.媒体矩阵的建立

江苏省拳击运动协会目前已有微信公众号这一对外官方平台。2020年在江苏省体育总会的带领下，已开始着手官方网站的建立，通过平台进行信息共享与服务，扩大宣传范围，让更多的拳击爱好者和习练者受益。

3.制定等级标准

2020年，拳击协会组织江苏省拳击队共同制定《江苏省拳击运动技能及等级标准》，并被中国拳击协会选入试点单位，规范整个行业的发展环境，建立一个可以通过标准化来鼓励更多的爱好者参与的拳击运动，享受体育的魅力。

【江苏省摔跤运动协会】 2020年，江苏省摔跤运动协会以训练为基础，竞赛为抓手，夺金为目标，发扬团结协作，顽强拼搏精神，积极做好训练管理，赛事组织、协调服务等工作。在加强协会自身建设、提高服务保障能力，强化运动训练管理，提升摔跤竞技成绩方面取得了一定成绩。

一、加强专业培训

8月9日至11日在泰州组织晋升一级裁判员培训班，江苏省30名摔跤裁判员参加晋升一级培训考试，最终26名裁判员获得晋升。培训班聘请了本省国际级裁判刘宇航，讲解了摔跤比赛新规则。通过培训，学员对竞赛规则的新变化有了比较深的理解，全年共有6名裁判员15人次被选派担任全国摔跤比赛裁判。

二、加强日常训练

按照年度训练计划，认真抓好运动员体能训练和摔跤技能训练。2020年受疫情影响，协会积极协调运动队寻找外地训练地点，经过多方努力，摔跤队50余人赴内蒙古进行了30天的外训，运动队成绩明显提高。

三、竞技体育有新进展

2020年，省摔跤队先后参加了全国国际式摔跤锦标赛、全国冠军赛、全国青年锦标赛，取得了优异的成绩。在全国国际式摔跤锦标赛取得2金2银4铜，全国国际式摔跤冠军赛取得2金1银5铜，全国青年锦标赛获得2金3银6铜。

通过参加各类比赛，使运动员得到锻炼、积累了大赛经验。截至2020年底，省摔跤运动队张高全、陈亚楠两名运动员正在国家队备战东京奥运会。11月份协会还举行了2020年江苏省青少年摔跤精英赛，本次比赛有400余人参加，创下了省比赛人数最多的纪录，开赛前举行了中国式摔跤表演，将中国式的摔跤进行了推广宣传，这次比赛得到了全省各地市的好评。

四、加强宣传推广

在努力提高摔跤专业队竞技水平的同时，协会重视摔跤运动的普及及推广，利用协会网站自媒体积极宣传摔跤运动基本知识。宣传江苏省运动员刻苦训练，勇夺奖牌的拼搏精神，让更多的人了解摔跤运动，关注摔跤运动。协会还加强与企业的合作，为发展摔跤运动寻求社会支持，也为退役运动员推进就业拓展渠道。

五、加强协会自身建设

2020年，江苏省摔跤运动协会加强自身建设，落实专职人员,保持工作连续性、稳定性,健全规章制度,狠抓制度落实,提高了协会日常工作专业化规范化水平。利用协会网站,微信群,及时发布相关信息,扩大协会宣传。关心协会成员,主动为运动员做好服务工作,帮助解决思想、情感、训练、比赛和生活中遇到的问题,收到了较好的效果。

【江苏省武术运动协会】 2020年江苏省社会武术协会在省体育局、省体育总会关心指导下,在各市武协及全省武术爱好者共同努力下,以社团党建引领,迎战疫情、居家健身,线上线下、互动开展,年度工作、重点推进,始终保持了全省社会武术运动的蓬勃开展。

一是体育赛事工作有序开展。2020年,依据疫情实际,及时调整年度工作部署,合理安排线上线下相结合的方式抓好赛事工作落实。线上,引导居家武术健身,圆满完成了中国武协组织的"2020全国太极拳网络大赛"、"2020全年武术套路(学校级)网络大赛"、"江苏省首届网络运动会太极拳比赛"等线上赛事活动。线下,积极动员交流比赛,成功举办了"江苏省第八届全民健身运动会太极拳(传统武术)比赛"、"2020江苏省第十届演武大会"等赛事活动,在大疫之年把全省群众性武术运动引向深入,确保武术赛事线上线下不断线,通过省电视台和网络媒体、自媒体等宣传媒介把江苏省线上线下的武术活动第一时间进行宣传报道,受到全省武术爱好者的称赞,有力推进了全民武术健身的有序开展,得到社会各界的充分肯定。

二是武术段位制工作全面推进。为全面推进全省武术段制工作,加强对全省武术段位制工作管理和普及,2020年,江苏省武术协会成立了一级武术段位制管理办公室。各市武协依据省通知要求,按程序逐级申请的基础上,经过严格的审核,批复了第一批计6家二级武术段位制管理办公室,为明年更好地推进武术段位制工作在管理机构设置上打好了基础。

【江苏省高尔夫球协会】 2020年，江苏省高尔夫球协会在江苏省体育局、江苏省体育总会和江苏省民政厅领导的关怀支持下，在全省各高尔夫球俱乐部及广大高尔夫球爱好者的努力下，大力宣传高尔夫球运动知识，积极参与江苏省高尔夫球运动，为增进高尔夫球的体育交流作出了积极贡献。省高尔夫球协会在完成基础性工作的同时，利用下半年时间高质高量的完成了2020年全年共计14场的赛事计划。

一、举办青少年赛事，推进省内人才培养

伴随着中国社会的全面发展和人民生活水平的不断提高，高尔夫球运动在国内获得了长足的进步。而青少年球员的发展代表着高尔夫球运动的未来，省高协始终关心并大力支持青少年球员的成长成才。2020年，省高协通过联合省内的高尔夫球俱乐部和各设市级高尔夫球协会，以青少年赛事为抓手，举办一系列青少年赛事，开阔球员视野，提高省内青少年运动员交流频率，让更多的青少年球员在运动项目发展的道路上拥有更全面的认知度，建立立体化青少年赛事体系。

8月26日至27日，由省体育局、省高协主办的江苏省青少年高尔夫球冠军赛在常州金沙湾俱乐部举办，中国体育彩票全额出资支持，各省市选派运动员作为代表队参加团体赛及个人比杆赛。本场比赛为江苏省各市体育局、青少年运动员、领队及教练员提供了一个互相学习、竞技、交流的平台，促进了江苏省各市高尔夫运动的发展，为青少年选手提供了获得专业运动员证书的机会。

7月至11月，江苏省青少年高尔夫球巡回赛陆续在南京银杏湖高尔夫球俱乐部、江阴万邦龙涛高尔夫球俱乐部、南京龙山湖高尔夫球俱乐部举办。本次赛事为中高协的7级积分赛事，面对全国青少年选手公开报名，累计参与选手256名。

11月27日至29日，江苏省青少年高尔夫球锦标赛在泰州华侨城云海湿地高尔夫球会举办。本次赛事为中高协的6级积分赛事，是省级可承办的最高级别赛事。赛事一经发布，两小时内就吸引了全国各地136名青少年报名。锦标赛、巡回赛为江苏省内青少年运动员搭建了与全国各地青少年运动员锻炼自我、展示球技的平台，对江苏省高尔夫球运动竞技水平的进步和高尔夫文化的推广起到了积极作用。

在2020年举办的青少年比赛中，涌现出不少优秀的江苏籍参赛小选手，多场比赛平均杆数在70多杆的有10人、80多杆的有15人，可以明显看出江苏省青少年选手的水平有着明显的提升。在2020全国高尔夫球锦标赛中，江苏男子组打出全国锦标赛有史以来第一个一杆进洞，江苏女子队更是取得江苏队有史以来最佳成绩。

高尔夫运动作为奥运会比赛的正式项目，具有高度国际化、职业化的特征，阳光、绿地也是其能吸引众多爱好者的魅力所在，诚信、自律、为他人着想的高尔夫球文化还与中国传统文化中的优良品质紧密相连，正因如此，越来越多的家长愿意培养孩子对高尔夫球的兴趣，让孩子参与到高尔夫球这项运动中来。

二、联合打造品牌赛事，扩大区域影响力

2020年，省高协持续举办了9场成人赛事，累计参与人数达300人次。7—10月省高协联合南京银杏湖高尔夫球俱乐部举办了2020江苏省高尔夫球队际争霸赛和球王争霸赛，两场赛事吸引了来自全省各行各业的球友参加，扩大了省内参赛人群规模。这些独具特色的赛事IP逐渐形成联赛性质，调动了省内赛事氛围，形成了赛事的持续发展，同步提升了省高尔夫球协会影响力。

三、完善裁判培训体系，夯实裁判队伍建设

为了更好地服务于江苏省高尔夫球比赛，进一步建立完善的高尔夫球裁判培训体系，加强高尔夫球裁判培训工作，满足众多高尔夫球比赛裁判工作的需求。10月24日—27日，由江苏省体育局主办，江苏省小球运动管理中心与江苏省高尔夫球协会承办，南京体育学院时空高尔夫俱乐部协办的首届江苏省高尔夫球项目晋升一级裁判员培训班在南京举办，本次培训班由高尔夫球项目国际级裁判员、中高协认证裁判讲师、江苏省高尔夫球协会裁判委员会主任杨天鸿及暨南大学教授国际级裁判周浦老师为学员们授课。江苏省共有35名高尔夫球项目二级裁判员入选，参加了为期4天的培训。两位讲师以其丰富的教学和实战经验为学员们阐述了2019版高尔夫规则、赛场布置、赛事执行、案例分析等内容，使学员们拓宽了思路，增长了见识，提升了能力，为江苏省高尔夫球后备人才贮备建立了基础。本次培训班主题鲜明突出、效果显著，取得了圆满的成功。

裁判员作为高尔夫赛事中不可或缺的一环，裁判队伍的发展、水平的高低，决定着比赛组织专业程度、正规与否。本次培训班举办的主要目的是为了进一步加强江苏省高尔夫球项目裁判员岗位培训工作，提高执裁水平和业务能力，推动江苏省高尔夫裁判员队伍建设。

四、规范球场管理，发挥协会职能

球场的管理服务是高尔夫球运动发展的重要基础性工作。省高尔夫球协会充分发挥行业管理的职能作用，主动听取社会各界意见，进行广泛调研，主动做好职能范围内的服务工作，配合省发改委，规范管理高尔夫球场。

11月9日，省高尔夫球协会为积极响应江苏省发展和改革委员会的工作号召，与省发改委联合举办了高尔夫球场观摩学习活动。活动中陈维亚秘书长和杨天鸿裁判长汇报分享了江苏省内33家球场治理现状以及高尔夫球场建设标准等相关问题。此次活动让大家切实体悟到高尔夫运动一直都在深刻践行“绿水青山就是金山银山”的理念，坚持绿色发展的道路，是一项实现人与自然和谐共生的且有益于人们身心健康的运动项目。

【江苏省柔道运动协会】 江苏省柔道运动协会第三届理事会自2019年1月成立以来，在省民政厅、省体育总会的关心和支持下，本着全力促进江苏省柔道事业发展，为竞技体育和群众体育服务的宗旨，积极开展工作，取得了一定的成绩。

一、竞技体育方面

2020年，因疫情影响，全国各类比赛开展较晚，全年江苏省柔道队参加了全国柔道锦标赛和全国柔道冠军赛，取得2金4铜的成绩。

二、协会内部建设

2020年，省柔道协会致力于正规化和人文化的内部建设工作。协会在原有的规章制度下，制定了新的管理方案和会员服务政策，对协会会员以及会员单位给予周到满意的服务。省柔道协会根据协会发展的需求，不断完善协会的机构设置，建立了“全省柔道教练员委员会”“全省柔道裁判员委员会”“全省柔道社会指导员团队”和“全省柔道志愿者团队”等机构。协会各机构的建立和不断完善，一定会更好地为项目发展服务、为会员服务。

三、柔道进校园

2019年以来，江苏省有一所学校被评为“全国柔道特色学校”，三所学校被评为“省级柔道特色学校”。截至2020年底，全省已有几十所中小学校开展柔道教学或柔道兴趣班活动，柔道练习者已达万人。

四、对外体育交流

江苏省柔道协会通过民间友好交流方式，与国内外友人保持良好关系。11月21日，日本驻上海领事馆总领事矶俣秋男一行来到南京，参加南京柔道馆建馆十周年庆祝活动，并举行中日柔道青少年交流活动。江苏省柔道协会被有关部门授予“柔道推广突出贡献”奖状。

五、体育竞赛工作

2020年,省柔道协会参与了全省各类柔道比赛的办赛工作,在办赛的过程中积累了丰富的办赛经验,培养了一支过硬的办赛队伍。

10月,举办了全省第二届少年柔道大赛,共有来自全省十三个地级市400名小选手参赛。

11月,承办了在江苏溧阳市举办的全国柔道锦标赛暨全国柔道冠军赛,共有来自全国各省市、自治区三十六支代表队,650名运动员参加。在自主办赛方面,重点打造品牌赛事"全省少年柔道大会",取得了一定的成果。

【江苏省跆拳道运动协会】 2020年受突如其来的新冠肺炎影响,致各行业停工停产,尤其是对于跆拳道培训行业中小型个体道馆、俱乐部,也面临着经营困难与复工困难。在此特殊时期,协会从以下几个方面开展工作:

一、发展会员

自2007年协会成立至2020年,江苏省大众跆拳道运动的普及、推广取得了长足的进步,省协会先后发展的团体会员单位达300家,个人会员56695人。2020年,省跆协共为400名教练员提供服务。

二、开展活动

(一)疫情期间,江苏省跆拳道协会心系国家,号召全省各团体会员单位、个人会员向省红十字会募集捐款,捐款数额累计达十五万元,为抗击疫情奉献江苏跆拳道人的一份力量。

(二)6月,开展了中国跆拳道协会晋级考试活动,在全省选派考官执考,维护了跆拳道晋级考试公平、公正、公开、严谨的形象。本次晋级考试有高达五万名考生参加考试,有三万考生通过晋级考试。

(三)8至9月,开展了中国跆拳道协会晋段考试活动,由于疫情，晋段考试采用由各市跆协及团体会员单位自行预约申报的形式，晋段考官由江苏省跆拳道协会委派。本次考试共计252名学员参加考核。11月份江苏省跆拳道协会将再次举办晋段考试，共计240名学员参加考试。

（四）10月，举办了“2020江苏省跆拳道教练员教学研习会”，参训学员50名，累计训练3天2夜。研习会以分析解决“新冠疫情衍生道馆运营困境，消费者与日俱增的教育成果可视化、教务服务满意化核心需求”为学习主线，通过技术训练+教学研习+思路清晰三项环节，鼓励教练员对跆拳道未来教育发展进行积极思考与时效行动，通过持续学习建立新的教学+服务+研修的职业思路，破解难题，共同努力应对当前“同行竞争、异业抢占、成本上升、利润下降”的艰难困局。

（五）为落实《江苏省贯彻体育强国建设纲要实施方案》，适应常态化疫情防控要求，创新全民健身赛事活动方式方法，加快推进体育强省建设。江苏省跆拳道协会于8月—11月组织参加江苏省首届网络全民健身运动会跆拳道项目比赛，参赛视频累计达两千一百多条。

三、签订购买服务合同

为进一步促进中国跆拳道事业健康发展，规范中国跆拳道协会业务授权行为，解决各区域实际业务需求，维护中国跆协会员合法权益。2020年年初，江苏省跆协与中跆协签订《中国跆拳道协会业务授权委托书》及《中国跆拳道协会购买服务合同》。

【江苏省自行车运动协会】 2020年在新冠肺炎疫情的影响下，省自行车协会与各会员及有关单位勠力同心、共克时艰、锐意进取，按照国家体育总局、中国自行车协会和省体育局、省体育总会的工作部署要求，紧紧围绕建设新时期体育强省目标，在各方面的配合帮助下，统筹抓好疫情防控和办赛各项工作，不断加强和完善自身建设，持续优化和丰富赛事品牌内涵，有效推动了全省自行车运动及群众活动的健康有序发展。

一、常规工作有效运转

2020年，省自行车协会结合国内疫情局势和国家防控政策要求，利用线上和线下相结合模式，召开省自协秘书长工作会议，有序恢复全省自行车赛事活动，跟踪并总结交流办赛情况，保证了全年省自协各项赛事有序开展。2020年，江苏省自行车协会与江苏赛克林体育发展有限公司签约成为“全面合作伙伴”，丰富了省自协赛事范畴，强化了省自行车协会的服务职能，充分发挥了企业在自行车运动市场化中的作用。

二、职业技能培训全面提升

2020年，为积极落实全民建设、健康中国国家战略，进一步推广和普及全省儿童滑步车，规范和发展培训市场，省自行车协会开展江苏省儿童滑步车教练员职业技能标准研制工作，通过技能培训，加强和规范行业管理。

三、开展赛事活动

2020年在下半年疫情形势好转情况下，省自行车协会深入贯彻国家体育总局科学有序恢复体育赛事复工复产的决策部署，大力开展全省群众自行车运动，积极、安全、稳妥地恢复各项比赛活动，将赛事内容变得更丰富多样。截至2020年底，省自行车协会参与承办和协办的赛事共计7项。

9月26日，省自行车协会参与协办江苏全民健身运动会“922无车日”连云港和泰州分会场的活动。

11月中旬，省自协参与协办在南京浦口区举行的2020年全国山地自行车锦标赛暨全国青年山地自行车锦标赛。共有来自全国各省、市、自治区的15支省市专业队和国内知名业余车队711名选手参与角逐。本次赛事得到了全国一线媒体、专业媒体、多平台直播，推动了“体育+旅游+文化”的多元化和深层次融合。

11月22日,省自行车协会参与承办“盐城黄海湿地公路自行车邀请赛”,通过官方引领,不断扩大省内自行车运动的知名度和影响力。

11月28日,省自行车协会经过前期充分调研和论证,制定严密的赛事防疫措施,调整启动时间、比赛地点、竞赛规则,“不止骑·2020第八届中国24H环太湖单车认证赛”于常州太湖湾举行,活动有2000名骑手参加,“不止骑环太湖赛”盛况再现。2020年“骑乐无穷”山地自行车俱乐部联赛成功在徐州、连云港、南京三市举办比赛,赛事结合当地旅游产业,依托体育特色基地,积极探索“体育+”模式,发展多元化、富有活力、充满人文魅力的体育赛事。2020年,省自行车协会进一步丰富赛事品牌,将“首届环江苏自行车多日赛”纳入省体育总会政府采购赛事。“首届环江苏公路自行车多日赛”分别在南京、淮安涟水圆满举办,联赛呈现了“精彩、激情、难忘”的热烈氛围,赢得了各界的高度评价和广泛赞誉,打响了“环江苏公路自行车多日赛”的赛事品牌。

【江苏省击剑运动协会】 2020年是协会“真抓实干、攻坚克难”工作落实年,江苏省击剑运动协会深入贯彻党中央关于统筹推进常态化疫情防控和社会经济发展的决策部署,在各级党政领导的重视关怀下,在省体育局和省体育总会的正确领导下,在全体会员的积极参与和社会各界的热情关心支持下,省击剑协会按照章程的规定及疫情防控要求,根据省体育局的工作要求和年度工作计划的安排,广泛组织和开展各类击剑活动,完成了年度工作任务,进一步普及了全省的击剑运动,扩大了击剑爱好者队伍,为创建体育强省发挥了积极的作用。推动了江苏省群众体育的发展,为江苏省健康城市、和谐社会的建设做出了贡献。

一、竞技体育有了新提升

2020年,江苏省击剑运动协会在提高优秀运动队的训练比赛水平的同时，还促进基层地市的击剑项目的开展，使更多的青少年通过业余俱乐部增强对击剑运动的了解和热爱，为击剑运动在江苏省的不断壮大发展打下了良好的基础。江苏省击剑运动协会为促进基层业余击剑项目的开展，多次安排相关专家赴基层体校对教练员进行有针对性的教学指导工作，提升了教练员在运动选材、基础训练方面的理论知识水平，促进了基层体校击剑项目的发展。在疫情期间，江苏省击剑运动协会还通过互联网开展线上比赛、云指导等活动。2020年江苏击剑队在全国锦标赛中获得4枚金牌、在全国冠军赛总决赛中获得6枚金牌，这离不开全体教练员、运动员、管理干部的不懈努力和顽强拼搏，这些成绩保证了江苏省在中国击剑界的地位。

二、不断强化内部管理

2020年，江苏省击剑运动协会组织召开研讨会，制定了脱钩计划及新一年的工作计划，探索新时期开展工作的思路和方法，逐步健全组织机构、强化内部管理模式，全力打造一个热爱击剑事业、有强烈改革和创新意识、团结合作、勤奋踏实的集体。不断提出发展新思路、新举措，各个部门各司其职，积极为协会的发展出谋划策，有组织、有计划地开展活动，规范化运作各项赛事，使击剑运动普及面不断扩大。省击剑运动协会还积极发展新会员进入协会，为协会增加了新的活力。

三、体育竞赛扎实推进

组织击剑比赛和开展击剑活动是省击剑协会工作的龙头和抓手，是推动基层击剑运动发展的载体。截至2020年底，江苏省发展了百家不同规模的击剑俱乐部及两千名俱乐部会员，这使得江苏省的击剑运动具备了组织形式多元化的特征。江苏省内的俱乐部也在多次承办全国击剑比赛及业余联赛时，为赛事活动的精品化发展提供场地和设施设备，在这样良好的发展氛围中，精心办好各级各类击剑比赛成为了省击剑协会工作的重中之重。

省击剑协会也在主办、协办了多次各级各类击剑比赛中积累了较为丰富的赛事组织经验,使得体育竞赛的组织能力变强,确保赛事活动成功举办。

【江苏省马术协会】 2020年是不平凡的一年,同时也是江苏省马术协会不断进步的一年,上半年受疫情的影响,协会几乎没有开展任何活动,包括全国性的马术赛事也都暂停了,这对于江苏省马术协会来说确实是一种考验。下半年随着疫情得到控制,国家的一二类比赛也开始慢慢恢复,江苏省马术协会马术队参加了全国马术三项赛和盛装舞步锦标赛,以及各俱乐部的马术比赛,都取得了不错的成绩。备战东京奥运的两名运动员孙华东和包英凤也一直在荷兰训练基地进行训练和比赛,距离第十四届全运会和东京奥运会还有不到一年的时间,江苏省马术队正在按照既定的计划进行训练。

一、江苏省马术队自2014年3月开始与荷兰三项赛国家队合作,并且由荷兰三项赛国家队教练Martin Lips亲自执教,Martin Lips主要负责在国内以及荷兰训练基地的训练和比赛。截至2020年底,江苏省马术队三项赛共有队员7名,马术赛马9匹,盛装舞步队队员5名、马6匹,主教练为来自荷兰的Jeroen hamel。江苏省马术队在国内的训练基地位于江阴市海澜马术俱乐部,国外的训练基地则是荷兰三项赛国家队的训练基地,无论国内外,均配备一流的硬件软件设施。这也为队伍的提高提供了最大的帮助,创造了极为有利的训练比赛条件。

二、江苏省马术队目前两个单项都在积极备战十四届全运会。三项赛是队伍的夺金点,部分主力队员依然在荷兰集训,主要是和全运会主力马匹的磨合,通过以赛代练的方式,使人马尽快建立起默契和信任。盛装舞步队伍也正在国内全力备战,目标是夺得奖牌。在2020年结束的全国马术锦标赛上两支队伍都表现出色,取得了团体第三和个人第二的成绩,这也为备战十四届全运会打下了坚实的基础。

三、2018年,江苏省马术队凭借第十三届全运会决赛阶段出色的发挥,包英凤、孙华东两名队员正式入选中国马术三项赛奥运之队,该队伍共有6人组成,分别为华天、梁锐基(广东队)、包英凤(江苏队)、孙华东(江苏队)、边巴次仁(西藏队)、许新(上海队),江苏队成为了入选人数最多的两支队伍之一,江苏省两名队员正在欧洲积极备战东京奥运会,并且两名运动员都已成功通过了东京奥运三项赛奥运达标线,顺利取得了奥运资格。11月,骑手包英凤搭档备用马FLANDIA2在国际马联四星级三项赛长途赛中,成功通过了奥运达标线,这也是中国马术奥运征途上的又一大突破。为做好东京奥运备战工作,中国马术协会建立高水平的复合保障团队,无赛可比时因地制宜,加强人马体能训练;有赛可比时,争分夺秒,争取更多优质马匹具备奥运参赛资格。在海外训练的队员不仅顺利通过了奥运达标线,更顺利完成了携新马锁定奥运参赛资格的任务。

四、2020年马术队冬训计划如期展开,在国外备战奥运会的骑手们也回到了江苏省马术队训练基地,积极投身训练,全力以赴国内赛事。队伍还参加了江浙沪周边的一些障碍赛,以训练和比赛相结合的形式,多比赛多锻炼,提升队伍的整体水平。12月底赛季结束,马匹进入调整阶段,以保持基本训练状态和健康为主。盛装舞步已经结束本年度的全部比赛,由主教练Jeroen带队进行日常的训练。

五、2020年马术比赛被纳入到江苏省省运会中,这对于青少年马术骑手来说是一件喜人的事情。江苏省体育局也十分重视马术运动的发展,这对江苏马术的发展也起到了积极的推动作用。江苏省马术协会也在积极筹备省运会的相关事宜,拟定省运会马术比赛的竞赛规程以及2021年的选拔赛。为进一步贯彻落实新时代体育强省建设目标,促进“十四五”期间全省各类体育俱乐部发展，江苏省马术协会对全省的马术俱乐部进行了摸底统计，截止到2020年底，全省共有20余家注册的马术俱乐部，这为以后江苏省马术队伍的发展打下了良好的基础。

【江苏省射击运动协会】 2020年上半年，受新冠肺炎疫情影响，江苏省射击运动协会(以下简称“省射击运动协会”)以做好疫情防控工作，服务好运动队封闭集中训练，确保运动员训练不受影响为目标，开展主要工作。下半年，随着疫情防控常态化，省射击运动协会在江苏省民政厅、江苏省体育局的关心下，在江苏省体育总会的指导下，继续紧盯工作目标，完善工作流程，协助江苏省体育局、省射击运动中心做好竞赛的管理与服务工作。同时，2020年省射击运动协会配合江苏省体育局及江苏省公安厅对全省12个设区市(连云港无)、22家射击竞技体育运动单位进行资格集中复审。此外，根据江苏省民政厅和江苏省体育总会的要求，省射击运动协会脱钩工作正在江苏省体育总会的指导下有序进行。

2020年协会努力克服疫情影响，在做好疫情防控的同时主要完成了以下几项工作

一、受疫情影响，整个冬训实行长期封闭训练管理。运动队主要以专项体能和基本技术训练为主。从备战和实战角度出发，在做好疫情防控的前提下，协会协助省射击射箭运动管理中心成功组织完成了长三角地区射击邀请赛、2020年江苏省青少年射击冠军赛、2020年江苏省青少年射击锦标赛、2020年全国跑步射击比赛等各项办赛工作，以赛促练，夯实队员专业基础，提升队伍整体素质，进一步提高了冬训的实效性，完善了冬训的系统性。

二、为贯彻落实国家体育总局、公安部令第12号《射击竞技体育运动枪支管理办法》文件精神，进一步加强体育领域安全生产工作，压实安全生产责任，协会配合江苏省体育局和江苏省公安厅，按照苏北、苏中、苏南三个片区，于6月2日至12日对全省

12个设区市(连云港无)、22家射击竞技体育运动单位进行资格集中复审。复审主要内容包括:1、射击单位规章制度建设及执行情况;2、枪弹库安全管理,枪弹出入库情况;3、射击靶场安全管理;4、枪弹库、靶场监控探头配备安装及全覆盖、全天候、全流程、和公安联网。以听取汇报、座谈交流、查阅台账等形式,对枪弹库管理、靶场设置与资质资料等3类36项内容进行了检查,对各单位不符合要求的方面及时提出整改意见,确保整改到位。

三、协会积极支持与配合江苏省步枪运动队、江苏省手枪运动队、江苏省飞碟运动队的各项工作,努力促进3支优秀运动队的训、科、医、管一体化工作。同时加强江苏省射击优秀运动队的梯队建设,参与和指导全省业余训练与比赛的开展,为省队选拔和培养射击优秀选手提供良好的平台,为提高江苏射击运动水平做好服务。

四、2020年协会协助省优秀运动队组织教练员、运动员进行业务学习,通过对项目规律、科学训练、医疗保障、队伍管理等开展专题研讨,进一步规范协会的各项工作。

【江苏省足球运动协会】 2020年是江苏省足球运动协会(以下简称"省足协")改革"十三五"规划和中国足球改革发展试点工作的收官之年。在江苏省体育局的大力支持和关心下,省足协贯彻落实《中国足球改革发展总体方案》的部署要求,紧扣《江苏省足球改革发展实施意见》各项目标和工作任务,统筹推进疫情防控和足球事业发展工作,较好的完成了年初制定的各项工作任务。

一、继续推进改革,完善治理体系

(一)继续推进改革顶层设计。中国足协主席陈戌源、秘书长刘奕、省体育局局长陈少军先后调研江苏足球改革发展工作,充分肯定江苏足协工作成果,对足球改革工作提出要求。在省体育局的领导下,省足协坚持一张蓝图干到底,对标对表《江苏省足球改革发展实施意见》,将2020年足球改革重点工作进一步细化为10个大项73个小项,在制度的衔接配套和体制机制创新方面集中发力,召开足球改革调研座谈会,起草了"十三五"总结和"十四五"规划初稿。

(二)不断完善江苏足球治理体系。连续2年开展市级会员协会绩效考核工作。出台《江苏省足球运动协会改革试点县(市、区)足球协会发展扶持办法》,创建首批7个改革试点县(区)协会。对基层会员协会提供管理、技术、资金指导。

(三)持续加强内部管理。为提升协会市场化运作能力,激励担当作为,省足协公开招聘专职副秘书长一名。现协会共有15名专职工作人员,3名兼职工作人员。6月,省足协通过社会组织规范化建设评估委员会审定,成功创建AAAAA型社会组织;在省体育总会组织实施的省属体育协会发展专项资金评估评审中蝉联一等奖。协会各项规章制度和内控流程不断完善,管理效能显著提升。

(四)坚持党建引领业务。8月,省体育局机关党委批复省足协秘书处党支部正式成立。支部现有党员6人。成立后支部制定了各项制度,结合业务工作,积极开展三会一课和学习活动。为深化"党建+业务"合作,支部与南京奥体中心、南京市公安局建邺分局兴隆派出所等10家单位共同发起成立"金陵红"党建联盟。在做好支部党建工作同时,还积极指导推动职业俱乐部与基层协会党建工作。在中超、中甲等赛事和裁判员教练员培训等活动中,根据实际情况成立临时党支部,坚持以党建引领业务工作始终。

二、立足全局统筹推进,各项工作有序开展

(一)竞赛工作扎实推进。2020年省足协克服疫情影响,坚持疫情防控和业务恢复两手抓,主动协调承办中超、中甲、女甲、女乙等职业联赛,统筹组织省级青少年足球赛事,指导做好各会员协会恢复地方赛事，推进大运河和长三角品牌赛事建设。各项赛事的恢复举办为夺取“双胜利”作出贡献。江苏省足协及所属会员协会全年共举办、承办16291场足球比赛（其中职业联赛赛事173场，全国比赛257场（含职业），省级比赛747场，县市级比赛15287场），参赛球队6495支，参赛人数104983人，观赛人次达48万人。竞赛场次和参与人次同比均有提升。此外全年顺利完成3970名运动员注册，1496人次运动员转会；规范开展6批次，7名健将、104名一级运动员和123名二级运动员等级审批。

（二）青少年训练体系进一步健全。省足协致力于青训管理体系搭建、完善青训机构注册、品牌青训俱乐部评定、加大体教融合力度。3月出台《江苏省社会足球青训机构管理服务办法》。截止目前，共新增9家省级社会足球品牌青训机构。96家青训机构完成注册手续，较2019年全年增幅超过100%。持续打造青训俱乐部联赛，新增青训俱乐部联赛冠军赛。做好省长杯、省锦标赛、省精英联赛的统筹组织工作。

（三）专业人才基础进一步夯实。全年省足协开设各类教练员培训班63期，参训人员3009人。新增中国足协D级教练员370人，中国足协C级教练员66人。推荐12名教练员参加亚足联/中国足协A级、B级继续教育培训。新增中国足协D级教练员培训主讲师2名，中国足协D级教练员培训助理讲师1名，转正中国足协室内五人制教练员培训主讲师1名。截至2020年底，江苏足协共有中国足协各级别教练员讲师13名，数量和质量均名列全国前列。

在省体育局指导下，开设各级裁判员培训班35期，新增3级以上裁判员1050人。截至2020年底，全省注册裁判员2085人，其中现役国际级2人，国家级裁判38人（含退役），一级裁判员318人，二级裁判员925人，三级裁判员800人。

（四）职业联赛成绩迈上新台阶。2020赛季江苏共有1支中超、4支中甲、2支中乙和1支女超队伍,职业俱乐部数量为全国最多。苏宁获得中超联赛冠军,这是江苏足球建队63年、男足职业化27年以来,首次获得中国职业足球顶级联赛冠军。江苏足球成功实现中国职业足坛冠军大满贯:中超联赛冠军、超级杯冠军和足协杯冠军。除中超外,中甲联赛中昆山FC获得第三名,泰州远大、苏州东吴和南通支云,分获第六、第八和第十二名。女超联赛中苏宁女足获联赛亚军。江苏职业俱乐部整体表现突出,取得了优异成绩。各俱乐部还积极助力复工复产,开展公益活动,提升青训梯队水平,积极履行社会责任。

(五)全力做好各项赛事举办工作,足球发展成果丰硕。办好省足协杯,苏冠联赛,12个地市代表队参加省足协杯赛,8个地市代表队参加苏冠联赛。做好全民健身运动会笼式足球比赛、全运会雪地足球比赛、网络运动会颠球大赛、省级机关足球邀请赛、“我爱足球”民间争霸赛等草根足球赛事承办工作。指导各地积极开展社会足球赛事活动。参与足球运动的人数不断增加。结合赛事积极开展公益活动。与省医院协会共同举办医疗卫生系统足球系列公益活动。联合省体总各协会向陕西老县镇中心小学捐赠足球、羽毛球、棋类、服装等体育装备。

(六)市场开拓取得突破。省足协改变传统“拉赞助”思维,着力构建新的商务模式。与省体育产业集团合作,共同出资成立江苏福特宝足球产业发展有限公司。

【江苏省篮球运动协会】 2020年是不同寻常的一年,在全球疫情突发的情况下,江苏省篮球协会(以下简称“省篮协”)紧密团结在江苏省体育总会(以下简称“省体总”)大家庭中,以国家的政策法规为依据,按照国家体育总局、中国篮协和省体育局的工作部署要求,紧紧围绕建设体育强省,提高全民身体素质为核心,以更好的服务江苏篮球为宗旨开展全年工作。作为省属体育社团的试点协会,根据社会体育发展的需求,在社会各界的支持和各位同仁的努力下，以疫情防控为首要工作任务，按照2020年的工作计划，有条不紊的落实各项工作任务。

一、党建引领，做好各项赛事活动

2020年省篮协积极参与到省体育总会党总支组织的各项党建活动，动员市县级会员单位积极开展党建活动，发挥基层党员的带头作用，提炼篮球运动的精神力量。省篮协认真完成省体育局各职能部门、省体总交办的各项工作任务。包括江苏省第八届全民健身运动会、江苏省青少年县组篮球比赛、“一带一路”国际青年三对三篮球邀请赛、中学生三对三篮球锦标赛、篮球特色学校教师培训班等，为后备人才选拔、篮球运动的普及、篮球文化推广贡献力量。

二、停赛不停学，组织好教练员、裁判员培训

上半年受到新冠疫情影响，省篮协组织晋升一级裁判员、C级教练员进行网络培训，培训总时长近100小时，参训人员多达300人次。全年，省篮协举办篮球线下教练员培训系列活动7项，受训人数650人，再创年度新高。从幼儿篮球到小篮球、青少年篮球训练，省篮协为运动员成长的每一个环节提供系统而专业的业务指导。除此之外，省篮协邀请江苏篮球明星唐正东参与到江苏电视台公益送教活动，为溧阳外来务工人员子弟学校马垫小学送去了一堂别开生面的“篮球课”。

三、开展全民健身篮球赛及媒体培训

省篮协积极响应政府号召，在做好自身防疫工作的同时，带领全省171家篮球培训机构、俱乐部自发向支援武汉的医务人员子女免费提供篮球培训服务。复工复赛之后，省篮协严格按照省体育局、省体总对体育赛事疫情管控工作的要求，做好周密部署，确保比赛安全进行。江苏省第二届男子篮球超级联赛、未来之星江苏省第三届小篮球俱乐部联赛、江苏省第二届社区篮球邀请赛都在疫情过后顺利举行。赛事关注度、群众参与度和社会美誉度持续走高，为疫情之后，篮球运动在江苏的复苏与发展注入一针强心剂。

【江苏省排球运动协会】 江苏省排球运动协会（以下简称“省排协”）第七届理事会自换届以来，坚持以习近平新时代中国特色社会主义思想为指导，深入学习党的十九大精神，认真贯彻落实国务院《体育强国建设纲要》，紧密联系人民需求，紧扣体育强国目标。2020年，在江苏省体育局、体育总会的领导下，在江苏省体育训练中心及相关部门的关心支持下，省排协紧紧围绕推广、普及排球运动，提升排球运动产业化发展等方面，积极开展了各类体育活动，为进一步调动广大群众参与排球运动的积极性，提高江苏省排球运动竞技水平，推动体育强省建设做出积极贡献。

一、加强党建工作，加快协会改革

2020年，在省属体育社团党委的领导下，省排协积极参与“五环在行动”系列党建活动，学习贯彻习近平新时代中国特色社会主义思想，认真落实习近平总书记关于体育工作系列重要论述精神，宣传执行中央的各项路线方针政策和江苏省委决策部署，深入落实江苏省委及省体育局关于开展“忠诚核心、勇担使命”主题实践活动的相关部署。不断加强党员教育管理与监督，关心维护会员合法权益，充分发挥基层党组织战斗堡垒和党员先锋模范作用。

2020年，依托政府有力主导、社会广泛参与、市场有序开放融合，开创体育发展新格局。省排协不断加强各设区市排球运动协会的建设领导，加大引导群众参与排球项目的力度，加深排球项目对全民健身的推动。4月，省排协申报并荣获省属体育协会发展专项资金三等奖。8月，苏州市排球运动协会召开第五次会员代表大会暨五届一次理事会，省排协秘书长、副秘书长等参加会议。2020年，省排协还将完成体制脱钩，认真落实江苏省体育局“四+X”的改革要求。进一步加强业务指导,强化服务意识,建立工作协调机制。按照体制脱钩、管办分离、实体优化、功能优化、综合体制改革等方面进行改革,同时,有针对性的发展与之相适应的特色部分。

二、完善竞赛体系,丰富服务平台

2020年,受新冠疫情影响,上半年全国排球集训及赛事活动处于封闭管理状态。省排协积极响应江苏省体育总会号召,开展居家抗疫宣传和全民居家健身倡议。邀请排球、沙滩排球世界冠军录制抗疫宣传视频;邀请江苏男、女排俱乐部教练员、队员参与线上挑战活动,鼓励全民居家健身。线上活动为全民抗疫,提高群众身体素质做出积极的贡献。7月,国家体育总局印发《科学有序恢复体育赛事和活动推动体育行业复工复产工作方案》,要求各省市根据实际情况,有序恢复体育赛事和活动。为更好地落实和执行国家体育总局相关文件精神,检验江苏省运动员在疫情期间的训练成果,提升江苏省内排球竞技水平,省排协积极筹备竞赛活动。在做好疫情防控的同时,成功举办了一系列排球比赛,进一步完善了竞赛体系,丰富了服务平台。

2020年初,省排协响应江苏省体育总会的号召,开展了多种多样的线上比赛,并在全省范围内取得了一定的成果。8—9月,恰遇国家沙滩排球队在江苏省体育局训练中心开展集训。省排协把握机会,借助国家队的力量,承办了华东区沙滩排球系列精英赛。比赛期间积极做好防疫准备和赛事宣传工作,做到场场消毒、点对点接送,确保赛事安全。在南京地铁三号线投放站内灯箱广告,向排球爱好者发放赛事彩页、通过直播分享比赛精彩画面等做好比赛的宣传。比赛邀请了上海、浙江的沙滩排球运动队前来参赛,共同检验运动队的训练成果。10月,在扬州举办江苏省第八届全民健身运动会气排球比赛,本次比赛有来自全省12个设区市的20支代表队共192人参赛。与此同时,江苏省首届网络全民健身运动会排球垫球比赛也开展起来。以常州赛区为例，10月17日至11月8日，常州工学院成功举办了垫球比赛，共有来自在常高校和排球俱乐部的100多名排球爱好者参加了比赛。在这次比赛中，有33人挑战奥运冠军张常宁二分钟对墙垫球143次的纪录，并获得成功。线上、线下的全民健身排球比赛丰富了广大气排球爱好者的业余生活，进一步推动全民健身的普及。11月，在镇江举办了江苏省第二届气排球锦标赛，赛事采用网络直播的形式，高峰时吸引了近8万人同时在线观看，为广大排球爱好者提供了参与互动的平台。此外，省排协还积极协助江苏省排球管理中心开展2019—2020中国男子、女子排球超级联赛，2020—2021中国男子、女子排球超级联赛，第十四届全国运动会沙滩排球资格赛暨2020全国沙滩排球锦标赛、2020全国女排锦标赛和男、女排青年组比赛等相关工作，江苏男子、女子排球队在各项赛事中皆取得了较好的成绩。

省排协通过组织一系列不同层次、不同年龄阶段、不同组别的竞赛活动，完善了省排球运动赛事的架构体系，为省排球人才梯队的培养和教练员、运动员水平的提升提供了可持续性的助力。省排协还联合中天钢铁女排俱乐部、南京广电猫猫男排俱乐部和江苏楷旗英沙滩排球俱乐部积极探索俱乐部市场化运作模式，进一步完善人才储备，积极承办高水平赛事，为排球发展搭建形式多样、服务便捷的平台，推动排球运动的普及和发展。

三、推动创新发展，扩大群众参与

2020年，结合疫情期间开展线上比赛的经验，省排协与相关媒体部门联系，以直播、微传播等新媒体宣传方式为主，积极宣传协会工作和赛事。让排球文化走进校园、走进企事业单位、走进基层福利机构，做好文化传播和赛事宣传；让广大群众踊跃参与到排球运动中来，进一步扩大排球运动的影响力。

【江苏省乒乓球运动协会】 2020年，在省体育局的正确领导下，在社会各界的帮助和支持下，省乒乓球协会坚持以人民为中心的思想，紧紧围绕群众六个身边工程，沿着“四+X”改革发展方向稳步迈进，组织建设扎实推进，管理机制逐步完善，基地建设不断夯实，赛事活动丰富多彩，协会活力显著增强。

(一)乒乓战疫可圈可点

自新冠肺炎疫情防控阻击战打响以来，省乒乓球运动协会积极响应省体育局、体育总会部署要求，立足岗位、主动作为，省乒乓球协会副会长张国良向湖北省慈善总会捐赠100万元资金，并携手爱德基金会，为驰援湖北筹集72314元善款。同时，省乒乓球协会积极参加省体育总会“一起宅、一起赛”等居家健身活动，邀请乒乓球世界冠军张莹莹为群众展示居家打乒乓的健身方法。在江苏省首届网络全民健身运动会中，省乒乓球协会设置了线上乒乓球赛事，号召群众“运动战疫”。

(二)党建工作有特色

在省属体育社团党委的领导下，省乒乓球协会党支部坚持党建与业务工作融合发展，积极倡导公益理念，主动承担社会责任，在常熟沙家浜举办的“将军与农民”邀请赛中，20位将军种下了一片将军林，使沙家浜成为新的爱国主义教育基地，为农民带来绿水青山中的运动乐趣。

省乒乓球协会还积极参加省属体育社团党委组织的“五环在行动”党日活动，在捐助陕西老县镇中心小学的活动中，捐赠了400件运动T恤衫。在“五环在行动·追蓝色梦想”主题党日活动中，省乒协为南京市聋人学校送去了体育器材，助力学生“文明其精神，野蛮其体魄”。

(三)完善赛事树品牌

2020年，省乒乓球协会在保证赛事安全性的前提下，提高赛事举办的创新性，坚持以打造品牌赛事为核心。举办了2020“爱乒才会赢”江苏乒乓球王争霸赛、2020江苏省乒乓球俱乐部联赛、“将军与农民”乒乓球赛、江苏省全民健身运动会乒乓球比赛、2020长三角地区砂板乒乓球精英赛、“爱德杯”乒乓球公益邀请赛等系列品牌赛事，推动了赛事IP品牌建设。其中“爱乒才会赢”赛事采用省市县各级联动模式，通过海选的方式，把赛事办到百姓家门口，在全省营造了良好的全民健身氛围。

（四）赛事活动再上新水平

2020年，江苏省各市乒协发挥主观能动性，积极开展具有当地特色的乒协工作。南京市乒乓球协会在疫情防控常态化形势下安全举办了各类大型比赛。无锡市乒协举办了“跃动锡城”2020全民健身大联动无锡市第二届全民健身运动会乒乓球俱乐部球王赛；徐州市乒协在江苏省第八届全民健身运动会乒乓球比赛中获得了2金1铜的好成绩；常州市乒协举办了常州市乒乓球俱乐部联赛和国家二级裁判员培训班；苏州市乒协举办了三期“苏乒童星”乒乓夏令营，让乒乓真正从娃娃抓起；南通市乒协举办了南通市第八届“双拥杯”乒乓球邀请赛等5项赛事；连云港市乒协举办了市乒乓球精英赛、乒协会员积分赛等赛事；淮安市乒协举办了俱乐部联赛、全省大中院校院校长乒乓球赛等20项赛事；盐城市乒协承办中国乒协国青、国少集训队江苏省选拔赛，获得中国乒协和社会各界好评；扬州市乒协举办了“和谐家庭”公益乒乓球联谊赛等覆盖社会各界人士的乒乓赛事；镇江市乒协在举办各类赛事的同时促进协会工作制度化、规范化；泰州市乒协举办了会员定级排位赛、团体邀请赛等赛事；宿迁市乒协举办了“爱乒才会赢”城市选拔赛等赛事。各市乒协同心协力，共同推动江苏省乒乓运动发展。

【江苏省羽毛球运动协会】 2020年，江苏省羽毛球协会在省体育局、省体育总会领导的关心下，以防范疫情为前提，有序开展羽毛球运动的各项推广运行工作。省羽协属于功能优化的改革行业协会，羽毛球管理中心（专业队）和羽毛球协会两套班子独立开展工作，同时也互有协同，至此创新了羽协新的工作体制和运行团队。现协会会长和法人代表为南京三宝科技集团董事长沙敏先生，同时吸纳有较强影响力且爱好羽毛球运动的社会知名人士和优秀企业家担任副会长、副秘书长、常务理事等职位，并招募专职工作人员，充实协会团队运行力量。羽协通过不断加强组织建设、发挥成员积极性，提高协会综合实力来承担着全省业余羽毛球的推广和协会运行工作。

一、2020年协会主要工作

（一）推动羽毛球业余俱乐部发展

2020年，随着生活水平的提高，参与体育运动的人越来越多，羽毛球运动人口也呈现快速增长的趋势。这有力的推动了省羽毛球协会加强对江苏省业余羽毛球活动的管理，引导更多的羽毛球爱好者科学的参与羽毛球运动，使其享受到羽毛球运动所带来的健康与快乐。在江苏省羽毛球振兴计划的引领下，省羽协积极指导和推动各地市羽协开展市级业余羽毛球俱乐部赛活动，截至2020年底，全省已有11个城市圆满完成了市级羽毛球俱乐部联赛或邀请赛活动，通过赛事活动，推动羽毛球俱乐部的健康发展。

（二）组织各项羽毛球赛事

受疫情的影响，体育赛事活动在2020年上半年基本处于停滞状态，下半年因疫情得到有效控制，省羽毛球协会在积极推动各市羽毛球业余俱乐部联赛的顺利开展的同时，还顺利组织各项省级赛事。完成的赛事有：江苏省第八届全民健身运动会羽毛球比赛、第二届“会长杯”江苏羽毛球比赛、首届江苏羽毛球混合团体邀请赛、2020魅力江苏最美体育——“羽民同乐”江苏省业余羽毛球男子双打比赛初赛、长三角青少年羽毛球比赛。在各项比赛期间，省羽毛球协会不仅组织传统媒体报道，还采用大V直播的方式进行宣传，在线上吸引了百万粉丝的观看，有效的推动了羽毛球运动在江苏省广大群众中的宣传推广。

二、积极展开与国家羽协及各地市羽协的对接工作

（一）建立等级测试机构

2020年，江苏省羽毛球协会向中国羽协申请加入2020年度羽毛球运动水平等级测试机构，已有3家获得了中国羽协的授权，并先后2次完成考核培训工作。同时，在“会长杯”比赛期间，省羽毛球协会有幸邀请到中国羽协副主席兼秘书长王伟先生以及中国羽协副主席孙俊先生出席活动，并就江苏省羽毛球协会下一步的工作开展给以指导性意见。

（二）建立沟通机制

2020年，省羽毛球协会秘书处先后到常州、宿迁、盐城、扬州等市羽协及羽毛球俱乐部组织中走访调研，听取了地市羽协的意见建议，为省羽协更好的推广羽毛球运动收集了有效的素材。调研活动有效地建立了省羽协与各地市羽协的沟通和互动机制，同时也推动了各地市羽协之间的互联互通。

（三）加强横向交流

省羽毛球协会采用走出去与请进来的方式，先后与安徽羽协、湖南羽协进行交流互访；同时与东南大学羽协、清华大学EMBA羽协联盟等国内羽球爱好者组织开展羽毛球比赛活动，为羽毛球的发展营造了良好的外部环境，同时也展示了江苏业余羽毛球运动发展的良好形象。

【江苏省网球运动协会】 2020年，江苏省网球运动协会在中国网球协会、江苏省体育局、江苏省体育总会的关心支持下，积极尝试探索和扩展网球项目在群众体育、竞技体育、体育产业、体育文化等方面的功能和作用，充分发挥协会的人才优势和技术优势，加快江苏群众网球运动的普及和推广，促进江苏竞技网球项目发展，推进省网球协会社会化、实体化、专业化改革进程。2020年，群众对网球运动热情的持续上升，以及网球运动传统品牌赛事和群体赛事影响力的不断扩大,使得江苏网球事业得到全面发展。

一、扎实推进党组织建设

2020年,江苏省网球运动协会党支部在省属体育社团党委的领导下,始终坚持党建工作与网球事业发展有机融合、相互促进,努力培养一支政治坚定、崇尚学习、纪律严明的工作队伍。协会积极参与上级党组织的各类培训活动,进一步加强党员教育和管理,做好思想政治工作,以学习促工作,以学习促发展,推进协会各项工作再上新台阶。

二、积极开展对外交流

2020年,省网球协会积极开展对外交流活动,探索多种合作方式,促进协会的高效发展。

10月,为积极响应和坚决贯彻落实习近平总书记在安徽省合肥市主持召开的扎实推进长三角一体化发展座谈会中的重要讲话及会议精神,并结合长三角一体化发展面临的新形势新要求,省网球协会主办了长三角网球发展联盟座谈会。此次会议倡导长三角网球联盟各方要充分利用各自区域内的网球资源优势,在赛事运营、人才培训、市场推广等众多相关领域开展全方位的合作,秉持"融合互联、合作共享"的理念,推动长三角区域网球命运共同体的建设,共创网球运动在长三角的美好明天。

12月,由江苏省网球协会主办,五台山体育中心承办的"长三角友好城市网球团体邀请赛"在南京五台山体育中心举行,共有来自江苏、上海、安徽的10支队伍参赛。本次比赛贯彻了《体育强国建设纲要》以及《长江三角洲区域一体化发展规划纲要》的精神,打造了全民健身赛事活动的品牌建设,促进了体育资源跨区域的流动,推动了长江三角洲地区网球运动的高质量一体化发展。

三、创新协会发展新机制

在江苏省体育行业协会脱钩改革的大背景下,江苏省网球运动协会为进一步推动协会实体化、社会化改革，创新管理方式，计划通过整合和连接社会优质资源，以江苏省网球运动协会总部为龙头，以网球运动项目为平台，以建立国际化网球中心为实体，更好地服务社会，发挥体育协会作为社会团体其独特性的价值。

2020年，江苏省网球运动协会与南京江北新区探索并开展多方面的合作机会，在大力发展江苏网球事业的同时，集合优质企业、社会、文化资源，推动协会与新区发展接轨，实现协会商业化、市场化、实体化的改革进程。同时，以提升新区综合承载能力、加快新区改革开放步伐、全力打造江北新主城为目标，努力实现新区的多元化、国际化、产业化发展，吸引更多潜在的精英元素，实现网球协会与江北新区共同成长。12月1日，南京江北新区工作委员会和区统战部、南京扬子国资投资集团有限责任公司、江苏省网球运动协会就扬子江国际网球中心的合作共建签约仪式在南京市江北新区举行，此次签约仪式的成功举办不仅标志着该项目正式启航，同时也是省网球协会实体化改革的新动能。

四、做好竞赛组织工作

2020年，在全球新冠疫情爆发的大背景下，省网球协会严格落实各项疫情防控措施，确保赛事安全有序的进行。

10月，“江苏省第八届全民健身运动会网球比赛暨2020年江苏省友好城市网球邀请赛”在江苏省扬州市成功举办。来自全省12个地级市代表队的138名网球爱好者参赛，赛期为3天，共设置了青年男子单人、女子单人，中年男子双人、女子双人，壮年混合双人五个项目。

12月5日，“长三角友好城市网球团体邀请赛”在南京市五台山网球馆举行，来自长三角三省一市的十支代表队参加。该项赛事旨在以赛会友，整合三省一市的网球资源，促进长三角地区网球项目的融合性发展。

12月，省网协“行业杯”网球邀请赛”在南京市龙江网球馆举办，本项赛事参赛队伍是由各大不同行业组成的网球队，旨在为全省各行业网球爱好者提供交流的平台，各项赛事安全有序。

省网球协会及各地级市行业分会在定期举办各类赛事的过程中，积累了丰富的办赛经验，使得协会整体办赛水平及大众参与度都有大幅度的提升。

五、坚持做好服务工作

2020年，协会坚持每周固定时间在南京体育学院、五台山网球馆、省体育宾馆网球场为网球爱好者提供网球活动场地，及热情、周到的服务，体现出爱会如家的精神。

【江苏省帆船帆板运动协会】 2020年，面对疫情，江苏省帆船帆板运动协会认真贯彻落实党中央关于疫情防控工作的决策部署，提前谋划、积极应对、全面开展疫情防控工作。同时，在省体总的大力支持和指导下，有序推进协会各项工作开展。

一、获评AAAAA级社会组织称号

2020年，省帆船帆板协会逐步规范内部管理，不断加强与行业内各单位的联系，大力推广普及帆船运动，开展了各级别帆船赛事活动，受到政府、企业和社会各界的好评。九月，省民政厅严格按照民政部《社会组织评估管理办法》和省民政厅《江苏省社会组织评估管理办法》的有关规定，分别从综合信息、基础条件、内部治理、工作绩效、社会评价等五个方面对江苏省帆船帆板运动协会进行评估，并授予“江苏省AAAAA级社会组织”的称号。

二、打造帆船品牌赛事

2020年，省帆船帆板协会根据省体育局《江苏省体育赛事活动常态化疫情防控工作指引》规定，严格做好赛事疫情防控措施，在江阴、南京两个城市成功举办了2020年省帆船俱乐部联赛，有150余名青少年参与了赛事。本次联赛有效的促进了江苏省青少年帆船项目发展，提升了赛事品牌影响力，这是帆船运动首次在江阴挂牌成立“江苏省帆船培训发展基地”，为江苏省帆船项目的发展开拓了新的局面。

省帆船帆板协会作为2020苏州金鸡湖城际内湖杯帆船赛、2020中国宜兴内河帆船联赛、第九届商学院杯帆船赛的指导单位，举全省各帆船俱乐部之力，全力支持赛事的举办，在赛事器材、裁判团队、执行人员等方面进行多方调度，实现成本利用最大化，齐心协力办好每一站比赛，在安全顺利办赛的基础上提炼各站办赛特色，进一步提升省级赛事品牌。

三、做好普及推广工作

2020年，省帆船帆板协会号召江苏省各俱乐部统一思想，大力促进帆船项目的普及。9月12日，积极策划江阴敔山湾帆船项目，打造江阴敔山湾水上运动基地，并以此为契机，促进帆船运动进入校园，积极对接周庄中学、敔山湾小学、南菁中学等学校，引导学校组建校园俱乐部和校队，积极参与帆船活动和赛事；同时，省帆船帆板协会还协助南通通州湾游艇俱乐部开展紫琅湖帆船基地建设，将帆船项目引入南通市区；协助八旗俱乐部、水恩斯迪俱乐部、尚赛俱乐部、西曼俱乐部、风之曲俱乐部等做好帆船赛事活动举办，进一步提升帆船项目的知名度和影响力。

四、创新宣传赛事活动

疫情当下，为响应国家对新型冠状病毒感染的肺炎疫情防控工作的部署，避免人员聚集引发交叉感染，2020年，一系列线下文体活动通过直播等技术在线上“复出”。省帆船帆板协会与时俱进，顺势倡导“云观赛”概念，在比赛现场设置“赛事直播间”，联合企鹅体育、哔哩哔哩、新浪微博、爱奇艺、虎牙直播、战旗直播、YY直播、云犀直播、智慧无锡等平台进行赛况直播，据统计，最高一次单场比赛的围观人数高达10万人次，图片直播点击量破12万人次。同时，省帆船帆板协会整合宣传资源，将全省的赛事、活动、项目打包宣传，通过自媒体平台（江苏帆协公众号、各俱乐部公众号等)传播赛事信息、宣传赛事集锦、扩大赛事影响。

【江苏省棒垒球运动协会】 2020年,在疫情防控常态化情况下,江苏省棒垒球运动协会根据国家关于科学有序恢复体育赛事和活动的部署要求,在省体育局和省体育总会的正确领导下,在社会各界的大力支持下,创新思路、锐意进取、扎实工作,较好的完成了全年各项工作,有力地促进了江苏省棒垒球运动的普及和技术水平的提高。

一、健全政策体系,规范协会工作

2020年,江苏省棒垒球运动协会召开换届大会,换届的会员单位以学校为多,会议的主题为强身健体、培养优秀人才。会上研究制定了协会的工作重点,规范了协会的规章制度。期间,江苏省棒垒球运动协会制订了《江苏省棒垒球运动协会团体会员单位挂牌办法》,对申请省协会会员单位挂牌、后备人才训练基地等应具备的基本条件、团体会员的权利与义务、申办流程等进行了明确规定,提高了协会工作的整体实力。

二、打造品牌赛事,丰富文化生活

江苏省第四届中小学生软式棒垒球锦标赛作为江苏省棒垒球运动协会本年重点打造的品牌赛事之一,于10月23日至25日在南京举行,此次比赛由省体育总会、江苏省棒垒球运动协会主办,南京工业大学、江苏青鸟新未来体育有限公司、南京苏体棒垒球俱乐部承办,比赛具有规模大、水平高、参赛选手多、年龄跨度大等特点,

在做好省级比赛的同时,江苏省棒垒球运动协会还参与了江宁企业棒垒球比赛,以及由美国大联赛举办的学校棒垒球比赛。协会在苏州高新区第一初级中学校、连云港高级中学、连云港圣奥本国际双语学校三所学校举办了挂牌仪式,有力推动了地方棒垒球运动的普及。

2020年,江苏省棒垒球运动协会参加了全省性社会团体负

责人培训班，3天的培训使协会受益良多，提高了协会的管理能力。

【江苏省健美操运动协会】 多年来，江苏省健美操运动协会在省体育局和省体育总会的正确指导下，在各地体育主管部门的大力支持下，通过全省健美操界同仁的共同努力，江苏健美操运动得到了蓬勃发展。

2020年，协会积极响应党和国家《"健康中国2030"规划纲要》、《关于建设体育强国》和《关于深化体教融合·促进青少年健康发展的意见》等相关文件精神，深入贯彻落实省委省政府关于加快新时代体育强省建设的决策部署和《江苏省全民健身实施计划》，坚持推广、普及、发展的方针，积极进取，务实开拓，通过举办多种形式的活动，为江苏省竞技体育和群众体育作出了贡献。

2020开展的工作如下：

（一）加强组织建设，为事业发展提供保障

1. 成立了党支部，并完善各项规章制度；

2. 成功进行换届改选；

3. 建立了江苏省健美操专项人才库；

4. 出台了健美操业余运动员等级评定办法。

（二）举办并承办精品赛事，开拓新型赛事IP，努力扩大社会影响

1. 连续13年举办江苏省健美操锦标赛，为江苏省竞技健美操人才提供展示交流的平台；

2. 承办了第五届、第六届、第七届中国（南京）啦啦操公开赛；

3. 开拓新型赛事IP；

2020年，为了扩大健美操运动的普及度，丰富市民文化生活，并使得健美操赛事更加具有市场价值，协会创新举办了"2020年江苏省健美操俱乐部公开赛"，此次比赛在南京21世纪太阳城商场举办，吸引众多市民驻足观看，了解健美操运动，并为商家带

来更多消费群体,也为运动员创造了不一样的赛事体验。

(三)举办各类培训,积极承接政府职能转移

1.受江苏省体育局委托,协会承办了江苏省职业技能健美操项目培训;

2.顺利举办江苏省健美操教练员业务培训班。

(四)勤下基层做辅导,推动普及与技术提高

1.协会走进社区,普及健美操运动,让大众体会安全、科学、有效的健身运动所带来的快乐;

2.推广普及健美操运动进校园。为了深入落实"体教融合",协会为多所学校,选派专业教练员进行健美操训练指导,并帮助学校培养专业教练员;

3.培育发展健美操特色学校。2020年协会帮扶多所学校发展健美操项目,按照要求严格考核,最终授予"江苏省健美操培训基地"牌匾。

(五)尝试开拓领域,努力突破瓶颈

1.对目前所处于的瓶颈状态进行剖析调研,努力突破发展瓶颈期;

2.针对现状进行探索、采取了一些措施,在不同领域、不同年龄层次、不同人群结构中开展活动,使更多爱好者接受、参与到健身健美运动中,以达到推广普及之目的。

【江苏省棋类运动协会】 2020年,面对疫情,江苏省棋类运动协会不断寻找改变、改善、改进之路。在江苏省体育局、江苏省体育总会的领导下,在社会各界的大力支持下,省棋协充分发挥桥梁纽带作用,在提高竞技水平、举办棋类赛事、普及棋类运动,弘扬棋文化等方面做了大量工作,在高质量发展的道路上又向前迈进了一步。

一、加强自身建设

2020年,省棋协重点开展了脱钩改革、协会换届、围棋协会

分离成立工作，在改革进程中不断自我更新、自我完善、自我规范。

一是在全省范围内开展行风清理工作。对使用“江苏省棋类运动协会”、以“江苏”等名称命名或开展棋类活动的各单位进行清理。

二是加强对会员单位管理。完善棋类赛事服务规范，明确棋牌赛事开展的基本条件、标准、规则、程序和各环节责任部门，出台棋牌赛事和活动安保服务标准，积极为全省棋类事业发展营造规范环境。同时，摸清家底，对高水平训练基地、特色学校、基层培训机构进行信息核对和资质查验，完成档案建立工作。

三是推动等级证书制度发展。严格遵守我国业余段位制的要求发放证书，维护等级认证的权威性和公正性，把好省内围棋段位证书发放的关口。目前各地市段位赛组织日益规范，棋类等级证书的社会认同感不断增强，有效促进了省内棋类运动的普及和发展。

二、创新赛事形式

2020年，为了给江苏省60万棋牌青少年在训人口和超过300万经常性进行棋牌运动人口提供服务，满足老百姓参与体育健身活动的需求，江苏棋牌管理部门利用项目特点，积极开辟网络空间，实现线下到线上的整体转型，积极探索疫情常态化防控下组织群众性体育赛事活动的方法路径。

自2020年春节以来，江苏参与、举办的各级各类棋牌类赛事多达20余项，吸引来自全省各地的近万名成年和少年儿童选手参加角逐，从赛事组织形式到赛事技术支持都开创了新的历史。网络赛事既避免群众聚集性活动，又为全省广大棋牌类爱好者在特殊时期的文化生活添彩。相较于传统线下比赛，网络赛事能让选手们足不出户进行比赛，保证了安全性和便捷性，提升民众参与互动体验。

三、推动棋牌普及

2020年,省棋协大力开展培训基地的建设,广泛开展棋牌运动进校园活动,充分发挥段位升级的撬动作用,不断扩大运动人口,促进棋牌运动由阳春白雪成为全民运动。

一是通过建立少儿培训基地促进普及。大力推进棋牌运动进校园,全省范围内依托小学和幼儿园,建立了国家级人才培训基地3个,建立了少儿棋类培训基地和特色学校近30所。这些基层棋类培训基地每年为江苏省培养了一大批优秀少儿棋手,并在各级各类比赛中取得优异成绩。

二是通过开展群众性赛事促进普及。受疫情影响,2020年省级棋类赛事到8月份才开始陆续举办。虽然总比赛场次、总参赛人受疫情影响锐减,但是随着复工复产的深入,棋类赛事举办也得到了相应的恢复,到2020年下半年,比赛频率、报名人数逐渐恢复到正常水平。2020年,省棋协积极配合省体育局办好省第八届全民健身运动会。在群体处的指导下,配合社体中心完成全民健身运动会棋牌比赛的筹备工作,落实全民健身运动会棋牌项目(围棋、象棋、国际象棋、桥牌、五子棋、国际跳棋)赛事筹备任务。江苏"乐在棋中"业余象棋比赛累计已举办5届,每一届都按"县(区)—市—省"三级选拔模式层层办赛,力争让赛事组织在全省县域基层实现全覆盖,让"乐在棋中"江苏业余象棋棋王赛成为一项真正意义上的全民健身赛事。2020年中国体育彩票全国象棋业余棋王赛"乐在棋中"江苏赛区预选赛自3月正式启动,在长达9个月的时间内,从线上到线下,深入社区、乡镇、学校、公园、广场,真正把象棋比赛服务送到老百姓的"家门口"。

三是通过简政放权促进普及。加快推进层级化管理。树立"放、管、服"的基本治理思想,依据国家单项协会的条例精神,拟定了江苏省棋类项目业余等级类赛事管理办法,形成分级管理规定，目前无锡、扬州、南京等地已经落实地市分级管理。

四、助力社会公益

2020年，省棋协牵头组织江苏省运动员、教练员积极服务社会，与扬子晚报融媒体“紫牛新闻”合作，省围棋队教练丁波、队员於之莹、王晨星，省象棋队教练徐超、队员吴魏参与“宅家抗疫”栏目活动，为棋迷朋友讲解精妙棋局，缓解棋迷朋友们长期宅家的烦躁情绪，为战胜疫情奉献一份力量。

协会为了回馈社会，开展文化扶贫创新主题活动。在江苏省民政厅的要求下，为贫困地区捐赠棋盘棋具3.3万元，履行了社会责任，响应了“扶贫”号召。“以棋为媒”开展文化扶贫活动，将棋具捐赠到宿迁仓集、安徽金寨、湖北恩施、安徽岳西、陕西安康等地，把体育传统文化带到基层。

【江苏省桥牌协会】 2020年，江苏省桥牌协会在江苏省体育局、江苏省体育总会的指导下，在有关部门和社会各界的支持下，坚持以服务全民健身国家战略、满足人民群众日益增长的多元化体育健身需求为出发点和落脚点，一方面在思想上加强组织管理、提高竞技水平不放松，一方面转变思路、另辟蹊径，举办桥牌网络赛事、网络训练。既保证了高水平运动员的日常训练，又在普及推广大众桥牌项目、弘扬桥牌文化等方面取得了一定的成效，进一步推动了桥牌事业在江苏省的发展。

一、召开会员代表大会

10月12日，江苏省桥牌协会第五届会员代表大会在江苏棋院顺利召开，会上完成换届、交接工作。新的领导班子提出：2020年，协会要以制度建设为抓手，推进桥牌活动常态化高质量开展；以赛事组织为载体，推动桥牌竞技能力高水平提升；强化宣传培训，提升江苏桥牌事业发展影响力。

二、开展专业运动队集训

江苏省桥牌协会在疫情居家办公期间，聘请教练组织队员坚持网上训练，做叫牌练习，在网上对抗，在微信群讲解。疫情控制后，恢复正常训练，各项训练工作有序展开。7月、11月在江苏省方山体育训练基地两次组织江苏队队员集训，举行内部对抗比赛，面对面授课讲解分析总结，提高运动员的理论水平和实战高水平竞技状态。

三、组织各类比赛

受疫情影响，为满足广大桥牌运动员、爱好者、支持者的需求，省桥协改变思路，在线上组织了省际对抗赛、2020全民桥牌网络冠军挑战赛、江苏省首届网络全民健身运动会桥牌比赛等多个赛事。

线下方面，江苏太仓承办年度最重要赛事——2020年全国桥牌A类俱乐部总决赛，赛事在央视休闲频道和多个网络视频平台进行直播，为桥牌项目的普及推广起到了积极的作用。

此外，徐州举办全民健身运动会桥牌比赛，常州举办第四届"江苏富民杯"友好城市桥牌团体赛。一系列赛事的举办，有力地推动了桥牌运动的开展。

四、推动桥牌进校园

桥牌是一项健康、文明、高雅的体育运动，桥牌所提倡的礼仪、沟通、合作、注重团队精神的桥牌文化，符合当今社会发展方向。2020年，省桥牌协会大力倡导桥牌走进校园，努力扩大桥牌人口，培养后备人才。协会积极引导支持和鼓励学校开办桥牌选修课程，在徐州工学院、东南大学、开展普及课。在中学阶段，协会联合江苏省各市基层桥协组织，如南京中山桥牌俱乐部，苏州桥协和南通桥协等，在全省各地推广桥牌活动。截至2020年底，南京外国语学校本部已经开设了两个桥牌选修课堂，仙林分校开设了四个桥牌选修班，苏州和南通也有学校开设了桥牌兴趣班，桥牌进校园活动开展的红红火火。

【江苏省户外和登山运动协会】 2020年，在省体育局和体育总会的亲切关怀和指导下，在协会所有成员的努力下，省户外和登山协会克服疫情影响，努力开展各项工作，取得了一定的收获。

一、加强内部建设

自2018年“江苏省户外和登山运动协会拓展专业委员会”成立以来，一直致力于规范和促进行业发展、加强相关行业融通。12月1日，由江苏省户外和登山运动协会拓展专业委员会参与承办的“中国团建产业大会”在上海召开，本届峰会以“重构&聚焦”为主题，引领从业者重新思考和探讨行业发展。协会还十分重视党建工作，积极参与省体总组织的各类党建活动。

疫情期间，省户外和登山协会认真落实习近平总书记重要指示精神和党中央部署要求，履行社会体育组织的社会责任，充分发挥党员的先锋模范和骨干带头作用，主动担当、积极作为，用实际行动展现共产党人政治本色。2月，协会在龙蟠里社区开展“守望相助，共克时艰”党建活动，组织了捐款和慰问社区防疫一线工作人员及孤寡老人的活动。协会还举办“致敬抗疫英雄—真情回馈传递温暖”活动，为一线医护人员子女提供免费户外课程。

二、举办“户外运动节”品牌赛事

由省户外和登山协会打造的、拥有自主知识产权的赛事品牌“亚洲户外节”得到了省体育局、省体总的充分肯定，已被写入由江苏省人民政府编写的《江苏省全民健身实施计划(2016—2020年)》。10月，在疫情防控常态化期间，第四届“2020亚洲户外运动节”在南京市浦口区水墨大埝景区举办。“户外运动节”是一个集户外体验、休闲娱乐、综合赛事、文化美食和亲子互动等于一身的大型户外运动嘉年华，活动期间日人流量上万，活动取得了良好的效果，助推了体育消费市场的复苏。

11月29日，省户外和登山协会与省国际体育交流中心合作，成功举办了“2020一带一路”青少年户外运动挑战赛”。有来自

21个国家和地区的近百名选手参加，本次活动是"一带一路"青年体育交流周(江苏)活动的重要组成部分，是国家"一带一路"倡议在户外运动赛事上的一次重要实践。

三、举办、承办多项赛事

2020年，省户外和登山协会共举办承办了"全国U系列攀岩联赛南京站"、"江苏省第八届全民健身运动会攀岩赛"、"凯乐石江苏省攀岩俱乐部联赛"三项重要赛事，为攀岩项目在江苏省的健康发展打下了坚实的基础。其中，"凯乐石江苏省攀岩俱乐部联赛"是省户外和登山协会首次以攀岩俱乐部为参赛主体举办的赛事，为凝聚攀岩优秀人才、扩大交流、加强团结提供了平台。

随着江苏省户外和登山运动协会的不断成长，协会举办的活动也在不断增加。赛事和活动有："全国新年登高健身大会"、"一带一路户外挑战赛"、南京市"世界步行日"徒步活动、"省户外项目一线社会体育指导员技能再培训""全国初级攀岩指导员培训班"等。2020年，协会以饱满的热情和干劲、专业而规范的优质服务为户外和登山运动赢得了更大的市场份额和发展空间。

另一方面，协会积极开展各类俱乐部活动，全新打造"超级营家奇妙露营节"，以原汁原味的宿营体验、独具特色的自然主题探索吸引了一批又一批青少年参与，收获了良好的口碑与大量的人气。

【江苏省汽车摩托车运动联合会】 2020年，在省体育总会、省民政厅、中汽联等各级领导的关心指导下，在全体会员单位大力支持下，省汽车摩托车运动协会积极开展各项工作，取得了一定的成绩。

一、强化内部组织建设

2020年，省汽车摩托车运动协会与省房车露营协会共同成立的联合党支部加强了党组织对协会工作的指导，对协会工作提出合理化建议，并多次组织召开主题党日活动，还指导下属会员单位成立党支部,会员单位苏州吴中区汽摩运动协会率先成立了区协会的功能性党支部,发挥了党组织的重要作用。

2020年,协会的工作重点是加强协会内部管理制度的规范化、提升参与社会管理和社会服务的能力。为了提高协会的管理水平,协会组织管理人员参加了省社会组织管理局和省体育总会、中汽联举办的业务培训班学习,同时协会内部也有针对性的组织了各种培训和业务学习,为完善协会内部管理制度、明晰工作职责、规范工作程序、提高业务水平打下了良好的基础。除建立健全会员单位、裁判员的管理档案资料和赛事活动档案资料外,协会还制定了会员单位对协会工作的反馈意见评分表;为了加强和会员单位的沟通,协会建立了会员单位微信群,方便了工作上的交流,并且可以及时掌握会员单位的需求和建议;为了提高承办单位对安全办赛的重视,协会与各会员单位签订安全承诺书与疫情防控责任书,树立了举办赛事安全第一的思想。

二、创办汽摩赛事

改革创新是十三五期间体育事业发展的重要理念,是引领体育发展的强大动力,也是体育工作的主旋律。2020年,省汽车摩托车运动协会积极响应党中央和省政府提出的长三角地区全面合作共同发展的号召,率先创办了“长三角汽摩场地越野联赛”,该项赛事一经提出就受到了汽摩运动爱好者的拥护和支持。赛事举办的严谨规范程度以及裁判员的敬业精神,受到参赛选手的一致好评。

2020年,由省汽车摩托车运动协会的会员南京华恩兄弟赛车俱乐部举办的“小小骑士”系列活动,从南京出发,沿着丝绸之路经过华东、华中、华北、内蒙、宁夏、甘肃、新疆,将赛车活动向青少年推广,为赛车运动培养了一批后备人才。

【江苏省保龄球运动协会】 2020年,省保龄球协会在省体育局、省体育总会和中国保龄球运动协会的关心指导下,在各地市协会、各有关部门的支持和共同努力下，认真贯彻落实中央关于体育工作的部署，紧跟“十四五”规划的脚步，紧扣全民健身、健康中国的战略，按照培养、发展、规范、提高的工作理念，创新思路、与时俱进。2020年，协会改革步伐扎实推进、赛事活动丰富多彩，取得了丰硕成果。

一、召开常务理事会会议

1月5日，江苏省保龄球运动协会常务理事会会议在南京召开，省内各设区市保龄球协会、俱乐部常务理事及省队优秀运动员80人出席会议。会上，省保龄球协会会长孟雷从赛事举办、组织参赛、参加国家队选拔及青少年培养等七个方面回顾了省保龄球协会取得的成绩；对2019年度优秀教练员、运动员及先进单位和个人进行表彰；宣读了2020年新增常务理事及理事人员名单并颁发证书；省队领队、副会长潘培龙对江苏省保龄球队2019年参加全国重大赛事的情况进行了汇报和分析；省保协顾问汤祖根对省保龄球协会的工作提出了表扬和期望；PBS品牌与江苏省优秀运动员杨莉艳举行续签品牌代言仪式。

二、举办公益行动

2020年，省保龄球协会会长孟雷带领协会积极参加疫情防控阻击战，共计筹集96000只口罩，全数捐献给江苏省抗疫前线的工作人员。协会还积极组织广大会员奉献爱心积极捐款，发起“疫情防控”定向捐赠，共计向江苏省慈善总会捐款47050元。同时，省保龄球协会携手“PBS品牌保龄球用品”单位举办产品义卖活动，共计募集义卖善款67670元，定向捐赠给武汉市慈善总会。

省保龄球协会积极组织网络线上健身活动，参与江苏体育频道《一起宅　一起赛》线上电视节目录制。还通过协会微信公众号自发组织《保龄战役　停训不停练》网络健身活动，众多运动员参与其中，各自录制宅家健身视频，活动的开展丰富了网友们的精神生活，为健身爱好者更有效的增强体质提供了平台。

三、举办省级系列赛事

2020年,省保龄球协会严格落实国家体育总局《科学有序恢复体育赛事和活动推动体育行业复工复产工作方案》的通知精神,按照“一赛事一方案”的要求制定疫情防控工作方案和应急预案,加强赛事疫情防控管理,对赛事组织工作进行严格的把控,同时创新组织方式,分散参与人群、严格执行体温检测和实名制登记,将定向抗疫落到实处。同时延续传统、创新赛制、举办系列比赛、选拔优秀选手,打造有吸引力的自主IP品牌赛事,普及推广保龄球运动项目,并成功举办下列赛事:

1.8月在苏州举办了江苏省保龄球锦标赛。

2.8月参加了江苏省首届保龄球网络全民健身运动会。

3.10月在常州举办了江苏省保龄球精英赛。

4.11月在宜兴举办了江苏省保龄球排名赛。

5.11月在苏州举办了江苏省壮老年保龄球联谊赛。

举办比赛可以不断调动广大保龄球选手日常训练的积极性,提高各球馆的办赛能力,吸引广大保龄球爱好者的关注度和参与性,有效地促进了江苏省保龄球运动的开展。省老年保龄球联谊赛是专门为老年人量身定做的一项赛事,广泛开展老年保龄球活动,适时举办老年保龄球比赛,满足了广大老年群众求健康、求快乐的需求。几年的连续办赛,吸引了众多老年朋友加入保龄球运动的行列,运动技术水平也逐年提高。

四、组织青少年保龄球夏令营

为进一步完善青少年体育赛事体系,由国家体育总局小球运动管理中心、中国保龄球协会主办,江苏省保龄球运动协会承办的“全国青少年保龄球夏令营”江苏分营于7月1日至8月30日举办。在江苏省内各球馆、俱乐部的努力下,承接单位由8家上升至10家,增加了江苏省青少年参与保龄球运动的覆盖地区和人数。各个球馆严格按照疾控中心要求制定防疫方案,竭尽全力培养青少年保龄球运动后备力量。

2020年,省保龄球协会为了培育后备人才,一是鼓励各市保龄球馆在暑假期间举办青少年保龄球夏令营。2020年,南京五台山、南京月牙湖、常州爱保力、常州佳得利、苏州泰格尔、盐城训练基地、扬州飞弧、江阴乐多多、昆山体育中心、昆山欧登等球馆都利用暑期成功举办了保龄球夏令营。江苏省成为全国开办夏令营班最多的一个省份;二是鼓励青少年参加省级保龄球比赛,使他们在比赛中得到锻炼提高,并从中发现人才;三是将优秀青少年球手编入省队参加全国赛事。让青少年选手加入到省级赛事及全国赛事中,旨在给他们提供更多的锻炼机会,这对江苏省保龄球运动的普及,以及推动江苏省优秀青少年选手梯队建设有着积极的促进作用。

五、加大宣传工作

截至2020年底,省保龄球协会共有三个平台进行信息发布工作,分别是江苏保协微信公众号、江苏保协微信群、江苏保协官方网站。协会通过这三个平台发布公示文函、赛事信息、赛事成绩等相关内容,并同时报送江苏省体育总会,做到信息第一时间发布和公示,全体会员推送全面覆盖。

10月10至11日在常州举办的江苏省精英赛,首次与江苏蜂鸟体育网络平台合作,对赛事进行网络直播,直播期间共计20万人次进入浏览。同时,省保龄球协会与江苏体育休闲频道、荔枝体育、扬子体育报、中国江苏网、交汇点新闻等多家媒体平台保持合作关系,协会的所有动态和赛事信息得到了各大媒体平台的推送报导,积极有效地促进了保龄球项目在江苏的宣传推广。

【江苏省航空运动协会】 2020年,江苏省航空运动协会在省体育局和省体育总会的领导下,在社会各有关单位的大力支持下,在全体会员单位和全体会员的共同努力下,安全圆满地完成了全年的各项工作任务。

一、做好基础建设

2020年,省航空协会加强协会规范运行和管理,通过了省民政厅的检查,获得了AAAAA社团称号。积极参与体育总会组织的各项活动,认真执行相关的管理规定,保证协会党建工作和活动正常运行。2020年,协会坚持创新,在活动举办、实体化改革、航空体育产业的发展上不断创新思路。

在活动举办上,协会响应省体育总会的号召,积极参与"一起宅一起赛"。协会创新赛事活动,根据实际各个项目的实际情况,策划线上线下的各类活动。线上先后开展了网上家庭纸飞机比赛、网上家庭无人机障碍赛、全省模拟飞行比赛,其中,模拟飞行比赛项目被列入江苏省全民健身运动会网上运动会竞赛项目。线下根据疫情防控的要求,逐步放开各类竞赛活动,活动期间严格按照防疫部门要求,对参与人员和赛区进行管控,保证赛事安全有序开展。

在实体化改革上,江苏航空运动研究院进入实质性运行阶段,相关人员已经逐步到位,并着手赛事运营以及航空体育科普教育课程体系研究等。

在创新航空产业发展上,为了探索航空体育产业的切入点,省航空协会与苏州澄湖航空飞行营地共同举办了苏州航空体育嘉年华暨长三角航空体育产业发展研讨会。研讨会邀请了北京航空航天大学、南京航空航天大学的专家,浙江省、上海市、安徽省航协、江苏部分市航协的有关领导,有关航空营地和航空器水产企业参加。大家相互交流经验,共同探讨今后航空体育产业如何走融合发展的新思路。8月16日,无锡世界物联网博览会期间,省航空协会与无锡市体育局共同协办了"2020年国际无人机发展峰会暨无人机大赛"(国际活动),继续尝试航空体育与会展经济的结合。

同时,协会积极参加公益活动。疫情爆发期间,协会向武汉灾区捐赠了价值3万元人民币的防疫物资。在南京公开赛期间做好公益活动，邀请学生观摩航空模型表演，并向南京市聋人学校赠送航空模型器材。

二、加强飞行营地建设

2020年，省航空运动协会把做好俱乐部发展、打造航空俱乐部建设作为协会主要工作。协会以滑翔伞联赛促进俱乐部发展，江阴花山滑翔伞航空营地在全民健身、体育旅游、户外休闲等活动表现突出，并多次配合市政府的大型活动，江阴市政府已将华山营地及周边的自然村落作为户外运动景区重新规划。

2020年，省航空协会在南京、镇江、无锡、苏州、盐城、常州、泰州等地筹备和推广飞行营地建设。2020年，国家体育总局审批命名了2家国家航空飞行营地，部分营地在申报之中。协会还积极配合国家有关部门管理，申请运动飞行和无人机合法飞行的空域。

三、办好特色品牌赛事

赛事活动是协会发展、活动推广的重要抓手。2020年，省航空协会共完成9场比赛。

9月18至20日，在苏州市阳澄湖航空营地承办江苏省全民健身运动会航空模型项目的竞赛。比赛设置了8个项目，有来自江苏省11个设区市194名运动员参加。9月24至26日，在泰州市凤西湖公园承办航海模型项目的竞赛。共设置了10个项目，有来自江苏省11个设区市214名运动员参加。

10月17日，在江阴花山航空飞行营地举办“南闸杯”江苏省滑翔伞俱乐部联赛(江阴花山站)，共有30名运动员参加。

11月14至15日，主办了“中国体彩杯”江苏省大学生航空模型锦标赛。有15所大专院校164名学生参加，比赛深受广大高等院校和大学生们的欢迎。

11月28日，在板桥新城金地湖体育公园举办“古雄杯”江苏省无人机竞速冠军赛。共有来自江苏省5个设区市32名选手参加。

12月5日,在中航工业集团爱飞客科普教育中心举办“2020年全国模拟飞行分站赛(南京站)”的比赛,有120位中小学生参加。

2020年所举办的重大活动和赛事,都采用微信进行宣传,在不同的平台进行推送;现场邀请新华网、江苏体育休闲频道、新华日报、南京广电等媒体进行宣传报道。

三、开展各类辅导培训

在国家体育总局航管中心,省体育局的支持下,为加强江苏省航空模型、航海模型和车辆模型项目裁判员队伍建设、提高裁判员业务水平和综合素质,11月在盐城和泰州分别承办了全国航空模型中级技术代表集训和全国航海模型骨干裁判的培训班,共有158人参加了培训。同期也举办了江苏初级技术代表培训班;10月30日至11月1日,举办全省航空模型培训班,共培训航空模型辅导员132人;2020年,共举办航空模型飞行执照培训班32期,发放执照731个,其中少年级148个,初级547个,中级36个。

【江苏省无线电和定向运动协会】 2020年,江苏省无线电和定向运动协会在省体育局、省体育总会的领导下,在各相关部门和单位的支持下,在面对疫情常态化防控新形势考验下基本完成全年各项工作任务,取得了较好成绩。

一、积极应变做好协会各项工作

2020年初,突如其来的疫情将协会原工作计划打乱,省体育局、省体育总会各项赛事活动、培训考试计划受影响相应推迟,但各项筹备工作依然稳步进行。疫情初期,协会秘书处积极响应省体育总会的号召,在得知江苏省人民医院援武汉医疗队急需一批对讲机和取暖设备消息后,第一时间为医疗队定向捐赠对讲机和电热油汀各20台,并联系快递连夜发往武汉,为共同抗击疫情贡献绵薄之力。同时为响应省体育总会《一起宅·一起赛》活动,协会发起由中华全国体育总会主办的“定向战役·健康中国”居家定向大赛江苏赛区活动,号召广大会员以及定向爱好者在防范病毒的同时坚持运动健身,保持身心健康。

居家隔离期间,三名专职工作人员暨协会各项目负责人在线办公正常开展日常工作,先后按照《江苏省全面推开行业协会商会与行政机关脱钩改革实施方案》、《关于申报2019年度省属体育协会发展专项资金的通知》、《关于认真做好2019年度全省性社会组织年度检查年度报告的函》等文件要求完成各项材料填报工作,并在全面复工复产之后获得省属体育协会发展专项资金评估二等奖,顺利通过省民政厅2019年度年检工作。同时,根据省体育局、省体育总会工作计划要求申报“魅力江苏·最美体育”智跑江苏定向越野联赛、江苏省青少年电子制作锦标赛、江苏省定向项目一线社会体育指导员再培训等政府采购赛事以及培训计划的竞标材料,并顺利取得以上赛事活动和培训班的承办资质。2020年协会还经历了财务审计、税务审计以及省民政社会团体抽查审计等数项额外审计工作,各项审计工作协会均认真对待,按要求提交各项材料,各项审计均顺利通过。

2020年,协会秘书处积极参加多场省体育总会发起并组织的联合党建活动,在省体育总会党总支党风廉政教育大会暨省属体育社团改革工作通气会上提交《2020年协会落实全面从严治党承诺书》和《2020年安全生产承诺书》。七月参加社团党建和业务培训,十月见证中国共产党江苏省省属体育社团委员会成立。

二、积极承办省级体育比赛和业务培训

2020年,协会充分发挥职能,主动争取政府购买服务项目,承接省体育局定向一线社会体育指导员再培训两期培训,完成共100人的培训任务;承接省体总主办的“魅力江苏·最美体育”智跑江苏定向越野俱乐部联赛组织实施工作，在南京、徐州、灌云、无锡举办四场分站赛，并在无锡举办总决赛圆满完成该项任务；在苏州吴江以线上线下结合的形式举办江苏省青少年电子制作锦标赛。以上各项赛事和培训工作根据疫情常态化防控要求严密制定实施方案，各项费用规范使用，确保各项开支符合专项资金使用管理要求。

三、线上线下广泛开展全民健身赛事活动

2020年，协会根据省体育局关于《江苏省体育赛事活动常态化疫情防控工作指引》文件要求，在完成省体育局省级竞赛任务之外大力开展多场全民健身赛事活动，各场赛事活动高度重视疫情防控，优化竞赛办法和比赛日程，确保线下活动赛事参与人员健康安全前提下，满足了大众对无线电和定向项目赛事活动的强烈需求。

2020年主办、承办或协办以下赛事活动：

1. 主办第五届“世界定向日”中国江苏赛区大众定向越野赛；

2. 主办2020中国长三角定向越野巡回赛；

3. 承办江苏省退役运动员百米定向赛；

4. 承办江苏省首届网络全民健身运动会自行车定向赛、无线电收发报比赛；

5. 承办健身走江苏公益定向健步走活动暨“智跑江苏”定向越野联赛南京站（浦口启动仪式）；

6. 承办徐州第二届“穿悦城市坐标”全民定向挑战赛暨“智跑江苏”定向越野联赛徐州站；

7. 承办“智跑江苏”定向越野联赛灌云站；

8. 承办“智跑江苏”定向越野联赛无锡站；

9. 承办江苏省定向锦标赛暨江苏省定向邀请赛；

10. 承办江苏省无线电测向锦标赛；

11. 协办“定向战疫　健康中国”居家定向大赛；

12.协办“历经风雨　终见彩虹”抗击疫情主题定向活动——扬州站；

13.协办江苏省全民健身运动会城市定向赛；

14.协办“寻找美丽中华”全国旅游城市定向系列赛——扬州站；

15.协办第四届亚洲户外节定向越野赛；

16.协办第三届栖霞山户外定向赛；

17.协办江宁区级机关定向登山越野比赛；

18.协办全国青少年国防科技体育军事五项识图用图专项暨第三期军训教官师资培训；

19.主办“智跑江苏”定向越野联赛总决赛暨江苏信息职业技术学院定向猎狐比赛；

20.协办2020年首届亚太地区商学院老山东西并进赛；

21.协办第四届“一带一路”国际青少年定向越野训练营；

22.协办南京市和无锡市中小学无线电测向锦标赛；

23.协办“寻找美丽中华”全国旅游城市定向系列赛——连云港灌云站。

四、全省会员电波空中联动

2020年，协会充分发挥业余无线电通信活动自身优势，积极组织开展全省业余无线爱好者会员活动，为会员及爱好者做好各项服务。一月召开会员迎新春年会；五月组织会员参加纪念“5.5中国业余无线电节”通联活动；六月举办超短波远距离通信竞赛；九月协助南京市无线电监测站组织业余无线电操作等级考试；十月组织全省“国庆UV通信日”活动。十月底与南京外国语学校河西分校无线电社团学生共同参加48小时的CQWW国际业余无线电单边带话通信比赛，其中协会数名骨干会员利用其中10个小时一对一手把手辅导学校12名无线电社团学生上机通联，让学生在宝贵的10小时内掌握业余无线电通信技术，为学校今后无线电活动开展打下坚实基础。

【江苏省毽球跳绳运动协会】 2020年省毽球跳绳运动协会在江苏省体育总会的精心指导和大力支持下,在全省各地毽球、跳绳协会的相关配合下,团结和依靠广大毽球跳绳爱好者,发挥协会组织的积极作用,不断求真务实、开拓创新,为发展全民健身体育事业尽心尽力。

一、赛事活动多样,展现毽绳风采

江苏省毽绳协会在相关部门大力支持与配合下,扎实开展赛事活动,积极推动毽球、跳绳运动水平发展。2020年举办了江苏省毽球锦标赛、跳绳锦标赛。协同江苏省学生体育协会举办第八届全民健身运动会,带领新嘉乐世界冠军团队助演各项活动,精彩亮相引爆现场。

二、加强外省市联系,推进长三角联盟建设

省毽绳协会在开展好本省活动的同时,积极加强对外交流合作。协同长三角毽球联盟成功举办2020年长三角毽球公开赛,协同上海市跳绳协会成功举办第二届长三角跳绳锦标赛,并派出多支队伍参加长三角毽球、跳绳比赛。

三、加强师资培训,提升技术水平

2020年协会除了在师资培养继续加大力度外,并成功举办2020年江苏省毽球一级裁判员培训班以及江苏省毽球、跳绳一线社会指导员再培训。通过培训班的举办,夯实了协会人才队伍建设。

四、立足长远发展,强化内部建设

为了提升毽绳协会内部人员的业务能力和专业化素质,2020年,协会坚持采用“引进来”、“走出去”两大发展方针。“引进来”:招贤纳士,在协会的不断努力下,相关活动影响力持续提升,很多社会单位以及专业人士自愿加入协会组织。“走出去”:协会一直和外省市相关协会保持密切联系,定期相互走访和交流。

五、推进体教融合，开展体育公益培训

协会积极开展毽绳项目进校园活动，与学校共建体育平台，推进可持续合作。6月19日下午，江苏省毽球跳绳运动协会骨干来到南京市聋人学校进行实地调研和座谈交流。大家为学校带来跳绳队伍组建的经验并提出有效的建设性建议，帮助学校更好地发展跳绳项目，同时建立了友好的合作关系，达成多项合作意向，有力地推进了双方跳绳项目的长期良好发展。会后，为表示对聋校学生关心和慰问，促进毽绳项目发展，省毽球跳绳运动协会向市聋人学校捐赠了跳绳、毽球等一批物资。

六、以党建活动为载体，提升毽绳协会凝聚力

省毽绳运动协会临时党支部紧跟省体育总会党委组织的主题教育活动部署，10月23日，协会负责人随省属体育社团党委组织部分党员走进南京市聋人学校，开展"五环在行动·追蓝色梦想"主题党日活动。同时，主动承担社会责任，开展了一系列关爱弱势群体的赛事、活动，致力于为特殊人群提供了个性化的服务，体现了协会的人文关怀和担当精神。

【江苏省门球运动协会】 2020年，江苏省门球运动协会在省体育局、体育总会的领导下，在中国门球协会的关心下，在全省各会员单位及门球人的共同努力下，坚持以习近平新时代中国特色社会主义思想为指导，将习近平总书记关于体育工作的重要论述精神贯彻始终；围绕协会中心工作，坚持以宣传推广门球运动为重点，发展推进门球竞赛活动为中心，促进门球人参与"全民健身"为目的，各项工作取得了丰硕的成果。

一、疫情防控战病魔

2020年初，新冠肺炎疫情爆发，党中央、国务院紧急部署动员开展疫情防控阻击战。1月23日，省门球协会第一时间在微信公众号上，向全国球友发布了题为"向武汉致敬，江苏省门球运动协会积极声援武汉球友战胜疫情"的文章。省门球协会及时转发上级部门的文件和通知,并要求各地门协认真贯彻落实。志愿服务,最美身影。在防控疫情蔓延艰难时刻,江苏门球人在行动!省门球协会领导、党员、离退休军人、门球人主动请缨,奋不顾身投入到社区志愿服务行列。据统计,2个月共有317名江苏门球人参与社区志愿服务,为疫情防控作出了贡献。一方有难,八方支援。在防控疫情关键时刻,江苏门球人心系武汉,情暖疫区,踊跃捐款捐物。扬州江都区门协最早通过球友微信群发起捐款,周建国会长亲自带头,有142人参与,金额22900元;江阴市门协在会长严国良的组织下,有300位球友伸出援手,捐款额达84900元。接着,更多的协会和球友积极响应,纷纷加入行动。江苏大学89岁离休干部、老党员、门球人洪求贤,听说为武汉疫区捐款,夫妻二人捐了一万二。据统计,截至3月6日,全省门球人有1827人捐款,共计440078元。守望相助,共同战疫。2月21日,姜堰区门协一行人,在会长钱启翥带领下,将爱心捐款10338元送到姜堰区中医院,转交给援鄂医疗队,并向最美逆行者发出了暖意融融的慰问信。海门球友范耀明的女儿主动请缨,参加驰援武汉南通医疗队,并担任临时党支部书记。范老知道后,对女儿说:国有战,召必去,战必胜!你放心出征,我给你们做好后援团工作。9月,他的女儿范卫星已获"全国卫生健康系统新冠肺炎疫情防控工作先进个人"。同时,江苏门球人无一例被感染。这是我们自觉防护守小家,合力担当为国家的具体表现,也是全省门球人共同努力奋斗的结果。

二、党建工作新模式

江苏省门球运动协会党支部自2019年4月24日正式成立以来,根据支部成员分布散、远的特点,以及2020年暴发新冠肺炎疫情等原因,充分利用各种机会开展活动,发挥支部战斗堡垒和党员先锋模范作用。

省属体育社团党的建设工作,是一个新的领域,是体育社团分类改革中的重要内容。社团努力探索与体育事业发展相适应、符合新时代要求的体育社团党建工作模式。

2020年初,湖北武汉发生新冠肺炎疫情,疫情防控需要,全国室外体育设施全部关闭,室内严格控制,省门球赛事活动全部停止。省门协党支部充分利用网络,进行线上活动。支部成员分散各地,利用微信、电话沟通联系;在省门协的微信群、公众号上,及时转发上级部门和省体总党总支文件,动员并号召党员同志,积极参与所在社区的志愿服务;开展"一方有难,八方支援"捐款捐物活动;启动"一起宅,一起赛"活动,居家防疫,锻炼身体;参加江苏省首届网络运动会门球比赛;还要求省门协宣传市场部,及时宣传报道疫情防控好人好事,特别是党员同志的先进事迹。

下半年,在疫情防控常态下开放赛事活动。省门协党支部利用比赛间隙,进行线下活动。9月20日上午,省门协党支部成员,在支部书记王强同志和名誉会长吕卫东的带领下,来到华中工委纪念馆,开展"不忘使命初心,永传红色基因"主题党日活动。通过600余幅历史图片、100多件文物充分了解那段难忘的烽火岁月,重温入党誓词,接受教育洗礼。

三、赛事活动创品牌

受疫情影响,省级赛事8月份开始,首场就是江苏省少儿门球赛。这是2020年政府购买服务项目,提供资金10万元。省少儿门球赛是老牌省级赛事,为江苏少儿门球运动普及发展做出了突出贡献,培养了一代又一代少儿门球运动员。2017—2019年在全国青少年门球锦标赛中摘金夺银,创造了乙组两个三连冠。江苏省门球大联赛,经过几年的打磨,已成为一个覆盖全省13个设区市和70%的县市区、百队千人规模的多站式联赛,深受球友的喜爱,特别是大联赛总决赛暨江苏省门球十强赛,门球人都以登上这个赛场为荣。第八届江苏省全民健身运动会门球比赛,10月份在连云港举办。本次比赛首次开展女子五人团体赛,并举办了江苏省首届网络运动会门球比赛(三米闪送撞柱),赛事共有200人参与,不分年龄,男女均可;不需聚集,网上传送;趣味性,网络化,创新了全民健身赛事活动的方式。

2020年还成功举办全国赛事。11月20—23日,省门协主办2020年美丽中国·全国门球大赛(扬州江都站),在江都区体育中心门球场举行,共有32支队伍,263名运动员参加双打和5人团体比赛,历经两天半激烈角逐,圆满收杆。

2020年6月,国家体育总局等八部门联合发文,提出关于促进和规范社会体育俱乐部发展意见,截至年底江苏省已成立10余家门球俱乐部。12月,在海门率真门球俱乐部举办的全省门球俱乐部邀请赛上,协会成员认真学习发展意见,共同探讨江苏省门球俱乐部发展前景,商议今后开展俱乐部联赛事宜。

因疫情防控,"丝路·陇海"门球邀请赛、"锦溪杯"国际门球邀请赛2020年暂停。

四、媒体宣传推新举

省门协在2019年6月成功推出江苏省门球运动协会微信公众号。2020年在省体育局、体育总会的关心支持下,江苏省门球运动协会官方网站11月正式上线。省门协微信公众号内容广泛、形式多样,每日发送推文,一年多时间,已推出近800多篇图文信息。江苏门球官网的正式上线,使江苏门球运动的宣传呈现多元化、多样化。

2020年上半年新冠肺炎疫情防控关键时刻,省门协微信公众号通过及时转发传达上级文件精神、支持鼓励球友参与社区志愿服务、动员会员和球友积极为疫区捐款捐物、发起"一起宅,一起练"居家健身活动、提供大量门球知识及技战术资料供网友学习、宣传各地协会和球友的好人好事,弘扬正能量,发挥了重要作用。

2020年在省体育局、省社体中心的关心下,首次由中国体育彩票资助，利用一线社会体育指导员技能再培训，成功举办了100名门球通讯员培训。本次培训联合《门球之苑》编辑部进行线上教学，提供专家、高级编辑和网络平台，还进行线上互动交流，提升了门球宣传的力度。

省门协媒体战略合作伙伴——《门球之苑》，每年有6期江苏专版，每期都有大量江苏稿件，为宣传省门协重点工作、发展成果和先进经验，全面打造江苏门球创新发展的良好形象做出了贡献。

媒体战略合作伙伴，南京蜂鸟体育文化传播有限公司，对省大联赛各站进行网络直播。在线观看数据人数高达10万余人。大联赛视频累计观看量已突破两百多万人次，江苏赛事直播的模式和品质已经成为国内的样板。

五、协会建设规范化

2020年，省门协积极加强协会规范化建设，首先是完善内设机构，建立健全各项规章制度，更新完善全省竞赛体系，对主办赛事全面推行无记名的竞赛满意度调查，出省参赛规定、运动员交流管理以及门球教练员与社会体育指导员体系并轨，少儿门球发展及鼓励措施等等。同时也积极指导各地协会的规范化建设，鼓励各地门协积极申报等级评审。

根据省体育局、省体育总会“关于进一步深化省属体育社团分类改革实施意见(2020—2022年)”，建立独立的运行机制，增强自我造血能力，初步具备符合本社团特点的工作基础和发展能力；完善综合监管配套体系，基本实现规范化、社会化、实体化和专业化运作，形成可持续发展的管理模式，基本建设成为政社分开、权责明确、依法自治的现代体育社会组织，让群众有更多的参与感、获得感和幸福感。

同时，为做好AAAAA级社团复评工作，省门协专门进行研究部署，成立工作组，根据省民政厅“江苏省体育类社会团体等级评估指标”,逐项进行梳理整顿,建立台账,为迎接检查做好准备。

截至2020年底,全省有5家AAAAA级社团,10家以上AAAA级社团,其余都是AAA级。这在全省,乃至全国都是首屈一指。

六、人才队伍再提升

省门协历年来积极争取政府购买服务,利用中国体育彩票资助的江苏省门球项目一线社会体育指导员技能再培训,培训门球人才,提升江苏门球人的技战术水平和业务能力,提倡志愿服务、奉献精神。

2020年是全省裁判员培训晋级考核年,省门协结合全省晋升荣誉一级裁判员工作计划,再培训分成三期(宿迁、昆山、大丰站),每期100人,其中一期为全省通讯员培训班。使用政府财政经费36万元。省体育局还举办门球一级裁判员晋级考核培训班,年龄控制在55周岁以下。

除注重裁判员、教练员的业务培训,门球协会也积极提升运动员的专业技术能力,经过近几年的训练,运动员的技战术水平都有了明显提高。

【江苏省龙舟协会】 2020年,江苏省龙舟协会在省体育局、省体育总会领导关心下,在有关部门和社会各界的支持下,充分发挥桥梁纽带作用,在社团组织改革、举办龙舟赛事、弘扬传统龙舟文化等方面做了有质有量的细致工作,为龙舟项目的进一步发展打下了良好的基础。

一、全国冬运会赛出佳绩

1月10日至12日,第十四届全国冬运会冰上龙舟比赛在内蒙古锡林郭勒盟多伦县举办,作为冬运会首次增设的两个群众项目之一,冰上龙舟赛共有来自全国的二十支代表队500多名运动员参加,角逐男、女12人龙舟200米直道赛等10个项目。江苏铁人队28名运动员第一次参加了该项目。冰上龙舟比赛要求比赛用冰层达到最低气温-26℃,在这样寒冷的温度下,江苏铁人队取得两个第五、五个第六的佳绩。

本次冬运会群众比赛冰上龙舟项目共有三个组别，十个单项，对参赛人员的资格要求非常严格。经过多次选拔，从方便管理和集训方面考虑，在省内选择有多次参加中华龙舟大赛的南通中舟体育龙舟队，组织队员代表江苏铁人队报名参赛。在时间紧任务重的前提下，协会克服困难及时组织队伍训练参赛。

由于所有队员都是第一次到严寒地区参赛，省体育局业务部门在多次指导的同时，并指示组委会筹备了大批御寒物资和药品，并在会长要求下，为每名运动员购买100万风险额度的保险，细致工作保障了队伍出行及比赛的各项工作。

二、积极举办各级赛事

1.举办龙舟精英赛暨第三届秦淮河龙舟竞渡大赛

10月18日上午，省龙舟精英赛暨第三届秦淮河龙舟竞渡大赛在水木秦淮艺术街区段开启。来自南京、苏州、常州等地的12支参赛队、320名运动员参加角逐。此外，大赛还邀请了水木秦淮、熙南里、小西湖等4个街区的代表队带来了表演秀，让更多普通人了解龙舟、体验龙舟。经过全天200米和500米直道竞速的对决，最终南京商业学校、江苏海洋大学、苏州建设交通高职校获得精英组三甲。

受疫情影响，大赛从5月推迟到了10月，但“同舟共济、挥桨前行”的龙舟精神非常契合抗疫精神，使大赛的举办显得更有意义，同时此次赛事成为水木秦淮重新开街后打造文、体、游复合型潮流街区的一次全新尝试。

2.举办“大运河文化带”2020中国仪征城市龙舟公开赛

10月31日至11月1日，“大运河文化带”2020中国仪征城市龙舟公开赛在仪征市仪扬河举行，本次比赛吸引了省内12支高水平队伍300余名运动员参加，比赛设22人龙舟200米、500米直道赛两个项目，采用预赛、决赛制来决出最终名次。最终南京市商业学校技压群雄、获得两个项目的第一名,并获得团体总分第一。

本次赛事是2020年江苏省大运河文化带建设特色主题群众性活动之一,同时,也是为迎接2021年世界园艺博览会的重要活动。

3.举行平望沙家浜龙舟邀请赛

(1)省第八届全民健身运动会龙舟比赛暨2020运河名镇龙舟平望邀请赛于2020年9月21日在平望镇大龙荡田园生态体育公园举行。本次赛事由省全民健身运动会组委会主办,省社会体育管理中心、省体育彩票管理中心、省龙舟协会、苏州市体育局、苏州市吴江区人民政府共同承办。比赛分为22人龙舟、18人龙舟和12人龙舟,由来自全省各地和运河名镇的21支龙舟队400余名运动员参加。

(2)“华侨城·沙家浜时光小镇”杯第十二届长三角城市龙舟邀请赛于10月9日至10日举办。长三角城市龙舟邀请赛是为加强长三角地区群众体育交流,深入打造全民健身品牌赛事,由沪、苏、浙、皖三省一市共同参与的赛事。比赛项目为公开组22人龙舟200米、500米直道赛,比赛设4条赛道,采用预赛和决赛的方式进行,最终成绩由200米和500米直道赛积分相加。

现今的龙舟赛,不仅引进了竞赛管理模式,还加入了传承传统文化、体育竞赛管理、全民健身等诸多内涵,使得“体育”的内涵进一步扩大,为龙舟运动的普及推广起到积极的促进作用。

4.指导淮安市第一届大运河龙舟公开赛。

6月23日,共有来自该市各县(区)政府、市委各部委办、市各委办局、市各直属单位、部省属驻淮单位、各大中专院校、市各有关企业等104支队伍报名参赛,同时,组委会还特别邀请了淮安市台资企业参加比赛。

在当时一手抓疫情防控、一手抓经济社会发展的形势下,省龙舟协会指导此次赛事,承载了广大人民群众对“更高、更快、更强”奥运精神的追求,寄托了对于平安健康生活的美好愿望,还承担着弘扬传统文化、唱响文旅品牌、推进全民健身、宣传民俗文化、提振体育消费等诸多使命。这场全民参与、全要素齐备的大型体育赛事,赋予了“体育+”更丰富的含意。

5. 积极指导2020年“水木秦淮杯”第十五届南京市中小学生龙舟大赛。

10月31日,在水木秦淮,来自该市共25所中小学校的30支龙舟队、近600名青少年选手参加了普通高中男子组、女子组、混合组,以及职业中学、特教(初中)、小学共六个组别的角逐,本次比赛设200米和500米直道赛两个项目。南京市中小学生龙舟大赛自2006年创办,迄今已成功举办了十四届,该赛事逐渐发展成为南京的龙舟传统赛事和阳光体育品牌赛事之一。每一年的中小学生龙舟赛事,都是一场“超燃”的青少年“龙舟嘉年华”,不仅让现场观众充分感受到龙舟运动的魅力,通过赛事的引领和带动,南京市中小学生龙舟运动的普及程度和发展水平一直走在全国前列,多次得到国家体育总局的肯定。

五、党建工作抓实抓细

根据省体育总会党组织要求,协会在注重赛事同时,对党建工作进行双促进。将党支部建在协会组织中,以党建带动和推进协会的良性发展。特别是注重加强对协会意识形态领域的领导和把关,组织了部分协会人员参加体总党总支赴扬州、仪征和南京市聋人学校开展“五环在行动”系列活动;针对协会特点,因势利导,在赛事间隙,组织会员到红色教育基地进行传统教育。

【江苏省龙狮运动协会】 2020年在江苏省体育局、省体育总会的正确领导与大力支持下,江苏省龙狮运动协会认真贯彻习近平新时代中国特色社会主义思想,服从大局,全力抗击新冠疫情,在后疫情时期江苏省龙狮运动协会各项工作快速恢复,协会组织充满活力，各级比赛有序开展，业务培训扎实推进，龙狮文化欣欣向荣。

一、弘扬抗疫精神

江苏省龙狮协会根据国家和省市防疫要求，积极落实防疫措施，调整赛事安排，推广全民健身思想，创新网络赛事活动。弘扬举国同心、尊重科学、命运与共的伟大抗疫精神，将爱党爱国教育融入到在江苏省举办的各类赛事和活动中，精心编排了大型龙狮表演《盛世华章——抗疫赞歌》等作品，演出受到新华日报、学习强国等多家媒体报道。

二、谋划发展大局

江苏省龙狮运动协会精心研判，提出了十四五规划“一体两翼”的发展战略，就是以龙狮文化建设为主体，以赛事竞技和人才培养为两翼。

（一）建设龙狮文化

2020年，江苏省龙狮协会加强立足国家战略，本着加强龙狮文化建设的顶层设计的目标，从提升文化自信，复兴传统文化的大处着手，研讨龙狮未来的发展方向。

5月，在由江苏省教育厅、江苏省财政厅主办的“高雅艺术进校园”活动中，南京邮电大学的龙狮团作品“龙吟狮语——新时代”中标，这是龙狮运动由“农民运动”向“高雅艺术”转变的标志。

8月，江苏省龙狮运动协会葛国政秘书长率领江苏省13个会员单位代表参加中国龙狮运动协会第四届全国会员大会，会上探讨了龙狮文化共建、龙狮运动发展新动力等议题。

11月，“中国龙狮运动名城”评审会在扬州市江都区召开，江都区因其浓厚的龙狮文化底蕴，丰富的赛事活动以及广泛的社会影响，获批“中国龙狮运动名城”的荣誉称号。

12月下旬，南京理工大学策划的首届“民族传统体育展演”活动备受瞩目，此次活动不仅提升了学生的民族自豪感，还提高了传统艺术在校园传承中的地位。

（二）举办省级赛事

2020年，在国内疫情得到有效控制后，江苏省龙狮运动迎来全面复苏，协会承办了多项赛事。

8月，举办首届网络全民健身运动会舞龙舞狮比赛。

9月20日，由连云港市体育局、连云港市体育总会主办，海州区文化体育和旅游局、连云港市龙狮协会承办的舞龙舞狮比赛在连云港举办，本次比赛共有来自连云港市的共10支队伍参加，其中还有来自解放路小学郁州分校、海州第二实验小学的小朋友们，此次活动的举办极大地推动了舞龙舞狮运动的传承与发展。

11月7日，江苏省第八届全民健身运动会舞龙舞狮比赛在江都区体育馆举行，活动共有来自江苏省8个地级市的18支代表队185名运动员参加比赛。

11月17日至20日，由江苏省农业农村厅、江苏省体育局、江苏省农民体协主办的江苏省第九届农民运动会舞龙比赛在盐城阜宁举办。此次赛事吸引江苏省8个地级市192名运动员参加，共进行了舞龙自选套路、舞龙规定套路、传统舞龙、舞龙竞速、舞龙障碍五个项目40场次的比赛。

11月21日，第三届淮海经济区舞龙舞狮争霸赛暨云龙区龙狮精英赛在徐州市大龙湖旅游度假区举办，此次活动群众参与度高，反响热烈。

12月25日至27日，由江苏省学生体育协会主办，徐州工程学院承办的第十一届江苏省大学生龙狮精英赛在徐州工程学院举办，此次比赛共有来自江苏省14所高校组建的17支代表队近400人参赛。活动促进了大学生体育文化的交流，推动中国传统文化在校园的传播。

（三）加强人才培养

11月13日至15日以及11月20日至22日，在省社会体育管理中心的领导下，在省、市龙狮运动协会的精心组织下，徐州工程学院、常州江苏理工学院分别举办了“江苏省龙狮项目一线社会体育指导员技能再培训”活动，经评定，共有200名学员考试合格，并获得结业证书。龙狮运动的发展离不开人才的培养，龙狮技能再培训为江苏省广大龙狮爱好者、教练员、中小学体育教师提供了交流学习、技艺探讨的平台。培训班的举办，全面提高了指导员的业务技能，使业务员能够更好地为全民健身国家战略服务，为群众健身服务。

11月21日，中国龙狮运动协会第四届常务理事会第二次会议在中国地质大学顺利召开，经常务理事会的投票选举，产生了各专项委员会副主任和委员，江苏省有11人入选协会各分委员会委员，人数为历届最高，为江苏省龙狮运动进一步发展积累了人才。

三、开展俱乐部赛

江苏省龙狮俱乐部联赛是省龙狮协会继江苏省大学生龙狮精英赛之后，推出的又一项品牌赛事，也是协会继续推进社会化改革的重要尝试。

9月至12月，“中国体育彩票杯”江苏省龙狮俱乐部联赛在连云港、徐州、盐城、常州、南京等5站成功举办。本次俱乐部联赛共吸引来自徐州、常州、盐城、扬州、南京等地800人参赛。比赛强调不限年龄、性别、项目，鼓励大众参与、全民参与。参赛队伍通过此次联赛切磋了技艺，增进了交流，为各代表队舞龙舞狮水平的再提升起到了积极的作用。以赛促建、以赛促练、以赛促赛的风气为江苏省龙狮运动的新发展提供新的助推力。

【江苏省钓鱼协会】 2020年，在江苏省体育局、体育总会的领导下，江苏省钓鱼协会克服疫情影响进一步履职尽责，敢于担当，坚持服务钓鱼人的宗旨，疫情爆发期间理清思路，进行全局规划，疫情后，安全有序推进各项工作，为打赢疫情防控阻击战贡献了社团组织力量。

一、重视党建引领

协会党支部成立以来，一直坚持理论加实践学习，充分发挥党建工作的引领作用。党支部成员和入党积极分子于8月10日参观了江苏省党员教育实境课堂示范点暨钟山红岭党建中心，同寻初心，共践使命。协会还在各类比赛现场均设立党员赛事服务站，切实发挥党支部的战斗堡垒和党员先锋模范作用。

二、热心社会公益。

江苏省钓鱼协会在疫情初期，募集三万元为湖北黄石疫情防控助力，并联合江苏省内钓鱼高手为宅家抗疫的钓鱼人开展钓鱼知识公益讲座。赛事活动正常开展后，协会根据《江苏省体育赛事活动常态化疫情防控工作指引》要求，严格控制参赛人数，对所有参赛运动员进行健康信息查验，确保钓手在积极抗疫的氛围中安全有序参赛。

三、精心组织赛事

2020年，江苏省钓鱼协会各类赛事活动迟到不缺席，除了连续举办传统系列赛、品牌赛事，还在赛事组织上创新，努力打造赛事新亮点，全年共举办赛事50场。

1.稳步举办系列赛事

虽然赛事计划受疫情影响而推迟，但是“乐钓江苏”和“星钓江苏”两大联赛依旧稳步举办。其中“魅力江苏　最美体育”紫泉杯乐钓江苏俱乐部联赛举办了13场，“公大杯”2020星钓江苏联赛举办了11场，并尝试举办搏塘（黑坑）系列赛，打响了品牌系列赛的知名度。

2.持续举办公益赛事

2020年，协会继续立足公益，举办了第三届残疾人垂钓全国邀请赛、第四届巾帼赛、第21届霞满天钓鱼比赛。江苏省残疾人钓鱼比赛连续举办三年，赛事规模逐年提高，参赛人数不断增加。

2020年更是将报名对象扩大至全国范围，邀请了安徽、上海、浙江的残疾人钓友参加，参赛人数达170人。

3. 优化特色品牌赛事

江苏睢宁古黄河野钓大赛举办了四年，在2020年，大赛升级成古黄河垂钓嘉年华，在古黄河野钓大赛中穿插网红直播带货、陆地抛投等活动，共有1500人参与，此次比赛提升了睢宁古黄河品牌赛事在全国范围的影响力。

11月28日，在昆山举办第二届海峡两岸垂钓友谊赛暨两岸书画文化交流公益系列活动，再次以垂钓运动为载体，促进两岸民间文化体育交流。

12月8日，成功举办了第二届东台条子泥钓鲈鱼大赛，130人参赛，赛事推动条子泥景区走向绿色创新之路。

4. 创新举办新颖赛事

11月15日，在泰兴黄桥小南湖垂钓中心举办了"龙蟠1号杯"首届长三角垂钓精英赛，和三省一市钓协联动，开创了长三角地区钓鱼运动高质量发展的新局面。

11月18日，江苏省第19届钓鱼高手赛暨江苏首届竞钓大师争霸赛在海安白甸举办，共有60名2019年度江苏省一、二、三级和准一级竞钓大师参加了比赛。此次比赛在省钓鱼高手赛的基础上，是首次为江苏竞钓大师打造的专属赛事，堪称史上含金量最高的一场竞技。

5. 打造传统品牌赛事

本着深化服务，架构全省组织工作网络的原则，江苏省携手有条件的设区市钓鱼协会，共同打造传统品牌赛事，全省联动，形成发展合力。9月26日至29日，第八届全民健身运动会钓鱼比赛在苏州常熟顺利举办，共有200钓鱼爱好者参加，此次活动再次让钓鱼项目在全民健身运动会的舞台上大放异彩。11月29日，第36届江苏省钓鱼锦标赛在扬州邗江区方巷镇沿湖村竞技钓场顺利举办。300多名钓手和游客打卡“网红渔村”，全面带动了乡村旅游产业发展。

6.有序申办国家级赛事

2020年，江苏省钓鱼协会在徐州、苏州、泰州共申办了10场中华垂钓大赛，其中苏州姑苏钓王总决赛和泰州夜钓赛均纳入四类赛事系列。

四、加强基地俱乐部建设

疫情期间，赛事还没正常开展之前，协会在整合全省垂钓资源、推动地方钓场建设方面做了很多基础性工作。徐山瀑主席和钓协同志在疫情期间一起走访考察了南京、睢宁、泗洪、苏州、扬州、泰州等多地的垂钓场地，为多家基地授江苏省钓鱼协会垂钓基地牌匾，截至2020年底，垂钓基地达到53家。为了组建基层工作网络，协会还发展了连云港可行钓友俱乐部等16家江苏省钓鱼协会首批加盟俱乐部。

五、创新宣传渠道

省钓鱼协会深度整合现有渠道资源，加强和电视、报刊媒体的合作，并充分利用互联网平台和直播等新媒体手段宣传，提升了钓鱼运动的整体形象；为了着重讲好钓鱼人的故事，传播钓鱼人的声音，凝聚正能量，协会在新沂窑湾古镇召开了“窑湾垂钓文化座谈会”；为了推动钓鱼运动健康有序开展，发布了《绿色垂钓宣言》；并协助古黄河垂钓文化创意馆，开展和海峡两岸书画交流活动，还参加了钓鱼志的编纂工作。

六、规范协会内部管理

2020年，协会有序开展日常管理工作，在财务方面实行的预决算制度，使得协会的管理更加规范。协会坚持走市场化运作之路，对协会全资公司江苏金泽体育发展有限公司进行股份改造，吸纳了南京领航文化发展有限公司和南京烽鸟体育文化传播公司带资入股参加经营，探索新的造血机制。2020年协会深耕服务，勇于创新，各项工作平稳推进。

【江苏省风筝协会】 2020年，江苏省风筝协会在省体育局、省体总领导的关心支持下，在全省广大风筝爱好者的共同努力下，平稳顺利的完成了全年的工作任务和计划。

一、完成换届任务

7月31日，在江苏省体育总会领导的关心和支持下，在全省广大会员的积极努力下，协会如期完成了换届任务，组成了新的负责人机构，使协会工作得到正常开展。

二、组织参加各项比赛

由于疫情，中断了很久的赛事在下半年有了一个爆发式的涌现，为了保证比赛的顺利进行，协会和承办方在卫生和防疫上做足了细致的工作，做到赛事顺利，防疫安全。

9月11日至14日，由南通通州体育局承办的第八届全民健身运动会风筝比赛在南通通州开沙岛中国乒乓球训练基地顺利完成。来自全省9个市的运动队100人参加了比赛，共设置了15个比赛项目，比赛非常成功，特别是夜光风筝的比赛让观众享受到了一场视觉的盛宴。

9月17日至18日，全国风筝邀请赛和江苏省风筝精英赛在如东小洋口成功举办，比赛有来自全省和全国的300多名运动员参加。

10月23日至25日，在宜兴周铁镇举办了全国风筝精英赛和江苏省风筝公开赛。来自全省和全国的共计35支队伍参加了比赛，观众达万人，风筝赛事已经成为周铁镇老百姓每年心中的一大节日。

除了主办和承办全省和全国的风筝大赛，协会积极组队参加了上海、如东、宜兴风筝比赛，并获得团体前两名、单项第一的好成绩。协会还推荐江苏的风筝制作高手参加全国的风筝比赛，获得第一名的好成绩。

三、加强队伍建设

为了加强风筝运动中一线指导员的专业技能，培养更多的风筝技术人才，风筝协会在省社体中心领导的关心和支持下，分别在宜兴和南通举办了2期培训班，除了科普风筝历史、文化和放飞安全等专业知识外，还培训学员们自己制作风筝，学员们通过自己制作风筝，进行扎糊绘画，体验制作风筝的乐趣和艰辛。培训班还就学员们在活动和比赛当中遇到的问题给予解答和指导，很受学员们的欢迎。

四、推动风筝进校园

风筝进校园已经成为全省许多学校的常态，江苏如皋长江镇永平小学和南京燕子矶初级中学已经拥有自己的校园风筝博物馆，深受社会各界的赞誉和关注。

五、获得社会支持

随着体育产业化道路的不断延伸，协会的工作受到越来越多的社会关注和支持。2020年的各项赛事受到南京晨报、江苏省广播电台、江苏体育休闲频道，扬子晚报等媒体的关注和报道，取得了非常好的效果和反响。

【江苏省信鸽协会】　2020年初，面对疫情，党中央“把人民生命安全和身体健康放在第一位”，总揽全局，部署了一系列的防控措施。在中国信鸽协会、江苏省体育总会、江苏省民政厅领导下，江苏省信鸽协会在战疫情保民生、防传播抓复工中统筹兼顾，协调发展。

一、响应疫情防控工作

1月25日，江苏省信鸽协会根据中国信鸽协会下发的“关于做好新冠肺炎病毒防控工作通知”，要求各市鸽协和全体会员结合所在地区实际情况立即行动起来，落实地方政府下达的具体防控措施，积极参加所属地疫情防控工作，省信鸽协会的负责人和会员报名参加了所属地的抗击疫情志愿者队伍，在疫情防控阻击战中负责居民社区工作值班和布控巡逻的任务，履行了省信鸽协会的社会责任。

同时，在抗疫防控中，省信鸽协会坚守岗位，及时处理热线电话工单，化解社会纠纷。在会员中大力开展文明养鸽、科学养鸽的宣传教育，制定具体防控要求，并加强信鸽疾病防治，改进鸽舍环境卫生，协调信鸽训放时间，做好信鸽和鸽舍的驯养管理。

在中国信鸽协会发起的“献出鸽届爱心，伸手援助疫区”的主题活动中，省信鸽协会心系疫情、奉献爱心，据中国信鸽协会官网发布和各市信鸽协会上报数据汇总，捐款总额达38万元，其中江苏省信鸽协会捐款5万元。

二、参加党务活动

2020年，在江苏省属体育社团党委领导下，江苏省信鸽协会党支部在全年疫情防控和信鸽活动中，主动发挥党支部的政治引领作用和共产党员的先锋模范作用，改进工作方式方法，带领省信鸽协会战疫情凝民心，抓活动促发展。同时，省信鸽协会积极参加江苏省属社团党委党务工作，参加学习交流，拓展工作视野，提升工作能力。

5月26日，参加江苏省属体育社团党委召开的“党风廉政教育大会暨省属体育社团改革工作通报会”，递交了江苏省信鸽协会《党风廉洁承诺书》、《安全生产责任书》，听取了省体育总会负责人关于党建工作讲话，观看了廉政警示片《叩问初心》。

6月9日，参加江苏省体育总会秘书处召开的体育社团“脱钩改革座谈会”。

6月23日，参加江苏省体育总会秘书处召开的“安全管理检查工作会”。

7月15日，参加江苏省体育总会秘书处举办的“全省体育社团业务工作培训班”和“2020年全省体育社团党建工作培训班”。

10月23日，参加江苏省属体育社团党委在南京市聋人学校开展的“五环在行动·追梦蓝色梦想”主题党日活动。

三、举办品牌赛事

在抗疫复工期，省信鸽协会一手抓防疫、一手抓赛事，有序开展短程训放以及信鸽短、中、长程距离比赛。

2020年，以市级“特比环”赛为引领的地方信鸽传统赛事如期举行。“咕咕信鸽”杯联赛中，500公里以上的信鸽比赛调整为“通讯赛”的形式，在11月15日前顺利放飞，此次比赛的信鸽参赛羽数为全国单项赛事参赛羽数之首。

2020年，省信鸽协会赛事指导、裁判服务的江苏爱翔赛鸽中心、江苏长江国际公棚、江苏金陵赛鸽公棚都圆满完成了赛事工作。

四、发展信鸽事业

2020年，省信鸽协会两手齐抓共克时艰，统筹推进疫情防控和江苏信鸽事业发展。

1. 换届工作

2020年，常州市信鸽协会、扬州市信鸽协会、江苏省银燕赛鸽俱乐部顺利完成换届工作

2.“A级”社团复评、创建工作

2020年，江苏省信鸽协会对照社会组织“AAAAA”级创建复评标准，逐项检查对照、改进完善“AAAAA”级社团创建工作，9月14日经江苏省民政厅批复，江苏省信鸽协会再次被授予“AAAAA”级体育社会组织的称号。由扬州市民政局批复，扬州市信鸽协会第二次被授予“AAAA”级体育社会组织的称号。镇江市信鸽协会成功由“AAA”级晋升为“AAAA”级体育社会组织。

3. 评选活动

8月10日，参加了中国信鸽协会在山东省泰安市召开的“全国信鸽工作会议”。在“2019年度‘凯旋奖’评选”中，江苏省信鸽协会被评为全国“年度先进单位”；江苏省“金陵”杯千公里信鸽联

赛被评为全国“年度十大精品赛事”;泰州市周鹤鸣、连云港市孙习端被评为全国“年度优秀裁判员”;苏州市天域鸽苑被评为全国“年度卓越鸽舍”;江苏长江国际赛鸽公棚被评为全国“年度十大精品公棚赛事”;南京市信鸽协会组织的国家公祭日放飞和平鸽活动被评为全国“年度特殊贡献奖”。

4.足环征订工作

在2021年度江苏信鸽足环征订工作中,江苏省共订购信鸽足环119.5万枚。

5.举办培训班

9月4至6日,江苏省信鸽协会在江苏省体育局综合处指导下,根据江苏省体育局2020年度体育裁判员培训工作要求,以及江苏省信鸽裁判员管理办法,在南京举办了“2020年江苏信鸽二级裁判员晋升一级裁判员培训班”,经过两天的培训考试,共计60名二级裁判员晋升为一级裁判员,为江苏信鸽裁判员队伍增添了新生力量。

【江苏省体育舞蹈运动协会】 2020年,在省体育局和省体育总会的正确领导下,在各市体育舞蹈协会的共同努力下,在和社会各界的大力支持以及全省广大体育舞蹈爱好者的踊跃参与下,省体育舞蹈运动协会坚持以人民为中心的思想,齐心战疫,沿着“四+X”改革发展方向稳步迈进,组织建设扎实推进,管理机制逐步完善,赛事活动提档升级,影响力日益扩大。

一、齐心战“疫”

2020年年初,在各俱乐部、培训中心按照要求停工停课的情况下,省体育舞蹈运动协会凝心聚力,减免会费,扶持下属会员单位共克时艰。协会倡导会员履行社会责任,号召呼吁各级单位爱心捐款共计102511元。

协会内部推行使用网络办公、线上会议等形式,避免人群聚集。疫情期间,协会还开拓创新,组织开展战疫健身课堂,举办

“一起宅、一起赛、一起晒”抗疫宅家健身秀等活动，在做好疫情防控工作的同时安全有序地复工复产，展现了江苏体育舞蹈人危机关头挺身而出的勇气和担当。

二、协会党建工作

2020年，在省体总党委的正确领导下，省体育舞蹈运动协会坚持党建工作的核心阵地作用，积极参加省属党委组织的各项学习活动，紧密结合工作实际，加强协会党支部建设。协会还充分利用党建内部微信群、协会官网、党员之家宣传栏等工作平台，及时传达和宣传党的最新精神，增强了协会全体党员的学习动力，提升了支部的创新力和执行力，促使协会的党建工作从零乱分散向有序开展再向示范标杆方向迈进。

三、优化赛事活动体系

2020年，省体育舞蹈运动协会进一步坚持以打造品牌赛事为核心，优化全省体育舞蹈赛事活动体系。举办了：江苏省第八届全民健身运动会体育舞蹈（街舞）比赛；“魅力江苏　最美体育”——“舞比快乐”江苏省体育舞蹈俱乐部联赛常州站、盐城站、东海站、宿迁站、无锡站、苏州站六场赛事；第23届江苏省体育舞蹈锦标赛；江苏省首届网络全民健身运动会等系列品牌赛事。各级赛事呈现出规范精品化、形式多样化、管理严格化、创新融合化四大特点。其中首届网络赛事是疫情防控常态化要求下创新全民健身赛事活动的方式方法，是全省各地体育舞蹈爱好者通过网络共同参与的一次体育盛会，此次全民健身运动赛事创新推动了江苏体育强省的建设。

四、夯实发展根基

2020年，省体育舞蹈运动协会牢牢抓住组织和队伍两个关键点，组建了层层深入、五级联动的协会管理体系，形成了13个设区市市级体育舞蹈协会全覆盖。协会主动作为，下基层调研，倾听一线单位的心声，助力解决基层关注的焦点难点问题，努力推动体育舞蹈运动向县区、街道、乡镇等基层延伸。同时以国家一级教师培训、社会体育指导员培训、省技术等级考核、省业余等级评定为手段,培养了大量体育舞蹈骨干,形成了省市县街道乡镇五级人才队伍网络,打造了信息互通、业务互动、资源共享的良好格局。

五、推进体教融合新模式

2020年,为了挖掘体育舞蹈人才,跟踪培养,为专业化人才梯队建设蓬勃发展打好基础。省体育舞蹈运动协会在小学、中学及大学分别开展了各项活动计划。首先积极推动体育舞蹈进幼儿园、小学,参加教育厅体育运动进校园计划。其次加大与南京市莫愁中等专业学校合作力度,组织国内外优秀教师团队传授体育舞蹈专业技能课,培养中学生体育舞蹈力量。最后与奥林匹克学院、大专院校深度合作,试点立项,人才交流,培养大学生体育舞蹈力量。

【江苏省健身健美运动协会】 2020年,江苏省健身健美运动协会坚持以习近平新时代中国特色社会主义思想为指导,深入学习贯彻党的十九大和十九届二中、三中、四中全会精神,践行新发展理念,全体会员团结拼搏、扎实工作,较好地完成了全年工作计划。

一、加强党建工作

首先,在协会内部,积极探索将政治思想和协会工作相融合的有效途径,努力发挥党员干部的表率作用,增强自身廉政意识和工作的责任感,从思想上、精神上、为民服务上创新思想,提高认识。党员干部严格督查各项赛事活动及培训活动举办过程中党员的工作作风,并自觉接受组织和群众的监督,确保自身及党员廉洁自律,每次赛事及培训活动结束后认真梳理工作流程,广泛开展意见调查,发现问题并及时整改落实。

2020年,协会还积极参加省属体育社团党委的各项主题教育及党日活动，通过多种形式强化协会党员干部责任意识、担当意识，建设一支坚持原则、遵守纪律、求真务实、公平公正、具有优良作风的党员干部队伍。疫情期间，协会通过微信公众号、微信工作群等多种方式渠道，开展“献出爱心驰援疫区”活动，呼吁广大会员参与爱心捐助、支援抗疫前线，协会会员向中国红十字会共捐款8万元。抗疫期间，协会健身教练主动参与省体总居家健身战疫课堂活动，录制视频在线上课堂分享居家健身方法，推广居家科学健身方式，积极引导群众健康生活。

二、创新赛事活动

2020上半年受疫情影响，协会积极转变思路、创新竞赛内容和赛事体系，通过线上培训、居家健身指导等方式传播体育文化和科学健身理念。协会在继续办好传统赛事、引进区域乃至全国性赛事的同时，还积极参与各类活动，提升协会综合业务能力，并在赛事市场化和品牌化上谋发展，坚持竞技与娱乐并重、公益与产业并重、巩固与拓展并重。截至2020年底，共组织举办及参与赛事活动6项次，在做好疫情防控的同时，力争在赛事活动规格、影响力上有所突破。

9月16日，“真滋味”杯江苏省健美健身锦标赛在苏州市运河小镇举行，全省14支代表队共218名运动员齐聚苏州，展开了一场力与美的较量。在音乐、灯光中，运动员们为现场观众带来了一场视觉盛宴，现场氛围高涨，受到了群众广泛好评。多年来，锦标赛一直在创新中求发展，协会不断尝试使体育与旅游、文化、商业等进行多方融合，通过比赛宣传健康生活方式及科学健身理念，让更多人了解并参与健美健身运动，进一步营造全民健身、全民健康的生活氛围。

10月26日，“姑苏杯”第二届华东地区健美健身邀请赛在苏州市全民健身中心举行，此次比赛具有整体水平高、辐射范围广、专业能力强等特点。在做好疫情防控工作的前提下，比赛吸引了全国11个省20多个市的健身俱乐部、体育学院健身健美队、健身爱好者选手200余人同台竞技,展示健美健身魅力,释放体育运动激情。此次赛事不仅为华东地区健美健身爱好者提供了交流展示的平台,也在带动体育、旅游及相关产业的融合,促进健美健身运动的发展,助力区域性全民健身等方面起到了积极的推动作用。

7月,中国健美协会将2020全国健美锦标赛暨世界健美锦标赛选拔赛、2020 CBBA PRO中国健美健身精英职业联赛(锡山站)落户无锡。经过紧张有序的筹备,9月24日至28日比赛在无锡锡山区圆满收官。此次比赛吸引了来自全国14个省份56个城市的35支代表队共266名运动员参加,比赛设置了7个大项32个小项共39枚金牌。除赛事提档升级外,赛事奖金也大幅增加,两项赛事总奖金高达30万元。通过连续两年的举办,赛事已打造为无锡的品牌赛事,并成为宣传城市名片、提升城市内涵的有效途径。

8至10月,在国内疫情防控常态化的情况下,协会积极参与首届网络全民健身运动会,举办健身健美公开赛,共有四百人参赛。在竞赛规程设置上,在设置专业组的同时还设置了大众组,大众组降低了参赛门槛,更倾向于娱乐性、大众性,让大众健身被更多人了解,增强了群众参与度、获得感和仪式感,推动全民健身与全民健康深度融合。

9月23日,江苏省第八届全民健身运动会开幕式在南京中山体育公园举行。开幕式结束后,副省长陈星莺、省政府副秘书长王思源、省体育局局长陈少军、副局长熊伟等一行人来到广场两侧的省级单项协会展台,详细了解了各协会工作进度及其项目发展情况。陈星莺对全省体育协会的发展给予充分肯定,并希望体育协会继续发挥政府与社会的纽带作用,为助力新时代体育强省建设贡献力量。

三、强化人才培养

2020年,为进一步做好项目规范化发展,加强裁判员队伍建设和管理,提高裁判员业务水平,确保赛事顺利有序开展,省健身健美运动协会共针对裁判员开展4期培训。9月,省锦标赛同期举办了晋升一级裁判员培训班,并在培训课程中加入了反兴奋剂宣讲内容,共15人晋升一级,为江苏省健身健美项目专业人才输送了力量。全省各地市晋升二级裁判员培训班共举办3期,69人获得二级裁判资格。

为了进一步壮大社会体育指导员队伍,省健身健美运动协会在苏北、苏中、苏南地区举办了3期健美健身项目一线社会体育指导员技能再培训,共150名社会指导员参加。理论教学内容包括锻炼计划制定指导、教练服务指导、运动处方个性化方案、饮食计划制定等,实践教学内容包括健身器械的使用以及肌肉训练动作规范,并在培训结束后组织学员进行考核。通过再培训,进一步提高了前线指导员和教练员的业务水平和技能。在教学时还鼓励学员作为全民健身运动的推动者,在培训结束后积极主动开展公益服务,引导更多群众科学健身,让更多百姓受益。

【江苏省健身气功协会】 2020年是国家和省"十三五"全民健身计划的收官之年,也是在疫情防控常态化下开展全民健身活动、丰富群众文体生活的重要之年。省健身气功协会在省体育局、省体育总会的正确领导下,在省社会体育管理中心的大力支持下,认真贯彻落实习近平新时代中国特色社会主义思想,坚持以群众需求为出发点,严格落实疫情防控各项措施,按照属地管理办法和"谁主办、谁负责"的原则,广泛开展线上线下健身气功赛事活动,稳步推进协会各项工作的顺利开展。

一、打造赛事活动新形式

新冠疫情爆发以来,为满足群众的健身需求,丰富居家文体生活,提高免疫力,省健身气功协会将健身气功纳入"一起宅、一起赛”系列活动，在官方平台、省电视台体育休闲频道等媒体进行宣传推广。

为发挥健身气功在祛病强身方面的独特价值，6月10日，协会协助省社体中心举办了江苏省首届健身气功·八段锦网络达标赛，共有85372人次参赛，其中5392名运动员获得良好以上成绩，实现过半参赛人员成绩达标。此次比赛是2020年度参与人数最多、所属区县全覆盖、规模最大的群众性网络单项赛事。

此外，省健身气功协会积极参与国际气联举办的“陪你一起练习健身气功八段锦”活动以及第四届“世界健身气功日”八段锦网络展示活动，全省各行业人群共练八段锦的视频长达12分钟并在世界范围播放。协会还积极组织参与首届江苏省网络全民健身运动会健身气功比赛，收到参赛视频580条。与此同时全省13个设区市也积极响应各级体育部门号召，充分利用当地知名微信公众号、微信交流群、直播广播平台、地方性APP等平台，发起形式多样的健身气功线上活动。

二、拓宽习练人群覆盖面

防疫期间，为了提高局系统干部职工的身体素质，省健身气功协会协助省体育局在局系统内开展八段锦教学培训。4月，成功举办“中国体育彩票杯”江苏省体育系统战“疫”健身气功·八段锦网络比赛，由各设区市和省管县体育局职工组队参赛，此次比赛提供线上教学培训，实行平台电子评分和专家组评分相结合的打分方式，共200人参与，活动在全省体育系统内宣传，受到体育界的广泛关注。

5月，为进一步拓宽健身气功习练人群，省健身气功协会协助省体育局和省卫健委开展了江苏省健身气功·八段锦推广活动，先后走进19家省级机关单位进行八段锦教学，累计教学200场次，培训1000人，活动让所有参训人员掌握了科学、正确的八段锦习练方法，激发了群众对健身气功的喜爱，使他们养成了定期练功的习惯，在一定程度上减少了久坐少动和长期伏案对身体的危害。

三、推进体医融合发展

防疫期间，根植于我国传统医学理论的健身气功成为重点人群、慢病患者提高自身免疫力的重要选择，八段锦作为辅助康复手段也运用于诸多医疗机构，在新冠肺炎治疗和群众居家锻炼中发挥了积极作用。2020年，省协会首次与省疾控中心、省预防医学会合作，将八段锦纳入江苏省慢性病自我管理系列健康课程中，各市县区健身气功管理部门、健身气功协会也与当地疾控中心加强合作，推荐优秀指导员参与教学工作，助力体医融合发展。

四、促进人才梯队培养

2020年，省健身气功协会加强了各级健身气功社团组织建设并完成了AAAA级社团评定。据统计，截至2020年11月，江苏省现有省级健身气功社团1个，地市级社团12个，县级社团76个，全省健身气功站点达2900余个，站点人数达20万余人，健身气功俱乐部90个，中心站点100个。与往年相比，地市级和县级社团数量、注册站点数量明显增多。

截至2020年底，江苏省气功协会拥有国家级社会体育指导员64人、一级指导员1600人、二级指导员11000人、三级指导员24000人，国家级裁判员7人、一级裁判员168人、二级裁判员700人、三级裁判员1300人。2020年，协会共举办社会体育指导员培训7期，600人次参训，在疫情防控常态化要求下，协会依然对健身气功爱好者、一线社会体育指导员等保持高质量的培训，并且不断拓宽人群覆盖面，加强人才梯队建设，注重培养技术过硬、理论扎实的综合型骨干人才，为江苏省健身气功事业深度发展夯实基础。

五、举办、承办省级活动

疫情之下，省健身气功协会举办的赛事活动采用线上线下相结合的方式开展,2020年举办承办三场省级赛事活动。

9月23日,参加省第八届全民健身运动会开闭幕式的表演,并举办健身气功项目比赛,全省13个设区市近200名运动员同台竞技,比赛按年龄分为中老年组和青年组,集体赛每队8名运动员同时上场,是近年省级赛事中集体赛同时上场人数最多的。此次活动不仅扩大了各市参赛人群覆盖面,并且加强了协会团队配合的能力。在宣传方面,比赛在中国健身气功协会微信公众号、《新华日报》、中国江苏网、省体育局网站、江苏电视台体育休闲频道、交汇点APP、紫牛新闻APP等媒体进行多方位报道,充分发挥了互联网和新兴媒体对健身气功运动推广的积极作用,进一步扩大了健身气功运动的公众认知度。

10月27日,由江苏省体育总会支持、江苏省健身气功协会主办、扬州市健身气功协会承办的江苏省健身气功首届俱乐部交流展示大会在扬州举办。来自全省13个代表队104名运动员参加了比赛,比赛不分年龄组,参赛选手的年龄跨度大,有20出头的年轻人,也有年近7旬精神矍铄的老年人,他们同场竞技,充分体现了健身气功老少皆宜、简单易学的特点。此次交流展示活动一大亮点是为获奖的代表队颁发新功法合订版书籍及光盘。此次比赛旨在通过俱乐部这一创新模式,吸引各层次人员参与,逐步实现标准化运行,为体医融合探索更多途径,充分发挥健身气功功法在全民健身养生中的作用。

12月,协会参加了在张家港市体育馆举行的江苏省优秀社会体育指导员技能展示交流活动,健身气功的选手们以饱满的热情、团结的精神展现了健身气功社会体育指导员积极向上、热情奉献的精神风貌。

【江苏省电子竞技运动协会】 2020年,江苏省电子竞技运动协会在省体育总会的正确领导下,按照社团改革发展要求,重点围绕赛事平台建设、文化建设、组织建设,加强公益宣传引导,规范电竞行业行为，取得了一定成绩。

一、加强自身建设

为了强化党建工作，发挥其引领作用，协会党支部积极参加省体总党总支组织的一系列学习活动。

3月上旬，协会积极响应号召，支持一线共抗疫情，面向全省电竞人发起“战疫情”的倡议，呼吁各会员单位、俱乐部、有关企业和个人依据自身情况，尊重个人意愿自愿捐款，此活动共计募捐金额6688元。

3月30日，党支部赴基层社区开展“守望相助，共克时艰”主题党日活动。

6月18日，参加省属体育社团党支部党建负责人赴扬州开展“五环在行动·聚红色力量”主题党日活动。

7月15日，参加省属体育社团党建暨业务工作培训班。

10月23日，参加南京市聋人学校开展主题党日活动。

10月26日下午，参加中国共产党江苏省省属体育社团委员会成立大会。

除了参加学习活动，8月22日下午，江苏省电子竞技运动协会在南京召开第二届理事会第四次会议，共80余人参加会议。会议通报了协会2019年工作和2020年计划，三家理事单位作重点工作交流发言，会上，还为江苏软件园举行了“江苏省电竞产业孵化中心”授牌仪式。

同时，为了提升业务能力，协会还积极参与省民政厅、省网络联合会和省体育总会组织的各项培训交流活动。

二、举办电竞赛事活动

2020年，在新冠疫情防控常态化的大背景下，协会积极利用电子竞技的行业优势，举办了近30项线上及线下赛事活动，其中具有较大规模和影响力的赛事包括江苏省电子竞技俱乐部联赛、江苏省残疾人电竞大赛、SUPERFIRST全国高校电竞联赛、第一届运河城市电竞足球嘉年华等。

三、举办长三角电竞嘉年华活动

11月7日,长三角电竞嘉年华在江苏大剧院国际报告厅顺利启动。嘉年华活动涵盖长三角电子竞技颁奖仪式、长三角电竞产业发展论坛、残疾人电子竞技公开赛等7项内容。启动仪式上颁发了"长三角十佳电竞品牌赛事""长三角优秀电竞俱乐部"、"长三角优秀电竞人"、"长三角优秀电竞品牌企业"、"长三角电竞优秀合作伙伴"、"长三角十佳电竞场馆"、"长三角电竞友好园区"七大奖项。颁奖仪式也是首个针对长三角电竞行业各大版块举行的具有权威性、公益性的奖项颁奖盛典,此次电竞嘉年华活动推进了长三角电竞一体化发展。

四、积极推动电竞教育

2020年,南京电子竞技产业学院获批重点建设产业学院,成为江苏省首批15个省级重点产业学院之一。学院坚持以建设"面向电子竞技全产业链一体化人才培养基地",打造"电子竞技产业大学生创新创业基地",建成"国内最有影响力的电子竞技研发服务中心"。

9月10日,江苏省电子竞技裁判员培训班于泰州市海陵区智力竞技产业基地举行开班仪式,全省50多位电竞爱好者参加培训。

由江苏电子竞技运动协会主办的江苏省电子竞技项目一级社会体育指导员技能再培训分别于10月30日和11月27日在扬州和南京举办。在充分吸取产业经验与教学经验的基础上,培训内容更加专业化、精准化、前沿化。

【江苏省老年人体育协会】 2020年,由于突如其来的新冠疫情,江苏省老年人体育运动协会正常的工作进程被打乱,面对新情况,协会及时调整工作思路,重新部署,全省上下老年人协会会员凝心聚力,全年工作由"决胜小康　快乐健康"为主题的省老年人体育节贯穿，充分发挥出老年健身品牌的优势，为广大老年人搭起了宽广的健身之“桥”，引领全省老年人向“更健康 更快乐 更长寿”迈进，推动了江苏省全民健身运动的蓬勃发展。

一、强化政治站位

2020年，新年伊始，协会领导将抓好组织建设和自身建设作为工作的出发点，谋局布篇，加强学习，强化协会内部的工作政治站位。在第一次秘书长工作会议上，朱维宁常务副会长明确了老年人体育协会是贯彻“健康中国，全民健身”国家战略的主战场，是“服务健康老龄化”的大阵地。随后，在第二次秘书长会议上，又作了《如何做好协会秘书长》专题讲话，进一步明确了协会秘书长的工作定位。两次的强化学习，增强了协会成员使命担当。同时，王雪非会长还带领协会全体员工认真学习《2020年政府工作报告》，强调全省各级老年人体育协会要树牢“四个意识”，坚定“四个自信”，做到“两个维护”，营造“风清气正、积极向上、宽松和谐”的良好工作氛围。全省各级老年人体育协会以及行业协会认真学习“全民健身”“健康中国”的方针政策以及省委省政府、省体育局有关文件精神，并将其融入在工作中。

二、创新活动方式

2020年年初，在全省秘书长工作会议上，对2019年的工作进行了总结，并部署了2020年的工作。会后，协会根据疫情要求，坚持“居家、分散、小型、多样、科学、安全”的原则，采取“两改四分三坚持”方式，开展了《推广居家科学健身方法》短视频征集活动，各市积极响应，其中《居家力量锻炼方案分享》《柔乐球家庭保健操》等3个视频，得到了中国老体协、省体育局的肯定并在官网进行了推广。

2020年，省老年人体育协会围绕工作目标作了具体、详实的部署。要求全省各市以及行业协会分别承担全民健身运动会、俱乐部联赛、传统与创新共21个赛事交流展示项目。并要求采取集中与分散，线上与线下相结合的方式，对柔力球、气排球、桌上冰壶球等项目的社会指导员开展再培训。

协会领导还深入基层开展调研活动，指导基层老年体育协会更好地开展工作。长三角城市交流、沿江八市体育工作座谈会的开展，为各市协会共同研讨新形势下老年体育健身的推进提供了平台。“体医融合”观念的提出，促进了运动健康方面的研究探索与实践，在南京市江宁区和栖霞区实施的试点计划，让更多老年人体会到“体医融合”带来的幸福感以及运动带来的快乐。

三、体育节成功举办

因疫情，“2020年江苏省老年人体育节”推迟到7月，以线上为主、线下为辅、上下联动的形式启动。省政府副省长陈星莺，省委原副书记、省人大原党组书记王寿亭，省委原副书记冯敏刚，省人大原副主任、省老年人体育协会名誉会长王湛，省人大原副主任张艳，省政协原副主席张九汉，省政协原副主席许津荣，省政协原副主席、省老年人体育协会会长王雪非，省体育局局长陈少军、副局长熊伟，省卫生健康委副主任邱泽森等多位领导参加了启动仪式。柔力球、健身操、桌上冰壶球、太极拳俱乐部联赛以及可乐球、门球、无极球、柔乐球、乒乓球创新项目与传统项目联赛有序开展，各地级市老年人协会根据实际情况，开展了各类各具特色的老年体育健身活动。体育节历时半年，直接参与的老年人近百万，掀起了全省老年人强身健体、抗击疫情的热潮，切实有效地将“决胜小康、快乐健康”的思想展现出来。

11月22日，“2020年全国老年人健步走大联动江苏分会场启动暨2020年江苏省老年人体育节闭幕式”活动在扬州宋夹城体育公园进行。省委原副书记、省人大党组书记王寿亭，省委原副书记冯敏刚，省委原常委、省政法委原书记林祥国，省政府原副省长、省人大原副主任王湛，省政协原副主席、省老年人体育协会会长王雪非亲临现场参加活动。由扬州市数支老年体育健身团队的大型展示表演为活动拉开了序幕,表演充分展示出了老年人的“青春”活力。在活动中,省市领导与老年群众一起健步行走,深入贯彻了活动“迈开双腿,融入自然、走向健康、走向幸福”的主题。省老年人体育节活动产生了广泛的社会影响,成为江苏省全民健身活动“火车头”。

2020年,省老年人体协保持着积极向上的精神状态,强化了自身建设,以无私奉献的作风,完成了全省老年体育健身活动的各项任务。协会作为政府的参谋和助手,发挥着桥梁与纽带的作用,提高了老年人身心健康水平和生活质量,为健康老龄化、为江苏体育强省建设作出了积极贡献。

【江苏省社会体育指导员协会】 2020年是不平凡的一年,这一年承载着太多的困难与挑战、泪水和感动。新冠肺炎疫情之下,全民健身的重要地位和独特功能得到进一步凸显和发挥。2020年,全省各级社会体育指导员协会和各社区指导站在认真落实疫情防控相关措施的前提下,广泛开展了丰富多样的全民健身活动。广大社会体育指导员热心公益、志愿服务、无私奉献,引领并激发更多人民群众参与到全民健身活动中,为复工复产、体育抗疫、推动全民健身与全民健康深度融合发挥了重要作用。

一、弘扬志愿服务精神

社会体育指导员是全民健身活动的领头雁,是全民健身志愿服务的主力军。截至2020年底,江苏省共有社会体育指导员30万名,常年活跃在各地晨晚练点,无论是数量,还是等级质量,都位于全国前列。2017年国务院颁布《志愿服务条例》。习近平总书记指出:志愿服务是社会文明进步的重要标志,是“人民有信仰、国家有力量、民族有希望”的生动体现,志愿者是为社会做出贡献的前行者、引领者。疫情之下,广大社会体育指导员积极投身到社区防疫志愿服务中,组织开展各类全民健身活动,进行线上线下健身指导服务,成为2020年志愿服务的最大亮点之一,向社会传递了向上向善的力量。

江苏省社会体育指导员协会在江苏省第八届全民健身运动会“三个一百”评选活动中,配合做好100名最美社会体育指导员、十佳社会体育指导员的评选组织工作。12月5日,在全民健身运动会闭幕式现场,十佳社会体育指导员走上舞台,出现在荧屏上,切实做到了让草根体育明星唱主角。在运动会举办期间,《新华日报》对全民健身人物风采共进行29期系列报道,这为树立全民健身榜样、讲好江苏全民健身故事,产生了良好社会的反响。

二、做好协会管理工作

2020年,是省社会体育指导员协会进行换届工作的一年,省社会体育指导员协会第三届理事会任期届满,第四届理事会上任的筹备工作正在进行。截至2020年底,第三届理事会的工作报告已经拟写完成并组织开展了新一届协会副会长、常务理事等职位人选的推荐及会员单位重新登记工作,名单已经上报省体育总会。在协会的换届筹备过程之中,各项日常工作暂时由省社体中心综合部代管,发扬“排球不落地”的精神,确保了工作无缝对接。

2020年,省社会体育指导员协会还配合省体育局群体处,积极探索社会体育指导员的组织管理、数据平台、培训模式、保障措施、激励机制等工作,修订并完善了《江苏省体育局关于进一步加强社会体育指导员队伍建设的意见》,同时做好群众体育工作管理平台的修订讨论。协会还配合国家体育总局社体中心、中国社会体育指导员协会,做好国家社会体育指导员数据管理平台在江苏地区的运行测试工作。

三、开展指导员培训活动

2020年,省社会体育指导员协会积极开展培训活动,培训工作包括两部分:一级培训和一线再培训。在一级社会体育指导员晋升培训工作中,共培训10期9个项目900人。在省一线社会体育指导员技能再培训工作中,各市县协会培训20期13个项目

1750人、省级协会培训人数39期16个项目3050人。同时，协会为了进一步建立健全学员反馈评价机制，让所有参培学员均填写反馈表提出建议和意见，并推行班主任负责制，严格规范培训流程。疫情之下，健身气功协会特意举办了中医医护人员培训专题，目的是鼓励医疗机构提供运动促进健康的指导服务，推动形成“体医融合”的疾病管理与健康服务新模式、新机制。

四、组织技能展示交流活动

12月1至2日，江苏省优秀社会体育指导员技能展示交流活动在张家港举行。来自全省12个设区市代表队的266名一线社会体育指导员参加活动。活动分为交流比赛、项目展示和视频演讲三个部分。参赛选手们以饱满的热情、精彩的表现，展示了江苏省社会体育指导员阳光向上、热情奉献的精神风貌。此次活动在往年基础上，增加了视频演讲评比环节，演讲主题为“奉献、服务、健康、快乐”，采取线上演讲、线下评选的方式。活动旨在为社会体育指导员搭建一个展示交流、切磋技艺、增进友谊的平台，进一步激发他们投身全民健身志愿服务的责任感、使命感和荣誉感，从而更好地推动当地群众体育事业发展。

【江苏省轮滑协会】 2020年是全面建成小康社会和“十三五”规划的收官之年，是实现第一个百年奋斗目标的决胜之年，也是脱贫攻坚战的达标之年。省轮滑协会在省体育总会的正确指导下，统筹推进疫情防控和轮滑项目发展，从“党建、赛事、人才、宣传”四点发力，不断创新思路，担当实干，完成了2020年各项工作任务。

一、推动协会党建工作

2020年，省轮滑协会以新理念提升组织力，以新高度开拓新格局，切实把党建工作融入协会日常运行和发展全过程，努力增强省协会党组织的组织力、凝聚力和战斗力，更好地发挥党组织战斗堡垒作用，引领轮滑运动健康有序发展。协会积极参加体总组织的“五环在行动”系列党日活动和向陕西省安康市平利县老县镇中心小学公益捐赠活动。10月15日，省轮滑协会党支部组织党员前往苏州体育博物馆参观，学习“团结协作、顽强拼搏、勇攀高峰”的新时代女排精神。通过此次活动，协会党员干部受益匪浅，纷纷表示在日后工作将践行中国女排直面挑战、蓄势奋进的追梦风范。

二、开展赛事活动

新冠疫情爆发以来，线下赛事活动受到很大影响。为确保广大轮滑爱好者参赛不间断，根据疫情防控要求，省轮滑协会积极探索办赛新模式、新机制、新路径，通过线上和线下相结合的方式，为全省轮滑爱好者提供切磋交流、提高技能的平台。

1. 网络为媒，拓展线上融合广度，推动赛事活动进入新视野

新冠疫情发生以来，省轮滑协会借助网络平台，举办形式多样的网络赛事，既丰富了疫情期间人民群众的居家生活，又让广大轮滑爱好者足不出户即可参加轮滑赛事活动。线上赛事的举办使体育声音在疫情防控阻击战中唱响，向社会传递了积极向上的生活态度和乐观精神，聚集起了体育抗疫的强大正能量。

2020年江苏省轮滑技能线上一分钟挑战赛线下评选工作于6月13日在苏州“云收官”。该赛事自5月20日启动至6月8日报名结束，共收到1500条参赛视频，有来自南京、苏州、徐州、宿迁、连云港市等地40支参赛队伍900名运动员参加，成为2020年轮滑项目同类别线上比赛中参赛人数最多的一项赛事。不仅如此，比赛首次将线上参赛与线下评选相结合，并采用直播的形式宣布比赛成绩，创造了诸多新亮点。为提高群众参与积极性，赛事组委会还邀请了自由式轮滑冠军张颢、潘宇烁、秦雨晴、郑家明及单排轮滑球冠军队伍——徐州云兴小学轮滑球队为本次比赛进行动作示范。

8月8日至10月11日，举办江苏省首届网络全民健身运动会

轮滑比赛。比赛首次以家庭为单位，打造亲子+运动的形式，在运动的同时增进了家长与孩子间的情感交流。比赛吸引了全省500个家庭1200人参加。

11月28日，“轮行云上 舞动青春‘中国体育彩票杯’”江苏省网络轮滑舞蹈大赛在苏州结束。比赛有来自苏州、南京、徐州、镇江、宿迁、无锡、连云港、常州等地44支队伍250人参加，参赛选手年龄最小的只有5岁。

2. 同心协力真抓实干，全力办好线下轮滑比赛

10月16至19日，江苏省第八届全民健身运动会轮滑比赛暨2020年江苏省速度轮滑、自由式轮滑锦标赛在苏州市运河体育公园拉开帷幕。本次比赛设速度轮滑、自由式轮滑两大项目，来自全省9个设区市代表队的200名运动员参加比赛。

10月31日至11月1日，全国轮滑大联动全国轮滑青少年体育俱乐部联赛（徐州站）暨淮海经济区轮滑锦标赛在徐州云兴小学举办，本次比赛共有来自全国的35支代表队480名运动员参加。

三、强化人才队伍建设

轮滑运动的发展，既需要依靠广大基层的一线社会体育指导员，也离不开高素质高技能的教练队伍。2020年，省轮滑协会共举办业务培训6项次，参培人数260人。教练员队伍的壮大、裁判员水平的进一步提升使江苏省省轮滑技术水平再上新台阶。

2020年，省轮滑协会在疫情防控常态化期间借助互联网技术，探索开展“线上理论+线下考核”的培训模式。7月13日，江苏省速度轮滑、自由式轮滑、单排轮滑球等级教练员培训班顺利完成线上网络学习课程。有来自全省11个地级市的100名学员参加。培训采取线上授课、线下考核的方式开展，对速度轮滑、自由式轮滑、单排轮滑球技术与战术、教学与训练以及竞赛规则与裁判法等进行了详细讲解。

2020年，省轮滑协会还先后在江苏省2个市举办了2期轮滑项目，一线社会体育指导员的技能再培训和一级社会体育指导员培训，共计培训了150人次，有效的提升了全省骨干队伍的综合能力。

四、开创宣传工作新局面

2020年，省轮滑协会积极依托江苏省体育局门户网站、体总Family、江苏省轮滑协会微信公众号、抖音等载体，充分利用视频、照片、新闻报道等宣传形式对轮滑运动进行宣传。“江苏省轮滑协会”微信工作号开通运营一年来，关注用户达1400人，一年来累计推送信息34条，总阅读量超过2.2万次。

协会不断拓宽宣传渠道，增加受众范围，让更多的人了解轮滑、热爱轮滑。2020年，省轮滑协会在中国轮滑协会、新华社客户端、中国江苏网、今日头条、紫牛新闻、交汇点新闻、手机网易网、搜狐体育、新浪体育等多家媒体对各项赛事活动进行宣传报道，总阅读量超过千次，为江苏省轮滑运动营造了全方位、多角度、立体化的浓厚氛围。

2020年，协会通过展示、展演等形式，充分呈现轮滑项目的亮点。协会受邀参加四年一届的江苏省第八届全民健身运动会的开、闭幕式表演，经过协会的精心组织、教练员的细心指导以及运动员的认真排练，协会最终决定由力小海德北岸“小海鹰”和南京NJ66轮滑队代表全省轮滑少年参加。舞台上，小队员们旋转跳跃，尽情展示绚丽的轮滑技术，把轮滑运动的魅力带给现场以及电视机前的每一位观众。

【江苏省空手道运动协会】 以健身强体魄，以健身连友谊，以健身谋幸福。党的十九大报告提出的要加快推进体育强国建设，更加明晰了体育事业发展的方向。2020年，江苏省空手道运动协会积极宣传空手道运动，使更多的群众了解并喜爱空手道这项运动。同时，省空手道协会积极培养优秀的青少年空手道人才,为江苏省空手道项目能够在国内乃至国际取得优异成绩保驾护航。

2020年,江苏空手道运动在国内正处于上升期,并将在很长时间内处于上升期。在这个时期内,空手道运动在道馆建设、教练水平、学员质量等方面面临着许多问题,这暂时不可避免,因为一个行业的开始必定要经历这一时期。但江苏省空手道运动协会一直发挥着协会的相关职能,在做好协会本职工作的同时,大力支持省空手道专业队,并在人民群众中努力宣传,使更多的人加入到这一运动项目中来。长期以来,江苏空手道协会在会长严敦志的带领下,在社会上努力宣传全民健身思想,营造重视全民健康的氛围,为加强江苏体育品牌建设不遗余力。在努力满足人民群众对多层次、多样化的运动需求的同时,依靠江苏各市区会馆的力量,与国内空手道的组织共搭平台,努力与国际接轨,共同参与和打造各种精品赛事,使得一大批优秀运动员脱颖而出,为江苏空手道运动争取了荣誉,2021年,空手道项目将首次亮相东京奥运会。

1月18日至19日,省空手道协会在苏州大学体育馆举办了江苏省空手道公开赛,比赛吸引来自江苏省内的11支队伍150名运动员参赛。参赛选手们用自己在场上的精彩表现,诠释着空手道关于礼、道、忍、控的精神内涵。通过这个平台,全省各地的运动员们在一起增进了相互间的了解,加深了技术交流。

截至2020年底,省空手道协会发展了170家道馆俱乐部、3326名会员。同时,积极承办各类活动,举办并参加多项赛事,培养了各个级别的共60名全国冠军,为江苏空手道爱好者提供了高质量高水平的观赛体验和参赛平台。协会还加强对教练员、裁判员培训学习,培养了3名亚洲级裁判员、4名国家级裁判员、82名一级裁判员,117名初级(一级)教练员、4名中级教练员,为提高空手道运动的整体水平做出了积极贡献。

【江苏省体育装备协会】 2020年，省体育装备协会在省体育局和体育总会的正确领导和关心下，紧紧围绕省体育局的工作要求及协会宗旨开展活动，在全体会员单位的大力支持下，积极开展全年各项工作。

一、完善内部治理，加强党建工作

2020年，会员规模不断扩大，对协会管理水平的要求不断提高。因此，协会进一步加强组织机构建设，积极进行改革创新，紧随国家最新政策，增强捕捉发展机遇敏锐性，提升协会的整体运作效率，推动协会发展更具实用性、科学性、长久性。

1月15日，江苏省体育装备协会在南京奥体中心召开了第一次理事会议，省体育装备协会会长、秘书长、副会长单位、理事单位参加了本次会议。会议汇报了2019年的工作完成情况，并提出了2020年协会的工作计划，会议提出，2020年的主要工作围绕"服务"两个字开展，全力服务好各会员单位及广大会员。会上，还增加了新入会单位名单并为新入会的副会长单位、理事单位及会员单位颁发了证书。

2020年，省装备协会党支部积极参加省体总党总支组织的学习活动，组织党员干部参加体总党总支赴仪征活动和在南京市聋人学校开展的"五环在行动"系列活动，在工作中进一步发挥党组织战斗堡垒的作用。

二、举办特色活动，扩大社会影响力

9月，由江苏省体育总会主办，江苏省体育装备中心、江苏省体育装备协会、南京侨英荟文化有限公司承办的首届动境2020"中国体育彩票"体育新空间全球设计大赛在南京市五环大厦举办。本次大赛以"动境新主张　体育新空间"为主题，深入贯彻国务院《体育强国建设纲要》和《关于促进全民健身和体育消费推动体育产业高质量发展的意见》决策部署，进一步激发市场主体活力，丰富体育服务和体育产品创新供给，主动应对体育健身场景与健身行为变化的新趋势,积极把握疫情下全民健康意识兴起的新契机。大赛以家庭和办公场所的体育健身需求为出发点,以体育空间设计为竞赛主题,关注生活与运动的整体融合,提倡将功能设置、空间布局、器械组合等场景综合考虑的优秀作品,激发产品创新,服务全民健身。

三、做好标准化工作,推进多元化发展

江苏省体育装备协会作为江苏省省属体育社团,积极响应国家体育总局体育标准化工作部署。9月,完成全国团体标准信息平台注册事宜,并于10月通过平台公示,此次注册对进一步增强各体育装备相关企业、省属协会的凝聚力提供了平台。

2020年,省体育装备协会将政府制定标准与市场制定标准相结合,加快了标准制定速度,增加了标准有效供给,整合了各企业的资源和研发力量,形成了团体标准联盟,更好地适应了市场需求并保障了江苏省的体育装备监管。同时,对于优化产业链、增强团体行业竞争力、做大做强体育装备产业、引导体育装备行业高质量发展发挥了积极作用。

【江苏省运动健身业协会】 2020年,新冠疫情的突然爆发将健身行业的正常轨迹打破,也给了江苏省运动健身业协会在危机中寻先机的动力。疫情下,协会努力规避疫情冲击,研判行业发展态势,创新服务会员。在省体育总会的正确领导下,协会紧紧围绕章程开展工作,切实发挥协会的服务作用,依托自身特色,理清工作思路。

一、夯实管理根基

在省体育总会脱钩政策的引领下,协会相继完成了机构、职能、资产财务、人员、党建等方面的脱钩任务,实现了协会依法独立运行,为协会后续发展奠定了坚实基础。

会员是开展协会工作的基础。2020年,省运动健身协会为了更好地适应发展需要、壮大协会规模,经过协会理事会审议,增设了普通会员的等级,进一步明确了各等级会员的权益及其所享受的服务项目。新入会制度发布后,会员数得到了明显增长。同时,省运动健身协会还增设了会员发展部和会员活动部,并邀请专业人士担任部门负责人。由专人负责对接入会、交流、调研和活动等事宜,会员服务满意度得到了显著提升。为了更好地服务会员,协会顺利完成各类申报:

1.顺利完成江苏省民政厅组织的“全省社会团体年度检查”申报,向省体育总会申报发展专项资金补助,获得3万元补贴。

2.完成社会组织评估自评申报。

3.完成“2020年全省健身教练职业大会”政府购买服务项目的申报,获得10万元资金补助。

8月27日,省运动健身协会为了加强与长三角地区兄弟协会的联系和协作,与上海市健身健美协会进行考察交流,取长补短,共同进步,协会双方就协会规范化运作、会员服务、行业培训等方面进行了深入探讨。

二、提升会员服务

疫情期间,省运动健身协会积极搜集复工复产健身行业的办法和案例,通过协会微信公众号发布,助力会员单位应对疫情冲击。同时,发布行业倡议书,号召广大健身企业积极行动,携手共创安全舒适的健身环境,加快复工开业步伐,为江苏省健身市场恢复繁荣做出贡献。同时,省运动健身协会通过微信公众号、微信群促进会员与协会、会员与会员之间的日常交流,建立发布行业信息、促进会员交流的平台,保持着信息传递的活跃度。

2020年,省体育健身协会专设会员活动部,定期对会员单位进行调研工作,为会员组建工作提供科学依据,并制定年度会员活动计划。

三、打造品牌活动

11月28至29日,协会与省体育人才流动服务中心联合主办江苏省健身教练职业技能大赛，全省19支代表队200名运动员参加比赛。此次赛事搭建了江苏省健身教练技能切磋、交流学习的平台，促进了健身、培训、赛事等多元业态的融合发展，在健身行业获得了较高的关注度。

2020年，协会紧跟全民健身国家战略的推进情况，将运动健身理念进行拓展延伸，相继举办了业余网球公开赛、全民羽毛球公开赛、青少年网球公开赛以及城市精英游泳俱乐部联赛等比赛，各类比赛共吸引近千名健身爱好者参加，辐射区域覆盖长三角地区，达到了深化体教融合、助推健康中国战略的效果。

【江苏省体育文化与发展战略研究会】 2020年，省体育文化与发展战略研究会坚持以习近平新时代中国特色社会主义思想和党的十九大精神为指引，认真履行体育文化与战略研究会的职责，以高质量的发展战略研究助力新时代体育强省建设，加快体育改革发展的创新性、前瞻性理论研究，开展体育文化交流活动，取得了一定成效。

一、开展论文征集活动

2月14日，2020年论文征集活动开启，此次征文以"'十四五'时期江苏体育发展的主要思路和政策举措"、"推进体育治理体系和治理现代化"为主题，共征集到来自南京大学、苏州大学、南京体育学院等专家学者论文21篇，并经过初审、终审，最终筛选出优质论文10篇，拟在2021年上半年召开论文报告会。同时，为局领导及各部门单位提供信息服务，搜集国内外体育发展舆情编印《参阅资料》5期。

二、开展"女排精神"巡回展

7月1日、9月31日、10月13日，省体育文化与发展战略研究会与省体育信息中心（省体育文化中心）先后在苏州市圆融时代广场、南京德基、南京体育学院国术场联合举办"牢记初心使命攀新高　践行女排精神再出发"体育文化展。此次展览设计了"大

国追梦　三大球”、“反败为胜　卫冕成功”、“卧薪尝胆　三连冠”等6大板块,回望了中国女排夺冠的传奇经历。女排精神巡展注重体育文化的展示和互动,使观展者身临其境地感受体育文化的魅力,现场还推出了十余项配套活动,积极推动体育文化融合发展。

三、打造省级体育文化思想交流平台

10月20日,研究会与省体育信息中心(省体育文化中心)联合举办的江苏体育文化研究发展沙龙在南京举行。省体育局相关处室和直属单位以及各设区市体育局负责同志、院校专家、企业代表共100人参加,活动邀请了凯利时科技/开承体育董事长、原乐视体育总裁、企鹅体育总裁刘建宏,IDG亚洲区域总经理、IDG体育副总经理董人毓分别围绕“智能视频云服务体育”和“体育文化的破圈与融合”作了精彩演讲。刘建宏与中国体育副总裁卢山、晴禾(南京)文化有限公司&小羽工作室负责人周业光、快手体育综合体育负责人陈嘉一同登台,围绕互联网+体育文化发展进行分享讨论。最后董人毓与北京体育大学体育商学院教授、博士生导师、北京体育大学体育产业研究中心主任林显鹏,以及苏宁银行副行长储兵、正冬奥体育博物馆馆长艾伯仲共同上台,围绕资本市场与体育文化发展展开交流讨论。本次沙龙活动的成功举办,为江苏体育文化贡献了一批丰硕的理论成果。

【江苏省体育摄影协会】 2020年,在党中央的指挥下,中国人民战胜了疫情,恢复了经济,全民族更加紧密团结。江苏省摄影协会的工作主要是围绕“江苏体育记忆”体育文化品牌工程建设展开的。

江苏体育文化品牌工程“江苏体育记忆”这个项目的起始,可以追溯到2014年在南京举行的青奥会。南京青奥会期间,省摄影协会第一次组织队伍进行世界级的大型运动会拍摄,这项任务的重要性和划时代的历史感，激起了协会领导的使命感，使他们萌发了开创“江苏体育记忆”体育文化工程的创意。自2016年巴西里约奥运会举办开始，“江苏体育记忆”体育文化工程正式启动，从此，奥运会、全运会、在江苏举行的重要的体育事业建设和群众体育活动以及重大国际赛事，都是“江苏体育记忆”体育文化工程项目的内容，“江苏体育记忆”不仅能强化赛事的宣传效果，还能留下前所未有的图片资料，极具历史文献价值。2020年，“江苏体育记忆”体育文化工程主抓了两个主项目：

一、《江苏体育记忆——世界冠军的故事》出版

协会打造“江苏体育记忆”体育文化品牌工程的目的和意义是锻造一个民族的筋骨和脊梁，挖掘体育文化蕴含的精神力量。体育所造就的精神文明力量是巨大的，对社会的影响也是深刻的。

截至2019年底，江苏诞生了179位、507人次世界冠军。在这本书里，有二十二位冠军叙述了他们的人生故事，他们分散在世界各地。一个不少的找到他们并进行采访，写出他们的故事，工作量是巨大的，疫情也给采访写作工作带来了前所未有的困难。但省摄影协会利用发达的通讯手段，通过手机微信、电脑网络等手段，联系上了这些世界冠军，按时完成了采访写作任务。

二、完成全民健身运动会拍摄及宣传任务

2020年上半年，江苏省体育总会依托互联网平台举办了全民健身综合性运动会，秉持“全民健身、全民健康、全民快乐、全民共享”的理念，坚持网络化、趣味性、综合性的办赛原则，共设置了43个项目的比赛以及多个线上周边活动，这是中国人民抗击疫情的一个创造性的举措。

下半年，江苏省第八届全民健身运动会启动，以“快乐运动，圆梦小康”为主题，设有32个竞赛项目。这两个运动会涉及范围之广，参与人数之多是前所未有的，对全省人民提高免疫能力，抗击疫情起到了积极的作用。

协会组织了专家、记者和体育摄影爱好者对两项赛事进行了全方位的拍摄记录，还举办全民健身摄影大赛，通过网络媒体扩大宣传。比赛结束后，协会收到了八万张作品，协会摄影专家对作品进行整理挑选，并将其制成画册，记录江苏体育这段不平凡的历史。

【江苏省体育场馆协会】 2020年，省体育场馆协会在省体育总会的指导下，按照协会章程及年度重点工作任务安排，以守正出新为工作宗旨，以服务会员为工作重点，以探索实体化运营、提高造血能力为工作导向，积极开展协会各项工作。

一、创新赛事活动

2020年，省体育场馆协会相继举办了江苏省第八届全民健身运动会板网球赛、魅力江苏最美体育"羽民同乐"赛事、江苏省城市假日联赛(含足球、游泳、网球、板网球四项赛事)。

受疫情影响，协会办赛呈现出新特点，凸显了新特色。一是强化安全管控，实现"平安办赛"。一方面是重新调整赛制，假日联赛八人制足球赛取消市级赛，通过赛区推荐的形式，选取来自全省各地的11支足球队220名运动员齐聚江苏泰兴，角逐全省总决赛；另一方面落实细节管控，严格按照《江苏省体育赛事活动常态化疫情防控工作指引》要求，制定了详细的疫情防控期间赛事活动工作方案和应急预案，同时迁移运用省全民健身运动会的标准化防疫体系，通过储备防疫物资、通风消杀、签订安全承诺书、纪录参赛人员出行轨迹、错时错峰报到、查验"苏康码"、实时测温等措施构筑全面可控的赛事防疫工作防线。

二是力争保量增项，实现"规模办赛"。由于疫情，办赛的难度增加、风险系数提高，但省体育场馆协会在风险可控的基础上确保办赛数量不减、标准不降。2020年，延续往年板网球公开赛一站、游泳俱乐部冠军赛三站的办赛频次。

11月28日至29日,假日联赛"时光集团杯"板网球公开赛在南京举办,吸引来自南京、扬州、淮安、宿迁等地50名爱好者参赛。

8月、11月、12月,假日联赛游泳俱乐部冠军赛分别在南京五台山、溧水、高淳等地举办,每站比赛有20支青少年游泳俱乐部队伍500名选手报名参赛。

2020年,假日联赛首次增加了网球项目。12月,假日联赛网球公开赛分别在南京、昆山举办,吸引150名运动员参赛。

三是开发线上平台,探索"创新办赛"。由省体育场馆协会承办的魅力江苏·最美体育"羽民同乐"赛事开发线上约赛平台,采取"同城约赛—邻城约战—全省总决赛"的竞赛规程。全省13地市16赛区线上联动,实现线上免费报名邀友组队、系统自动匹配对阵双方、闯关晋级实时发布排行。来自江苏省200支双打队伍自由组队后经过层层选拔,于12月中下旬在南京举行总决赛。此次办赛经历对省体育场馆协会来说是一次可贵的体验。卡尔美、奥联体育、南京运享通信息科技、今世缘等企业积极参与赛事宣传推广,为比赛提供赞助或相关资源支持,提高了赛事的社会参与度与运营活力。

二、搭建交流平台

2020年协会重点工作之一是搭建"三个平台",分别为场馆间沟通交流、互学互鉴平台;场馆与企业、单项体育运动协会及其他社会组织互动合作平台;场馆建设、运营管理痛难点攻关和研讨平台。协会坚持守正出新,确保平台搭得更牢,服务做得更实。

一是交流研讨。2020年,协会组织协调了省内外30家兄弟场馆进行学习交流。5月,协会组织召开"保安全、促复苏、谋发展"线上研讨会,邀请省体育局相关部门解读传达江苏体育关于应对新冠肺炎疫情影响纾困解危政策,同时全省30家代表性场馆分享了场馆疫情防控经验与复工复产的优秀做法。主题研讨会的召开,督促了省内各场馆主动践行防疫主体责任,并帮助会员了解相关政策文件与行业实时动态,彼此分享和借鉴先进经验,确立了2020年江苏省场馆开放与运营的主基调,即:全力自保,做涵养体育产业发展实力的责任担当者;增强自信,做体育产业加快恢复的先觉先行者;努力自强,做体育产业全面复苏和发展的实际推动者。

二是督查指导。2020年,根据中央和省公共体育场馆免费或低收费补助资金评审工作需要,受江苏省体育局群体处的委托,协会相继实地督查(含暗访)江苏省2019年度获补助场馆免费或低收费开放情况以及资金使用情况,同时,协会还组织专家评审并实地抽查2021年度申报补助场馆免费或低收费开放情况。通过组建专家顾问团队、开展人员培训、制定督查计划与工作流程,省体育场馆协会建立了科学合理的督查工作体系,完成了督查报告,以求客观、真实地反映江苏省内体育场馆低免开放情况,协助省体育局更好地开展行业监督和决策管理,提高江苏省体育场馆的运营管理能力和公共体育服务水平。同时省体育场馆协会也在督查过程中强化指导与培训,从而切实推动江苏省体育场馆创新体制机制、提高运营效能、完善使用功能、实现共同持续发展。

三、其他工作

2020年,协会完成年度审计和法人变更工作;积极推进江苏省重点场所新冠肺炎监测日报工作;完成协会网站升级,推进协会"一网三微"宣传平台维护工作。

【江苏省体育集邮协会】 2020年,在江苏省体育总会的正确领导下,在协会工作人员的共同努力下,在广大会员、集邮爱好者的热情参与下,江苏省体育集邮协会在巩固、发展和创新的过程中取得了丰硕的成果,获得了长足的发展和进步。

一、创新会议平台,推进协会建设

1.建设网络视频会议平台

根据江苏省体育局体育总会新冠肺炎疫情防控工作整体安排,为降低疫情期间聚集性会议带来的风险,江苏省体育集邮协会搭建完成了网络视频会议平台。网络视频会议系统的主会场设置在江苏省体育局五台山老同志活动中心,参会人员可以通过手机、电脑进入网络会议平台参与会议。疫情期间协会工作安排的下达、特殊时期如何开展集邮活动等议题均通过网络会议形式展开,并取得了实质性进展,为协会2020年疫情期间的工作开展奠定了坚实的基础。

2.召开理事会议

1月,江苏省体育集邮协会五届一次的理事会议在南京体育学院顺利召开。会长丁盛,副会长史国生、徐暐,秘书长俞济海,副秘书长林耀中、乌伟、张腾,协会监事梅军,以及其他协会理事和会员代表参加了会议。理事会议上,会员们讨论通过了五届理事会副秘书长的增补人选,明确了协会今后发展的主导思想。会长丁盛强调,2020年体育集邮协会的工作重点要放在青少年的培养上,做到普及与提高并举。还要抓好党建工作,首先就是抓紧思想领域的建设,协会领导班子要突出政治导向,抓实学习教育,明确学习内容。副会长史国生、徐暐分别发表讲话,对协会的发展提出了建议,会员们对协会的工作报告及工作计划进行了热烈讨论,积极献言献策。最后会长对协会工作提出三点要求:一要扎实工作;二要做好协会的宣传和普及工作;三要进一步打造好协会的品牌,使之更上一层楼。

3.开展党员活动

2020年年初,体育集邮协会组织协会党员参观了侵华日军南京大屠杀遇难同胞纪念馆,悼念逝去的南京同胞,铭记历史,勿忘国耻,振兴中华。协会还借助"体育集邮进校园活动"如皋邮展的契机，带领党员们参观了中国工农红军第十四军纪念馆，深切缅怀英勇牺牲的革命先烈。这次参观使党员们感受到了先烈们不屈不挠、勇往直前的爱国主义精神。

党员活动的开展是一场不忘初心的精神洗礼，是一次牢记使命的力量凝聚。通过党员活动，协会成员思想深受教育，心灵深受震撼，更加坚定了为党和中国特色社会主义事业奋斗终身的理想信念。

二、开展集邮活动

自2015年起，江苏省体育集邮协会坚持开展“体育集邮进校园”活动。2020年，巡回展相继走进了徐州市体育运动学校、如皋市师范学院附属小学、常州市一中、南京市聋人学校、南京市回龙桥小学和无锡市蠡湖中心小学，巡回展的开展为青少年带来了丰盛的体育集邮文化大餐，学生们从栩栩如生的邮票画面上、从充满“艺术语言”的邮集中，认识和感受到了国家历史、文化和社会的进步，激发了他们热爱祖国、热爱社会、热爱生活的情感，激励了其积极向上、奋发进取的热情，提高了学生思想文化素质，促进了学生的全面发展。

2020年邮展所展出的各类集邮、收藏展品共有五框类邮集二部、一框类邮集十部，类别均为体育专题集邮类，共计20个标准国际展框。其中既有曾荣获世界邮展大奖的高水平体育邮集，也有具有普及、提高性质的相关邮集。此外，邮展主办方为了发扬体育精神、普及体育集邮，在青少年体育集邮爱好者中征集了众多邮集参展，成为了此次邮展的一大特色。

三、有序开展集邮培训

自新冠病毒肺炎疫情发生以来，江苏省体育集邮协会为了丰富体育集邮培训形式，积极探索新思路，以网络直播形式举办体育集邮知识培训，实现了资源共享，加强了会员互动。这是疫情新形势下的一种创新举措，既避免了人群集中易感染的风险，又有序地开展了体育集邮活动。5月9日,网络直播课程首次开课,课程上老师详细讲述了体育邮品的种类、体育邮集的制作、收藏、整理以及体育邮集的编排和邮集的评审要求等内容。课后,与会学员参加了线上结业考试,协会为考试合格学员颁发结业证书。此次课程受到了体育集邮爱好者的支持与好评,全面展示了江苏省体育集邮发展水平,推动了社会主义文化大繁荣,满足了江苏体育集邮爱好者的精神文化需求。

四、做好宣传活动

2020年,在江苏省体育集邮活动的宣传工作方面,协会充分利用新闻媒体和网络宣传,采用多种宣传方式,普及体育集邮知识,交流体育集邮信息。协会与《中国体育报》《扬子体育报》、江苏体育休闲频道、中国江苏网等主流媒体建立深度合作,将各种集邮活动上挂江苏省体育局网站,取得了良好宣传作用。

【江苏省瑜伽运动协会】 2020年,面对新冠肺炎疫情,省瑜伽运动协会在省体育局、体总的领导和支持下,不断创新工作思路,本着全力为全体瑜伽爱好者服务、促进江苏省瑜伽运动发展的宗旨,积极开展工作。2020年省体育瑜伽运动协会工作主要分为以下几个方面。

一、召开第二届会员代表大会

11月,省瑜伽协会在南京召开第二届会员代表大会,省体育局副局长熊伟、省体育总会秘书长李一冰等参加会议,大会审议通过第一届理事会工作报告和财务报告等多项重要事项,并选举产生新一届理事会领导班子,为江苏省瑜伽工作开启了新局面。

二、创新线上赛事活动

为抗击新冠疫情,积极响应居家健身的号召,省瑜伽协会于1月28日发布“抗疫担责,健康生活”的倡议;3月,举办了“全民抗疫”江苏省健身瑜伽云端俱乐部赛,本次比赛的方式是拍摄居家视频,共有26支代表队220名瑜伽爱好者参加;8月,省瑜伽协会承办了江苏省首届网络全民健身运动会瑜伽项目赛事，并指导会员单位参与由国家体育总局主持录制的：送给武汉方舱医院的《健身瑜伽抗击疫情教学视频》，视频在中国瑜伽官网的微信公众号推出，传播了瑜伽健身的正能量；协会还参与省体育总会主持的健身战“疫”课堂，创编健身瑜伽操等多节教学视频，并组织健身瑜伽全国冠军录制小视频为全民抗疫加油鼓舞；协会还鼓励会员单位利用抖音、快手等网络平台进行线上直播教学，带领大家习练瑜伽，增强免疫力。2020年，省瑜伽协会通过开展线上赛事活动，普及了瑜伽锻炼方法，为增强群众体质、抗击疫情作出做出了积极贡献。

三、参与举办各类赛事

11至12月，由省体育总会指导的江苏省首届健身瑜伽城市邀请赛分别在南京、徐州、泰州举办。本届赛事彰显了四大亮点：一是分站比赛、增加赛次。赛事分苏南、苏北、苏中三站，在考虑防疫要求避免大规模跨区域人流的基础上，增加了比赛场次吸引更多人参赛；二是组别全面、人群广泛。赛事设专业组、大众组、元老组和家庭组，包含单人赛、双人赛、集体赛和亲子赛，鼓励全民参与、全民健身；三是突出特色、增进融合。赛事使体育、旅游、健康三产融合，苏南站融合汤山温泉公园旅游、苏北站融合脊柱健康管理和中医养生，各站特色鲜明；四是多城互动、增进友谊。多种赛事为瑜伽爱好者提供了切磋技艺、增进交流的平台。

11月9日至10日，第二届江苏省健身瑜伽俱乐部赛在南京市雨花台区举行。为鼓励全民参与，比赛专设了集体项目，参赛选手年龄跨度大，参赛人群范围广，为健身瑜伽运动的推广带来了积极的社会影响。俱乐部赛的举办带动了健身瑜伽俱乐部发展，规范化的引导健身瑜伽运动的宣传和推广，进一步推动瑜伽大众化、社会化、规范化的发展，更好地落实全民健身国家战略和健康中国战略。

四、组织健身瑜伽人才培训

1月,首期全国健身瑜伽晋段官培训活动在南京举办,此次培训活动为中国健身瑜伽培养了首批晋段官人才。

7月,江苏省健身瑜伽一级裁判员培训班在泰州举办,共培训一级裁判员30人,为江苏省瑜伽项目裁判员队伍建设打下良好基础。

11月,举办四期健身瑜伽项目一线社会体育指导员技能再培训班,共200名一线的公益服务瑜伽教练、爱好者参加培训。各考评中心2020年所举办的从三段到六段的线上健身瑜伽段位考评的考生人数达2000人。

此外,协会还参与举办高淳国际慢城健身瑜伽千人露营节、盐城黄海国家森林公园瑜伽节等地方特色瑜伽活动。

【江苏省广场健身舞运动协会】 2020年,省广场健身舞协会在省体育局、体总的领导和支持下,坚持以百姓健康幸福、社会和谐为目标,面对新冠肺炎疫情,不断创新工作思路,使得抗击疫情和开展广场舞活动"双丰收",促进广场舞大普及、大推广、大提高,推动省广场舞协会迈上新台阶。

一、加强协会组织建设

2020年,省广场健身舞协会以AAAAA级社会团体的高标准要求协会自身建设,坚持崇尚公益,发扬"团结、奉献、求实、创新"的协会工作精神,致力争创一流协会。在省体总党委领导下,协会以挂钩结对为契机,积极探索创新广场舞活动党建引领方式方法,进一步完善党组织活动制度,开展丰富多彩的党日活动,举办拥军优属、慰问帮扶救助等志愿活动。

省广场健身舞协会按照"县有协会、街(乡镇)有分会、村有队伍"的要求,进一步推进各区县协会组织网格化建设。2020年,协会针对省市县(市区)三级会长、秘书长举办了江苏省广场舞"责任担当·创新发展"培训班,加强了协会队伍建设,形成了先进协会“六好”、先进会长“六强”和先进秘书长“六善于”三个争创标准，提升了三级会长、秘书长的协调组织创新能力。

省广场健身舞协会为了完善广场舞教练员、裁判员、领队、创编老师和骨干等人员的人才库。11月，协会分别在扬州和徐州举办一线指导员广场舞再培训班、广场舞项目晋升一级和二级裁判员培训班。同时，省广场健身舞协会还组织老师分别到各市指导裁判员、教练员（三级）的培训。

为了加强典型激励，协会评比了2019年度“公益之星”，有138个集体和178名个人受到表彰。并且在“我舞我秀”活动中，设立了“最佳人气奖”、“最佳展演奖”等6个奖励种类，有38个集体和267名个人受到表彰。

二、深入实施“一三三三工程”

2020年，省广场舞协会为了打造“三个工程”和“三个平台”，争当“三个大使”，将“一三三三工程”作为基层党委、政府推进民生工作的重要抓手之一。在协会的不断努力下，深入开展“三热爱”教育，寓教于舞，争当“三个大使”已经成为广大广场舞大使的自觉追求。协会还深入开展广场舞融入新时代文明实践活动，展示“四个新作为”和“六个有”。同时还使广场舞参与社区综合治理，使其成为建设文明幸福和谐社区的积极力量。

三、推进品牌建设

2020年，在中国少数民族体育论坛和长三角体育社团高峰论坛上，省广场舞协会建设广场舞的经验受到与会体协领导、专家和代表的热捧和高度称赞：“江苏的经验很好，值得学习借鉴”。11月，贺珍珠会长被授予“江苏省三八红旗手”的称号。“江苏广场舞”和“舞动江苏”的品牌影响不断扩大。

1. 开展线上战役培训

2020年，省广场舞协会坚持以“江苏广场舞”平台为载体，展示广场舞齐心抗“疫”新风采。为此，协会开展了线上广场舞“我舞我秀”展演活动,共收到视频18075条、点击量达800万次。在新冠疫情防控常态化的情况下,协会组织百姓宅家学舞,发挥了广场舞凝聚群众、团结群众的作用。并且在活动中,江苏省广场舞大使主动担当起防疫宣传员、义务执勤员、守护服务员的职务等,积极参加当地基层组织的捐款、捐物活动,把广场舞大使的感人故事写在防控疫情的一线,使得“共产党员”的旗帜高高飘扬。同时,协会组织拍摄36条抗疫广场舞教学视频,在微信公众号发布。协会还创新网上直播培训,在江苏省第八届全民运动会上,协会组织开展广场舞项目规定套路曲目、“舞动江苏”广场舞大赛规定套路曲目等线上公益培训,加强了江苏省文明办推荐的6支广场舞新舞曲目的培训。共直播培训9次,每次参加培训人数达30000人,累计32万人参加,筑起了江苏广场舞抗疫的民心防线,实现疫情防控和广场舞培训“双丰收”。形式多样的培训活动,促进了广场舞的大普及、大推广、大提高,2020年共培训广场舞骨干达35万人。

2. 开展线下活动

2020年,省广场舞协会全力组织全民健身运动会和“舞动江苏”广场舞品牌大赛及各类展演交流赛,助力社会经济发展取得新成效。协会坚持重教育、重培训、重普及、重展演、重交流“五重”方法,为百姓搭建展演、交流的平台。10月中旬,在盐城市举办了省第八届全民健身运动会广场舞项目比赛,助力全民健身。3至11月,省市县三级联动举办“舞动江苏”广场舞大赛,历经海选、初赛、城市冠军赛和决赛四个阶段,共有3380支队伍59500人参加,营造了全民健身、全民参与、全民共享、全民快乐的氛围,形成了江苏广场舞的新特色、新亮点。11月中旬,在无锡举办了第八届全省创编广场舞(健身操)大赛,参赛者充分发挥创新精神,精彩纷呈。协会还组织江苏省广场舞爱好者参加“3月8日妇女节”、“7月1日党的生日”、“8月1日建军节”、“8月8日全民健身日”、“10月1日国庆节”等节日的主题展演活动，推动品牌大赛与群众性比赛相结合，推动广场舞活动热在基层、热在群众身边、热在百姓生活中。

四、热心公益事业

2020年，省广场舞协会坚持深入推进“全面奔小康、幸福舞起来”广场舞公益培训进社区、进乡村活动，不断开创广场舞活动新局面。协会注重在方法和内容上的创新，坚持“五个程序”“六个统一”，增强仪式感，营造教育氛围。省市协会领导组织各级广场舞公益培训大篷车“五送”：送舞、送教、送方法、送思想、送精神，把广场舞送到老百姓的身边。1月中旬，在红杜鹃农业生态集团举办15场省广场舞进美丽乡村展演活动，有3500人参加。各级协会纷纷响应，组织广场舞团队不断走进乡村，进行各种培训和展演。9月24日，在淮安金湖县举办“庆丰收，迎小康，幸福舞起来——‘圣美伦杯’2020‘舞动江苏’全省农民广场舞进美丽乡村”展演赛，来自江苏省13个设区市基层农村的广场舞队伍、千名队员，用广场舞的形式，展现出了悠久灿烂的农耕文明、丰富多彩的丰收美景和广大农民的时代风采，丰富了广大农民的精神文化生活。

2020年，协会齐心协力打造广场舞“美好生活公益工程”，凝聚公益力量，绽放温暖光芒，进一步拓宽服务百姓的渠道。同时设立“广场舞公益基金”，打造“广场舞公益平台”，建设“广场舞公益服务队伍”，推出“广场舞公益产品”。

【江苏省啦啦操运动协会】 江苏省啦啦操运动协会自2017年成立以来，积极响应广泛开展全民健身活动的号召，致力于推动群众体育事业持续科学发展。2020年新冠肺炎疫情发生后，在省体育局和省体育总会的关心和指导下，在社会各界的大力支持下，不断开拓创新，因时因势调整工作着力点，积极组织开展协会各项工作及各项网络赛事和活动，不断提高江苏省啦啦操工作者和爱好者的业务水平，服务大众、服务社会，为推进江苏省啦啦操运动发展做出应有的贡献。

一、组织线上线下培训

1. 啦啦操示范套路培训班

5月30至31日，由全国啦啦操委员会和南京市校园啦啦操联盟主办，省啦啦操运动协会与南京市健美健美操运动协会共同承办的《全国校园啦啦操示范套路（第三套）》网络培训班开启。此次培训采用网络授课的形式对参训老师进行啦啦操理论与技术培训，共计548人参培，他们来自：南京市各区小学、初中、高中、职校；直属啦啦操特色学校；校园啦啦操俱乐部或啦啦操体育社团学校选派的专任教师，以及开展“一校一球一操”的校园足球学校选派的教师。此次培训累计为参培教师发放资料358份，参加培训并考试合格者，颁发教师继续教育证书。本着自愿原则，其中88人按国家体育总局体操运动管理中心有关规定申办了全国啦啦操二、三级教练员资格证书。本次培训班日程充实、内容丰富，以“啦啦之星”小程序教学平台为依托，输出啦啦操理论及技术知识。参加培训的老师们在微信学习群中积极签到打卡，收获满满。全国啦啦操委员会根据当前社会发展形势，将网络与啦啦操相结合，贯彻“有网络就有啦啦操”的项目发展新思路。

2. 秦淮区中小学开展啦啦操赛前培训班

9月19日，秦淮区教育局在南京航空航天大学附属高级中学举办2020年秦淮区中小学校园啦啦操赛前培训班，共有来自秦淮区57所学校的体育教练参加了此次培训学习。本次培训主要内容包括：介绍秦淮区体育教育的方针和政策、秦淮区中小学校园啦啦操比赛规程解析、中国啦啦操项目最新政策介绍、赛前技术解析和动作指导。2020年，秦淮区大多数中小学不仅将啦啦操项目作为校园大课间活动项目之一，还积极组织校队参与各项校园啦啦操比赛。

二、举办各项啦啦操赛事

1.江苏省首届网络全民健身运动会

8月8日，江苏省首届网络全民健身运动会暨宁、镇、扬全民健身大联动在南京开幕。运动会立足于网络化、趣味性、综合性的办赛原则，共设置了42个竞赛项目，包括云端秀、云打卡、云对抗、冠军云擂台四个类别。啦啦操也包含在这42个项目之中。在江苏省体育局、江苏省体育总会、江苏省体育频道栏目组的大力支持下，在疫情常态化防控期间，依托网络让全民健身运动得到新的展现。此次运动会为啦啦操项目及更多啦啦操项目爱好者提供了广阔的宣传和展示平台。

2.全国啦啦操联赛(南京站)

10月1日，由中华全国体育总会、国家体育总局体操运动管理中心主办，全国啦啦操委员会、江苏省啦啦操运动协会承办的“全民健身　活力中国”系列赛事活动之2020—2021年全国啦啦操联赛(南京站)在奥体中心体育馆开赛。作为2020年以来的第一场线下啦啦操赛事，在国家体育总局体操运动管理中心的指导下，全国啦啦操委员会贯彻落实总局印发的《科学有序恢复体育赛事和活动推动体育行业复工复产工作方案》有关文件精神。坚持防控为先，把人民群众生命安全和身体健康放在首位，在赛场入口设置体温测试与消毒处，对赛场所有设施进行消毒杀菌，并对场地人员进行严格的信息检查，以确保参赛选手和工作人员生命健康安全。坚持属地管理，结合南京市疫情风险等级和防控工作要求，做好疫情防控预案，向相关部门进行备案。全国啦啦操委员会全力保障赛事顺利有序进行，坚决打好啦啦操项目线下比赛的复工复产第一仗。此外，本次比赛由优酷视频全程直播，为不能到场观赛的观众提供了便利的观赛条件。此次赛事恰逢中秋与国庆双节假日，啦啦操的教练员与运动员们用自己的方式表达对祖国的热切祝福。

3. 中小学校园啦啦操比赛

10月17日，由南京市秦淮区教育局主办的2020年秦淮区中小学校园啦啦操比赛在南京航空航天大学附属高级中学举办，来自秦淮区中小学的45支代表队900名师生参加了比赛。比赛分为小学组、初中组和高中职校组，设置团体赛和创意赛。各参赛学校充分发挥创意设想，在比赛套路、服装和道具等方面融合古、现代等多种元素，呈现出了令人震撼的赛场效果。在此次比赛中，获得各组别团体赛和创意赛排名第一的队伍可参加由省啦啦操协会承办的2020年南京市青少年阳光体育节校园啦啦操联赛。

4. 江苏省第八届全民健身运动会啦啦操比赛

10月27日上午，由江苏省全民健身运动会组织委员会主办，江苏省社会体育管理中心、江苏省体育彩票管理中心、江苏省啦啦操运动协会、南京市体育总会承办的江苏省第八届全民健身运动会啦啦操比赛在南京龙江体育馆举办。此次比赛共有11个设区市代表团500名运动员参赛，共进行花球啦啦操、街舞啦啦操、技巧啦啦操等多个项目的角逐。参赛运动员绚烂起舞，为观众带来了一场视觉盛宴。

5. 阳光体育节校园啦啦操总决赛

10月31日，由南京市教育局主办，南京市校园健身啦啦操联盟、南京市中华中学承办，江苏省啦啦操运动协会、南京市健美健美操运动协会协办的2020年南京市青少年阳光体育节校园啦啦操总决赛在南京市龙江体育馆拉开帷幕，共有90支队伍2000名运动员参与。此次比赛贯穿："阳光体育，助力冬奥"的宗旨，坚持"育人第一、健康第一、安全第一"的指导思想，将"人格培养、技能发展和精神塑造"始终贯穿到学生综合实践活动中。活动以啦啦操为抓手，以竞赛为载体，深度挖掘啦啦操项目的内涵，持续探索校园啦啦操发展新思路。

6.江苏省第八届全民健身运动会暨省学生啦啦操、健美操锦标赛比赛

11月6日至8日，由江苏省学生体育协会主办，中国药科大学、江苏第二师范学院、南京航空航天大学附属高级中学、南京市宁海中学承办，江苏省啦啦操运动协会和南京市健美健美操运动协会协办的江苏省第八届全民健身运动会暨2020年江苏省学生啦啦操、健美操锦标赛（中小学组）比赛在南京航空航天大学附属高级中学盛大举行。此次比赛共计50支队伍900人参加，比赛展示了疫情以后江苏省快速恢复的生机与活力。

11月20日至21日，江苏省第八届全民健身运动会暨2020年江苏省学生啦啦操、健美操锦标赛（大学组比赛）决赛在中国药科大学开赛。此次比赛共计38个参赛单位800人参加。由于疫情防控工作的要求，赛事以线上预赛和线下决赛相结合的形式进行。线下比赛要求“比即走、不逗留、不拥挤”，避免人员聚集，要求所有人员全程佩戴口罩，并进行实时体温抽查等工作，赛事组委会对各参赛场地进行全面消毒，设置紧急隔离点，安排场地医生及急救车辆，随时做好准备工作，合理的赛程安排有效地保证了赛事安全顺利开展。

7.全国啦啦操精英赛

11月21日，由国家体育总局体育管理中心主办，徐州市铜山区人民政府、全国啦啦操委员会、江苏省啦啦操运动协会、南京新恒鼎体育推广有限公司承办的“中国体育彩票杯”2020年全国啦啦操精英赛在徐州市铜山区开赛，此次赛事共吸引了160支队伍2500名运动员参加。此次啦啦操比赛，锻炼了孩子们顽强拼搏的意志、团结一致的精神和强烈的集体主义责任感。

【江苏省赛艇运动协会】 2020年，在江苏省体育局、省体育总会、省民政厅及中国赛艇协会的支持与指导下，在协会领导的正确带领下，在全体员工的不断努力下，江苏省赛艇运动协会积

极开展各项工作,在加强组织管理、增强党建学习、提高业余选手的技术水平、打造赛事品牌、普及赛艇运动、推广赛艇文化等方面做了大量工作,取得了一定的成绩和进步。2020年,省赛艇协会被评选为“AAA”级社会组织。

一、加强协会内部建设

4月,省赛艇运动协会召开第一届理事会第四次会议,会议指出,协会举办赛事要按照国务院常态化疫情防控工作要求、国家体育总局颁发的《国家体育总局发布有序恢复体育赛事活动的指导意见》中“一赛事一方案”要求,以及“2020中国赛艇大师赛·南京站”赛事组委会筹备工作方案要求,全力做好疫情防控工作,并结合疫情防控实际,制定赛事防控方案,确保每场赛事顺利进行。

会上选举通过增补2名理事、1名监事的提议,并确定了2020年工作方向:加紧制定业余赛艇等级评估;规范江苏省内赛艇俱乐部的训练方法,尤其是针对青少年;制定疫情期间推广赛艇的方案;加强与各地级市赛艇俱乐部的联系与交流;加强协会各项工作的规范性;强调运动康复和科学运动的重要性等。省赛艇运动协会秘书处进一步梳理完善日常管理规章制度,加强项目负责人业务能力培养,确保各项推广、赛事活动规范有序进行,财务制度规范操作,各项收支符合省体育局、省民政厅要求。

2020年,省赛艇运动协会党支部组织四场党建学习活动,积极学习、反思,真正理解《习近平关于“不忘初心、牢记使命”论述摘编》的思想精髓,进一步坚定思想信念,巩固社会主义核心价值观、牢固树立全心全意为人民服务的宗旨,增强自身的使命和责任感。

二、组织参加赛艇赛事

2020年,省赛艇运动协会组织参加2020中国赛艇大师赛系列赛鄂尔多斯站、2020中国赛艇大师赛·南京站、2020中国赛艇大师赛·沈阳站、“水韵江苏”赛艇嘉年华常熟站、2020“万科青山湖杯”南昌水上运动节第三届名校赛艇邀请赛暨第四届大师赛，共计5场国内大型赛艇赛事活动，有162人参赛，共获得98枚奖牌，其中金牌51枚，银牌31枚，铜牌16枚。健康的体育竞赛，不仅提高了会员对赛艇运动的积极性，更促进了全国赛艇俱乐部之间积极交流。

三、打造品牌赛事

9月25日至27日，由中华全国体育总会主办，江苏省体育局水上运动管理中心、江苏省赛艇运动协会、南京市玄武区人民政府、南京体育产业集团承办的省赛艇运动协会在南京市玄武湖举办了2020中国赛艇大师赛·南京站。比赛历时3天，共设置459个奖项，分为大师组、青少年组、大学组及高水平组。有来自全国43支队伍455名优秀的运动员以及近千人赛艇运动爱好者参与。此次赛事进一步提高了江苏省业余赛艇运动水平，提升了赛艇运动在青少年中的影响力，为培养赛艇运动体育后备人才打下了基础，是充分展现江苏省南京市体育新成就的一场盛会。在中国赛艇大师赛（南京站）对全国的影响力不断扩大的基础上，省赛艇运动协会努力将其打造成具有南京城市特色的品牌赛事，使其成为国内乃至国际上具有影响力的品牌赛事。

【江苏省石锁运动协会】 2020年，江苏省石锁运动协会认真学习党的十九届四中、五中全会精神和习近平总书记系列重要讲话精神，认真贯彻落实江苏省体育局部署的各项工作，不断深化石锁协会内部改革和管理，狠抓协会质量建设，加强协会作风建设，拓展对外交流，扩大对外开放。在江苏省体育总会领导的关心支持下，全省各地市区广大石锁协会员勠力同心，拼搏创新，圆满完成2020年各项工作任务。

一、加强党建、传承石锁文化

2020年，省石锁运动协会深入学习贯彻习近平新时代中国特色社会主义思想和党的十九届四中、五中全会精神，结合协会实际情况，不断完善党建制度和工作计划。协会领导班子成员坚持以上率下、以身作则，带头加强监管。协会坚持每月“党员学习日”制度，认真贯彻“防疫不忘健身，健身促进防疫”的抗疫精神，积极配合疫情防控工作。在疫情期间，协会配合社区宣传疫情防范知识，主动担任志愿者维护小区管控管理，并利用微信工作群及时传达上级指示，做好疫情防范工作。

协会以“努力在危机中育新机、于变局中开新局”为指向。在疫情期间，不忘石锁协会的本职工作，组织开展线上线下的石锁运动，丰富居民生活，提高人民体质的抗疫力。泰州市石锁协会坚持党员先锋（示范）岗活动，在市体育局2020年体育工作会议和体育总会第三次理事会上，被评为AAAAA级协会。同时裴甸昶、郭加林两名同志入选第四届理事会理事，为协会的提升与发展向前迈出了一大步。

省石锁协会认真履行协会职务，秉持“积极传承石锁文化、倡导文明健身”的宗旨，重视石锁运动的宣传推广工作，在抖音、快手等各种网络平台发布石锁运动的视频，并与全国锁友积极互动。在线下积极参加省协会及各兄弟协会举办的各类石锁活动，为广大群众传播石锁文化。同时积极吸收新会员，充实石锁运动协会会员，不断扩大石锁运动的群众基础，为石锁运动的传承与发展奠定了坚实的基础。

二、开展石锁进校园活动

2020年，省石锁协会积极响应国家号召，依据国办发〔2019〕40号《体育强国建设纲要》，开展传统体育类非物质文化遗产展示展演活动，推动传统体育类非物质文化遗产进校园。协会与有关教育部门对接，在盐城、泰州、扬州、常州、南京等地的校园中组织开展石锁活动。其中金坛区罗村小学、南京清水亭小学、兴化董北实验小学、无锡宜兴和桥第二中学等学校石锁运动开展的有声有色，学生体质不断增强、师生及家长好评不断。南京体育学院学生在第五届江苏省大学生体育健康创新创业中获得特等奖，有力的推动了石锁运动的传承与发展，提高了学生体质，得到学校领导的支持和学生喜爱。

三、开展各项赛事

3月6日，江苏省电视台体育频道播放了长达20分钟的居家进行石锁运动的视频；5月，南京市石锁协会在南京市江宁区双金社区举办了百人石锁进社区活动；8月至10月，协会组织了数百人积极投入到江苏省2020年网络全民健身运动会线上竞赛活动，通过视频，图片等各种方式进行了网络竞赛，受到了省体总等领导部门的好评及嘉奖；11月15日，江苏省石锁运动协会举办2020年阜宁县“古井988杯”全国民间石锁邀请赛，来自省内18支代表队750人参加。赛事得到江苏电视台、南京电视台、网络等多家主流媒体的报道。这是在全国新冠疫情尚未完全结束时举办的赛事，是石锁项目开启的第一次石锁赛事，对2020年江苏省内乃至全国石锁赛事的持续开展起到积极的促进和推动作用。

四、举办培训活动

2020年，协会定期进行石锁知识的讲座，讲解石锁运动常识与技巧，使得协会会员的石锁技法不断得到发展。苏州石锁协会在会长吴金龙的努力下，认真宣传交流，让石锁运动走进乡村，走进公安机关，走进学校，新建了三个石锁团队。分别是相城区北桥派出所全体辅警，吴中区木渎石锁协会筹备组，相城区北桥街道石桥村石锁筹备组。9月25日至27日，由江苏省社会体育管理中心主办的2020年江苏省石锁项目一线社会体育指导员技能再培训在南通市体育馆举行。来自省内50多位各大院校的老师和石锁爱好者们参加了培训。学习期间，学员们在听老师讲解的过程中也进行了充分的交流，自身水平得到了进一步提高。

2020年江苏省石锁运动表演及比赛一览表

序号	时　间	赛事名称	举办地点	主办单位	参赛人数
1	年初	野外训练及网络线上比赛的措施推动特殊情况下的石锁健身运动	线上活动	南京体育学院，宜兴市石锁协会南京市石锁协会等单位	100人
2	5月	南京市江宁区双金社区举办了百人石锁进社区活动	南京市江宁区双金社区	南京市石锁协会	200人
3	8月8日	江苏省2020年网络全民健身运动会线上竞赛活动	南京市江宁区	江苏省石锁协会	300人
4	10月18日	江苏省石锁交流赛	常州市武进区	常州市武进石锁协会	300人
5	10月25日	体育嘉年华石锁友谊赛	江苏省南京市	南京市石锁协会	300人
6	10月27至28日	江苏省石锁社会指导员再培训	江苏省南通市	省体育局、省石锁协会	100人
7	6月30日 10月30至31日	华东地区石锁邀请赛	苏州市张家港市	江苏省石锁协会	300人
8	11月1日	长三角第十届秣陵杯石锁精英赛	江苏省南京市	南京市石锁运动协会	300人
9	11月14至15日	2020年阜宁杯全国民间石锁邀请赛	盐城市阜宁县	江苏省石锁运动协会	1500人
10	12月6日	第五届江苏省大学生体育健康创新创业大赛	江苏省盐城市	南京体育学院	10人

【江苏省剑道运动协会】 2020年,在省体育总会的领导下,江苏省剑道运动协会全体成员时刻关注疫情变化,不忘抓紧、抓实、抓细疫情防控工作,有针对性的控制外防输入,不断巩固防控战果。江苏省剑道运动协会在困难与挫折中收获了突破和成功带来的喜悦,这是省剑道协会所有成员和剑道爱好者共同努力的结果。

一、夯实党建工作

2020年,省剑道协会的党建工作在省体育总会的领导和关心指导下,以党的十九届四中、五中全会精神为指引,围绕"用理论促实践,以党建助创建,推动剑道工作再上新高"的总要求,进一步夯实"不忘初心、牢记使命"主题教育成果,不断提高党建工作水平。协会为严格落实工作责任、规范党内政治生活,将习近平新时代中国特色社会主义思想、党的十九届四中、五中全会精神、党章党规等列为主要学习内容,同时,积极采取线上学习、微信群学习等方式,发挥党员引领和带动作用,扎实开展各项学习活动,增强党员干部的宗旨意识和廉洁意识,时刻保持清醒头脑,不断提高拒腐防变的能力。协会督促党员干部开展党建工作,加强基层会员培训,提高基层党员与协会干部领导水平,做好会员的思想政治工作,强化党务建设,用党建推动协会工作取得实效。

二、举办赛事活动

2020年,在新冠疫情常态化下,为了安全有序的推动剑道运动各项赛事活动顺利进行,协会组织成立了网络线上赛事活动小组,专门研究在疫情常态化的情况下,剑道赛事活动开展的形式和方法。为了进一步与国际剑道运动团体互相交流与学习,更好的提高本身剑道选手的竞技学水平,9至10月,协会举办"2020中韩青少年剑道锦标赛",这是首次尝试举办线上赛事。协会经过与大量其它竞技项目的线上赛事进行对比学习和研究,再根据剑道运动的特点和客观要求,成功组织了本次大赛。活动得到了中韩两国众多剑道爱好者的一致好评和肯定,同时,本次赛事也让省剑道协会积累了大量的线上办赛的经验，为以后举办线上赛事活动打下了基础。

11月27日，品牌赛事第五届“金鳞旗全国高校剑道公开赛”采用线上模式进行，有数百位选手借此机会互相学习，共同进步。活动受到了来自全国各地高校剑道团体的积极响应和支持，国内多家媒体和线上网站也参与报道直播本次赛事活动，同时活动还为校园剑道运动文化推广和普及发挥了积极的引领作用。

【江苏省房车露营协会】 2020年，为了进一步推动江苏省房车露营地发展，提升房车露营地经营管理和服务水平，着力打造房车露营地品牌，省房车露营协会通过合作交流、举办赛事，积极推进“房车营地+户外运动”的体育旅游新概念，为更好地开展协会各项工作奠定了基础。

一、加强协会内部建设

在2020年的江苏两会中，郝星辰副会长递交了“关于加快房车露营产业发展，促进大众消费的建议”提案。为江苏房车露营产业的发展建言献策。在省政协十四五规划建议中也提出了“重视房车露营产业”，为江苏房车露营产业的布局和发展提出了有益的建议。

为了引导江苏省房车露营产业经营活动，促进省房车露营协会各项工作的健康发展，协会积极完善内部机制建设。协会按照省民政部门和省体育总会的要求，规范内部各项管理、加强自身建设，同时不断增强与政府主管部门和上级行业协会之间的联系沟通，积极参加中汽联和省体育总会组织的各项会议、专业活动和技术标准推广等培训，在会员单位中积极宣传贯彻相关的行业标准，为协会各项工作的顺利开展打下坚实的基础。按照省体育总会的要求，省房车露营协会和省汽车摩托车运动联合会联合成立了党支部，同时联系实际，着重加强了党支部的建设并认真开展工作。此外，协会对标AAA级社团的各项要求，加快梳理各项管理制度，进一步提升协会的管理和服务水平，争创AAA级社团。

二、创新经营模式

截至2020年底，江苏房车露营地已建成20家，其中五星级7家，四星级1家，自驾运动营地3家，形成了以山地型、乡村型、水岸型为主的多样化营地类型，营地基础设施配建齐全，配套服务完善。多数营地以高速公路和交通主干道为纽带，以著名的旅游景区为依托，以山水度假、户外运动休闲等为内容载体，构建了品牌特色鲜明、配建设施现代化、营地服务多样化的房车露营地经营模式。

三、举办省级赛事

10月25日，在中国汽车摩托车运动联合会露营分会、江苏省体育总会指导下，江苏省房车露营协会、南京汤山华宁温泉房车露营管理有限公司分别主办、承办了“梦之蓝M6+杯”江苏省汽车自驾运动营地攻防箭大赛总决赛。本次大赛是省房车露营协会首次主办的省级攻防箭赛事，此次赛事之前分别在南京、徐州、泰州等地举办了多场分站赛。汽摩联官网、中汽摩联会员俱乐部、江苏体育休闲频道分别对总决赛作了报道，同时多路媒体还对赛事进行了直播，直播时长2小时，观看人数近十万人，取得了很好的效果，此次大赛是户外动项目与房车露营地完美的结合的表现。

【江苏省掼蛋运动协会】 2020年，省掼蛋协会面临疫情，不确定因素和风险逐步加大，拟定的计划方案难以付诸实施，这也导致全年的工作计划难以推进。在此背景下，省掼蛋协会积极响应协会脱钩政策，全面推向市场化运作，靠自身实力谋发展。

一、强化内部建设

3月19日，省掼蛋协会召开全体党员会议，正式建立党支部，并组织参加省体总党支部（社团党委）的党日活动。2020年，协会加强理论学习，注重对党员的思想引领。在了解了中西方不同社会制度对疫情防控所发挥的不同作用后,更加坚定了协会党员对社会主义制度的自豪感,这种自豪感引领着支部和党员发挥战斗堡垒和先锋模范的作用。

为了更好地引导所属协会工作,省掼蛋协会分别以1号、5号文件形式,下发了省协会一届二次代表会议纪要和全年工作要点,对全年的工作提出明确要求。根据会议讨论的意见,完成省掼蛋协会《章程》修改并上报民政厅批复。协会还精心编制江苏省城市俱乐部掼蛋联赛响应文件及采购合同。完成了江苏省第八届全运会掼蛋项目响应文件并起草活动方案,同时协调冠名单位予以全力支持。为了配合省外事部门的调研统计,4月23日,省掼蛋协会完成并上报世界掼蛋大赛在加拿大、澳大利亚等四个国际友城的交流材料。

2020年,为了夯实协会内部基础建设,协会完成了固定资产登记建账,加强了会议登记管理,印制了省掼蛋协会会员证。为了加强协会与外界的跨界融合,8月30日,协会参与省钓鱼协会组织的跨界融合论坛,举行了首场联谊会。为了深刻理解领会省体总党建和脱钩解读会议精神,省掼蛋协会对会议精神组织传达学习,在思想和行动上与上级党组织保持一致。为了弥补工作短板,10月13日至16日,协会在苏州举办江苏省首批掼蛋裁判员培训班,有62名学员参加了培训学习。

二、热心抗疫公益

根据省体总党总支的要求,在疫情初期,协会号召全体党员和同志积极为湖北武汉疫区捐款,同时配合省体总精准扶贫的计划,为陕西小学捐赠体育健身运动器材。两次捐赠共计8000元,为疫情防控尽了绵薄之力。

三、完善财务工作

2020年,在补平财务短板工作中,协会办理了民间非盈利组织所得税减免资格认定并顺利取得资格;完成了2019年个人所得税申报手续费返还工作；省体总专项资金申报有两项得到资助；配合协会赛事，向秦淮区税务局申请自开增值税专用发票，并申请将单张发票的开票额度从1万元提高到10万元；配合审计事务所公司进行2019年度财务审计及活动专项审计。

四、举办赛事活动

2020年，在疫情得到有效控制后，省掼蛋协会积极举办承办各类掼蛋赛事，8月15日至11月15日，举办柔和双沟杯冠名的江苏省首届网络全民健身运动会掼蛋比赛；9月26日，举办今世缘"国缘V9"杯冠名的江苏省城市俱乐部掼蛋联赛；11月4日，承办江苏省第八届全民健身运动会掼蛋比赛。其中，"柔和双沟"杯首届网络掼蛋大赛的参与人数高达473935人次，覆盖范围广、影响力度大。11月15日，协会还举行了新闻发布会，向社会发布"柔和双沟"杯全省首届网络全民健身运动会掼蛋活动成果。

【江苏省魔方运动协会】 2020年，突如其来的新冠疫情打乱了协会原定的工作计划和节奏，使协会面临着前所未有的挑战。但在江苏省体育总会的统一领导下，江苏省魔方运动协会按照疫情防控常态化要求，积极调整工作思路，各项工作活动成果丰硕，取得了长足的发展和进步。

一、加强内部建设

2020年，省魔方协会更加注重正规化和人文化的内部建设工作，随着工作的顺利开展，各项规章制度也日趋完善。在原有的规章制度条件下，协会制定了新的管理方案和会员服务方案。在机构设置上，协会采用会长、副会长对各委员会的分管负责制度，确立了各委员会的分工责任。为各项赛事活动顺利进行和开展提供了保障。

二、举办各项赛事

2020年由于疫情，省魔方协会暂停了所有线下活动，并号召魔方爱好者居家打卡练习。2月17日至23日，举办了"指尖战疫”SCA江苏省小学生线上魔方赛。此次活动在线上的成功举办,更加坚定了魔方爱好者战胜疫情的信心和信念。

8月15日至20日,品牌赛事第五届818国际魔方文化节恰逢金字塔魔方发明50周年,金字塔魔方发明人麦菲特教授以视频的形式为活动送来祝福,此次活动同时采用线下庆祝和线上赛事的形式举办,线上直播有数十万网友的观看,成为了扬州的一张新的城市名片,提升了818国际魔方文化节的影响力。

10月31日,江苏省第八届全民健身运动会魔方比赛暨“GAN魔方杯”2020年江苏省魔方锦标赛在镇江市世业洲盛大举办,比赛共设10个小项,有来自江苏省11个设区市的130名运动员参加。

三、助力公益活动

2020年,江苏省魔方运动协会与江苏省残疾人联合会进一步加强合作,在2019年试点的基础上,在江苏省内选择了8个城市的10所特殊教育学校开展魔方运动进特殊学校活动。活动自开展以来,累计服务2000名特殊儿童,其中,南京聋人学校经过连续三个学期的教学,有近一百名学生全面掌握二阶魔方、三阶魔方、金字塔魔方的还原。南京聋人学校的学生还参加了10月23日省体总组织开展的“五环在行动,追蓝色梦想”主题党日活动。

四、加强对外交流

省魔方协会加强对外交流活动,与全国各省市的魔方社会组织保持联系。2020年,山西省、陕西省、山东省、河南省、江西省、重庆市、辽宁省、湖北省等十余个省市的魔方社会组织采用由江苏省魔方运动协会编写的《魔方运动规则》、《青少年魔方运动技能等级标准与测试方法》,两项制度得到了全国同行的高度认可,各魔方组织还多次呼吁江苏省魔方运动协会牵头成立国家级魔方协会。

【江苏省壁球运动协会】 2020年,省壁球运动协会奋斗在壁球运动宣传与推广的第一线,不断为壁球爱好者提供切磋壁球技术、进行友好交流的赛事服务平台。协会多次举办壁球赛事、公益夏令营、球友交流会等多种形式的壁球普及活动,让广大群众,尤其是青少年学生近距离了解并体验壁球运动,从而有效地促进了江苏省壁球运动整体水平的不断提高。

一、举办理事会议

5月28日,省壁球运动协会举办江苏省壁球运动协会第一届理事会第三次会议(网络会议),此次会议是为了响应江苏省体育总会新冠疫情防控工作整体安排,降低疫情期间聚集性活动带来的传染风险的新举措,同时也为省壁球协会后期工作的开展探索了新思路,提高了协会工作效率。

二、开展培训活动

1月3至5日,2020中国壁球协会三级裁判员(初级)培训班在南京举行,此次培训班由中国壁球协会主办,江苏省壁球运动协会承办,共有60名学员参加培训。

7月31日至8月2日,为了加强全省壁球项目裁判员队伍建设,促进壁球项目的普及与发展,省体育局组织举办了江苏省壁球项目晋升一级裁判员培训班。来自全省体育系统、有关高校等单位的壁球裁判员参加了此次培训。本次裁判员培训班是江苏省壁球项目开展的首次晋升国家一级裁判员培训。

三、举办各项赛事

8月8日,省壁球协会举办首届网络全民健身运动会壁球比赛,开启壁球"云端秀",引领健身新风尚。壁球项目素有"室内运动之王"美誉,在疫情的大环境下,非常适合居家健身运动。协会利用全民健身运动会的平台,为壁球运动的普及起到了积极的作用。

8月8日至23日,由江苏省体育总会主办、省壁球运动协会承办的2020“壁有一战”江苏省壁球俱乐部联赛分别在扬州、苏州、张家港、盐城及南京举办。

9月22日至25日，江苏省第八届全民健身运动会壁球比赛在张家港举行，比赛设置了混合团体赛、男子个人赛和女子个人赛。共有来自江苏省内9个设区市的代表队参加比赛。本次赛事是壁球项目首次进入省综合性大赛，对于壁球在江苏省的开展具有重大意义。

9月26日，第二届江苏壁球公开赛在镇江世业洲开赛。江苏省体育局副局长、江苏省体育总会副主席熊伟，南京体育学院党委副书记、副院长、江苏省壁球运动协会会长史国生，镇江市体育局局长戚亚新等领导出席了比赛开幕式。开幕式由江苏省壁球运动协会秘书长周晓明主持，江苏省体育局副局长熊伟宣布比赛开始。

四、举行推广活动

壁球运动具有悠久的历史，随着国际壁球组织在世界范围内不断推广和打造顶级壁球赛事，全世界参与壁球运动的人群不断增多，尤其是欧美和东南亚的国家。壁球运动在国内虽属小众化、时尚性的运动项目，但经过多年的推广与宣传，近年来参与壁球运动的人群也在增加。

11月19日，2020江苏省青少年壁球推广计划暨扬州经开区实验中学壁球社团选材活动在扬州南部体育公园举行。此次活动共有实验中学初一年级组12个班553人参加。青少年体育的开展和综合性体育后备人才培养的最好落脚点是校园，而营造良好的校园体育氛围有助于让学生有多元化的体育项目选择，此次活动为此提供了良好的平台。

张家港外国语学校壁球体验活动在张家港市体育中心举行，共有30名学生参与，活动设置了壁球知识、壁球游戏、壁球技术、观摩比赛等环节，此次活动给孩子们提供了一次近距离接触壁球的机会。

【江苏省射箭运动协会】 2020年,江苏省射箭运动协会在省体育总会领导下,在省方山体育训练基地的关心支持下,在各俱乐部会员单位以及广大会员的共同努力下,依照章程规定程序,选出了协会会长及副会长,为促进协会的发展起到了积极的作用。

一、举办省级赛事

2020年,JSAA俱乐部联赛分别在盐城和南京举办,两次赛事活动得到了协会成员单位的以及各界领导的支持。

9月19日,由盐城问道寻射箭俱乐部承办的JSAA联赛第一站在盐城千鹤湾举办,参赛人数280人。这是疫情过后射箭项目的首场省级赛事,此次比赛为贯彻全民健身理念和江苏省体育产业发展战略、加强省内射箭爱好者的交流和互动、多角度展现射箭的魅力和文化内涵、普及推广射箭运动提供了平台,从而推动了江苏射箭文化的发展。

10月,由南京羿世界射箭俱乐部承办的JSAA联赛南京站第二站的比赛在江苏广电石湫基地举办。此站比赛为室内赛,除了常规赛事之外还特别设置了“钢铁意志”的趣味射箭比赛,趣味赛的加入提高了射箭比赛的观赏性,增加了群众对射箭的认识和了解。协会还邀请了包括企鹅体育、哔哩哔哩、爱奇艺直播、战旗直播、虎牙直播、YY直播等多方媒体对比赛进行直播,有七万多人同时在线观看,创全国射箭比赛观看人数新高。

二、承办全国赛事

在江苏省体育局、秦淮区体育局的大力支持下,10月18日,由南京羿世界射箭俱乐部承办的ACAC2020赛季(南京站)室外射箭邀请赛在南京金陵高等职业技术学院举办。此次活动是疫情以来的首场全国射箭俱乐部赛,比赛共设4个弓种27个小项的竞赛,特别设立青少年组,旨在为广大青少年射箭爱好者提供更广阔的空间。赛后,省射箭协会和秦淮区体育局就ACAC全国俱乐部联赛达成初步共识，将会长期合作确保高质量的办赛，为更多的射箭爱好者提供更加专业的交流平台。

三、举办淮海经济区交流赛

10月6日，由徐州市云龙区文化体育和旅游局、徐州奥体中心经营管理有限公司、徐州市射箭运动协会主办的2020淮海经济区射箭比赛暨徐州奥体城市大联赛“ATC”交流赛于奥体中心主体育场开幕，赛事吸引了18支代表队200名运动员参赛。此次赛事以大规模、高质量、专业办赛水准为依托，为淮海经济区各省市的射箭爱好者们提供了一个良好的竞赛交流平台，也为经济区射箭运动的蓬勃发展添油助力。

【江苏省飞镖运动协会】 受新冠疫情影响，人们的生活方式发生了变化。飞镖运动作为一项个体性、小空间、室内运动，在疫情期间找到了新的发展机遇。2020年，在江苏省民政厅、省体育局、省体育总会的指导下，省飞镖运动协会积极开展各项工作。

一、协会工作概况

1. 召开理事会。7月4日，为进一步加强制度建设和程序管理、规范和促进协会工作，做好疫情防控期间飞镖运动的普及推广，省飞镖协会以微信群会议形式，召开了第一届第一次理事会，讨论和通过了《江苏省飞镖运动协会关于会费收取的管理办法》，表决通过了新增会员名单，增补了一家副会长单位。

2. 规范财务管理。省飞镖协会聘请了专业财务服务公司处理协会财务工作，并配合省体总指定的审计单位完成了协会2019年年度审计工作。

3. 参加党日活动。积极参加省体总组织的江苏省省属体育社团党委委员、入党积极分子进南京市聋人学校开展主题党日活动。

4. 参加培训班。11月4日至6日，参加江苏省社会组织管理局主办的2020江苏全省性社团负责人培训班并顺利结业。

5. 完成江苏省飞镖运动协会的脱钩工作。

6. 建立官方宣传平台，开通江苏省飞镖运动协会官方微信公众号，并定期发布飞镖相关信息。聘请飞镖专业人员加入协会，开展协会各项工作。

二、举办各项赛事

8月，省飞镖协会策划、组织完成了"镖新立异"江苏省首届飞镖联赛。比赛分为个人赛和俱乐部赛，以网络赛+现场赛的形式举行。网络赛持续2个月，进行了10个比赛日80多场的较量，最终决出32强在南京争夺总冠军。这是江苏省首次官方赛事。

8至11月，开展江苏省首届网络全民健身运动会飞镖项目比赛。在省体总的统一指挥下，积极调动各市协会、各高校的力量，组织学生、飞镖俱乐部、工会等飞镖爱好者参与飞镖网络比赛，共收到600个参赛视频。网络运动会有力地推动了飞镖运动的普及。

11月29日，省飞镖协会策划、组织完成了2020江苏省首届飞镖巡回赛。飞镖巡回赛以飞镖普及推广为主，以分站赛+总决赛的形式，在徐州、常州、南京开展了分站巡回。

三、举办培训活动

为了加强江苏省飞镖运动从业队伍建设，培养飞镖运动专业人才，11月22日至23日，省飞镖协会举办了2020全国飞镖教练员、裁判员(江苏站)培训班。来自江苏各市飞镖协会、俱乐部、高校及飞镖爱好者参加了教练员和裁判员培训，并顺利结业。同时，协会还完成了2020年度江苏省飞镖裁判员证年审工作。

为了积极开展飞镖进校园、进企业培训推广工作，2020年，省飞镖协会走进河海大学、南京林业大学、南京艺术学院、南京师范大学等高校，开展飞镖知识普及推广活动，并与各级工会组织联系，走进企业，开展飞镖技能培训工作。

（徐志胜　何　平）

南京体院、省体育局部分直属单位概况

南京体育学院工作概况

2020年是南京体育学院“十三五”收官、“十四五”布局之年，也是东京奥运会和十四届全运会备战关键之年。学院在省委省政府和省体育局、省教育厅的关怀领导下，统筹做好疫情防控和新时期学校事业高质量发展，持续推动教学、训练、科研等各项事业不断取得新成效，顺利完成了年初确定的年度25项重点工作、72项主要工作。

2020年，南京体院坚持以习近平新时代中国特色社会主义思想为引领，把学习党的十九大和十九届五中全会精神作为首要政治任务，讲授“开学第一课”，宣讲十九届五中全会精神，主动深入教室、训练场，大力传播马克思主义科学理论，弘扬社会主义核心价值观，推动建立校党委常委为大学生、运动员上思政课长效机制；邀请省委宣讲团成员、南京大学党委常委王明生教授等专家学者来校宣讲党的十九届五中全会精神；各级党组织书记带头，组织师生学习习近平总书记给新时代青年的寄语、习近平总书记关于疫情防控的系列重要讲话，教育引导师生结合抗“疫”实践，加强对社会主义制度显著优势和两个大局的认识与把握，不断推动习近平新时代中国特色社会主义思想入脑入心。

2020年，学院持续加强基层党组织建设，完成10个党总支（直属党支部）及相关党支部组织调整和委员增补工作，成功举办全校党总支、党支部书记和党务工作人员专题培训班；落实“对标争先”建设计划，积极推进基层党组织“示范创建”和“质量创优”双创工作，携手南京市消防支队党委，在全国首创、实施“消防队员综合能力提升训练项目”，不断提升学校党建特色品牌建设。严格党员发展标准程序，共发展党员150人，举办1期校级入党积极分子培训班。深化拓展“作风建设年”活动成果，深入实施“3+1”作风建设督查机制，确保作风建设取得实效。强化落实“监督责任”，完善学院党委与纪委多频互动、双向联动机制和学院纪检监察机构设置、人员配备，形成了专兼结合、一体协同、覆盖全院的纪检监察工作体系。大力加强纪律建设，深入查处形式主义等“四风”问题，制发建议书，提出监督建议；深入开展第八届党委第二轮和第三轮巡察，对5个二级党组织开展常规巡察，对1个二级党组织开展巡察“回头看”。两轮巡察共发现四大类105个问题，制定整改措施105条。

2020年，南京体院制定实施《疫情防控工作应急预案》等防疫方案，专门成立学校疫情防控工作指挥部，全面领导、统筹推进学校疫情防控工作落细落小落实；多次召开党委常委会、院长办公会、疫情防控工作专题会，研究部署学院疫情防控工作，突出工作重点，补强薄弱环节，保障学院教学、训练等各项工作有序开展。加强人员管理，实行持证出入校园制度，严格管控外来人员进入校园，通过“南体易班”平台、教职工疫情防控信息日报系统等方式，认真做好学生、运动员、教职工、涉外人员等人员的信息排查，以及密切接触者等重点人员的追踪排查。加强场所管理，设置校内医学观察隔离场所，扎实做好所有场馆、教室、公共区域和隔离区域的卫生消杀、日常巡查和饮用水水质监测等工作。加强防疫物资筹备，做好疫情防护必需物资的采购、储备，保障疫情期间师生员工生活必需品和防护用品供应；强化食堂、餐厅的食材采购管理，保证食品安全。加强教学管理，制定实施在线教学和线下教学工作方案，调整教学工作计划，确保疫情防控和教学活动两不误。加强训练管理，制定《优秀运动队疫情防控期间封闭训练暂行规定》，全面抓好疫情防控新形势下的封闭训练备战工作，最大限度降低疫情对训练备战的不利影响。

2020年，制定《南京体育学院一流本科专业建设实施方案》，新增省一流本科专业建设点5个，总计达11个；完成师范专业认证申报和体育新闻专业综合评估；获批新闻与传播专业硕士学位授权点。深化人才培养多元融合，积极推进体育类专业多元融合式应用型人才培养模式探索与实践，召开2次人才培养模式改革专题研讨会，撰写了多元融合视域下高质量复合型人才培养模式改革研究报告，完成融合性教材建设阶段性的工作任务。全力打造精品课程，制定《南京体育学院一流本科课程建设实施方案》，获校级一流课程立项18门、省重点教材立项1项、校级重点教材4项，1项参评首届全国教材建设奖教材已通过省级评选，获全省高校微课教学比赛一等奖2项、二等奖3项、三等奖5项；积极推进思想政治理论课教学改革，建立"战疫小课堂"，将防疫抗疫先进人物和典型事迹案例融入思政课教学，弘扬爱国主义精神，积极传播正能量。人才培养质量显著提升，与美国罗克福德大学达成合作办学框架协议，该项目已获得省教育厅批准，并递交教育部审核；新增本科专业实习基地7个；获国家级大学生创新创业训练计划项目14项、省级27项，获江苏省优秀本科毕业论文5篇；第二届全国大学生体育产业创新创业大赛铜奖2项，第十一届"挑战杯"江苏省大学生创业计划竞赛决赛银奖1项、铜奖1项，第五届江苏省大学生体育健康产业创新创业大赛特等奖1项、一等奖1项、二等奖1项，2020年江苏省大学生职业规划大赛一等奖1项、二等奖1项，其他省级以上各类体育赛事和专业学科竞赛，共获得第一名132个、第二名113个、第三名93个。创新"云招生"模式，全年录取本科新生995人，民办本科生738人，成人教育本专科生97人。4个班级获江苏省先进班集体称号，7名同学获“江苏省三好学生”称号，2名同学获“江苏省优秀学生干部”称号。着力做好学生就业工作，严抓毕业生就业工作“一把手”工程，举办多场毕业生专场线上招聘会，年终就业率超过92%。顺利完成2020年近10000人的艺术类、体育类招生考试，做到“考试录取无差错，考风考纪零投诉”。顺利完成江苏省14个基地484名学生运动员的拟试训和招聘运动员文化考试任务。完成国家体育总局初级教练员报名考试，全国体育传统项目学校体育师资国家线上培训和5期“运动处方师”培训等工作。加强教学监督管理，制定出台《南京体育学院本科教育教学“3+1”督查实施方案》，构建校—院—系“三位一体”督查工作体系，为高质量推动教育教学工作开展提供基础保障。

南京体育学院全面抓好疫情防控新形势下的封闭训练备战工作，各类重大赛事取得佳绩，在2020年全国一类比赛中，学院共取得金牌12枚、银牌3枚、铜牌17枚；在全国同类项目比赛中，学院取得的金牌数与山东省并列第三。体操项目主力队员孙炜夺得男子个人全能冠军，老将尤浩摘得双杠和吊环两枚铜牌；花样游泳项目一举摘得4金1铜，首次实现全小项获奖牌，开创年度一类赛的最好成绩；游泳项目重点运动员张雨霏夺得100米蝶泳和男女4×100米混合泳接力冠军，打破100米蝶泳亚洲纪录和男女4×100米混合泳世界纪录；网球项目新组合张择、华润豪夺得男子双打冠军；击剑项目夺得4枚金牌，其中女子花剑项目包揽团体和个人2枚金牌；艺术体操项目夺得成年集体全能冠军；蹦床项目夺得1枚铜牌、跳水夺得1枚铜牌、乒乓球项目夺得4枚铜牌，呈现出较好的回升势头。

2020年，南京体育学院不断加强优势学科建设，顺利完成省高校优势学科建设工程三期项目中期自评；扎实推进博士学位授予立项建设工作，组织召开申博工作推进会，制定实施《南京体育学院申博工程2023行动纲要》;实行学科带头人计划,完成22名学术带头人和研究方向带头人聘期考核。组织召开研究生教育会议,全面推进研究生教育综合改革;积极推进研究生导师队伍建设,完成新一届导师遴选和重新聘任,新聘研究生导师142名;"运动科学与健康促进"研究生导师团队获第二届江苏省"十佳研究生导师团队"提名奖。研究生培养质量持续提升,获江苏省研究生培养创新工程项目38项,省优秀硕士论文1篇,发表核心期刊论文4篇。科研创新实力不断增强,全年获批各类课题立项64项,总经费418.8万元,其中国家重点研发计划课题1项、国家社会科学基金项目2项、国家自然科学基金青年项目2项,单年国家自然项目立项数创南京体院历史;获批省部级项目共计11项,市厅级课题立项数目均有大幅提升。科研成果不断丰富,全年共发表各类论文230篇,其中,SCI 6篇、SCI-E 11篇、CSCD论文(含扩展版)5篇、CSSCI论文(含扩展版)52篇、北大核心期刊论文3篇;出版学术著作13部;获各类知识产权3项;首次获得教育部高等学校科学研究优秀成果(人文社科)三等奖1项;获江苏省哲学社会科学优秀成果奖一等奖1项、二等奖4项、三等奖1项。组织召开学院十四届科学论文报告会,搭建学术交流平台,有力推动学校科研创新工作向前发展。强化科研管理和平台建设,建立健全科研和实验室管理制度;正式成立中国体育科学学会青年工作委员会,并挂靠南京体育学院。

从严从实抓好干部管理,2020年提任处级干部12名,科级干部32名,交流处级干部17名,科级干部10名。切实抓好学习培训关,全年共选送21名干部参加省委各级各类党建培训班,组织学院80名中层及以上干部赴中共昆山市委党校集体学习,举办全校优秀年轻干部能力提升轮训班,28名优秀科级干部赴中共淮安市委党校学习,积极派送选送4名同志分别赴泗阳县、团省委、教育部、国家体育总局挂职锻炼,完成6个干部监督管理制度的制定，完成累计20人的干部个人事项抽查，完成105人的个人有关事项报告认定结果复核，完成2019年度学院处级领导班子、处级干部和部门年度考核工作。持续加强人才队伍建设，成立党委教师工作部，顺利完成人才建设“160工程”收官，师资队伍博士比从2017年8.7%提高到28.9%；完成2名省第五期333工程培养对象考核，获批中青年学术带头人培养对象1人、2020年度省有突出贡献中青年专家1人、省紫金社科英才1人、省紫金社科优青2人；组织开展教师岗前培训、新职工岗前培训、青年教师英语轮训班等教师培训活动，全面提升教师的综合能力；顺利完成83人专业技术职务评聘工作；组织开展“教学名师”“优秀教师”“优秀教练员”“优秀教育工作者”评选、第五届教师教学基本功比赛、年度全员性教案评选等活动。

2020年，南京体育学院深入开展“制度建设年”活动，完成学校各项制度的废改立，形成第一部全院性《制度汇编》。顺利完成全年招聘工作，录用44名人员；扎实做好运动员进队、试训、退役安置、编制外用工管理等各项工作。积极争取常规预算外办学资金，共计500万；扎实推进内控体系建设，建立健全内控制度，制作内控手册，开展内控培训，顺利完成全年93个委托招标项目、31个自主招标项目的招标工作，节省经费800万元。进一步完善资产管理体系，健全国有资产、物资采购管理体制，推进公用房管理制度化、规范化，完成废弃油库的拆除、处置等工作。积极推进院企改革，完成6家院属企业及子公司的注销工作；附属幼儿园获批“江苏省体育特色幼儿园”。在做好防疫的情况下积极推进复工复产，有力保证产业创收增收，全年上缴学院利润260万、上缴省财政90万。持续深化服务保障“6T”管理，组织开展“服务保障质量突破年”系列活动，稳步推进后勤服务社会化，提升服务保障质量。全力推进新校区建设，积极与溧水、六合、仪征等区市沟通联系，积极推动新院区选址工作，为学院办学发展拓展空间；加快推进本部、仙林校区校园建设，完成北区道路初步设计和概算审批，完成运动员公寓挡土墙和部分路面铺设、学生宿舍和场馆维修、职工之家改造、北区供暖管道改造等工程。2020年，学院深入开展“校园文化建设巩固年”系列活动，完成校史编纂、《南京体育学院奥运冠军录》出版，以及《南京体育学院赋》《南体之歌》创作等文化创建工作，举办11项“书香南体”文化活动，成功举办2020海峡两岸中华武术（国术）交流大会，进一步提升海峡两岸交流平台的社会影响力。

（史国生　王翠芳）

江苏省体育局训练中心工作概况

2020年是中国十三五规划的收官之年和十四五规划的谋篇布局之年，也是东京奥运会和第十四届全运会前最后一个备战关键年，但一场突如其来的新冠肺炎疫情让全世界的2020年变得极其特殊。江苏省体育局训练中心在省体育局的正确领导下，紧紧围绕“夺取优异成绩、培养优秀人才”的核心工作理念，坚持党建与业务工作高度融合工作方针，在众志成城坚决做好疫情防控的基础上，咬定目标不放松，确保各项训练备战有序顺利进行。

2020年，省体育局训练中心受疫情影响，面对东京奥运会延期、十四届全运会备战压力陡增的现实局面，训练中心依托及时、科学、有效的调整与规划，咬定目标不放松，扎实推进各运动队备战工作。

奥运会争入选方面，2020年度省体育局训练中心备战东京奥运会争入选人数共计8人。其中，篮球和橄榄球项目均属首次入选项目，篮球项目1人为女子三人篮球运动员姜佳音，橄榄球项目5人分别是女子橄榄球运动员陈可怡、闫美玲、杨敏、王婉钰、高月影。排球入选2人，是已经第二次入选奥运会的女子排球运动员张常宁、龚翔宇。另外，田径男子跳远运动员王嘉男，女子三人篮球运动员胡鑫雨，男子三人篮球运动员赵率舟，女子排球运动员刁琳宇、倪非凡，女子沙滩排球运动员薛晨，男子沙滩排球运动员吴佳欣、颜廷洋等8人也在积极争取之列。

全国比赛方面，训练中心在全国一类比赛中取得10金13银10铜，其中全运会设项4金7银6铜、非全运会设项6金6银4铜（含青年组设项4金6银4铜）。其中田径项目中心的男子跳远王嘉男、男子800米夏辰禹和女子铅球高阳获得第一，篮球项目中心女子篮球青年组获得冠军。在全国二类比赛中获得2金3银5铜，其中女排青年组在全国青少年U18女子排球锦标赛取得第一名，张玉在中国BMX自行车联赛青年女子越野赛取得第一名；在全国青年比赛中，共获得1金1铜，其中女子橄榄球青年组在全国青少年U系列英式7人制橄榄球冠军赛取得第一名。

2020年，省体育局训练中心克服多重困难，有效推进运动队人才培养建设工作。取得的成绩有：女篮成年组荣获“江苏省工人先锋号”；女子橄榄球队和女篮队员姜佳音分获2019—2020年度省级机关“巾帼文明岗”“巾帼建功标兵”，姜佳音和刁琳宇获得江苏省优秀共青团员称号；自行车队党支部及中心行政科室的党员韩琪受到省体育局机关党委表彰；成功推荐龚翔宇为全国优秀共青团员。截至2020年11月30日，全中心输送运动员至国家队42人；进队运动员共计78人，试训运动员80人；共完成等级申报运动员34人，其中国际级运动健将1人，运动健将12人，一级运动员20人。

省体育局训练中心是江苏在训人数最多的基层训练单位，2020年又适逢奥运、全运备战冲刺关键之年，因此，2020年初新冠肺炎疫情的爆发，成为了中心自成立以来遭遇到最严酷的外力因素考验。

为严格做好疫情防控工作，局训练中心第一时间立即成立了疫情防控领导小组，各行政科室紧急动员，及时印发运动队返回中心和各项防控管理办法，确保运动队于年初三起有序返回并投入全封闭训练。作为中心防疫工作一线骨干，中心医务科王富同志不仅获得省体育局和训练中心优秀共产党员称号，还荣获2020年度全国体育事业突出贡献奖的荣誉。在集中爆发期的58天里从全局高度推出有思想、有温度的各类新闻稿43篇，切实树立起了“特殊时期积极作为、团结协作、共克时艰”的良好形象。在此基础上，2020年局训练中心撰写上报局网站和局公众号新闻共28篇，超额完成省体育局下达的全年任务；全年国家级媒体宣传10篇，其中新华社7篇，国家体育总局1篇，中央电视台体育频道1篇，中国体育报1篇。省级以上媒体46篇：分别是学习强国江苏平台2篇，新华日报交汇点13篇，江苏体育频道25篇，扬子晚报6篇。

此外，为缓解疫情期间运动员封闭训练的高压考验，依据《省体育局机关党委关于进一步加强局系统意识形态工作的通知》的相关要求，局训练中心充分调动各级团组织、运动员委员会和广大团员运动员主动性、开展了多达20余项主题各不相同的精彩团委活动，如：邀请书画名师喻慧、熊岱平开设书画学习班、风筝制作、家乡菜厨艺大赛、“制止餐饮浪费，培养节约习惯”系列活动等，其中运动员反兴奋剂海报设计大赛和烧烤音乐节活动受到了国家体育总局和省体育局的高度肯定。组织开展了学习《习近平给“90后”党员的信》线上团日活动，收获思想心得140余篇；组织青年运动员学习《习近平与大学生朋友们》专题讨论，奥运冠军、江苏女排运动员张常宁、龚翔宇的读后感被《中国青年报》刊发；组织开展“五四精神、传承有我”抗疫故事分享会，活动受到“学习强国”平台关注并进行报道，通过活动不断提升自身修养、争相夺得“思想金牌”的广大青年运动员们。

2020年，训练中心进一步严格规范了发展党员工作，共发展预备党员11人，预备党员转正11人，其中10名是来自一线的运动员。根据疫情封闭管理的实际情况，2020年下半年7名发展对象参加了省级机关工委举办的线上培训班。全年共有19名发展对象进行了规范培训。

为完善制度化建设，在充分继承优良传统的基础上，2020年训练中心由办公室牵头，各行政科室积极配合，全面梳理各项规章制度，共新增制度11项，如《训练中心支付审批管理办法》《训练中心反兴奋剂处罚条例》《训练中心工伤医疗费管理办法》，修改制度32项，如《训练中心党委议事规则》《训练中心纪检工作规则》《中心固定资产管理细则》，完成了共计7大类75项制度的整理和汇编。

为有序加强人才队伍建设，2020年在省体育局党组的关心和支持下，训练中心选拔任用了3名科级干部。积极协调1名教练调配进编，推荐2名教练员参加政府特殊津贴和省突出贡献中青年专家评选，评定3名初级教练、7名中级教练，推荐参评高级教练5名，国家级教练2名。组织开展队医、排球教练、橄榄球教练、体能教练等6名专技岗位的自主招聘工作，进一步扩充中心人才储备。训练中心成立十余年，各项制度及现有团队已不能适应国家体育改革的新形势和训练中心的发展实际。为此，2020年中心着重加强规范化、系统化、流程化的管理，确保各项事务有章可循、有据可查、有法可依，并同步谋划布局人才队伍建设，推动中心实现可持续化高质量发展。

（胡爱华）

江苏省五台山体育中心概况

2020年，江苏省五台山体育中心以习近平新时代中国特色社会主义思想为指导，深入贯彻党的十九大和十九届五中全会精神，坚持以人民为中心的发展思想,在省体育局的关心和指导下,围绕奋力夺取疫情防控和事业发展“双胜利”,全体五台山人慎终如始战疫情,争分夺秒抓经营,主动对标高质量。截至11月底,实现经营收入7824.69万元,完成中心预算账户收支平衡、略有盈余目标。

一、全年场馆运行平安

2020年,突如其来的新型冠状病毒感染的肺炎疫情严重威胁着人民群众生命安全和身体健康,也极大考验着大型体育场馆的应急处置与综合治理水平。中心统筹好安全和发展工作,把安全生产作为第一要务,在五台山上打响了安全保卫战。一是主动践行防疫主体责任,从严从紧落实各项防控措施。2020年春节在江苏省启动突发公共卫生事件一级响应后,体育中心第一时间成立了疫情防控领导小组。作为公共开放场所,体育中心防疫任务重、条线杂、难点多,在省体育局及南京市防疫指挥部指导下,体育中心科学研判,精准施策,逐步分项目、分区域、分时段有序恢复场馆开放,全面落实对公共区域、健身场所、餐厅、家属院社区等安全管控。结合疫情形势和开放实际,陆续发布体育中心有序恢复场馆开放、体育培训及赛事活动“三指南”,建立常态化疫情防控下场馆开放“新标准”,加强会员管理,实行线上预约、验码测温、信息登记、一客一消杀;加强员工管理,每日健康监测,建立“一人一档”;加强应急处置,一馆一设临时隔离间等,不断打磨管理细节和服务标准。二是开展安全生产专项整治,提升综合治理能力。体育中心坚持“管行业必须管安全、管业务必须管安全、管生产经营必须管安全”原则,2020年五台山体育中心领导班子全体成员对照分管工作制定安全责任清单,各部门结合工作实际制定安全工作清单并逐级逐岗签订安全生产责任书,制定完善包括消防、反恐、餐饮、高危项目开放、体育赛事活动等14项安全生产应急预案。深入贯彻省体育局《体育安全生产专项整治实施方案》,经常性组织开展安全检查、应急演练、培训教育和消防能力自我评估，启动游泳馆屋顶全面更换、体育馆漏电保护、健身馆附楼消防改造工程，提高群众健身的安全感。

二、咬定目标不放松

2020年对于五台山体育中心是极具挑战的一年，1月25日五台山下属所有场馆（含户外）暂停开放，闭馆近一个月后从户外到室内逐步对外开放，直到3月29日场馆才全部有条件恢复开放，5月18日体育培训业务才正式恢复；截至到11月底，文艺演出、企业年会等大型活动业务停摆；加之推进下属子公司清产核资，以及落实对租赁户减免3个月租赁政策，更是让中心经营压力倍增。为了渡过难关，体育中心想方设法求生存，促复苏，谋发展，截至11月底营业收入已恢复至去年同期的82.8%。一是抓目标管理，疫情期间体育中心停工不停产，早在2月利用闭馆期逐个场馆调研，召开经营分析会，提早分析困难、谋划对策，在确定了全力自保、全员营销、开源节流、创新拓展等工作基调后，实施阶段性、动态化确定经营指标策略。首倡“全员营销”——给行政职能部门定指标、下任务；实施“月月超”计划——自8月开始，要求所有经营部门每月经营收入超去年同期，每月发布排行榜；开展“双百”行动——力争房屋出租率百分之百，房租收缴率百分之百。二是抓假日营销，一方面抢抓学生暑期夏令营市场，提前部署宣传招生、促销推广，五台山符合防疫要求的培训产品全部上架。另一方面重点打造好第17届江苏五台山全民健身节、第五届江苏五台山健康节两个节日，在节日期间开展“万人免费健身体验”“五台山体育消费券大派发”新客户引流系列活动以及“致敬最美守护者”“五台山健身直播大嗨购”“五台山健身纪念一卡通发行”“五台山·鼓楼区新夜健”等特价促销活动，并与华侨路街道“七彩华侨路·四新齐绽放”系列活动以及鼓楼区“夜间经济联盟”实现了良好的资源整合与工作互动，健身节以1422万元圆满收官，再创历史新高；健康节收入463万元，较去年同口径相比增长30余万元,为中心经营注入了镇定剂、强心针。三是抓新增长点,在大力挖掘健身休闲、体育培训等体育本体主营业务的存量、潜能基础上,一方面加大无形资产开发,与今世缘酒业达成体系化广告合作,中国银联广告冠名赞助成功续签;另一方面,想方设法提升场地服务附加值,在大型活动举办受阻情况下努力开辟中小型活动市场,同时承办运营魅力江苏、最美体育"羽民同乐"、江苏省城市假日联赛以及南京地铁职工全年健身赛事服务项目,推进五台山从单纯场地租赁商向赛事活动综合服务商转型,提升市场核心竞争力。

三、"六个"身边工程建设落到实处

疫情使人民群众的健身健康意识普遍增强,体育中心牢记习近平总书记"没有全民健康,就没有全面小康"政治嘱托,高质量开展好常态化疫情防控下的基本公共体育服务,多措并举推进全民健身"六个身边"工程建设落到实处,勇做江苏群众体育发展的示范者。一是全面落实低免开放政策,用好中央、省低免开放补助资金,全年免费接待17万健身人次,低价位服务4万健身人次,开展体育技能培训6.7万人次,五台山@百姓大联赛举办34场次,五台山公共体育服务体系建设卓有成效。2020年由省体育场馆协会牵头,会同体育中心场馆工作部,对全省132家体育场馆的免费或低收费开放情况进行实地督查,积极发挥对全省体育场馆运行管理的指导与培训职能。二是不断提升场馆服务质量,6月,智能二代户外健身路径落户的南京五台山小绿园重装开放,完成健身馆私教服务区整合优化、游泳馆入馆流程智慧化再造和体育场塑胶跑道出新,五台山"公共体育服务场馆服务标准化"入选省市场监管局、省发展改革委2020年江苏省战略性新兴产业和服务业标准化试点项目,五台山10家场馆迎来中国体育服务认证审查。三是创新拓展线上健身服务,疫情期间倡导居家健身,"陆上游泳""健身随手练"等录制课程收获好评,"五台山云健身”抖音直播公益课程自2月6日上线至今共计开课400课时，累计关注人数逾2000人，在线观看2万人次。发布燃脂健身操、普拉提、运动康复、肌肉群训练等不同主题短视频，浏览量达10万人次，拓展了公共体育服务线上渠道。四是大力弘扬全民健身文化，2020年五台山全民健身节举办至第十七届，五台山健康节举办至第五届，并首次打造“88五台山全民健身周”，围绕“新标准·新服务·新形象·新夜健”“致敬最美逆行者·致敬最美守护者”“健身强体·你我同行”“趣味运动·健康生活”等主题开展一系列体育公益活动。五是跨界做好“体育+”文章，2020年五台山与南京拉萨路小学、南京市广电集团财经事业部分别基于体教结合、体旅融合进行战略签约，五台山少儿运动成长中心建成开放，拓展“全人群、生命全周期”健身服务。六是积极探索体医融合路径，充分利用好体测站(车)开展公益体质测试，打造以人为单元健康管理闭环，截至11月底为9485人进行体质测试，实现微信手机端建立、查询、更新健康档案，2020年中心3名健身教练员参与运动处方师培训并通过资格认证。

四、创业环境风清气正

2020年以来，虽然疫情对中心业务工作带来了很大的冲击，但整体党建工作计划未受较大影响，党建工作的高质量开展也给中心疫情防控、复工达产等各项工作起到了很好的引领和保障作用。一方面，党建工作质量稳中有升。一是明要点，制定《体育中心党建工作要点》，明确以建设“三个表率”模范单位为目标的党建工作方向与具体要求，召开2020年全面从严治党暨党建工作会议，签订《落实全面从严治党责任书》。二是压责任，严格落实“一岗双责”，制定下发《全面从严治党主体责任清单》《体育中心党委落实党建领导责任清单》，同时组织各党支部制定落实党建责任清单。三是强组织，2020年组织下属11个党支部完成换届选举并增设2个党支部，采取线上和线下结合的方式灵活组织党委中心组学习、党支部“三会一课”开展等，全年组织11次中心组学习，认真落实谈心谈话逐级约谈工作，推进党内政治生活的常态化、规范化、制度化。四是转作风，组织修订体育中心作风考核评议实施办法和考核细则，制定印发《体育中心“五抓五促”提效能、全力夺取“双胜利”专项行动实施方案》及工作清单，制定5个方面13个要点具体措施，重点解决党建工作与业务工作融合不够深的问题，团结动员全体干部职工以更优良的作风落实各项决策部署，推动党建成果转化为发展成果。六是带群建，顺利召开六届职工代表大会第二次会议暨工会会员代表大会，审议通过了中心内部管理制度修订。另一方面，精神文明建设久久为功。一是严格落实意识形态责任制，弘扬践行社会主义核心价值观，加强中心网站、微信号、文明在线等宣传阵地建设，评选表彰中心文明部门标兵、文明班组标兵和优秀五台山人，激励中心广大干部职工对标先进、干事创业。二是持续开展文明创建，制定印发体育中心《2020年度精神文明建设工作计划》，对标《测评体系》高质量完成“全国文明单位”迎检复查工作。三是主动践行社会责任，搭建完成“党员责任区”“党员示范岗”等党员服务群众平台，积极组织参加省体育局开展的无偿献血活动，主动面向在宁援鄂医务人员和医疗机构推出“致敬最美守护者”项目捐赠价值180余万元，疫情期间共组织110天志愿活动，357人次提供总时长1122小时志愿服务，志愿服务之花香满五台山。

（丁　元）

江苏省方山体育训练基地工作概况

2020年是全面建成小康社会和“十三五”规划收官之年，是备战第十四届全运会周期的关键之年，也是不寻常的一年，省方山体育基地在省体育局党组的正确领导下，坚定不移地贯彻落实上级各项决策部署，紧紧围绕备战东京奥运会和第十四届全运会为核心任务，统一思想认识，强化忠诚担当，履职尽责，以竞争和创新为动力，扎实推进各项备战工作。

江苏省方山体育基地在2020年全国一类比赛中共获得全运会项目：4个第二名，2个第三名，3个第四名，1个第五名，3个第六名，1个第七名，总分126分。总分位列全国第四名，奖牌位列全国第十三名。第十四届全运会射击项目第一场席位赛，省方山基地共获得男子10米气步枪团体席位1个、女子10米气步枪团体席位1个、女子飞碟双向个人席位2个、男子飞碟多向个人席位1个。

2020年，省方山体育基地积极参加省体育局各项教育活动，上交“使命在肩、奋斗有我”读书活动观后感23篇，“家规家训”征集3条，“廉言廉语”11条，廉政书画作品2篇。积极参加省体育局机关党委组织的无偿献血活动，为支援防洪防汛工作尽一份责任和力量。扎实开展抗击新冠肺炎疫情“党员先锋岗”活动，自2月6日基地复训以来，各部门党员干部轮流值守基地南门，配合安保、医务人员守好战疫第一道防线，以实际行动践行党组织和党员干部模范表率的思想自觉和行动自觉，其中5人获得“最美逆行人”荣誉称号，体育基地也因在抗疫工作中的突出表现，被省体育局授予“最美逆行先锋队”称号。建立“不忘初心、牢记使命”长效机制。紧扣体育训练部门实际，通过协助举办东京奥运会射箭项目模拟赛、“长三角”射击邀请赛，组织运动队赴水上基地调整学习、组织“忠诚核心，勇担使命”主题党日等活动，把中央关于加强党的政治建设的部署要求贯穿到抗击新冠肺炎疫情、深化体育改革、狠抓安全生产等工作的全过程，形成具有体育特色的党建工作格局，营造风清气正的政治生态。

2020年，省体育局方山基地积极组织基地全体干部职工全面学习贯彻《习近平新时代中国特色社会主义思想纲要》，推动学习型基地建设。制定了方山基地党建工作学习计划并严格按时推进，引导全体党员认真学习贯彻习近平新时代中国特色社会主义思想；推进两学一做学习常态化，认真落实三会一课制度，组织生活会制度、民主评议和主题党日制度，制定支部责任清单，构建一岗双责党建责任体制。基地与各部门签订了党风廉政工作责任书，推进党建工作与业务工作深度融合。压紧压实意识形态工作，认真落实《关于省级机关党组织进一步做好意识形态工作的意见》要求，加大对意识形态工作各项制度落实情况的督查。及时了解掌握党员思想动态，有针对性地做好思想政治工作，开展班子成员集体谈话和针对性谈心。上半年共有3人次参加省级机关工委举办的党员发展对象培训班，其中两位同志在6月12日的支部党员大会中顺利通过全体党员的审议；不断加强运动队党建工作。将支部建在运动队，深入学习把党建工作要求全面融入运动队训练比赛、人员管理、思想政治教育全过程。加强运动队党务干部队伍培养，提升运动队党建规范化标准化水平。

2020年，省方山体育基地坚持把纪律和规矩挺在前面，加强警示教育，通过中心组学习会、集体廉政谈话、以“廉政教育月”为契机组织观看系列警示教育片——《围猎之祸》《小官巨贪》等，用生动、真实的事例教育全体干部职工，做到以案为鉴、以案明纪，筑牢党员干部拒腐防变思想根基，让党员干部知敬畏、存戒惧、守底线。强化纪律教育、政德教育、家风教育，把党纪党规纳入基地中心组学习、党支部学习和党员教育培训内容。不断强化执纪监督。深化运用“四种形态”，注重抓早抓小，制定了《方山基地反兴奋剂工作条例》《2020年方山基地招标采购办法》等制度，完善了《进队考核办法》等规范，紧盯赛风赛纪和反兴奋剂、招标采购、运动员进队等高危领域和环节，做实做好日常监督。加强问题线索管理，加大审查调查工作力度，严肃查处违纪违法问题。深化标本兼治，加强制度建设，建立健全党风廉政风险防控体系，一体推进不敢腐、不能腐、不想腐，牢牢守住"稳定、安全、廉政、生态"四条底线。

2020年是方山基地历经史上最长的冬训备战训练，围绕奥运会争入选和全运会备战，以及服务常态化训练的要求，方山体育基地组建了训、科、医、管相结合的复合型训练管理团队，更加科学、高效地为运动队备战服务。多措并举，加强冬训备战。(一)开展冬训质量评估。2019年—2020年度的冬训自去年的11月中旬正式开始，受新冠肺炎影响，此次冬训时间史上最长。按照国家体育总局和省体育局通知要求，方山体育基地组织开展了两次体能大比武和两场专项考核。通过二次体能大比武，运动员的上肢力量、背腹肌耐力、下肢爆发力、以及有氧耐力和最大摄氧量等体能素质都得到了全方位的检验，让不同项目的运动员进行同场竞技，起到了相互学习、相互促进的作用，也让大家对体能的重要性有了更深的认识。通过对体能测试结果的分析，更好的掌握了运动员身体素质和基础体能情况，检验了冬训体能训练的成效，为教练员提供了体能测试数据，便于及时调整专项训练计划，保证运动员的体能训练促进专项技术的稳步提升。同时我们邀请了省体科所科研小组，上门对射击、射箭项目的30名重点运动员进行了体成分、FMS、生理生化等7个项目的测试，形成专业测试反馈报告，结合体能大比武和专项考核数据分析，实现数据收集、分析、评估，初步建立运动员信息数据库，完成了方山基地2019—2020年度的冬训质量评估报告，对本年度的冬训质量进行了有效的综合评价。2020年，方山体育基地训竞部和周边省市、国家队积极沟通、协调，举办了省手枪队和国家射击队、山西、上海射击队四支队伍网络视频直播"云比赛"、全国射箭项目调赛暨东京奥运会模拟赛、长三角地区射击邀请赛等赛事，努力为运动队创造赛练结合的机会。以赛代练、以赛促练，进一步加强运动队的训练备战工作。

做好医疗服务和严把反兴奋剂关。反兴奋剂工作关系到省和项目的体育形象，更关系到体育事业健康和可持续发展的大局。基地在反兴奋剂工作上常抓不懈、严防死守，明确“零容忍”态度和“三严”方针（严令禁止、严格检查、严肃处理），进一步强化“宁可没有金牌也不能用兴奋剂”的意识，年初即召开了以“纯洁体育，向兴奋剂说不”为主题的反兴奋剂教育大会，在行踪申报方式改变后又第一时间召集运动队全体人员开展了行踪申报教育。对重点队员和伤病队员进行跟踪医疗保障。利用现有康复仪器理疗设备进行治疗，并采购了一批按摩椅、理疗灯等设备，配发各队营养药物，做好运动员体检及生病就医工作。

（丁兆光　许　天）

江苏省足球训练基地工作概况

2020年江苏省足球训练基地全体人员以习近平新时代中国特色社会主义思想和习近平总书记关于体育工作的重要论述和指示批示精神为指导，按照省体育局党组关于周期工作的总体要求和各项工作的具体部署，咬定目标，精心谋划、统筹安排、突出重点、多措并举，大力推进足球改革，积极促进基地建设与发展，较好地完成了年度目标任务。

2020年，省足球训练基地把学习贯彻习近平新时代中国特色社会主义思想作为首要政治任务，形成“基地班子、党支部、党员、普通干部”四位一体的政治学习格局，确保政治理论第一时间学习、决策部署第一时间落实。形成每月干部理论学习例会制，例会增加交流发言环节，鼓励年轻干部多思考、多担当；每半年组织一次干部思想动态分析，增强政治敏感性和鉴别力；强调理论学习结合业务学习,在落实重大任务和推动业务工作中坚持正确政治方向,增强干部用理论知识指导工作实践的能力,既要防止重业务轻政治现象,又要防止游离于业务工作之外空洞的政治工作。在学习中明确基地的建设发展方向和发展方式,激励全体职工为足球基地十四五发展规划出谋划策,共谋发展。全年共组织学习培训17次,开设了专题学习讲座4次,422人次参加了学习。

2020年,省足球基地组织党员开展党规党纪知识测试,观看廉政教育专题片《政治掮客》和《永葆政治本色》,引导党员干部知敬畏、存戒惧、守底线。组织全体党员与机关第七党支部共赴王荷波纪念馆参观学习,接受警示教育,进一步增强党性观念、提高党性修养、强化党员意识,严守政治纪律和政治规矩。发动支部力量,在全体党员中广泛开展廉政文化作品征集活动,收到支部上报的廉言廉语作品十条、家规家训作品十条。以廉政文化养廉育廉,在广大党员干部中营造风清气正的文化氛围,让广大党员干部受感染、受教育,自觉从思想上筑造"不想腐"、"不能腐"、"不愿腐"的钢铁长城。

省足球基地计划保障科包锋林多年来累计献血47次,是中华骨髓库第一批加入无偿捐献骨髓的志愿者,分别获得全国无偿献血特别促进奖、全国无偿献血奉献奖金奖。江苏机关党建网"每周一星"栏目在2018年9月宣传了他的先进事迹。荣获"玄武区见义勇为先进个人"称号,被授予"南京市见义勇为先进个人"称号。在新冠肺炎疫情防控期间,他充分发挥党员先锋模范作用,利用下班后的业余时间主动参与所在社区疫情防控志愿者工作,为社区联防联控、打赢疫情防控阻击战贡献了力量。2020年6月,被省委省级机关工委授予"省级机关优秀共产党员"。基地党总支以包锋林同志为典型,举办了优秀事迹分享会,号召全体党员身体力行发挥先锋模范作用,强化"我是党员我先上"的先锋模范带头意识。一年来,基地加强对外宣传力度,全年共计7条新闻线索被中央媒体录用,1条新闻线索被中国体育报录用,共41条新闻线索被省级媒体录用,充分展示了江苏足球人的初心与担当。

2020年,省足球基地全力做好全运会备战参赛工作。受新冠疫情影响,各运动队自2月3日起陆续归队恢复训练后,仅女足成年队参加了全国最高水平比赛,江苏队最终获得第二名的成绩,较去年略有下降,其它几支队伍没有参加全国性比赛。为备战东京奥运会,国家队正在苏州进行集中封闭训练,新一届备战名单中,江苏省有8名运动员入选,如若国家队获得奥运会参赛资格,江苏省会有3~4名运动员入选奥运会。另外,最新一期国家青年队集训,江苏省有6名运动员入选,各支国字号队伍入选人数居各省前列。

2020年,省足球基地研究制定了《江宁足球训练基地反兴奋剂管理暂行办法》和包含食品、药品、营养品、就医用药、行踪申报等管理要求在内的6项反兴奋剂专项管理规定。各运动队全体教练员、运动员均签订了反兴奋剂责任书。多次组织专题反兴奋剂教育培训,重点强调严禁运动员网购食品、药品、营养品等存在兴奋剂隐患的物品;运动员服用任何药品、营养品必须经过领队、队医审核等主要兴奋剂风险点。通过多种形式的教育管理,增强各运动队反兴奋剂管理责任体系和责任意识。要进一步加大反兴奋剂宣传教育力度。邀请了法律专家讲解最高人民法院发布的《关于审理走私、非法经营、非法使用兴奋剂刑事案件适用法律若干问题的解释》,大力开展运动员、教练员和辅助人员的教育和培训,强化法规意识,加强警示提醒。加大反兴奋剂宣传的范围和频率,依托自媒体、大屏、海报等形式,做到办公场所、训练馆、公寓、餐厅、课堂全覆盖。

2020年,省足球基地合力推进后备人才培养。从周期前两年的备战参赛情况来看,省、市、校、企的联办模式有力推动了运动队的建设发展。为进一步推进运动队联办工作效能,足球基地与苏宁女足俱乐部签订了联办补充协议，明确了双方在备战训练、日常管理、训练参赛等方面的责任和权利；与昆山FC、常奥体育签订了男足2007—2008年龄组联办协议，加强男足梯队培养。同时，一年来，基地克服多重困难，组建了男女足2007—2008年龄组后备梯队，为下一届全运会储备了人才。此外基地还组织了4期126人次的各级各类培训及2期教练员培训，夯实了后备人才储备基础。

作为自收自支的训练单位，2020年，省足球基地肩负训练备战和市场开发两项中心任务，特殊时期不停训、及时调整经营重心是足球基地应对疫情，坚持“两手都要抓、两手都要硬”的两大核心举措。上半年，因疫情防控的需要，基地对外经营开发受到较大影响，基地迅速调整重心，从承接大型活动转型为做好系统内部服务保障，为兄弟单位提供转训支持，分别承接南京体育学院多支运动队转训保障工作。此外足球基地还积极承担了两支国字号球队的集训保障，分别为国家跳台滑雪队、国家女子橄榄球队集训提供优质服务，获得了两支队伍的一致好评。同时，已经连续举办了13年的全省退役运动员培训班克服种种困难如期在基地开班，为退役运动员实现华丽转身开了个好头。伴随着复工号角，足球基地逐步恢复经营创收，从九月起开始，基地已经陆续承办中国足协女子足球甲级联赛、女子足球乙级联赛；共计六期江苏足协教练员培训班等活动。

（潘　杰）

江苏省体育彩票中心工作概况

2020年，在省体育局的正确领导下，在省财政厅和驻省教育厅纪检监察组的严格监管及大力帮助下，在各级体育行政部门的积极支持下，全省体彩系统以习近平新时代中国特色社会主义思想为指导，认真贯彻落实十九届五中全会精神，统筹推进疫情防控和事业发展，全面落实游戏宏观调控政策，紧盯风险防控体系建设，狠抓责任彩票工作推进，树立以公益公信为核心的品牌形象，全省体彩工作保持平稳健康的运行质态。

2020年受疫情影响，体育彩票销售天数同比减少40天，同时重大游戏政策也发生调整。全省体彩系统从业人员共克时艰、凝心聚力，全年实现销售195.51亿元，高于全国增幅3.92个百分点，总销量继续保持全国体彩业界第一；继续保持省内市场份额优势地位，市场份额占比68.67%，同比增长4.38个百分点。全年筹集公益金52.18亿元(含弃奖)，上缴偶得税3.20亿元，为社会公益事业和体育事业发展做出了贡献。

13个设区市中，苏州、无锡、南京、常州分别销售了38.04亿元、26.73亿元、26.63亿元和18.19亿元，4个市的总销量占全省总量的56.05%，宿迁销量排名上升4个位次，扬州上升1个位次；全省有9个市增幅高于全省平均水平，增幅最高的3个市分别为宿迁、徐州和南通；市场份额方面，宿迁排名第一，达到77.22%，淮安和镇江分别以75.77%和74.77%名列全省第二和第三位，9个市的市场份额超过70%。

全省66个县(市、区)实现销售114.90亿元，占总销量的58.76%。昆山市、江阴市、常州市武进区总销量名列全省前三位，分别为7.93亿元、7.31亿元、7.04亿元。有10个县(市、区)销量实现正增长，东台市增幅最高，为18.07%，其次为淮安市洪泽区，为13.89%。有3个县(市、区)市场份额超过80%，分别为镇江市丹徒区、宿迁市宿豫区和沭阳县，有26个县(市、区)市场份额超过70%。

2020年，省体育彩票中心坚持以人民为中心，降低疫情对体彩网点造成的影响。结合复工复产要求，分五组前往13个设区市和17个县(市、区)开展综合调研,形成专题调研报告4篇。开展“五抓五促”提效能、全力夺取“双胜利”专项行动,及时出台各项帮扶举措:为网点办理体彩销售员保险,发放春节慰问金527.60万元、疫情防控网点专项补贴2587.60万元;调整2020年1—4月份江苏省体育彩票网点代销费比例,拨付1345万余元用于支持彩票代销者疫情防控及补助经营成本。各市体彩中心也在省中心补贴的基础上进行配套,补贴金额近1000万元。较2019年,全省体育彩票网点净增长863个,在售网点总数达到14481个,帮助约3万余人就业。发挥党员先锋模范作用,支持一线疫情防控工作。中心党总支积极响应省体育局疫情防控号召,发布致全省体彩系统党员倡议书,组建志愿者队伍,发动党员同志捐款,组织物资捐赠捐助,用实际行动大力支持防疫一线。各市体彩中心也纷纷行动,连云港体彩中心分别向两家医院援鄂医疗预备队捐助人民币共计20万;无锡、常州、苏州、连云港、淮安、镇江等地体彩工作人员主动报名,深入疫情一线开展防控工作;徐州、常州、苏州、宜兴、溧阳等地向全省防疫一线捐赠物资,充分体现体彩工作者的责任担当。

积极创新党建工作模式,推动党建与业务工作深度融合。在2020年度全国体彩系统创新大赛中,省体育彩票中心与江苏电信党建联盟合作项目、南京书记工作室、无锡“党建引领 微笑服务在体彩”等党建创新工作得到充分肯定。各地持续推动党建与公益活动的结合,常州加强“暖光”志愿服务队建设,淮安开展党员过“政治生日”活动。

强化开奖兑奖工作安全。优化疫情防控常态化形势下开奖流程,增加开奖预备人员,同时制定突发事件的应急处理办法,全年实现安全开奖168次。完成兑奖大厅装修改造工程,兑奖大厅临时兑奖点工作运转有序。继续开展全省机构兑奖工作专项审计,切实保障兑奖资金、兑奖流程的安全及规范。强化内控机制建设。制定省中心内控手册，开展亲清政商关系建设和信用体系建设工作。规范开展采购工作，强化采购监管，全年完成采购52批次，涉及采购资金近亿元。

2020年，省体育彩票中心积极开展责任彩票宣传。发布社会责任报告，修订《日常宣传用语提示》，与专业机构开展舆情跟踪合作，开展责任彩票素材征集工作，全年共征集素材43篇次，其中有3篇被国家级刊物录用。借助官微、官网等媒体，定期更新责任彩票宣传专栏，加深公众对责任彩票的认知，全年共发布责任彩票稿件76篇。强化实体店合规展示工作，印发“预防非理性投注公告栏”、《体彩责任彩票公众手册》、“打击私彩”等主题宣传品，并在各项活动海报中体现责任彩票要求。对客服人员引导理性购彩话术进行修订，全年总话务量11526通，处理主任信箱217封，受理投诉272次，满意率99.37%，投诉解决率100%。

加强责任彩票培训工作。印发《全省体彩系统责任彩票培训工作暂行办法》。加强责任彩票培训团队建设，全省共有14名培训师通过总局中心认证。统一制作警示案件培训课件，开展线下责任彩票警示教育轮训，总培训场次数110次，覆盖13250名代销者。在线上责任彩票培训考核中，我省管理人员考试通过率100%，代销者考试通过率99.7%。

统筹推进责任彩票长效机制建设。出台《预防非理性投注行为管理办法》、《江苏省体育彩票实体渠道暂行管理办法》，修订纸质即开游戏销售管理办法，保障体育彩票公益公信形象。继续加强责任彩票理论研究，江苏省体育与彩票法治研究中心在苏州正式挂牌，完成关于“《民法典》施行背景下的体育彩票业法治体系建设研究——以责任彩票建设为核心”课题研究，苏州率先进行市级层面责任彩票专题研究，形成《宏观政策调控下的苏州体育彩票发展研究》等课题成果。

游戏政策调整落实到位。一是根据财政部游戏下市通知精神，2020年11月1日起，停止销售虚拟足球游戏，自2013年11月14日在江苏试点以来，该游戏累计销量141.15亿元、筹集公益金28.15亿元，较好发挥了对竞彩游戏的补充作用。二是根据竞猜游戏规则调整的要求，调整大额购彩预约及实名登记、代销者超额销售申请提报与机构审批相关流程规范，在网点统一张贴《关于对竞彩游戏相关事项进行调整的温馨提示》。

稳步开展产品运营推广。依据国家体育总局体彩中心统一部署要求，落实大乐透9.9亿大派奖活动，并配套开展“追加投注6+3 中奖就免单”活动和销售员奖励活动。派奖期间，大乐透实现销售8.44亿元，较2019年特别规定期间销量增长15.86%。开展7位数4400万派奖活动，活动期间，7位数共实现销售2.54亿元。稳步推进7星彩上市工作。加强竞猜型彩票日常运营指导，指导市县中心实施本地竞彩销售权限资源优化工作。继续做好即开销售工作，高质量落实全省即开网点库存分类和陈列展示提升工作，全年上市新票24款，开展生肖票、锦鲤、中国龙等7轮即开新票营销活动。

积极推进渠道建设。制定2020年全省网点提档升级方案，并完成验收、补贴发放等各项后续工作，共计升级6071个网点，补贴金额785万元。开展网点星级评定工作，共计7266个网点评为星级网点，下发奖励资金1169万元。采购网点终端机保险，完成全省站点IPTV高清频道开通工作，推进站点终端机取消票功能开通工作。稳步实施便利连锁渠道彩票销售试点工作，新增十足集团有限公司渠道。开展便利渠道大乐透销售奖励和清零活动，做好行业渠道佣金日结及提现、兑奖奖金自动提现等试点工作，积极提升便利渠道体育彩票运营能力。全省在售便利连锁门店1655家，累计销售2338万元。

开展各类品牌营销活动。根据国家体育总局体彩中心全年品牌工作安排，做好新年登高、“点亮健康中国”、“公筷推广”、“幸福中国光芒汇聚”等各类活动相关宣传及品牌地推工作。特别是“点亮健康中国”活动期间，为9328家网点配备健身器材，江苏热力值位居全国第一，常州位居全国城市热度榜第一名。开展“6.16江苏彩民节”活动，活动参与量最高峰达到12.3万人次。开展第六季体彩爱行走活动，共计超过6.7万人次参与活动，累计筹集的公益步数超过4.4亿步，20万元“体彩爱心基金”募集到位。继续做好媒体运维，开展全省及部分市媒体架构调研工作，提升媒介宣传效能。

激发基层动力，鼓励各市因地制宜开展创新活动。组织全省体彩系统工作人员积极参与国家体育总局体彩中心2020年度创新大赛，全省荣获创新项目二等奖3个、三等奖2个、创新奖8个。此外，南京着力打造“体彩爱心工作室”品牌，开通抖音账户，制作公益作品100余部，打通新媒体传播途径。无锡开展第七届体彩销售能手技能大赛，提升销售人员技能水平。扬州搭乘“地摊经济”快车，拓宽销售渠道，为网点配备“理性购彩”门铃，让更多人了解体彩。泰州完成5个体彩旗舰店和30个体彩形象店建设，打造“体育为民驿站”服务品牌，进一步丰富体彩文明窗口内涵和外延。

（罗　雪）

江苏省体育科学研究所工作概况

2020年，面临新冠疫情，省体科所在省体育局党组的正确领导下，紧紧围绕省体育局工作重点，在竞技体育科技保障、运动营养品管理、国民体质监测、健身科普活动、体育科研建设等方面取得了一定的成绩。

2020年，省体育科学研究所共有28名科研人员为省属34个项目的60多支运动队提供科研保障。同时,还有5名科研人员分别担任国家队的科研教练。虽然受到新冠肺炎疫情影响,但省体科所科研人员迎难而上,全心投入,尽职尽责为运动队备战持续保障。2020年全年为各级运动队提供包括生理生化监测、训练负荷监控、康复体能训练、心理测试咨询等各类科研保障服务3万余人次。

为了积极响应国家体育总局提出的强化基础体能训练、恶补体能短板的要求,解决好竞技体育项目将体能测试作为竞赛资格准入条件后各支运动队的现实需求,2020年,省体科所克服疫情影响,全年持续为各项目做好体能训练与评估工作。通过不断的测试、分析、评估、建议,为各队在体测项目上"多拿分、少丢分"保驾护航,得到了运动队的好评和肯定。2020年,省体育科学研究所先后启动了科技助力与负荷评估两项工作的规范化建设,多次邀请上海体院和上海体科所同仁就规范化流程进行交流。通过探索和学习,各科研保障团队在机能评定、训练监控、体能康复、心理干预以及营养管理等业务方面,组织与协作的规范化和一致性水平都有了明显提升。同时,通过资源的整合,省体科所已经逐步形成多项目、多领域交叉,协同配合的复合型团队保障工作新模式。

2020年,省体育科学研究所调整营养品采购招标工作小组,升级营养品管理的软件和硬件,发布《营养品仓库管理暂行办法》,进一步规范了营养品采购和管理工作。另外,省体科所还召开了反兴奋剂工作专题会议,认真学习习近平总书记关于反兴奋剂工作重要指示批示和省体育局反兴奋剂工作会议精神;召开反兴奋剂知识宣讲会,学习《兴奋剂刑事案件司法解释》、《刑法修正案(十一)》等法律法规。通过学习切实筑牢了反兴奋剂底线,增强了廉洁自律意识。

2020年,省体育科学研究所顺利完成江苏省全国第五次国民体质监测的数据采集工作。同时,完成了江苏省体质监测与科学健身指导网络数据平台的一期建设,二期远程视频建设也已提上议事日程。此外,组织开展了2020年全国群众体育现状调查江苏调查队的培训,圆满完成全国群众体育现状调查的相关工作。

2020年,省体育科学研究所进一步加大了大众健身科普方面工作的力度。疫情期间编写完成了《运动抗疫居家健身手册》;走进机关单位开展健身讲座和运动指导服务;继续与《扬子晚报》合作,完成每周一期的科学健身专栏《我运动、我健康、我快乐》;与江苏体育休闲频道共同制作了《长假锻炼小课堂》节目,指导青少年科学锻炼;与江苏体育休闲频道联合拍摄《科学健身100期》有序推进;顺利完成省级运动健身指导站技术骨干的业务培训工作。2020年,省政府发布的《江苏省贯彻体育强国建设纲要实施方案》明确指出要加快"体医融合"步伐。在省体育局带领下,省体育科学研究所成功主办了主题为"新形势下体医融合赋能体质与健康研究的机遇与挑战"研讨会,吸引来自国家体育总局以及全国10多个省、市级科研院所共160名科研人员参加。会议达成了多项共识和成果,为未来加快推进体医融合相关工作指明了方向。

2020年10月,省体育科学研究所成功承办第五届中国常州国际运动康复大会。本次大会以运动与健康——"智慧、创新、融合"为主题,共有30多名来自中国、美国、英国、新西兰、澳大利亚等国家和地区的运动康复领域专家,通过远程视频和现场交流的方式,在多个领域进行了31场主题演讲,并吸纳国际国内先进技术及设备的企业开设卫星会。历经五年,康复大会已发展成为中国运动康复领域规模最大、最具权威的学术会议活动之一。

2020年,《体育与科学》编辑部一方面适时推出"疫情下的体育”专栏，通过有针对性的约稿与组织云视频专家学术对话，下载量明显提高；另一方面通过查阅知网同期阅读情况，落实解决问题的应用性论文，读者可接受度明显提高。杂志影响力依然保持在国内领先水平。此外，杂志微信公众号目前已拥有21000多名粉丝，单篇最高阅读量为58000人次，在体育类学术期刊微信公众号中名列前茅，多次进入阅读量前三甲。此外，受疫情影响，《体育与科学》编辑部线上线下双措并举，灵活采用办会方式，成功举办学术工作坊6次。2020年，省体育科学研究所申报科研项目及科技服务项目共计19项，其国家社科基金项目1项、省社科基金项目1项、省科技厅社发项目5项、省体育局重大体育科研项目6项、所内课题4项，所青年科技人才项目2项，先后共有5名博士后进站开展工作。此外，全年共计发表学术期刊论文6篇，其中SCI论文2篇；东京奥科会会议论文7篇。

（杜少康）

各设区市体育局工作概况

南京市体育局工作概况

2020年，南京市体育局在南京市委、市政府的领导下，积极筹办体育赛事活动、做好备战东京奥运会和全运会的各项工作。积极推动全市群众体育、青少年体育、体育产业均衡发展，各项工作取得较好成效。

【群众体育】 2020年，南京市体育局以创建“全民运动健身模范市”为抓手，不断健全完善公共体育服务体系，顺利完成中期评估。市民对全民健身事业的满意度达到89.52%，较2016年提升6.45%。围绕江苏省高质量发展监测指标，南京市体育局加大体育设施建管投入，以市对区评价考核促进指标提升，到2020年底，南京市人均体育场地面积预计可达3.86平方米。落实南京市人大监督民生实事项目的要求，建成“10个健身小绿园”“80公里健身步道”，扩增“宁体汇”线上“低、免”场馆至203家，更新400套健身工程(点)器材，新建9片乡镇多功能运动广场、21片笼式足球、17套二代健身路径和1片板网球场。加强设施维护，保持“10分钟体育健身圈”覆盖率、完好率达100%。

2020年，南京市体育局开拓全民健身新模式。疫情期间开展网络赛事活动，举办“迎六一”线上亲子运动节、“宁动春天，共战疫情”居家科学健身视频征集展播活动、美丽乡村线上定向赛等。开展线上健身指导服务，与广播电台FM104.3合作，开设专栏广播节目,不定期邀请讲师走进直播室,传播分享科学健身知识。开通网络视频直播,搭建指导服务互动平台。组织17场体育进社区公益活动,进行体育项目展示表演,开展互动体验,并通过"宁体汇"线上展示影像资料。

南京市强化健身组织网络建设。召开全市群众体育先进集体和先进个人代表大会,通报表扬了2016~2019年度群众体育先进集体110家和先进个人110名。加强体育社团党建工作,成立"中共南京市体育社团委员会",组建南京市老年人体育协会党支部和南京市体育舞蹈协会党支部,建立市级体育社团党建联络员队伍。为群众免费体质监测服务5.8万人次,举办全民科学健身大讲堂活动70场。

【体育赛事】 2020年,南京市成功举办第22届市运会,10075名选手参与,同时开通线上直播,比赛吸引了500万人次线上互动。以三赛合一的形式,成功举办2020南京马拉松暨本年度国内唯一一场全国马拉松锦标赛(奥运会马拉松达标赛),助力国家备战东京奥运会。本次赛事有200名顶尖选手与10000名长跑爱好者同台竞技,央视全程直播,品牌价值进一步拓展,实现传递健康理念、展示城市形象、凝聚时代精神、展现"双胜利"成果的办赛目标。此外,还举办了2020赛季中国田径街头巡回赛、第二届不止骑环南京自行车赛、2020年南京体育嘉年华、第十八届9.29世界步行日等品牌赛事活动。

【竞技体育】 2020年,南京市优秀运动队获全国锦标赛、全国冠军赛金牌10枚,青少年运动员获省级锦标赛金牌105枚、总分2265分。2020年,南京市体育局全力做好备战东京奥运会和第14届全运会各项任务。一名拳击运动员获得东京奥运会参赛资格,五名重点运动员状态良好,积极训练,成功入选,冲击奥运。继续履行好滑板国家集训队和单板滑雪国家集训队的属地保障任务。为落实全运会备战计划,南京市体育局根据部署成立两个省级运动管理中心和省市企联办省级滑板队,扎实抓好各运动队训练管理、运动康复、后勤保障和反兴奋剂教育工作。下达第20届省运会目标任务,组建34个项目备战教练员队伍,加强日常训练管理和教育,编制田径、篮球和排球三个项目发展计划。

【青少年体育】 2020年,南京市体育局按照"资源共享、优势互补、责任共负、人才共育、成果共享"原则推进体教融合发展,与市教育局共同命名19所首批初中体育后备人才示范学校、236所体育特色学校,继续做好进校园教练员选聘考核,推动落实江苏省高质量发展体教融合考核指标。抓好青少年体育俱乐部培育评选,其中9家被命名为"省级奥林匹克青少年体育俱乐部"。

【体育产业】 2020年,南京市体育局体育产业发展稳中有进,全年体育产业总规模达到1000亿元,以总分第一入选首批"国家体育消费试点城市",新增国家体育产业示范单位(项目)2个、国家精品体育旅游项目2个和省级体育服务综合体1家,为安全有序推进复工复产,及时发布"体育场所开放工作指引",联合颁布实施《积极应对疫情影响提振体育消费促进体育产业健康稳步发展九条举措》,引导市场主体增强发展信心。并指导、帮助企业享受国家及省市的税收优惠、社保缴费、金融信贷等政策支持。

南京市体育局加快发放各类体育扶持资金,提前3个月拨付省、市级体育产业引导资金和社会力量办赛资助资金34个项目共2710万元,安排200万元对获得首届南京"十强"体育企业"以奖代补",对1429家体育彩票站点给予专项资金补贴。

为拓展体育消费新场景,南京市体育局运用新媒体举办体育明星直播带货等营销活动,拓宽了体育产品营销渠道。累计办好5场"夜之金陵体育相伴"夜市活动,每场吸引约5万人次。

2020年,南京市体育局向市民发放20万套总价值1000万元的"体育健身消费券",通过"宁体汇"补贴健身群众104.9万人次,共计636万元,促进自付消费860.1万元。

南京市体育局抓好招商引资和政策引导，成功举办“金洽会”之世界体育名城发展峰会暨南京市体育产业大会，集中签约13个重点体育产业项目。

【足球改革】 2020年，南京市体育局制定实施社会足球场地规划建设运营使用管理办法及奖补办法，督导检查建设成果，全市新建166片社会足球场地，超额完成省定目标，完成率达162.7%。完成“国家级足球青训基地”选址规划。启动足球精英训练营区级分营建设。11个行政区组建区级足球运动协会。支持南京枫帆足球俱乐部征战中乙联赛，提供训练场地和食宿保障。

【政策规划研究】 2020年，南京市体育局全面总结“十三五”发展成果，开启南京体育“十四五”发展规划及子规划编制工作，与南京体育学院签订体育发展与规划研究合作框架协议，成立规划编制专家组及编写组，形成初稿文本。开展《南京市体育经营活动监督管理办法》评估工作。指导各区做好行政审批，实现“全程网办”和“一链通”。顺利完成市安全生产问题巡查整改和“创建国家安全发展示范城市”中承担的任务，不间断开展全系统安全隐患大排查，依法对全市327家高危体育场所开展执法检查，及时消除安全隐患。

无锡市体育局工作概况

2020年，无锡市体育局以习近平新时代中国特色社会主义思想为指导，深入贯彻党的十九大和十九届五中全会精神，全面落实国家和省市各项决策部署，统筹推进疫情防控和体育事业高质量发展，各项年度重点工作目标任务和“十三五”规划既定目标任务全面完成，以担当和实干在体育服务改革创新、增进民生福祉、促进经济发展方面向人民交出了新答卷。无锡市体育局被国家体育总局授予“2020年度全国体育事业突出贡献奖”。

【疫情防控】 2020年，无锡市体育局根据疫情防控要求，落实体育领域防控责任，成立市、市(县)区两级体育系统联防联控应对工作领导小组，组建综合、防控、后勤、督查四个工作队，全面落实重点人员排查管控、体育场馆开放监管、运动队训练防控、体育社团联防联控等各项任务，压实责任，一抓到底，确保无锡体育系统疫情防控形势稳定。根据疫情防控等级的变化，不断调整指导赛事、活动和培训市场逐步恢复常态化秩序。在无锡市体育局党组的号召和带领下，全系统党员干部两次向市慈善总会定向捐款16.6万元，与市经济开发区一起向世界跆拳道联盟捐赠口罩10万只。无锡市属体育场馆为无锡援鄂医务人员及其配偶、子女提供一年免费健身优惠。在自身防疫任务繁重的情况下，无锡市体育局党组第一时间组建体育系统防疫志愿服务党员先锋队，10批次、120名干部职工接力到企业、乡镇、火车站等重点地区，支持基层一线防疫，锤炼干部队伍、激励担当作为。

【群众体育】 2020年，无锡市体育局新建改建体育公园20个，建成彩色健身步道100公里、足球场10片，主城区新建更新公共健身器材设施300余件(套)，全市新增公共体育面积达100万平方米。无锡市政府为民办实事项目4.4公里环尚贤河彩色步道竣工，与2019年投入使用的贡湖湾彩虹步道相呼应，进一步提高无锡马拉松赛道颜值。为落实补民生短板要求，推动市奥体中心建设纳入2021年无锡市重大建设项目计划，初步论证形成市级重大公共体育设施“三足鼎立”设计格局。盘活利用市区闲置用地，联合无锡市政园林局、自然资源和规划局等部门，在全市梳理出符合条件的闲置地块94个，计划新建体育设施177个。

2020年，无锡市体育局多举措助推全民健身，加大政府扶持力度，全年共计购买公共体育服务43项、总额超600万元。继续面向全市健身群众发放体育惠民消费券，发放总额达300万元，比去年增长50%。加强科学健身队伍建设，全年开展社会体育指导员业务培训，新增三级社会体育指导员1000人，每万人有社会体育指导员36人。参加江苏省第八届全民健身运动会获优秀组织奖和体育道德风尚奖。疫情期间推广宅家运动计划，开展线上赛事活动40余项、参与市民5万人次。9月份以后，策划开展“跃动锡城·2020无锡体育大联赛”，举办社会体育、青少年体育、全民健身等各类赛事活动近千场，为2万余人提供免费国民体质监测，形成全民健身浓厚氛围。全市经常参加体育锻炼人数比例42%，国民体质合格率达95.7%。

【体育产业】 2020年，无锡市体育局出台《关于促进全民健身和体育消费推动体育产业高质量发展的实施方案》，提前拨付总额970万元的省体育产业发展专项资金和省健身俱乐部专项扶持资金，兑现首批市级体育服务业纾困项目3个、资金73.31万元，市级体育场馆减免健身企业房租254万元。市体彩中心向代销人和实体网点发放疫情防控专项补贴130.8万元，全市体彩网点100%按时复业。市统计局数据显示，2020年进入二季度后，无锡市体育服务业回升幅度在全市规上服务业十大门类行业中处于领先优势。

2020年，无锡市新增省级体育产业示范基地4家、省级体育服务综合体2个，入选2020中国体育旅游十佳精品项目4个、长三角地区精品体育旅游项目2个。无锡智慧体育产业园新增入园企业5家，国体认证的智慧体育（江苏）检测中心在园区建成检测平台。江阴市海澜飞马水城积极创建江苏省体旅融合示范基地，省武术队、省摔跤柔道队定期至水城集训，并参与武术表演，探索政府、企业与社会三方合作发展体育旅游的新路径。

无锡市体育局加强体育市场监管，强化高危项目监管，引入政府购买机制，委托第三方检测公司对高危险性体育项目经营场所开展专业检测。制定《进一步加强健身行业市场监管的意见》,开展单用途预付卡市场秩序专项整治行动,全面排查健身领域问题隐患,市县两级体育部门共计派出检查人员265人次,检查健身机构80家。出台《打造体育产业发展最优营商环境实施方案》,取消地方高危险性体育项目审批事项,落实“双随机、一公开”抽查制度,完善行政执法“三项制度”,审批服务承诺办理时限较法定时限缩短50%以上,100%实现“不见面审批”功能。2020年,无锡市体育产业逆市飘红,总产出673.31亿元、创造增加值214.34亿元,分别比上年增长6.4%、5.3%,占全市GDP比重约1.74%。

【青少年体育】 2020年,无锡市政府召开全市青少年体育工作推进会,无锡市体育局、教育局多次召开体教融合联席工作会议,推动实施体教融合一体化发展战略。推广多元化办队模式,体育、教育部门在集训和教育方面各司其职,共同培养优秀体育后备人才,全市有21所普通中小学校承办市业余训练队伍,无锡市北高中开设全市首个高中阶段体教融合班,对口招收业余训练优秀运动员,打通体育优秀苗子“初升高”通道。鼓励各类体育俱乐部竞争办队,帆船、马术、滑板等6个业余训练项目率先实施社会化办队改革。开展新一轮体育传统特色学校评定,各市(县)区拥有体育传统特色项目5个以上,并全部完成621体育特色项目布局。全市289所中小学校被评为市级以上体育传统特色学校,占学校数的70%。

无锡市体育局积极开展适合幼儿锻炼的体育项目,全市487所幼儿园883名幼师参加线下培训,2647名幼师参加线上学习,实现幼儿园覆盖率80%以上。依托体教融合政策优势,持续抓好第20届省运会队伍的招生组队和训练工作,全市参加业余训练的人数较上周期增加124%。东京奥运会、陕西全运会备战工作顺利推进。国家体育总局副局长杨宁11月19日来无锡市调研，对体育局推动体教融合的做法给予肯定。

【体育赛事】 2020无锡马拉松赛获央视全程直播，据中国移动、中国电信大数据统计，赛事期间共吸引36.4万人观赛及旅游休闲，拉动住宿、餐饮、交通、观光等相关服务业消费1.98亿元。把握国际国内双循环新格局，加快筹备2021年世界跆拳道锦标赛。在继续关注筹备国际大赛的同时，把重点转到国内各项群众性赛事活动上来，举办了2020年第七届长三角运动休闲体验季（无锡）暨长三角跆拳道大满贯道馆赛、第二届大运河文化旅游博览会"行大运"骑行活动、"跃动锡城"体育大联赛、网民公益体育大会等一系列赛事活动。无锡智慧体育综合服务平台全年发布优质健身赛事活动110场，为全市288家体育社团组织和155家培训机构提供服务。其中举办的活动入围中国数字经济与智慧社会优秀案例、无锡市新型智慧城市百优案例。

徐州市体育局工作概况

2020年，在江苏省体育局的正确领导下，徐州市体育局围绕重点工作安排，以办人民满意的体育为宗旨，大力推动"健康徐州""活力徐州"建设，全市各项体育工作取得显著成绩。

【群众体育】 2020年，徐州市推动创建全民运动健身模范市。印发《徐州市创建全民运动健身模范市工作实施方案》，在全民健身设施供给、群众体育赛事、健身指导服务、体育组织建设等方面提出了具体要求和行动举措，并于11月16日在睢宁县召开全民运动健身模范市创建工作推进会。

2020年，徐州市体育局在主城区新建72套健身路径，完成更新主城区25处健身设施的任务；加大对乡村公共体育设施扶持力度，将省、市全民健身设施11套二代路径、19片笼足、24套一代路径建设到乡村体育公园、多功能运动场等地方，进一步缓解城乡差异；全市累计建成社会足球场地154片，其中十一人制足球场22片，7人（5人制）132片，完成率达117.56%。推进湖北路体育公园工程进度，翻建徐州市游泳训练馆；全市人均公共体育场地面积1.70平方米，排名省设区市第一位；全市人均体育场地面积2.91平方米，体育场地23121个，包括室外运动场地19316个，室内运动场地3805个；落实对大型公共体育场馆免费低收费政策，徐州奥体中心体育场等7个公共体育场馆获中央和省级补助390万元。

徐州市现有社会体育指导员39555人，全民健身活动站点6155个，体育类社会组织938个；全市20岁—80岁居民经常参加体育锻炼人数比例达43.55%；国民体质监测合格率达95.11%。

为加强健身指导，徐州市体育局组建志愿服务队，走进镇村、街道社区、企事业等单位，开展以国民体质监测、科学健身讲座、体育技能培训等为主要内容的科学健身志愿服务30场（次），开展机关在职人员体育健身指导，累计服务3000人。

徐州市体育局统筹推进疫情防控和业务工作开展，疫情防控期间，多次下发行业指导文件，动员体育组织推广居家健身，向一线医务工作人员捐款、捐物、提供志愿服务，开展线上线下互动200余次；疫情防控常态化情况下，为满足市民参与健身的需求，举办第三届市全民健身运动会，淮海经济区轮滑、气排球、射箭比赛，江苏省钓鱼、篮球俱乐部联赛，以及各级各类群众体育活动300项次，持续丰富市民体育生活。

【青少年体育】 2020年，徐州市体育局按照江苏省体育局县级业余训练6∶2∶1布局、幼儿体适能布局和优苗全年龄段人才培养布局要求，联合徐州市教育局印发《关于进一步加强体教结合工作加快体育后备人才培养的意见》《徐州市体教结合工作实施意见》《关于深化体教融合进一步加强“市队校办”工作的通知》

等指导性文件，从制度、保障、队伍建设、奖励激励和长效机制等方面对体教融合工作进行细化和明确，巩固“市队校办”“市校联办”，推动“一校一品”“一校多品”建设；鼓励优秀教练员到学校运动队执教，对校办运动队给予政策和经费支持，实现竞技体育后备人才学、训、管无缝对接。按照“三有一衔接”一标准建设体育传统项目（体育特色）学校，使体育传统项目学校把积极开展课余训练、发现、培养和输送体育特长生作为努力方向。

截至2020年底，徐州市共有“市队校办”队伍10支，基层训练点50个；国家级、省级青少年体育俱乐部60所，1个全国青少年校园足球试点县（区），184所全国青少年校园足球特色学校，6所全国青少年校园足球特色幼儿园；29所省级体育传统项目学校，82所省级体育特色中学；注册运动员2450人，足球、篮球、排球、手球、田径、游泳、击剑等项目均已完成布局；3000人参加第二十二届市运会中小学生体育竞赛。

【体育产业】 2020年，徐州市体育局制定《徐州市体育局“双随机、一公开”工作实施方案》《关于进一步做好经营高危险性体育项目事中事后监管的通知》《关于对游泳场所进行联合检查的通知》《徐州市体育健身场所有序恢复开放的指导意见》《徐州市游泳健身场所恢复开放工作指引》等指导性文件；依托省市场监管系统，通过“双随机、一公开”抽取8家游泳场馆进行常规检查；联合市公安、市卫健委对11家游泳场馆进行专项检查；联合徐州市市场监管局、市应急管理局、市文化广电旅游局等部门，对全市七家蹦床场馆进行全面检查；对徐州市经营游泳、攀岩、潜水、滑雪四项高危险性体育项目的单位进行常态化监管，及时发现问题，提出整改建议。

徐州市体育局积极扶持体育企业，鼓励和指导体育产业单位参与2020年度省级体育产业发展专项资金项目申报工作，组织12家以上企业参与申报；苏宁广场和月星环球港被评为第三批省级体育服务综合体，截至2020年底，徐州市共有五个体育服务综合体；江苏康力源、徐州奥体中心经营管理有限公司等七家项目单位申报的八个项目接受江苏省体育局实地考察后，进入最终评审阶段。

徐州市体育局强化以公益公信为核心的品牌建设，提升体彩品牌美誉度，优化组织管理模式，有效整合资源，在合法合规前提下筹集更多公益金，截至2020年11月30日，全市体彩销售总量为9.3亿元，总量排名全省第七，增幅排名全省第二。

2020年11月12至13日，在徐州工程学院举行2020中国·徐州城市体育产业区域协同发展研讨会，全国各地知名体育专家及淮海经济区10城市体育产业分管局长、体育产业企业负责人参会。会议期间，徐州工程学院“淮海经济区体育产业学院”揭牌。

【体育赛事】 2019年“徐州马拉松赛”“邳州国际半程马拉松赛”获评中国田协“金牌赛事”。为发挥体育赛事活动服务经济社会发展大局的杠杆作用，举办大运河系列赛的第二站比赛—2020年徐州马拉松半程精英赛暨大运河马拉松系列赛（徐州站），江苏省内共计8000人参赛，展示了大运河地区的地域特色和文化魅力，提升了城市形象，为发展体育旅游休闲经济，促进全民健身起到更加积极地作用。

2020年10月17日至18日，徐州市体育局举办2020中国·徐州露营运动博览会，此活动提高了露营项目影响，产生了可观的经济效应。

常州市体育局工作概况

2020年是高水平全面建成小康社会和“十三五”规划收官之年。常州市体育局以习近平新时代中国特色社会主义思想为指导,在省体育局的关心支持下,紧紧围绕市委、市政府的决策部署,认真贯彻落实全民健身和健康中国国家战略,努力提升公共体育服务体系,积极推动体育事业健康持续发展。

【群众体育】 2020年,常州市体育局以创建模范城市为目标,推动群众体育惠及全民。一是高质量完成全民健身实施计划评估和模范市创建材料报送。联合常州大学完成《常州市全民健身实施计划(2016—2020)》实施效果评估。根据国家体育总局办公厅《关于报送全民运动健身模范市和全民运动健身模范县(市、区)创建工作材料的通知》要求,全面梳理创建工作成效和特色亮点,按要求完成创建工作材料报送工作。二是实施好体育惠民工程。推动体育健身设施向更优提升,继续实施全民健身路径提升改造工程,完成新北区、天宁区、钟楼区、经开区280个村(社区)一代全民健身路径点的新建和更新工作,着力对经开区过期、过保器材实施更新全覆盖。重点推动全民健身场地设施智慧化升级工作,积极向上争取二代室外健身器材支持,科学合理推动二代室外健身器材在各辖市、区布点,在金坛区、新北区、天宁区、经开区等地完成10个二代室外健身器材示范点建设工作。在钟楼区试点,建成常州市首个智慧社区健身中心。实施紫荆公园体育设施提升改造工程,建成一条总长1.2公里的智慧健身步道。深入推进"31166"工程建设,建成投运钟楼区西林全民健身中心、新北区罗溪镇全民健身活动中心,推进钟楼区北港街道、邹区镇全民健身活动中心建设。三是加强体育社会组织规范管理。2020年新成立体育类民办非企业俱乐部四个。推动体育社团与行政机关脱钩改革工作,按照市脱钩改革工作领导小组统一部署,对54家市属体育协会按程序办理人员分离、办公用房清理、资产财务分离工作,基本完成脱钩改革工作。四是推动群众性赛事活动向更深融合。进一步完善政府购买公共体育服务实施过程和实施办法,修订完善第三方绩效考核管理办法。疫情期间积极响应国家体育总局和江苏省体育局的号召，大力推广居家健身，举办居家健身随手拍微视频大赛，共收到参赛作品400份。通过网络投票的方式，确定“运动龙城大联赛”赛事活动项目。在原有基础上新增街舞、航空车辆模型、拔河等群众基础好、参与度高、观赏性强的项目进入“运动龙城大联赛”的正式比赛。本次联赛共有32项赛事活动，并根据疫情防控情况，调整办赛方式，其中瑜伽、健身操（舞）等部分项目开展线上比赛；在疫情形势趋于稳定后，迅速推动赛事活动恢复举办，要求各承办单位严格落实各项疫情防控措施，保证办赛质量，32项赛事活动全部按计划高标准完成。五是推动科学健身指导向更准发力。常州市全年举办42场运动健康知识讲座，建成奥体横林全民健身中心省级体质测定与运动健身指导站，为2万名市民提供免费国民体质测定服务，并给予专业的科学健身指导意见。在溧阳市、金坛区、天宁区、钟楼区开展全国第五次国民体质监测3200个样本的抽测工作，完成数据整理和汇总上报。六是推动群体特色品牌向更实更好发展。联合常州市天宁区文体旅局、天宁区卫健局、青龙街道社区卫生服务中心共建青龙街道社区卫生服务中心运动健康指导门诊。继续实施慢性病运动干预项目，招募志愿者200余名，其中市体育医院招募自费志愿者130人，在慢性病运动干预收费模式探索中迈出重要一步。实施青少年儿童脊柱健康关爱工程，免费为全市26374名青少年学生进行脊柱健康公益普查，并做好脊柱健康知识公益宣传、脊柱侧弯纠正指导等服务，该活动得到新华社关注并报道；实施健身气功·明目功对青少年近视延缓预防实践应用项目，在新北区圩塘实验小学120名学生中有序开展实施，后期将根据前后数据对比，进行效果的分析和验证。联合卫健委出台《关于将国民体质测定纳入健康体检项目推荐范围》，进一步向社会宣传推广体质测定，发挥体质测定在“防治未病”中的独特作用，推动体医融合工作迈上新台阶。

【竞技体育】 2020年,常州市体育局以备战全运会为重点,推动竞技体育稳步提升。一是有序开展备战工作。疫情期间,各专业队贯彻国家体育总局"狠抓体能,恶补短板"要求,在着重加强技术训练针对性的基础上,强化体能训练。省队市办的江苏女子手球队、江苏垒球队在2020年的全国锦标赛中均获得体能测试和比赛第一名;常州籍运动员参加全国女排超级联赛,获第二名;参加全国锦标赛,获曲棍球项目第五名;根据江苏省体育局竞争性办队的有关要求,在常州市着手组建江苏省游泳队(省队市办),高标准推进江苏游泳队常州训练点的教练员聘请、食宿训练点改造等相关工作。通过奥运争入选,常州市跆拳道运动员赵帅、篮球运动员姜佳音、橄榄球运动员陈可怡、拳击运动员陈大祥、曲棍球运动员张影以及省市联办女排运动员张常宁、龚翔宇,曲棍球运动员孙晓将代表中国征战东京奥运会,参赛人数创历届之最。在省年度比赛中,常州市579名运动员参加了23项次比赛,获得83.5枚金牌。二是狠抓落实反兴奋剂工作。牵头成立了常州市反兴奋剂工作领导小组,具体组织实施反兴奋剂各项工作。常州市体育局与直属训练单位、辖市区训练单位分别签订反兴奋剂责任书,切实将反兴奋剂工作抓严、抓细、抓实。推广使用"纯洁体育"反兴奋剂APP,并将平台学分与年度参赛、优秀运动队进队相结合,截至2020年底,常州市运动员和教练员注册"纯洁体育"APP学习的上线率达到98%。

【青少年体育】 2020年,常州市体育局以实现竞技体育后备人才为突破,推动青少年体育全面发展。一是大力推进青少年体育发展体制机制改革。全市学校青少年训练体系逐渐完善,田径、游泳、篮球、足球等基础大项已形成小学、初中、高中的"一条龙"训练模式;全市多元化办队模式初具规模,击剑、游泳、羽毛球、乒乓球、足球、散打、空手道等项目的社会力量办队运行模式日趋成熟;以训练单位为龙头,以高水平教练为支撑,依托市奥体场馆管理有限公司，搭建青少年训练培训新平台，逐渐形成游泳、篮球等项目的“体校主导、一校多点，体教融合、产业支撑”的训练新模式并已初见成效。二是深化加强各类创建工作。常州体育运动学校运动训练专业群被认定为“省中等职业教育现代化专业群”，同时成功创建江苏省优质特色职业学校。溧阳市燕山网球俱乐部成功创建为“江苏省第十二批省级青少年奥林匹克体育俱乐部”。运动学校男篮项目、女排项目通过江苏省省级青少年高水平单项运动训练点初审。常州市业余军体学校、新北区龙虎塘实验小学、武进区横山桥中心小学、横山桥初级中学、横山桥高级中学、崔桥小学、横林初级中学7家单位通过“专门从事射击竞技体育运动单位”资格复审。三是全面推进体教融合。联合教育局在全省率先出台《关于进一步深化体教融合工作全面促进青少年健康发展的工作意见》，进一步深化全市体教融合工作，推动青少年文化学习和体育锻炼协调发展。常州市青少年业余体校与清潭幼儿园成功举办“我运动，我快乐，我是冠军小宝宝”2020年线上亲子运动会（常州分站），此次活动首次尝试线上形式开展青少年体育活动，共有50组家庭参加。全年共举办中小学生年度体育竞赛6项次，参赛运动员3000人次；与常州市教育局组织开展青少年暑期夏令营，参加的青少年人数突破5000人次。

【体育产业】 2020年，常州市体育局以“体育经济专班”为抓手，推动体育产业高质量发展。一是圆满完成“体育经济专班”各项任务。联合常州大学共同完成《常州市体育经济发展研究报告》；在此基础上联合市发展改革委出台《常州市关于促进全民健身和体育消费推动体育产业高质量发展的实施意见》；与市财政局会商出台《常州市市级体育产业发展资金使用和管理办法》，同时，积极申报国家体育消费试点城市。按照国家体育总局《关于开展国家体育消费试点城市申报工作的通知》要求，启动国家体育消费试点城市申报工作，并将其作为争取体育资源和政策，推动本地区体育产业高质量发展的重点工作。2020年8月25日，常州市成功入选第一批国家体育消费试点城市。二是夯实体育产业发展基础。逐步形成以场馆服务、健身休闲为引领，竞赛表演、体育培训、体育传媒与信息服务、体育用品销售、体育用品制造等共同发展的产业体系。全市体育服务业在体育产业中占比超过70%。常州市奥林匹克体育中心、常州奥体横林全民健身中心、常州奥体天宁全民健身中心、常州奥体钟楼全民健身中心经实地考核和专家评审，被江苏省体育局授牌“江苏省第三批体育服务综合体”；武进区、溧阳市、江苏天目湖旅游股份有限公司等10家单位被评为江苏省体育产业基地；常州太湖湾露营谷、常州江南环球港入选国家体育总局体育服务综合体典型案例，全国共49家单位入选典型案例，常州市入选数为全省最多；环球动漫嬉戏谷、常州西太湖半程马拉松赛、溧阳市入选2020中国旅游精品项目，其中：环球动漫嬉戏谷被评为“中国体育旅游精品项目十佳景区”、溧阳市被评为“中国体育旅游精品项目十佳目的地”。体育彩票年销量超18亿元。三是认真开展专项调查。根据江苏省统一部署，完成高质量监测指标统计，常州市人均公共体育场地面积为1.67平方米，位列全省第三。在全省社会足球场地建设调查统计中，2020年新增社会足球场地14块，共完成82块，超额完成“十三五”社会足球场地设施建设指导目标任务，指导目标完成率达115.5%。四是体医融合成效显著。成功举办第五届中国常州国际运动康复大会，共有750人参会。常州市体育局与上海体育学院签署全面战略合作协议，常州市体育医院（体育医疗科研所）与常州市第一人民医院达成共建协议，正式成为“院医联体单位”。五是持续推进安全生产各项工作。围绕安全生产专项整治、安全生产月活动、安全生产宣传教育“五进”活动、安全生产专项整治三年行动、省级安全发展示范城市建设等重点工作，紧盯目标任务，对发现的隐患问题，确保整改落到实处，有力推进安全生产工作有序开展,其中“安全生产月”活动获得优秀组织单位奖。全年新增经营高危险性体育项目许可11件。截至2020年底,常州市共有167家(其中市属105家)经营高危险性体育项目场所。在江苏省“双公示”第三方测评中,全市26个部门中市体育局获得总分满分。

【体育赛事】 2020年,常州市体育局以疫情防控常态化为契机,推动体育赛事有序恢复。一是各项赛事集中举办。在严格落实疫情防控措施的基础上,8月在全省率先举办青少年体育赛事,陆续承办了江苏省青少年篮球锦标赛(16~17岁组)、江苏省青少年足球锦标赛(女子14~15岁组)、江苏省青少年手球锦标赛(15~16岁组)、江苏省青少年田径锦标赛、江苏省青少年击剑俱乐部联赛(第二站)、江苏省少年儿童体操锦标赛、江苏省少年儿童艺术体操锦标赛、江苏省青少年高尔夫球锦标赛、江苏省青少年曲棍球锦标赛、江苏省青少年小巨人优苗体适赛共10项次。承办中国足球协会甲级联赛(常州赛区)、全国三人篮球俱乐部精英赛、全国女子曲棍球锦标赛、中国网球巡回赛群英级和精英级总决赛、全国马拉松精英排名赛、中国足协杯1/8比赛、全国青少年艺术体操锦标赛共10项全国性赛事。其中,常州西太湖半程马拉松暨大运河马拉松系列赛(常州站)成为全国首场马拉松赛事,11月22日举办的“2020中国马拉松精英排名赛”成为常州市首次全程马拉松赛事。二是打造赛事宣传全媒体平台。除中央电视台体育频道、江苏卫视体育频道等专业媒体外,本地媒体首次以赛事直播形式加入体育赛事宣传。常州电视台全程直播常州西太湖半程马拉松暨大运河马拉松系列赛(常州站)、参与直播2020中国足球协会甲级联赛(常州赛区)奥体中心赛场5场比赛,给广大市民带来了体育盛宴,提高了群众对此次赛事的参与度。三是裁判员队伍不断壮大。先后举办技巧、蹦床、艺术体操等3项一级裁判员培训班,以及台球、乒乓球、举重等3项二级裁判员培训班；全年晋升二级裁判员100名。

苏州市体育局工作概况

2020年是决胜“十三五”的收官之年，苏州市体育局深入贯彻落实习近平总书记关于体育工作的重要指示精神，抢抓“一带一路”、“健康中国”、长江经济带、长三角一体化和自贸区建设等国家战略叠加机遇，按照体育强国、体育强省建设部署要求，以全民运动健身模范市建设为抓手，大力弘扬新时代体育精神和女排精神，以“增强人民体质，提升城市品质”为根本任务，积极履行部门职责，努力构建更加开放的“大体育局”发展新格局。

【疫情防控】 2020年初，面对突如其来的新冠肺炎疫情，苏州体育系统在市疫情防控指挥部的统一部署下，在江苏省体育局的业务指导下，一手抓疫情防控，一手抓复工复业。各级体育部门及时传达、研究部署体育系统疫情防控工作。党员干部克服困难、自带防护装备，坚守在社区、交通卡点等第一线。发动各级体育社会组织自发开展防疫志愿活动，为疫区捐款捐物，奉献爱心。市体育局连续推送50条居家健身专题微信。向武汉体育学院捐赠了防护服、护目镜等防疫物资。向苏州市区援鄂医护人员提供免费健身福利。随着疫情防控形势转好，推出苏州体育“惠十条”，制订体育场馆复业指南、体育类培训机构有序恢复线下集中培训工作通知，修订市级体育产业发展专项资金管理办法、市级体育产业补贴项目实施细则，新增市级体育产业贷款贴息项目实施细则，推动全市体育行业复工复产。

【群众体育】 2020年，苏州市体育局紧抓重点项目建设，新建社会足球场14片、健身步道200公里。横山体育公园、江苏省苏州体育训练基地、公共体育服务中心均已建成。苏州市第二青少年业余体校易地新建项目已形成政府会议纪要。网水体校重建项目明年开工建设。4月,苏州市体育惠民消费行动正式启动,印发《2020年苏州市体育惠民消费行动实施方案》,将吴江区纳入到补贴使用范围,新增线上线下并行模式,更大程度惠及市民。累计发放苏州体育惠民卡5万张,各类体育惠民补贴807.39万元,累计刷卡交易总额达到4283.04万元,间接带动消费超1.2亿元。

2020年,苏州市体育局高水准提升公共体育服务体系,建设全民运动健身模范市,进一步推动全民健身与教育、文化、卫生、养老、旅游等事业融合发展,切实加强全民健身服务保障。参加第二届长三角一体化全民健身示范区联盟论坛并作经验分享报告。县市区全民健身工作融入长三角一体化国家战略,举办2020年长三角羽毛球团体赛、连厢舞、门球邀请赛等赛事。完成江苏省体育局民生实事任务,新建改建体育公园15个。组织三类体育公园申报评定,继续推进大型体育场馆低免收费开放工作。33家百姓健身房投入试运营。开展“守护健康 我行我秀”居家健身视频大赛,协调办好江苏省第一届八段锦网络达标赛、金鸡湖龙舟赛、市级机关第九套广播体操比赛等,做好首届全民健身网络运动会参赛保障工作。参加江苏省第八届全民健身运动会取得优异成绩。稳步开展2020年“苏州假日体育”活动、大众体育联赛,办好第十二个“全民健身日”系列活动。市属体育社会组织共举办赛事活动396项,参与人次50万,吸引社会资金3600万元。推动开展全民健身“五进工程”,全民健身大课堂新增盘门景区、东园2个教学站点。组织开展二级社会体育指导员晋级培训和一线社会体育指导员技能再培训,全市社会体育指导员人数达4.7万。

【竞技体育】 2020年,苏州市体育局积极做好东京奥运会、北京冬奥会、陕西全运会、第二十届省运会备战工作。省队市办项目新周期备战工作扎实推进,训练项目联办共建合作模式持续加强,新增“省队市办”攀岩项目,常熟市与江苏省体育局共建田径项目跳远组,开创县市业余训练工作新局面。深入推进“训科医管”一体化,持续加强反兴奋剂宣传教育,完成省队、业余运动队生理生化监测2596人次,功能评定测试143人次,康复理疗962人次,功能康复训练335人次,体能康复训练305人次。深入推进体教融合工作,出台《深化体教融合工作实施意见》,各市区均已完成高质量发展“省考”苏州个性指标要求。54所中小学校被命名为“2020—2023年度苏州市特色体育项目学校”。加快推动职业体育发展,继续冠名支持苏州肯帝亚参加CBA年度联赛,出台《苏州市足球改革发展实施意见》,配套制订职业足球俱乐部奖励、扶持办法。苏州东吴、昆山FC递补晋级中甲,分列2020赛季中甲联赛第三名、第八名。出台《姑苏体育人才计划实施细则》,为体育高层次人才队伍建设奠定坚实基础。

【体育产业】 2020年,苏州市体育局积聚产业发展动能,高起点建设体育消费试点城市。推动出台《市政府办公室关于促进全民健身和体育消费推动体育产业高质量发展的实施意见》。积极申报国家体育消费试点城市并成功入选。创业博览会期间,发布全国首个国家体育产业联系点城市(苏州)建设工作指标体系,并在江苏省体育产业大会上发布工作评估报告。全年发放“体融通”专项担保贷款1800万元,16个项目获得省级体育产业发展专项扶持资金1370万元,22个项目获得市级体育产业发展专项资金975万元。常熟市虞山尚湖旅游度假区、苏州市市民健身中心等12家单位被命名为“2019年度苏州市级体育产业示范基地”。利瑞宝运动器材、大乘环保新材、昆山多威体育等5家单位被命名为“2020—2022年度省级体育产业示范基地”。苏州奥体中心被认定为江苏省第三批体育服务综合体。昆山野马渡文体中心等4家单位被评选为"2020年苏州市体育服务综合体"。为促进消费回补，助力经济发展，创新开展"姑苏八点半·体育夜市"主题活动，全年共举办30场，现场发放补贴25万元，直接消费金额275万元，间接带动消费3000万元。市体育彩票中心积极应对政策调控和疫情影响，截止2020年11月30日，苏州市体育彩票累计销售34.65亿元，销量继续保持全省第一，全市累计筹集公益金3.1亿元，市本级1.4亿元。

【体育赛事】 2020年，苏州市体育局举办高端体育赛事，高规格打造多元竞赛体系。自6月起，全市体育竞赛活动逐步恢复，承办省级以上体育竞赛共53项次，其中全国比赛25项次，省级比赛28项次，继续保持全省领先位置。加快推进2021年羽毛球苏迪曼杯、2023年亚足联中国亚洲杯苏州赛区筹备工作。截至2020年底，2021年苏迪曼杯世界羽毛球混合团体锦标赛筹备委员会、2023年亚足联中国亚洲杯苏州赛区组委会均已成立，赛事的各项筹备工作已经进入全面启动阶段。为亚洲杯新建的苏州昆山专业足球场已启动建设，2022年底建成投用。第十五届市运会顺利举办，共有2万名运动员参与到了11个组别118项次比赛中，按照常态化疫情防控，制定《苏州市第十五届运动会疫情防控工作指南》，一赛一案，精准化做好市运会期间的疫情防控工作。7月25日至12月19日，2020赛季中超联赛第一阶段分赛区比赛、第二阶段争冠组比赛，2020赛季足协杯赛部分赛事在苏州举办。自8月22日中超联赛第6轮起，苏州赛区在全国率先开放观众看台。11月12日中超联赛收官战吸引了9386名球迷入场观赛，创下赛季单场最高，彰显苏州大赛组织能力"金招牌"。2020赛季中超联赛向全球98个国家和地区进行了转播，吸引电视观众3.98亿人，累计电视观众16.5亿人次。

【体育文化】 2020年，苏州市体育局高层次推进文化宣传工作。苏州江南船拳作为全省唯一一个项目入选2020中华体育文化优秀项目。在第九届创博会上设立体育文化展区，展出女排奖杯、徽章等珍贵物件。在十五届市运会举办期间，以“奋进新时代的苏州体育”为主题，向市民集中呈现了“十三五”期间苏州体育发展成果。2020年，苏州市体育博物馆新增札幌冬奥会、卡尔加里冬奥会、利勒哈默尔冬奥会、东京奥运会火炬等珍贵藏品9件，4位市民无偿捐赠藏品13件，共计22件。深化体育宣传，中国体育报、新华日报分别刊发3篇深度报道，新华社每日电讯以《苏州：体育夜市亮起来》对“姑苏八点半·体育夜市”主题活动进行相关报道。《苏州日报》刊发头版报道6篇，《姑苏晚报》刊发大篇幅报道80篇以上。组织苏州地方媒体做好中超联赛等大型赛事的报道，从各个角度全方位报道苏州经济社会发展的成果，全面展示大赛盛况和苏州城市形象。制作《遇见中超》微电影、中超球员祝福视频及电台整点播报，设置多处户外广告，营造浓厚的城市氛围。《运动苏州》杂志完成6期编印。办好每周《乐活体育》电视栏目，组织好“十大体育新闻评选”“十大魅力体育人物评选”，编撰《跃动》《魅力苏体》等宣传产品。“苏州体育”微信公众号全面提档升级，提高发稿时效性、内容可读性。

南通市体育局工作概况

2020年，南通市体育局全年工作坚持以习近平新时代中国特色社会主义思想为指导，深入贯彻党的十九大和十九届五中全会精神，努力推进体育强市建设。在南通市委市政府的正确领导下，紧紧围绕部门职能，细化工作目标，在提升公共体育服务水平、强化业余训练整体实力、推进足球改革发展、推动体育产业融合发展、举办承办高水平体育赛事等方面取得显著成效，圆满收官“十三五”，与时俱进科学谋划“十四五”。

【群众体育】 2020年,南通市体育局坚持以人民为中心的根本宗旨,推动公共体育服务提档升级。一是进一步加强全民健身设施建设。启东市全民健身中心主体完工,海门市体育中心工程开工建设。全年新增体育公园23个,其中街道级以上体育公园11个,截至2020年底,全市共有规模以上(街道级以上)体育公园105个,行政村(社区)体育公园1138个。市区新建嵌入式“市民健身球场”60个,新建和更新室外健身路径166套(含6套二代智能健身路径),新增体育活动室10个。全市新建笼式足球场5个,二代智能健身路径11套。各乡镇(街道)基本建成5个健身项目的全民健身中心和多功能运动场,各行政村(社区)基本建成体育活动室和多功能运动场。二是进一步拓展全民健身活动形式。积极组队参加江苏省第八届全民健身运动会和江苏省首届网络全民健身运动会,南通市共参加了24个大项的比赛,取得了较好成绩。相继组织了“跨过长江去”健步走、“8·12南通体育日”、百城千村健身气功、南通市国家体育锻炼标准达标赛等系列活动,各县(市、区)组织了各级各类群众体育活动,累计参与达2万人。组织承办了2020年江苏省《国家体育锻炼标准》达标赛,来自省内各设区市的400名运动员参加本次达标赛,南通市代表队获得了男团第一和混合团体第二的好成绩。全年共培训二级社会体育指导员500人,各县(市、区)培训三级社会体育指导员1200人。三是进一步丰富体育医疗融合渠道。2020年在市区完成免费体质监测10000人,继续保持与南通市第二人民医院的沟通,不断探索符合南通实际情况的体医融合新路径,全市国民体质测试合格率达93%。

【青少年体育】 2020年,南通市体育局围绕人才培养输送的主要任务,切实提高业余训练的整体实力。一是足球训练改革发展成效突出。推动市政府办公室出台《关于扶持南通职业足球发展的若干政策(2019—2021年)》。2020年,南通市参与足球活动的中小学生突破30万人，新增18所全国校园足球特色学校和15所全国足球特色幼儿园。截至到2020年底，国家级足球特色学校数量增加到179所，国家级特色幼儿所数量增加到15所。2020年江苏省“省长杯”青少年校园足球联赛暨全国青少年校园足球夏令营选拔赛中，南通市获得2个第一名、1个第二名、1个第三名的好成绩，11人入选全国夏令营最佳阵容，各项指标均全省排名第一。在江苏省足协青训俱乐部联赛冠军赛上，南通市包揽了冠亚军。二是体教融合深度发展。主动协调南通市政协、南通市教育局、崇川区，推动召开市政协“有事好商量”会议，规范落实运动员入学升学相关政策。协调南通市教育局，共同推动“深化县市体教融合发展”省考重点改革任务的落实。

【体育赛事】 2020年，南通市体育局科学评估疫情风险，有序开展赛事活动。一是积极做好赛事工作。承办2020年江苏省沙滩排球、击剑、游泳赛事。举办南通市2020年青少年10个体育项目锦标赛。二是不断提升教练员队伍建设水平。组织全市教练员各类培训共计570人次。出台《南通市体育系统教练员管理办法》《南通市体育系统教练员违反职业道德行为处理办法》，召开教练员教育训练工作会议，开展教练员“青蓝工程”。参加2020年江苏省青少年足球教练员技能大赛并获团体一等奖。

【体育产业】 2020年，南通市体育局立足产业转型升级的发展导向，加速培育产业发展新动能。一是切实提高省体育产业发展专项资金申报的质量。在县级审核的基础上，对18家单位19个省级体育产业发展专项资金申报项目进行实地察验，9家单位通过市级初审。同时，委托第三方会计师事务所对2018年度获得的9个省级体育产业发展专项资金项目的资金使用情况进行绩效评价。二是强化体育产业平台载体建设。重点围绕精品赛事活动、特色健身休闲等地方特色，推动体育与文化、旅游、康养融合发展。如东市小洋口滩涂旅游景区入选2020年度长三角地区精品体育旅游目的地项目。南通瑞升运动休闲用品有限公司被命名为“江苏省体育产业基地(2020—2022年度)”。南通龙信健身综合体被认定为“江苏省第三批体育服务综合体”。三是督导完成社会足球场地设施建设。完成为民办实事工程,全市新增五人制、七人制及标准足球场12片。充分将已建成的足球场用于举办足球赛事、全民健身和发展业余足球训练。四是扎实推进体育行政执法工作。截至2020年底,新许可游泳场所16家。制定《南通市规范做好2020年全市游泳场所开放管理工作意见》,主动联合公安、卫生、安监、工商等5部门,对南通市区53家游泳场进行拉网式检查、对县区81家游泳场进行抽查,确保游泳场馆对外开放工作有序进行,安全无事故。

连云港市体育局工作概况

2020年,连云港市体育系统认真贯彻落实“高质发展、后发先至”战略部署,强力推进体育强市建设,完善公共体育服务体系,加快体育惠民工程建设,实现体育基本服务均等化、普惠化,推进群众体育、竞技体育、体育产业协调发展。

【疫情防控】 2020年,连云港市体育局扎实做好疫情防控工作,推进疫情防控常态化。制订落实《市体育局做好新型冠状病毒感染的肺炎疫情防控工作方案》,成立领导小组,制订方案,落实防控措施。一是暂停开放公共体育场馆及举办体育活动。全市范围内所有公共体育场馆暂停开放、体育活动暂停举办,各健身点群众健身活动暂停举办。二是积极做好排查防控工作。落实推迟运动员、学生集中返训,推迟开学时间,推进在线学习和直播课堂的工作。把住人员流动关,严防外来人员进入各训练场地、校园。暂停体育彩票销售工作,严格管控舆情和不良信息的传播。三是积极组织捐款活动。疫情期间,分别向连云港市第一人民医院、连云港市中医院捐款10万元,向结对帮扶的新航社区捐款1万元,市体育局全体党员职工捐款1.5万元,市属各体育协会捐款10万余元,党员干部义务献血10人次。四是落实全面复业复学措施。时刻关注疫情防控级别,根据连云港市各地疫情风险等级均为低风险的形势,对彩票点开展复业检查。2020年3月11日,连云港市体彩销售工作全面复业。积极落实复课预案流程和应急处置措施,3月31日,连云港市体校复学,各运动队复训。适时印发《关于连云港市健身场所恢复开放的指导意见》《新冠肺炎疫情防控期间连云港市体育场所复业指南》,印发《关于做好连云港市游泳健身场所和体育类培训机构对外开放的通知》《连云港市游泳健身场所复业指南》《连云港市体育类培训机构复业指南》《公共场所空调系统运行管理规范》,全面推进游泳健身场所和体育类培训机构复工复业。

【群众体育】 2020年,连云港市体育局积极落实民生保障工作,全民健身体系日趋完善。坚持以人民为本,加快体育惠民工程建设,实现体育基本服务均等化、普惠化。一是统筹推进城乡公共体育设施一体化。加快连云港市全民健身活动中心建设,2020年底完成主体封顶;建成社会足球场34片。继续完善城市"10分钟体育健身圈",新增、更新健身路径60套、篮球架30副、配置室内乒乓球桌50副。各县区新增、更新健身路径255套、篮球架130副、乒乓球桌63张、多功能运动场8片、笼式足球场15片。积极配合海州区、高新区做好体育公园规划设计工作。对全市室外健身器材进行排查,督促各县及赣榆区及时排除器材隐患,对主城区室外健身器材进行维护、修理,保证体育设施正常运转。二是广泛开展全民健身活动。继续开展"港城全民健身大联动"活动,举办全民健身日、百城千村健身气功启动仪式、长江经济带全民健身大联动等重大活动,举办全民健身日系列比赛150

项次，常年参加体育锻炼人口达40%。三是努力推进建设活力动感城市。会同连云港市水利局、海州区，打造东盐河、西盐河、玉带河、大埔河体育公园，建成沿河体育设施14处，其中笼式足球场2片，笼式篮球场2片，健身器材（路径）9片。围绕连云港山、海特色，科学规划、合理布局沿海、环山体育健身场地设施。

【青少年体育】 2020年，连云港市体育局夯实业余训练基础工作，大力推进青少年体育振兴。落实《连云港市青少年体育振兴计划》，进一步完善全市业余训练体系和项目布局，推动青少年体育运动的普及与提高。一是加强市县两级体校建设。印发《关于明确二十届省运动会市队县办项目的通知》，明确县区体校运动项目设置和目标任务，及每个县区级体校承担2~3个大项的业余训练任务。二是推进“名校办名队”。根据学校的优势和特色，科学规划学校体育项目布局，加强体育传统学校建设，稳步推广市队校办、市校联办的运动队模式。截至2020年底，已逐步实现市队校办、市校联办的运动队36支，涉及16个竞技大项。所有体教融合项目均已基本形成“1+1+1”（一所高中、一所中学、一所小学）的梯队式办队模式。三是重视幼儿体育运动的普及与培育工作。在全市30所幼儿园推广和普及快乐体操、小篮球运动，其中15所幼儿园成为全省第一批省级特色幼儿园。组织开展线上亲子体育活动，参与人员2630人。四是积极协调体育后备人才入学问题。会同连云港市教育局，合理安排竞技体育后备人才集中入学、转学。五是举办青少年体育竞赛。完成青少年体育竞赛计划安排，举办比赛15项。

【体育产业】 2020年，连云港市体育局积极培育体育市场，推动体育产业发展。一是统筹规划体育产业发展。明确体育产业重点方向，积极争取江苏省体育产业引导资金，做好连云港市体育产业发展引导资金评审，加大对民营企业的扶持，推进体育产业向规模化发展。二是做好高质量发展指标统计。建立健全统计指标原始记录和统计台账，推动工作制度化、规范化，实现对数据质量的全过程控制，对数据采集、审核、加工、管理各环节实行流程化管理，确保监测评价考核结果真实客观。三是巩固体育彩票市场。克服疫情影响，制定《体育彩票销售提升方案》，以“抓管理、抓渠道、抓玩法、抓培训、抓宣传”为重点，推动体彩工作高质量发展，全市体育彩票销售量超过6亿元。

淮安市体育局工作概况

2020年，淮安市体育局坚持以习近平新时代中国特色社会主义思想为指导，全面贯彻党的十九大和十九届五中全会精神，积极践行新发展理念，深入落实中央、省市委的决策部署，坚定不移推进全面从严治党向纵深发展，统筹做好体育改革发展稳定工作，群众体育、竞技体育、体育产业全面进步，体育为城市发展赋能取得新突破。2020年，淮安市体育局在国家级、省级媒体上刊登稿件220篇次。

【群众体育】 2020年，淮安市体育局公共体育服务能力稳步提升。为贯彻落实全民健身国家战略，推进构建党委领导、政府主导、部门协同、全社会参与的“大群体”工作格局，淮安市本级投入2179万元，落实市政府为民办十件实事，其中包括11个主题体育公园、57个乡镇健身园和新改扩建27片足球场的建设任务。淮安市11个免费或低收费开放体育场馆获得省级以上奖补资金535万元，发放定点体育消费券200万元，惠及群众250万人次。建成11个省级体质测试与运动健身指导站，年均完成体质测定3.3万人。推动中小学生每天组织1小时校园体育锻炼。加强群众身边体育健身组织建设，向全社会推广30期居家健身操，满足疫情防控期间市民的健身需求。

【竞技体育】 2020年,淮安市体育局推动竞技体育优化布局转型发展。统筹做好疫情防控和业余训练工作,指导各单位提前做好开学前后各个阶段的疫情防控工作,有力保障各训练单位恢复学习生活与训练秩序。淮安市共有2852名运动员参加省级注册。市体育局召开训练过堂会,实地督查各运动队项目组队和日常训练情况。召开幼儿竞技体适能、足球和篮球布点学校工作会,完善淮安市竞技体育项目布点,组织青少年幼儿竞技体适能跑酷、快乐蹦床项目培训班,全市幼儿体适能项目开局良好。整合各级各类体校、体育项目特色学校的优势资源,持续深化体教融合发展,每年组织全市261所体教融合布点学校200支运动队5000人次运动员参加足球、篮球、排球、羽毛球、乒乓球、幼儿基本体操及小学生田径7个项目的体教融合比赛。开展日常反兴奋剂知识学习,会同淮安市教育局开展线上亲子运动会,成功承办排球、柔道、田径3项省级青少年锦标赛。

【体育产业】 2020年,淮安市体育局扶持引导体育产业深度融合。开展全市体育产业专项调查工作,创新工作方式方法,将服务端口前移。组织开展全市社会足球场地调查统计工作,完成淮安市73片社会足球场地建设任务。稳步推进深化改革工作,成功申报以全民健身中心为主体的省级体育服务综合体,该体育服务综合体成为淮安市第二家体育服务综合体。5月16日—17日,成功举办首届"你健身,我补贴"体育消费大卖场活动,直播观看人次达96.2万,66家受益企业现场销售270万元,拉动体育消费3800万元,线上线下受益群众共10万人次。10月24日—25日,举办2020中国(淮安)淮河生态经济带体育产业博览会和2020江苏省体育产业大会暨中国(淮安)淮河生态经济带体育产业发展论坛。展出面积达3万多平方米,淮河生态经济带5省25个市的100多家知名企业参加。活动现场,江苏省体育产业集团与淮安市体育局签署体育产业战略协议,5省体育部门还签署体育产业合作协议，淮河生态经济带体育产业协作会议秘书处（筹）揭牌，标志着淮河生态经济带体育产业协作进入实质性阶段。

【体育赛事】 2020年，淮安市体育局成功举办运河系列精品赛事。6月23日，淮安市第一届大运河龙舟公开赛隆重开幕，来自全市104支队伍，共1300名选手进行了47场水上角逐，累计2万名观众前来观赛，线上直播累积观看人次达391.5万。9月5日—6日，全国高水平铁人三项赛事——2020中国淮安·大运河铁人三项赛在淮安开赛，共吸引了全国15个省的643名选手参赛，赛道设计充分体现淮安兼容并蓄、开放包容的运河文化特质。在里运河、榷关、京杭大运河等地方设置赛事站点，充分彰显了淮安市的城市文化底蕴，体现了淮安的地域特色。在运动员出入口设置农副产品和户外体育用品展销点，在赛道沿途布置9个全民健身展示观摩点，充分发挥品牌赛事在展现城市文化，彰显城市形象，带动城市消费方面的积极作用。

盐城市体育局工作概况

2020年，盐城市体育系统以习近平新时代中国特色社会主义思想为指导，认真学习贯彻十九届五中全会和习近平总书记视察江苏重要讲话指示精神，紧紧围绕江苏省体育局和盐城市委、市政府中心工作，以创建国家全民运动健身模范市为抓手，大力推进全民健身、竞技体育和体育产业融合发展，全市体育事业迈上新台阶。

【群众体育】 2020年，盐城市体育局以创建国家全民运动健身模范市为抓手，着力提升公共体育服务水平。一是“创模”工作取得阶段性成效。盐城市委市政府继续将创建工作列入年度政府工作报告,成立了由盐城市政府主要领导任组长的市创建国家全民运动健身模范市工作领导小组,印发了《盐城市人民政府办公室关于开展国家全民运动健身模范市创建工作的通知和实施方案》。盐城市委常委会听取了市体育局关于盐城市创建国家全民运动健身模范市工作的汇报,研究了创建相关工作,提出了“以人民为中心,为人民而创建”的理念思路。同时,盐城市政府召开了高规格的创建国家全民运动健身模范市动员会议,市政府主要领导在会上作了动员讲话,要求将“创模”工作与体育强市建设一体推进。截至2020年底,对照创模5个一级指标、12个二级指标、27个三级指标,盐城市已基本达到国家标准要求。2020年《中国体育报》连续推出4个专版,宣传报道盐城市创建国家全民运动健身模范市工作。二是高质量完成体育为民办实事项目。盐城市体育局提前一个月完成了列入市政府工作报告的体育为民办实事项目,全年新建健身步道85公里;为220个老旧小区安装了新的室外体育健身器材;市区新建成的总投资10亿元、占地1000亩的盐龙体育公园已对外开放,改建了盐渎公园、世纪公园、法制廉政公园3个体育公园,在东亭湖公园、环保公园等10个公园内嵌入了体育元素,增加了休闲功能;全市125个镇、所有街道均建成了高质量笼式多功能灯光球场;建成社会足球场地156片,超省下达任务的45.8%,目标完成率居全省第二。累计投资共39279万元,实现了全市县级体育设施“四个一”工程全覆盖,“城市10分钟健身圈”全覆盖,镇(街道)高质量笼式多功能灯光球场全覆盖,行政村“体育健身工程”全覆盖。三是全民健身活动丰富多彩。盐城市体育局积极组队参加了江苏省第八届全民健身运动会、国家体育锻炼标准达标赛、江苏省家庭趣味运动会等赛事活动,承办了体育舞蹈(街舞)、健身气功和广场舞三个项目的比赛,其中“美丽盐城我的家”广场舞获得全省青年组第一名的好成绩。2020年新成立各类小型体育俱乐部达800个,有力的保障和推动了全市俱乐部联赛23项赛事的顺利实施。为丰富群众业余生活,面向广大健身群众在市区范围内征集10条“城市智慧跑道”,在全市范围内征集20条“最美跑步线路”,南海公园健身步道、小马沟景观绿廊健身步道被江苏省体育局命名为“2020年江苏省最美跑步线路”,其中南海公园健身步道获得了网络人气奖。依托群众推荐、专家评审出来的城市智慧跑道和最美跑步线路,举办了县(市、区)级马拉松、万人迎国庆荧光跑、最美跑步线路积分赛。《盐城:跑步者的天堂》一文刊登在了《现代快报》上,全媒体、全网推送上线72小时,阅读量达1.27亿,“跑者天堂”成为城市新名片。积极探索全民健身与全民健康深度融合。组织“运动健身对慢性病前期患者的干预及康复治疗”课题研究,完成了第五次国民体质监测。

【青少年体育】 2020年,盐城市体育局扎实推进青少年体育工作。一是青少年体育活动蓬勃开展。“小足球、小篮球,大健康、大梦想”、“市长杯”等联赛活动普及校园,加大游泳、网球等专业场馆向中小学生开放力度,免费提供给周边学校开展体育课教学,累计服务学生10000人次。推动射箭、高尔夫等体育运动进校园,累计参与学生达5000人次。将青训机构、俱乐部等社会教育培训单位纳入“小足球小篮球”联赛暨夏令营活动参赛对象,2020年度小足球赛吸引了18支队伍共256名运动员参赛、小篮球赛吸引了60支队伍共426名运动员参赛。青少年阳光体育运动联赛、盐城市第九届“市长杯”青少年校园足球联赛等校园联赛,吸引了1000名运动员参加。大力推广幼儿体适能工程,成功举办盐城市首届亲子运动会,来自全市的4605组家庭、约13815名小朋友和家长参与比赛。二是青少年运动员体育成绩斐然。盐城市国乒小将蒯曼勇夺2020年全国青年乒乓球锦标赛双冠王,网球运动员陈烨入围国家网球青少年队,市校园足球队获全国邀请赛2项冠军、“省长杯”小学甲组亚军。在全国少年速度轮滑锦标赛上,盐城市运动员顾艳青勇夺女子500米冠军、1000米亚军，金子瑜夺得男子300米季军。在省体育局公布的全省第12批省级青少年奥林匹克体育俱乐部名单中，盐城市安贝斯足球俱乐部、涵邦乒乓球俱乐部、鹏威网球俱乐部等3个单位入选，入选数居苏中苏北第一，目前全市业余青少年俱乐部注册运动员达8000人。

【竞技体育】 一是积极备战省运会。2020年是备战省运会的第二年，在总结上周期情况和充分调研论证的基础上，制定了《盐城市备战江苏省第二十届运动会竞技体育项目布局方案》和《盐城市参加江苏省第二十届运动会奖惩办法》，组建了年龄结构合理、梯队层次完备的备战队伍，盐城市现开展田径、游泳、足球等26个备战项目，拥有千余名运动员、100名教练员。目前，各县（市、区）均与盐城市体育局签定了承办市队县办的协议，承办了自行车、水上等12个项目、拥有21个组别的运动队，首次实现了备战项目全覆盖。二是积极探索竞训分离改革试点。协助江苏涵邦健康公司投资400余万元建成全新的青训基地，该基地总面积4000平方米，拥有50张乒乓球台，在训小球员150人。2020年10月上旬，涵邦公司承办了中国乒乓球协会国家青年集训队、国家少年集训队江苏省选拔赛，来自全省的761名小选手报名参赛，该训练基地培养的2名小球员已获得进军全国赛的资格。

【体育产业】 2020年，盐城市体育局充分激发市场活力，全力培植"体育+行业"融合的体育产业新业态。全市体育产业总规模达315亿元，增加值占GDP比重约为1.48%。一是规划引领，优化产业布局。完成《盐城市体育事业专项规划（2020—2035）》（以下简称《规划》）的编制工作，与新一轮城市总体规划同步编制。规划从战略定位入手，确定盐城市体育事业总体规划目标；找准体育产业发展策略，确定产业发展路径；规划总体空间布局，导入重点项目，安排开发时序，设计投融资模式，确定实施保障机制。《规划》的编制，将对城市体育资源进行战略性和整体性重组，推动城市群众体育、竞技体育与体育产业的统一协调，促进城市体育对城市竞争力的提升和对城市经济的发展发挥重要作用。二是产业特色开始显现。悦达健身广场获评国家级体育产业基地项目，盐城市全民健身中心被认定为“江苏省第三批体育服务综合体”。“2019大洋湾盐城马拉松赛”被中国田径协会授予“铜牌赛事”、“最美赛道特色赛事”。2020年盐城市射阳千鹤湖公园、南海未来城AI智慧跑道等3条线路获评“江苏省十一黄金周体育旅游精品线路”。“我的盐城”APP智慧体育板块正式上线运营。三是充分发挥政策保障作用。严格落实市政府惠企二十条政策，对承租市属体育系统国有性经营用房的各类企业和个体工商户，减免二月份房租，减免租金限额10万以内，所有租金已全部减免到位。在全省率先出台服务企业保障复工复产十项措施和《关于支持全市体育企业抗疫情促发展的通知》，有力推进体育企业复工复产，提振了市场消费信心，促进了消费回补。四是品牌赛事成为产业增长重要引擎。在抓好疫情防控的同时，组织开展了龙舟赛、城市业余俱乐部联赛、体育消费节等活动，成功举办了疫情以来国内首场万人马拉松——2020东风悦达起亚盐城马拉松赛、中国盐城黄海湿地公路自行车邀请赛、广场舞大赛等体育赛事。五是体彩事业迈上新台阶。通过完善管理体制和运行机制，调整专管员队伍业绩考核等措施，不仅弥补了高频市场的“失量”，还促进了玩法结构之间的均衡，2020年体育彩票销售位次及市场份额有新的提升。

扬州市体育局工作概况

2020年，在省体育局的关心指导下，扬州市体育局以《体育强国建设纲要》为总揽，积极应对新冠肺炎疫情带来的新形势，以

“融合发展”为新路径，创新推动各项工作。2020年5月，国家市场监管总局通报扬州公共体育服务在全国31个省(区、市)160个监测城市中位列全国第一；2020年9月体育强省推进工作现场会在扬州召开，精心准备的4个观摩点位受到与会领导和兄弟单位的高度赞誉；2020年10月，“扬州马拉松赛”被中国田协评定为金牌赛事，连续第八次获得“双金”殊荣。

【群众体育】 2020年，扬州市体育局紧扣群众身心健康，以创建“全民运动健身模范市”为抓手，结合发展群众体育。推进全民运动健身模范市创建工作，召开创建推进会和全民健身工作联席会议，组建创建工作小组，完成首次材料上报工作，并以此为契机推动全民健身工作开展。一是提优提质公共体育设施。全市新建、更新一代全民健身路径170套，健身驿站15处，在廉政广场试点建设的基础上，在扬州市主城区公园、健身广场、沿河沿路、居民区等加密建设青少年足球篮球体育设施102处，为青少年营造良好的体育运动氛围。二是“线上线下”结合开展体育活动。受疫情影响，集聚性群众体育活动停办。扬州市体育局创新线上线下活动，开展“宅家”运动会、网红“健身操”、健身气功网络达标赛、青少年足球网络技能大赛等线上活动；开展“居家抗疫情、运动你我行”系列健身指导活动，在全市范围内投放《居家抗疫情、运动你我行》漫画手册；在全市机关、企事业单位开展工间操等职工健身活动，联合总工会组织全市工间操比赛，营造运动健康氛围。三是创新“体医融合”健身指导与服务体系。打造“四级”体医融合服务体系，形成体育科学健身指导与服务体系。建成1个市级体育康复医院；打造7个体医融合服务中心；建设11个全民健身益站；建好用好体医融合人才网络，发挥18000名社会体育指导员的健康指导作用，培育运动处方师、健康生活方式指导员。四是整合体育社会组织力量。开展全市“体育社团嘉年华”和“一年赛事早知道”“一年健身培训早知道”新闻发布会，推动扬州市体育总会成立功能性党组织；在江苏省体总秘书处和扬州市政法委指导下，开展体育社团“百团万员进网格活动”，动员体育协会近万人化身兼职网格员、网格志愿者参与社区治理。

【竞技体育】 2020年，扬州市体育局紧扣扬州奥运梦想，以出台青少年体育发展意见为契机，联合发展竞技体育。一是认真抓好备战参赛工作。扬州市政府出台了《2019—2022年扬州市青少年体育工作意见》，明确本周期青少年体育工作的总体目标、工作任务、保障措施等。根据江苏省第二十届运动会竞赛管理办法，扬州市及时调整项目布局，新增了赛艇、手球、橄榄球、快乐体操、轮滑、空手道等运动项目，推动省市联办女子竞走专业队落户扬州，在培养本土竞走项目优秀青少年梯队人才上实现了突破。二是创新开展系列青少年体育活动。举办扬州市首届亲子体育运动会，通过线上小程序，开展线上游戏、视频征集等活动，4868个家庭参与此次活动。创新举办2020年扬州市“阳光体育”青少年U系列足球网络“体适能”比赛、“阳光体育”少儿快乐体操（街舞）U系列网络“体适能”比赛暨扬州市少儿街舞优苗选拔赛、扬州市青少年体育冬夏令营活动评审等活动，通过系列活动促进青少年身心健康。三是创新发展模式，融合开展青少年工作。推动体教融合，持续打造幼儿园、小学、中学、大学四级体教融合体系，在项目布局、人才共建、竞赛融合、场地共享等方面积极融合。在扬州大学体育学院设立了“教练员之家”“等级裁判员培训基地”。与江都区文化体育和旅游局、深潜运动健康（扬州）有限公司，共建扬州青少年水上运动项目队伍（赛艇）。四是加强队伍建设和兴奋剂管理。开展3次教练员专项培训、通识培训，共培训近300人次，强化教练员理论知识，不断提高科训意识和水平。完成全市教练员和运动员的注册工作，全市共有注册运动员3300人，注册教练员194人。召开全市反兴奋剂工作会议，签订反兴奋剂责任书，建立“纯洁体育”反兴奋剂APP学分通报制度，切实加强反兴奋剂教育宣传与管理。

【体育产业】 2020年,扬州市体育局紧扣经济中心工作,以体企融合、体旅融合为重点,融合发展体育产业。一是加强数据和制度建设。为减少疫情对扬州市体育产业造成的影响,制定出台《扬州市体育局关于加快推进全市体育产业发展的意见(试行)》,从激发市场主体活力、创新产业发展方式、扩大体育消费、加强合作交流、深化"放管服"改革等方面,为全市体育产业发展提供助力支撑。开展高质量发展监测体育指标统计工作,完成2019年度全市人均拥有公共体育设施面积的统计工作。二是创新推进体企融合。举办第二届名城百企运动会,遴选海沃机械、扬杰电子等知名民营企业签署战略合作协议,试点开展体企共建,通过开展"体育团建"等活动,为企业高质量发展提供强大智力支撑。创新打造体育产业众创空间,在体育公园打造特点鲜明的省内第一家体育产业孵化园,目前已经有13家企业入驻,20家企业报名。三是以体育赛事推进体旅融合。世界田联公布了2019年世界路跑赛事排名,扬州鉴真国际半程马拉松赛榜上有名,是我国排名最高的半程马拉松赛事。全力筹备2022年世界田联半程马拉松锦标赛,世界田联、中国田协、电通集团、扬州市人民政府正式签订赛事组织协议,组织相关人员集中办公,有序开展赛道沿线整治及重点改造提升。

镇江市体育局工作概况

2020年,镇江市体育局在江苏省体育局的关心指导下,在镇江市委市政府的正确领导下,始终坚持以人民为中心,抓好群众体育、竞技体育、体育产业等各项工作,努力提升公共体育服务水平。

【群众体育】 2020年,镇江市体育局在体育惠民中多做实事。圆满完成了镇江市政府“十件实事”体育板块任务,在全市资助新建了5个体育公园、10个多功能运动场、6个笼式足球场、安装80条健身路径。健康路体育公园自开放以来,人气爆棚,已成为市民游客的城市新晋网红打卡地。2020年投资1400万元建成了以足球为主题的西口门滨江体育公园。根据疫情形式,统筹安排疫情防控和体育发展各项任务,严格落实常态化防控各项措施要求,采用线上线下相结合的方式,举办了包含13个项目在内的第二届城市业余联赛、第三届南山越野赛、福地句容线上跑挑战赛、润州请你来健身、长江(世业洲)户外休闲徒步大会、国民体质免费测试等近100项全民健身赛事活动,共有20万人次参与,激发了群众参与体育锻炼的积极性,探索出一条疫情防控常态化形势下全民健身事业发展的新路径。加强体医融合,建成世业镇卫生院运动与健康服务促进中心,举办6期全市科学健身大讲堂。

【竞技体育】 2020年,镇江市体育局在人才培养中开拓新模式。召开全市体教融合联席会议,共同研究推进学校体育、体校建设、人才培养、赛事体系等相关工作。优化人才培养方式,“谁羽争峰”港澳台交流基地暨镇江市青少年羽毛球训练基地成立。为进一步深化体教融合,出台《镇江市体教融合专项基金考核资助实施办法(试行)》。镇江市2名运动员选入中国国家少年男子足球队,1名游泳运动员进入国家队,在击剑、棋类、足球、田径等项目上成绩喜人,共取得4块全国金牌,36块省级金牌。举办暑期少儿公益体育培训,让更多的孩子感受体育的魅力。承办了全国U系列田径通讯赛(江苏赛区)系列赛、省拳击锦标赛等2项省级及以上赛事,举办13个项目市级青少年阳光体育竞赛。

【体育产业】 2020年,镇江市体育局在产业发展中注入新动力。12月13日,镇江市选手徐寅在全国第一届职业技能大赛中,获全国职业技能大赛体育运动指导(健身)项目金牌,这是大赛唯一一块体育类金牌。在2020年全省游泳指导、救生职业技能大赛上，镇江市代表队获得团体第三名，选手蒋伟获得个人比赛第一名。2020年，镇江市共有4个体育产业项目获省级专项资金190万元支持。镇江体育产业发展有限公司与上海美再晨公司就“健康路体育公园健身会所”项目正式签约。体育会展中心积极招商引资，全年引进12家入驻单位。镇江市体育局认真做好体育场地统计调查工作，经初步统计，截至2020年12月10日，全市人均拥有公共体育场地面积3.11平方米。

【疫情防控与体育法制】 2020年，镇江市体育局在体育管理中提升执行力。面对疫情的侵袭，镇江市体育局第一时间对体育系统风险排查、重点场所防控、信息通报等关键环节进行部署细化，组织机关党支部23名党员干部参加街道社区抗疫志愿活动，用实际行动彰显体育人的担当，在统筹抓好疫情防控的同时，不失时机抓好各项体育工作的推进，认真开展“五抓五促”提效能、全力夺取“双胜利”专项行动。获镇江市行政审批局经营高危性体育项目许可证13个，二级运动员等级确认5件。联合镇江市卫健委成立联合检查组，通过“双随机、一公开”监管平台，开展1年1次的联合实地抽检工作，加强事中事后监管。贯彻落实“谁执法谁普法”普法责任制，推动体育执法与体育普法相结合。全力支持派驻纪检监察组开展工作，主动邀请纪检组参加或列席有关会议，对“三重一大”事项及存在重大廉政风险的工作，进行专门报备，共同营造体育系统风清气正的政治生态。

泰州市体育局工作概况

2020年，泰州市在江苏省体育局的关心指导下，在泰州市委、市政府的正确领导下，牢固树立“人民至上”的发展理念，以推动全民健身与全民健康深度融合为目标,以创建国家全民运动健身模范城市为抓手,抢抓第二十届省运会筹备契机,全力以赴提升体育公共服务水平、扩容体育产业增量,推进体育事业全面协调发展,为建设人民满意的幸福城市贡献体育力量。

【群众体育】 2020年,泰州市体育局开展丰富多彩的全民健身活动,积极助力健康名城建设。一是体育设施建设再上新水平。以"赛建民用"为目标,推动专业场馆建设,投资45亿元,新建和改造体育场馆17个,构建完善"10+3+3+1"(10个国有场馆、3个学校场馆、3个社会场馆、1个体育训练馆)体育场馆分布格局。以"便民利民"为目标,高标准实施"城建惠民"项目,全市投入1500万元,布局加载体育设施,新建体育公园6个,健身设施70处,健身步道60公里,社会足球场地45片,城市体育运动景观小品17个。二是群众体育活动掀起新热潮。疫情期间,探索全民健身新模式,在"泰州e体育"微信公众号,推出《居家健身小课堂》26期课程,访问量突破万次。开展"居家健身小视频人气评选"活动,共征集177个视频,累计播放量超22万人次,让居家健身成为推动全民健身的新亮点。参加全省第八届全民健身运动会,9个奖项中泰州市斩获7项,取得历年最好成绩。三是体育公共服务体系取得新突破。以党务业务服务"三务融合"发展为目标,全国首创打造"党建+体育"服务体系,构建线上、线下、设施维保"三维一体"的泰州体育公共服务体系,得到国家体育总局、江苏省体育局高度认可,获得群众一致好评。

【竞技体育】 2020年,泰州市体育局加大省运会筹备力度,全面提升体育综合实力。一是省运会筹委会高效运转,相继召开做强城市暨迎接省运会推进会、省运会筹委会第二次主任会议等全市大会,压紧压实各办赛部门(单位)、各市(区)责任,做好场馆建设、备战竞赛、环境改善、氛围营造等各项重点工作。筹委会实现首批集中办公,邀请国内顶尖赛事运营专家刘清早教授做专题报告，各项筹备工作高标准推动。二是运动队建设加快推进，以体校为备战龙头，以“省市联办、市队县办、兄弟市联办、社会化办队”四种形式的联合办队为必要补充，推动全市备战，高质量组建省运会59支参赛队伍。三是精心组织各级各类培训。组织裁判员培训10期共1000人次，举办全市省运会参赛人员和管理人员的反兴奋剂培训工作3次，贯彻全省反兴奋剂工作会议精神，泰州市注册队员“纯洁体育”手机APP全线学习率达100%。

【体育产业】 2020年，泰州市体育局创新思路，体育产业发展平稳。一是体育产业质效稳步提升。泰州远大、勇晟篮球等9个体育产业项目获江苏省体育局500万元发展专项资金，项目涵盖职业体育、青少年培训、体育场馆建设、健身服务业等，2020年成为近年来获得奖补资金最高的年份。落实市级体育产业引导资金100万元，奖励资助10家企业，进一步推动体育类企业做大做强。二是体育产业项目屡获殊荣。江苏皇仕堡健身管理有限公司、江苏永益铸管股份有限公司等五个体育产业项目获评“江苏省体育产业基地（2020—2022年度）”，靖江市体育中心获评“江苏省体育服务综合体”。中国溱潼会船节——龙舟赛被评为长三角地区精品体育旅游线路。三是体育彩票市场健康发展，坚持“建设负责任、可信赖，健康、持续发展的国家公益彩票”理念，着力夯实基础、培育优势、狠抓安全，整体发展态势保持平稳，截至2020年12月底，泰州市体育彩票销售量9.2亿元，市场份额超过70%，总销量列全省第八位，同比上升1位，增幅列全省第五位，所属市区连续三年销量全部过亿，年度百万级大奖12个，千万级大奖6个。

宿迁市体育局工作概况

2020年是“十三五”收官之年，也是突发新冠疫情的特殊一年。宿迁市体育局在宿迁市委、市政府的领导下，以建设“体育强市”为目标，紧紧围绕市委、市政府整体工作思路和各项工作部署，在抓好疫情常态化防控的同时，为全面推进体育事业高质量发展迈出了坚实步伐。

【群众体育】 2020年，宿迁市体育局坚持以人为本，全民健身计划稳步推进。按照“十三五”全民健身计划的要求，落实好群众身边的场地建设、设施建设，组织开展好群众身边的体育赛事和体育活动。全民健身公共服务产品更加丰富。落实“全民健身 健康中国”战略计划，针对新冠疫情，打造高质量全民健身公共服务产品。举办元旦万人长跑、线上健身气功达标赛、线上太极拳、啦啦操、羽毛球、围棋、象棋、广场舞等全民健身活动。开展“科学健身、文明参与”晨晚练点健身项目线上展示活动，打造城市乡镇新型晨晚练点，拓宽晨晚练点功能，开展新项目、新形式、新渠道全民健身推广工作，提高农村、社区、家庭全民健身参与度，2020年全市新增晨晚练点80个。打造“8·8”全国全民健身日系列活动、庆国庆全民健身系列品牌活动，开展第八届环骆马湖万人健步走、千人自行车骑游等群众参与面广的全民健身活动，截至2020年底，经常参加锻炼的人口占比为44%。乡镇体育设施建设稳步推进。2020年宿迁市体育局加强乡镇体育设施建设，以宿迁市委、市政府乡村振兴计划为重点，配合农房改造工程，为中心城区80多个行政村配套建设全民健身多功能运动场、笼式足球场，基本实现中心城区乡镇体育设施覆盖率100%，行政村体育设施全覆盖达95%以上。公共体育场馆免费或低收费深入实施。2020年全市12家公共体育场馆实施免费或低收费开放，向社会公开公示免费或低收费项目，截至2020年11月底，公共体育场馆免费低收费开放覆盖率100%。实施免低收费的公共体育场馆共接待健身市民为50万人次，取得了良好的社会效应。高质量完成了2020年全国第五次国民体质监测宿迁市抽样工作，在全市按照年龄段、地区随机抽样有效数据3200人，沭阳县、泗洪县、宿豫区、宿城区四个抽样点测试及数据复核已完成，并在江苏省国民体质监测工作先进典型交流会上发言。

【竞技体育】 2020年，宿迁市体育局创新赛训方式，竞技体育发展扎实推进。全面落实体育强省实施方案，实施竞技体育为国争光行动、“三大球”振兴发展行动，后备人才菁英培养行动和体教融合发展行动，不断提升竞体体育发展水平，创新转变体育赛事发展方式。加快足球改革步伐，以宿迁市政府办名义下发《宿迁市足球改革发展实施意见的通知》，出台《关于建立宿迁市足球改革发展部门联席会议制度的通知》，推进职业足球，繁荣校园足球，普及社会足球，不断提升宿迁足球运动发展水平。深入推进体教融合发展，召开全市体教融合发展研讨会，邀请专家进行政策解读，组织县区举办选材运动会，承办江苏省第三届小篮球俱乐部联赛，支持三棵树分校、育新小学等足球特色学校成立青少年俱乐部，为布点学校配备20套足球器材和4片笼式足球场。开展中德青少年足球合作，继续派遣2名德国外教开展市区足球项目培训，组织2020年线上亲子体育活动和其他线上活动，推进公益性冬夏令营。2020年9月，在湖滨新区举办第八届生态四项公开赛，继续设置游泳、皮划艇、山地自行车、越野跑等四个项目，择优选择了29公里个人赛和接力赛，将全民健身融入其中。组织了市内千人徒步大会、环湖骑行、皮划艇比赛等活动，近60家媒体，以视频直播、图片直播、短视频、视频新闻等多种形式对本次赛事进行报道，该活动的浏览量、阅读量、点击量、覆盖人群总计高达1.3亿人次。切实做好第二十届省运会周期备战工作。拟定第二十届省运会备战方案，集中精力做优做强优势项目，加强优势项目教练团队建设。充分发挥市级选材工作领导小组的职能，进一步规范操作流程，共同开展项目选材，同时制定出台《第二十届省运会计牌计分办法》，明确“输送金牌带入”、“省、市运动会金牌折算”等规则，营造积极输送的良好氛围，加大业余训练表彰奖励力度，制定《第二十届省运会表彰奖励办法》。

【体育产业】 2020年，宿迁市体育局强化政策落实，体育产业发展有序推进。认真落实《关于促进全民健身和体育消费推动体育产业高质量发展的意见》，深化体育领域创新，培育和扶持市场主体，做大做强体育产业。做好体育领域信用体系建设。加快推进宿迁市体育系统信用体系建设，制定出台《2020年市体育局社会信用体系建设工作要点》，组织开展“与信用同行　筑梦新时代”知识竞赛，积极开展行政许可及行政处罚双公示信息报送以及“诚信社区”“诚信居民”等评选工作。积极申报省级体育产业引导资金。组织2020年度省级体育产业发展专项资金项目的申报工作，通过企讯通、微信公众号、宿迁市体育局网站充分宣传政策，强化与县区联系，督促做好申报各项工作。截至2020年底，企业申报阶段已完成，根据时间节点邀请第三方完成市区审核并上报江苏省体育产业指导中心。加强特色体育产业项目培育。组织开展第三批体育服务综合体、长三角地区体育旅游精品等项目申报工作，共有泗阳县体育中心、沭阳县体育运动中心、宿迁宝迪悦健身河东教育局店、宿迁运河湾滑雪农趣园、宿迁运河湾生态园耕园5家单位申报体育服务综合体，同时对首批体育服务综合体盛基G运动中心项目开展运营情况检查。开展高危项目双随机检查工作。推行“双随机、一公开”工作落实，加强经营高危险性体育项目事中、事后监管，按照100%比例开展了检查，共抽取113家场所，下达整改通知书17家，要求限期整改，确保群众健身安全。体彩销售平稳增长。受疫情影响,体育彩票销售开市较晚,通过加大宣传,拓宽销售渠道,保持良好销售势头,截至2020年11月30日全市已销售体育彩票8.14亿元,位列全省第九位;增幅1.57%,位列全省第一位。

【体育文化】 2020年,宿迁市体育局突出文化引领,体育文化深入人心。发展生态体育文化。围绕宿迁生态时尚特色,秉承体育与生态、旅游、文化融合发展理念,打造国际时尚体育城市,连续八年举办中国生态四项公开赛,是中国首个将生态文明建设融入到体育的大型原创赛事,连续三年荣获"中国体育旅游十佳精品赛事",有力推动了生态体育文化的兴起和发展。传承地方传统文化。深刻挖掘宿迁本土体育文化,发扬大运河、古黄河、项王故里等文化内涵,持续多年举办元旦万人长跑活动、三台山户外运动节,春季户外体验游嘉年华活动、中国力量嘉年华、宿迁城市定向赛等赛事活动。结合宿迁文明城市长效建设,打造"六进公益行"品牌,推出了"体育社会组织党员骨干六进公益行"活动,将体育运动项目、专业体育知识、科学运动项目带进校园、带进园区、带进乡村、带进社区、带进企业、带进机关,宣传普及体育健康知识,弘扬体育文化。用镜头讲述体育故事。坚持举办体育摄影大赛,通过摄影镜头,宣传时尚体育城市,讲述宿迁运动员、教练员的故事,展示宿迁体育成果,收集全市体育场馆设施、全民健身场景图片和视频素材,建立体育文化声像素材库,搭建宿迁摄影网—体育摄影专版,向全社会推介宿迁市全民健身建设成果,弘扬体育文化。

机 构 名 录

江苏省体育局党组成员、正副局长、巡视员

党组书记	局　长	陈少军
	副局长	刘　彤
党组成员	副局长	王志光
党组成员	副局长	王伟中
党组成员	副局长	熊　伟
副巡视员		范金华

江苏省体育局机关各处室

办公室	主　任、一级调研员	吴兵成
	副主任	杨　光
	副主任	徐忠生
	副主任	徐邦俊
	四级调研员	宋秀芹
群众体育处	处　长	辛　丽(女)
	副处长	张建槽
	副处长	周玲美(女)
	三级调研员	刘　森(5月任命)

	四级调研员	柳昌贵
竞技体育处	处长、一级调研员	陶　新
	副处长	孟　洁(女)
	副处长	蔡军才
	三级调研员	赵　丽(女,5月任命)
青少年体育处	处　长	刘　斌
	副处长	李　利
	副处长	张晓燕(女)
	二级调研员	李阳井
体育经济处	处　长	王　峰
	副处长、三级调研员	谢晓倩(女)
	副处长	刘　昕
综合业务处	处　长	许秋红(女)
	副处长	傅　雷(3月任命)
	二级调研员	成裕阳
	四级调研员	吴　勇
人事处	副处长、三级调研员	唐　俊(女)
	三级调研员	陆靖新(5月任命)
离退休干部处	处　长	戴　刚
	二级调研员	吉春英(女)
	四级调研员	华文艺
机关党委	副书记	李　芳(女)
	副书记	胡希文
	四级调研员	王　晗(女)
	四级调研员	丁昌松
	四级调研员	祁　俊

南京体育学院

党委书记 朱传耿
党委副书记、院长 杨国庆
党委副书记、副院长 史国生
党委副书记 兰亚明
党委常委、副院长 李　江(女)
党委常委、副院长 金　松
党委常委、副院长 肖爱华(女)
党委常委、纪委书记、省监委派驻监察员
潘林珍(女)
党委常委、总会计师 黄步龙
党办、院办主任 丁永亮(1月任命)
党办副主任、校办副主任 叶　瑛(女,5月任命)
党办副主任、校办副主任 张　珏(女,7月任命)
纪委副书记兼纪委办公室主任 陆倩慧(女)
纪委(监察专员办公室)审查调查处处长(副处级)
孙凌云(女)
校纪委监督检查处处长(副处级) 邱　香(女)
校纪委办公室副主任(副处级) 杜　艳(女)
党委常委、党委组织部部长、机关第一党总支书记
陆玉林
综合考核办公室主任 陆玉林(5月任命)
综合考核办公室副主任 郭　翔(5月任命)
党委组织部副部长 刘　丹(女,5月任命)

党委常委、党委宣传部、党委统战部部长
许立俊
党委宣传部副部长 刘洪磊
学生工作处(部)处(部)长、招生办公室主任
唐存楼
学生工作处(部)副处(部)长 杨　晖
党委保卫部部长、保卫处处长、院人武部部长
王竹林
党委保卫部副部长、保卫处副处长 刘祥兵
发展规划处处长、学科建设办公室主任
郭修金(10月任命)
发展规划处副处长、学科建设办公室副主任
谢正阳(10月任命)
审计处处长 王淑娜(女)
党委教师工作部部长 张　敏(10月任命)
党委教师工作部副部长 宋　虎(10月任命)
人事处处长、机关第二党总支书记 张　敏
人事处副处长 宋　虎(7月任命)
训练处处长 刘　健(1月任命)
训练处副处长 叶　蓁(7月任命)
训练处副处长 宋　凯(7月任命)
教务处处长 陈海波
教务处副处长 王龙飞
教务处副处长 李　英(女)
科研处处长 盛　蕾(女)
科研处副处长兼科学实验中心主任(正处级)
孙国友
计划财务处处长 丁　锴

计划财务处副处长、招标办公室主任　王利雅(女)
计划财务处副处长　刘双喜
学科建设办公室、研究生部主任　沈鹤军(女,5月任命)
资产管理处处长　储小祥
后勤党总支书记　顾　道
后勤处处长　陶　利
后勤处副处长　郁　东
后勤处副处长　王　寅
后勤处副处长　王　彤
工会主席　王加华
团委书记(副处级)　阚妮妮(女,7月任命)
离退休党总支书记、离退休工作处处长
朱小兰(女,5月任命)
信息化中心主任、图书馆馆长、直属单位党总支书记
葛见珠(女)
图书馆副馆长　李明华
信息化中心副主任　魏　宁
运动康复医院直属党支部书记、院长兼运动健康学院副院长
王家祥
运动康复医院直属党支部副书记　刘桂彩(女,10月任命)
运动康复医院副院长　刘桂彩(女)
继续教育学院院长、培训中心主任　李勇勤
《体育学研究》编辑部主任　高　亮(5月任命)
《南京体育学院学报》编辑部主任(副处级)
高力翔(5月任命)
体育发展与规划研究院常务副院长(正处级)
邹德新
竞技体育研究院副院长(正处级)　宋雅伟

竞技体育研究院常务副院长(副处级)
秦学林
体育教育与人文学院党总支书记 邹国忠
体育教育与人文学院副院长(主持工作)
王 凯(5月主持工作)
体育教育与人文学院党总支副书记 卢 奎
体育教育与人文学院副院长 李金宝(7月任命)
体育教育与人文学院副院长 叶 强(7月任命)
运动训练学院党总支书记 张亚军
运动训练学院党总支副书记、院长 赵 琦
运动训练学院党总支副书记 喻 菊(女,7月任命)
运动训练学院(足球学院)副院长 张 明
运动健康学院党总支书记 王 猛
运动健康学院院长兼运动康复医院副院长
汤 强
运动健康学院副院长 赵 彦(女)
运动健康学院党总支副书记 石红霞(女)
武术与艺术学院党总支书记 殷怀刚
武术与艺术学院党总支部副书记、院长
支 川
武术与艺术学院党总支副书记 陈荣梅(女)
武术与艺术学院副院长 杜家俊(5月任命)
体育产业与休闲学院党总支书记 王 进
体育产业与休闲学院院长、院党总支副书记
于翠兰(女)
体育产业与休闲学院副院长 唐芒果
体育产业与休闲学院党总支副书记 杨丽丽(女)

马克思主义学院直属党支部书记、马克思主义学院副院长 葛翠柏(女,1月任命)

乒羽学院党总支书记、院长、省体育局乒羽运动管理中心主任 张　健

乒羽学院党总支副书记 周　丹(女)

乒羽学院副院长、乒乓球队领队、省体育局乒羽运动管理中心副主任 杨　干

乒羽学院副院长、羽毛球队领队 骆晓娟(女,7月任命)

网球学院直属党支部书记 丁习明(1月任命)

网球学院院长、直属党支部副书记、省体育局网球运动管理中心主任 鲍　勤(女)

网球学院副院长、网球队领队、省体育局网球运动管理中心副主任 姜　惟

体操学院党总支书记、院长、省体育局体操运动管理中心主任 梁　琴(女)

省体育局体操运动管理中心主任(执行主任) 王国庆

体操学院党总支副书记 顾金凤(女)

体操学院副院长、蹦床队领队、省体育局体操运动管理中心副主任 陆春龙

体操学院副院长、艺术体操队领队兼蹦床队领队、省体育局体操运动管理中心副主任 冀方新

击剑学院直属党支部书记、院长、省体育局击剑运动管理中心主任 沈朝阳

击剑学院直属党支部副书记 徐炳生

击剑学院副院长、击剑队领队、省体育局击剑运动管理中心副主任 孔庆玮(女)

游泳学院党总支书记、院长、省体育局游泳运动管理中心主任 王伟新

游泳学院党总支副书记 陈　志

游泳学院副院长、花样游泳队领队、省体育局游泳运动管理中心副主任 吴晓明

游泳学院副院长、游泳队领队、省体育局游泳运动管理中心副主任 张纪芳(女)

附属学校(省体校)党总支书记、校长 吴建华

附属学校(省体校)党总支副书记、副校长 谢长虹

附属学校(省体校)副校长 王　蓉(女)

江苏省体育局直属单位

江苏省体育局训练中心

省体育局训练中心主任　潘　强

省体育局训练中心党委书记　徐雪萍(女)

省体育局训练中心副主任(正处级)　王　宁

省体育局训练中心副主任(副处级)　刘　鑫

省体育局训练中心副主任(副处级)　刘海岚(女,11月任命)

省体育局训练中心副主任(副处级)　石　静(女,12月任命)

省体育局田径运动管理中心主任　孙　谦

省体育局田径运动管理中心副主任　徐洪兵

省体育局田径运动管理中心副主任　邹尔莉(女)

省体育局田径运动管理中心副主任　戴彬彬(女)

省体育局篮球运动管理中心主任　徐雪萍(女,8月任命,兼)

省体育局篮球运动管理中心副主任　吴中琦

省体育局排球运动管理中心主任　李　军
省体育局排球运动管理中心副主任　薛　刚
省体育局排球运动管理中心副主任　毛武扬(女)
省体育局武术运动管理中心主任　陈　彪
省体育局武术运动管理中心副主任　殷建伟
省体育局武术运动管理中心副主任　胡竹青(12月任命)
省体育局手曲棒垒球运动项目管理中心副主任
石文虎
省体育局小球运动管理中心副主任(主持工作)
刘东峰
省体育局小球运动管理中心副主任　邵泽山(12月任命)
省体育局自行车运动管理中心主任　马兆森
省体育局自行车运动管理中心副主任
李　毅
省体育局冬季运动管理中心主任　朱晓军

江苏省方山体育训练基地(省射击射箭运动管理中心)

省方山体育训练基地(省射击射箭运动管理中心)主任
殷邗江
省方山体育训练基地副主任　高　扬
省方山体育训练基地副主任　朱幼南
省方山体育训练基地副主任　沈国富
省方山体育训练基地副主任　张晓民
省方山体育训练基地副主任　丁兆光(12月任命)

江苏省江宁足球训练基地(省足球运动管理中心)

省江宁足球训练基地(省足球运动管理中心)主任、党总支副书记　潘　杰
省江宁足球训练基地(省足球运动管理中心)副主任
李红兵

省江宁足球训练基地(省足球运动管理中心)副主任
林　峰

省江宁足球训练基地(省足球运动管理中心)副主任
胡　伟

省江宁足球训练基地(省足球运动管理中心)副主任
蒋军波

省体育局水上运动管理中心

省体育局水上运动管理中心主任、党总支书记
刘翊群

省体育局水上运动管理中心管理岗位五级职员
何雪德

省体育局水上运动管理中心副主任　徐　晨

省体育局水上运动管理中心副主任　王　玮(女)

省体育总会秘书处

省体育总会秘书处秘书长　李一冰(女)

省体育总会秘书处副秘书长　常　红(女)

省体育总会秘书处副秘书长　徐志胜(女)

省体育局后勤服务中心

省体育局后勤服务中心主任　周建辉

省体育局后勤服务中心副主任　曹志慧(女)

省体育局后勤服务中心副主任　刘　田

省体育局后勤服务中心副主任　韩　文(女)

省体育科学研究所

省体育科学研究所所长　黄　峻(12月任命)

省体育科学研究所副所长　徐廷军

省体育科学研究所副所长　袁　龙

省体育科学研究所副所长　徐　林(女,11月任命)

省体育竞赛管理中心

省体育竞赛管理中心主任　吴　超

省体育竞赛管理中心副主任　胡卫权

省社会体育管理中心

省社会体育管理中心主任兼省健身气功管理办公室主任(正处级)　赵玉坤

省社会体育管理中心副主任　张晃新

省体育局青少年训练管理与反兴奋剂管理中心

省体育局青少年训练管理与反兴奋剂管理中心主任　蔡　伟

省体育局青少年训练管理与反兴奋剂管理中心副主任　明　洁(女)

省体育局青少年训练管理与反兴奋剂管理中心副主任　朱海明

省体育装备中心

省体育装备中心主任　汪　泳(12月任命)

省体育产业指导中心

省体育产业指导中心主任　孙金荣

省体育产业指导中心副主任、管理岗位五级职员　程　兵

省体育产业指导中心副主任　张小海

省体育产业指导中心副主任　徐光辉

省体育局会计核算中心

省体育局会计核算中心主任　戎国刚(12月任命)

省体育局会计核算中心副主任　夏　丽(女)

省国际体育交流中心

省国际体育交流中心主任　张焕志

省国际体育交流中心副主任　盛昌平

省国际体育交流中心副主任　徐　静

省体育彩票管理中心

省体育彩票管理中心主任　朱长河

省体育彩票管理中心管理岗位五级职员、党支部副书记　陈小君(女)

省体育彩票管理中心副主任　顾　颖(女)

省体育彩票管理中心副主任　虞晓宇

省棋牌运动管理中心

省棋牌运动管理中心主任　杨伊明

省棋牌运动管理中心副主任　徐　俊

省棋牌运动管理中心副主任　吴佳明(11月任命)

省五台山体育中心

省五台山体育中心主任、党委副书记　顾雷锋

省五台山体育中心党委书记、副主任(正处级)　殷东明

省五台山体育中心副主任　姚　仲(女)

省五台山体育中心副主任　石汝江

省五台山体育中心副主任　孙少军

省五台山体育中心副主任　赵春莲(女,12月任命)

省体育人才流动服务中心

省体育人才流动服务中心主任　张宜龙

省体育人才流动服务中心副主任　赵爱武

省体育信息中心

省体育信息中心主任　杨洪星

省体育信息中心副主任　陈世海

各设区市体育局正、副局长

南京市体育局	
党组书记、局长	董　浩(6月任命)
副局长(正局级)、党组成员	朱华林
副局长、党组成员	葛　菲(女)
副局长	费佳伟
副局长、党组成员	张顺翔(10月任命)
二级巡视员	王锡球(11月任命)
一级调研员	甘双林
一级调研员	钱普洲
一级调研员	王宏荣
一级调研员	刘俊林
无锡市体育局	
党组书记、局长、一级调研员	黄浩然
党组成员、副局长	杨宇华
党组成员、副局长、二级调研员	李海红
党组成员、副局长	吴一骁(3月任命)
副局长	沈黎生(12月任命)
四级调研员	霍德全
徐州市体育局	
局长、市体育总会主席、一级调研员	陈　钢
党委书记	靖　飞(12月任命)
一级调研员	王蔚东
党委委员、副局长、三级调研员	吴广跃
党委委员、副局长	有　昆

党委委员、工会主席、二级调研员	贺方全
党委委员、副局长、二级调研员	甄宗牧
党委委员、副局长、局机关党委书记	吴南宁(8月任命)
党委委员、四级调研员	程玉春
四级调研员	佟倞扬
四级调研员	朱　强
四级调研员	许慧慧(女)
四级调研员	高立功

常州市体育局

党组书记、局长	朱笑冰
党组成员、副局长、二级调研员	李晓华(女)
党组成员、副局长	堵文波
副局长	魏继斌
党组成员、专职委员	王钦利
四级调研员	樊百成
四级调研员	邱晴漪(女)

苏州市体育局

局长、党组书记	周志芳(女)
副局长、党组成员	陈艳青(女)
副局长、三级调研员	吴卫中(12月任命)
副局长、党组成员	李　镔(4月任命)
副局长、党组成员	程军红(女)
二级调研员	龚冀铭
二级调研员	袁永球
四级调研员	王正山
四级调研员	袁国俊

南通市体育局

党组书记、局长	江　华(9月任命)

党组成员、副局长	姜海泉
党组成员、副局长	张云飞
副局长	严少标
四级调研员	程海兵
四级调研员	季士奇
四级调研员	丁秀海(11月任命)

连云港市体育局

党组书记、局长	张　斌
党组副书记、副局长	韩金山
党组成员、副局长	石　磊
副局长	袁桂阳
党组成员、副局长	邓金祥
党组成员、副局长	夏东明(12月任命)

淮安市体育局

党组书记、局长、二级巡视员	卞　玉(女)
副局长	徐冲冲
党组成员、副局长	时正洲
党组成员、副局长	祁德霞(女)
党组成员、副局长	蒋兆红
四级调研员	朱金华
四级调研员	钱爱成

盐城市体育局

局　长	汤冬青
党委书记	方仕德
副局长	杨君明
副局长	周继明
副局长	杜明东
四级调研员	陈如俊

四级调研员	董盐海
四级调研员	王精荣
扬州市体育局	
党组书记、局长	李桂山
党组成员、副局长	周　烈
党组成员、副局长	张　荣
党组成员、副局长	丁卫社(挂职)
党组成员、副局长	傅　建(女,挂职)
四级调研员	张　峰
四级调研员	张义勇
镇江市体育局	
党组书记、局长	戚亚新
党组副书记、副局长	郑迎伟
党组成员、副局长	尤卫东
党组成员、副局长	承　纲
党组成员、四级调研员	张爱民
二级调研员	张志明
二级调研员	王锡炳
四级调研员、机关党委书记	宋　浩
四级调研员	梁赤斌
泰州市体育局	
党组书记、局长	董维华
副局长、党组成员	徐　刚
副局长、党组成员	王学标
副局长	洪　澄
副局长、党组成员	李铁军
四级调研员	秦国梁

宿迁市体育局

局长、党组书记	钱　辉
副局长	祁　全
副局长、党组成员	胡学瑜
副局长、党组成员	王　艳(女)
副局长、党组成员	谢素珍(女)
四级调研员	谭永清

（李　扬）

光　荣　榜

受到国家体育总局等单位表彰的先进单位和个人

【国家体育总局表彰突出贡献集体和个人】 2020年以来，在党中央、国务院的坚强领导下，全国体育系统坚持以习近平新时代中国特色社会主义思想为指导，全面贯彻党的十九大和十九届五中全会精神，深入学习贯彻习近平总书记关于体育工作的重要论述精神，坚持“防疫情、保备战、促发展”的工作思路，有效应对东京奥运会延期带来的不利影响，全力以赴做好东京奥运会、北京冬奥会备战工作。积极开展形式多样的全民健身活动和体育赛事，涌现出一大批成绩显著、贡献突出的集和个人。为表彰先进，树立典型，大力弘扬抗击新冠肺炎疫情中形成的伟大抗疫精神，进一步调动广大体育工作者、人民群众和社会力量的积极性，共同推动体育事业改革发展，加快推进体育强国建设，2020年12月23日，国家体育总局授予江苏省无锡市体育局等92个集体、王富等187名个人“2020年全国体育事业突出贡献奖”荣誉，其中江苏先进集体如个人名单如后。

一、2020年全国体育事业突出贡献先进集体名单

江苏省无锡市体育局

江苏省苏州市体育局

南京嘉纳体育文化发展有限公司

二、2020年全国体育事业突出贡献先进个人名单

王　富　江苏省体育局训练中心医务科科长
吕宗亚　江苏省方山体育训练基地训练竞赛部部长
刘家岭　江苏省举重摔跤柔道运动管理中心主任
汤冬青　江苏省盐城市体育局局长
吴　伟　江苏省武进曲棍球训练基地后勤保障科科长
张雨霏　国家游泳队运动员
夏钰淇　江苏省淮安市体育中心主任
黄　炜　江苏省南京市龙江体校校长

【国家体育总局表彰先进个人】 为表彰2020年度取得优异成绩的运动员和教练员，根据《运动员、教练员体育运动奖章授予办法》规定，2020年12月24日国家体育总局发布《关于授予2020年度体育运动奖章的决定》，授予张雨霏等19名运动员2020年度体育运动荣誉奖章，授予陈玘等5名教练员2020年度体育运动一级奖章。

【国家体育总局表彰优秀运动员】 为表彰2019年度取得优异成绩的运动员和教练员，根据《运动员、教练员体育运动奖章授予办法》的规定，2019年12月27日决定授予丁倚亮等246名运动员、许学宁等153名教练员2019年度体育运动荣誉奖章。（收文日期为2020年1月13日）

一、2019年度授予体育运动荣誉奖章运动员

射　箭：丁倚亮
击　剑：许安琪（女）
拳　击：王　聪（女）
跆拳道：吴静钰（女）　赵　帅
三人篮球：姜佳音（女）
排　球：龚翔宇（女）　张常宁（女）
羽毛球：石宇奇

围　棋:唐韦星

象　棋:徐　超

国际象棋:沈　阳(女)

武术套路:李齐镇　吴照华

二、2019年度授予体育运动荣誉奖章教练员

击　剑:许学宁

皮划艇:王　博

举　重:王国新

三人篮球:李　童

象　棋:徐天红

国际象棋:徐　俊

武术套路:马志明　张　丽(女)

受到省委省政府表彰的先进单位和个人

【省政府表彰全省民族团结进步模范集体和模范个人】 2015年全省民族团结进步表彰大会以来,全省各族人民坚持以习近平新时代中国特色社会主义思想为指导,在省委、省政府的坚强领导下,全面贯彻落实党的民族政策,以铸牢中华民族共同体意识为主线,深入持久开展民族团结进步宣传教育,全省平等团结互助和谐的社会主义民族关系不断巩固,民族团结进步事业创新发展,各地区各行业涌现出一大批为全省民族团结进步事业作出突出贡献的模范集体和模范个人。为表彰先进、树立榜样,激励全社会共同做好民族工作,2020年10月15日省人民政府决定,授予淮阴师范学院体育学院、盐城师范学院体育学院等35个单位“全省民族团结进步模范集体”称号,授予孙婷婷等55名同志“全省民族团结进步模范个人”称号。

受到省体育局等单位表彰的先进集体和个人

【江苏省体育局表彰优秀共产党员和党务工作者】 2020年是全面建成小康社会收官之年,是体育强省建设关键之年。为充分发挥基层党组织战斗堡垒作用和党员先锋模范作用,根据省体育局机关党委《关于评选表彰省体育局优秀共产党员、优秀党务工作者和先进基层党组织的通知》(苏体机党〔2020〕10)精神,2020年7月1日江苏省体育局决定表彰优秀共产党员13名、优秀党务工作者5名、先进基层党组织7个,表彰名单如下。

一、优秀共产党员(13名)

宋秀芹　省体育局办公室四级调研员
周文龙　省体育局群体处一级主任科员
吴　勇　省体育局综合处四级调研员
陆靖新　省体育局人事处三级调研员
包锋林　省江宁足球训练基地计划保障科科员
陈　雅　省体育总会秘书处办公室主任
马　森　省体育科学研究所助理研究员
王　亮　省体育竞赛管理中心竞赛二部部长
王　园　省体育彩票管理中心即开游戏部副部长
刘志军　省五台山体育中心膳食科科长
王　富　省体育局训练中心医务科科长
韩　琪　省体育局训练中心党群科科长
周进富　省体育局水上运动管理中心帆船队教练员

二、优秀党务工作者(5名)

祁　俊　省体育局机关党委四级调研员

戴厂华　省体育装备中心党支部委员

金　振　省棋牌运动管理中心办公室主任

胡红权　省五台山体育中心党委办公室主任

赵平平　省体育人才流动服务中心综合部部长

三、先进基层党组织(7个)

省体育局机关第二党支部(竞体处)

省体育局机关第五党支部(经济处)

省体育总会秘书处党支部

省体育局后勤服务中心党总支

省体育科学研究所党支部

省体育局青少年训练与反兴奋剂管理中心党支部

省自行车运动管理中心党支部

【江苏省体育局表彰先进个人】 近年来,全省体育系统在省委省政府的坚强领导下,坚持以人民为中心的发展思想,不忘初心、牢记使命,协调推动全民健身、参赛备战、产业发展等各项工作,取得了积极的成效。为表彰先进、树立典型,激励广大体育工作者锐意进取,扎实工作,2020年4月9日经研究决定,对机关2017—2019年度连续3年考核获得优秀等次的吴兵成等4名同志记三等功,对事业单位及优秀运动队2017—2019年度连续3年考核获得优秀等次的程训钊等36名同志记功,对2019年度考核获得优秀等次的张凯丽等201名同志给予嘉奖。

一、2017—2019年度考核优秀记三等功人员名单

吴兵成　陶　新　宋秀芹　李　扬

二、2017—2019年度考核优秀记功人员名单

程训钊　沈株鸿　张高泉　许紫春　任培瑜　杜晓磊

张德洋　赵佳芹　潘　强　冯　君　王　富　姚　俊

赵 磊	王嘉男	胡雨飞	徐海洋	姜佳音	张常宁
杨 敏	王婉钰	丁兆光	张心妍	高霆捷	倪乃星
姚凌薇	刘翊群	李 廷	蔡鹏鹏	倪海涛	吴 翔
金 振	孙玉瑛	王 静	华 阳	邓凌云	刘志军

三、2019年度考核优秀嘉奖人员名单

张凯丽	王 彦	王珏瑶	蔡 琪	吴志强	马丛明
石玄龙	陈亚楠	秦苏宁	王 娇	韩 悦	李爱龙
黄文文	陈大祥	王凤鑫	陈思敏	赵 帅	王余龙
张 朕	马玉娟	罗尧尧	张 帅	王杰缘	谢庆龙
刘 江	李思杉	张 凡	陈 晨	阮 杰	屠一丹
罗甜甜	张海侠	乔 如	金梦青	闵 珠	徐 佳
徐雪萍	刘东峰	张克新	谭洪海	唐 涛	陈 述
朱华刚	吴 健	刘 壮	袁琦琦	潘欣玥	周艳兵
黄 妍	陈文文	王 琦	杨 洋	蔡艳婷	聂晶晶
肖 霞	汤 仑	龚 毅	丁 铁	杨 忠	王小丽
陈晓佳	金维娜	袁春南	卢卫中	陈 平	张 晨
龚翔宇	刘向东	于垚辰	刁琳宇	吴佳欣	颜廷洋
朱玲娣	马志明	张 丽	吴照华	王浩然	李齐镇
张洋洋	高陆军	杨方圆	袁 旭	王 聪	刘 宽
郭 亮	沈珊荣	高恒林	朱 义	周 正	闫美玲
高月影	王 翔	李铭德	陈 好	朱怡璇	胡竹青
曲宏英	徐 朋	李 彦	陈现超	袁 琳	李华颖
殷邗江	吕宗亚	王 正	张鹏辉	邓成才	张云录
李 琛	胡胜闯	宋立见	石 阳	李绿雪	丁倚亮
李浩哲	钟佳怡	李思纬	杨晓蕾	王 岩	李闻怡
林 峰	王 忠	成 虎	符海琴	沈 嶷	高汝高
王晓雪	彭诗梦	李梦雯	翟晴苇	吴澄舒	许燕露
倪梦婕	杨 丽	潘晶莹	刘梦雪	刘 建	金 星

武传忠　臧　啥　田　华　董　杰　王雨舟　骆婷婷
李来福　朱韦伟　赵　宁　李　震　何　雯　徐海涛
陈　琛　黄剑雅　顾　庆　陆　菁　许贻林　李一冰
韩　文　徐卫东　郑　涛　张拴太　李　伟　骆小松
汪　泳　孙海燕　王丽丽　夏　丽　毛慧琳　盛　梅
朱长河　李家俊　间惠玲　於之莹　韦　奕　徐　超
顾雷锋　胡红权　孙玉瑛　赵玉琴　王　静　王　琴
华　阳　陆桂军　邓凌云　郝小娟　庞鸿剑　王慧芳
赵春莲　刘志军　张宜龙　经焕娟　刘　森　孙婷婷
周文龙　赵　丽　张余勇　王　峰　谢晓倩　赵　斐
唐　俊　李　芳　陈　博

【江苏省体育局表彰竞技体育成绩突出单位】 2018年，各地认真贯彻落实国家体育总局、教育部《关于加强竞技体育后备人才培养工作的指导意见》，切实加强竞技体育后备人才培养，为江苏省竞技体育和青少年体育作出积极贡献。根据《江苏省培养输送体育后备人才专项资金奖补办法》的精神，经统计，南京市、徐州市、苏州市、无锡市、常州市、淮安市、南通市、镇江市体育局位列2018年度体育后备人才输送前8名；常州市、南京市、徐州市、南通市、苏州市、无锡市、淮安市、连云港市、宿迁市体育局位列2018年度竞技体育成绩突出前9名。为表扬先进，推动工作，2020年1月10日，江苏省体育局决定对上述单位给予通报表扬。

【江苏省省直机关工委表彰先进集体和个人】 为认真贯彻落实习近平新时代中国特色社会主义思想特别是关于工人阶级和工会工作的重要论述，激励省直各级工会组织和工会干部全面推进职工之家建设，发挥工会作用、提升工会工作水平，竭诚服务职工群众，2020年12月28日经研究决定，江苏省省级机关工会工作委员会表彰刘钢（江苏省体育科学研究所）、孙倩（江苏省体育局水上运动管理中心）、刘美华（江苏省方山体育训练基地）等

88名同志为“优秀工会干部”。

【江苏省公安厅表彰先进集体和个人】 2018年3月以来,按照省委、省政府主要领导批示要求和公安部部署,经省政府批准,省公安厅牵头成立了由23个部门组成的江苏省打击整治枪支爆炸物品违法犯罪联席会议,精心组织开展为期两年的全省打击整治枪爆违法犯罪专项行动。两年来,各地、各相关部门按照专项行动既定部署,严管严控枪支爆炸物品,严打严治枪爆违法犯罪,坚持综合治理、系统治理相结合,打击整治与长效机制建设相结合,最大限度地消除枪爆隐患,取得显著成效。2018、2019年度全国专项行动综合考核中,江苏省分别位列全国第五名和第一名。为表扬先进,2020年11月26日江苏省公安厅决定对江苏省体育局综合业务处等60个集体、吴勇(江苏省体育局)、王正(江苏省方山体育训练基地)等119人予以表彰。

【江苏省农业农村厅表彰先进单位和个人】 2020年中国农民丰收节江苏系列活动在省委省政府的高度重视和坚强领导下,在各地各有关部门的大力支持和共同努力下,全省各地按照“1+5+N”的总体活动安排,举办了100多场内容丰富、形式多样的“丰收节+”活动,营造了浓厚的节目氛围,全面展示了江苏“三长”发展的新成就、新形象和新特色,充分彰显了广大农民群众在乡村振兴和庆祝丰收节庆活动中的自豪感、幸福感、获得感。为树立典型,肯定成绩,表扬先进,2020年12月22日,江苏省农业农村厅决定对表现突出的个人和单位予以通报表彰。名单如后。

一、先进个人

周玲美　江苏省体育局

周　军　射阳县体育局

丁建惠　宜兴市文化体育广电和旅游局

二、先进单位

张家港市文体广电和旅游局

兴化市文体广电和旅游局

【江苏省新闻工作者协会表彰先进个人】 2019年,全省各新闻单位围绕体育重点工作,精心组织体育宣传报道,涌现了一大批精品力作,为推进全省体育事业高质量发展营造了良好舆论氛围。为激励广大新闻工作者进一步做好体育宣传报道工作,省新闻工作者协会、省体育局、省体育记者协会联合开展2019年度江苏体育优秀新闻作品征集活动。征集活动共收到文字作品135篇,广播电视作品78篇,图片作品43篇。2020年6月12日,2019年度江苏体育优秀新闻作品评选结果揭晓,评选出了文字作品一等奖4篇、二等奖5篇、三等奖16篇;广播电视作品一等奖2篇、二等奖3篇、三等奖5篇;图片作品一等奖1篇、二等奖2篇、三等奖3篇。名单如后。

文字类

奖项	篇　名	刊登报刊名称及日期	作　者	作者单位
一等奖	中国IP“点亮”奥运资格	新华社通稿 2019年12月21日	王恒志	新华社江苏分社
	用“未来之星”代替“金牌榜”	新华日报 2019年1月21日	叶　勇	新华日报社
	把女排精神“种”在苏州	苏州日报 2019年10月27日	简　平 张甜甜 凌欣炜	苏州日报社
	扬州成功申办2022世界田联半程马拉松锦标赛系列报道:(一)国际顶级赛事交给扬州,全票通过!(二)瞄准“自金标”办成里程碑(三)借势高能“朋友圈”站上世界舞台中央	扬州日报 2019年12月2—3日	王　鹏 孔　茜	扬州报业传媒集团

续表

奖项	篇　名	刊登报刊名称及日期	作　者	作者单位
二等奖	科学健身大讲堂进高校带来的思考(系列报道共三篇)	中国江苏网 2019年1月21日 中国江苏网 2019年1月24日 中国江苏网 2019年1月25日	徐　鑫	中国江苏网
	女排精神的“江苏路径”(系列)	南京晨报 2019年12月22—24日	汪秋萍 景正华	南京晨报
	苏宁女足主帅、将士、领队畅聊本赛季——“三冠王”是怎样炼成的?	扬子晚报 2019年10月9日	张晨理 孙云岳 张　昊	扬子晚报
	5万球迷涌入奥体中心观赛,赛事直接经济收益破亿元　一场足球赛,如何“燃爆”一座城	南京日报 2019年7月26日	朱　彦	南京日报社
	盐城破解“健身去哪儿”难题打出组合拳	现代快报 2019年7月18日	李姝进 高　峰	盐城市体育局
三等奖	江苏:全力推进反兴奋剂工程行稳致远	中国体育报 2019年12月16日3版	刘　敏	中国体育报社
	二青会圆满收官　江苏代表团向全省人民交出满意答卷	学习强国 江苏学习平台 2019年8月20日	吕　翔	中国江苏网
	女排冠军队员龚翔宇默默资助贫困学生3年　网友点赞:人美心善	扬子晚报 2019年10月22日 A18版	黄敢元	扬子晚报
	女子围甲江苏致远队击败上海登顶　7连冠的背后是“步步惊心”	扬子晚报 2019年11月28日 A17版	汤　敏	扬子晚报
	“‘昆马’给昆山带来了什么”系列报道	昆山日报 2019年3月26日、27日	金　晶	昆山市融媒体中心

续表

奖项	篇　名	刊登报刊名称及日期	作　者	作者单位
三等奖	为社区体育加点“料”	扬子体育报 2019年1月21日	杜明晶	扬子体育报
	全球性“榜单”投射无锡体育高质量发展	无锡日报 2019年1月8日	单　红	无锡日报
	九岁半女童成国际象棋棋协大师仅仅接触国际象棋三年多,成为“徐州国际象棋历史上少儿第一人”	都市晨报 2019年6月12日A05版	王瑜珩	徐州报业集团
	好政策好模式,让我市多个竞技项目“可持续发展”	常州晚报 2019年2月18日	郑雨露	常州日报社
	下一个胡雪峰在哪里	姑苏晚报 2019年9月10日	张黎丽	苏州日报社
	南通体育健儿100次夺得世界冠军	江海晚报 2019年5月28日	王全立	南通报业传媒集团
	在“市长杯”阳光联赛中,来自灌南县孙湾小学的留守儿童足球队表现抢眼灌南乡村小脚丫　踢着足球追逐梦	连云港日报 2019年5月8日9版	肖婷婷 张晨晨	连云港报业传媒集团
	“小铿锵玫瑰”扬威国际赛场	淮海晚报 2019年8月26日A12	储　君	淮安日报社(淮安报业传媒集团)
	扬州:品牌赛事,让历史文化名城“动起来”	江苏经济报 2019年11月30日	叶小力	新华报业集团
	站上军人运动会最高领奖台　镇江培育“好苗”为军旗添彩	京江晚报 2019年10月25日	尹　萍	镇江日报社
	江苏省首届智运会在我市召开(系列报道)	泰州日报 2019年4月12日—4月15日	童　凯	泰州报业传媒集团

电视广播类

奖项	篇　名	刊登报刊名称及日期	作　者	作者单位
一等奖	人民的珍藏：一张首日封见证中国体育辉煌	江苏广播总台公共·新闻频道《新闻360》2019年10月2日	黎　明 罗　飞 俞铭义	江苏广电总台融媒体新闻中心
	零的突破！江苏运动员在冬运会轮滑赛连获两枚金牌	新闻早高峰 2019年8月25日	姜奇卉	江苏新闻广播
二等奖	辉煌七十年江苏体育奥运冠军系列之惠若琪专题	江苏体育休闲频道《江苏体育》 2019年10月1日	沈　洁 陈　晨 袁　方 薛世林 吕世才	江苏省广播电视总台体育休闲频道
	扬帆太平洋：中国最小帆船的跨洋之旅	江苏卫视《新闻眼》 2019年11月21日	关玮玮 王　昕	江苏广电总台融媒体新闻中心
	苏州首推大众体育联赛，200多场赛事搭起全民健身新舞台	苏州综合广播（FM91.1）《苏州新闻》 2019年6月25日	范浩江	苏州市广播电视总台
三等奖	龙舟护航巨幅国旗，盐城万人快闪齐颂祖国	学习强国 江苏学习平台 2019年6月10日	戴　琳 王保东 吕　成 林　伟 苗　霆	盐城广播电视总台
	“醉美运河　乐在骑中”淮安市第12届万人自行车骑行活动顺利举行	中国江苏网公共体育频道《阅动江苏》2019年5月1日	李苏珺	中国江苏网
	中国羽毛球公开赛在常成功举办国羽女双混双夺金	常州广播电视台新闻频道《常州新闻》 2019年9月23日	宫乃安 牟佳明 伊宏辉	常州广播电视台
	华磲：传播木兰拳　传播快乐	连云港电视台公共频道 2019年7月13日	刘淑峰 王　禹	连云港市广播电视台
	夏练三伏　赛艇小将奋战拼搏不退缩	徐州广播新闻综合频率《93早新闻》 2019年7月27日	张靖清	徐州广播电视传媒集团广播中心

图片类

奖项	篇　名	刊登报刊名称及日期	作　者	作者单位
一等奖	子房山上“健身房”	彭城晚报 2019年12月31日04版	白　雪	徐州报业 传媒集团
二等奖	英超亚洲杯南京开战　时隔十年来到英超亚洲杯再次来到中国	新华日报 2019年7月18日9版	万程鹏	新华日报
	2019“一带一路运河城市”国际乒乓球扬州公开赛落下帷幕	扬州晚报 2019年11月18日	蒋永庆	扬州市棋类协会
三等奖	中国羽毛球公开赛在常开打	常州晚报 2019年9月18日	夏晨希	常州日报社
	围棋——春兰杯江苏泰州落幕韩国棋手朴廷桓夺冠	新华社通稿 2019年6月27日	汤德宏	泰州供电公司
	“乒”搏	宿迁日报 2019年5月21日	郑明高	宿迁日报社泗阳 记者站

运 动 成 绩

2020年参加世界超级联赛

【世界曲棍球超级联赛】 比赛由国际曲棍球联合会(FIH)主办,中国曲棍球协会和江苏省体育局承办的FIH2020世界女子曲棍球超级联赛(中国站)原定于2020年1月11日至5月24日期间在常州武进曲棍球训练基地继续举行。本年度超级联赛前来中国主场参赛队共4支,分别为荷兰、比利时、澳大利亚、新西兰。但受疫情影响,2020年只进行一场比赛(1月11日至12日中国VS荷兰)。江苏女子曲棍球队队员孙晓、张影、顾阳艳、罗甜甜参加比赛。

2020年参加亚太区拳击冠军赛暨东京奥运会资格赛成绩

【亚太区拳击冠军赛暨东京奥运会资格赛】 比赛于3月3日至11日在约旦安曼举行。江苏省教练员雷玉平,运动员陈大祥参加了比赛。比赛成绩如后。

·男　子·

81公斤级

第三名　陈大祥

2020年参加全国比赛成绩

【全国田径锦标赛】 此赛于9月15日至18日在浙江省绍兴市举行,江苏省田径队参加了比赛。主任孙谦,副主任徐洪兵、邹尔莉、戴彬彬;教练员有韩波、李朝林、周永生、陈乐丹、王德明、林向前、谭洪海、胡跃进、徐志谦、唐涛、姚俊、余静、陈述、臧宇、陆斌、倪洋、邢爱兰、赵磊、薛娟、杨美萍、朱华刚、高健、张震;领队陈东晓、吴梅、任世武;运动员有胥秋子、陶泽浪、刘芳、吴冰、刘梦、夏辰禹、刘壮、宋金婷、齐鹏程、朱家琦、王金政、王佳莉、许丽丽、陈梓佳、杨乐、周艳兵、吴婧、张极、刘雨彤、蒋暄、潘高琴、刘红娟、黄妍、陆长薇、王逗、吕阳、江帆、盛超、徐海洋、李宇杰、金之煌、汪丽、李继明、姚慧、杨雨轩、杨洋、隋高飞、郭子琦、黄旭新、袁琦琦、蔡燕婷、葛格、石雨豪、陈文文、王嘉男、张亮、王琦、丁元波、王禹涵、胡雨飞、孙启豪、钱文泽、吉莉、薛艳、吴凡、宋文轩、谈梦怡、吴健、姜河、李竣、杨欢欢、李雨桐参加了比赛。比赛成绩如后。

·男 子·

跳远

第一名　王嘉男

800米

第一名　夏辰禹

十项全能

第二名　胡雨飞

链球

第二名　王　琦

第三名　姜　河

铁饼

第三名　王禹涵

3000米障碍

第五名　王金政

铅球

第七名　李　竣

4×100米接力

第八名　李宇杰　隋高飞　杨　洋　徐海洋

·女　子·

100米

第六名　周艳兵

第七名　蔡燕婷

100米栏

第三名　王　逗

第六名　汪　丽

第八名　姚　慧

200米

第三名　蔡燕婷

第五名　周艳兵

400米栏

第二名　陆长薇

第三名　黄　妍

4×400米接力

第二名　黄　妍　刘雨彤　潘高琴　陆长薇

800米

第五名　蒋　暄

1500米

第八名　刘　芳

5000米
第八名　宋金婷
铅球
第一名　高　阳
链球
第二名　吉　莉
第六名　薛　艳
铁饼
第六名　杨欢欢
第八名　宋文轩
跳远
第七名　谈梦怡

【全国竞走邀请赛】　此赛于7月29日在辽宁锦州举行，江苏队运动员参加了比赛。领队为陈可可，教练员为张清斌。运动员有李天蕾、黄浩峰、杨薇薇、高兰、王文静、更措吉、高文靓。比赛成绩如后。

·女　子·

20公里竞走
第六名　杨薇薇
第八名　高　兰

【全国竞走锦标赛】　此赛于9月19日至20日在山东泰安举行，江苏队运动员参加了比赛。领队为陈可可，教练员为毛新利、赵奇、张清斌。运动员有李天蕾、王森、黄浩峰、王硕硕、徐文安、刘昊祥、荀金宇、高兰、杨薇薇、更措吉、王文静、高文靓、周文静。比赛成绩如后。

·男　子·

20公里竞走团体
第九名　李天蕾　王　森　黄浩峰　王硕硕　徐文安

刘昊祥　荀金宇

·女　子·

20公里竞走团体

第九名　高　兰　杨薇薇　更措吉　王文静　高文靓
　　　　周文静

【全国马拉松锦标赛】 此赛于11月29日在江苏南京举行，江苏队运动员参加了比赛。主任孙谦，副主任邹尔莉，领队为陈可可，教练员为王德明、李朝林、周永生。运动员有杨乐、甄超清、甄越清、王琪鲁、李建秋、山成鑫、王金政、刘壮、宋金婷、刘梦。比赛成绩如后。

·男　子·

马拉松个人

第八名　杨　乐

马拉松团体

第六名　杨　乐　甄超清　甄越清　王琪鲁　李建秋
　　　　山成鑫

·女　子·

马拉松个人

第六名　刘　壮

【2019—2020中国男子篮球职业联赛CBA】 此赛于2019年11月1日至2020年8月15日分别在江苏等地举行，江苏龙肯帝亚俱乐部男子篮球队和江苏同曦大圣俱乐部男子篮球队参加了比赛。江苏龙肯帝亚俱乐部男子篮球队领队为刘亚晖，主教练员为贝西诺维奇，教练员为徐强，体能教练为王斐然，翻译为薛飞，视频分析师为高博，队医为张立新、张晶瑜，球队管理为史琳杰。运动员有侯逸凡、赵率舟、刘宇轩、史鸿飞、吴冠希、孙鑫、吴保成、柳伟、易立、张稀然、黄荣奇、王洪、蒋浩然、刘剑阁、赵旭昕、袁春南。比赛成绩为第十五名。

江苏同曦大圣俱乐部篮球队领队为费俊杰，主教练员为崔万军，助理教练为吴乃群、金塔拉斯、马壮，体能教练为张飞，翻译为林辉鸿，队医为韩龙升，球队管理为陈曦。运动员有冯欣、乔文瀚、李柏润、何敬佳、李泓澎、宋建骅、于长春、郭一飞、王睿、买尔丹.吐尔逊、张韩、孙思尧、李盛东、卢伟。比赛成绩为第十四名。

【2019—2020中国女子篮球职业联赛WCBA】 此赛于2019年11月23日至2020年6月23日分别在江苏等地举行，江苏女篮成年队参加了比赛。领队为李长山，主教练员为丁铁，助理教练为陈生萍，体能教练为陈伟，队医为马玉婷、张李功翼，翻译为张磊，球队管理为罗辉。运动员有陈晓佳、金维娜、姜佳音、许晨妍、孙丽、龚莉、孙俪瑞、张曼曼、李清云、梁嘉美、罗欣棫、马文、胡鑫雨、赵宇恒、唐悦、李炳臻、沈佳琦。比赛成绩为第三名。

【全国排球超级联赛】 此赛于8月20日至9月2日在秦皇岛市等地举行，江苏男女排成年组参加了比赛，领队为沈芒，教练员为卢卫中、张晨、孟宪一。运动员有刘向东、于垚辰、袁辉龙、杨天缘、俞元泰、戴海波、李晨、周立迎、黄操、吕行、杜宇、李宇。比赛成绩为第二名。

【全国女子排球超级联赛】 此赛于2019年11月2日至2020年1月21日在上海等地举行，江苏女排成年组参加了比赛，领队为毛武扬，教练员为蔡斌、张伟、殷勇、唐伟、李童、方浩宇。运动员有张常宁、龚翔宇、刁琳宇、周馨忆、臧倩倩、戎万千百、倪非凡、吴晗、许若亚、王辰玥、魏雨欣、杨雯锦。比赛成绩为第五名。

【全国排球锦标赛】 2020年全国排球锦标赛男子于10月14日至29日在福建省漳州体育训练基地举行、女子于9月17日至10月3日在广东江门举行，江苏男女排成年组参加了比赛。领队为沈芒，教练员为卢卫中、张晨、孟宪一。运动员有刘向东、于垚辰、杨天缘、袁辉龙、李晨、戴海波、黄操、吕行、杜宇、俞元泰、李宇、高致远。比赛成绩为男排第四名、女排第三名。

【全国沙滩排球锦标赛】 此赛于11月19日至22日在海南海口市举行，江苏男女排成年组参加了比赛。领队为薛刚，教练员为吴鹏根、赵正华、殷瑞、茹天祥。运动员有吴佳欣、颜廷洋、周朝威、汤星宇、薛晨、朱玲娣、王嘉希。比赛成绩如后。

·男　子·

第二名　吴佳欣

第三名　颜廷洋

第七名　周朝威　汤星宇

·女　子·

第二名　薛　晨

第六名　朱玲娣　王嘉希

【全国男子拳击锦标赛】 此赛于9月17日至23日在河南洛阳举行，江苏队运动员参加了比赛。领队为陶晓东，教练为雷玉平，王玄玄，队医为李帅，工作人员为汪义勇。运动员有张勋、赵聪颖、陈行、范东如、钱翔、董文龙、陈大祥、张真瑜、郭晋、王凤鑫。比赛成绩如后。

·男　子·

81公斤级

第一名　陈大祥

60公斤级

第二名　赵聪颖

【全国女子拳击锦标赛】 此赛于10月17日至22日在河北迁安举行，江苏队运动员参加了比赛。领队为陶晓东，教练为曹新勇，蒋金永，陆琼，医生为汪炜。运动员有云芳、丁芸芸、陈钰、郑梦婷、王聪、许紫春、李倩格、蒋园、葛佳玥、陈思敏。比赛成绩如后。

·女　子·

45~48公斤级

第八名　云　芳

54公斤级

第五名　陈　钰

57公斤级

第八名　郑梦婷

64公斤级

第一名　李倩格

69公斤级

第三名　蒋　园

第八名　葛佳玥

60公斤级

第八名　王　聪

75公斤级

第二名　陈思敏

【全国男子拳击冠军赛暨金腰带争霸赛】　此赛于11月3日至12月30日在中国拳击协会白沙训练基地举行，江苏队运动员参加了比赛。领队为陶晓东，教练为雷玉平，运动员有赵聪颖、陈行、范东如、董文龙、陈大祥、王凤鑫。比赛成绩如后。

·男　子·

60公斤级

第五名　赵聪颖

81公斤级

第一名　陈大祥

91公斤级

第三名　王凤鑫

【全国女子拳击冠军赛】　比赛于11月16日至20日在陕西榆林举行，江苏队运动员参加了比赛。领队为陶晓东，教练为曹新勇，蒋金勇，邱国友，队医为汪炜。运动员有陈钰、郑梦婷、王聪、李倩格、蒋园、葛佳玥、陈思敏。比赛成绩如后。

·女　子·

57公斤级

第五名　郑梦婷

60公斤级

第五名　王　聪

64公斤级

第一名　李倩格

69公斤级

第二名　蒋　园

第五名　葛佳玥

75公斤级

第三名　陈思敏

【全国场地自行车锦标赛】 此赛于10月1日至4日在山西太原举行，江苏队运动员参加了比赛。领队为陈泳，教练员有李家旺、王书法、吴松、韩波，机械师张滨麒。运动员有刘宽、蒋学芝、祁蕾、罗静、郑海强、缪成希、袁濠杰、朱杰、王通、缪雨航、裴建、王建华、张杰、苗梦园、李继泽、殷建冬。比赛成绩如后。

·女　子·

凯林赛

第三名　蒋学芝

第六名　祁　蕾

500米个人计时赛

第四名　罗　静

第五名　蒋学芝

第六名　祈　蕾

争先赛

第四名　罗　静

第五名　蒋学芝

·男　子·

凯林赛

第四名　刘　宽

争先赛

第七名　郑海强

一公里个人计时赛

第八名　缪成希

全能赛

第八名　缪雨航

团体竞速赛

第六名　刘　宽　郑海强　缪成希

【全国场地自行车联赛】　此赛于9月20日至23日在山西太原举行，江苏队运动员参加了比赛。领队为陈泳，教练员有李家旺、王书法、吴松、韩波，机械师张滨麒。运动员有刘宽、蒋学芝、祁蕾、罗静、郑海强、缪成希、袁濠杰、朱杰、王通、缪雨航、裴建、王建华、张杰、苗梦园、李继泽、殷建冬。比赛成绩如后。

·男　子·

凯林赛

第六名　刘　宽

1公里个人计时赛

第五名　缪成希

团体竞速赛

第七名　郑海强　缪成希　袁濠杰

·女　子·

凯林赛

第二名　蒋学芝

250米个人计时赛

第六名　罗　静

500米个人计时赛

第四名　罗　静

第六名　祁　蕾

团体竞速赛

第三名　罗　静　祁　蕾

【全国山地自行车锦标赛】 此赛于11月14日至15日在江苏南京举行，江苏队运动员参加了比赛。领队为陈泳，教练员为韩先文、孙靖茹、武希强、高恒林、朱义、仲崇文，机械师张大伟。运动员有魏钱钱、吴青秋、薛子凡、刘倩、魏苏婉、沈雅馨、刘苏宝、李楠、陈雨利、卢宇、赵冲、王薪雄、贾思远、王新宇、陈怡君。比赛成绩如后。

·男　子·

青年男子淘汰越野赛

第七名　刘苏宝

·女　子·

青年山地越野赛

第一名　薛子凡

第二名　沈雅馨

第三名　李　楠

青年淘汰越野赛

第一名　薛子凡

第二名　陈雨利

第三名　李　楠

淘汰越野赛

第一名　魏钱钱

越野赛

第八名　魏钱钱

团体接力赛

第一名　吴青秋　薛子凡　沈雅馨　刘苏宝

【全国BMX锦标赛】 此赛于11月9日在四川营山举行，江苏队运动员参加了比赛。领队为焦曙，教练员为徐生，运动员有赵志阳、朱锡龙、吴争光、刘成路、杨书娜、张玉。比赛成绩如后。

·男　子·

青年男子计时赛

第七名　刘成路

成年团体赛

第四名　吴争光　朱锡龙　赵志阳

·女　子·

青年女子计时赛

第二名　张　玉

第四名　杨书娜

青年女子越野赛

第二名　张　玉

第五名　杨书娜

【全国BMX联赛】 比赛于11月7日在四川营山举行，江苏队运动员参加了比赛。领队为焦曙，教练员为徐生，运动员有赵志阳、朱锡龙、吴争光、刘成路、杨书娜、张玉。比赛成绩如后。

·男　子·

越野赛

第四名　赵志阳

成年男子团体

第四名　赵志阳　朱锡龙　吴争光

·女　子·

青年女子越野赛

第一名　张　玉

第七名　杨书娜

青年女子计时赛

第二名　张　玉

第三名　杨书娜

【全国女子英式7人制橄榄球赛(迁安站)暨全国冠军赛】 此赛于10月16日至18日在河北迁安举行,江苏省女子橄榄球队参加了比赛。领队为邵泽山,教练员为陆专、石岩。运动员有胡宇、杨敏、高月影、沈莹莹、张婉亭、马晓丹、窦欣蓉、闫美玲、汪昕、孙彩红、康成天、陈雨倩、刘雪丫。比赛成绩为第二名。

【全国男子英式7人制橄榄球赛(迁安站)暨全国冠军赛】 此赛于10月16日至18日在河北迁安举行,江苏省男子橄榄球队参加了比赛。领队为刘东峰,教练员为管其仕、魏文新。运动员有王豪、苏帅、赵海博、纪澳、秦函、蔡胜正、刘天池、李维坤、赵兴达、赵壮壮、李俊豪、孙鹏祥、曲洪宁。比赛成绩为第六名。

【全国女子英式7人制橄榄球赛(广州站)暨全国锦标赛】 此赛于12月29日至31日在广东广州举行,江苏省女子橄榄球队参加了比赛。领队为邵泽山,教练员为陆专、石岩。运动员有胡宇、杨敏、高月影、窦欣蓉、张婉亭、刘雪丫、闫美玲、陈可怡、王婉钰、孙彩红、陈铭、沈莹莹、马晓丹。比赛成绩为第三名。

【全国男子英式7人制橄榄球系列积分赛(广州站)暨全国锦标赛】 此赛于12月29日至31日在广东广州举行,江苏省男子橄榄球队参加了比赛。领队为周正,教练员为管其仕、陈永强。运动员有王豪、苏帅、秦函、蔡胜正、刘天池、李维坤、魏文新、赵壮壮、赵海博、李俊豪、孙鹏祥、纪澳。比赛成绩为第五名。

【全国棒球锦标赛】 此赛于10月12日至20日在天津举行,江苏队参加了比赛。领队为马振新,主教练为陈彪,教练员为吕文生、余尧、金一重、张凡,队医为曹凯。运动员有王硕、朱经昊、张德洋、朱松军、叶子杰、赵富阳、吴安俊、陆毅、黎凝佶、孟凡慈、栾臣臣、陈晨(大)、曹杰、陶俊廷、杜晓磊、李旗、陈晨(小)、司马宇杰、陆振洪、钱宜尘、王宁、石昕瑀、伏文龙、张铭鑫。比赛成绩为第三名。

【全国女子曲棍球锦标赛】 此赛于10月27日至11月6日在常州武进举行,江苏队运动员参加了比赛。领队为何伟明,教练员为尤宝东、黄伟、沃伟、张丽丽,队医为王凤霞。运动员为虞雅然、张影、孙晓、沈洋、马子心、王婷婷、刘华、许雅静、郭晨阳、席夏云、嵇娇娇、顾阳艳、崔路遥、蔡文倩、范云霞、戴咏怡、罗甜甜、朱荣、屠一丹、李新欢。比赛成绩为第五名。

【全国男子曲棍球锦标赛】 此赛于9月8日至16日在内蒙古莫旗举行,江苏队运动员参加了比赛。领队为讷东东,教练员为涂丽光、敖慧慧、敖来祥,队医为李彦军。运动员为金波、毕力格、张旭、武建军、敖倍清、郭贺文、郭奥博、吴志强、敖德超、敖周东、敖磊、嵇汉达、苏文龙、鄂伟光、鄂凯民、敖志鹏、孟佳俊、佟云鹏。比赛成绩为第七名。

【全国女子垒球锦标赛】 此赛于9月27日至10月5日在贵州省兴义市义龙新区举行,江苏队运动员参加了比赛。领队李海兵,主教练宋秋元,教练周育红、章如彦,队医顾庆。运动员有王兰、平凡、陈萱、顾年年、奚凯琳、顾艺、徐洁、徐佳、张燕、徐倩雯、徐义、李欢、袁淮宁、桑于娟、陈佳、刘彦敏、闵珠、赵洁。比赛成绩为第一名。

【全国女子垒球冠军赛】 此赛于9月27日至10月5日在贵州省兴义市义龙新区举行,江苏队运动员参加了比赛。领队宋秋元,主教练周育红,教练宋秋元(兼)、章如彦,队医顾艺,运动员有王兰、平凡、陈萱、顾年年、奚凯琳、徐君仪、徐洁、徐佳、张燕、徐倩雯、徐义、李欢、袁淮宁、桑于娟、陈佳、刘彦敏、闵珠、赵洁。比赛成绩为第四名。

【全国男女手球锦标赛】 此赛于9月16日至26日在重庆万州举行,江苏队运动员参加了男子组比赛。领队为钱红,主教练为闫威名,教练员叶强、李加昌,医生赵园明,运动员有赵楠、张天豪、周傲、罗尧尧、张帅、刘江、王杰缘、王伟强、李安、赵晨、王权、张家纬、谢庆龙、顾艳超、刘赵梁、武春阳。比赛成绩为第三名。

【全国女子手球锦标赛】 此赛于9月16日至26日在重庆万州区三峡之星体育馆举行,江苏队运动员参加了比赛。领队为姚治前,教练员为金甲洙、马彪、李海鹰。运动员有张海侠、莫蒙萌、金梦青、蓝小玲、于源源、黄霞、王可可、王丹、凤洋、孙姣、戴小宇、王铃娜、庄红艳、焉妍。比赛成绩为第一名。

【全国乒乓球锦标赛】 此赛于10月1日至10日在山东威海举行,江苏队运动员参加了比赛。领队为杨干,教练员为单明杰、李铭德、曹育农、陈禹同,队医为单单。男运动员有孙闻、张煜东、曹彦涛、陈垣宇、陈亚轩,女运动员有钱天一、石洵瑶、蒯曼、刘斐、张蔷。比赛成绩如后。

·男　子·

单打

第五名　张煜东

·女　子·

团体

第三名　钱天一　石洵瑶　蒯　曼　刘　斐　张　蔷

单打

第五名　钱天一

双打

第三名　蒯　曼　张　蔷

·混　合·

混合双打

第三名　钱天一　刘丁硕(外省)

第五名　孙　闻　车晓曦(外省)

【全国羽毛球锦标赛】 此赛于10月28日至11月10日在陕西宝鸡举行,江苏队运动员参加了比赛。领队为骆晓娟、冯建筑,教练员为孙俊、刘永、孙君杰、李昱、陶嘉乐、沈琪翔,队医为王家祥、史榆枫。男运动员有蔡瑞卿、章思杰、金逸伦、白玉鹏、唐寅之、王逸辉、尹教杰、黄荻、李响、梁永旺、华翀、刘德伟、孙文骏、吴笛、徐满文天、杨一帆、张宇、赵国顺、朱天顺;女运动员有汤金华、惠夕蕊、高昉洁、夏玉婷、郭雨欣、周舜琪、冯子夏、林晓萱、吴宇涵、张奕晖、庄怡、鲍骊婧、潘奕晓、丁柯蕴、沈诗瑶、谭欣睿、王慕芸、吴飞扬、杨菁蕊、张诗娴、张子怡、方安楠、李欣颐、秦添悦、任昱臻。比赛成绩如后。

·男　子·

团体

第四名　白玉鹏　王逸辉　李　响　刘德伟　孙文骏
　　　　朱天顺　金逸伦　唐寅之　黄　荻　梁永旺

·女　子·

团体

第七名　汤金华　惠夕蕊　高昉洁　夏玉婷　郭雨欣
　　　　周舜琪　冯子夏　吴宇涵　庄　怡　王慕芸

【全国网球团体锦标赛】 此赛于10月10日至16日在山东日照举行,江苏队运动员参加了比赛。领队为姜惟,教练员为胡添已、鲍勤、徐欣、薛峰、李奕峰,队医为李文安。男运动员有张择、陈智愚、徐熙瑞、李轶腾、盛建豪、王秋霖;女运动员有孙子玥、曹思齐、朱皑文、徐佳钰、邵云帆、任嘉琪、曹雪、胡非儿、韩承蔚。比赛成绩如后。

·男　子·

团体

第一名　张　择(联合组队)

第二名　李马俊　虞天洋(联合组队)

第三名　公茂鑫　华润豪(联合组队)

第五名　夏梓浩　曾世弘(联合组队)

·女　子·

团体

第五名　孙子玥　曹思齐　朱皑雯　徐佳钰　邵云帆
　　　　姚辛欣

【全国网球单项锦标赛】　此赛于11月23日至29日在四川成都举行,江苏队运动员参加了比赛。领队为姜惟,教练员为周晨、薛峰,队医为李文安。男运动员有张择、华润豪、公茂鑫、曾世弘、唐盛,女运动员有孙子玥、朱皑雯。比赛成绩如后。

·男　子·

单打

第五名　华润豪

双打

第一名　张　择　华润豪

第三名　公茂鑫(联合组队)

第五名　曾世弘(联合组队)

·女　子·

双打

第五名　朱皑雯(联合组队)

【全国体操锦标赛】　此赛于9月18日至28日在广东肇庆举行,江苏队运动员参加了比赛。领队为黄旭、孟陈佳,教练员为吕君海、丁燕(女)、周祝麟、黄滢(女),队医为成守仁。男运动员有孙炜、马跃、侍聪、翁浩、尹德行、尤浩、杨焱智、唐淇、女运动员有周琳琳、李兹琪、左彤、王梦真。比赛成绩如后。

·男　子·

团体

第一名　孙　炜　马　跃　侍　聪　翁　浩　尹德行
　　　　尤　浩

个人全能

第一名　孙　炜

第七名　马　跃

鞍马

第七名　孙　炜

吊环

第三名　尤　浩

第八名　孙　炜

双杠

第三名　尤　浩

第五名　马　跃

单杠

第六名　马　跃

·混　合·

全能

第七名　孙　炜　左　彤

第八名　马　跃　王梦真

【全国蹦床锦标赛】 此赛于9月27日至10月4日在天津市举行，江苏队运动员参加了比赛。领队为冀方新，教练员为胡星刚、顾凌、吴涛、胡俊雄、张凌峰、冯强强，队医为王瑞。男运动员有孙子瑄、王啸吟、刘佳霖、康宁、赵本富、甄子行、薛振邦、张阔、朱相禹、孙逸辰、钱雨凡、陈诺、王梓赛、刘弢；女运动员有陈悦、邱铮、周馨怡、周银屏、邓雅瑄、黄瑾仪、周思琪、王雨婷。比赛成绩如后。

·男　子·

蹦床团体

第六名　孙子瑄　王啸吟　孙逸辰

蹦床个人

第四名　王啸吟

第七名　王梓赛

青少年蹦床个人

第一名　王梓赛

第五名　刘　弢

单跳团体

第二名　甄子行　张　阔

·女　子·

蹦床团体

第三名　陈　悦　邱　铮　周馨怡

蹦床个人

第八名　邱　铮

双人同步

第二名　陈　悦　邱　铮

单跳个人

第八名　邓雅瑄

青少年蹦床个人

第三名　王雨婷

【全国艺术体操锦标赛】　此赛于9月11日至20日在浙江嘉兴举行，江苏队运动员参加了比赛。领队为冀方新，教练员为李莉、熊佳妮、郑霓、陈盛、金珂冰、姚蒙，队医为卢小建。运动员有卞金柔、张施宇、朱佳妮、杨子瑜、江显彤、黄羽寒、彭冉雅、卢薏、吴思嘉、孙佳阳、王馨翎、沈馨妍、欧阳言妍。比赛成绩如后。

集体项目团体总分

第四名　欧阳言妍　孙佳阳　沈馨妍　王馨翎　吴思嘉
　　　　江显彤　黄羽寒　张施宇　朱佳妮　杨子瑜

成年集体全能

第一名　郝　婷(联合组队)

第五名　欧阳言妍　孙佳阳　吴思嘉　沈馨妍　卢　薏
　　　　王馨翎

成年集体单项5球

第一名　郝　婷(联合组队)

成年集体单项5球

第三名　欧阳言妍　孙佳阳　沈馨妍　卢　薏　王馨翎

成年集体单项3圈4棒

第一名　郝　婷(联合组队)

成年集体单项3圈4棒

第五名　欧阳言妍　孙佳阳　吴思嘉　沈馨妍　王馨翎

成年个人全能

第八名　彭冉雅

成年个人单项棒

第四名　彭冉雅

成年个人单项带

第七名　彭冉雅

少年集体单项5带

第三名　江显彤　黄羽寒　张施宇　朱佳妮　杨子瑜

少年集体单项5圈

第三名　江显彤　黄羽寒　张施宇　朱佳妮　卞金柔

【全国艺术体操冠军赛】 此赛于9月11日至20日在浙江嘉兴举行，江苏队运动员参加了比赛。领队为冀方新，教练员为李莉、熊佳妮、郑霓、陈盛、金珂冰、姚蒙，队医为卢小建。运动员有卞金柔、张施宇、朱佳妮、杨子瑜、江显彤、黄羽寒、彭冉雅、卢薏、吴思嘉、孙佳阳、王馨翎、沈馨妍、欧阳言妍。比赛成绩如后。

成年集体单项3圈4棒

第四名　吴思嘉　欧阳言妍　孙佳阳　沈馨妍　王馨翎

成年集体单项5球

第一名　郝　婷(联合组队)

第四名　卢　薏　欧阳言妍　孙佳阳　沈馨妍　王馨翎

成年集体全能

第三名　欧阳言妍　孙佳阳　沈馨妍　王馨翎　吴思嘉
　　　　卢　薏

集体项目团体总分

第三名　黄羽寒　朱佳妮　张施宇　杨子瑜　江显彤
　　　　欧阳言妍　孙佳阳　沈馨妍　王馨翎　吴思嘉

少年集体单项5带

第三名　杨子瑜　黄羽寒　朱佳妮　张施宇　江显彤

少年集体单项5圈

第四名　张子颖　黄羽寒　朱佳妮　张施宇　江显彤

少年集体全能

第四名　朱佳妮　江显彤　黄羽寒　张施宇　张子颖
　　　　杨子瑜

【全国技巧锦标赛】　此赛于10月25日至11月4日在贵州安顺举行,江苏队运动员参加了比赛。领队为张健驰,教练员为周传标、王飞舟、芮留铭、张杰、徐润、周桐,队医为王瑞。运动员有徐龙、陈明、范嘉诚、张峻硕、付智、郭培、蒋恒、张铭赫、马学峰、张通、施俊杰、焦文豪、王宗南、祁鑫杰、华宏图、陈诚、史经纬、马一星、丁雯妍、顾荃佳、李玉娴、李玉淑、戴安娜、杨馥地、齐诗萱、姚陈雨飞。比赛成绩如后。

·男　子·

双人平衡套

第二名　王宗南　焦文豪

第七名　祁鑫杰　华宏图

双人动力套

第二名　祁鑫杰　华宏图

第五名　王宗南　焦文豪

双人全能

第四名　王宗南　焦文豪

第六名　祁鑫杰　华宏图

四人平衡套

第一名　张峻硕　付　智　蒋　恒　郭　培

第二名　张洺赫　马学锋　张　通　史经纬

第三名　施俊杰　徐　龙　陈　明　范嘉诚

四人动力套

第一名　张峻硕　付　智　蒋　恒　郭　培

第二名　张洺赫　马学锋　张　通　史经纬

第三名　施俊杰　徐　龙　陈　明　范嘉诚

四人全能

第一名　张峻硕　付　智　蒋　恒　郭　培

第二名　张洺赫　马学锋　张　通　史经纬

第三名　施俊杰　徐　龙　陈　明　范嘉诚

·女　子·

双人平衡套

第三名　姚陈雨飞　杨馥地

双人动力套

第二名　姚陈雨飞　杨馥地

双人全能

第三名　姚陈雨飞　杨馥地

三人平衡套

第二名　李玉淑　李玉娴　戴安娜

第三名　马一星　丁雯妍　顾荃佳

三人动力套

第二名　马一星　丁雯妍　顾荃佳

第三名　李玉淑　李玉娴　戴安娜

三人全能

第二名　马一星　丁雯妍　顾荃佳

第三名　李玉淑　李玉娴　戴安娜

混　合

双人平衡套

第二名　齐诗萱　陈　诚

双人动力套

第三名　齐诗萱　陈　诚

双人全能

第三名　齐诗萱　陈　诚

大集体

第一名　张峻硕　付　智　蒋　恒　郭　培　张洺赫
马学锋　张　通　史经纬　施俊杰　徐　龙
陈　明　范嘉诚　王宗南　焦文豪　祁鑫杰
华宏图　李玉淑　李玉娴　戴安娜　马一星
丁雯妍　顾荃佳　姚陈雨飞　杨馥地

【全国赛艇锦标赛】　此赛于11月15日至20日在上海举行，江苏队运动员参加了比赛。领队为何雪德、金星，教练员为刘建、尹冬、王卫涛、蒋勇、汪敏。运动员有臧哈、蔡鹏鹏、孟寅岑、王雨舟、韦杰、孙思邈、仲洪永、蔡继尧、董杰、李来福、季顺勇、刘加建、俞佳林、施淮升、张恒、高佳棋、章子凡、邵静文、王清阳、柏晗、陈嘉杰、陈苏海、田露、黄跃、汪家璇、张汉文、李忠伟、朱韦伟、程嫣然、管郝、吴梦瑶、韦仕婷、汤永娜、顾爱妮、王艳荣、田华、刘睿绮、徐懿汐、李霞、骆婷婷、郑佳瑶、白雪、潘芷诺、王晓彦、何一鸣、刘悦、杜奕成、郭雯。比赛成绩如后。

·男　子·

四人双桨

第一名　臧　哈(跨省合作)

八人单桨有舵手

第一名　蔡鹏鹏(跨省合作)

第二名　孟寅岑(跨省合作)

第八名　董　杰　陈嘉杰　陈苏海　仲洪永　张　恒
孙思邈　季顺勇　邵静文　田　露

四人单桨

第三名　刘加建　季顺勇　李来福　董　杰

第七名　柏　晗　王清阳　孙思邈　章子凡

四人双桨

第五名　汪家璇　张汉文　仲洪永　黄　跃

单人双桨

第七名　汪家璇

双人单桨

第八名　施淮升　俞佳林

·女　子·

单人双桨

第二名　朱韦伟

四人双桨

第七名　汤永娜　韦仕婷　吴梦瑶　管　郝

八人单桨有舵手

第八名　管　郝　汤永娜　王艳荣　吴梦瑶　韦仕婷
郑佳瑶　李　霞　徐懿汐　何一鸣

【全国赛艇秋季冠军赛】　此赛于2021年1月29日至31日在浙江千岛湖举行，江苏队运动员参加了比赛。领队为何雪德、金星，教练员为刘建、尹冬、王卫涛、蒋勇、汪敏。运动员有臧哈、蔡鹏鹏、俞佳林、施淮升、石凯、黄跃、汪家璇、潘书尧、陈苏海、柏晗、王清阳、高佳棋、田露、汤永娜、管郝、吴梦瑶、王艳荣、郑佳瑶、韦仕婷、王雨舟、李霞、徐懿汐、何一鸣。比赛成绩如后。

·男　子·

12公里八人单桨有舵手

第一名　蔡鹏鹏(跨省合作)

6公里八人单桨有舵手

第一名　蔡鹏鹏(跨省合作)

个人全能

第三名　蔡鹏鹏

12公里单人双桨

第三名　臧　哈

6公里双人单桨

第三名　施淮升　俞佳林

6公里单人双桨

第四名　臧　哈

12公里双人单桨

第四名　施淮升　俞佳林

【全国帆船锦标赛】 此赛于9月1日至10日在河北秦皇岛举行，江苏队运动员参加了比赛。领队为张锡广、孟庆平，教练员为周进富、刘执硕。运动员有李震、赵宁、吴佳楠、谷雨宸、赵晓磊、田睿、孔金东、张萌、居凯兴、罗军锁、谷志豪、蒋鸿堃、鹿永政、李慧、丁紫怡。比赛成绩如后。

·男　子·

激光级

场地赛

第二名　赵　宁

第四名　谷雨宸

长距离

第一名　赵晓磊

·女　子·

雷迪尔级

场地赛

第四名　李　慧

【全国帆船冠军赛】 此赛于12月13日至20日在广东湛江举行,江苏赛艇队参加了比赛。领队为张锡广、孟庆平,教练员为周进富、刘执硕。运动员有李震、赵宁、谷雨宸、赵晓磊、田睿、孔金东、张萌、居凯兴、罗军锁、谷志豪、蒋鸿堃、张斌海、鹿永政、李慧、唐梓萌。比赛成绩如后。

·男　子·

激光级

场地赛

第三名　赵　宁

第七名　居凯兴

长距离

第五名　赵　宁

第八名　居凯兴

【全国皮划艇锦标赛】 此赛于11月8日至13日在浙江丽水举行,江苏队运动员参加了比赛。副领队为丁帮太,教练员为石严、蔡楚裕。运动员有武煜杰、孙桢淋、臧泽生、李子阳、刘先高、毕云浩、郑中辉、陈俊希、郭九江、张雨、考新宇、高祥涛、徐海涛、覃爱良、刘玲宇、陈秀、张忆莲、杨娜。比赛成绩如后。

·男　子·

单人皮艇1000米

第五名　徐海涛

·混　合·

四人皮艇500米

第一名　徐海涛(跨省合作)

【全国跆拳道锦标赛系列赛(第一站)】　此赛于9月22日至25日在江苏无锡市举行，江苏队运动员参加了比赛。领队为吴小宝，教练员为王志杰、马文举、吴小宝、吴瑞东、王余龙，队医为范奕辰、陈立新。运动员有牛冠森、李佳峻、高文龙、刘鑫君、乙恒通、郑帅、吴瑞东、王鑫、王余龙、王旭、卢鹏、赵帅、闫晨、李佳奇、郑文源、王麒越、汤梦瑶、陈星宇、吴静钰、梁欣节、张丹宁、单云云、许奕晨、闵雪静、吕淑文。比赛成绩如后。

·男　子·

–58公斤级

第一名　吴瑞东

·女　子·

–62公斤级

第一名　单云云

+73公斤级

第一名　吕淑文

【全国跆拳道锦标赛系列赛(第二站)】　此赛于9月27日至30日在江苏无锡市举行，江苏队运动员参加了比赛。领队为吴小宝，教练员为王志杰、马文举、吴小宝、吴瑞东、王余龙，队医为范奕辰、陈立新。运动员有牛冠森、李佳峻、高文龙、刘鑫君、乙恒通、郑帅、吴瑞东、王鑫、王余龙、王旭、卢鹏、赵帅、闫晨、李佳奇、郑文源、王麒越、汤梦瑶、陈星宇、吴静钰、梁欣节、张丹宁、单云云、许奕晨、闵雪静、吕淑文。比赛成绩如后。

·男　子·

–63公斤级

第一名　王余龙

–68公斤级

第三名　王　旭

–74公斤级

第五名　闫　晨

·女　子·

–62公斤级

第一名　单云云

+73公斤级

第五名　吕淑文

【全国跆拳道锦标赛系列赛(第三站)】 此赛于10月19日至22日在江苏无锡市举行,江苏队运动员参加了比赛。领队为吴小宝,教练员为王志杰、鄢进涛、王旭、吴瑞东、王余龙,队医为陈立新。运动员有王余龙、王鑫、赵帅、王旭、卢鹏、闫晨、李佳奇、郑文源、王麒越、陈星宇、吴静钰、张丹宁、单云云、许奕晨、吕淑文、李佳峻、高文龙、吴瑞东、郑帅、姜春宇。比赛成绩如后。

·男　子·

–63公斤级

第一名　王余龙

·女　子·

–62公斤级

第一名　单云云

+73公斤级

第三名　吕淑文

【全国跆拳道冠军赛总决赛】 此赛于10月24日至28日在江苏无锡市举行,江苏队运动员参加了比赛。领队为吴小宝,教练员为王志杰、鄢进涛,队医为陈立新,运动员有吴瑞东、王余龙、王旭、闫晨、李佳奇、郑文源、单云云、吕淑文。比赛成绩如后。

·男　子·

–58公斤级

第二名　吴瑞东

–63公斤级

第一名　王余龙

–74公斤级

第三名　闫　晨

–80公斤级

第二名　李佳奇

·女　子·

–62公斤级

第一名　单云云

+73公斤级

第一名　吕淑文

【全国现代五项锦标赛】　此赛于10月22日至30日在江苏苏州市举行，江苏队运动员参加了比赛。领队为李红云，教练员为李红云、刘兴、黄永康、刘佳维、王雪芹，队医为秦一恒，运动员有许源、郑宇昊、李亚豪、李景超、朱世轩、虞豪、刘宇洋、杜承恩、林成章、范申杰、韩圣一、叶俊琦、马玉娟、王雪源、沈梦婷、王珺洁、朱玺羽、徐乙弘、徐乙文、周怡雯。比赛成绩如后。

·男　子·

成年男子个人

第六名　郑宇昊

成年男子接力

第七名　郑宇昊　李亚豪

成年男子团体

第五名　郑宇昊　李亚豪　许　源

青年男子接力

第七名　刘宇洋　虞　豪

青年男子团体

第四名　刘宇洋　虞　豪　范申杰

·女　子·

成年女子接力

第四名　马玉娟　王珺洁

成年女子团体

第三名　马玉娟　王珺洁　王雪源

青年混合接力

第三名　朱玺羽　虞　豪

青年女子团体

第五名　朱玺羽　徐乙弘　徐乙文

青年女子个人

第六名　朱玺羽

青年女子接力

第六名　徐乙弘　朱玺羽

·混　合·

成年混合接力

第一名　马玉娟　郑宇昊

【全国柔道大师赛】 此赛于10月3日至8日在山西省运城市举行，江苏队运动员参加了比赛。领队为徐志明、王娟，教练员为程训钊、何华，队医为邹峰、支姗姗，运动员有吴志强、程训钊、张波、胡浩男、沈株鸿、王珏瑶、蔡琪、韩瑞婷、陈露、张凯丽、许琳、戴林妍、王彦、徐仕妍，比赛成绩如后。

·男　子·

–66公斤级

第二名　吴志强

-100公斤级

第三名　张　波

+100公斤级

第五名　胡浩男

第七名　沈株鸿

·女　子·

-52公斤级

第三名　王钰瑶

-57公斤级

第七名　蔡　琪

-78公斤级

第七名　张凯丽

+78公斤级

第五名　徐仕妍

【全国柔道锦标赛暨全国柔道冠军赛】 此赛于11月21日至26日在江苏省溧阳市举行,江苏省柔道队参加了比赛。领队为滕光应、王娟,教练员为徐志明、何华、张浙慧、胡翔飞,队医为邹峰、支珊珊。运动员有王元涛、陈彪、吴志强、郝达仁、戴佳隆、田野、李凌、王智超、葛世睿、蒋国伟、程训钊、邱鑫煜、张波、申一杰、吕自濠、沈株鸿、胡浩男、易苏梅、王珏瑶、姚雨虹、王梦丽、韩瑞婷、蔡琪、景叶涵、陈露、王园园、许琳、张凯丽、王彦、刘丽、徐仕妍、刘欢缘。比赛成绩如后。

·男　子·

-66公斤级

第一名　吴志强

第三名　蒋国伟

第五名　郝达仁

+100公斤级

第三名　胡浩男

第五名　沈株鸿

·女　子·

-70公斤级

第三名　陈　露

第七名　刘　丽

+78公斤级

第一名　王　彦

第三名　刘欢媛

【全国古典式摔跤锦标赛暨奥运会资格选拔赛】　此赛于10月6日至18日在浙江省温州市举行，江苏省古典式摔跤队参加了比赛。领队为陈新民，教练员为殷建春、田永胜，队医为朱磊。运动员有王可、管昌伟、王齐民、陈亚楠、石玄龙、马帅、吴浩、陈泽、刘志豪、张高泉、成佳杰、徐永亮、顾铭杰、孙思捷、张露。南京队运动员为苏浩东、李剑。比赛成绩如后。

67公斤级

第三名　张高泉

72公斤级

第五名　王　可

97公斤级

第一名　陈亚楠

130公斤级

第七名　张　露

【全国男子古典式摔跤冠军赛】　此赛于11月19日至30日在河南省焦作市举行，江苏省古典式摔跤队参加了比赛。领队为陈新民，教练员为殷建春、田永胜，队医为朱磊，运动员有吴浩、张高泉、顾铭杰、管昌伟、王可、石玄龙、陈泽、成佳杰、孙思捷、王齐民、马陈亚、马帅、刘志豪、徐永亮、张露，南京队员为苏浩东、李剑。比赛成绩如后。

82公斤级

第一名　陈　泽

第五名　石玄龙

【全国女子自由式摔跤锦标赛暨奥运会资格选拔赛】 此赛于10月6日至18日在浙江省温州市举行，江苏省女子自由式摔跤运动队参加了比赛。领队为秦晓庆、教练员为蒋寿团、吴震东，队医为冯荣昌。运动员有朱江、史照静、韩悦、谢小敏、洪可新、王娇、王梦娇、张悦、秦苏宁、倪捷、赵秦、周欣茹、潘婷琳、张颖、陆祎凤、陆莹、朱亚萍、叶雨晴、刘存。比赛成绩如后。

50公斤级

第一名　朱　江

53公斤级

第七名　潘婷琳

62公斤级

第三名　张　悦

65公斤级

第三名　刘　存

68公斤级

第二名　王　娇

第三名　韩　悦

72公斤级

第二名　周欣茹

【全国女子自由式摔跤冠军赛】 此赛于11月19日至30日在河南省焦作市举行，江苏省女子自由式摔跤队参加了比赛。领队秦晓庆，教练员为蒋寿团、吴震东。队医为冯荣昌，运动员有朱江、谢小敏、王梦娇、潘婷琳、倪捷、陆莹、谢梦宇、史照静、陈秀云、唐一帆、张悦、赵秦、张颖、王娇、秦苏宁、周欣茹、韩悦、陆祎凤、叶雨晴、刘存、朱亚萍。比赛成绩如后。

50公斤级

第五名　朱　江

第七名　谢小敏

53公斤级

第五名　潘婷琳

55公斤级

第三名　陆　莹

57公斤级

第二名　史照静

62公斤级

第八名　张　悦

65公斤级

第三名　朱亚萍

第三名　张　颖

第五名　刘　存

68公斤级

第一名　王　娇

第三名　秦苏宁

72公斤级

第三名　陆祎凤

76公斤级

第五名　叶雨晴

【全国摔跤锦标赛暨奥运会资格选拔赛】 此赛于10月6日至18日在浙江省温州市举行，江苏省男子自由式摔跤运动队参加了比赛。教练员为吴震东。运动员有张嘉俊。比赛成绩如后。

·男　子·

79公斤级

第七名　张嘉俊

【全国举重锦标赛暨东京奥运会模拟赛】 此赛于10月22日至25日在浙江省衢州市举行，江苏省举重运动队参加了比赛。领队为冯明，教练员为陈好、李云南、廖校平，队医为张威。运动员有彭财、吉学军、李小龙、李爱龙、钱飞翔、张新明、陈晟、姜初、刘美诗、杜雨晴、吴艳、邹金芯、陈紫阳。比赛成绩如后。

·男　子·

67公斤级

抓举第七名　吉学军

73公斤级

第七名　李小龙

102公斤级

第八名　张新明

89公斤级

抓举第六名　李爱龙

·女　子·

87公斤级

第四名　吴　艳

【中国足球协会女子足球超级联赛】 此赛于8月23日至10月10日在云南昆明海埂体育训练基地举行，江苏苏宁女子足球队参加了比赛。教练员为杰斯林、倪乃星、张峻、翟卫国、成小禹、纪尧姆。运动员有徐欢、窦加星、何维、刘菁、伊丽莎白、许燕露、姚凌薇、吴澄舒、马君、塔比莎、欧懿垚、龙新彤、徐婷、王晓雪、徐文红、倪梦婕、翟晴苇、梅圆圆、严晓玉、彭诗梦、李月华、周心雨、李梦雯、杨茜、万维静、韩旋、黄沁怡、郝奕歆、崔雨涵、龚丽、李江红、仲豆豆、沈梦露。比赛成绩为第二名。

【全国击剑锦标赛暨全国青年击剑锦标赛】 此赛于11月23日至29日在广东肇庆举行，江苏队运动员参加了比赛。领队为孔庆玮，教练员为陈锋、陈滔滔、褚伟、贾桂华、李海峰、李青峰、刘琪、陆毅、孙斌、王俊、王森、许学宁、颜卫东、张双喜，队医为王金勇、徐卫华。成年组男运动员有黄龙龙、李晨、刘壮壮、毛立武、强璐敏、代锐、林霄、路阳、孙伟、曹天翔、黄露露、杜佳明、刘永闯、石高峰、朱逸臣；成年组女运动员有龚雨、霍兴欣、石雅楠、石玥、施云、傅颖、钱佳睿、杨恒郁、庄晨艺、陈晨、施悦馨、许诚子、许诺。青年组男运动员有何朱炜、强璐敏、夏瑞、荀易航、费扬、蒋一宁、孙润泽、袁飞宇、石谨泽、张一哲、郑洋；青年组女运动员有樊施丽、黄凡、李佳蔚、张雯婷、郑珊珊、陈晨、施悦馨、谢雨晨。比赛成绩如后。

·男　子·

成年组花剑个人
第三名　李　晨
成年组重剑个人
第五名　杜佳明
第六名　朱逸臣
成年组佩剑个人
第二名　路　阳
第三名　孙　伟
成年组花剑团体
第三名　强璐敏　黄龙龙　李　晨　刘壮壮
成年组重剑团体
第三名　石谨泽　杜佳明　刘永闯　朱逸臣
成年组佩剑团体
第一名　林　霄　路　阳　孙　伟　曹天翔
青年组花剑个人

第二名　强路敏

青年组花剑团体

第三名　何朱炜　强路敏　夏　瑞　荀易航

青年组佩剑团体

第三名　费　扬　蒋一宁　孙润泽　袁飞宇

·女　子·

成年组花剑个人

第一名　石　玥

第三名　石雅楠

第七名　霍兴欣

成年组重剑个人

第三名　许诚子

成年组佩剑个人

第二名　傅　颖

第三名　钱佳睿

第六名　庄晨艺

成年组花剑团体

第一名　霍兴欣　石雅楠　石　玥　龚　雨

成年组重剑团体

第四名　陈　晨　施悦馨　谢雨晨　许诚子

成年组佩剑团体

第一名　傅　颖　钱佳睿　杨恒郁　庄晨艺

青年组花剑个人

第一名　施悦馨

青年组重剑团体

第二名　陈　晨　施悦馨　谢雨晨

【全国击剑冠军赛总决赛】　此赛于10月23日至29日在山东蓬莱举行,江苏队运动员参加了比赛。领队为孔庆玮、王茜,教练员为陈锋、陈滔滔、储伟、贾桂华、李海峰、李青峰、刘琪、陆毅、王俊、王森、许学宁、颜卫东、张双喜，工作人员为沈朝阳，队医为徐卫华、王金勇。男运动员有何朱炜、黄龙龙、李晨、刘壮壮、毛立武、强璐敏、荀易航、夏瑞、代锐、路阳、黄露露、费扬、林霄、蒋一宁、孙润泽、孙伟、杜佳明、刘永闯、石高峰、石谨泽、王文浩、张一哲、郑洋、朱逸臣、陈张鑫赟、颜子恒、张超、孙悦原、王天昊、王宇琨、袁飞宇；女运动员有樊施丽、龚雨、黄凡、霍兴欣、施云、石雅楠、石玥、张雯婷、傅颖、刘真子、钱佳睿、杨恒郁、郑珊珊、庄晨艺、陈晨、施悦馨、谢雨晨、许诚子、许诺、黄婧蓉、李佳蔚、刘媛谦、朱涵。比赛成绩如后。

·男　子·

成年组重剑个人

第三名　杜佳明

成年组重剑团体

第五名　石高峰　朱逸臣　刘永闯　杜佳明

成年组佩剑个人

第六名　代　锐

成年组佩剑团体

第一名　林　霄　路　阳　黄露露　代　锐

成年组花剑个人

第六名　李　晨

成年组花剑团体

第二名　强璐敏　李　晨　黄龙龙　刘壮壮

青年组花剑个人

第二名　强璐敏

·女　子·

成年组重剑个人

第一名　许诚子

第六名　许　诺

成年组重剑团体

第三名　施悦馨　陈　晨　许　诺　许诚子

成年组佩剑个人

第一名　钱佳睿

第三名　傅　颖　庄晨艺

成年组佩剑团体

第一名　傅　颖　钱佳睿　庄晨艺　杨恒郁

成年组花剑个人

第一名　石　玥

成年组花剑团体

第一名　施　云　石　玥　霍兴欣　石雅楠

青年组花剑个人

第二名　樊施丽

青年组重剑个人

第三名　施悦馨

【全国游泳冠军赛】　此赛于9月20日至10月2日在山东青岛举行,江苏队运动员参加了比赛。领队为张纪芳,教练员为马修·布朗、陆强毅、季志祥,队医为孟庆宇、樊晓丹。男运动员有陶元虎、程天宇、袁一凡、路明宇、董志豪、马文博、刘奇、叶思岑;女运动员有张雨霏、沈铎、陈可意、傅怡然、吉玟桦。比赛成绩如后。

·男　子·

400米自由泳

第七名　路明宇

U15组200米个人混合泳

第二名　董志豪

第八名　马文博

U15组400米个人混合泳

第一名　董志豪
第八名　马文博
10公里个人赛
第五名　路明宇
10公里团体赛
第七名　路明宇　刘　奇　叶思岑

·女　子·

100米蝶泳
第一名　张雨霏
100米自由泳
第二名　张雨霏
混　合
4×100米混合泳接力
第一名　张雨霏(跨省合作)

【全国跳水冠军赛】 此赛于10月3日至7日在河北石家庄举行,江苏队运动员参加了比赛。领队为孙海平、徐洁(女),教练员为高峰、胡玮、张骐,队医为陈靖文。男运动员有关俊、刘成铭、王飞龙、王鑫、袁圣尊、朱涵;女运动员有陈星彤、阮莉俪、吴心怡、曾烨。比赛成绩如后。

·男　子·

1米跳板
第三名　刘成铭
3米跳板
第七名　刘成铭
团体
第三名　刘成铭　关　俊　王飞龙　朱　涵

【全国花样游泳锦标赛】 此赛于9月25日至27日在湖北武汉举行,江苏队运动员参加了比赛。领队为吴晓明,教练员为王芳、金蝉、胡亦江，队医为殷俊、段竹君。运动员有安昱彤、陈思源、崔庆媛、呙俐、何雨欣、梁馨枰、孟忻悦、乔王玄婧、盛姝雯、王赐月、王添鑫、王艺睿、王宇星、闫飞雪、杨妮可、张依瑶、张艺潇、章小优、赵瑀琦。比赛成绩如后。

单人

第一名　盛姝雯

集体

第一名　崔庆媛　呙　俐　梁馨枰　盛姝雯　赵瑀琦　孟忻悦　王赐月

第七名　安昱彤　陈思源　乔王玄婧　王添鑫　王宇星　杨妮可　张艺潇　章小优　何雨欣　闫飞雪

双人

第三名　崔庆媛　孟忻悦　张依瑶

混合双人

第一名　张依瑶(跨省合作)

自由组合

第一名　呙　俐　梁馨枰　孟忻悦　王赐月　赵瑀琦　崔庆媛　盛姝雯

第七名　安昱彤　陈思源　何雨欣　乔王玄婧　王添鑫　王宇星　闫飞雪　杨妮可　张艺潇　章小优　王艺睿

【2019—2020 赛季全国速度滑冰锦标赛】 此赛于1月9日至12日在黑龙江举行，江苏队运动员参加了比赛。领队为牛颖，教练员为贺鑫，运动员有李思杉。比赛成绩如后。

·女　子·

集体出发

第四名　李思杉

【全国自由式滑雪空中技巧锦标赛暨十四届全运会资格

赛】 此赛于1月17日至20日在河北省张家口市云顶滑雪场举行。江苏队运动员参加了比赛。运动员有张严豪、夏媛洁、黄秦淮、毛佳伟、马浩轩、张宸熙、赵琪睿、张帆、韩思宇、李姝洁、王圻娴、刘计妙、刘计蒙。比赛成绩如后。

·男　子·

自由式滑雪空中技巧成年男子滑行技术

第三名　赵琪睿

第四名　毛佳伟

第五名　马浩轩

·女　子·

自由式滑雪空中技巧成年女子滑行技术

第四名　张　帆

第六名　王圻娴

自由式滑雪空中技巧青年女子滑行技术

第八名　夏媛洁

自由式滑雪空中技巧成年女子自选动作

第八名　王圻娴

【全国马术三项赛锦标赛】 此赛于9月4日至6日在内蒙古锡林浩特市举行,江苏队运动员参加了比赛。运动员有胡日查、赵太峰、音克巴依尔、卢俊宏。比赛成绩如后。

·男　子·

个人

第二名　赵太峰

团体

第三名　胡日查　赵太峰　音克巴依尔　卢俊宏

【全国马术盛装舞步锦标赛】 此赛于10月23日至25日在上海金山区城市沙滩公园举行,江苏队运动员参加了比赛,运动员有何兵兵、吾亚、张国飞、刘雷刚。比赛成绩如后。

·男　子·

个人

第二名　吾　亚

团体

第三名　何兵兵　吾　亚　张国飞　刘雷刚

【南京汤山温泉杯马术公开赛】 此赛于11月21日至22日在南京市汤山举办,江苏队运动员参加了比赛。运动员有音克巴依尔、卢俊宏、赵太峰。比赛成绩如后。

1.05米级别个人

第六名　音克巴依尔

1.15米级别团体

第三名　音克巴依尔　卢俊宏　赵太峰

【长三角马术联赛暨浙江省马术总决赛年赛】 此赛于12月19日至20日在浙江舟山黄龙体育中心举办,江苏队运动员参加了比赛。比赛成绩如后。

1米级别个人

第五名　音克巴依尔

【全国射击冠军赛(步枪项目)】 此赛于9月19日至26日在湖北宜昌举行,江苏省步枪射击队参加了比赛。领队为邱健,教练员为马军、姚烨。男运动员有盛李豪、高霆捷、高志远、李浩哲、瞿子轩、诸葛超然。女运动员有颜金婧、江婷、王静、王林琳。比赛成绩如后。

·男　子·

10米气步枪

第七名　盛李豪

50米步枪三姿

第八名　瞿子轩

·女　子·

10米气步枪

第七名　颜金婧

·混　合·

10米气步枪团体

第七名　高霆捷　江　婷

【全国射击冠军赛(手枪项目)】 此赛于9月22日至30日在陕西宝鸡举行,江苏省手枪射击队参加了比赛。领队为陈玲,教练员为顾俊、袁静、张鹏辉,工作人员为吴其刚。男运动员有狄译丰、潘俊辰、杨柳、洪书棋。女运动员有陈然、朱思颖、陈静、史静怡。参赛成绩如后。

·男　子·

25米手枪速射

第四名　潘俊辰

【全国射击冠军赛(飞碟项目)】 此赛于9月18日至27日在河北保定举行,江苏省飞碟射击队参加了比赛。领队董念,教练员为王宝奎、丁超、庄涛、於秀敏,工作人员为高扬、胡胜闯。男运动员有杜子安、张开捷、丁畅显、杨蒋、娄力文、郁子卿;女运动员有王心怡、王纯纯、鈡佳怡、於秀敏、陈瑶、李闻怡。比赛成绩如后。

·男　子·

飞碟双向

第五名　郁子卿

·女　子·

飞碟多向

第三名　王纯纯

第四名　王心怡

第八名　钟佳怡

【全国射箭冠军赛】 此赛于10月31日至11月9日在海南省白沙黎族自治县举行,江苏射箭队参加了比赛。领队邵力平,教练员雍智伟。男运动员有姚祎楠、王潇畅、陈泳辰、史镇旗;女运动员有向欣悦、张心妍、檀伊凡、李明星。比赛成绩如后。

·男　子·

个人单轮50米

第二名　陈泳辰

第七名　史镇旗

个人淘汰赛、决赛

第四名　史镇旗

·女　子·

个人单轮50米

第四名　檀伊凡

第五名　李明星

第八名　张心妍

个人单轮30米

第四名　李明星

个人单轮全能

第六名　李明星

第八名　张心妍

个人淘汰赛、决赛

第一名　李明星

团体淘汰赛、决赛

第一名　李明星　张心妍　檀伊凡

【全国射击锦标赛(步枪项目)】 此赛于11月6至10日在浙江长兴举行。江苏省步枪射击队参加了比赛。领队为邱健,教练员为马军、姚烨、沈超,官员张晓民、吕厚帅。男运动员有李浩哲、高霆捷、盛李豪、瞿子轩、诸葛超然、高志远;女运动员有王静、王林琳、颜金婧、江婷。比赛成绩如后。

·男　子·

10米气步枪团体

第三名　高霆捷　盛李豪　高志远

50米步枪三种姿势团体

第二名　李浩哲　瞿子轩　诸葛超然

·女　子·

50米步枪三种姿势团体

第四名　王林琳　颜金婧　江　婷

·混　合·

10米气步枪团体

第五名　颜金婧　盛李豪

【全国射击锦标赛(手枪项目)】 此赛于10月27日至11月3日在福建莆田举行。江苏省手枪射击队参加了比赛。领队为陈玲,教练员为顾俊、袁静、张鹏辉。男运动员有狄译丰、潘俊辰、朱豪杰、杨柳、洪书棋。女运动员有陈然、朱思颖、陈静、史静怡。比赛成绩如后。

·男　子·

25米手枪速射团体

第四名　潘俊辰　朱豪杰　杨　柳

【全国射击锦标赛(飞碟项目)】 此赛于10月19日至29日在山西临汾举行。江苏省飞碟射击队参加了比赛。领队为董念,教练员为王宝奎、丁超、庄涛、陈圣、於秀敏,官员殷邗江、高扬、胡胜闯。男运动员有张开捷、杜子安、王宇豪、杨蒋、娄力文、郁子卿;女运动员有王心怡、王纯纯、钟佳怡、於秀敏、陈瑶、李闻怡。比赛成绩如后。

·男　子·

飞碟多向

第六名　张开捷

飞碟双向团体

第七名　杨　蒋　郁子卿　娄力文

飞碟多向团体

第六名　张开捷　杜子安　王宇豪

·女　子·

飞碟双向

第四名　李闻怡

第六名　於秀敏

飞碟双向团体

第八名　於秀敏　李闻怡　陈　瑶

飞碟多向团体

第八名　王心怡　王纯纯　钟佳怡

【全国射箭锦标赛】 此赛于10月12日至21日在四川成都市举行,江苏省射箭队参加了比赛。领队邵力平,教练员邓成才、雍智伟、张云录,工作人员沈国富、石阳。男运动员有王岩、张纪源、王潇畅、江建鑫、丁倚亮、史镇旗;女运动员有杨嘉漶、李明星、檀伊凡、向欣悦、杨晓蕾、张心妍、王陆瑶。比赛成绩如后。

·男　子·

反曲弓个人单轮70米

第五名　王　岩

反曲弓个人单轮30米

第二名　江建鑫

第三名　王　岩

反曲弓个人淘汰赛、决赛

第二名　张纪源

第三名　史镇旗

第四名　丁倚亮

反曲弓团体淘汰赛、决赛

第四名　王　岩　史镇旗　江建鑫

·女　子·

反曲弓个人单轮70米

第二名　杨晓蕾

第三名　王陆瑶

反曲弓个人单轮60米

第二名　杨晓蕾

第四名　王陆瑶

第七名　檀伊凡

反曲弓个人单轮50米

第四名　李明星

第七名　杨晓蕾

反曲弓个人单轮30米

第三名　杨嘉漉

第五名　李明星

反曲弓个人单轮全能

第二名　杨晓蕾

第三名　王陆瑶

第四名　李明星

第八名　杨嘉漉

反曲弓个人淘汰赛、决赛

第二名　杨嘉漉

第六名　李明星

第七名　杨晓蕾

反曲弓团体淘汰赛、决赛

第二名　杨晓蕾　李明星　杨嘉漉

反曲弓混合团体淘汰赛、决赛

第二名　王　岩　杨晓蕾

2020年参加全国青少年比赛成绩

【全国赛艇青年锦标赛】 此赛于11月3日至6日在湖北鄂州市举行，江苏赛艇队参加了比赛。领队为何雪德、金星，教练员为刘建、尹冬、王卫涛、蒋勇、汪敏。运动员有孙思邈、仲洪永、蔡继尧、俞佳林、施淮升、韦杰、张恒、高佳棋、黄跃、汪家璇、王清阳、石凯、李貌、潘书尧、田露、汤永娜、顾爱妮、白雪、程嫣然、王晓彦、潘芷诺、沈慧雯、张萌哲、张萌轩、徐懿汐、李霞、王艳荣、郑佳瑶、吴梦瑶、韦仕婷、管郝、何一鸣、杜奕成。比赛成绩如后。

·男　子·

单人双桨

第一名　汪家璇

双人单桨

第一名　施淮升　俞佳林

四人单桨

第一名　高佳棋　张　恒　施淮升　俞佳林

第四名　韦　杰(跨省合作)

八人单桨有舵手

第二名　孙思邈　蔡继尧(跨省合作)

第五名　王清阳　石　凯　潘书尧　李　貌　高佳棋
　　　　张　恒　施淮升　俞佳林　田　露

双人双桨

第六名　王清阳　黄　跃

·女　子·

八人单桨有舵手

第二名　管　郝　汤永娜　王艳荣　吴梦瑶　韦仕婷
　　　　郑佳瑶　李　霞　徐懿汐　何一鸣

四人单桨

第三名　郑佳瑶　王艳荣　李　霞　徐懿汐

四人双桨

第五名　汤永娜　韦仕婷　吴梦瑶　管　郝

双人单桨

第六名　张萌轩　张萌哲

第七名　沈慧雯　潘芷诺

双人双桨

第七名　白　雪　顾爱妮

·混　合·

四人双桨

第一名　仲洪永(跨省合作)

【全国青年帆船锦标赛】　此赛于10月20日至27日在浙江宁波市举行,江苏帆船队参加了比赛。领队为张锡广、孟庆平,教练员为孔晨诚。运动员有孔金东、张萌、谷志豪、蒋鸿堃、张斌海、鹿永政、宋雨、陈天杨、唐梓萌、纪飒。比赛成绩如后。

·男　子·

激光级场地赛

第二名　谷志豪

第五名　鹿永政

第六名　张　萌

第七名　孔金东

长距离

第二名　谷志豪

·女　子·

雷迪尔级场地赛

第五名　唐梓萌

长距离

第二名　唐梓萌

【全国皮划艇青年锦标赛】 此赛于10月27日至11月1日在湖北鄂州市举行,江苏皮划艇队参加了比赛。副领队为丁帮太,教练员为石严。运动员有武煜杰、孙桢淋、李子阳、臧泽生、朱毅、厉彦盟、刘玲宇、代雨男。比赛成绩如后。

·女　子·

5000米单人皮艇

第三名　刘玲宇

【全国青年男子U18手球锦标赛】 此赛于11月10日至19日在安徽滁州举行,江苏手球队参加了比赛。领队为贾淑君,主教练为郝可鑫,医生为魏彤。运动员有陈昊,刘文星,黄圣凯,周一鸣,马克,王晟宽,张曜玺,程言垒,高雨,马骏,殷俊哲,马奔,李佳,陆新成,徐昊天,陆奕同。比赛成绩为第二名。

【全国青年男子U16手球锦标赛】 此赛于11月21日至30日在安徽安庆市举行,江苏手球队参加了比赛。领队为贾淑君,主教练为郝可鑫,教练为郑敬忠,医生为魏彤,运动员有武子涵、周烁、周一鸣、马克、王晟宽、程言垒、高雨、殷俊哲、焦靖宸、傅俊硕、高文熙、陆新成。比赛成绩为第四名。

【全国蹦床青少年锦标赛】 此赛于10月22日至29日在江苏淮安市举行,江苏蹦床队参加了比赛。领队为许国君,教练员为吴涛、胡俊雄、张凌峰、冯强强、赵微娜(女),队医为房东。男运动员有黄玉鼎、陈翔、杨谨亦、陈诺、王睿喆、王梓赛、钱雨凡、甄子行、刘弢;女运动员有钟秧、赵静仪、陈思玥、程晨、王雨婷、戚施钰、周思琪。比赛成绩如后。

·男　子·

15～16岁组双蹦床团体

第二名　甄子行　刘　豉

15～16岁组双人同步

第二名　钱雨凡　刘　豉

15～16岁组双蹦床个人

第四名　甄子行

第五名　刘　豉

13～14岁组蹦床团体

第一名　陈　诺　王睿喆　王梓赛

13～14岁组双蹦床团体

第三名　陈　诺　王睿喆

13～14岁组蹦床个人

第一名　王梓赛

第四名　王睿喆

13～14岁组双人同步

第四名　王梓赛　王睿喆

11～12岁组蹦床团体

第四名　黄玉鼎　陈　翔　杨谨亦

11～12岁组双蹦床团体

第四名　黄玉鼎　陈　翔

11～12岁组蹦床个人

第二名　黄玉鼎

第三名　杨谨亦

11～12岁组单跳个人

第二名　陈　翔

11～12岁组双人同步

第二名　黄玉鼎　杨谨亦

11～12岁组双蹦床个人

第七名 杨谨亦

·女 子·

13～14岁组蹦床团体

第三名 王雨婷 戚施钰 周思琪

13～14岁组蹦床个人

第二名 王雨婷

11～12岁组蹦床团体

第八名 钟 秧 赵静仪 陈思玥

11～12岁组双蹦床团体

第四名 钟 秧 赵静仪

11～12岁组单跳个人

第三名 程 晨

11～12岁组双人同步

第五名 钟 秧 赵静仪

11～12岁组双蹦床个人

第八名 钟 秧

【全国女子手球青年锦标赛U18】 此赛于11月10日至19日在安徽滁州市举行，江苏手球队参加了比赛。领队为姚治前，教练员为蓝小玲、李海鹰。运动员有李璐瑶、张芸如、庄红艳、邢缤燕、王璐璐、马洁、焉妍、万晓雅、周俞晨、胡雨诺、张昊琦、姜翌珊、王铃娜、刘杰、杨勰、渠文娜。比赛成绩为第一名。

【全国女子手球青年锦标赛U16】 此赛于11月21日至30日在安徽安庆市举行，江苏手球队参加了比赛。领队为姚治前，教练员为蓝小玲、李海鹰。运动员有李璐瑶、张芸如、庄红艳、陈宇欣、黄思彤、焉妍、邢紫艳、姜翌珊、卓紫仪、杨勰、张秋雨、赵球南。比赛成绩为第二名。

【全国青少年柔道锦标赛】 此赛于12月1日至5日在江西赣州市举行,江苏省柔道队参加了比赛。领队为滕光应、王娟,教练员为李茂鉴、胡翔飞、何华,队医为邹峰、支珊珊。运动员有范江涛、吕昌熙、孙佳淇、丁国俊、施梓豪、杨卓浩、王犇、吴雨寒、王雨豪、丁普浩、崔梦想、王顺杰、廖骏、孙腾宇、刘洋、申一杰、汪雷、贡东阳、薛振豪、潘明旭、汪雷、王元涛、陈运涵、孟嘉倪、赵周璠、袁慧婷、孙晓玉、杨娟廷、黄逸雅、沈雨欣、余佳玉、任晓春、屠文静、王园园、马芷若、万文彦、夏梦轩、何雨、李文雅、李梦宇、易苏梅。南京队领队为何吉,教练员为张莉芳、赵慧娟、滕光应、石玉东,运动员有杨皓翔、王子瑞、马赛、王江南、周杰、曹宇志、赵宇、朱焱宇、徐润东、费雨晨、黄文博、张钦宇、李嘉庆、赵佳韵、黄少芬、李文慧、曾童童、韩静、韩文、周森。比赛成绩如后。

·男　子·

–60公斤级

第一名　王元涛

第三名　汪　雷

第七名　费雨晨

–66公斤级

第一名　潘明旭

–73公斤级

第二名　王江南

第七名　廖　骏

–81公斤级

第一名　施梓豪

–90公斤级

第一名　马　赛

第三名　汪　雷

第五名　王顺杰

第七名　王　犇
第七名　王子瑞
+90公斤级
第二名　吴雨寒
第五名　杨皓翔
–100公斤级
第一名　申一杰
+100公斤级
第一名　刘　洋
第二名　孙腾宇

·女　子·

–48公斤级
第三名　周　淼
–52公斤级
第二名　李文雅
第五名　李梦宇
第七名　余佳玉
–63公斤级
第三名　万文彦
第三名　杨娟廷
–70公斤级
第三名　王园园
第三名　袁慧婷
+70公斤级
第七名　陈运涵
第七名　孟嘉倪
–78公斤级
第三名　屠文静

【全国青年体操U系列冠军赛】 此赛于10月15日至21日在陕西西安市举行，江苏体操队参加了比赛。领队为黄旭、孟陈佳，教练员为周祝麟、童英杰、黄滢、丁燕，队医为成守仁。男运动员有何翔、洪熙鹏、韦淳渔、仲奕梓震，女运动员有王梦真、李娜、左彤、周玉瑛。比赛成绩如后。

·男　子·

甲组(U17)个人全能

第五名　何　翔

甲组(U17)鞍马

第四名　何　翔

甲组(U17)吊环

第五名　何　翔

14岁全能

第五名　韦淳渔

15岁全能

第一名　何　翔

乙组(U14)个人全能

第四名　韦淳渔

乙组(U14)鞍马

第六名　仲奕梓震

乙组(U14)吊环

第三名　韦淳渔

乙组(U14)跳马

第六名　韦淳渔

乙组(U14)双杠

第三名　韦淳渔

第八名　仲奕梓震

乙组(U14)单杠

第三名　韦淳渔

综合全能

第二名　韦淳渔　何　翔

·女　子·

乙组(U14)个人全能

第六名　左　彤

乙组(U14)跳马

第三名　周玉瑛

乙组(U14)自由体操

第二名　左　彤

第五名　周玉瑛

14岁个人全能

第二名　左　彤

第八名　王梦真

【全国青少年艺术体操锦标赛】 此赛于12月2日至10日在江苏常州市举行,江苏艺术体操队参加了比赛。领队为姚蒙、教练员为郑霓、张宇燕,队医为钱丽萍。运动员有虞竹君、刘鑫蕊、樊徐萱、顾凌薇、苏墨涵、董妍君、梁子萱。比赛成绩如后。

少年B组个人全能

第一名　虞竹君

第二名　刘鑫蕊

少年C组个人团体

第三名　苏墨涵　董妍君　顾凌薇

少年C组个人全能

第七名　苏墨涵

第八名　顾凌薇

少年B组个人单项徒手

第一名　虞竹君

第二名　刘鑫蕊
第四名　樊徐萱
少年B组个人单项绳
第一名　刘鑫蕊
第二名　虞竹君
第四名　樊徐萱
少年B组个人单项圈
第一名　虞竹君
第二名　刘鑫蕊
第四名　樊徐萱
少年B组个人单项球
第二名　樊徐萱
第三名　刘鑫蕊
第四名　虞竹君
少年B组个人单项带
第一名　虞竹君
第三名　刘鑫蕊
第四名　樊徐萱
少年B组个人单项棒
第一名　虞竹君
第二名　刘鑫蕊
第四名　樊徐萱
少年C组个人单项徒手
第七名　苏墨涵
少年C组个人单项绳
第七名　顾凌薇
第八名　苏墨涵
少年C组个人单项带

第七名 苏墨涵
第八名 顾凌微
少年C组个人单项球
第六名 苏墨涵
第八名 梁子萱

【全国U17青少年篮球比赛】 此赛于10月3日至9日在辽宁朝阳市举行，江苏青年女子篮球队参加了比赛。领队为秦旺平，主教练为杨忠，助理教练为石天兵、孙先岭、马内，体能教练为俞鸿，队医为葛子恺，翻译为洪斌扬。运动员有吴梦婕、王馨雨、蔡雨、陈少玲、陈逸菲、王鑫瑜、刘玲、陆紫薇、赵婧如、洪欣妍、韩宇彤、孙宇。比赛成绩为第一名。

【全国“篮校杯”女子篮球比赛】 此赛于11月10日至15日在浙江东阳横店举行，江苏青年女子篮球队参加了比赛。领队为秦旺平，主教练为杨忠，助理教练为石天兵、孙先岭、马内，体能教练为俞鸿、纪慕寒，队医为葛子恺，翻译为洪斌扬。运动员有刘玲、陆紫薇、王馨雨、陈少玲、孙宇、郭芷含、赵婧如、吴梦婕、韩宇彤、徐思彤、陈丽钧、邵晓雅。比赛成绩为第二名。

【全国U17青少年篮球比赛】 此赛于10月8日至14日在辽宁盘锦市举行，江苏青年男子篮球队参加了比赛。领队为吴九桂，教练员为汤仑，助理教练为靳思杨、王宜林、王瑞生，队医为周振宇。运动员有张承阳、刘泽希、倪永康、李承耀、毛棋锋、段立谦、陈泽茏、唐宇晨、言恒栋、孟令泰、冷羿、杨旺、张海涛、乔瑞杰、杜丰骅、常昊。比赛成绩为第四名。

【李宁篮球精英赛】 此赛于2020年12月27日至2021年1月2日在广东佛山市举行，江苏青年男子篮球队参加了比赛。领队为吴九桂，教练员为汤仑，助理教练为靳思杨、王瑞生，队医为周振宇。运动员有赵佳一、倪永康、侍泓旭、乔瑞杰、李承耀、顿家威、闫实、张博、黄浩然、张海涛、刘泽希、戴锦晖、张承阳、言恒栋。

比赛成绩为第一名。

【全国U15青少年篮球比赛】 此赛于10月20日至26日在辽宁丹东市举行,江苏男篮三线队参加了比赛。领队为范铁铭,教练员为龚毅,助理教练为姜利杨,队医为王麒。运动员有张初祥、赵军豪、隋沅辰、石丰铭、刘雨、赵刘其政、庄宇雄、刘天恩、邵溢、周鹏、李勇、祝子轩、丁子诺、罗健平、李浩翀。比赛成绩为第三名。

【三人篮球国家队(U22)集训赛】 此赛于7月27日至8月12日在上海市举行,江苏三人男篮U22队参加了比赛。教练员为熊艳,助理教练为位松。运动员有孙鑫、陶彦儒、刘剑阁、蒋浩然、刘晋廷。比赛成绩为第三名,胡大明、牛自毫、袁春南加入联队阵容,比赛成绩为第四名。

【俱乐部篮球精英赛西宁站】 此赛于9月19日至20日在青海西宁市举行,江苏三人男篮U22队参加了比赛。教练员为位松,队医为刘芮宾。运动员有刘晋廷、胡大明、任雨辰、单熙乐。比赛成绩为第八名。

【俱乐部篮球精英赛常州站】 此赛于9月26日至27日在江苏常州市举行,江苏三人男篮U22队参加了比赛。主教练为位松,队医为刘芮宾。运动员有刘晋廷、胡大明、任雨辰、单熙乐。比赛成绩为第七名。

【俱乐部篮球精英赛张家港站】 此赛于10月31日至11月1日在江苏张家港市举行,江苏三人男篮U22队参加了比赛。教练员为位松。运动员有单熙乐、胡大明、任雨辰、黄浩然。比赛成绩为第七名。

【全国青少年U19男排锦标赛】 此赛于1月5日至11日在河北秦皇岛市举行,江苏男排青年组参加了比赛。领队为戎金文,教练员为陈平、张志松、姚永景。运动员有刘宇龙、周劲节、王文骏、桑仁杰、李天乐、陈威屹、徐嘉星、晏春龙、孙浩清、顾沁凡、张宏涛、许正杰。比赛成绩为第二名。

【全国青少年U18女排锦标赛】 此赛于1月7日至13日在福建漳州市举行，江苏女排青年组参加了比赛，领队为王佳宾，教练员为施海荣、许蕾、杨江宏、吴英杰、王小军。运动员有吴梦洁、周页彤、邹佳祺、万梓玥、俞静奕、何慕、唐欣、宋嘉译、姚欣悦、杨佳、姜玮璇、别萌洁。比赛成绩为第一名。

【全国U18男子拳击锦标赛】 比赛于11月17日至22日在辽宁朝阳市举行。江苏运动员参加了这次比赛。教练员王玄玄、刘洋，运动员有吴皓天、邓睿、顾昊轩、樊晨豪、张来鑫、张恩。比赛成绩如后。

·男　子·

52公斤级

第一名　吴皓天

60公斤级

第五名　邓　睿

+91公斤级

第三名　张　恩

【全国U18、U16女子拳击锦标赛】 比赛于12月4日至9日在河北迁安市举行，江苏队运动员参加了比赛。教练员为丁虎、徐文韬。U16运动员有李想、王佳凤、吴雪莲；U18运动员有冯彦妮、祖颖。比赛成绩如后。

·女　子·

U16

52公斤级

第三名　吴雪莲

U18

57公斤级

第三名　冯彦妮

69公斤级

第三名　祖　颖

【全国U16男子拳击锦标赛】 此赛于12月18日至23日在浙江温州市举行,江苏队运动员参加了这次比赛。领队为丁建材,教练员为徐洪苏、伏兰、潘秀良。运动员有罗恩典、杨浩、贾轩轩、罗昊、孟书颉、李振宇、陈祥、张圣雨、杨爽、张祖昂、董敖岩、徐硕研、韩立群、胡富伟、李福星、杜浩然、冯乐乐、张腾升。比赛成绩如后。

·男　子·

60公斤级

第五名　董敖岩

70公斤级

第三名　张腾升

75公斤级

第二名　胡富伟

80公斤级

第一名　杜浩然

【全国公路自行车锦标赛】 此赛于10月25日至30日在河北唐山市举行,江苏自行车队参加了比赛。领队为陈泳,教练员为韩先文、孙靖茹、武希强、朱义、吴松、高恒林,机械师张大伟。运动员有郭亮、王建华、缪雨航、沈姗荣、盛艳、魏钱钱、吴青秋、魏苏婉、刘倩、李楠、薛子凡、苗梦园、陈雨利、李继泽、刘苏宝。比赛成绩如后。

·男　子·

青年个人计时赛

第三名　李继泽

青年个人赛

第七名　刘苏宝

·女　子·

青年个人计时赛

第一名　魏苏婉

第二名　李　楠

青年个人赛

第一名　李　楠

第二名　魏苏婉

第三名　薛子凡

第六名　苗梦园

第七名　陈雨利

【全国山地自行车联赛(第一站)】　此赛于10月30日至11月1日在山东威海市举行,江苏自行车队参加了比赛。领队为陈泳,教练员为韩先文、孙靖茹、武希强、高恒林、朱义、仲崇文,机械师张大伟。运动员有魏钱钱、吴青秋、薛子凡、刘倩、魏苏婉、沈雅馨、刘苏宝、李楠、陈雨利、卢宇、赵冲、王薪雄、贾思远、王新宇、陈怡君。比赛成绩如后。

·男　子·

淘汰越野赛

第四名　刘苏宝

·女　子·

淘汰越野赛

第一名　薛子凡

第二名　魏钱钱

第五名　魏苏婉

第六名　吴青秋

第七名　沈雅馨

山地越野赛

第四名　沈雅馨

第五名　魏钱钱

团体接力赛

第二名　王薪雄　王新宇　沈雅馨　魏苏婉　吴青秋

【全国U系列女子英式7人制橄榄球冠军赛】 此赛于12月14日至16日在江苏宿迁市举行。江苏仙林体校队和江苏省青年女子橄榄球队参加了比赛。江苏仙林体校队领队为邵泽山，教练员为黄建策、秦莉。运动员有高子旋、胡婉、陈子盈、杨晶晶、王雪敏、朱思远、王赵静、王芳雨、殷娜、李雨乐、季佳佳、焦慧婷、陈晓凤。比赛成绩为第一名。

江苏省青年女子橄榄球队领队为周正，教练员为徐扬、梁大勇。运动员有严梦茹、刘格格、潘越、李晓凤、王涵冰、王雅茹、张紫凡、崔雨婷、张小佳、冯紫薇、喻露、黄芝玲、刘子凡。比赛成绩为第六名。

【全国U系列男子英式7人制橄榄球冠军赛】 此赛于12月14日至16日在江苏宿迁市举行，江苏仙林体校队和江苏省青年男子橄榄球队参加了比赛。江苏仙林体校队领队为周正，教练员为徐恬、包雪倩。运动员有王鹏宇、殷豪、李鹏程、栾宏立、李俊豪、孙鹏祥、姜涵、金传凯、张溢宇、齐志豪、刘星岐、韩伟韬、韦嘉轩。比赛成绩为第七名。

江苏省青年男子橄榄球队领队为刘东峰，教练员为Peter、盛湛予。运动员有冯阳阳、费惊雷、徐熙臻、张唐杰、魏念浙、王骏源、潘文锦、陈文杰、王新国、蒋坪、张佳晨、高浩传、石海涛。比赛成绩为第四名。

【全国U系列女子英式7人制橄榄球锦标赛】 此赛于10月30日至11月1日在河南漯河市举行，江苏仙林体校队和江苏省青年女子橄榄球队参加了比赛。江苏仙林体校队领队为邵泽山，教练员为黄建策、秦莉。运动员有高子旋、胡婉、陈子盈、杨晶晶、王雪敏、朱思远、王赵静、王芳雨、焦慧婷、殷娜、李雨乐、季佳佳、潘越。比赛成绩为第一名。

江苏省青年女子橄榄球队领队为陈国平，教练员为徐扬、梁大勇。运动员有刘格格、王涵冰、冯紫薇、黄芝玲、李晓凤、邱佳慧、张紫凡、崔雨婷、严梦茹、韩军、王雅茹、喻璐、张晓佳。比赛成绩为第八名。

【全国U系列男子英式7人制橄榄球锦标赛】 此赛于10月30日至11月1日在河南漯河市举行，江苏省青年男子橄榄球队参加了比赛。领队为刘东峰，教练员为Peter、徐恬、包雪倩。运动员有费惊雷、徐熙臻、蒋坪、魏念浙、张唐杰、王骏源、李鹏程、陈文杰、王新国、张佳晨、王鹏宇、齐志豪、金传凯。比赛成绩为第五名。

【全国青少年U系列曲棍球锦标赛U15组】 此赛于12月5日至12日在四川达州市举行，常州市女子曲棍球队参加了比赛。领队为花晓东，教练员为唐春玲，助理教练为徐敏杰(兼随队裁判)，运动员为冯倍佳、杨玲、何娜、胡悠涵、宋林临、孙明珠、鲁冰艳、陈沁荟、黄轩。比赛成绩为第一名。

【全国青少年U系列曲棍球锦标赛U18组】 此赛于12月5日至16日在四川达州市举行，江苏女子曲棍球队U18组参加了比赛。领队为唐春玲，教练员为郭旭东，助理教练为兰慧敏(兼随队裁判)、陈燕，队医为刘文轩。运动员有王佳佳、王娅荟、张雪、王严、祁晨晨、闫茹钰、谢宇函、唐彦青、韦启晓、黄灿灿、吕宏娟、陆寒、杨松儿、井可青、孙志婷、孙晋利。比赛成绩为第三名。

【全国青年棒球锦标赛】 此赛于10月21日至11月1日在天津举行，江苏青年棒球队参加了比赛。领队为马振新，主教练为褚夫佳，教练员为余尧、张庆石，队医为曹凯。运动员有伏文龙、陈晨(小)、张铭鑫、孟凡慈、黎凝佶、赵富阳、王硕、吴安俊、司马宇杰、陈佳豪、孙伦飞、胡君兴、李孝炀、张金峄、冯少杰、萧绪钱、王子帆、郭燕沁、陈俊翰、刘振源、薛文哲、王梓豪。比赛成绩为第五名。

【全国青少年射击锦标赛(手枪项目)】 此赛于10月24日至11月1日在贵州遵义市举行，江苏队运动员参加了比赛。领队为张新霞,教练员为王衡、王誉燕。男运动员有王昱茗、许宇韬、成昊、梅凌寒。女运动员有臧佳敏、华佩妮、周雨萱。比赛成绩如后。

·男　子·

25米手枪速射

第三名　成　昊

25米手枪速射团体

第七名　王昱茗　成　昊　梅凌寒

10米气手枪团体

第五名　王昱茗　许宇韬　梅凌寒

·女　子·

25米手枪团体

第六名　臧佳敏　华佩妮　周雨萱

【全国青少年射击锦标赛(飞碟项目)】　此赛于11月18日至27日在福建莆田市举行,江苏队运动员参加了比赛。领队为董念,教练员为戴菲菲、王宝奎、丁超、庄涛。男运动员有王宇豪、杜子安、朱寿龙、吴云轩、张锐恒、张煜坤;女运动员有韩婷、程紫怡、王欣、张子楠、陶思文、刘思妤。比赛成绩如后。

·男　子·

飞碟多向

第二名　王宇豪

飞碟多向团体

第五名　王宇豪　杜子安　朱寿龙

飞碟双向团体

第六名　吴云轩　张锐恒　张煜坤

·女　子·

飞碟多向团体

第七名　韩　婷　程紫怡　王　欣

飞碟双向团体

第三名　张子楠　刘思妤　陶思文

·混　合·

飞碟多向团体

第五名　程紫怡　王宇豪

第八名　韩　婷　杜子安

【全国沙滩排球青年锦标赛】 此赛于11月14日至17日在海南海口市举行,江苏女子青年组参加了比赛。领队为薛刚,教练员为殷瑞、茹天祥。运动员有陈佳楠、周明利。比赛成绩为第三名。

【全国男子古典式U20摔跤锦标赛】 此赛于11月6日至14日在安徽淮北市举行,江苏省古典式摔跤队参加了比赛。领队为陈新民,教练员为殷建春、王亚旭,队医为胡仲明。运动员有陈诺、吴浩、顾铭杰、管昌伟、王可、尹枭、成佳杰、王齐民、苏浩东、夏晨烨、包旭东、张露、潘奇。比赛成绩如后。

67公斤级

第二名　管昌伟

第七名　包旭东

87公斤级

第三名　王齐民

130公斤级

第一名　张　露

第七名　夏晨烨

第八名　潘　奇

【全国女子自由式U20摔跤锦标赛】 此赛于11月6日至14日在安徽淮北市举行,江苏省女子自由式摔跤队参加了比赛。领队秦晓庆,教练员为蒋寿团、吴震东。队医为冯荣昌。运动员有梁雪静、项滨滨、谢小敏、王梦娇、陆莹、谢梦宇、洪可新、史照静、唐一帆、颜丙怡、张悦、赵秦、朱亚萍、刘存、周欣茹、陆祎凤。比赛成绩如后。

50公斤级

第一名　梁雪静

第三名　谢小敏

55公斤级

第二名　洪可欣

57公斤级

第一名　唐一帆

第三名　史照静

59公斤级

第五名　颜丙怡

62公斤级

第二名　张　悦

第五名　朱亚萍

65公斤级

第一名　项滨滨

第三名　赵　秦

第三名　刘　存

68公斤级

第三名　陆祎凤

【全国青少年速度滑冰锦标赛】　此赛于1月2日至5日在黑龙江举行，江苏队运动员参加了比赛。领队为牛颖，教练员为贺鑫，运动员有李阔阔。比赛成绩如后。

·男　子·

乙组个人1000米

第二名　李阔阔

乙组个人1500米

第二名　李阔阔

乙组集体出发

第二名　李阔阔

乙组短距离团体追逐

第三名　李阔阔(跨省组队)

乙组团体追逐

第五名　李阔阔(跨省组队)

乙组个人500米

第五名　李阔阔

【全国自由式滑雪空中技巧水池跳水赛体能比赛】　此赛于9月17日至18日在秦皇岛基地举行,江苏队运动员参加了比赛。领队为苏红、教练为张延桂。运动员有张严豪、王圻娴。比赛成绩如后。

·男　子·

青年组

第一名　张严豪

·女　子·

青年组

第一名　王圻娴

(叶　蓁　万　菁　胡爱华)

附 录

2020年江苏省各项运动最高纪录

田 径

成年男子组

项 目	成 绩	创 造 者	运 动 会 名 称	时 间	地 点
100米	10.21	徐海洋	全国田径冠军赛	2017年7月	贵 阳
200米	20.63	沈云暴	全国田径大奖赛	2004年8月	北 京
400米	46.41	许嘉楠	全国田径大奖赛	2017年5月	太 原
800米	1:48.80	韩 波	第一届东亚运动会田径比赛	1993年5月	上 海
1500米	3:42.87	杨 杰	第八届全运会田径比赛	1997年10月	上 海
5000米	13:38.77	林向前	第十一届全运会	2009年11月	济 南
10000米	28:49.54	赵 兵	全国田径冠军赛	2008年11月	肇 庆
马拉松(最好成绩)	2:14:56	周同星	第七届全运会	1993年4月	天 津

项　目	成　绩	创　造　者	运　动　会　名　称	时　间	地　点
110米栏	13.47	江　帆	第十三届世界田径锦标赛	2011年8月	大　邱
400米栏	50.70	钱春波	第十届全运会	2005年10月	南　京
3000米障碍	8:27.14	林向前	第十一届全运会	2009年10月	济　南
4×100米接力	39.29	张　峰　倪　洋 金　亮　陆　斌	第十二届全运会	2013年9月	沈　阳
4×400米接力	3:07.49	黄镇飞　黄　鑫 许嘉楠　谭新宇	全国田径大奖赛	2016年5月	太　原
跳　高	2.31米	徐　扬	第七届全运会田径决赛	1993年9月	北　京
跳　远	8.30米	石雨豪	全国青年田径锦标赛	2016年6月	鄂尔多斯
撑竿跳高	5.10米	徐　辉	江苏、爱知县田径赛友谊赛	1982年6月	名古屋
三级跳远	16.26米	顾克炎	北京地区田径检测	1965年6月	北　京
铅　球	18.84米	李　竣	全国田径锦标赛	2012年9月	昆　山
铁　饼	63.54米	吴　健	全国田径大奖赛(肇庆)	2011年4月	肇　庆
标　枪	74.30米	杜新兵	南京地区田径邀请赛	1992年4月	南　京
链　球	67.60米	丁元波	全国田径大奖赛	2016年5月	太　原
十项全能	7664分	胡雨飞	全国大学生田径锦标赛	2015年7月	桂　林
5000米竞走	20:54.20	陆建明	省十二届运动会田径比赛	1990年9月	南　京
10000米竞走	39:27	周永生	世界青少年竞走比赛	1992年9月	韩　国
20000米竞走	1:20:50	周永生	全国竞走锦标赛	1992年4月	济　南
20公里竞走	1:18:17	李高波	国际田联竞走挑战赛	2006年4月	南　京
50公里竞走	3:39:17	董吉敏	全国竞走锦标赛	2005年2月	南　宁

成年女子组

项目	成绩	创造者	运动会名称	时间	地点
100米	11.16	梁 懿	第八届全运会	1997年10月	上 海
200米	22.94	梁 懿	第八届全运会	1997年10月	上 海
400米	51.22	张恒运	第八届全运会	1997年10月	上 海
800米	1:58.55	刘 静	第八届全运会	1997年10月	上 海
1500米	3:57.03	刘 静	第八届全运会	1997年10月	上 海
3000米	8:51.53	陈青梅	第二十四届奥运会	1988年9月	汉 城
5000米	15:02.73	薛 飞	第六届城市运动会	2007年10月	武 汉
10000米	31:44.28	朱莹莹	第十一届全运会	2009年11月	济 南
马拉松(最好成绩)	2:19:21	周春秀	首尔国际马拉松比赛	2006年3月	首 尔
100米栏	12.91	苏懿萍	全国田径锦标赛	1999年10月	惠 州
400米栏	55.02	彭 群	第八届全运会	1997年10月	上 海
4×100米接力	43.44	许美玲 朱亚运 蒋 兰 袁琦琦	第十二届全运会	2013年9月	沈 阳
4×400米接力	3:26.88	张恒华 吕希芳 崔丹凤 张恒运	第八届全运会	1997年10月	上 海
跳 高	1.88米	顾 璇	第十一届全运会	2009年11月	济 南
跳 远	6.78米	关英楠	全国田径大奖赛	2005年4月	中 山
三级跳远	13.37米	蔡亚萍	省十四届运动会田径比赛	1998年9月	南 京
铅 球	20.54米	张榴红	全国田径锦标赛	1994年6月	北 京

项　目	成　绩	创造者	运动会名称	时　间	地　点
链　球	68.09米	杨美萍	第十届全运会	2005年10月	南　京
铁　饼	65.42米	邢爱兰	北京地区田径比赛	1988年4月	北　京
标　枪	62.93米	薛　娟	第五届城市运动会	2003年10月	长　沙
七项全能	5761分	胡丽萍	第七届全运会田径预赛	1993年6月	济　南
5000米竞走	21:33.90	朱晓兰	全国竞走锦标赛	1991年3月	郑　州
10000米竞走	43:51.40	朱晓兰	全国竞走锦标赛	1993年2月	深　圳
20公里竞走	1:27:16	宋红娟	全国竞走锦标赛	2003年4月	扬　州

青年男子组(18~19岁)

项　目	成　绩	创造者	运动会名称	时　间	地　点
100米	10.47	陆　斌	省十六届运动会田径比赛	2006年10月	南　通
200米	20.94	卢尚滨	全国青少年田径锦标赛	2011年6月	济　南
400米	47.25	黄　鑫	全国田径大奖赛	2013年5月	济　南
1500米	3:43.54	林向前	省十六届运动会田径比赛	2006年10月	南　通
5000米	14:37.51	林向前	省十六届运动会田径比赛	2006年10月	南　通
110米栏	13.38	王冬强	第七届城市运动会	2011年10月	南　昌
400米栏	51.77	章小飞	省十六届运动会田径比赛	2006年10月	南　通
3000米障碍	9:05.42	朴钟浩	省十七届运动会田径比赛	2010年10月	常　州

项 目	成 绩	创造者	运动会名称	时 间	地 点
10000米竞走	40:25.73	孙 超	省十六届运动会田径比赛	2006年10月	南 通
20000米竞走	1:24:32.09	王振东	江苏省青少年田径单项比赛	2009年11月	徐 州
跳 高	2.14米	张 玮	省十七届运动会田径比赛	2010年10月	常 州
跳 远	7.50米	张 洁	全国青年田径锦标赛	2012年4月	常 州
铅 球	19.95米	李 竣	全国青年田径锦标赛	2012年4月	常 州
铁 饼	57.36米	于立群	全国青年田径锦标赛	2012年4月	常 州
七项全能	5071分	胡雨飞	江苏省青少年田径单项比赛	2012年3月	徐 州

青年女子组(18～19岁)

项 目	成 绩	创造者	运动会名称	时 间	地 点
100米	11.73	袁琦琦	全国青年田径锦标赛	2013年4月	嘉 兴
200米	23.96	袁琦琦	全国青年田径锦标赛	2013年4月	嘉 兴
400米	54.56	宋燕佳	省十六届运动会田径比赛	2006年10月	南 通
1500米	4:19.83	谢赛男	省十六届运动会田径比赛	2006年10月	南 通
5000米	15:59.41	胥秋子	省十七届运动会田径比赛	2010年10月	常 州
100米栏	13.39	孙雅薇	省十六届运动会田径比赛	2006年10月	南 通
400米栏	59.13	宋燕佳	省十六届运动会田径比赛	2006年10月	南 通
10000米竞走	44:57.43	史天舒	省十六届运动会田径比赛	2006年10月	南 通
20000米竞走	1:38:12.58	周 悦	江苏省青少年田径单项比赛	2007年11月	南 通

项　目	成　绩	创造者	运动会名称	时　间	地　点
跳　高	1.79米	薛　玲	省十七届运动会田径比赛	2010年10月	常　州
跳　远	6.06米	张俊俊	江苏省县组田径赛事（第一赛区）	2019年5月	昆　山
铅　球	16.84米	李　波	省十六届运动会田径比赛	2006年10月	南　通
铁　饼	56.62米	梁　燕	全国青年田径锦标赛	2013年4月	嘉　兴
标　枪	53.08米	周晓红	省十七届运动会田径比赛	2010年10月	常　州
五项全能	3430分	薛　玲	省十七届运动会田径比赛	2010年10月	常　州

少年男子甲组（16～17岁）

项　目	成　绩	创造者	运动会名称	时　间	地　点
100米	10.61	陈益波	省十六届运动会田径比赛	2006年10月	南　通
100米	10.43	陆伟一	江苏省青少年田径锦标赛	2017年7月	常　州
200米	21.12	陈益波	省十六届运动会田径比赛	2006年10月	南　通
400米	48.03	黄　鑫	省十七届运动会田径比赛	2010年10月	常　州
400米	47.95	刘　天	江苏省青少年田径锦标赛	2017年7月	常　州
800米	1:53.68	耿　超	省十六届运动会田径比赛	2006年10月	南　通
1500米	3:47.21	耿　超	省十六届运动会田径比赛	2006年10月	南　通
5000米	14:25.51	王建涛	省十七届运动会田径比赛	2010年10月	常　州
10000米	32:13.99	黄　坚	省十七届运动会田径比赛	2010年10月	常　州
110米栏	13.33	吕　阳	世界少年田径锦标赛	2013年7月	乌克兰

项目	成绩	创造者	运动会名称	时间	地点
200米栏	23.78	戴超	省十六届运动会田径比赛	2006年10月	南通
3000米障碍	9:21.71	马宁甫	省十七届运动会田径比赛	2010年10月	常州
5000米竞走	19:15.68	李高波	省十六届运动会田径比赛	2006年10月	南通
10000米竞走	40:05.03	李高波	省十六届运动会田径比赛	2006年10月	南通
4×100米接力	40.52	吴克众 金晶 王稀 张晓一	省十六届运动会田径比赛	2006年10月	南通
4×400米接力	3:15.44	田攀 马雷 韦伟 刘金辉	全国少年田径锦标赛	2012年7月	烟台
跳高	2.20米	董子昂	省县组田径比赛(第一赛区)	2021年5月	张家港
跳远	8.04米	王嘉男	全国田径锦标赛	2012年9月	昆山
三级跳远	15.75米	袁陈龙	江苏省县组田径赛事(第一赛区)	2019年5月	昆山
铅球(6公斤)	18.45米	李竣	省十七届运动会田径比赛	2010年10月	常州
铁饼(1.5公斤)	64.14米	成昱龙	南京青奥会	2014年8月	南京
标枪(700克)	73.58米	宣英杰	省十六届运动会田径比赛	2006年10月	南通
七项全能	4862分	冷冲	省十七届运动会田径比赛	2010年10月	常州

少年女子甲组(16～17岁)

项目	成绩	创造者	运动会名称	时间	地点
100米	11.55	袁琦琦	全国少年田径锦标赛	2012年7月	烟台

项　目	成　绩	创造者	运动会名称	时　间	地　点
200米	23.77	袁琦琦	全国田径锦标赛	2012年9月	昆　山
400米	55.08	吴青青	省十七届运动会田径比赛	2010年10月	常　州
800米	2:08.34	周　凤	省十六届运动会田径比赛	2006年10月	南　通
1500米	4:14.22	薛　飞	省十六届运动会田径比赛	2006年10月	南　通
5000米	16:14.83	薛　飞	省十六届运动会田径比赛	2006年10月	南　通
10000米	35:26.72	吕　波	江苏省青少年田径单项比赛	2009年11月	徐　州
100米栏	13.59	王　逗	省十七届运动会田径比赛	2010年10月	常　州
200米栏	27.27	王　逗	省十七届运动会田径比赛	2010年10月	常　州
2000米障碍	6:57.85	孙　冉	江苏省青少年田径比赛	2008年8月	武　进
5000米竞走	22:06.67	何　琴	江苏省青少年田径单项比赛	2008年11月	太　仓
10000米竞走	44:10.10	徐　维	省十六届运动会田径比赛	2006年10月	南　通
4×100米接力	46.16	张苏婉　王晓熙 田　雯　袁琦琦	全国少年田径锦标赛	2012年7月	烟　台
4×400米接力	3:48.05	刘婷婷　时　惠 季　倩　周　凤	省十六届运动会田径比赛	2006年10月	南　通
跳　高	1.75米	叶雯琪	江苏省青少年田径锦标赛	2020年8月	常　州
跳　远	6.21米	李　艳	省十六届运动会田径比赛	2006年10月	南　通
三级跳远	13.42米	朱　艳	省青少年田径比赛	2008年7月	武　进
铅球(4公斤)	16.41米	孙会影	省十六届运动会田径比赛	2006年10月	南　通
铁饼(1公斤)	54.78米	梁　燕	全国少年田径锦标赛	2012年7月	烟　台

项　目	成　绩	创　造　者	运　动　会　名　称	时　间	地　点
标枪(600克)	53.58米	付　琳	省十六届运动会田径比赛	2006年10月	南　通
五项全能	3508分	张天华	全国少年田径锦标赛	2013年4月	潍　坊

少年男子乙组(14～15岁)

项　目	成　绩	创　造　者	运　动　会　名　称	时　间	地　点
100米	10.56	王　爽	江苏省青少年田径锦标赛	2019年7月	南　通
200米	22.00	沈　勇	省十七届运动会田径比赛	2010年10月	常　州
400米	49.71	王　扬	省十七届运动会田径比赛	2010年10月	常　州
800米	1:58.59	钱海东	江苏省县组田径比赛(一赛区)	2010年7月	张家港
1500米	3:49.44	朴钟浩	省十六届运动会田径比赛	2006年10月	南　通
5000米	15:22.23	黄　坚	江苏省青少年田径单项比赛	2008年11月	太　仓
10000米	33:43.65	黄宇翔	江苏省青少年田径单项比赛	2009年11月	徐　州
110米栏	13.88	王冬强	江苏省青少年田径单项比赛	2008年11月	太　仓
5000米竞走	20:13.39	刘　森	省十六届运动会田径比赛	2006年10月	南　通
10000米竞走	41:23.41	刘　森	省十六届运动会田径比赛	2006年10月	南　通
4×100米接力	42.16	刘金辉　沈　勇 秦国远　王　扬	省十七届运动会田径比赛	2010年10月	常　州
4×400米接力	3:22.69	潘海华　钱海东 顾　淦　屠思尧	省十七届运动会田径比赛	2010年10月	常　州

项　目	成　绩	创造者	运动会名称	时　间	地　点
跳　高	2.03米	张　野	江苏省青少年田径比赛	2009年8月	常　州
跳　远	7.45米	刘　峰	江苏省青少年田径比赛	2007年8月	太　仓
三级跳远	15.16米	李建华	江苏省青少年田径比赛	2008年7月	武　进
铅球(5公斤)	19.32米	李　竣	江苏省青少年田径比赛	2008年7月	武　进
铁饼(1.5公斤)	56.16米	孙伟伟	省十六届运动会田径比赛	2006年10月	南　通
标枪(600克)	71.38米	包文涛	省十六届运动会田径比赛	2006年10月	南　通
五项全能	3504分	郑　伟	省十七届运动会田径比赛	2010年10月	常　州

少年女子乙组(14～15岁)

项　目	成　绩	创造者	运动会名称	时　间	地　点
100米	11.89	陈　哲	省十七届运动会田径比赛	2010年10月	常　州
200米	24.54	陈　哲	省十七届运动会田径比赛	2010年10月	常　州
400米	55.62	杨思嘉	省十七届运动会田径比赛	2010年10月	常　州
800米	2:11.33	王雪芹	江苏省县组田径比赛(一赛区)	2010年7月	张家港
1500米	4:15.77	胥秋子	省十六届运动会田径比赛	2006年10月	南　通
5000米	16:19.70	钟晓惜	省十七届运动会田径比赛	2010年10月	常　州
10000米	36:24.05	陶圣依	江苏省青少年田径单项比赛	2008年11月	太　仓
100米栏	14.55	张雁君	江苏省青少年田径比赛	2008年7月	武　进

项目	成绩	创造者	运动会名称	时间	地点
5000米竞走	21:11.84	周同姐	省十六届运动会田径比赛	2006年10月	南通
10000米竞走	44:10.37	周同姐	省十六届运动会田径比赛	2006年10月	南通
4×100米接力	47.36	陆佳雯 杨思嘉 黄妍 周琴	省十七届运动会田径比赛	2010年10月	常州
4×400米接力	3:49.11	黄妍 周琴 陆佳雯 杨思嘉	省十七届运动会田径比赛	2010年10月	常州
跳高	1.72米	叶雯琪	江苏省青少年田径锦标赛	2019年7月	南通
跳远	6.03米	权青	江苏省青少年田径单项比赛	2009年11月	徐州
三级跳远	12.96米	朱艳	省十六届运动会田径比赛	2006年10月	南通
铅球(4公斤)	15.10米	徐佳琦	省十七届运动会田径比赛	2010年10月	常州
铁饼(1公斤)	51.52米	梁燕	省十七届运动会田径比赛	2010年10月	常州
标枪(500克)	52.49米	田雯娇	全国少年田径锦标赛(14~15岁)	2017年7月	锦州
五项全能	3276分	顾雅雯	省十七届运动会田径比赛	2010年10月	常州

游 泳

成年男子组

项目	成绩	创造者	运动会名称	时间	地点
50米自由泳	00:22.29	由天宇	第十一届全国运动会	2009年10月	济南

项　目	成　绩	创　造　者	运　动　会　名　称	时　间	地　点
100米自由泳	00:49.86	徐祺恒	全国游泳冠军赛	2015年4月	宝　鸡
200米自由泳	01:47.87	徐祺恒	全国游泳冠军赛	2015年4月	宝　鸡
400米自由泳	03:48.98	祖立军	全国游泳锦标赛	2009年8月	北　京
800米自由泳	08:04.28	季志祥	全国游泳冠军赛	2003年4月	天　津
1500米自由泳	15:01.74	祖立军	全国游泳冠军赛	2009年4月	绍　兴
50米仰泳	00:26.54	沈臻云	全国游泳锦标赛	2009年8月	北　京
100米仰泳	00:55.51	程天宇	第一届青年运动会	2015年10月	福　州
200米仰泳	02:00.47	程天宇	第一届青年运动会	2015年10月	福　州
50米蛙泳	00:29.01	朱　轶	第三届城市运动会	1995年10月	南　京
100米蛙泳	01:01.59	陶元虎	第十三届全运会	2017年9月	天　津
200米蛙泳	02:11.72	陶元虎	第十三届全运会	2017年9月	天　津
50米蝶泳	00:24.44	张　强	环地中海大赛	1998年6月	英　国
100米蝶泳	00:54.04	张　强	环地中海大赛	1998年6月	英　国
200米蝶泳	02:00.00	祖立军	全国游泳锦标赛	2009年8月	北　京
200米个人混合泳	02:02.13	袁一凡	第十三届全运会	2017年9月	天　津
400米个人混合泳	04:17.37	李自强	全国游泳锦标赛	2009年8月	北　京
4×100米混合泳接力	03:44.49	李自强　沈臻云 由天宇　刘建平	全国游泳锦标赛	2009年8月	北　京
4×100米自由泳接力	03:20.78	王　鑫　钟秋实 刘建平　由天宇	第十一届全国运动会	2009年10月	济　南

项 目	成 绩	创 造 者	运 动 会 名 称	时 间	地 点
4×200米自由泳接力	07:18.04	刘建平 徐祺恒 李友伟 钟秋实	第十二届全国运动会	2013年9月	沈 阳

成年女子组

项 目	成 绩	创 造 者	运 动 会 名 称	时 间	地 点
50米自由泳	00:24.89	张雨霏	第十三届全运会	2017年9月	天 津
100米自由泳	00:53.83	沈 铎	世界第二届青年奥运会	2014年8月	南 京
200米自由泳	01:56.12	沈 铎	世界第二届青年奥运会	2014年8月	南 京
400米自由泳	04:07.72	张雨霏	全国游泳冠军赛	2015年4月	宝 鸡
800米自由泳	08:37.39	吴天其	全国游泳冠军赛	2015年4月	宝 鸡
1500米自由泳	16:53.05	吴天其	全国游泳冠军赛	2015年4月	宝 鸡
50米仰泳	00:29.22	陈 艳	全国游泳锦标赛	1998年8月	上 海
100米仰泳	01:02.33	陈 艳	全国游泳锦标赛	1998年8月	上 海
200米仰泳	02:12.05	陈 艳	第八届全运会游泳比赛	1997年10月	上 海
50米蛙泳	00:31.37	史婧琳	全国游泳冠军赛	2015年4月	宝 鸡
100米蛙泳	01:06.28	史婧琳	第十六届世界游泳锦标赛	2015年8月	喀 山
200米蛙泳	02:22.08	史婧琳	全国游泳冠军赛	2015年4月	宝 鸡
50米蝶泳	00:26.77	张雨霏	全国游泳锦标赛	2015年9月	黄 山

项　目	成　绩	创　造　者	运　动　会　名　称	时　间	地　点
100米蝶泳	00:57.44	张雨霏	第十三届全运会	2017年9月	天　津
200米蝶泳	02:06.17	张雨霏	第十三届全运会	2017年9月	天　津
200米个人混合泳	02:11.65	林　莉	第二十五届奥运会	1992年7月	巴塞罗那
400米个人混合泳	04:36.73	林　莉	第二十五届奥运会	1992年7月	巴塞罗那
4×100米混合泳接力	04:06.61	朱晓雅　史婧琳 张雨霏　沈　铎	第十二届全国运动会	2013年9月	沈　阳
4×100米自由泳接力	03:41.77	沈　铎　傅怡然 张雯蝶　张雨霏	第十二届全国运动会	2013年9月	沈　阳
4×200米自由泳接力	08:06.08	沈　铎　周雯婷 张雯蝶　张雨霏	全国游泳锦标赛	2012年9月	黄　山

16～18岁男子组

项　目	成　绩	创　造　者	运　动　会　名　称	时　间	地　点
100米自由泳	00:52.11	鲁一凡	江苏省青少年游泳锦标赛	2020年10月	海　安
200米自由泳	01:56.06	孔祥辰	江苏省青少年游泳锦标赛	2020年10月	海　安
100米仰泳	00:59.03	孔祥辰	江苏省青少年游泳锦标赛	2020年10月	海　安
100米蛙泳	01:04.44	朱　墨	江苏省青少年游泳锦标赛	2020年10月	海　安
100米蝶泳	00:55.54	王约翔	江苏省青少年游泳冠军赛	2020年8月	靖　江

16～18岁女子组

项 目	成 绩	创 造 者	运 动 会 名 称	时 间	地 点
100米自由泳	00:57.75	吴 月	江苏省青少年游泳锦标赛	2020年10月	海 安
200米自由泳	02:09.52	赵婧纯	江苏省青少年游泳锦标赛	2016年8月	宿 迁
100米仰泳	01:06.40	张 棣	江苏省青少年游泳锦标赛	2020年10月	海 安
100米蛙泳	01:12.70	陈可意	江苏省青少年游泳锦标赛	2020年10月	海 安
100米蝶泳	01:03.33	刘子暄	江苏省青少年游泳冠军赛	2020年8月	靖 江

15岁男子组

项 目	成 绩	创 造 者	运 动 会 名 称	时 间	地 点
100米自由泳	00:52.48	罗 翔	江苏省十九届运动会青少年部游泳决赛	2018年9月	扬 州
200米自由泳	01:54.49	罗 翔	江苏省十九届运动会青少年部游泳决赛	2018年9月	扬 州
100米仰泳	00:57.94	罗 翔	江苏省十九届运动会青少年部游泳决赛	2018年9月	扬 州
100米蝶泳	00:55.34	朱俐帆	江苏省青少年游泳锦标赛	2020年10月	海 安
100米蛙泳	01:02.37	董志豪	江苏省青少年游泳锦标赛	2020年10月	海 安

15岁女子组

项　目	成　绩	创　造　者	运　动　会　名　称	时　间	地　点
100米自由泳	00:57.54	陈可意	江苏省十九届运动会青少年部游泳决赛	2018年9月	扬　州
200米自由泳	02:05.69	陈可意	江苏省十九届运动会青少年部游泳预赛	2018年5月	扬　州
100米仰泳	01:04.71	张嘉桐	江苏省十九届运动会青少年部游泳决赛	2018年9月	扬　州
100米蛙泳	01:13.13	陈可意	江苏省十九届运动会青少年部游泳决赛	2018年9月	扬　州
100米蝶泳	01:02.87	刘子暄	江苏省青少年游泳冠军赛	2019年5月	靖　江

14岁男子组

项　目	成　绩	创　造　者	运　动　会　名　称	时　间	地　点
100米自由泳	00:54.24	戴泽远	江苏省青少年游泳锦标赛	2019年8月	高　淳
400米自由泳	04:10.72	戴泽远	江苏省青少年游泳锦标赛	2019年8月	高　淳
100米仰泳	01:01.28	朱　墨	江苏省十九届运动会青少年部游泳决赛	2018年9月	扬　州
100米蛙泳	01:06.99	董志豪	江苏省青少年游泳锦标赛	2019年8月	高　淳
100米蝶泳	00:57.55	刘冠颉	江苏省青少年游泳锦标赛	2019年8月	高　淳
200米个人混合泳	02:11.46	朱　墨	江苏省十九届运动会青少年部游泳决赛	2018年9月	扬　州

14岁女子组

项 目	成 绩	创 造 者	运 动 会 名 称	时 间	地 点
100米自由泳	00:58.02	戴佳怡	江苏省十九届运动会青少年部游泳决赛	2018年9月	扬 州
400米自由泳	04:25.03	黄 栎	江苏省青少年游泳锦标赛	2019年8月	高 淳
100米仰泳	01:04.74	戴佳怡	江苏省十九届运动会青少年部游泳决赛	2018年9月	扬 州
100米蛙泳	01:13.92	胡 玉	江苏省青少年游泳锦标赛	2020年10月	海 安
100米蝶泳	01:03.62	刘子暄	江苏省十九届运动会青少年部游泳决赛	2018年9月	扬 州
200米个人混合泳	02:19.88	戴佳怡	江苏省十九届运动会青少年部游泳决赛	2018年9月	扬 州

13岁男子组

项 目	成 绩	创 造 者	运 动 会 名 称	时 间	地 点
100米自由泳	00:54.71	朱俐帆	江苏省十九届运动会青少年部游泳决赛	2018年9月	扬 州
200米自由泳	01:59.70	朱俐帆	江苏省十九届运动会青少年部游泳决赛	2018年9月	扬 州
400米自由泳	04:11.44	朱俐帆	江苏省十九届运动会青少年部游泳决赛	2018年9月	扬 州
1500米自由泳	16:39.12	郭嘉豪	江苏省十九届运动会青少年部游泳决赛	2018年9月	扬 州
100米仰泳	01:01.70	陈珺秋	江苏省青少年游泳锦标赛	2019年8月	高 淳
200米仰泳	02:13.33	陈珺秋	江苏省青少年游泳锦标赛	2019年8月	高 淳
100米蛙泳	01:08.90	李秀峰	江苏省十九届运动会青少年部游泳决赛	2018年9月	扬 州
200米蛙泳	02:28.95	董志豪	江苏省十九届运动会青少年部游泳决赛	2018年9月	扬 州

项　目	成　绩	创　造　者	运　动　会　名　称	时　间	地　点
100米蝶泳	00:58.84	朱俐帆	江苏省十九届运动会青少年部游泳预赛	2018年5月	扬　州
200米蝶泳	02:10.58	朱俐帆	江苏省十九届运动会青少年部游泳预赛	2018年5月	扬　州
200米个人混合泳	02:14.28	朱俐帆	江苏省十九届运动会青少年部游泳预赛	2018年5月	扬　州
4×200米自由泳接力	08:21.52	张震涛　杜承恩 杨瑀涛　郭嘉豪	江苏省十九届运动会青少年部游泳预赛	2018年5月	扬　州

13岁女子组

项　目	成　绩	创　造　者	运　动　会　名　称	时　间	地　点
100米自由泳	00:58.85	吴欣雨	江苏省十九届运动会青少年部游泳决赛	2018年9月	扬　州
200米自由泳	02:06.42	吴欣雨	江苏省十九届运动会青少年部游泳决赛	2018年9月	扬　州
400米自由泳	04:24.68	吴欣雨	江苏省十九届运动会青少年部游泳决赛	2018年9月	扬　州
800米自由泳	09:09.08	吴欣雨	江苏省十九届运动会青少年部游泳决赛	2018年9月	扬　州
100米仰泳	01:06.67	戴佳怡	江苏省青少年游泳锦标赛	2017年7月	扬　州
200米仰泳	02:24.87	翟书含	江苏省十九届运动会青少年部游泳预赛	2018年5月	扬　州
100米蛙泳	01:14.67	吴亦菲	江苏省十九届运动会青少年部游泳决赛	2018年9月	扬　州
200米蛙泳	02:40.07	陈可意	江苏省青少年游泳锦标赛	2016年8月	宿　迁
100米蝶泳	01:04.61	戴佳怡	江苏省青少年游泳锦标赛	2017年5月	靖　江
200米蝶泳	02:21.98	刘子暄	江苏省青少年游泳锦标赛	2017年5月	靖　江
200米个人混合泳	02:24.70	吴亦菲	江苏省十九届运动会青少年部游泳决赛	2018年9月	扬　州

项目	成绩	创造者	运动会名称	时间	地点
4×200米自由泳接力	08:55.96	惠一洵 叶语瞳 张佳蓉 房梓薇	江苏省十九届运动会青少年部游泳预赛	2018年5月	扬州

12岁男子组

项目	成绩	创造者	运动会名称	时间	地点
100米自由泳	00:57.07	朱俐帆	江苏省青少年游泳锦标赛	2017年7月	扬州
200米自由泳	02:05.68	张涔灏	江苏省十九届运动会青少年部游泳决赛	2018年9月	扬州
400米自由泳	04:20.73	张涔灏	江苏省十九届运动会青少年部游泳决赛	2018年9月	扬州
1500米自由泳	17:18.78	张涔灏	江苏省十九届运动会青少年部游泳决赛	2018年9月	扬州
100米仰泳	01:03.91	徐国钦	江苏省青少年游泳锦标赛	2019年8月	高淳
200米仰泳	02:17.32	范申杰	江苏省十九届运动会青少年部游泳决赛	2018年9月	扬州
100米蛙泳	01:13.44	邹钦阳	江苏省十九届运动会青少年部游泳决赛	2018年9月	扬州
200米蛙泳	02:35.59	邹钦阳	江苏省十九届运动会青少年部游泳决赛	2018年9月	扬州
100米蝶泳	01:01.26	朱俐帆	江苏省青少年游泳锦标赛	2017年5月	靖江
200米蝶泳	02:15.92	朱俐帆	江苏省青少年游泳锦标赛	2017年5月	靖江
200米个人混合泳	02:17.57	范申杰	江苏省十九届运动会青少年部游泳决赛	2018年9月	扬州
400米个人混合泳	04:50.66	范申杰	江苏省十九届运动会青少年部游泳决赛	2018年9月	扬州
4×100米自由泳接力	04:00.04	苏明锐 周宗阳 陈奕睿 李文钊	江苏省十九届运动会青少年部游泳预赛	2018年5月	扬州

12岁女子组

项　目	成　绩	创　造　者	运　动　会　名　称	时　间	地　点
100米自由泳	00:58.56	陈诺钰	江苏省十九届运动会青少年部游泳决赛	2018年9月	扬　州
200米自由泳	02:09.29	陈诗悦	江苏省青少年游泳锦标赛	2019年8月	高　淳
400米自由泳	04:29.02	陈诺钰	江苏省十九届运动会青少年部游泳决赛	2018年9月	扬　州
800米自由泳	09:15.24	王　彤	江苏省十九届运动会青少年部游泳决赛	2018年9月	扬　州
100米仰泳	01:07.38	陈诺钰	江苏省十九届运动会青少年部游泳决赛	2018年9月	扬　州
200米仰泳	02:25.06	范文萱	江苏省青少年游泳锦标赛	2019年8月	高　淳
100米蛙泳	01:14.08	王　彤	江苏省十九届运动会青少年部游泳决赛	2018年9月	扬　州
200米蛙泳	02:42.38	王　彤	江苏省十九届运动会青少年部游泳决赛	2018年9月	扬　州
100米蝶泳	01:02.95	陈诺钰	江苏省十九届运动会青少年部游泳决赛	2018年9月	扬　州
200米蝶泳	02:18.25	王雨婷	江苏省青少年游泳锦标赛	2019年8月	高　淳
200米个人混合泳	02:25.77	刘语婷	江苏省青少年游泳锦标赛	2019年8月	高　淳
400米个人混合泳	05:07.37	康予欣	江苏省十九届运动会青少年部游泳决赛	2018年9月	扬　州
4×100米自由泳接力	04:09.73	王羽青　张灵汐 胡俏妃　张玥童	江苏省青少年游泳冠军赛	2019年5月	靖　江

11岁以下男子组

项　目	成　绩	创　造　者	运　动　会　名　称	时　间	地　点
100米自由泳	01:00.01	徐国钦	江苏省十九届运动会青少年部游泳决赛	2018年9月	扬　州

项 目	成 绩	创 造 者	运 动 会 名 称	时 间	地 点
400米自由泳	04:31.50	陈大德	江苏省青少年游泳锦标赛	2019年8月	高 淳
800米自由泳	09:15.67	陈大德	江苏省青少年游泳锦标赛	2019年8月	高 淳
100米仰泳	01:06.21	徐国钦	江苏省十九届运动会青少年部游泳决赛	2018年9月	扬 州
100米蛙泳	01:16.80	任 颂	江苏省十九届运动会青少年部游泳决赛	2018年9月	扬 州
100米蝶泳	01:04.10	朱俐帆	江苏省青少年游泳锦标赛	2016年8月	宿 迁
200米个人混合泳	02:27.45	徐国钦	江苏省十九届运动会青少年部游泳决赛	2018年9月	扬 州
4×100米自由泳接力	04:10.93	王俊程 陈思危 王奕程 徐国钦	江苏省十九届运动会青少年部游泳决赛	2018年9月	扬 州

11岁以下女子组

项 目	成 绩	创 造 者	运 动 会 名 称	时 间	地 点
100米自由泳	01:01.03	徐静宜	江苏省青少年游泳锦标赛	2019年8月	高 淳
400米自由泳	04:29.02	张玥童	江苏省十九届运动会青少年部游泳决赛	2018年9月	扬 州
800米自由泳	09:13.98	张玥童	江苏省十九届运动会青少年部游泳决赛	2018年9月	扬 州
100米仰泳	01:09.62	范文萱	江苏省十九届运动会青少年部游泳决赛	2018年9月	扬 州
100米蛙泳	01:16.50	黄一涵	江苏省十九届运动会青少年部游泳决赛	2018年9月	扬 州
100米蝶泳	01:05.45	王雨婷	江苏省十九届运动会青少年部游泳决赛	2018年9月	扬 州
200米个人混合泳	02:26.03	张玥童	江苏省十九届运动会青少年部游泳决赛	2018年9月	扬 州
4×100米自由泳接力	04:14.26	张玥童 徐静宜 王羽青 张灵汐	江苏省十九届运动会青少年部游泳决赛	2018年9月	扬 州

短池游泳

成年男子组

项目	成绩	创造者	运动会名称	时间	地点
50米自由泳	23.29	张强	全国短池游泳锦标赛	1996年12月	上海
100米自由泳	51.63	郑良	全国短池游泳锦标赛	1996年12月	上海
200米自由泳	1:51.72	郑良	全国短池游泳锦标赛	1996年12月	上海
400米自由泳	4:02.35	张戟	省游泳调赛	1994年12月	南京体院
1500米自由泳	16:17.28	张戟	省游泳调赛	1994年12月	南京体院
50米蛙泳	28.22	朱轶	全国短池游泳锦标赛	1995年12月	上海
100米蛙泳	1:01.65	朱轶	全国短池游泳锦标赛	1996年12月	上海
200米蛙泳	2:12.74	朱轶	全国短池游泳锦标赛	1996年12月	上海
50米仰泳	26.89	丁科欣	全国短池游泳锦标赛	1996年12月	上海
100米仰泳	57.80	丁科欣	全国短池游泳锦标赛	1996年12月	上海
200米仰泳	2:03.22	丁科欣	全国短池游泳锦标赛	1996年12月	上海
50米蝶泳	24.15	张强	全国短池游泳锦标赛	1996年12月	上海
100米蝶泳	54.25	张强	全国短池游泳锦标赛	1996年12月	上海
200米蝶泳	2:00.13	徐彧奋	全国短池游泳锦标赛	1996年12月	上海
200米个人混合泳	2:05.07	郑良	全国短池游泳锦标赛	1996年12月	上海
400米个人混合泳	4:26.03	张戟	全国短池游泳锦标赛	1996年12月	上海

项目	成绩	创造者	运动会名称	时间	地点
4×50米自由泳接力	1:35.87	赵 勇 郑 良 徐彧奋 张 强	全国短池游泳锦标赛	1996年12月	上 海
4×100米自由泳接力	3:23.41	由天宇 应 斌 郭 磊 杜文涛	全国短池游泳锦标赛	2005年12月	上 海
4×200米自由泳接力	7:20.84	由天宇 应 斌 郭 磊 杜文涛	全国短池游泳锦标赛	2005年12月	上 海
4×50米混合泳接力	1:43.49	张 强 朱 铁 丁科欣 郑 良	全国短池游泳锦标赛	1996年12月	上 海
4×100米混合泳接力	3:49.59	郑 良 朱 铁 徐彧奋 张 强	全国短池游泳锦标赛	1995年12月	上 海

成年女子组

项目	成绩	创造者	运动会名称	时间	地点
50米自由泳	25.61	年 芸	全国短池游泳锦标赛	1996年12月	上 海
100米自由泳	55.37	年 芸	全国短池游泳锦标赛	1996年12月	上 海
200米自由泳	1:56.24	年 芸	第三届世界短池游泳锦标赛	1997年4月	哥德堡
400米自由泳	4:11.47	沈 旦	全国短池游泳锦标赛	1996年12月	上 海
800米自由泳	8:38.81	沈 旦	全国短池游泳锦标赛	1996年12月	上 海
50米蛙泳	32.34	糜 彤	世界短池游泳锦标赛	1996年12月	赫尔辛基
100米蛙泳	1:09.04	糜 彤	世界短池游泳锦标赛	1996年12月	赫尔辛基

项　目	成　绩	创　造　者	运　动　会　名　称	时　间	地　点
200米蛙泳	2:28.17	糜　彤	世界短池游泳锦标赛	1996年12月	赫尔辛基
50米仰泳	28.91	林　莉	全国短池游泳锦标赛	1992年12月	上　海
100米仰泳	1:00.14	陈　艳	第三届世界短池游泳锦标赛	1997年4月	哥德堡
200米仰泳	2:07.50	陈　艳	第三届世界短池游泳锦标赛	1997年4月	哥德堡
50米蝶泳	27.45	王晓红	世界短池游泳锦标赛	1992年2月	西班牙
100米蝶泳	58.91	王晓红	世界短池游泳锦标赛	1992年2月	西班牙
200米蝶泳	2:10.58	王晓红	世界短池游泳锦标赛	1992年2月	西班牙
200米个人混合泳	2:15.40	林　莉	全国短池游泳锦标赛	1996年12月	上　海
400米个人混合泳	4:41.58	沙　莎	全国短池游泳锦标赛	1996年12月	上　海
4×50米自由泳接力	1:42.78	郭　薇　沈　旦 糜　彤　年　芸	全国短池游泳锦标赛	1996年12月	上　海
4×100米自由泳接力	3:43.30	陈　艳　郭　薇 沈　旦　年　芸	全国短池游泳锦标赛	1996年12月	上　海
4×200米自由泳接力	8:12.97	陈　艳　郭　薇 沈　旦　年　芸	全国短池游泳锦标赛	1996年12月	上　海
4×50米混合泳接力	1:57.13	陈　艳　糜　彤 沈　旦　年　芸	全国短池游泳锦标赛	1995年12月	上　海
4×100米混合泳接力	3:49.59	陈　艳　糜　彤 郭　薇　年　芸	全国短池游泳锦标赛	1995年12月	上　海

少年男子甲组(15~17岁)

项目	成绩	创造者	运动会名称	时间	地点
50米自由泳	23.75	赵勇	全国短池游泳锦标赛	1995年12月	上海
100米自由泳	51.63	郑良	全国短池游泳锦标赛	1996年12月	上海
200米自由泳	1:51.574	郑良	全国短池游泳锦标赛	1996年12月	上海
400米自由泳	4:04.10	胡继庆	全国短池游泳锦标赛	1995年12月	上海
1500米自由泳	16:43.77	许奇	省游泳调赛	1994年12月	南京体院
50米蛙泳	28.22	朱轶	全国短池游泳锦标赛	1995年12月	上海
100米蛙泳	1:01.65	朱轶	全国短池游泳锦标赛	1996年12月	上海
200米蛙泳	2:12.74	朱轶	全国短池游泳锦标赛	1996年12月	上海
50米仰泳	26.89	丁科欣	全国短池游泳锦标赛	1996年12月	上海
100米仰泳	57.80	丁科欣	全国短池游泳锦标赛	1996年12月	上海
200米仰泳	2:03.22	丁科欣	全国短池游泳锦标赛	1996年12月	上海
50米蝶泳	26.10	郑良	全国短池游泳锦标赛	1996年12月	上海
100米蝶泳	58.58	周明	全国短池游泳锦标赛	1996年12月	上海
200米蝶泳	2:05.72	周明	全国短池游泳锦标赛	1996年12月	上海
200米个人混合泳	2:05.17	郑良	全国短池游泳锦标赛	1996年12月	上海
400米个人混合泳	4:32.57	郑良	全国短池游泳锦标赛	1995年12月	上海

少年女子甲组(15～17岁)

项 目	成 绩	创 造 者	运 动 会 名 称	时 间	地 点
50米自由泳	25.61	年 芸	全国短池游泳锦标赛	1996年12月	上 海
100米自由泳	55.37	年 芸	全国短池游泳锦标赛	1996年12月	上 海
200米自由泳	1:59.48	郭 薇	第三届世界短池游泳锦标赛	1996年12月	上 海
400米自由泳	4:11.47	沈 旦	全国短池游泳锦标赛	1996年12月	上 海
800米自由泳	8:38.81	沈 旦	全国短池游泳锦标赛	1996年12月	上 海
50米蛙泳	33.11	糜 彤	世界短池游泳锦标赛	1996年12月	上 海
100米蛙泳	1:10.05	糜 彤	世界短池游泳锦标赛	1996年12月	上 海
200米蛙泳	2:28.92	糜 彤	世界短池游泳锦标赛	1996年12月	上 海
50米仰泳	29.07	陈 艳	全国短池游泳锦标赛	1996年12月	上 海
100米仰泳	1:01.58	陈 艳	第三届世界短池游泳锦标赛	1996年12月	上 海
200米仰泳	2:09.11	陈 艳	第三届世界短池游泳锦标赛	1996年12月	上 海
50米蝶泳	28.25	沈 旦	世界短池游泳锦标赛	1995年12月	上 海
100米蝶泳	1:01.00	年 芸	世界短池游泳锦标赛	1995年12月	上 海
200米蝶泳	2:17.41	郭 薇	世界短池游泳锦标赛	1993年12月	上 海
200米个人混合泳	2:15.40	林 莉	全国短池游泳锦标赛	1987年12月	上 海
400米个人混合泳	4:43.60	林 莉	全国短池游泳锦标赛	1987年12月	上 海
4×50米自由泳接力	1:42.78	郭 薇 沈 旦 糜 彤 年 芸	全国短池游泳锦标赛	1996年12月	上 海

项目	成绩	创造者	运动会名称	时间	地点
4×100米自由泳接力	3:43.30	陈艳 郭薇 沈旦 年芸	全国短池游泳锦标赛	1996年12月	上海
4×200米自由泳接力	8:12.97	陈艳 郭薇 沈旦 年芸	全国短池游泳锦标赛	1996年12月	上海
4×50米混合泳接力	1:55.43	陈艳 糜彤 沈旦 年芸	全国短池游泳锦标赛	1996年12月	上海
4×100米混合泳接力	3:49.59	陈艳 糜彤 沈旦 年芸	全国短池游泳锦标赛	1995年12月	上海

少年男子乙组(13～14岁)

项目	成绩	创造者	运动会名称	时间	地点
50米自由泳	25.61	张志毅	省十三届运动会游泳预赛	1994年3月	盐城
100米自由泳	55.24	李杰	省短池游泳锦标赛	2000年3月	盐城
200米自由泳	1:58.79	应斌	全国少年儿童游泳比赛	1998年3月	福建永康
400米自由泳	4:08.86	杜文涛	省短池游泳锦标赛	2000年3月	盐城
800米自由泳	8:37.20	应斌	全国少年儿童游泳比赛	1998年3月	福建永康
1500米自由泳	16:03.76	应斌	省十四届运动会游泳预赛	1998年3月	徐州
50米蛙泳	30.17	朱铁	全国短池游泳锦标赛	1998年3月	上海
100米蛙泳	1:06.84	朱铁	全国短池游泳锦标赛	1992年12月	上海
200米蛙泳	2:23.73	朱铁	全国短池游泳锦标赛	1992年12月	上海

项目	成绩	创造者	运动会名称	时间	地点
50米仰泳	28.20	冯新宇	全国少年儿童游泳比赛	1995年3月	武汉
100米仰泳	1:00.04	丁科欣	省游泳调赛	1994年12月	南体
200米仰泳	2:10.65	丁科欣	省游泳调赛	1994年12月	南体
50米蝶泳	28.20	翁舜尧	全国少年儿童游泳比赛	1995年3月	武汉
100米蝶泳	1:01.35	施瑶霏	省短池游泳比赛	1999年3月	盐城
200米蝶泳	2:10.50	应斌	省十四届运动会游泳预赛	1998年3月	徐州
200米个人混合泳	2;14.49	韩军	省十四届运动会游泳预赛	1998年3月	徐州
4×50米自由泳接力	4:35.24	应斌	省十四届运动会游泳预赛	1998年3月	徐州
4×50米混合泳接力	1:56.38	冯新宇 王少栋 徐强 翁舜尧	全国少年儿童游泳比赛	1995年3月	武汉

少年女子乙组(13~14岁)

项目	成绩	创造者	运动会名称	时间	地点
50米自由泳	26.80	许洁	省游泳调赛	1995年12月	南体
100米自由泳	59.40	许洁	省游泳调赛	1995年12月	南体
200米自由泳	2:03.98	沈旦	省游泳调赛	1994年12月	南体
400米自由泳	4:24.23	周文静	省短池游泳比赛	1999年3月	盐城
800米自由泳	9:42.64	许洁	全国少年儿童游泳比赛	1995年3月	武汉
50米蛙泳	35.22	许洁	全国少年儿童游泳比赛	1995年3月	武汉

项 目	成 绩	创 造 者	运 动 会 名 称	时 间	地 点
100米蛙泳	1:14.17	贝 利	省十届运动会游泳预赛	1998年3月	徐 州
200米蛙泳	2:40.01	刘 澜	省短池游泳比赛	1999年3月	盐 城
50米仰泳	31.18	贝 利	省短池游泳比赛	1997年1月	徐 州
100米仰泳	1:04.46	贝 利	省十四届运动会游泳预赛	1998年3月	徐 州
200米仰泳	2:18.10	沙 莎	省游泳调赛	1994年12月	南 体
50米蝶泳	31.83	尹 娜	省短池游泳比赛	1995年3月	盐 城
100米蝶泳	1:03.94	沈 旦	省游泳调赛	1994年12月	南 体
200米蝶泳	2:20.76	王梦义	省短池游泳比赛	2000年3月	盐 城
200米个人混合泳	2:23.35	周文静	省短池游泳比赛	1999年3月	盐 城
400米个人混合泳	5:03.24	沈 旦	省游泳调赛	1994年12月	南 体
4×50米自由泳接力	1;57.19	许 洁 葛婷婷 孙熙昔 权 颖	全国少年儿童游泳比赛	1995年3月	武 汉
4×50米混合泳接力	2:11.58	许 洁 葛婷婷 孙熙昔 权 颖	全国少年儿童游泳比赛	1995年3月	武 汉

儿童男子乙组(11～12岁)

项 目	成 绩	创 造 者	运 动 会 名 称	时 间	地 点
50米自由泳	25.61	董 陶	省短池游泳比赛	1996年2月	淮 阴
100米自由泳	55.24	丁 壹	省十四届运动会游泳预赛	1998年3月	徐 州

项 目	成 绩	创 造 者	运 动 会 名 称	时 间	地 点
200米自由泳	1:58.79	李 杰	省短池游泳比赛	1999年3月	盐 城
400米自由泳	4:08.86	李 杰	省短池游泳比赛	1999年3月	盐 城
50米蛙泳	30.17	王剑平	省短池游泳比赛	1997年1月	徐 州
100米蛙泳	1:06.84	李自强	省短池游泳比赛	1999年3月	盐 城
200米蛙泳	2:23.73	桑 宏	省短池游泳比赛	1991年2月	连云港
50米仰泳	28.20	沈臻云	省短池游泳比赛	1998年3月	盐 城
100米仰泳	1:00.04	王 晶	省短池游泳比赛	1997年2月	徐 州
200米仰泳	2:10.65	彭 城	省短池游泳比赛	1991年2月	连云港
50米蝶泳	28.20	王志恒	省短池游泳比赛	1996年2月	淮 阴
100米蝶泳	1:01.35	李自强	省短池游泳比赛	1999年3月	盐 城
200米蝶泳	2:10.50	韩 军	省短池游泳比赛	1996年2月	淮 阴
200米个人混合泳	2;14.49	李自强	省短池游泳比赛	1999年3月	盐 城
4×50米自由泳接力	1:46.66	徐 松 王 晶 扬 晨 戚沁洲	全国少年儿童年龄组游泳比赛	1996年3月	蚌 埠

儿童女子甲组(11~12岁)

项 目	成 绩	创 造 者	运 动 会 名 称	时 间	地 点
50米自由泳	25.61	贝 利	省短池游泳比赛	1996年2月	淮 阴
100米自由泳	55.24	许 洁	省游泳调赛	1996年12月	南 体

项目	成绩	创造者	运动会名称	时间	地点
200米自由泳	1:58.79	付晓轩	省短池游泳比赛	1999年3月	盐城
400米自由泳	4:08.86	付晓轩	省短池游泳比赛	1999年3月	盐城
50米蛙泳	30.17	孙茹	省短池游泳比赛	1999年3月	盐城
100米蛙泳	1:06.84	贝利	省短池游泳比赛	1996年2月	淮阴
200米蛙泳	2:23.73	严冬骏	省短池游泳比赛	1991年2月	连云港
50米仰泳	28.20	贝利	省短池游泳比赛	1996年2月	淮阴
100米仰泳	1:00.04	贝利	省短池游泳比赛	1996年2月	淮阴
200米仰泳	2:10.65	孙晓辉	省短池游泳比赛	1991年2月	连云港
50米蝶泳	28.20	孙茹	省短池游泳比赛	1999年3月	盐城
100米蝶泳	1:01.35	吴玲	省短池游泳比赛	1999年3月	盐城
200米蝶泳	2:10.50	庞小丽	省短池游泳比赛	1991年2月	连云港
200米个人混合泳	2;14.49	付小轩	省短池游泳比赛	1999年3月	盐城
4×50米混合泳接力	1:46.66	王峥 谢好好 曹媛媛 王超	全国少年儿童年龄组游泳比赛	1998年3月	蚌埠

儿童男子乙组(9～10岁)

项目	成绩	创造者	运动会名称	时间	地点
50米自由泳	31.78	李冬峻	全国少年儿童年龄组游泳比赛	1996年3月	蚌埠
100米自由泳	1:00.13	路璐	省十四届运动会游泳预赛	1998年3月	徐州

项　目	成　绩	创　造　者	运　动　会　名　称	时　间	地　点
400米自由泳	5:02.95	李冬峻	全国少年儿童年龄组游泳比赛	1996年3月	蚌　埠
50米蛙泳	36.69	王剑平	全国少年儿童年龄组游泳比赛	1996年3月	蚌　埠
100米蛙泳	1:18.56	王剑平	全国少年儿童年龄组游泳比赛	1996年3月	蚌　埠
50米仰泳	33.28	丁　一	全国少年儿童年龄组游泳比赛	1996年3月	蚌　埠
100米仰泳	1:16.72	丁　一	全国少年儿童年龄组游泳比赛	1996年2月	蚌　埠
50米蝶泳	32.81	夏冰羽	全国少年儿童年龄组游泳比赛	1996年3月	蚌　埠
100米蝶泳	1:12.16	夏冰羽	全国少年儿童年龄组游泳比赛	1996年3月	蚌　埠
200米个人混合泳	2:33.75	王剑平	全国少年儿童年龄组游泳比赛	1996年3月	蚌　埠
4×50米自由泳接力	2:04.97	夏冰羽　王剑平 丁　一　李冬峻	全国少年儿童年龄组游泳比赛	1996年3月	蚌　埠
4×50米混合泳接力	2:16.62	夏冰羽　王剑平 丁　一　李冬峻	全国少年儿童年龄组游泳比赛	1996年3月	蚌　埠

儿童女子乙组(9～10岁)

项　目	成　绩	创　造　者	运　动　会　名　称	时　间	地　点
50米自由泳	32.06	付晓轩	全国少年儿童年龄组游泳比赛	1996年3月	蚌　埠
100米自由泳	1:05.56	扬文迪	省十四届运动会游泳预赛	1998年3月	徐　州
400米自由泳	5:03.18	付晓轩	全国少年儿童年龄组游泳比赛	1996年3月	蚌　埠
50米蛙泳	39.77	藤春春	省短池游泳比赛	1997年2月	徐　州

项 目	成 绩	创 造 者	运 动 会 名 称	时 间	地 点
100米蛙泳	1:24.13	孙 茹	省十四届运动会游泳预赛	1998年3月	徐 州
50米仰泳	37.58	李 娟	省短池游泳比赛	1997年2月	徐 州
100米仰泳	1:12.13	马维亚	省十四届运动会游泳预赛	1998年3月	徐 州
50米蝶泳	35.28	徐慰来	省短池游泳比赛	1997年2月	徐 州
100米蝶泳	1:12.84	马维亚	省十四届运动会游泳预赛	1998年3月	徐 州
200米个人混合泳	2:35.57	马维亚	省十四届运动会游泳预赛	1998年3月	徐 州
4×50米自由泳接力	2:10.41	王晓璐 唐惠敏 付晓轩 藤春春	全国少年儿童年龄组游泳比赛	1996年3月	蚌 埠
4×50米混合泳接力	2:30.41	王晓璐 唐惠敏 付晓轩 藤春春	全国少年儿童年龄组游泳比赛	1996年3月	蚌 埠

举 重

成年男子组

项 目	成 绩	创 造 者	运 动 会 名 称	时 间	地 点
56公斤级					
抓 举	122.5公斤	鲍 恩	全国锦标赛	2001年4月	无 锡
挺 举	155公斤	鲍 恩	全国锦标赛	2001年4月	无 锡
总成绩	277.5公斤	鲍 恩	全国锦标赛	2001年4月	无 锡

项目	成绩	创造者	运动会名称	时间	地点
62公斤级					
抓举	140公斤	廖校平	全国举重锦标赛	2003年4月	沈阳
挺举	177.5公斤	廖校平	全国举重锦标赛	2004年4月	济南
总成绩	317.5公斤	廖校平	全国举重锦标赛	2004年4月	济南
69公斤级					
抓举	145公斤	刘海华	第九届全运会决赛	2001年1月	鹤山
挺举	180公斤	刘海华	第九届全运会决赛	2001年1月	鹤山
总成绩	325公斤	刘海华	第九届全运会决赛	2001年1月	鹤山
77公斤级					
抓举	170公斤	陆浩杰	全国冠军赛	2011年9月	新疆石河子
挺举	195公斤	刘海华	全国冠军赛	2004年11月	扬州
总成绩	360公斤	刘海华	第十一届全运会决赛	2009年10月	济南
85公斤级					
抓举	175公斤	袁爱军	第九届全运会决赛	2001年11月	鹤山
挺举	212.5公斤	袁爱军	世界举重锦标赛	2003年11月	温哥华
总成绩	385公斤	袁爱军	第九届全运会决赛	2001年11月	鹤山
94公斤级					
抓举	175公斤	孙为一	第五届城市运动会决赛	2003年10月	长沙
挺举	211公斤	袁爱军	第十一届全运会决赛	2009年10月	济南

项　目	成　绩	创 造 者	运 动 会 名 称	时　间	地　点
总成绩	386公斤	袁爱军	第十一届全运会决赛	2009年10月	济　南
105公斤级					
抓　举	198公斤	崔文华	全国锦标赛	1998年4月	重　庆
挺　举	220公斤	崔文华	全国锦标赛	1998年4月	重　庆
总成绩	417.5公斤	崔文华	全国锦标赛	1998年4月	重　庆
105以上公斤级					
抓　举	170公斤	陈席华	第十届全运会决赛	2005年10月	扬　州
挺　举	220公斤	陈席华	第十届全运会预赛	2005年10月	扬　州
总成绩	390公斤	陈席华	第十届全运会决赛	2005年10月	扬　州

成年女子组

项　目	成　绩	创 造 者	运 动 会 名 称	时　间	地　点
53公斤级					
抓　举	90公斤	陶　娟	全国锦标赛	1999年3月	黄　山
挺　举	117.5公斤	陶　娟	第九届全运会决赛	2001年4月	庐　山
总成绩	210公斤	陶　娟	第九届全运会决赛	2001年11月	鹤　山
58公斤级					
抓　举	107公斤	陈艳青	全国锦标赛	1998年5月	河　南

项　目	成　绩	创 造 者	运 动 会 名 称	时　间	地　点
挺　举	130公斤	陈艳青	全国锦标赛	1999年10月	开　封
总成绩	235公斤	陈艳青	全国锦标赛	1999年10月	开　封
63公斤级					
抓　举	118公斤	管新蕾	第十一届全运会决赛	2009年10月	济　南
挺　举	147公斤	管新蕾	第十一届全运会决赛	2009年10月	济　南
总成绩	265公斤	管新蕾	第十一届全运会决赛	2009年10月	济　南
69公斤级					
抓　举	125公斤	陈　玲	第十一届全运会决赛	2009年10月	济　南
挺　举	152.5公斤	刘冬萍	全国锦标赛	1999年3月	黄　山
总成绩	265公斤	陈　玲	第十一届全运会决赛	2009年10月	济　南
75公斤级					
抓　举	117.5公斤	唐卫芳	全国冠军赛	1999年10月	开　封
挺　举	145公斤	唐卫芳	全国冠军赛	1999年10月	开　封
总成绩	262.5公斤	唐卫芳	全国冠军赛	1999年10月	开　封

青年男子组(18～19岁)

项　目	成　绩	创 造 者	运 动 会 名 称	时　间	地　点
52公斤级					
抓　举	100公斤	王　笑	第十六届运动会举重比赛	2006年10月	南　通

项目	成绩	创造者	运动会名称	时间	地点
挺举	122.5公斤	王笑	第十六届运动会举重比赛	2006年10月	南通
总成绩	222.5公斤	王笑	第十六届运动会举重比赛	2006年10月	南通
56公斤级					
抓举	108公斤	周嵌翡	省青少年举重比赛	2009年5月	江都
挺举	135公斤	王通荣	第十六届运动会举重比赛	2006年10月	南通
总成绩	243公斤	李荣荣	省青少年举重比赛	2009年5月	江都
62公斤级					
抓举	122.5公斤	石爱武	第十六届运动会举重比赛	2006年10月	南通
挺举	165公斤	石爱武	第十六届运动会举重比赛	2006年10月	南通
总成绩	287.5公斤	石爱武	第十六届运动会举重比赛	2006年10月	南通
69公斤级					
抓举	140公斤	王凯	省青少年举重比赛	2007年8月	如皋
挺举	163公斤	王凯	省青少年举重比赛	2007年8月	如皋
总成绩	303公斤	王凯	省青少年举重比赛	2007年8月	如皋
77公斤级					
抓举	146公斤	章云翔	省青少年举重比赛	2008年6月	常州
挺举	171公斤	王俊	省青少年举重比赛	2008年6月	常州
总成绩	316公斤	王俊	省青少年举重比赛	2008年6月	常州
85公斤级					

项 目	成 绩	创 造 者	运 动 会 名 称	时 间	地 点
抓 举	150公斤	郑 华	第十六届运动会举重比赛	2006年10月	南 通
挺 举	180公斤	郑 华	第十六届运动会举重比赛	2006年10月	南 通
总成绩	330公斤	郑 华	第十六届运动会举重比赛	2006年10月	南 通
94公斤级					
抓 举	150公斤	刘柏明	第十六届运动会举重比赛	2006年10月	南 通
挺 举	190公斤	刘柏明	第十六届运动会举重比赛	2006年10月	南 通
总成绩	340公斤	刘柏明	第十六届运动会举重比赛	2006年10月	南 通
94以上公斤级					
抓 举	156公斤	赵 秉	省青少年举重比赛	2009年5月	江 都
挺 举	192.5公斤	许益峰	第十六届运动会举重比赛	2006年10月	南 通
总成绩	340公斤	许益峰	第十六届运动会举重比赛	2006年10月	南 通

青年女子组(18～19岁)

项 目	成 绩	创 造 者	运 动 会 名 称	时 间	地 点
48公斤级					
抓 举	70公斤	贾利萍	第十六届运动会举重比赛	2006年10月	南 通
挺 举	87.5公斤	贾利萍	第十六届运动会举重比赛	2006年10月	南 通
总成绩	157.5公斤	贾利萍	第十六届运动会举重比赛	2006年10月	南 通

项目	成绩	创造者	运动会名称	时间	地点
53公斤级					
抓举	80公斤	金洁	省青少年举重比赛	2007年8月	如皋
挺举	102公斤	金洁	省青少年举重比赛	2007年8月	如皋
总成绩	182公斤	金洁	省青少年举重比赛	2007年8月	如皋
58公斤级					
抓举	75公斤	李冰心	省青少年举重比赛	2009年5月	江都
挺举	98公斤	李冰心	省青少年举重比赛	2009年5月	江都
总成绩	173公斤	李冰心	省青少年举重比赛	2009年5月	江都
63公斤级					
抓举	95公斤	王珏芬	省青少年举重比赛	2007年8月	如皋
挺举	105公斤	王珠	第十六届运动会举重比赛	2006年10月	南通
总成绩	197公斤	王珏芬	省青少年举重比赛	2007年8月	如皋
69公斤级					
抓举	100公斤	施丹晖	第十六届运动会举重比赛	2006年10月	南通
挺举	125公斤	施丹晖	第十六届运动会举重比赛	2006年10月	南通
总成绩	225.0公斤	施丹晖	第十六届运动会举重比赛	2006年10月	南通
75公斤级					
抓举	110公斤	叶丽焱	省青少年举重比赛	2009年5月	江都
挺举	130公斤	叶丽焱	省青少年举重比赛	2009年5月	江都

项　目	成　绩	创造者	运动会名称	时　间	地　点
总成绩	240公斤	叶丽焱	省青少年举重比赛	2009年5月	江　都
75以上公斤级					
抓　举	117.5公斤	赵　冰	第十六届运动会举重比赛	2006年10月	南　通
挺　举	140公斤	张　倩	第十六届运动会举重比赛	2006年10月	南　通
总成绩	257.5公斤	赵　冰	第十六届运动会举重比赛	2006年10月	南　通

少年男子甲组（16～17岁）

项　目	成　绩	创造者	运动会名称	时　间	地　点
47公斤级					
抓　举	85公斤	荀海峰	第十六届运动会举重比赛	2006年10月	南　通
挺　举	110公斤	荀海峰	第十六届运动会举重比赛	2006年10月	南　通
总成绩	195公斤	荀海峰	第十六届运动会举重比赛	2006年10月	南　通
52公斤级					
抓　举	107.5公斤	王兵兵	第十六届运动会举重比赛	2006年10月	南　通
挺　举	122.5公斤	王兵兵	第十六届运动会举重比赛	2006年10月	南　通
总成绩	230公斤	王兵兵	第十六届运动会举重比赛	2006年10月	南　通
56公斤级					
抓　举	107.5公斤	钱　杰	第十六届运动会举重比赛	2006年10月	南　通

项 目	成 绩	创 造 者	运 动 会 名 称	时 间	地 点
挺 举	135公斤	张子东	省青少年举重比赛	2008年6月	常 州
总成绩	240公斤	张子东	省青少年举重比赛	2008年6月	常 州
62公斤级					
抓 举	130公斤	王 凯	第十六届运动会举重比赛	2006年10月	南 通
挺 举	150公斤	王 凯	第十六届运动会举重比赛	2006年10月	南 通
总成绩	280公斤	王 凯	第十六届运动会举重比赛	2006年10月	南 通
69公斤级					
抓 举	135公斤	王 俊	第十六届运动会举重比赛	2006年10月	南 通
挺 举	162.5公斤	王 俊	第十六届运动会举重比赛	2006年10月	南 通
总成绩	297.5公斤	王 俊	第十六届运动会举重比赛	2006年10月	南 通
77公斤级					
抓 举	147.5公斤	李 强	第十六届运动会举重比赛	2006年10月	南 通
挺 举	167.5公斤	李 强	第十六届运动会举重比赛	2006年10月	南 通
总成绩	315公斤	李 强	第十六届运动会举重比赛	2006年10月	南 通
85公斤级					
抓 举	145公斤	王 庆	省青少年举重比赛	2007年8月	如 皋
挺 举	180公斤	吴 伟	第十六届运动会举重比赛	2006年10月	南 通
总成绩	320公斤	吴 伟	第十六届运动会举重比赛	2006年10月	南 通
85以上公斤级					
抓 举	160公斤	张立雄	第十六届运动会举重比赛	2006年10月	南 通

项 目	成 绩	创 造 者	运 动 会 名 称	时 间	地 点
挺 举	190公斤	张立雄	第十六届运动会举重比赛	2006年10月	南 通
总成绩	350公斤	张立雄	第十六届运动会举重比赛	2006年10月	南 通
94公斤级					
抓 举	135公斤	洑阳匡宇	省第十九届运动会举重比赛	2018年9月	扬 州
挺 举	175公斤	洑阳匡宇	省第十九届运动会举重比赛	2018年9月	扬 州
总成绩	310公斤	洑阳匡宇	省第十九届运动会举重比赛	2018年9月	扬 州
94以上公斤级					
抓 举	150公斤	姜 初	省第十九届运动会举重比赛	2018年9月	扬 州
挺 举	190公斤	姜 初	省第十九届运动会举重比赛	2018年9月	扬 州
总成绩	340公斤	姜 初	省第十九届运动会举重比赛	2018年9月	扬 州

少年女子甲组(16～17岁)

项 目	成 绩	创 造 者	运 动 会 名 称	时 间	地 点
44公斤级					
抓 举	72.5公斤	沈小霞	第十六届运动会举重比赛	2006年10月	南 通
挺 举	85公斤	沈小霞	第十六届运动会举重比赛	2006年10月	南 通
总成绩	157.5公斤	沈小霞	第十六届运动会举重比赛	2006年10月	南 通
48公斤级					
抓 举	75公斤	彭三艳	第十六届运动会举重比赛	2006年10月	南 通

项目	成绩	创造者	运动会名称	时间	地点
挺举	91公斤	徐苏珍	省青少年举重比赛	2008年6月	常州
总成绩	165.0公斤	彭三艳	第十六届运动会举重比赛	2006年10月	南通
53公斤级					
抓举	85公斤	金洁	第十六届运动会举重比赛	2006年10月	南通
挺举	105公斤	金洁	第十六届运动会举重比赛	2006年10月	南通
总成绩	190.0公斤	金洁	第十六届运动会举重比赛	2006年10月	南通
58公斤级					
抓举	95公斤	吴小慧	第十六届运动会举重比赛	2006年10月	南通
挺举	110公斤	吴小慧	第十六届运动会举重比赛	2006年10月	南通
总成绩	205.0公斤	吴小慧	第十六届运动会举重比赛	2006年10月	南通
63公斤级					
抓举	105公斤	史谷娟	省青少年举重比赛	2009年5月	江都
挺举	125公斤	杨晗	省青少年举重比赛	2008年6月	常州
总成绩	220公斤	史谷娟	省青少年举重比赛	2009年5月	江都
69公斤级					
抓举	100公斤	叶娇	省青少年举重比赛	2009年5月	江都
挺举	125公斤	叶娇	省青少年举重比赛	2009年5月	江都
总成绩	225公斤	叶娇	省青少年举重比赛	2009年5月	江都
69以上公斤级					
抓举	115公斤	陈玲	第十六届运动会举重比赛	2006年10月	南通

项　目	成　绩	创 造 者	运 动 会 名 称	时　间	地　点
挺　举	135公斤	陈　玲	第十六届运动会举重比赛	2006年10月	南　通
总成绩	250.0公斤	陈　玲	第十六届运动会举重比赛	2006年10月	南　通
75公斤级					
抓　举	93公斤	吴　艳	省第十九届运动会举重比赛	2018年9月	扬　州
挺　举	115公斤	吴　艳	省第十九届运动会举重比赛	2018年9月	扬　州
总成绩	208公斤	吴　艳	省第十九届运动会举重比赛	2018年9月	扬　州
75以上公斤级					
抓　举	93公斤	谢丽佳	省第十九届运动会举重比赛	2018年9月	扬　州
挺　举	109公斤	王心愉	省第十九届运动会举重比赛	2018年9月	扬　州
总成绩	202公斤	谢丽佳	省第十九届运动会举重比赛	2018年9月	扬　州

少年男子乙组(14～15岁)

项　目	成　绩	创 造 者	运 动 会 名 称	时　间	地　点
47公斤级					
抓　举	82.5公斤	王　伟	第十六届运动会举重比赛	2006年10月	南　通
挺　举	105公斤	王　伟	第十六届运动会举重比赛	2006年10月	南　通
总成绩	187.5公斤	王　伟	第十六届运动会举重比赛	2006年10月	南　通
48公斤级					
抓　举	81公斤	罗东辉	省第十九届运动会举重比赛	2018年9月	扬　州

项 目	成 绩	创 造 者	运 动 会 名 称	时 间	地 点
挺 举	96公斤	罗东辉	省第十九届运动会举重比赛	2018年9月	扬 州
总成绩	177公斤	罗东辉	省第十九届运动会举重比赛	2018年9月	扬 州
52公斤级					
抓 举	91公斤	韩序镇	省第十九届运动会举重比赛	2018年9月	扬 州
挺 举	117公斤	韩序镇	省第十九届运动会举重比赛	2018年9月	扬 州
总成绩	208公斤	韩序镇	省第十九届运动会举重比赛	2018年9月	扬 州
56公斤级					
抓 举	95公斤	吴 杰	第十六届运动会举重比赛	2006年10月	南 通
挺 举	118公斤	张 晨	省第十九届运动会举重比赛	2018年9月	扬 州
总成绩	208公斤	张 晨	省第十九届运动会举重比赛	2018年9月	扬 州
62公斤级					
抓 举	107.5公斤	单昌磊	第十六届运动会举重比赛	2006年10月	南 通
挺 举	130公斤	费 棋	第十六届运动会举重比赛	2006年10月	南 通
总成绩	235公斤	单昌磊	第十六届运动会举重比赛	2006年10月	南 通
69公斤级					
抓 举	120公斤	沈惟杰	省第十九届运动会举重比赛	2018年9月	扬 州
挺 举	155公斤	向建飞	省第十九届运动会举重比赛	2018年9月	扬 州
总成绩	273公斤	向建飞	省第十九届运动会举重比赛	2018年9月	扬 州
77公斤级					

项　目	成　绩	创　造　者	运　动　会　名　称	时　间	地　点
抓　举	125公斤	袁军军	第十六届运动会举重比赛	2006年10月	南　通
挺　举	155公斤	向　伟	省青少年举重比赛	2009年5月	江　都
总成绩	280公斤	钱飞翔	省第十九届运动会举重比赛	2018年9月	扬　州
85公斤级					
抓　举	125公斤	吴青军	第十六届运动会举重比赛	2006年10月	南　通
挺　举	152.5公斤	程书伟	第十六届运动会举重比赛	2006年10月	南　通
总成绩	272.5公斤	程书伟	第十六届运动会举重比赛	2006年10月	南　通
85以上公斤级					
抓　举	150公斤	沈成杰	省第十九届运动会举重比赛	2018年9月	扬　州
挺　举	180公斤	沈成杰	省第十九届运动会举重比赛	2018年9月	扬　州
总成绩	330公斤	沈成杰	省第十九届运动会举重比赛	2018年9月	扬　州

少年女乙组(14～15岁)

项　目	成　绩	创　造　者	运　动　会　名　称	时　间	地　点
40公斤级					
抓　举	53公斤	梅雨点	省第十九届运动会举重比赛	2018年9月	扬　州
挺　举	60公斤	李　莹	省第十九届运动会举重比赛	2018年9月	扬　州
总成绩	111公斤	梅雨点	省第十九届运动会举重比赛	2018年9月	扬　州

项 目	成 绩	创 造 者	运 动 会 名 称	时 间	地 点
44公斤级					
抓 举	62.5公斤	徐苏珍	第十六届运动会举重比赛	2006年10月	南 通
挺 举	77.5公斤	徐苏珍	第十六届运动会举重比赛	2006年10月	南 通
总成绩	140公斤	徐苏珍	第十六届运动会举重比赛	2006年10月	南 通
48公斤级					
抓 举	63公斤	龙 航	省第十九届运动会举重比赛	2018年9月	扬 州
挺 举	82.5公斤	吴蓉蓉	第十六届运动会举重比赛	2006年10月	南 通
总成绩	145公斤	吴蓉蓉	第十六届运动会举重比赛	2006年10月	南 通
53公斤级					
抓 举	75公斤	李冰心	第十六届运动会举重比赛	2006年10月	南 通
挺 举	90公斤	李冰心	第十六届运动会举重比赛	2006年10月	南 通
总成绩	165公斤	李冰心	第十六届运动会举重比赛	2006年10月	南 通
58公斤级					
抓 举	92公斤	史谷娟	省青少年举重比赛	2008年6月	常 州
挺 举	110公斤	史谷娟	省青少年举重比赛	2008年6月	常 州
总成绩	202公斤	史谷娟	省青少年举重比赛	2008年6月	常 州
63公斤级					
抓 举	90公斤	杨 玲	第十六届运动会举重比赛	2006年10月	南 通
挺 举	120公斤	杨 玲	第十六届运动会举重比赛	2006年10月	南 通

项 目	成 绩	创造者	运动会名称	时 间	地 点
总成绩	210公斤	杨 玲	第十六届运动会举重比赛	2006年10月	南 通
69以上公斤级					
抓 举	83公斤	宋梦莹	省第十九届运动会举重比赛	2018年9月	镇 江
挺 举	86公斤	张鑫雨	省第十九届运动会举重比赛	2018年9月	泰 州
总成绩	166公斤	宋梦莹	省第十九届运动会举重比赛	2018年9月	扬 州

男子（13～14岁）

项 目	成 绩	创造者	运动会名称	时 间	地 点
55公斤级					
抓 举	83公斤	李秀彬	江苏省青少年举重锦标赛	2019年5月	宜 兴
挺 举	98公斤	李秀彬	江苏省青少年举重锦标赛	2019年5月	宜 兴
总成绩	181公斤	李秀彬	江苏省青少年举重锦标赛	2019年5月	宜 兴
67公斤级					
抓 举	95公斤	韩自理	江苏省青少年举重锦标赛	2019年5月	宜 兴
挺 举	118公斤	韩自理	江苏省青少年举重锦标赛	2019年5月	宜 兴
总成绩	213公斤	韩自理	江苏省青少年举重锦标赛	2019年5月	宜 兴
81公斤级					
抓 举	93公斤	白 港	江苏省青少年举重锦标赛	2019年5月	宜 兴

项目	成绩	创造者	运动会名称	时间	地点
挺　举	105公斤	翟炫昱	江苏省青少年举重锦标赛	2019年5月	宜　兴
总成绩	195公斤	翟炫昱	江苏省青少年举重锦标赛	2019年5月	宜　兴
96公斤级					
抓　举	91公斤	梅俊豪	江苏省青少年举重锦标赛	2019年5月	宜　兴
挺　举	111公斤	梅俊豪	江苏省青少年举重锦标赛	2019年5月	宜　兴
总成绩	202公斤	梅俊豪	江苏省青少年举重锦标赛	2019年5月	宜　兴
96以上公斤级					
抓　举	60公斤	王帅奇	江苏省青少年举重锦标赛	2019年5月	宜　兴
挺　举	70公斤	王帅奇	江苏省青少年举重锦标赛	2019年5月	宜　兴
总成绩	130公斤	王帅奇	江苏省青少年举重锦标赛	2019年5月	宜　兴

女子（13～14岁）

项目	成绩	创造者	运动会名称	时间	地点
45公斤级					
抓　举	55公斤	彭婷婷	江苏省青少年举重锦标赛	2019年5月	宜　兴
挺　举	71公斤	倪春伟	江苏省青少年举重锦标赛	2019年5月	宜　兴
总成绩	125公斤	彭婷婷	江苏省青少年举重锦标赛	2019年5月	宜　兴
55公斤级					

项　目	成　绩	创 造 者	运 动 会 名 称	时　间	地　点
抓　举	58公斤	张芳圆	江苏省青少年举重锦标赛	2019年5月	宜　兴
挺　举	75公斤	麻　薇	江苏省青少年举重锦标赛	2019年5月	宜　兴
总成绩	132公斤	麻　薇	江苏省青少年举重锦标赛	2019年5月	宜　兴
64公斤级					
抓　举	69公斤	秦紫怡	江苏省青少年举重锦标赛	2019年5月	宜　兴
挺　举	84公斤	杜亚知	江苏省青少年举重锦标赛	2019年5月	宜　兴
总成绩	150公斤	秦紫怡	江苏省青少年举重锦标赛	2019年5月	宜　兴
76公斤级					
抓　举	72公斤	杜墨涵	江苏省青少年举重锦标赛	2019年5月	宜　兴
挺　举	88公斤	张　雪	江苏省青少年举重锦标赛	2019年5月	宜　兴
总成绩	160公斤	杜墨涵	江苏省青少年举重锦标赛	2019年5月	宜　兴
76以上公斤级					
抓　举	70公斤	秦非凡	江苏省青少年举重锦标赛	2019年5月	宜　兴
挺　举	90公斤	秦非凡	江苏省青少年举重锦标赛	2019年5月	宜　兴
总成绩	160公斤	秦非凡	江苏省青少年举重锦标赛	2019年5月	宜　兴

男子（15～16岁）

项　目	成　绩	创造者	运动会名称	时　间	地　点
49公斤级					
抓　举	86公斤	罗东辉	江苏省青少年举重锦标赛	2019年5月	宜　兴
挺　举	99公斤	罗东辉	江苏省青少年举重锦标赛	2019年5月	宜　兴
总成绩	185公斤	罗东辉	江苏省青少年举重锦标赛	2019年5月	宜　兴
55公斤级					
抓　举	98公斤	李煜昊	江苏省青少年举重锦标赛	2019年5月	宜　兴
挺　举	118公斤	李煜昊	江苏省青少年举重锦标赛	2019年5月	宜　兴
总成绩	216公斤	李煜昊	江苏省青少年举重锦标赛	2019年5月	宜　兴
61公斤级					
抓　举	100公斤	李秀彬	江苏省青少年举重锦标赛	2020年9月	泰　州
挺　举	127公斤	韩序镇	江苏省青少年举重锦标赛	2019年5月	宜　兴
总成绩	227公斤	韩序镇	江苏省青少年举重锦标赛	2019年5月	宜　兴
67公斤级					
抓　举	112公斤	龙　泉	江苏省青少年举重锦标赛	2019年5月	宜　兴
挺　举	133公斤	龙　泉	江苏省青少年举重锦标赛	2019年5月	宜　兴
总成绩	245公斤	龙　泉	江苏省青少年举重锦标赛	2019年5月	宜　兴
73公斤级					
抓　举	120公斤	韩自理	江苏省青少年举重锦标赛	2020年9月	泰　州

项　目	成　绩	创造者	运动会名称	时　间	地　点
挺　举	150公斤	韩自理	江苏省青少年举重锦标赛	2020年9月	泰　州
总成绩	270公斤	韩自理	江苏省青少年举重锦标赛	2020年9月	泰　州
81公斤级					
抓　举	130公斤	钱飞翔	江苏省青少年举重锦标赛	2019年5月	宜　兴
挺　举	160公斤	钱飞翔	江苏省青少年举重锦标赛	2019年5月	宜　兴
总成绩	290公斤	钱飞翔	江苏省青少年举重锦标赛	2019年5月	宜　兴
89公斤级					
抓　举	125公斤	宋显斌	江苏省青少年举重锦标赛	2019年5月	宜　兴
挺　举	170公斤	宋显斌	江苏省青少年举重锦标赛	2019年5月	宜　兴
总成绩	295公斤	宋显斌	江苏省青少年举重锦标赛	2019年5月	宜　兴
96公斤级					
抓　举	120公斤	吴易康	江苏省青少年举重锦标赛	2020年9月	泰　州
挺　举	150公斤	吴易康	江苏省青少年举重锦标赛	2020年9月	泰　州
总成绩	270公斤	吴易康	江苏省青少年举重锦标赛	2020年9月	泰　州
102公斤级					
抓　举	125公斤	刘星宇	江苏省青少年举重锦标赛	2020年9月	泰　州
挺　举	153公斤	刘星宇	江苏省青少年举重锦标赛	2020年9月	泰　州
总成绩	278公斤	刘星宇	江苏省青少年举重锦标赛	2020年9月	泰　州
102以上公斤级					

项　目	成　绩	创造者	运动会名称	时　间	地　点
抓　举	152公斤	沈成杰	江苏省青少年举重锦标赛	2019年5月	宜　兴
挺　举	185公斤	沈成杰	江苏省青少年举重锦标赛	2020年9月	泰　州
总成绩	335公斤	沈成杰	江苏省青少年举重锦标赛	2019年5月	宜　兴

女子（15～16岁）

项　目	成　绩	创造者	运动会名称	时　间	地　点
45公斤级					
抓　举	58公斤	梅雨点	江苏省青少年举重锦标赛	2019年5月	宜　兴
挺　举	75公斤	梅雨点	江苏省青少年举重锦标赛	2019年5月	宜　兴
总成绩	133公斤	梅雨点	江苏省青少年举重锦标赛	2019年5月	宜　兴
49公斤级					
抓　举	68公斤	彭婷婷	江苏省青少年举重锦标赛	2020年9月	泰　州
挺　举	84公斤	彭婷婷	江苏省青少年举重锦标赛	2020年9月	泰　州
总成绩	152公斤	彭婷婷	江苏省青少年举重锦标赛	2020年9月	泰　州
55公斤级					
抓　举	75公斤	黎佳荣	江苏省青少年举重锦标赛	2020年9月	泰　州
挺　举	85公斤	黎佳荣	江苏省青少年举重锦标赛	2020年9月	泰　州
总成绩	160公斤	黎佳荣	江苏省青少年举重锦标赛	2020年9月	泰　州

项　目	成　绩	创造者	运动会名称	时　间	地　点
59公斤级					
抓　举	82公斤	唐佳慧	江苏省青少年举重锦标赛	2020年9月	泰　州
挺　举	97公斤	唐佳慧	江苏省青少年举重锦标赛	2020年9月	泰　州
总成绩	179公斤	唐佳慧	江苏省青少年举重锦标赛	2020年9月	泰　州
64公斤级					
抓　举	80公斤	许馨蕊	江苏省青少年举重锦标赛	2020年9月	泰　州
挺　举	100公斤	杜雨晴	江苏省青少年举重锦标赛	2019年5月	宜　兴
总成绩	176公斤	杜雨晴	江苏省青少年举重锦标赛	2019年5月	宜　兴
71公斤级					
抓　举	88公斤	周心悦	江苏省青少年举重锦标赛	2020年9月	泰　州
挺　举	105公斤	邹金芯	江苏省青少年举重锦标赛	2019年5月	宜　兴
总成绩	193公斤	周心悦	江苏省青少年举重锦标赛	2020年9月	泰　州
76公斤级					
抓　举	78公斤	刘婉婷	江苏省青少年举重锦标赛	2020年9月	泰　州
挺　举	110公斤	刘婉婷	江苏省青少年举重锦标赛	2020年9月	泰　州
总成绩	188公斤	刘婉婷	江苏省青少年举重锦标赛	2020年9月	泰　州
81公斤级					
抓　举	90公斤	陈紫阳	江苏省青少年举重锦标赛	2019年5月	宜　兴
挺　举	110公斤	陈紫阳	江苏省青少年举重锦标赛	2019年5月	宜　兴

项目	成绩	创造者	运动会名称	时间	地点
总成绩	200公斤	陈紫阳	江苏省青少年举重锦标赛	2019年5月	宜兴
81以上公斤级					
抓举	101公斤	秦非凡	江苏省青少年举重锦标赛	2020年9月	泰州
挺举	115公斤	秦非凡	江苏省青少年举重锦标赛	2020年9月	泰州
总成绩	116公斤	秦非凡	江苏省青少年举重锦标赛	2020年9月	泰州

男子(17～18岁)

项目	成绩	创造者	运动会名称	时间	地点
55公斤级					
抓举	90公斤	杨明舟	江苏省青少年举重锦标赛	2020年8月	张家港
挺举	116公斤	杨明舟	江苏省青少年举重锦标赛	2020年8月	张家港
总成绩	206公斤	杨明舟	江苏省青少年举重锦标赛	2020年8月	张家港
61公斤级					
抓举	113公斤	李煜昊	江苏省青少年举重锦标赛	2020年8月	张家港
挺举	135公斤	李煜昊	江苏省青少年举重锦标赛	2020年8月	张家港
总成绩	248公斤	李煜昊	江苏省青少年举重锦标赛	2020年8月	张家港
67公斤级					
抓举	121公斤	罗东辉	江苏省青少年举重锦标赛	2020年8月	张家港

项　目	成　绩	创造者	运动会名称	时　间	地　点
挺　举	144公斤	罗东辉	江苏省青少年举重锦标赛	2020年8月	张家港
总成绩	265公斤	罗东辉	江苏省青少年举重锦标赛	2020年8月	张家港
73公斤级					
抓　举	128公斤	李小龙	江苏省青少年举重锦标赛	2019年5月	宜　兴
挺　举	160公斤	李小龙	江苏省青少年举重锦标赛	2019年5月	宜　兴
总成绩	288公斤	李小龙	江苏省青少年举重锦标赛	2019年5月	宜　兴
81公斤级					
抓　举	130公斤	宋显斌	江苏省青少年举重锦标赛	2020年8月	张家港
挺　举	170公斤	宋显斌	江苏省青少年举重锦标赛	2020年8月	张家港
总成绩	300公斤	宋显斌	江苏省青少年举重锦标赛	2020年8月	张家港
89公斤级					
抓　举	140公斤	封士宇	江苏省青少年举重锦标赛	2019年5月	宜　兴
挺　举	180公斤	钱飞翔	江苏省青少年举重锦标赛	2020年8月	张家港
总成绩	320公斤	钱飞翔	江苏省青少年举重锦标赛	2020年8月	张家港
96公斤级					
抓　举	105公斤	叶志超	江苏省青少年举重锦标赛	2019年5月	宜　兴
挺　举	145公斤	叶志超	江苏省青少年举重锦标赛	2019年5月	宜　兴
总成绩	250公斤	叶志超	江苏省青少年举重锦标赛	2019年5月	宜　兴
109公斤级					

项目	成绩	创造者	运动会名称	时间	地点
抓举	105公斤	石超超	江苏省青少年举重锦标赛	2019年5月	宜兴
挺举	120公斤	石超超	江苏省青少年举重锦标赛	2019年5月	宜兴
总成绩	225公斤	石超超	江苏省青少年举重锦标赛	2019年5月	宜兴

女子(17～18岁)

项目	成绩	创造者	运动会名称	时间	地点
45公斤级					
抓举	47公斤	吴艳玲	江苏省青少年举重锦标赛	2019年5月	宜兴
挺举	65公斤	吴艳玲	江苏省青少年举重锦标赛	2019年5月	宜兴
总成绩	112公斤	吴艳玲	江苏省青少年举重锦标赛	2019年5月	宜兴
49公斤级					
抓举	60公斤	邓春杰	江苏省青少年举重锦标赛	2019年5月	宜兴
挺举	83公斤	李春香	江苏省青少年举重锦标赛	2019年5月	宜兴
总成绩	143公斤	邓春杰	江苏省青少年举重锦标赛	2019年5月	宜兴
55公斤级					
抓举	73公斤	王睿琪	江苏省青少年举重锦标赛	2019年5月	宜兴
挺举	90公斤	肖盼	江苏省青少年举重锦标赛	2020年8月	张家港
总成绩	161公斤	王睿琪	江苏省青少年举重锦标赛	2019年5月	宜兴

项　目	成　绩	创造者	运动会名称	时　间	地　点
59公斤级					
抓　举	83公斤	杜雨晴	江苏省青少年举重锦标赛	2020年8月	张家港
挺　举	103公斤	杜雨晴	江苏省青少年举重锦标赛	2020年8月	张家港
总成绩	186公斤	杜雨晴	江苏省青少年举重锦标赛	2020年8月	张家港
64公斤级					
抓　举	83公斤	刘美诗	江苏省青少年举重锦标赛	2020年8月	张家港
挺　举	115公斤	刘美诗	江苏省青少年举重锦标赛	2020年8月	张家港
总成绩	198公斤	刘美诗	江苏省青少年举重锦标赛	2020年8月	张家港
71公斤级					
抓　举	93公斤	邹金芯	江苏省青少年举重锦标赛	2020年8月	张家港
挺　举	113公斤	邹金芯	江苏省青少年举重锦标赛	2020年8月	张家港
总成绩	206公斤	邹金芯	江苏省青少年举重锦标赛	2020年8月	张家港
76公斤级					
抓　举	70公斤	郭美玲	江苏省青少年举重锦标赛	2019年5月	宜　兴
挺　举	95公斤	郭美玲	江苏省青少年举重锦标赛	2019年5月	宜　兴
总成绩	165公斤	郭美玲	江苏省青少年举重锦标赛	2019年5月	宜　兴
87公斤级					
抓　举	70公斤	谢丽佳	江苏省青少年举重锦标赛	2019年5月	宜　兴
挺　举	85公斤	谢丽佳	江苏省青少年举重锦标赛	2019年5月	宜　兴

项　目	成　绩	创 造 者	运 动 会 名 称	时　间	地　点
总成绩	155公斤	谢丽佳	江苏省青少年举重锦标赛	2019年5月	宜　兴
87以上公斤级					
抓　举	98公斤	陈紫阳	江苏省青少年举重锦标赛	2020年8月	张家港
挺　举	130公斤	陈紫阳	江苏省青少年举重锦标赛	2020年8月	张家港
总成绩	228公斤	陈紫阳	江苏省青少年举重锦标赛	2020年8月	张家港

射　击(步手枪)

成年男子组

项　目		成　绩	创 造 者	运 动 会 名 称	时　间	地　点
男子小口径自选步枪60发卧射	个人	626.6环	俞继康	全国射击团体、个人锦标赛	2017年7月	天　津
	团体	1853.1环	龚佳伟　蒋汝阳　姚　烨	全国射击团体锦标赛	2013年4月	沈　阳
		1853.1环	俞继康　李浩哲　高志远	全国射击团体、个人锦标赛	2016年9月	南　昌
男子小口径自选步枪3×40	个人	1178环	曹　波	全国射击冠军赛	2019年3月	长　兴
	团体	3500环	李浩哲　诸葛超然　盛李豪	全国射击团体锦标赛	2019年7月	西　宁
男子小口径自选步枪40发卧射	个人	399环	余仁安	华东区射击锦标赛	1994年4月	福　州

项目		成绩	创造者	运动会名称	时间	地点
男子小口径自选步枪40发立射	个人	393环	姚 烨	全国系列赛第二站	2003年4月	上 海
男子小口径自选步枪40发跪射	个人	393环	程 强	全国射击团体锦标赛	1995年9月	西 安
男子气步枪60发	个人	629.4环	俞继康	全国射击团体、个人锦标赛	2013年4月	沈 阳
	决赛	250.3环	盛李豪	全国射击团体锦标赛	2019年7月	南 昌
	团体	1879.5环	高霆捷 俞继康 陈嘉洛	全国射击团体、个人锦标赛	2016年9月	南 昌
男子小口径自选手枪慢射60发	个人	577环	李怀宇	悉尼世界杯赛	2000年4月	悉 尼
	团体	1690环	顾 俊 李怀宇 刘海峰	全国射击锦标赛	1996年9月	郑 州
男子气手枪60发	个人	589环	顾 俊	全国个人冠军赛	1994年4月	北 京
	团体	1747环	李怀宇 吴 潇 徐 坤	全国系列赛第二站	2006年6月	南 京
男子小口径手枪速射60发	个人	593环	潘俊辰	全国射击总决赛	2016年10月	济 宁
	决赛	34中	潘俊辰	华东区射击锦标赛	2017年4月	上 海
	团体	1742环	张鹏辉 丁 峰 谭名浩	全国系列赛第二站	2006年6月	南 京
男子中心发火手枪60发	个人	591环	殷京林	全国最佳个人比赛	1985年5月	北 京
	团体	1743环	殷京林 马 健 张龙钧	全国射击锦标赛	1984年10月	福 州

项目		成绩	创造者	运动会名称	时间	地点
男子小口径标准手枪60发	个人	582环	孟 刚	全国射击达标赛	1992年9月	北 京
	团体	1712环	张鹏辉 朱靖宇 孟 刚	全国系列赛第二站	2000年5月	郑 州
男子10米移动靶标准速30+30	个人	587环	李 杰	全国系列赛第三站	2005年8月	南 京
	团体	1717环	李 杰 杨海波 蒋 达	全国系列赛第二站	2005年5月	烟 台

成年女子组

项目		成绩	创造者	运动会名称	时间	地点
女子小口径运动步枪60发卧射	个人	621.4环	董丽洁	全国射击团体、个人锦标赛	2018年6月	长 兴
	团体	1847.9环	董丽洁 江 婷 陈 晨	全国射击团体、个人锦标赛	2014年4月	郑 州
女子小口径运动步枪3×20	个人	591环	郑 凤	全国系列赛第二站	2007年6月	西 宁
	团体	1749环	董丽洁 江 婷 王 静	全国射击团体、个人锦标赛	2017年7月	天 津
女子小口径运动步枪3×40	个人	1178环	万翔燕	全国射击个人锦标赛	2019年6月	长 兴
	团体	3495环	董丽洁 江 婷 张 诚	全国射击团体、个人锦标赛	2018年6月	长 兴

项　目		成　绩	创造者	运动会名称	时间	地点
女子气步枪40发	个人	419.3环	江　婷	全国射击团体、个人锦标赛	2016年9月	南　昌
	团体	1251.1环	董丽洁　江　婷　张　诚	全国射击团体、个人锦标赛	2016年9月	南　昌
女子气步枪60发	个人	628.6环	颜金婧	2020年全国射击冠军赛(步枪项目)	2020年9月	宜　昌
	团体	1878.7环	江　婷　颜金婧　王　静	全国射击团体锦标赛	2019年7月	长　兴
女子小口径运动手枪60发	个人	590环	袁　静	第六届城市运动会预赛	2007年5月	南　京
	团体	1740环	吴　艳　袁　静　沈玉洁	全国系列赛第一站	2006年6月	温　州
女子气手枪40发	个人	391环	徐书敏	全国系列赛第一站	2007年4月	南　京
	决赛	239.5环	方　舟	华东区射击锦标赛	2017年4月	上　海
	团体	1147环	杨　洁　车晓婷　徐书敏	全国射击团体锦标赛	2013年4月	南　昌
女子气手枪60发	个人	579环	车晓婷	全国射击冠军赛	2018年3月	莆　田
	团体	1712环	车晓婷　方　舟　陈　静	全国射击团体、个人锦标赛	2018年6月	南　京（方　山）
女子10米移动靶标准速20+20	个人	391环	仇志琪	全国系列赛第一站	2003年4月	南　昌
	团体	1150环	仇志琪　杨　曾　过婵君	全国系列赛第一站	2006年6月	贵　州
女子10米移动靶标准速30+30	个人	566	杨　曾	第十四届亚洲射击锦标赛	2019年11月	卡塔尔
	团体	1647	杨　曾　仇志琪　张柔鑫	第十四届亚洲射击锦标赛	2019年11月	卡塔尔

项目		成绩	创造者	运动会名称	时间	地点
女子10米移动靶混合速20+20	个人	385	杨 曾	第十四届亚洲射击锦标赛	2019年11月	卡塔尔
	团体	1100-19x	杨 曾 仇志琪 范 旻	第十四届亚洲射击锦标赛	2019年11月	卡塔尔
10米气手枪混合团体	资格赛	770环	方 舟 吴 潇	全国射击团体、个人锦标赛	2018年6月	南 京（方 山）
	资格赛第一阶段	556环	狄译丰 吕 治	全国射击总决赛	2019年11月	郑 州
10米气步枪混合团体	资格赛	833环	江 婷 高志远	全国射击总决赛	2018年9月	昆 明
	资格赛第一阶段	627.2环	颜金婧 盛李豪	2020年全国射击冠军赛（步枪项目）	2020年11月	长 兴
	资格赛第二阶段	415.2环	颜金婧 盛李豪	2020年全国射击冠军赛（步枪项目）	2020年11月	长 兴

青少年男子组

项目		成绩	创造者	运动会名称	时间	地点
男子小口径自选步枪60发卧射	个人	622.5环	王 琰	省青少年射击冠军赛	2017年7月	南 京
	团体	1832.4环	俞嘉浩 张 潼 王 琰	全国青少年射击锦标赛	2017年8月	南 昌
男子小口径自选步枪3×40	个人	1167环	诸葛超然	全国U20射击锦标赛	2019年10月	南 昌
	团体	3472环	诸葛超然 张益源 杨 蔚	全国U20射击锦标赛	2019年10月	南 昌

项　目		成绩	创造者	运动会名称	时间	地点
男子小口径自选步枪3×20	个人	581环	程　柯	省射击锦标赛	1997年8月	无　锡
	团体	1729环	程　柯　李　靓　张　烨	省射击锦标赛	1997年8月	无　锡
男子气步枪60发	个人	633环	盛李豪	省射击锦标赛(步手项目)	2019年8月	南　京
	团体	1872.9环	盛李豪　诸葛超然　董俊渡	中华人民共和国第二届青年运动会(步手项目)	2019年8月	太　原
男子10米气步枪跑步射击	个人	06:31.0	诸葛超然	全国U20射击锦标赛	2019年10月	南　昌
男子小口径自选手枪慢射60发	个人	574环	李立亚	省青少年个人冠军赛	1992年2月	南　京
	团体	1605环	徐治平　张　慷　尹根林	省青少年锦标赛	1988年7月	常　州
男子气手枪60发	个人	582环	贾侠勇	省青少年锦标赛	2009年7月	常　州
	团体	1721环	无锡洋盛队	省第十三届运动会	1994年8月	无　锡
男子小口径自选手枪速射60发	个人	590环	朱豪杰	省第十九届运动会	2018年9月	扬　州
	团体	1740环	唐晓东　徐鸣洲　朱靖宇	省第十二届运动会	1990年9月	南　京
男子小口径自选手枪速射8"6"	个人	598环	吴兆龙	省青少年锦标赛	1999年8月	无　锡
	团体	1754环	吴兆龙　潘晶晶　黄　曦	省青少年锦标赛	1999年8月	无　锡
男子10米移动靶30+30	个人	581环	郑成峰	省青少年锦标赛	2005年7月	徐　州
	团体	1711环	李　杰　王双喜　杜　伟	省第十五届运动会	2002年8月	常　州

项目		成绩	创造者	运动会名称	时间	地点
男子小口径普通步枪30发卧射	个人	296环	吕爱军	省第十三届运动会	1994年8月	无锡
	团体	874环	沈恺 陈璐 高俊杰	省第十六届运动会	2006年6月	南京
男子小口径普通步枪3×10	个人	289环	沈恺	省青少年锦标赛	2005年7月	徐州
	团体	849环	窦思硕 史华溢 李浩哲	省第十六届运动会	2006年6月	南京
男子普通气步枪20发立射	个人	177环	程柯	省青少年锦标赛	1992年7月	无锡
	团体	507环	程柯 李靓 杨意新	省青少年锦标赛	1992年7月	无锡

男子18岁以下组

项目		成绩	创造者	运动会名称	时间	地点
50米自选步枪60发卧射	个人	622.5环	王琰	省青少年射击冠军赛	2017年7月	南京（方山）
	决赛	246.4环	李睿	省青少年射击锦标赛	2017年9月	南京（方山）
50米自选步枪3×40	个人	1162环	刘涛	省青少年射击冠军赛	2016年7月	南京（方山）
	决赛	461.2环	盛李豪	省第十九届运动会	2018年9月	扬州
	团体	3439环	盛李豪 朱陈晨 徐浪飘	省第十九届运动会	2018年9月	扬州

项目		成绩	创造者	运动会名称	时间	地点
10米气步枪60发	个人	633.0环	盛李豪	省青少年射击锦标赛	2019年8月	南京（方山）
	决赛	250.3环	盛李豪	省青少年射击锦标赛	2019年8月	南京（方山）
	团体	1854.2环	董一涛　王琦璠　嵇谈浩	全国U18射击锦标赛	2019年10月	南京
50米自选手枪慢射60发	个人	549环	赵利挺	省青少年射击锦标赛	2015年8月	南京（方山）
		549环	洪书琪	省青少年射击锦标赛	2016年8月	南京（方山）
	决赛	218.4环	金润生	省青少年射击冠军赛	2017年7月	南京（方山）
	团体	1549环	董润宇　李　敏　王韬源	省青少年射击锦标赛	2016年8月	南京（方山）
25米自选手枪速射60发	个人	590环	朱豪杰	省第十九届运动会	2018年9月	扬州
	决赛	27中	朱豪杰	省第十九届运动会	2018年9月	扬州
	团体	1691环	刘勤杰　狄泽丰　沈鹏宇	省第十九届运动会	2018年9月	扬州
10米气手枪60发	个人	577环	洪书琪	省青少年射击冠军赛	2016年7月	南京（方山）
	决赛	237环	徐　炜	省第十九届运动会	2018年9月	扬州
	团体	1672环	赵利挺　金志豪　熊林凯	省青少年射击锦标赛	2015年8月	南京（方山）

男子16岁以下组

项　目		成　绩	创　造　者	运　动　会　名　称	时　间	地　点
50米自选步枪60发卧射	个人	616环	俞嘉浩	省青少年射击锦标赛	2015年8月	南　京（方　山）
50米自选步枪3×20	个人	576环	诸葛超然	省青少年射击锦标赛	2017年9月	南　京（方　山）
50米自选步枪3×40	个人	1150环	诸葛超然	省第十九届运动会	2018年9月	扬　州
	团体	3332环	赵玉龙　宗楚恒　武恒宇	省青少年射击锦标赛	2020年10月	扬　州
10米气步枪60发	个人	634.2环	盛李豪	省青少年射击锦标赛	2020年10月	扬　州
	团体	1855环	张梓恒　朱葛超然　陈玳玮	省第十九届运动会	2018年9月	扬　州
50米自选手枪慢射60发	个人	517环	唐逸飞	省青少年射击锦标赛	2015年8月	南　京（方　山）
25米自选手枪速射60发	个人	579环	梁李堃龙	省青少年射击冠军赛	2018年5月	南　京（方　山）
	团体	1681环	杨　柳　权家龙　朱益楷	省第十九届运动会	2018年9月	扬　州
10米气手枪60发	个人	572环	王禧辰	省青少年射击锦标赛	2016年8月	南　京（方　山）
	团体	1673环	崔琦宇　黄成乾　万　军	省第十九届运动会	2018年9月	扬　州

项目		成绩	创造者	运动会名称	时间	地点
步枪冲刺射击	个人	5′29"71	金勇哲	省青少年射击冠军赛	2020年10月	南京（方山）
手枪冲刺射击	个人	5′18"04	梅凌寒	省青少年射击冠军赛	2020年10月	南京（方山）

男子14岁以下组

项目		成绩	创造者	运动会名称	时间	地点
10米气步枪60发	个人	615.6环	刘洋	省第十九届运动会	2018年9月	扬州
10米气手枪60发	个人	568环	许宇韬	省青少年射击冠军赛	2019年7月	南京（方山）

青少年女子组

项目		成绩	创造者	运动会名称	时间	地点
女子运动步枪60发卧射	个人	605.8环	邹晓研	全国青少年射击锦标赛	2014年7月	郑州
	团体	1765.8环	邹晓研　翟弘钰　乐怡	全国青少年锦标赛	2014年7月	郑州
女子运动步枪3×20	个人	589环	董丽洁	省青少年射击锦标赛	2007年7月	徐州
	团体	1725环	倪雨欣　瞿怡婷　唐丹妮	省青少年射击锦标赛	2017年9月	南京（方山）

项目		成绩	创造者	运动会名称	时间	地点
女子运动步枪3×40	个人	1166环	陈芳卉	中华人民共和国第二届青年运动会(步手项目)	2019年8月	太原
	团体	3446环	朱祉璇 郑润洁 马屹辰	全国U21射击锦标赛	2018年10月	成都
女子气步枪40发	个人	417.8环	张楠	省青少年射击冠军赛	2015年8月	南京(方山)
	团体	1244.9环	乐怡 王林琳 陈晨	全国青少年锦标赛暨一青会预赛	2015年6月	南昌
女子气步枪60发	个人	630环	颜金婧	全国冠军赛华东区分站赛	2019年4月	蚌埠
	团体	1872.9环	陈芳卉 瞿怡婷 司马宇欣	中华人民共和国第二届青年运动会(步手项目)	2019年8月	太原
女子运动手枪60发	个人	592环	袁静	省青少年锦标赛	2005年7月	徐州
	团体	1723环	冯海燕 吴艳 孙荣莉	省第十四届运动会	1998年9月	南京(五棵松)
女子气手枪40发	个人	388环	张丹	省青少年锦标赛	2007年7月	徐州
	团体	1134环	孙荣莉 李晓莹 沈玉洁	省第十五届运动会	2002年8月	常州
女子气手枪60发	个人	569环	朱思颖	全国青少年射击锦标赛U20(手枪项目)	2019年10月	宝鸡
	团体	1688环	朱思颖 崔玉洁 孙茜囡	全国青少年射击锦标赛U20(手枪项目)	2019年10月	宝鸡

项目		成绩	创造者	运动会名称	时间	地点
女子10米移动靶20+20	个人	386环	杨　曾	省第十六届运动会	2006年6月	南　京
	团体	1106环	张燕利　方　萍　张陆萍	省第十五届运动会	2002年8月	常　州
女子小口径普通步枪30发卧射	个人	296环	郑　凤	省第十五届运动会	2002年8月	常　州
	团体	873环	郭嘉炜　仲春婵　董丽洁	省青少年锦标赛	2005年7月	徐　州
女子小口径普通步枪3×10	个人	291环	郑　凤	省第十五届运动会	2002年8月	常　州
	团体	854环	谯欣怡　刘甜甜　金　茵	省第十八届运动会	2014年9月	徐　州
女子普通气步枪20发立射	个人	175环	居文芬	省青少年锦标赛	1991年8月	徐　州
	团体	489环	汪　宁　简金艳　吴海芳	省青少年锦标赛	1992年7月	无　锡
女子10米气步枪跑步射击	个人	07:52.0	朱祉璇	全国U20射击锦标赛	2019年10月	南　昌
10米气手枪40发混团	混团	825.8环	盛李豪　高星塈	全国U21射击锦标赛	2018年10月	成　都
10米气手枪40发混团	混团	741环	徐　炜　刘雨欣	全国U21射击锦标赛	2018年10月	成　都

女子18岁以下组

项目		成绩	创造者	运动会名称	时间	地点
50米运动步枪3×20	个人	582环	倪雨欣	省青少年射击锦标赛	2017年9月	南京（方山）
	决赛	450.7环	乐　怡	省第十九届运动会	2018年9月	扬州
	团体	1726环	郑润杰　金　茵　何雨欣	省第十九届运动会	2018年9月	扬州
50米运动步枪3×40	个人	1148环	朱祉璇	省青少年射击锦标赛	2019年8月	南京（方山）
	决赛	446.3环	颜金婧	省青少年射击锦标赛	2019年8月	南京（方山）
	团体	3407环	朱祉璇　唐丹妮　蒋予璆	省青少年射击锦标赛	2019年8月	南京（方山）
10米气步枪40发	个人	417.1环	陈芳卉	省青少年射击冠军赛	2015年7月	徐州
	决赛	248.1环	高星瑿	省青少年射击冠军赛	2018年5月	南京（方山）
	团体	1238.8环	郑润洁　何雨欣　吴钰瑶	省青少年射击锦标赛	2017年9月	南京（方山）
10米气步枪60发	个人	629.1环	颜金婧	中华人民共和国第二届青年运动会（步手项目）	2019年8月	太原
	决赛	249.6环	颜金婧	省青少年射击锦标赛	2019年8月	南京（方山）
	团体	1865.7环	颜金婧　蒋予璆　高星瑿	中华人民共和国第二届青年运动会（步手项目）	2019年8月	太原

项目		成绩	创造者	运动会名称	时间	地点
女子运动手枪30+30	个人	579环	朱思颖	省青少年射击锦标赛	2019年8月	南京（方山）
	决赛	33中环	陈　静	省青少年射击冠军赛	2020年10月	南京（方山）
	团体	1665环	徐也淇　陶星羽　隋雨彤	省第十九届运动会	2018年9月	扬州
10米气手枪40发	个人	383环	李　爽	省青少年射击锦标赛	2016年8月	南京（方山）
	决赛	234环	杭　雨	省青少年射击冠军赛	2017年7月	南京（方山）
	团体	1134环	支　茵　陶星羽　隋雨彤	省青少年射击锦标赛	2016年8月	南京（方山）
10米气手枪60发	个人	568环	史静怡	省青少年射击锦标赛	2019年8月	南京（方山）
	决赛	236.6环	陈　静	省青少年射击锦标赛	2020年10月	南京（方山）
	团体	1663环	孙茜囡　顾莹莹　王译瑶	省第十九届运动会	2018年9月	扬州

女子16岁以下组

项目		成绩	创造者	运动会名称	时间	地点
50米运动步枪3×20	个人	581环	瞿怡婷	省青少年射击锦标赛	2015年8月	南京（方山）
50米运动步枪3×40	个人	1159环	司马宇欣	省青少年射击锦标赛	2019年8月	南京（方山）
	团体	3292	张晏雯 司马雨欣 刘梦玲	省青少年射击锦标赛	2020年10月	南京（方山）
10米气步枪40发	个人	417.8环	张 楠	省青少年射击锦标赛	2015年8月	南京（方山）
	团体	1233.3环	高星曌 张又文 王柯云	省第十九届运动会	2018年9月	扬州
10米气步枪60发	个人	623环	王琳雅	省青少年射击锦标赛	2020年10月	南京（方山）
	团体	1839.6环	戴玥寒 岳莫闲 庄睿涵	省青少年射击锦标赛	2019年8月	南京（方山）
25米运动手枪30+30	个人	580环	陈 静	省青少年射击锦标赛	2017年9月	南京（方山）
	团体	1691环	王译瑶 元官胜男 周雨萱	省第十九届运动会	2018年9月	扬州

项目		成绩	创造者	运动会名称	时间	地点
10米气手枪40发	个人	377环	杨 阳	省青少年射击锦标赛	2017年9月	南京（方山）
	团体	1116环	叶卉琳 杨 阳 沈欣玥	省青少年射击锦标赛	2016年8月	南京（方山）
10米气手枪60发	个人	567环	史静怡	省青少年射击冠军赛	2019年7月	南京（方山）
	团体	1674环	陈雨菲 谢 铭 臧佳敏	省青少年射击冠军赛	2019年7月	南京（方山）
步枪冲刺射击	个人	7′22″94	王琳雅	省青少年射击锦标赛	2020年10月	南京（方山）
手枪冲刺射击	个人	6′58″52	仝宇轩	省青少年射击锦标赛	2020年10月	南京（方山）

女子14岁以下组

项目		成绩	创造者	运动会名称	时间	地点
10米气步枪40发	个人	417环	蒋友涛	省第十九届运动会	2018年9月	扬州
10米气步枪60发	个人	616.3环	岳莫闲	省青少年射击冠军赛	2019年7月	南京（方山）
10米气手枪40发	个人	374环	陈雨霏	省第十九届运动会	2018年9月	扬州
10米气手枪60发	个人	543环	刘房汐儿	省青少年射击锦标赛	2019年8月	南京（方山）

18岁以下组混合团体

项目		成绩	创造者	运动会名称	时间	地点
10米气步枪40发混团	资格赛	831.8环	蒋予璆 盛李豪	省第十九届运动会	2018年9月	扬州
	决赛	496.2环	李佳欣 赵玉龙	省第十九届运动会	2018年9月	扬州
	资格赛第一阶段	624.3环	蒋予璆 盛李豪	省青少年射击锦标赛	2019年8月	南京（方山）
	资格赛第二阶段	418.4环	蒋予璆 盛李豪	省青少年射击锦标赛	2019年8月	南京（方山）
10米气手枪40发混团	资格赛	746环	顾莹莹 王昱茗	全国冠军赛华东区分站赛	2019年4月	蚌埠
	决赛	463.6环	陈静 周牧源	省青少年射击冠军赛	2018年5月	南京（方山）
	资格赛第一阶段	569环	陈静 狄泽丰	省青少年射击锦标赛	2019年8月	南京（方山）
	资格赛第二阶段	380环	徐湘云 董佳杰	省青少年射击锦标赛	2019年8月	南京（方山）

射 击(飞碟)

成年男子组

项 目		成绩(中)	创 造 者	运 动 会 名 称	时 间	地 点
男子飞碟多向125靶	个人	119	丁 超	全国射击个人锦标赛(飞碟)	2019年6月	贵 州
	团体	348	张开捷 王宇豪 杜子安	全国射击锦标赛(飞碟)	2020年10月	临 汾
男子飞碟双多向150靶	个人	141	黄香华	全国射击个人、团体锦标赛(飞碟)	2018年7月	南 京(方 山)
	团体	410	黄香华 黄晓民 祁 瑞	全国射击团体、个人锦标赛(飞碟)	2015年6月	上 海
男子飞碟双向125靶	个人	123	杨 蒋	全国射击冠军赛暨国家队国际比赛选拔赛(飞碟)	2018年1月	莆 田
	个人	123	娄力文	全国射击冠军赛暨青年世界杯第三场选拔赛(飞碟)	2019年3月	莆 田
	团体	350	郁子卿 杨 蒋 娄力文	全国射击个人、团体锦标赛(飞碟)	2018年7月	南 京(方 山)

成年女子组

项目		成绩(中)	创造者	运动会名称	时间	地点
女子飞碟多向75靶	个人	71	王心怡	全国射击个人锦标赛(飞碟)	2012年5月	南京(方山)
	团体	202	申晶　王梦婷　芦晨晨	全国射击系列赛第二站暨团体锦标赛(飞碟)	2007年6月	贵州
女子飞碟多向125靶	个人	119	王纯纯	全国射击冠军赛(飞碟)	2020年9月	保定
	团体	335	王心怡　钟佳怡　王纯纯	全国射击锦标赛(飞碟)	2020年10月	临汾
女子飞碟双向75靶	个人	69	於秀敏	全国射击团体、个人锦标赛(飞碟)	2013年5月	沈阳
	团体	197	於秀敏　金艳　张吕	全国射击团体、个人锦标赛(飞碟)	2013年5月	沈阳
		197	於秀敏　匡颖洁　李闻怡	全国射击团体、个人锦标赛(飞碟)	2015年6月	上海
女子飞碟双向125靶	个人	119	李闻怡	全国射击锦标赛(飞碟)	2020年10月	临汾
	团体	341	於秀敏　陈瑶　李闻怡	全国射击锦标赛(飞碟)	2020年10月	临汾
多向混合团体150靶	混团	137	吕樱　丁超	全国射击个人锦标赛(飞碟)	2019年6月	贵州

青少年男子组

项　目		成绩(中)	创造者	运动会名称	时间	地点
男子飞碟多向	个人	119	王宇豪	中华人民共和国第二届青年运动会(飞碟)	2019年8月	临汾
	个人	119	杜子安	中华人民共和国第二届青年运动会(飞碟)	2019年8月	临汾
	团体	350	杜子安　王宇豪　李　阳	中华人民共和国第二届青年运动会(飞碟)	2019年8月	临汾
男子飞碟双多向	个人	135	黄晓民	全国青少年锦标赛暨一青会预赛	2015年6月	南昌
	团体	234	刘　蔚　冯晓巍　李　楠	省青少年射击锦标赛(飞碟)	2015年8月	徐州
男子飞碟双向	个人	118	丁　睿	省青少年射击冠军赛(飞碟)	2016年7月	南京(方山)
	团体	326	阮泽恩　季熙珉　孙瑞岐	省青少年射击锦标赛(飞碟)	2015年9月	徐州

青少年女子组

项　目		成绩(中)	创造者	运动会名称	时间	地点
女子飞碟多向75靶	个人	67	王心怡	全国青少年锦标赛暨一青会预赛	2015年6月	南昌
	团体	97	程紫怡　张佳欣　李晨曦	省射击锦标赛(飞碟项目)	2015年8月	徐州

项目		成绩(中)	创造者	运动会名称	时间	地点
女子飞碟多向125靶	个人	115	韩婷	中华人民共和国第二届青年运动会(飞碟)	2019年8月	临汾
	团体	339	韩婷 程紫怡 杨昱	中华人民共和国第二届青年运动会(飞碟)	2019年8月	临汾
女子飞碟双向75靶	个人	72	孙禹秋	省青少年射击冠军赛(飞碟)	2016年7月	南京(方山)
	团体	126	潘炫锡 吴睿思 郎心畅	省射击锦标赛(飞碟)	2015年8月	徐州
女子飞碟双向125靶	个人	119	李闻怡	国际射联青年世界杯(步手枪、飞碟)	2019年7月	德国
	团体	294	刘思妤 陶思文 张子楠	中华人民共和国第二届青年运动会(飞碟)	2019年8月	临汾
多向混合团体150靶	混团	143	王宇豪 程紫怡	中华人民共和国第二届青年运动会(飞碟)	2019年8月	临汾

18岁以下男子组

项目		成绩(中)	创造者	运动会名称	时间	地点
飞碟多向	个人	111	朱寿龙	省青少年射击冠军赛(飞碟)	2018年7月	南京(方山)

项目		成绩(中)	创造者	运动会名称	时间	地点
飞碟双多向	个人	125	祁　瑞	省青少年射击冠军赛(飞碟)	2017年7月	南京(方山)
飞碟双向	个人	118	丁　睿	省青少年射击冠军赛(飞碟)	2016年7月	南京(方山)

16岁以下男子组

项目		成绩(中)	创造者	运动会名称	时间	地点
飞碟多向	个人	115	杜子安	省青少年射击冠军赛(飞碟)	2018年7月	南京(方山)
	团体	298	杜子安　周嘉辉　焦　阳	省第十九届运动会	2018年9月	扬州
飞碟双多向	个人	121	季熙珉	省青少年射击锦标赛(飞碟)	2015年7月	徐州
	团体	326	季熙珉　孙瑞岐　阮泽恩	省青少年射击锦标赛(飞碟)	2015年7月	徐州
飞碟双向	个人	117	张煜坤	省青少年射击锦标赛(飞碟)	2020年10月	南京(方山)
	团体	275	蔡　诺　陆志杰　徐鼎清	省第十九届运动会	2018年9月	扬州
	团体	275	张锐恒　朱珉臣　沈誉魏	省青少年射击锦标赛(飞碟)	2019年8月	南京(方山)

14岁以下女子组

项目		成绩(中)	创造者	运动会名称	时间	地点
飞碟多向	个人	91	徐尚飞	省青少年射击冠军赛(飞碟)	2020年8月	南京(方山)
飞碟双向	个人	85	陈春澄	省青少年射击冠军赛(飞碟)	2020年8月	南京(方山)

18岁以下女子组

项目		成绩(中)	创造者	运动会名称	时间	地点
飞碟多向	个人	110	韩婷	省青少年射击冠军赛(飞碟)	2020年8月	南京(方山)
飞碟双向	个人	114	刘思好	省青少年射击冠军赛(飞碟)	2020年8月	南京(方山)

16岁以下女子组

项目		成绩(中)	创造者	运动会名称	时间	地点
飞碟多向	个人	108	金关静	省青少年射击冠军赛(飞碟)	2020年8月	南京(方山)
	团体	209	张遥佳 施静怡 刘诗佳	省青少年射击锦标赛(飞碟)	2019年8月	南京(方山)

项　目		成绩(中)	创造者	运动会名称	时间	地点
飞碟双向	个人	101	刘思妤	省青少年射击锦标赛(飞碟)	2019年8月	南京(方山)
	团体	210	刘思妤　许铭珂　马凡博	省青少年射击锦标赛(飞碟)	2019年8月	南京(方山)

14岁以下女子组

项　目		成绩(中)	创造者	运动会名称	时间	地点
飞碟多向	个人	63	司鲁宁	省青少年射击冠军赛(飞碟)	2020年8月	南京(方山)
飞碟双向	个人	77	郭家宁	省青少年射击冠军赛(飞碟)	2020年8月	南京(方山)

18岁以下组混合团体

项　目		成绩(中)	创造者	运动会名称	时间	地点
多向混合团体150靶	混团	129	谢　龙　朱婷婷	省青少年射击冠军赛(飞碟)	2018年7月	南京(方山)

射　箭

成年男子组

项　目	成　绩	创　造　者	运　动　会　名　称	时　间	地　点
男子个人70米单轮	342环	陈文圆	全国室外射箭锦标赛	2012年9月	德　清
男子个人70米双轮	681环	丁倚亮	全国室外射箭锦标赛	2018年10月	长　兴
男子个人奥林匹克淘汰赛	116环	陈文圆	全国射箭奥林匹克项目锦标赛	2008年10月	漳　州
男子团体奥林匹克淘汰赛	228环	陈文圆　周　威　王志德	第十一届全运会	2009年10月	青　岛
单轮全能	1353环	陈文圆	全国室外射箭锦标赛	2012年9月	德　清
90米单轮	328环	陈文圆	奥运会第一场选拔	2011年3月	昆　明
50米单轮	339环	丁倚亮	全国射箭冠军赛	2012年4月	莆　田
30米单轮	358环	陈文圆	广州亚运会	2010年10月	广　州

成年女子组

项　目	成　绩	创　造　者	运　动　会　名　称	时　间	地　点
女子个人70米单轮	345环	陈　玲	奥运会选拔赛	2007年3月	攀枝花
女子个人70米双轮	672环	张云录	奥林匹克锦标赛	2016年9月	呼和浩特
	672环	张心妍	全国射箭冠军赛	2017年3月	莆　田

项 目	成 绩	创 造 者	运 动 会 名 称	时 间	地 点
女子个人奥林匹克淘汰赛	114环	夏时敏	全国室外锦标赛	2008年10月	南 京
女子团体奥林匹克淘汰赛	223环	张云录 戴 维 祁 娜	全国室外锦标赛	2008年10月	南 京
60米单轮	348环	张云录	全国冠军赛	2013年3月	莆 田
30米单轮	358环	杨晓蕾	全国射箭室外锦标赛	2019年10月	长 兴
女子单轮全能	1368环	陈 玲	奥运会选拔赛	2007年3月	攀枝花
50米单轮	338环	张云录	全国室外锦标赛	2007年11月	武 鸣
混合团体	151环	雍智伟 夏时敏	奥林匹克团体锦标赛	2011年6月	多 巴

青少年男子（17～18岁）

项 目	成 绩	创 造 者	运 动 会 名 称	时 间	地 点
男子个人70米双轮	668环	王 岩	第十九届省运会	2018年7月	扬 州
男子团体双轮	1736环	管一霖	省青少年射箭锦标赛	2019年8月	南 京

青少年女子（17～18岁）

项 目	成 绩	创 造 者	运 动 会 名 称	时 间	地 点
女子个人70米双轮	654环	杨晓蕾	第十九届省运会	2018年7月	扬 州

青少年男子(15～18岁)

项　目	成　绩	创　造　者	运　动　会　名　称	时　间	地　点
男子个人70米双轮	668环	王　岩	省青少年射箭锦标赛	2016年7月	新　沂
男子个人70米单轮	337环	王　岩	省青少年射箭锦标赛	2016年7月	新　沂
男子团体淘汰赛	1934环	王　岩　崔　涛　徐瑞泽	第十九届省运会	2018年7月	扬　州
70米、70米、50米、30米单轮全能个人	1347环	张立鲤	2013年省比赛	2013年9月	新　沂
70米、70米、50米、30米单轮全能团体	3887环	张立鲤　宗靖智　刘于睿	2013年省比赛	2013年9月	新　沂
50米单轮	327环	张立鲤	第十八届省运会	2014年9月	新　沂
30米单轮	348环	张云鹤	第十七届省运会	2010年8月	常　州

青少年女子(15～18岁)

项　目	成　绩	创　造　者	运　动　会　名　称	时　间	地　点
女子个人70米双轮	655环	向欣悦	第十九届省运会	2018年7月	扬　州
女子个人70米单轮	327环	何颖杰	省青少年射箭锦标赛	2017年8月	南　通
女子团体排名赛	1827环	霍　燕　沈　婴　杨晓蕾	省青少年射箭锦标赛	2016年7月	新　沂

项目	成绩	创造者	运动会名称	时间	地点
70米、60米、50米、30米单轮全能个人	1320环	张雪茜	第十八届省运会	2014年9月	新沂
70米、60米、50米、30米单轮全能团体	3834环	周蕊 耿静怡 潘美辰	第十八届省运会	2014年9月	新沂
60米、50米、40米、30米单轮全能个人	1329环	朱瑾楠	省青少年射箭锦标赛	2013年9月	新沂
60米、50米、40米、30米单轮全能团体	3795环	张丹 张炳虹 张素琦	第十七届省运会	2010年8月	常州
60米单轮	329环	耿静怡	第十八届省运会	2014年9月	新沂
50米单轮	331环	张丹	第十七届省运会	2010年8月	常州
40米单轮	318环	张丹	第十七届省运会	2010年8月	常州
30米单轮	350环	朱瑾楠	省青少年射箭锦标赛	2012年8月	徐州

青少年男子(15～16岁)

项目	成绩	创造者	运动会名称	时间	地点
男子个人60米双轮	648环	彭翊航	第十九届省运会	2018年7月	扬州
60米、60米、50米、30米单轮全能个人	1309环	陈泳辰	省青少年射箭锦标赛	2019年8月	南京
男子团体全能	3868环	何钰璠 郑江南 刘桐	省青少年射箭锦标赛	2019年8月	南京

青少年女子(15～16岁)

项　目	成　绩	创　造　者	运　动　会　名　称	时　间	地　点
女子个人60米双轮	655环	向欣悦	第十九届省运会	2018年7月	扬　州
60米、60米、50米、30米单轮全能个人	1353环	何　悦	省青少年射箭锦标赛	2019年8月	南　京
女子团体全能	3952环	何　悦　陆莹莹　蒋晓馨	省青少年射箭锦标赛	2019年8月	南　京

青少年男子组(12～14岁)

项　目	成　绩	创　造　者	运　动　会　名　称	时　间	地　点
40米、30米、25米、18米单轮全能个人	1368环	何钰璠	第十九届省运会	2018年7月	扬　州
40米、30米、25米、18米单轮全能团体	4066环	何钰璠　李雨轩　李堋琦	第十九届省运会	2018年7月	扬　州
40米单轮	338环	王文泽	第十八届省运会	2014年9月	新　沂
30米单轮	349环	王潇畅	省射箭锦标赛	2015年7月	淮　安
25米单轮	349环	史镇旗	省射箭锦标赛	2015年7月	淮　安
18米单轮	343环	张纪源	第十八届省运会	2014年9月	新　沂

青少年女子组（12～14岁）

项目	成绩	创造者	运动会名称	时间	地点
40米、30米、25米、18米单轮全能个人	1392环	张棵芸	第十九届省运会	2018年7月	扬州
40米、30米、25米、18米单轮全能团体	4057环	张棵芸　李明星　陈子怡	第十九届省运会	2018年7月	扬州
40米单轮	339环	王陆瑶	第十八届省运会	2014年9月	新沂
30米单轮	349环	王陆瑶	第十八届省运会	2014年9月	新沂
25米单轮	344环	朱予欣	第十七届省运会	2010年8月	常州
18米单轮	348环	眭　俊	第十八届省运会	2014年9月	新沂

青少年男子组（14岁以下组）

项目	成绩	创造者	运动会名称	时间	地点
40米、40米、30米、30米单轮全能个人	1330环	何孝业	省青少年射箭锦标赛	2019年8月	南京
男子团体单轮全能	3733环	王九一　刘柄良　王博睿	省青少年射箭锦标赛	2019年8月	南京

青少年女子组(14岁以下组)

项目	成绩	创造者	运动会名称	时间	地点
40米、40米、30米、30米单轮全能个人	1349环	宗 钰	省青少年射箭锦标赛	2019年8月	南京
女子团体单轮全能	3772环	黄雨薇 洪 钰 陈雅婷	省青少年射箭锦标赛	2019年8月	南京

赛车场自行车

成年男子组

项目	成绩	创造者	运动会名称	时间	地点
行进出发200米	9.955	包赛飞	全国场地自行车锦标赛	2017年5月	北京
原地出发1公里	1:02.878(电)	凌 伟	全国场地自行车冠军赛	2012年9月	太原
原地出发4公里	4:37.6(电)	周 凯	全国冠军赛	2009年6月	北京
原地出发4公里团体赛	4:11.821(电)	周 凯 李龙涛 葛文杰 殷 豪	全国场地自行车冠军赛	2012年9月	太原
原地出发4公里团体赛	4:17.02(手)	王又国 陈 诚 周 凯 张腾飞	全国赛车场冠军赛	2008年6月	北京

成年女子组

项　目	成　绩	创　造　者	运　动　会　名　称	时　间	地　点
行进出发200米	11.37(手)	张　蕾	2005年场地世界杯	2005年11月	莫斯科
行进出发200米	11.036(电)	唐梦琦	全国场地自行车锦标赛	2017年5月	北　京
原地出发3公里个人赛	3:43.102(手)	王　利	第十届全运会自行车比赛	2005年10月	南　京
原地出发3公里个人赛	3:43.502(电)	王　利	第十届全运会自行车比赛	2005年10月	南　京
原地出发3公里团体赛	3:27.770(电)	吴超梅　李九斤　沙　慧	全国场地自行车锦标赛	2012年9月	太　原
原地出发500米	35.041(电)	唐佳雯	全国场地自行车冠军赛	2013年5月	南　京

青年男子组

项　目	成　绩	创　造　者	运　动　会　名　称	时　间	地　点
行进出发200米	10.6	俞舜威	全国青年锦标赛	2008年9月	河　南
1000米计时赛	01:06.6	俞舜威	全国青年锦标赛	2008年9月	河　南
3000米个人追逐赛	3:36	刘　铭	全国青年锦标赛	2007年9月	北　京

少年男子甲组(17～18岁)

项　目	成　绩	创　造　者	运　动　会　名　称	时　间	地　点
1公里计时赛	1:07.105(电)	顾逸晨	全国青年锦标赛	2015年7月	北　京

项　目	成　绩	创 造 者	运 动 会 名 称	时　间	地　点
行进200米个人计时赛	10.89(手)	包赛飞	省青少年自行车比赛	2007年5月	南　通
奥林匹克竞速赛	46.824(电)	沈治成　韩金羽　顾逸晨	全国青年锦标赛	2015年7月	北　京
4公里个人计时赛	4:58.152(电)	赵毓炜	省青少年自行车比赛	2016年7月	南　通
4公里团体计时赛	4:35.843(电)	潘　浩　徐飞翔　费文豹　吴俊泽	第十八届省运会自行车比赛	2014年5月	苏　州
4公里个人追逐赛	04:44.179	缪雨航	省青少年自行车比赛	2018年6月	南　通
4公里团体追逐赛	04:31.462	高京望　缪雨航　吴　昊　张　杰	省青少年自行车比赛	2018年6月	南　通
1圈原地启动计时赛	00:18.537	袁濠杰	江苏省第十九届运动会	2018年6月	南　通

少年女子甲组(17～18岁)

项　目	成　绩	创 造 者	运 动 会 名 称	时　间	地　点
500米计时赛	35.381(电)	唐梦琦	全国青年锦标赛	2015年7月	北　京
3公里个人追逐赛	03:57.786	杨　娟	江苏省第十七届运动会	2010年5月	南　通
3公里团体追逐赛	3:49.534(电)	陈巧林　王　颖　沈珊荣　左娜娜	十八届省运会自行车比赛	2014年5月	苏　州
行进200米个人计时赛	11.589(电)	程　丽	全国青年锦标赛	2015年7月	北　京
奥林匹克竞速赛	34.974(电)	唐梦琦　程　丽	全国青年锦标赛	2015年7月	北　京
3公里个人计时赛	3:41.076(电)	王晓云	省青少年自行车比赛	2016年7月	南　通

项　目	成　绩	创造者	运动会名称	时　间	地　点
1圈原地启动计时赛	00:20.116	蒋学芝	江苏省第十九届运动会	2018年6月	南　通

少年男子乙组(14～16岁)

项　目	成　绩	创造者	运动会名称	时　间	地　点
行进200米个人计时赛	11.283(电)	朱　杰	省青少年自行车比赛	2017年9月	南　通
1000米计时赛	01:07.346	朱　杰	省青少年自行车比赛	2018年6月	南　通
奥林匹克竞速赛	00:49.161	朱　杰　朱德伟　尹欣杰	省青少年自行车比赛	2017年9月	南　通
3公里个人计时赛	3:42.513(电)	徐兆亮	十八届省运会自行车比赛	2014年5月	苏　州
3公里团体计时赛	3:31.116(电)	张奥臣　孙克渊　顾　杰　纪杨林	十八届省运会自行车比赛	2014年5月	苏　州
3公里个人追逐赛	03:42.513	徐兆亮	十八届省运会自行车比赛	2014年5月	苏　州
3公里团体追逐赛	03:26.719	李林风　王子豪　王禹龙　孙　涛	省青少年自行车比赛	2018年6月	南　通

少年女子乙组(14～16岁)

项　目	成　绩	创造者	运动会名称	时　间	地　点
行进200米个人计时赛	12.228(电)	李英玉	江苏省第十七届省运会	2010年5月	南　通
500米个人计时赛	36.294	翟　菲	江苏省第十九届运动会	2018年6月	南　通

项目	成绩	创造者	运动会名称	时间	地点
2公里个人计时赛	2:40.433(电)	王晓云	十八届省运会自行车比赛	2014年5月	苏州
团体竞速赛	38.601(电)	祁蕾 蒋学芝	省青少年自行车比赛	2017年9月	南通
2公里团体计时赛	2:36.26(电)	杨娟 李余利 李春倩 洛程涵	省青少年自行车比赛	2008年4月	南通
250米计时赛	20.832	蒋克青	江苏省第十七届省运会	2010年5月	南通
2公里个人追逐赛	02:35.128	李英玉	江苏省第十七届省运会	2010年5月	南通
2公里团体追逐赛	02:26.845	薛子凡 吴青秋 刘倩 陈雨利	江苏省第十九届省运会	2018年6月	南通

航空、航海模型

航空模型

项目		成绩	创造者	运动会名称	时间	地点
活塞式发动机模型飞机	留空时间	2:34.0	王树栋	第四届全运会	1979年8月	南京
	直线距离	39公里	尹承伯	第四届全运会	1979年8月	南京
	飞行高度	6468.9米	尹承伯	省十届运动会	1982年8月	南京
	圆周速度二级	205.7公里/时	尹承伯	第二届全运会	1965年9月	北京
活塞式发动机水上模型飞机	直线距离(45号)	6.5公里	朱跃周	第四届全运会	1979年8月	南京
	飞行高度(46号)	2740米	朱跃周	第四届全运会	1979年8月	南京

项目	成绩	创造者	运动会名称	时间	地点
一级牵引	120(:)	严文平	省航空模型比赛	1980年8月	溧水
一级橡筋	120+90+91(:)	孙刚	省航空模型比赛	1980年8月	溧水
一级无线电遥控模型滑翔机	600	蒋峥	省航空模型比赛	1986年8月	长兴
二级自由飞	900(:)	仲扬	全国青少年航空模型比赛	1985年8月	大同
二级牵引	343(:)	朱永明	省航空模型比赛	1980年8月	溧水
二级橡筋	638(:)	江劲松	省航空模型比赛	1985年7月	溧水
F1A	1260+165(:)	姜永康	省航空模型比赛	1980年8月	溧水
F2B	1260+240(:)	李勇	第十二届运动会	1990年7月	长兴
F3C	1260+157(:)	李国荣	第十二届运动会	1990年7月	长兴

航海模型

项目	成绩	创造者	运动会名称	时间	地点
F1-E>1kg	13秒5	蒋建栋	全国海模锦标赛	1986年10月	成都
F1-E1kg	13秒8	蒋建栋	第六届世界海模锦标赛	1989年5月	天津
F1-V6.5	11秒8	蒋建栋	全国海模锦标赛	1992年10月	河北
F1-V3.5	11秒3	刘鸣	全国海模锦标赛	1993年10月	北京
F1-V15	11秒1	林强	全国海模锦标赛	1993年10月	北京

（吴　勇　阮夏夏　臧曼如）

责任编辑:范　静

ISBN 978-7-5144-5164-1

9 787514 451641 >

ISBN 978-7-5144-5164-1
定价:138.00元